JUBILÄUMSBAND
HEYNE VERLAG

Gunter Steinbach
Das große biologische GARTEN BUCH

Gemüsegarten
Obstgarten
Blumengarten

In derselben Reihe erschienen außerdem
als Heyne-Taschenbuch

Spannung · Band 50/1
Das biologische Gartenbuch · Band 50/2
Die großen Filmromane · Band 50/3
Das Heyne-Jubiläumskochbuch · Band 50/4
Fantasy · Band 50/5
Thriller · Band 50/6
Heiteres · Band 50/7
Liebe · Band 50/8
Unheimliches · Band 50/9
Europäische Erzähler des 20. Jahrhunderts · Band 50/10
Keep smiling · Band 50/11
Das große Buch der alternativen Heilmethoden · Band 50/12
Action · Band 50/13
Die beste Dr. Oetker Kalte Küche · Band 50/14
Erotik · Band 50/15
Ratgeber Geld · Band 50/16
Deutsche Erzähler des 20. Jahrhunderts · Band 50/17
Agenten · Band 50/18
Klinik · Band 50/19
Witze · Band 50/20

BESSER BIOLOGISCH GÄRTNERN

Gunter Steinbach

Der Gemüse Garten

Originalausgabe

**WILHELM HEYNE VERLAG
MÜNCHEN**

HEYNE JUBILÄUMSBÄNDE
NR. 50/2

2. Auflage
Copyright © 1987 by Wilhelm Heyne Verlag, München
Printed in Germany 1987
Umschlaggestaltung: Atelier Ingrid Schütz, München
Zeichnungen: Fritz Wendler, München
Fotos: Klett Flora-Druck, Leinfelden-Echterdingen,
und Gunter Steinbach, Oberreute
Reproduktionen: RMO-Druck, München
Gesamtherstellung: Friedrich Pustet, Regensburg
ISBN 3-453-37002-3

INHALT

(Der Gemüsegarten)

I Biologisch? Einführung in eine Buchreihe 7

II Ein Nutzgarten kann vieles leisten 17

III Lage und Kleinklima des Gartens 22

IV Lebendiger Boden, Grundlage des Gartenerfolgs . . . 31

V Der Kompost 45

VI Das Düngen 81

VII Bodenbearbeitung 103

VIII Mischkulturen und Fruchtfolgen 110

IX Gartengemüse in der Übersicht 130

X Unkraut im Garten 163

XI Pflanzenschutz 167

XII Überwintern und Einkellern 185

Literatur 194

Bezugsquellen 196

Register 197

Mischkulturen im Hausgarten

I. BIOLOGISCH? EINFÜHRUNG IN EINE BUCHREIHE

Biologie ist die Lehre (Logos) vom Leben (Bios). Dagegen wurde ›biologisch‹ zu einem oft weltanschaulich geprägten Schlagwort. Die Begriffsbildung ›biologischer Anbau‹ oder ›biologisches Gemüse‹ kann man mit der eines ›nassen Wassers‹ vergleichen. Denn jede Pflanze wächst im Einklang mit den Lebensgesetzen der Natur ›biologisch‹ oder sie wächst gar nicht.

Kümmert sie dahin, weil die Bedingungen für ihre artgemäße Entfaltung nicht ausreichen, so offenbart sie uns, solange sie lebt, noch immer das Wunder des Wachsens. Wir können dieses Wunder fördern, beeinflussen oder verhindern, aber nicht selbst hervorbringen. Vor dieser Selbstbescheidung unserer Möglichkeiten wollen wir im folgenden unter ›biologischem Gartenbau‹ das verstehen, was heute üblicherweise damit gemeint ist: Gärtnern ohne Gift.

Damit wird jedoch nur *ein* Kennzeichen, nicht das Wesen dieser Wirtschaftsweise angesprochen. Daß der biologische Anbau ohne Pestizide – also mehr oder weniger giftige Chemikalien – wie Herbizide zur Bekämpfung unerwünschter Pflanzen, Insektizide gegen Kerbtiere und Fungizide gegen Pilze auskommt, ist eine seiner Seiten. Hier wird oft Ursache mit Wirkung verwechselt. Arbeitet man ohne alle diese Mittel, möglicherweise auch noch ohne jeden ›Kunstdünger‹, dann hat man vielleicht ein Stück verwilderter Natur oder eine magere Kulturfläche innerhalb des Gartenzaunes, aber noch keinen biologischen Anbau. Ähnlich kann man nicht schon deshalb von einer gesunden Lebensweise sprechen, weil man lediglich die Genußgifte und weißen Zucker von der Ernährung ausschließt.

Daß sich der gewerbliche Obst- und Gartenbau sowie die Landwirtschaft so eng mit der Zulieferindustrie Chemie verbanden, hat seinen Hauptgrund in der Möglichkeit, mit wachsender ›chemischer Keule‹ schneller mehr zu ernten, maschinengerechte Monokulturen weitgehend frei von Krankheiten und Schädlingen zu halten. Das immer schneller laufende Sachzwang-Karussell von hohem Kapital- und Energieeinsatz und der dadurch verursachten Notwendigkeit, hohe Erträge hereinzuwirtschaften, um die aufgewendeten Mittel nach dem Maßstab industrieller Produktion zu verzinsen, entfernt die Urerzeugung Landwirtschaft zunehmend von ihren ökologischen Grundlagen. Das Unbehagen an dieser Entwicklung, deren Ergebnisse uns erst in den kommenden Jahrzehnten voll treffen werden, fördert die Zuwendung zu alternativen Lösungen. Da keiner von uns das Bestehende im Großen ändern kann, wird vielfach der Wunsch wach, wenigstens im eigenen Wirkungsbereich die natürlichen Grundlagen des Gärtnerns bewußt zu pflegen, sich den Sachzwängen der gewerblichen Anbauer weniger oder nicht zu unterwerfen. Ein solches Empfinden und Denken vieler Mitmenschen sollte man nicht voreilig als ein nur weltfremd-romantisches Zurück-zur-Natur werten, sondern auch als ein heutiger Erkenntnis angemessenes und deshalb zukunftsweisendes Handeln.

Die fast philosophische Vorbemerkung will den Lesern, denen biologisches Gärtnern ein vielleicht noch leerer Begriff ist, nahelegen, die anfangs erwähnte weltanschauliche Prägung des ›Biologischen‹ oder ›Organischen‹ auch positiv zu sehen. Die junge Wissenschaft der Ökologie gehört als Gegenbewegung und Ausgleichsversuch für allzu bedenkenloses Wirtschaften im Großen wie im Kleinen notwendig zu unserer Zeit. Biologisch anbauen heißt auch, größere Zusammenhänge anzuerkennen als sie in den Gartentips aufklärungsfreudiger Erzeuger zum Ausdruck kommen:

»Ein Guß – mit Unkraut Schluß.« Auch dies ist eine Weltanschauung, verengt auf zusammengekniffene Augen, die einen Gartenweg am liebsten sommerlang klinisch sauber sehen. In den Fugen, so erfahren wir unter der Überschrift des erwähnten Textes, »können sich ... Moospolster bilden«. Schrecklich, was die Natur alles in unserem Garten anstellt! Aber man weist sie mit dem Giftkanister in die Schranken. Allerdings:

»Abdriften oder Abfließen der Spritzflüssigkeit auf benachbarte Kulturflächen müssen vermieden werden.« Willkommen im Garten! Wenn Sie die Gebrauchsanleitung Ihrer willigen Helfer aus Leverkusen, Hoechst oder sonstwoher nur gewissenhaft befolgen, kann Ihnen, Ihren Kindern, Ihren Tieren und Ihren Kulturpflanzen gar nichts passieren.

Die Buchreihe ›besser biologisch gärtnern‹ gilt den praktischen Arbeiten im Garten. Wir suchen nicht, wie es die aufgeführten Zitate aus einer Gartenzeitschrift des Frühjahrs 79 an dieser Stelle glauben machen könnten, die Konfrontation mit der chemiegestützten Anbauweise, sondern eine machbare und glaubwürdige Alternative.

Es gibt für das herkömmliche Gärtnern eine Fülle teilweise ausgezeichneter Beratungsbücher. Hat man sich erst ein Verständnis der Unterschiede zwischen biologischem und konventionellem Anbau erworben und erarbeitet, wird man aus jedem guten Gartenbuch Nützliches auch für den eigenen biologisch gepflegten Garten dazulernen können, zumal das Lernen im Umgang mit Pflanzen nie ein Ende nimmt. Mit unserer Buchreihe stellen wir uns die Aufgabe, besonders dem Anfänger ein Grundwissen zu vermitteln, das ihn in den Stand versetzt, den eigenen Garten nicht nur ein bißchen, sondern ganz biologisch zu bewirtschaften. Hier muß gesagt werden, daß Dauerfruchtbarkeit des Gartens, ein reiches, ausgewogenes Bodenleben und gesunde, widerstandsfähige Pflanzen nicht durch ein wechselweises Beherzigen allerlei Gartentips zu erreichen sind, sondern durch ausschließliche und geduldige biologische Bodenpflege.

Gärtnern kann einerseits als Freizeitbeschäftigung oder Ertragsstreben, und es kann andererseits als eine tätige, schöpferische Beziehung zu Pflanzen verstanden werden; als eine Kunst. In ihr gibt es vielerlei Grade des Könnens, Wissens und Gelingens. Wer biologisches Gärtnern nur nach »Man-nehme«-Rezepten betreibt, bekommt auch seine Radieschen auf den Tisch. Aber so, wie erstklassige Köche nicht nur nach dem Kochbuch, sondern mit streng an Erfahrung geschulter Fantasie mehr hervorbringen als die Summe guter Zutaten, so wird auch der Gartenfreund mit zunehmendem Einleben in sein Pflanzenreich immer weniger Vorschriften brauchen, immer freier und gleichzeitig ›biologischer‹ in seinem Tun werden.

Die biologische Anbauweise gliedert sich in verschiedene Richtungen, wie organisch-biologischer Landbau (Schweiz), naturgemäßer Anbau nach L. Fürst (Deutschland), biologischer Landbau nach Lemaire/Boucher (Frankreich), biologischer Landbau nach Howard/Balfour (englischsprechende Länder) und andere. Zum Glück für das gemeinsame Streben bekämpfen sich die Richtungen nicht; sie arbeiten auf gleicher Grundlage nach ähnlichen Erkenntnissen und mit vergleichbaren Erfolgen. Daß die biologischen Anbauweisen an verschiedenen Orten unabhängig voneinander entwickelt wurden, spricht für ihre Notwendigkeit in unserer Zeit.

So wenig es auf die Dauer Erfolg bringt, biologischen Anbau mit ein bißchen Chemie – »wo das nötig ist« – zu betreiben, so gut lassen sich die Methoden der verschiedenen biologisch ausgerichteten Anbauweisen auf einen großen gemeinsamen Nenner bringen, auch wenn Einzelheiten bisweilen unterschiedlich gehandhabt werden. Wir vertreten in unserer Buchreihe keine der genannten Richtungen als verbindliche Rezeptur, denn diese Praktiken wurden von Praktikern gefunden und erprobt. Sie haben damit ihre Richtigkeit. Demselben Ziel dienen durchaus verschiedene ›richtige‹ Wege.

Die auf Mineraldünger und Pestizide gestützte Landwirtschaft und der gleichermaßen ausgerichtete Obst- und Gartenbau, die heute den Regelfall darstellen, werden oft als ›herkömmlich‹ bezeichnet. Wir können die Begriffe in ihrer üblichen Geltung hier nicht umkehren. Doch sei darauf hingewiesen, daß als herkömmlich im wahren Wortsinn viel eher die biologischen Anbauweisen zu kennzeichnen sind. Die landesweit chemieabhängige Landwirtschaft ist erst einige Jahrzehnte alt, die im Kreislauf der organischen Stoffe betriebene naturnahe Anbauweise zählt nach Jahrtausenden.

Die Natur selbst bedient sich der Stoffkreisläufe, um die Böden ihrer Lebensräume unbegrenzt fruchtbar zu halten. Der Wald führt uns ›biologischen Anbau‹ mit Humusbildung durch Bodenbedeckung und Rotte beispielhaft vor. Dem hier besonders eindrucksvollen Umsatz und dem großen Zuwachs an Pflanzenmasse steht Dauerfruchtbarkeit des Waldbodens ohne unser Zutun gegenüber. Wenn wir im biologischen Anbau mulchen und kompostieren, ahmen wir das Naturgeschehen des gesunden, naturnahen Waldes nach.

Der herkömmliche oder konventionelle Pflanzenbau begründet als ein Kind unserer Zeit seine Arbeitsweise eindrucksvoll und aus seinem Blickwinkel unwiderlegbar mit Versuchen auf kleinstem Raum. Tatsächlich kann man die Wirksamkeit der Mineraldünger und der Pestizide am deutlichsten in Laborversuchen nachweisen. Justus Liebigs berühmt gewordenes Faß mit den Grundnährstoffen der Pflanzen erwies die Schlüssigkeit der analytischen Betrachtungsart durchaus: Die Pflanze gedeiht nur so gut, wie es der in geringster Menge vorhandene Nährstoff zuläßt.

Die biologische Denkweise verneint diese Tatsachen nicht. Selbstverständlich brauchen auch die Pflanzen des ›naturgemäßen‹ Anbaus Kalzium, Kali, Stickstoff, Phosphor und so weiter. Doch

Das Minimumgesetz nach
Justus von Liebig (1803–1873)
(z. B. Kaliummangel)

bezieht der biologische Anbau nicht nur Mengen, sondern auch Qualitäten, nicht nur auf Chemie vereinfachte Materie, sondern auch biologische Wertigkeit und ökologische Zusammenhänge in seine Anschauung und seine Handlungsweise mit ein.

Die biologische Denkweise bestreitet die chemischen Tatsachen nicht, sondern erweitert den Gesichtskreis um größere, auf biologischer und ökologischer Ebene wirksame Zusammenhänge. Die brutale Spaltung der Schöpfung in Kraut und Unkraut, in Nützlinge und Schädlinge kann durch biologisches Denken zugunsten umfassenderer Betrachtungsweisen überwunden werden. Daß dies möglich ist, heißt nicht, daß die Ausübenden das Mögliche auch immer leisten. Irrtümer und idealistisch gefärbte Kurzsichtigkeit, einseitig ausgerichtetes und gefärbtes Denken befallen auch die Vertreter der biologischen Anbauweise. Man darf hier wie auf allen anderen Wissensgebieten nicht von einzelnen Vertretern auf die Sache selbst schließen.

Wem biologische Zusammenhänge einsichtig werden, dem genügen die Zahlenreihen und Spritzkalender der konventionellen, mit der Chemie verflochtenen Praktiker des Pflanzenbaus (und der Tierzucht) nicht mehr. Die Ergebnisse dieser nur noch materialistischen Agrarwissenschaft sind nicht falsch, aber unzureichend. Ihnen fehlt die Dimension des Lebendigen. Sie erschließt sich nicht im Labor, sondern im Umkreis größerer Einheiten: im Zusammenhang mit dem Land, in dem nicht nur Kartoffeln oder Mais Lebensrechte haben, sondern auch Menschen mit Ansprüchen an eine gesunde, vielgliedrige Landschaft, Wildpflanzen und Tiere. Der biologische Landbau stellt sich nicht in unvereinbare Gegensätze zur Ökologie, zum Erholungswert und zur Schönheit einer Landschaft, wie das die zu tristen Produktionsstätten für Tiere und Pflanzen verarmten Agrarbetriebe nach Maß der industriellen Zulieferer und Abnehmer tun müssen. Immer größere Wirtschaftsflächen, immer stärkere Maschinen, immer mehr Chemie, immer weniger in der Landwirtschaft beschäftigte Menschen sind die Folge.

Auch die biologischen Anbauweisen begrenzen ihr Blickfeld auf einen Umkreis, den die dort tätigen Menschen nach ihrem jeweiligen Erkenntnisstand ziehen, der aber nicht in der Natur der Dinge selbst liegt.

Eine weitere Dimension, eine höhere Ordnungsstufe der Zusammenhänge erschließt die im Jahre 1924 durch Rudolf Steiner begründete biologisch-dynamische Wirtschaftsweise. Sie bezieht das Kräftespiel des kosmischen Umkreises mit ein und konnte deshalb von kenntnisarmen Kritikern mit astrologisch gefärbter Mystik in Verbindung gebracht werden. Dabei weiß jeder, daß alles Leben auf der Erde nicht aus sich heraus, sondern nur im Zusammenwirken – zum Beispiel von Erde und Sonne – ermöglicht wird.

Die biologisch-dynamische Wirtschaftsweise fußt auf geisteswissenschaftlicher Erkenntnis, die zwar keinen Widerspruch zu den Erfahrungswissenschaften bildet, aber von ihr nicht nachvollziehbar ist. Da die biologisch-dynamische Wirtschaftsweise Erkenntnisarbeit des in ihr Tätigen voraussetzt, wird sie leicht mißverstanden. In ähnlicher Weise kann die Schulmedizin der Homöopathie ihre Daseinsberechtigung schon deshalb absprechen, weil die Verdünnung eines Stoffes in hoher Potenz als rechnerisch »nicht mehr im Lösungsmittel vorhanden« eingestuft werden muß.

Wir erwähnen die biologisch-dynamische Wirtschaftsweise mit Hochachtung, ohne sie hier im Sinne von Anleitungen vertreten zu können. Es gibt verständlich geschriebene Einführungen in dieses anspruchsvolle Tätigkeitsfeld, auch für die Pflege des Hausgartens. Die Erfolge der biologisch-dynamischen Wirtschaftsweise bei uns und in vielen Teilen der Welt werden auch von ihren Kritikern nicht bestritten. Die Beschäftigung mit dem biologischen Anbau allgemeiner Ausrichtung wird für den, der sich mit der biologisch-dynamischen Wirtschaftsweise vertraut machen will, ein erstes Stück des Weges bedeuten.

Dem Nutzgarten im Umfang eines Taschenbuches gerecht zu werden heißt, sich auf Grundlagen der biologischen Arbeitsweise zu beschränken, mit denen jeder entsprechend seinen Verhältnissen und Absichten weiterkommen kann. Besonderes Gewicht soll auf die Bodenpflege gelegt werden. Sie entscheidet nicht nur über Gedeihen und Ertrag der Pflanzen, sondern auch über ihre Widerstandskräfte gegen Krankheiten und Schädlinge. Bodenbearbeitung und Düngung greifen ursächlich ineinander.

Der zweite große Ansatz biologischen Gärtnerns bildet die Fruchtfolge und das örtliche Nebeneinander der Pflanzen, die Mischkultur. Mit dieser Handhabe hängt unmittelbar – wie auch mit der Bodenpflege – die Bekämpfung von Schädlingen zusammen. Eigentlich gibt es in der biologischen Anbauweise keine streng voneinander geschiedenen Arbeitsbereiche. Der Garten selbst sollte als Einheit, als ein Organismus begriffen werden, bei dem das Ganze die Teile beeinflußt und die Teile auf das Ganze zurückwirken. Es gibt auch eine biologisch-organische Phraseologie – schöne Worte ohne Inhalt. Feststellungen wie die letzte gehören dazu, wenn sie nicht von dem, der sie ausspricht, und von dem, der sie nachvollziehen will, mit Leben, nämlich mit eigenem Erlebnis erfüllt werden.

Das heißt nun nicht, daß die Beschäftigung mit biologischem Gärtnern eine Musteranlage voraussetzt. Mein Beruf brachte es mit sich, daß ich jahrelang in der Großstadt lebte, daß der letzte im Familienbesitz verbliebene Garten von anderen Händen gepflegt wurde. Anbau- und Kompostierversuche führte ich bei Freunden und in Pflanzkästen durch. Gerade in bescheidenstem äußeren Rahmen wird man zu intensiver Beobachtung veranlaßt. Und Beobachtenkönnen ist beim biologischen Gärtnern der halbe Erfolg.

Der Hausgarten im August ...

Ein Gartenbuchwerk wie unsere Reihe *besser biologisch gärtnern* darf nicht nur herausgegriffene örtliche Verhältnisse berücksichtigen, sondern muß für mitteleuropäische Gärten schlechthin Gültigkeit haben. Andererseits kann kein Mensch mehrere Gärten

... und im Januar

in verschiedenen Landschaften gleichzeitig bewirtschaften. Auf den meisten Farbfotos dieses Bandes kann der Leser drei Gärten wiedererkennen, die von uns in 950 Meter Meereshöhe mit vorwiegender Ostlage bewirtschaftet werden. Zwei der Gärten standen im Jahr der Aufnahmen zum ersten Mal unter Kultur, der eine auf Aushub, wie ihn die Planierraupe bei der Erneuerung einer Grundmauer zusammenschob, der andere war Weide und Wiese, vermutlich seit Jahrhunderten. Der dritte Garten, unser eigentlicher Hausgarten (Bilder S. 14/15), stand zur Zeit der Aufnahmen im zweiten Jahr unter Bearbeitung, doch war er Jahrzehnte vorher schon einmal als Bauerngarten bewirtschaftet worden. Man wird also hier nicht von besonders günstigen Vorbedingungen sprechen können, auch nicht davon, daß sich Handelsdünger nur deshalb erübrigte, weil wir von der Arbeit unserer Vorgänger gezehrt hätten.

Unser Haus liegt, wie manche Aufnahme zeigt, einer Hochgebirgskette gegenüber. Im erwähnten Jahr 1979 gab es keinen Monat, in dem nicht Neuschneefälle die Gipfel überzuckerten. Fürs Auge ist das sehr reizvoll, aber den Pflanzen bringen solche Kälteeinbrüche jedesmal einen Hauch von Winter, der Entfaltung und Reife hemmt.

Unsere Vegetationsperiode ist kurz. Was hier gedeiht, kann wohl überall in Deutschland mit gleichem oder besserem Erfolg angebaut werden. Ein 300-Quadratmeter-Garten, ein Kräutergarten auf trockenem Südhang und zeitweise zwei Äcker mit Kartoffeln und Zuckerrüben, die wir in wenig tieferer Lage des Allgäus über 20 Jahre lang bebauten, ließen uns Erfahrungen mit kurzen Sommern und in hartem Klima sammeln. Nach dem Zweiten Weltkrieg wurden von den Ernten dieser Anbauflächen bis zu 20 Menschen versorgt. Kartoffeln und Gemüse standen verständlicherweise höher im Kurs als Blumen.

Im vorliegenden Band geht es um den Nutzgarten und seine Erträge. Auch der nützlichste Hausgarten verlangt nach Blumen, doch wird von ihnen erst im nächsten Band die Rede sein.

II EIN NUTZGARTEN KANN VIELES LEISTEN

Man geht auf den Acker, aber in den Garten; denn der Garten bedeutet nicht nur eine Fläche, sondern einen umschlossenen, umsorgten Raum. Ein Garten erzählt – oder verrät – so viel über den Menschen, der ihn pflegt, wie dessen Schrift. Die Gartengestalt, das Werk unserer Hände, ist eine Handschrift.

Wir beschränken uns in diesem Band auf den Gemüsegarten. Man nennt ihn auch Nutzgarten. Er wird in der Gesamtanlage des Hausgartens einen Teil unter anderen Teilen darstellen. Natürlich kann ein reiner Ziergarten, in dem nur Blumen wachsen, seinem Besitzer genauso von Nutzen sein wie ein Garten, der ganz auf eßbare Erträge ausgelegt ist. Am vielseitigsten wird der Familiengarten genutzt. Er läßt Kindern und Erwachsenen Spielraum für ihre persönlichen Bedürfnisse der Erholung, des Spielens und der Geselligkeit, er bietet auch dem Auge Schönheit und der Küche nahrhaften Ertrag. Aus mehreren Gründen gewinnt heute der Gedanke von Selbstversorgung aus dem Garten wieder an Bedeutung. Noch vor drei Jahrzehnten war das Gewinnen von Nahrungsmitteln aus dem Garten notmildernde Überlebenshilfe für viele Familien. In unseren Tagen materiellen Überflusses nimmt die Liebe zum Garten eher zu. Schätzte man ihn damals vor allem um der Gemüse- und Kartoffelkilo wegen, die er hervorbrachte, so suchen jetzt viele Menschen Entspannung bei der Gartenarbeit. Diese Arbeit wird zum Ausgleich für einseitige Berufsbelastungen, und sie gibt die seelische Befriedigung jeder sinnenfälligen, sinnvollen Tätigkeit. Sie geht in unserem Zeitalter weit vorangetriebener Spezialisierung und daraus folgender Abstraktion vielen Berufsaufgaben verloren. Der Garten gewährt sie. Gartenarbeit teilt die körperliche Anstrengung mit Trimm-Programmen, aber nicht deren mechanischen Stumpfsinn.

Die völlige Selbstversorgung aus dem Garten ist in unserer Zeit der vielfältigsten Verflechtungen und Abhängigkeiten eine Illusion. Man müßte dann auf alles verzichten, was nicht im eigenen Garten wächst, und dazu dürften nur wenige Menschen bereit sein. Abhängigkeit von anderen Menschen und deren Arbeit knüpft auch Beziehungen zu ihnen. Wir streben eine Gesellschaft autarker Einzelhöfe mit geschlossener Hauswirtschaft nicht an, deshalb

Entsprechend den Ernährungsbedürfnissen einer Familie sollten die laufenden Erntemengen einer Gemüseart nie zu groß sein. Man erreicht die gewünschte Staffelung durch zeitlich versetzte Folgesaaten.

Anders ist es bei der Herbsternte: Hier können auch größere Mengen einer Gemüseart verarbeitet oder eingekellert werden.

wird der Gedanke des Selbstversorgens aus dem Garten im folgenden nur soweit berücksichtigt, als uns der Garten mit vielen guten und gesunden Nahrungsmitteln beschenkt. Wenn seine Größe und unsere Zeit das erlauben, können wir wirklich weitgehend unsere Nahrung aus selbstbebautem Land beziehen, aber dazu reichen die freien Stunden neben der üblichen Berufsarbeit nicht mehr aus.

Bedient man sich als Freizeitgärtner aus Neigung mit eigenen Radieschen, mit Salat, Bohnen, Zwiebeln, Kräutern, gelben Rüben und anderen Gemüsesorten während der warmen Jahreszeit, dann wird man damit sehr zufrieden sein, ohne daraus gleich den Anspruch abzuleiten, nun auch auf Orangen oder Reis und all die anderen köstlichen Erzeugnisse des Land- und Gartenbaus anderer Weltgegenden zu verzichten. Natürlich liegt es im Bereich des Möglichen, weitgehend und unmittelbar von den Erträgnissen des eigenen oder gepachteten Bodens zu leben; unsere Vorfahren taten es schließlich auch.

Ich möchte für das Gärtnern zum Hausgebrauch auch jenem Erntefanatismus entgegenwirken, der Gewichts- und Größenrekorde der Erträge oder Früchte zum Maß des Gartenerfolgs erhebt. Gerade weil wir im allgemeinen nicht auf ihn angewiesen sind, also unter keinem Erfolgszwang stehen, macht das Wirken im Garten so viel Spaß. Natürlich freue ich mich, wenn ich im ersten Kartoffeljahr eine 500 Gramm schwere Knolle aus der Erde hebe, wenn die längste Feuerbohne 40 Zentimeter erreicht. Aber wir verzichten darauf, unsere Erträge nachzuwiegen. Die dafür erforderliche Zeit lassen wir lieber den Pflanzen, den Haustieren oder uns selbst zugute kommen.

Wer nicht schon Gartenerfahrung sammeln konnte, überschätzt meist die für seine persönlichen Verhältnisse richtige Gartengröße. Das gilt natürlich vor allem für den reinen Nutzgarten; denn der macht am meisten Arbeit. Spielt man mit dem Gedanken irgendeiner Selbstversorgung, muß man zwei Größen miteinander in Beziehung setzen:

1. das erforderliche bzw. verfügbare Land,
2. die aufwendbare Arbeitskraft.

Eine Rundum-Selbstversorgung durch die geschlossenen Kreisläufe eines Bauernhofs mit Tieren, Grünland, Acker und Garten dürfte kaum unter drei bis vier Hektar, also dreißig- bis vierzigtausend Quadratmeter zu haben sein. Aber eine solche Angabe ist alles andere als fest. Genaugenommen muß dieses Land nicht nur eine – sagen wir vierköpfige – Familie das ganze Jahr über mit den Hauptnahrungsmitteln völlig versorgen, es müssen auch verkaufbare Überschüsse erwirtschaftet werden, um das einzuhandeln, was man nicht selbst erzeugt: Kleider, Energie, Geräte, Saatgut und vieles andere. Man hat, diese Bedürfnisse eingeschlossen, die Hektarzahl des Existenzminimums zu verdoppeln.

Ich kenne eine vierköpfige Familie, die einen Acht-Hektar-Grünlandhof biologisch-dynamisch bewirtschaftet: Kühe, Bienen, Kartoffeln, Garten und etwas Wald. Diese Leute leben seit zwanzig Jahren von ihrem Land; aber jeder ›normale‹ Bauer hält das für unmöglich. Sein Flächenbedarf wird wenigstens doppelt so hoch sein, um mit der heute üblichen Wirtschaftsweise und den mit ihr verbundenen Investitionen in Maschinen und Mineraldünger über die Runden zu kommen. Das Beispiel verdeutlicht, wie schwer die Frage »Wieviel Land braucht der Mensch zum Leben?« zu beantworten ist.

Will jemand nur insofern von seinem Kulturland leben, als er ernten möchte, was er an Brotgetreide, Kartoffeln, Gemüse und Obst braucht – Kleintiere eingeschlossen –, dann wird er mit zwei Hektar anbaufähigem Boden für seine Familie auskommen. Geht es aber allein um den unmittelbaren Bedarf an Salat, Gemüse und Beerenobst, also das, was üblicherweise im Nutzgarten zu ernten ist, so werden bei intensiver Anbauweise schon zweihundert Quadratmeter den Familienbedarf weitgehend decken können. Grob über den grünen Daumen gepeilt, bringen hundert Quadratmeter Nutzgarten gut dreihundert Kilogramm und mehr Erntegut, wenn man von der wünschenswerten Vielfalt der angebauten Nutzpflanzen ausgeht. Knoblauch fällt dann eben wenig, Weißkraut stark ins Gewicht. Der ganze Hausgarten der Familie müßte allerdings größer sein, denn auf das Drumherum von Kompostmiete bis Schöpfbecken kann nicht verzichtet werden.

Rechts oben: Feuerbohnen bringen auch in ungünstigen Klimalagen ▷
gute Erträge.
Rechts unten: Beim Kartoffelanbau für den Eigenbedarf kann man, um Arbeitszeit zu sparen, die Fläche verunkrauten lassen – die Knollen im Boden wachsen und reifen trotzdem. Die Gras- und Kräuterdecke schützt den Boden vor Austrocknung, so daß man in der Regel nicht gießen muß. Wer mehr Zeit für die Pflege des Kartoffelbeetes aufwenden will, jätet das Unkraut und mulcht.

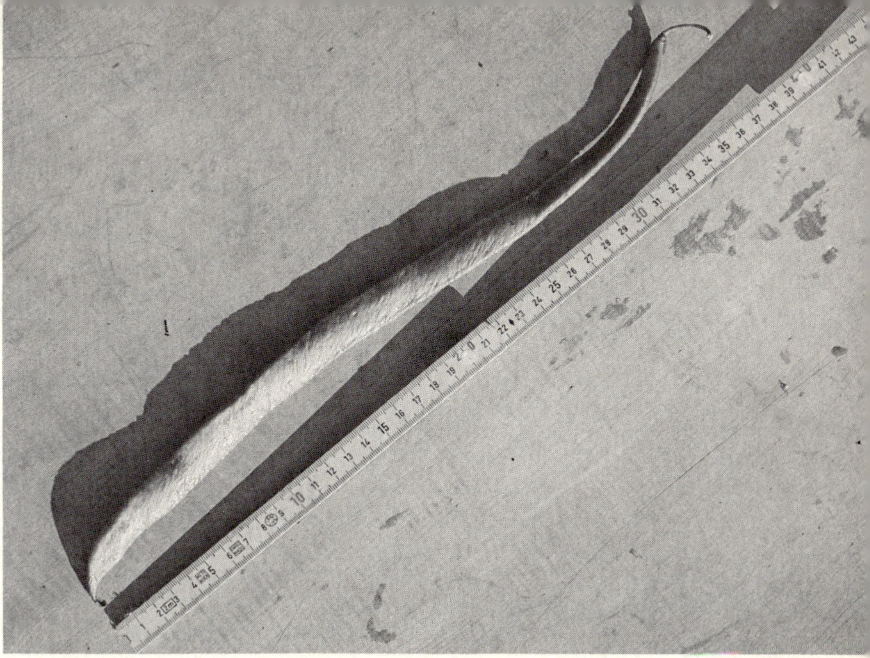

III LAGE UND KLEINKLIMA DES GARTENS

Beginnt man, erstmalig ein Grundstück in Kultur zu nehmen, empfiehlt es sich, bescheiden anzufangen; das heißt, man wird die arbeitsaufwendigen Anbauflächen, also den eigentlichen Nutzgarten, mit bescheidenen Maßen dem Gartenganzen eingliedern. Mit den Erfahrungen und Erfolgen der ersten Jahre vergrößert man den Gemüsegarten, soweit die Arbeitszeit für seine Pflege reicht. Der kleine Nutzgarten bringt bei intensiver Bewirtschaftung vielleicht mehr als der große, bei dem man stets im Kampf gegen seine Verwilderung liegt. Vor allem bearbeitet man kleinere Flächen mit Freude, während man dem großen Garten gleichsam nachrennt, ohne das Ziel gepflegter Kulturen je zu erreichen. Einem solchen Garten gegenüber hat man stets ein schlechtes Gewissen, und das trübt das Vergnügen an ihm beträchtlich.

Natürlich wünscht sich zunächst jeder ein großzügig bemessenes Grundstück, doch man muß deshalb nicht auch schon einen großen Garten anlegen. In etwa gilt diese Reihenfolge: Beerensträucher machen weniger Arbeit als Gemüsebeete, Blumen weniger als Beerenobst, Stauden weniger als Sommerblumen, Rasen etwa so viel wie Stauden oder Beerenobst, eine Blumenwiese weniger als Rasen, Obstbäume etwa so viel wie eine Wiese.

Diese Aufwandstufen für Kulturflächen können sich jeweiligen Verhältnissen und Ansprüchen entsprechend auch anders darstellen, doch bieten sie einen Anhalt für zweckmäßige Größenteilungen eines Grundstücks.

Auch die einzelnen Gemüsearten machen unterschiedlich viel Arbeit. Unsere Kartoffeln etwa belasten uns nur zweimal im Jahr mit allerdings schwerer Arbeit: Bodenvorbereitung, düngen und pflanzen im Frühjahr, ernten im Herbst. Im Sommer betrachten wir sie nur und sehen dem Wettlauf zwischen Kartoffelpflanzen und Unkräutern gelassen zu. Es gibt dann einfach Wichtigeres zu tun. Sicher würde man das Ernteergebnis durch mehr Pflege erhöhen, aber andere Kulturflächen bedürfen dann unserer Arbeit dringender. Wir nehmen das Unkraut hin und ernten durchschnittlich drei Zentner Kartoffeln. Warum also mehr tun, wenn das Ziel auf diese Weise erreicht wird? Allerdings müssen wir mit Land nicht sparen. Wer jede Handvoll Gartenerde intensiv nutzen will,

Kleiner Kartoffel- und Krautacker für den Eigenbedarf im Jahreslauf. Links oben: Ein Stück Weideland wird mit dem Pflug (oder mit dem Spaten) umbrochen. Rechts oben: Die halbierten Saatkartoffeln wurden auf eine dünne Schicht verrotteten Kuhmist gelegt. Auf die nicht anderweitig gedüngte Erde kam eine weitere Schicht aus frischem Kuhmist, darauf eine Mulchdecke aus Stroh gegen Verdunstung und Unkraut. In den verbliebenen Mittelstreifen wurden später als Verlegenheitslösung Kohlpflanzen gesetzt. Links unten: Nach dem Mulchen und Pflanzen wurde an diesem Stück Land bis zur Kartoffelernte im Herbst nichts mehr gearbeitet. Rechts unten: Die Bodenbedeckung aus Stroh gab den Kartoffel- und Kohlpflanzen im Wettlauf mit dem Unkraut einen genügend großen Vorsprung. Die Ernte fiel trotz geringstem Zeitaufwand befriedigend aus.

weil er seinen Ertragsgarten nicht vergrößern kann, tut gut daran, mitzehrendes Unkraut nach Kräften auszuschließen.

Die aufwendbare Arbeitszeit begrenzt die ›zumutbare‹ Gartenfläche. Auch bei lockerer Handhabe, die noch nicht in Schlamperei übergeht, muß man für den Nutzgarten als unteres Maß eine Stunde je Quadratmeter und Jahr ansetzen. Mit weniger kommt man kaum davon. Aber ob jemand mehr oder viel mehr Arbeit in den Garten steckt, ist auch eine Frage der Organisation, der Erfahrung und des Anspruchs.

Es entspricht nicht der Wahrheit, daß der biologisch gepflegte Garten wesentlich mehr Arbeitszeit erfordert als der mit chemischen Hilfsmitteln bewirtschaftete Garten. Es sei denn, man macht es sich zur Aufgabe, jedes Pflänzchen, das nicht gesät oder gesetzt wurde, schon bei seinem Erscheinen mit Stumpf und Stiel zu vernichten. Abgesehen davon, daß eine Bodenbedeckung derlei Arbeit weitgehend überflüssig macht, gibt es natürlich solche in Handarbeit ›geleckten‹ Gärten. Bei ihrem Anblick mag der Verdacht aufsteigen, daß hier ein Pedant seinen Ordnungssinn auf friedliche, sogar nützliche Weise auslebt. Auch dafür kann ein Garten gut sein.

Anregungen zu geben, wie man ein Grundstück zum Garten macht und wie ein Garten nach den Bedürfnissen seines Besitzers gestaltet werden kann, soll einem späteren Band dieser Reihe vorbehalten bleiben. Hier sei nur auf die wichtigsten Punkte der Planung hingewiesen.

Der Nutzgarten braucht die beste Erde, die meiste Sonne und den am sichersten vor Winden geschützten Platz auf unserem Gartengrundstück. Er sollte vom Haus aus leicht zugänglich sein, das gilt besonders für die Kräuterecke. Wenn es der Hausfrau bequemer ist, Kräuter beim Kaufmann mitzunehmen, als sie aus dem eigenen Garten zu holen, dann wird sie diese Kräuterquelle nicht immer nutzen. Da die Gemüsebeete öfter als Blumenrabatten oder Staudenbeete eine Bodenbearbeitung, ein Auspflanzen, Jäten, Ernten oder Düngen erfordern, legt man sie zweckmäßigerweise an den Hauptweg. Auf ihm sollte man bequem mit der Schubkarre fahren können. Deshalb ist es auch nicht empfehlenswert, Gemüsebeete dort einzurichten, wo sie durch Stufen vom Haus getrennt sind. Die kleinste, scheinbar unbedeutende Arbeitserschwernis vervielfältigt sich im Lauf des Gartenjahres und frißt kostbare Zeit. In diesem Sinne sollten

Links: Ein ³/₄ Zoll Kunststoffschlauch wird als Wasserzuleitung nur spatenstichtief verlegt. Rechts: Steckanschluß (Gardenia) für den Gartenschlauch. Ein solches Versorgungssystem im Eigenbau kommt billiger als fertig zu kaufende »Pipeline«-Systeme.

auch die Geräte – wenn möglich – in Nutzgartennähe untergebracht sein.

Gießen betrifft vor allem die Gemüsebeete. Bei größeren Flächen empfiehlt sich ein flach unter dem Boden verlegtes Stecksystem, zum Beispiel von Gardenia, Wolf oder AL-KO, das ein Sprengen ohne Schlauchschleppen vom Keller zum Nutzgarten erlaubt. Ein Trost für Anfänger: Erwarten Sie nicht, schon im ersten Jahr alles richtig zu machen. Im Garten sind Sie Herr Ihrer Planung. Fehler dürfen begangen, aber sie müssen nicht wiederholt werden.

Sonnenbestrahlung und das jeweilige Kleinklima der Gartenteile entscheiden wesentlich über den Erfolg des Gemüseanbaus. Pflanzenmasse wird ausschließlich durch Photosynthese erzeugt, das heißt unter Sonnenlicht. Daran führt für die Pflanze kein Weg vorbei. Auch der dickste Rettich kann nur speichern, was in seinen grünen Blättern im Sonnenlicht an Nährstoffen assimiliert wurde.

Soll das ganze Tageslicht dem Gemüsegarten zugute kommen, dann darf – wenigstens in unseren Breiten – nichts den Strahlenweg der Sonne behindern. Bäume verschönern jeden Garten, der nicht zu klein ist für sie, aber sie werfen auch Schatten. Nur im Norden des Nutzgartens nehmen sie den Gemüsebeeten kein Licht. Dasselbe gilt, eingeschränkt je nach ihrer Höhe, für Hecken, Büsche, Lauben, Sichtblenden, Pergolen und Gartenhäuschen. Hier geht

Der kleine Viereckregner (Gardenia) bewässert eine Fläche bis 160 qm von einem Standplatz aus. Hier wird zu trockenes Rottegut bei der Anlage einer Kompostmiete beregnet.

Nutzen vor Schönheit, wenn mit Lichteinbuße bezahlt werden müßte. Kurz gesagt: Für Sonnenlicht im Garten gibt es keine Alternative.

Man kann jedoch durch eine Reihe von Maßnahmen das Kleinklima eines Gartens entscheidend verbessern. Dabei kommt es vor allem darauf an, dem Wind Einhalt zu gebieten und kalte Bodenluft daran zu hindern, in die Kulturflächen einzufließen. Die Gemüsebeete sollten deshalb auf keinen Fall in einer ›geschützten‹ Mulde des Gartens angelegt werden, denn sie könnte gleichzeitig das Gefrierfach des Grundstückes sein.

Weil Kaltluft schwerer ist als Warmluft, kann man sich leicht vorstellen, daß sie bei Windstille wie eine träge Flüssigkeit ihren Weg zu den tiefsten Stellen des Geländes nimmt. Wer das genau wissen will, legt an verschiedenen Stellen seines Grundstücks Thermometer aus – natürlich im Schatten. Ein anschauliches Bild von der Wärme-/Kältestruktur eines Geländes ergibt sich manchmal nach einer Reifnacht. Die Rinnen und Senken können dann weiß überzuckert, günstigere Lagen grün geblieben sein.

Frischer als vom Garten in die Küche geht es nicht.

Auch wenn man bei einem Hanggarten auf seinen höheren Teilen mehr Wind in Kauf nehmen muß, sollte man die Gemüsebeete dort anlegen. Vor Wind schützt man die Beete am besten durch Hecken. Sie sollten einen Schattenabstand vor den Nutzflächen haben und aus demselben Grund nicht zu hoch sein.

Die Hecke, so stellt sich mancher vor, muß als Windschutz immer grün und so dicht sein wie ein vieljähriger Thujawall. Die Kraft des Windes bricht aber auch eine Hecke aus reizvollen, sommergrünen Laubgehölzen, blühenden und fruchttragenden Heckenpflanzen, denn der Luftstrom wird durch die Hecke angehoben und entkräftet. Hinter der Hecke entwickeln sich höhere Lufttemperaturen, auch wenn es dort nicht windstill ist. Wind schadet dem Garten aber nicht nur als Kältebringer, sondern noch mehr als Austrockner des Bodens. In dieser Hinsicht wirkt der warme Wind meist schädlicher als der kühle.

Als schlimmster Einbruch unerwünschter Umwelteinflüsse erweist sich für manchen Garten eine nahe, verkehrsreiche Straße. Sie kann mit ihrem Lärm, ihren Abgasen, ihrem Schmutz und ihren Erschütterungen die Freude am Garten schwer beeinträchtigen, sie vielleicht unmöglich machen. Da hilft keine freundliche Vogelhecke mehr, sondern im Nahbereich nur die massive Abgrenzung durch eine hohe Mauer, sofern die Straße nicht im Süden des Grundstückes verläuft und ein gemauerter Schirm den Garten buchstäblich kalt stellen würde.

Schließlich beeinflussen auch Gewässer nahe und auf dem Grundstück das Kleinklima des Gartens. Ein Teich mit stehendem Wasser kühlt während warmer Tageszeiten und mildert in seiner unmittelbaren Umgebung die Kühle der Nacht. Je größer die Wassermasse, desto deutlicher kann ihre ausgleichende Wirkung wahrgenommen werden. Gartengewässer mit ständigem Durchlauf frischen Wassers geben beträchtliche Kälte ab und sind für den Nutzgarten deshalb nicht zu empfehlen.

Stehen auf einem Grundstück mehrere Seiten des Hauses für den Garten zur Verfügung, dann wird man für die Gemüsebeete nach Möglichkeit Ost- oder Südlage wählen. Den besonders im Frühjahr entscheidenden Vorteil des Sonnenfangens an einer Hauswand kann man im Freiland durch eben die Einrichtungen herbeiführen, vor denen als Schattenspender gewarnt wurde – mit Ausnahme der Bäume.

In der Nähe meines, an einem Südhang gelegenen Geburtshauses gab es ein kleines Stück Waldrand, an dem im Frühling regelmäßig der Schnee zuerst Boden freigab. Mein Vater, ein Feind des Schnees, erwarb vor gut drei Jahrzehnten dieses Fleckchen Erde von knapp tausend Quadratmetern und legte sich dort einen Terrassengarten an. Wir pflanzten – ich möchte sagen im ersten Besitzerrausch – auch vielerlei Bäume an. Die entfalteten sich kräftig, so daß große Teile des einstigen Sonnengartens nun so stark beschattet werden, daß dort nicht mehr viel wächst. Manche Gartenfreuden schließen sich, besonders auf engem Raum, eben gegenseitig aus.

Im idealen Garten umschließt eine Hecke den ›Wohnbereich‹ des Gartens, breitet sich im Norden der Anlage eine Spielwiese mit Obstbäumen aus. Es gibt viele in ihrer Art vollkommene Gärten, vollkommen je nach den Verhältnissen der Umgebung und den Absichten der Gestalter in ganz verschiedener, ja gegensätzlicher Weise. Zu den liebenswürdigsten Gartenformen zähle ich den kleinen bis mittelgroßen Bauerngarten alten Stils. Ihn zeichnet eine Eigenschaft aus, die heute vielen Gärten fehlt: allgemeine Menschenfreundlichkeit. Ich meine nicht, daß diese Gärten Spielplätze für Kinder, Liebeslauben oder Grillecken enthielten, dafür hatten die Bauern weder Sinn noch Zeit. Sie zeigten jedoch den vorübergehenden Menschen in unbekümmerter Offenheit alles, was sie hatten: Blumen, Gemüse, Unkraut in oft verschwenderischer, gleichsam natürlicher Fülle.

Heute trachten die meisten Hobbygärtner danach – und sie haben nach Lage ihres Gartens vielleicht zwingende Gründe dafür –, ihren Garten gegen die Außenwelt abzuschirmen, einen ausschließlichen und ausschließenden Selbstzweck daraus zu machen – eingemauert hinter Schloß und Riegel. Ist das ein Gartenglück, wenn die Früchte der Arbeit kein Außenstehender mehr sieht, wenn ein Garten nicht auch Augenweide für die Vorübergehenden ist? Ich gehe für mein Leben gern an fremden Gärten vorüber und betrachte, was dort wächst und gedeiht. Pralle Gurken und Salatköpfe entzücken mich dabei ebenso wie eine leuchtende Blumenpracht.

Der biologisch gepflegte, ertragreiche Gemüsegarten ist ein Versprechen, das in den folgenden Kapiteln eingelöst werden soll. Wenn wir aus Gründen thematischer Gliederung nur von Gemüse sprechen und darüber, wie man es dick und rund macht, dann soll damit nicht zum Ausdruck gebracht werden, daß der Hausgarten nur aus küchennützlichen Beeten bestehen und der Gemüsegarten nur Eßbares hervorbringen soll. Auch die Schönheit seiner Pflanzen und Freude durch die Arbeit in ihm sind wesentlich. Der wahre Gärtner aus Liebe mag seine Ernte wiegen, aber er mißt sein Gartenvergnügen nicht nur am Marktpreis der Erträge.

Sumpfmaus

IV LEBENDIGER BODEN, GRUNDLAGE DES GARTENERFOLGS

Erde ist der Körper unseres Gartens, Geschenk und Aufgabe für den, der ihn pflegt. Unter ›gutem‹ Boden versteht man allgemein solchen, der viele Pflanzenarten gut gedeihen läßt. Biologisch gärtnern heißt auch, Einblick in die Ursachen zu gewinnen, welche die Bodenfruchtbarkeit bewirken.

Bodenfruchtbarkeit ist kein Zustand, sondern ein Zusammenspiel vieler ineinandergreifender Vorgänge. Ein tiefgreifender Unterschied zwischen konventionellen und naturgemäßen Anbauweisen liegt in der Behandlung dieser Vorgänge, also in der Pflege und Düngung des Bodens. Beide Auffassungen mit den daraus folgenden Maßnahmen lassen sich – vereinfacht – so zusammenfassen:

Jede Pflanze braucht, um leben und wachsen zu können: Kohlenstoff, Wasserstoff, Sauerstoff, Stickstoff, Schwefel, Phosphor, Kalium, Kalzium, Magnesium, Silizium und Chlor in sehr unterschiedlichen Mengen. Dazu kommen die sogenannten Spurenelemente, Stoffe, die gleichsam nur in Spuren vorhanden sein müssen, wie Eisen, Bor, Zink, Kupfer, Mangan und Molybdän.

Die Stoffe, von denen die Pflanze mengenmäßig am meisten braucht, Sauerstoff und Wasserstoff, entnimmt sie dem Wasser, Atemsauerstoff der Luft, Kohlenstoff der Luft (CO_2). Etwa die Hälfte der pflanzlichen Trockenmasse besteht aus Kohlenstoff. Natürlich braucht die Pflanze zum Leben auch Wärme und Licht.

Bringt man nun die genannten Stoffe – außer denen, die der Luft und dem Wasser entnommen werden – bei annähernd richtigem Mengenverhältnis in Lösung mit Wasser, so kann eine mit dieser Lösung versorgte Pflanze unter Licht und Wärme wachsen. Läßt man auch nur einen der Grundstoffe weg, so bleibt die Pflanze nicht am Leben.

Nach dem Faßdaubenschema (Zeichnung S. 11) ergibt sich folgerichtig daß die Ertragskraft eines Bodens von dem Nährstoff begrenzt wird, der in ihm im Verhältnis zum Pflanzenbedarf am wenigsten vorhanden ist, zum Beispiel Kalium, Stickstoff oder Phosphor. Diese drei Nährstoffe fehlen den Kulturböden am häufigsten und werden deshalb in Form von Mineralsalzen als ›Volldünger‹ in den Boden gebracht. Die Pflanze kann solche in Wasser lösliche Mineralsalze durch ihre Wurzeln aufnehmen. Der Düngungserfolg ist unmittelbar am vermehrten Pflanzenwachstum abzulesen.

Im Garten erzielt man mit Mineraldüngung schnelle Erfolge und ansehnliche Ernteergebnisse. Um eine anhaltende Versorgung der Pflanzen zu gewährleisten, muß verhältnismäßig oft gedüngt, der Boden mechanisch gelockert werden, zum Beispiel durch Umgraben und Hacken, in der Landwirtschaft durch Tiefpflügen.

Was dem Boden jeweils fehlt, kann man durch Bodenuntersuchungen ermitteln. Gewöhnlich beschränken sich diese Analysen auf den Gehalt an Stickstoff (N), Phosphor (P) und Kali (K) sowie auf den pH-Wert. Diese Zahl gibt Aufschluß über den Zustand des Bodens im Hinblick auf seine sauren oder alkalischen Eigenschaften. Vom pH-Wert kann man auf den Kalkgehalt des Bodens schließen. Kalkarme Böden sind sauer, kalkreiche alkalisch. Fruchtbare Kulturerde sollte einen pH-Wert bei sechs oder sieben aufweisen, höher wäre zu sehr alkalisch, tiefer zu sauer (1 = reine Salzsäure, 14 = reine Natronlauge). Der günstigste pH-Wert liegt etwa in der Mitte beider Extreme, die Erde ist dann annähernd ausgeglichen.

Selbstverständlich gilt auch in biologischer Sicht, daß die Pflanze alle elf mineralischen Grundbausteine für ihre Ernährung braucht. Jede bewachsene Erde enthält sie, sonst könnte sie kein Grün hervorbringen. Wo auf natürlichem Boden gar nichts wächst, ist das meist auf Licht- oder Wassermangel zurückzuführen oder auf extreme Temperaturen.

Die vielfältigen stofflichen Bedingungen, die für das Pflanzenwachstum erfüllt sein müssen, vereinfachen sich für unser Verständnis, wenn wir nicht von der Analyse des Bodens ausgehen, sondern im Gegenteil größere Zusammenhänge zu erfassen suchen. Dazu brauchen wir nur zu betrachten, wie das Werden und Vergehen des Bodens in der Natur abläuft. Als Beispiel bietet sich, wie schon erwähnt, die unserem Klima angemessene Pflanzengemeinschaft des Mischwaldes an. Er kann uns Grundkenntnisse der Bodenpflege lehren. Sie besagen, daß beständige und ausgewogene Bodenfruchtbarkeit nicht durch das Hinzufügen bestimmter Stoffe von außen herbeigeführt werden muß, sondern durch die natürlichen Stoffkreisläufe selbst erreicht werden kann.

Alle elf sogenannten Kern-Nährstoffe sind im Pflanzenkörper selbst enthalten. Verkohlt man ihn unter Sauerstoffabschluß, so erhält man ein schwarzes Pulver, aus dem durch Veraschen (Verbrennen) der Kohlenstoff entweicht. Diese weiße Pflanzenasche enthält in Form von Salzen, was die Pflanze außer Luft, Wasser und Licht braucht. Eine neue Pflanze kann ohne Erde in einer wäßrigen Lösung dieser Asche wachsen, wenn sie gleichzeitig Luft für Atemsauerstoff und Kohlenstoff sowie Licht als Energiequelle und Wärme bekommt.

Da die Stoffe, die eine Pflanze zum Leben braucht – einschließlich der Spurenelemente –, auch in ihr selbst nachgewiesen werden können, müßte eine neue Pflanze mit den Bestandteilen einer abgestorbenen ernährt werden können. Diese Annahme ist richtig, aber so kurzgeschlossen arbeiten die Stoffkreisläufe der Natur nicht. Wenn ein Organismus abstirbt, läßt er, wie jeder aus Erfahrung weiß, nicht Mineralsalze, sondern organische Verbindungen zurück. So wie Tiere und Menschen nicht von Mineralien, sondern von organischen Verbindungen leben, so nehmen umgekehrt die höheren Pflanzen keine organischen, sondern nur mineralische, also anorganische Stoffe auf. Das heißt: Tiere und Menschen leben unmittelbar und mittelbar von Pflanzen, ohne sie können sie nicht bestehen. Höhere Pflanzen dagegen schöpfen ihre Nahrung zum einen Teil aus Luft und Wasser, zum anderen Teil aus Mineralien verwitternder Gesteine und bereits abgebauter organischer Verbindungen.

Den Abbau, also das Zerlegen organischer Stoffe in anorganische Grundbausteine, leisten kleinste Lebewesen oder Mikroben, meist einzellige Bakterien. Die Bakterien bilden eine große Abteilung innerhalb des Pflanzenreiches.

So haben wir es in der belebten Natur erstens mit Stoffbildnern (Konstruenten) zu tun, den blattgrünhaltigen, also assimilierenden Pflanzen, zweitens mit Verbrauchern (Konsumenten), Tiere und Menschen, und schließlich mit Zerlegern (Destruenten), den Bakterien und Pilzen. Von diesen drei Lebewesengruppen werden, vereinfacht gesagt, die Stoffkreisläufe der Lebensentfaltung in Gang gehalten. Man muß betonen, nicht notdürftig, sondern vollständig. Denn aus der Umsatzkraft dieser Kreisläufe und nicht mit Mineraldüngergaben ›von außen‹ entfaltet sich die Schöpfung seit vielen Millionen Jahren.

In der biologischen Anbauweise werden diese natürlichen Vorgänge herbeigeführt und gefördert. Gute Bedingungen für die natürlichen Stoffumsätze zu schaffen, bedeutet, mit den Mitteln der Natur zu arbeiten. Die biologische Anbauweise ist deshalb nicht rückständig, sie geheimnist nichts in die Naturvorgänge hinein, sondern bedient sich ihrer.

Auch einigen Vertretern der ›Biologischen‹ möchte man die Grundwahrheiten des Wachsens bisweilen in Erinnerung rufen, wenn sie mit tausend Mittelchen und Spezialrezepten ihren Garten bemuttern. Manche scheinen die Abhängigkeit von Spritzkalendern der chemischen Zulieferer in eine Abhängigkeit von Aussaat- und Erntekalendern nach Gestirnkonstellationen zu verwandeln. Damit ist kein Wort gegen die bedeutenden und vielleicht zukunftsweisenden Forschungsarbeiten gesagt, die zu solchen Tabellen zugrundeliegen. Fatal ist nur, wo sie beim Ausführenden nicht zum Verständnis der Zusammenhänge, sondern zur Mechanik des Handelns führen.

Aus dem Gesagten wird ersichtlich, daß die konventionelle Anbauweise mit Mineraldüngern die Pflanzen vorwiegend unmittelbar, man könnte sagen, künstlich ernährt, daß die biologische Anbauweise dem Boden zu einem höheren Belebungsgrad verhilft. Hier heißt Düngen vor allem, den Boden lebendig zu machen, das mikrobielle Bodenleben zu fördern. Die Pflanzen werden dann nicht unmittelbar, sondern mittelbar, wie in der Natur selbst, ernährt.

Das Pflanzenwachstum über ein gefördertes Bodenleben mit Nahrung zu versorgen heißt, auf ganz schnelle und übermäßige Wirkung zu verzichten, heißt aber auch, unerwünschte Nebenwirkungen auszuschließen.

Um Mißverständnissen vorzubeugen: Bodenleben fördern bedeutet, dem Boden organische Nahrung zu geben. In ihr sind die mineralischen Grundbaustoffe für die Pflanzen enthalten, doch müssen sie von den Mikroben erst durch Abbau den Pflanzen zugänglich gemacht werden. Die gleichen Grundstoffe kommen beim konventionellen und beim biologischen Anbau auf verschiedenen Wegen und in verschiedenen Qualitäten an die Pflanze.

Die direkte Versorgung mit wasserlöslichem Mineraldünger führt zwangsläufig zum Ausschwemmen von Teilmengen des verwendeten Düngers. Sie gelangen mit dem ablaufenden Wasser in Bäche und Flüsse und bilden einen beträchtlichen Teil der Gewäs-

Im Wald verrottet auch Stammholz schließlich zu Boden.

serbelastung. Überdüngtes (eutrophiertes) Wasser gehört heute zu den ständigen Sorgen der Ökologen, es verändert den Sauerstoffgehalt und damit Pflanzen- und Tiergemeinschaften der Gewässer nachhaltig.

Fruchtbare Erde ist ein Stoffgemisch aus mineralischen Bestandteilen des Unterbodens und organischer Stoffe der Erdoberfläche in verschiedenen Zuständen der Verrottung. Wasser und Luft durchdringen die Erde und machen sie für eine artenreiche Lebewelt bewohnbar. Man bekommt ein zutreffendes Bild von den Vorgängen an der Grenzschicht zwischen dem Mineralkörper unserer Erde und ihrer Lufthülle, wenn man sich zwei Zahnräder vorstellt, die durch ihre Drehung ineinandergreifen, sich fortwährend aufeinander zubewegen und ihre Massen in einem Durchdringungsraum verzahnen.

Aus dem Muttergestein, dem dichten, mineralischen Unterbau der Erde, sondern sich mit dem Eindringen von Wasser feinste Teile in Lösung, aber auch große Brocken ab und steigen nach oben. Dabei spielen in unseren Breiten auch Temperaturunterschiede zwischen Tag und Nacht, zwischen Sommer und Winter eine Rolle. Man kann beobachten, wie kleine oder große Steine durch den Boden an die Erdoberfläche wandern – zum Mißvergnügen derer, die das Feld bestellen. Unter Steinen sammelt sich

Wasser, das beim Gefrieren seinen Rauminhalt vergrößert und dadurch den Stein nach oben schiebt. Wäre nur die Schwerkraft am Werk, müßten alle Steine nach und nach im Boden verschwinden, in ihrer leichteren Umgebung absacken. Die Erfahrung bestätigt das Gegenteil.

Je nach Zusammensetzung des Muttergesteins entstehen über ihm verschiedene Bodenarten. Der Boden erhält aus seinem Untergrund eine ständige Zufuhr von Mineralien, zum Beispiel Kalk, Kali, Magnesium und Phosphor, die wir schon als unverzichtbare Nährsalze der Pflanzen angesprochen haben. Die Gegenbewegung von oben führt organische Stoffe zu: abgestorbene Pflanzenteile wie Gräser, Kräuter, Laub, Nadeln, Holz, Blüten, Pollen, Samen und Wurzeln. Dazu kommen die Ausscheidungen der Tiere, Teile ihrer Körper aus Chitin oder Horn, ganze Tierkörper und deren Reste, wenn sie sterben oder erbeutet werden.

Dieser organische Trümmerhaufen würde die Erde in kurzer Zeit ersticken lassen, unbewohnbar machen, wenn nicht die Lebensgemeinschaften des Bodens und des Wassers, wie Bakterien, Pilze, Algen, Würmer und Gliedertiere sich der Abfallstoffe annehmen und sie auf vielen Stufen ihrer Tätigkeit wieder in Mineralbausteine, also Nährsalze für die Pflanzen, zerlegen würden. Ohne diese Grundstufen der Lebensentfaltung gäbe es auch keine höheren Pflanzen, keine Tiere und keine Menschen.

Wir können an dieser Stelle auf die Zusammensetzung des Bodenlebens nicht näher eingehen. Für den Praktiker des Gartens ist es wichtig zu wissen, daß im Durchdringungsraum von Mineralien der Tiefe und organischen Verbindungen der Erdoberfläche das Bodenleben die Stoffkreisläufe in Gang hält.

So wie in den verschiedenen Höhenstufen des Waldes bestimmte Tiere wohnen und wirken, so hat man sich auch für den Boden kein Durcheinander, sondern ein reichgegliedertes Gefüge der verschiedenen Lebewesenarten zu denken. Wären die Bakterien in ihrer unübersehbaren Artenvielzahl nicht in der Lage, unter fast allen nur denkbaren Umweltbedingungen organische Stoffe abzubauen, dann gäbe es an unwirtlichen Winkeln der Erde unbewältigte Abfallhaufen. Die Allgegenwart der Zersetzer, und zwar jeweils der richtigen, erklärt sich aus der Tatsache, daß Bakterien anders als höher organisierte Lebewesen keinem zeitlich bestimmten Lebenszyklus unterworfen sind. Viele können sich bei Nahrungsmangel oder unpassenden Bedingungen zu unempfindlichen

Dauerformen, den Zysten, verkapseln und bei besserer Gelegenheit zu neuer Tätigkeit und schneller Vermehrung entfalten. Wenn wir nur die geeigneten Bedingungen schaffen, haben wir auch das dazugehörige Bodenleben.

Die oberen Bodenschichten in Luft- und Lichtnähe beherbergen andere Mikroorganismen als die mittleren mit weniger Sauerstoff oder solche ohne Luftzutritt. Auch die Art der anfallenden organischen Stoffe bedingt unterschiedliche Zusammensetzungen der Destruenten: Holz wird von anderen abgebaut als Horn, Mist von anderen als Nadelstreu. Eine saure Umgebung hemmt Bakterientätigkeit.

Ein Bakterium kann ein Tausendstel Millimeter groß, viel größer oder viel kleiner sein. Auch Bakterien haben Feinde, zum Beispiel Viren. Die pflanzlichen und tierischen Lebewesen in der Erde faßt man als Edaphon zusammen. Ähnlich wie die Lebewesen auf und über der Erde ein Beziehungsgefüge zahlreicher empfindlicher Gleichgewichte des Fressens und Gefressenwerdens bilden, stehen auch die Mitglieder des Edaphon in geregelten Abhängigkeiten untereinander und zu ihrer Umwelt. Die Zahl ihrer Einzelwesen ist für unser Raumdenken unvorstellbar groß: für ein Gramm humusreicher Erde über eine Milliarde.

Viel Kleinvieh macht auch Mist. Ein Hektar fruchtbaren Bodens gibt mehreren Tonnen Lebewesen des Edaphon Raum und Nahrung. Alle in der Erde lebenden Organismen wiegen mehrfach so viel wie alle auf ihr lebenden, die Menschen eingeschlossen. Solche Lebensentfaltung braucht Raum. Betrachtet man belebten Humus unter dem Mikroskop, dann erweist sich ein mit dem Auge kaum mehr wahrnehmbarer Erdkrümel als ein reich strukturiertes Raumgebilde. Man hat errechnet, daß die Oberfläche der Poren von nur einem Gramm Gewicht um achthundert Quadratmeter erreichen!

Die Wohnburgen des Bodenlebens, vorzustellen als schwammartige Gebilde mit Luft- und Wassereinschlüssen, entstehen nicht von selbst, sondern durch die Tätigkeit seiner Bewohner. Die vielzitierte Bodengare, eine Fruchtbarkeitsvoraussetzung der Erde, ist nichts anderes als das Werk des Bodenlebens.

Und da berühren diese Ausflüge ins Unsichtbare die praktische Gartenarbeit. Wir beschäftigen uns, wenn auch nur andeutungsweise, mit dem Bodenleben, um in Ihnen, lieber Leser, eine Art Hemmung aufzubauen, diese Welt der Kleinsten mit Chemie oder auch nur mit dem Grabspaten unnötig zu stören. Alle diese Lebewesen sind unsere unsichtbaren Helfer im Garten. Ein Guß aus dem Giftkanister löst im Bodenleben wahre Katastrophen aus. Die Art des Umgrabens, bei der das Unterste zuoberst kommt, auch Rigolen genannt, wirft nicht nur Erde, sondern mit ihr auch das in den Schichten enthaltene Bodenleben über den Haufen. Die biologische Pflege belebter Gartenerde hat solche Hauruck-Arbeiten mechanischer Bodenlockerung in der Regel nicht nötig. Die so gewonnene Zeit geht in anderen Arbeiten auf, zum Beispiel bei der Anlage einer Kompostmiete oder beim Ausbringen der reifen Komposterde. Biologischer Gartenbau bedeutet im Durchschnitt nicht mehr, aber auch nicht weniger Arbeit als die konventionelle Wirtschaftsweise.

Das Bodenprofil

Jeder Gartenpraktiker weiß, daß außer dem Belebungsgrad des Bodens – in etwa gleichzusetzen mit seinem Humusanteil – auch die grundsätzliche Bodenart für die Bearbeitung und Ergiebigkeit des Gartens eine Rolle spielt. Anders als der Landwirt, der den Boden seiner Wiesen und Äcker auf lange Sicht als gegeben hinnehmen muß, kann der Besitzer eines Hausgartens in verhältnismäßig kurzer Zeit sehr viel für die Qualität seines Bodens tun. In manchen Gartenbüchern wird empfohlen, einen ungünstigen Boden einfach aus der Welt, nämlich aus dem Garten zu schaffen und durch Anfuhr von besserer Erde zu ersetzen. Abgesehen von den erheblichen Kosten eines solchen Verfahrens meine ich, daß nicht nur der ertragreiche Garten Spaß macht, sondern auch der Weg dahin. Jede Erde, die Pflanzen hervorbringt, läßt sich mit Hilfe eines eingeleiteten Kompostkreislaufs nach und nach in fruchtbaren, guten Gartenboden verwandeln. Ein Bodenaustausch wäre nur bei einer krankmachenden Durchsetzung der Erde mit Fremdstoffen, zum Beispiel abgelassenem Öl, anzuraten.

Um sich Kenntnis von den Bodenverhältnissen eines neu erworbenen oder in Kultur genommenen Grundstücks zu verschaffen, kann man außer der üblichen Bodenuntersuchung durch ein Institut auch die eigenen Sinne zu Hilfe nehmen: Man gräbt ein sogenanntes Bodenprofil aus, das heißt, man legt einen senkrechten

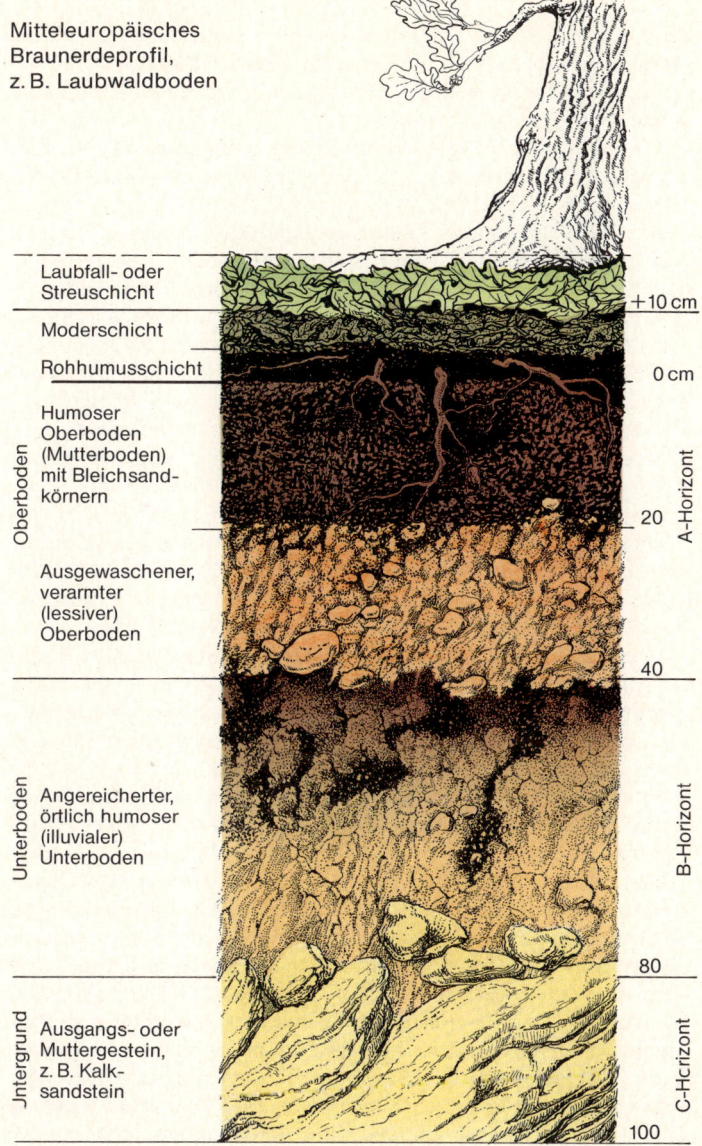

Schnitt durch die Erdschichten, je nach Neugier, Ausdauer und nach der Beschaffenheit des Grundes 1 bis 2,5 Meter tief. Solche Arbeit hat natürlich nur bei gewachsenem Mutterboden, nicht bei angefülltem Aushub Sinn.

Wir nehmen als Beispiel das Profil eines Waldbodens, weil hier die natürliche Schichtung vollständig ist (Zeichnung Seite 39).

Von oben nach unten:

Die Bodendecke aus Laub, Ästchen, Nadeln, abgestorbenen Pflanzen und tierischen Resten bildet eine lockere, luftige Hülle, die Haut des Bodens. Man nennt diese Schicht auch Rohhumusauflage. Sie enthält die Zugaben zur späteren Humusbildung.

Unter ihr beginnt mit dem eigentlichen Boden die mehrere Zentimeter starke Rotteschicht. Ihre noch immer lockere, aber schon erdige Masse verdichtet sich nach unten bis zur angrenzenden schwarzen Humusschicht. In der Rotteschicht wirken die sogenannten Erstzersetzer, also die Lebewesen, unter ihnen viele dem Auge sichtbare, welche die erste Stufe des Abbaus leisten. Es ist dies der gleichsam schwierigste Teil der Arbeit, weil hier die gewachsenen Strukturen, zum Beispiel der Zellulose und des Chitins, aufgebrochen werden müssen. In der spröden Bodenstreu des Nadelwaldes spielen mikroskopisch kleine Pilzarten eine wichtige Rolle als Zersetzer.

Die zehn bis dreißig Zentimeter starke Humusschicht, ein lokker-krümeliges, wohlriechendes, luftiges und feuchtes, aber nicht schmieriges Stoffgemisch, bildet den Wurzelgrund der meisten Pflanzen, hier finden ihre feinen Saugwurzeln reiche Nahrung. Die Wiese hat eine meist schwächere Humusschicht als der Wald, ihr Stoffumsatz ist geringer. Aber auch am Bodenprofil einer Wiese setzt sich die Humusschicht deutlich als die dunkelste vom tieferen Untergrund ab.

Unter dem Ober- oder Mutterboden lagern die verschiedenen Horizonte des Unterbodens. Sie enthalten zunehmend weniger Humusanteile und mehr Mineralien. Dem Unterboden folgt eine Schicht verwitternden Gesteins, sie sitzt dem noch festgefügten Ausgangs- oder Muttergestein auf. Anstelle des Gesteins können auch Sand- oder Kiesschichten treten. Über Kies liegt oft fruchtbarer Schwemmboden, der nicht am Ort durch Verwitterung entstand, sondern durch Wasserkraft herangebracht wurde. Schwemmbodenprofile zeigen nicht den üblichen Aufbau gewachsenen Bodens, wie wir ihn hier als Regelfall annehmen.

Regenwasser schwemmt lösliche Mineralsalze von oberen in tiefere Schichten, man spricht deshalb von einem Auslaugungshorizont des Oberbodens und einem Anreicherungshorizont des Unterbodens. Die belebte Humusschicht erfüllt eine Reihe für die Dauerfruchtbarkeit des Bodens entscheidende Aufgaben:

1. Sie nimmt Oberflächenwasser auf und speichert es in ihren Poren.
2. In ihr zirkuliert Luft und ermöglicht die Atmung der Mikroben. Das von den Bodenlebewesen ausgeatmete Kohlendioxid (CO_2) reichert die Luftschicht unmittelbar über dem Boden an und dient dort der Assimilation, also dem Wachstum der grünen Pflanzen.
3. Die Humusschicht bindet durch die Stoffwechseltätigkeit ihres Bodenlebens und mit Hilfe von Humussäuren Pflanzennährstoffe in einer Form, die den Pflanzen zugänglich, aber vor Ausschwemmen durch Wasser geschützt ist.
4. Sie bildet Boden und gleicht damit die Verluste aus, die durch Nährstoffentnahme der Pflanzenwurzeln entstehen.

Das Einlagern der Abbaustoffe gleichsam als Halbfertigprodukte für die Pflanzennahrung in haltbarer, aber den Pflanzen verwertbarer Form bedeutet Dauerfruchtbarkeit des Bodens. Er wirkt wie ein Puffer, der unterschiedlich anfallende Zugänge für gleichmäßigen Verbrauch durch die Pflanzen aufbereitet. Er fördert ein gesundes, kein getriebenes Wachstum der Pflanzen, wie es bei hohen Stickstoffgaben durch Mineraldünger der Fall ist.

Humus ernährt die Pflanzen gleichsam mit Vollwertnahrung einschließlich der Spurenelemente auf natürlichem Wege, während die Mineraldüngung ihrem Wesen nach eine Art künstliche Ernährung ist. Da die Mineralsalze durch die Pflanze nicht aufgeschlossen werden müssen wie die Bausteine des Humus, ist zeitweises Überangebot durch Mineraldüngergaben unvermeidbar.

Bodenarten

Dem Bodenprofil können je nach Ausgangsgestein – auch Kies, Sand oder Löß – recht verschiedene Bodenarten zugrunde liegen. Man unterscheidet allgemein leichte Böden (Sand), mittelschwere

Böden (Lehm) und schwere Böden (Ton) mit mehreren Übergangsstufen wie lehmiger Sand, sandiger Lehm und schwerer Lehm. Besonders die sehr leichten und die sehr schweren Böden können im Garten (und in der Landwirtschaft) zu ›Problemböden‹ werden.

Sandböden entstehen über Sandsteinen, Tonböden über Granit, Gneis und Schiefer, aber auch über Kalkgestein. Man spricht dann von Kalkböden. Die Körnchengröße der Bodenteilchen ist bei Sand am größten, bei Ton am kleinsten, Lehm liegt dazwischen. Entsprechend ist die Wasserführung der Böden: Sand hält wenig Wasser und trocknet am schnellsten aus. Sein lufthaltiges Gefüge bringt auch Vorteile: Sandböden erwärmen sich schnell, sie können im Frühjahr zuerst bepflanzt werden, und sie lassen sich leichter als alle anderen Böden bearbeiten. Wegen ihres von Natur aus geringen Nährstoffgehaltes nennt man leichte Sandböden ›mager‹. Ein Sandboden läßt sich nicht zu Rollen oder Kugeln formen, er zerfällt.

Die Korngröße des Lehmbodens bewegt sich zwischen Sand und Ton. Garten- und Ackerböden auf Lehmgrundlage sind die besten, doch sagt Lehm allein noch nichts über die Fruchtbarkeit eines Bodens aus. Lehm enthält Sandkörner, im feuchten Zustand läßt er sich rollen, bildet aber Risse und kann nicht mit dem Fingernagel geglättet werden.

Tonböden binden viel Wasser, sie sind deshalb kalt und sehr schwer zu bearbeiten. Ton hat die größte Dichte aller Böden. Feuchter Ton klebt am Spaten und kann den Gartenfreund zur Verzweiflung bringen. Ton läßt sich rollen, kneten und glätten, ohne zu reißen. Tonböden erwärmen sich im Frühjahr langsam und deshalb spät. Sie enthalten viel Wasser und stauen es. In nassen Tonböden leidet das Bodenleben an Sauerstoffmangel, trockener Ton wird hart und rissig.

Die Fruchtbarkeit eines Bodens wird nicht durch seinen Sand- oder Ton-, sondern durch seinen Humusanteil bestimmt. Humus ist das beste Heilmittel für alle Böden, vor allem für die sogenannten Problemböden, seien sie zu leicht oder zu schwer.

Viel Humus enthalten von Natur aus die Moorböden. Doch sind sie gleichzeitig sehr sauer und deshalb in diesem Zustand nur bedingt fruchtbar. Daß die schwarze Farbe des Humus von organischen und nicht von mineralischen Bestandteilen herrührt, sieht man, wenn man solche Erde stark erhitzt: Ihre organischen Anteile verbrennen dann, sie wird merklich heller. Das zeigt sich zum Beispiel deutlich an einer Feuerstelle auf Humusboden.

Man kann Ton oder schweren Lehm durch Sandbeigaben leichter und durchlässiger machen, Sandböden durch Ton- oder Lehmzugaben schwerer und damit weniger anfällig gegen Austrocknen und Windabtrag. Aber wer einmal versucht hat, Sand und Ton zu mischen, weiß, daß diese Maßnahme nur über die Anreicherung des Bodens mit Humus zum Erfolg führen kann. Am einfachsten ist es, der Kompostmiete für zu schweren Gartenboden jeweils mit dem Aufschichten des organischen Materials Sand beizumengen, dem Kompost für zu leichten Gartenboden Ton oder Lehm. Durch die Humusbildung wird der Sand gebunden, der Ton oder der zu schwere Lehm gelockert.

Freuen Sie sich, wenn Ihr Gartenboden nicht aus Sand oder Ton, sondern aus mittelschwerem Lehm besteht. Zur Bodenverbesserung brauchen Sie Ihrem Kompost dann auch nur wieder Lehm zusetzen, da Sie Ihre Gartenerde weder leichter noch schwerer machen wollen.

Die sogenannte *Bodenmüdigkeit* entsteht bei einseitiger Beanspruchung eines Bodens durch fortgesetzte Monokulturen oder einfach durch falsche, nämlich ›unbiologische‹ Bodenpflege. Bodenmüdigkeit spricht nicht gegen den Boden, sondern gegen die Art seiner Kultivierung, ähnlich wie ein bösartiges Pferd nicht gegen die Rasse spricht, die es vertritt, sondern gegen die Behandlung durch seinen oder seine Halter.

Das Wort Bodenmüdigkeit ist gut gewählt. Auch ein Muskel, der einseitig beansprucht wird, ermüdet schnell, während eine vielseitige und rhythmische Tätigkeit den Muskel stärkt.

Gartenerde muß bei richtig gehandhabter biologischer Bodenpflege mit jedem Jahr des Anbaus besser werden, fruchtbarer und ertragreicher. Dem Ernteertrag im Garten sind natürlich Grenzen gesetzt, zum Beispiel durch Wetter und Klima, aber auch durch die Pflanzenarten selbst.

Die beschriebene Pufferwirkung des Humus macht es möglich, daß ein biologisch gepflegter Gartenboden während eines ganzen Jahres überhaupt nicht gedüngt wird, auch nicht organisch oder durch Kompost, und daß er trotzdem unverändert hohe Erträge bringt. Das kann man natürlich nicht beliebig fortsetzen.

Bodenanalysen geben dem Fachmann Aufschluß über bestimmte Eigenschaften seiner Gartenerde. Der biologisch Wirtschaftende beobachtet seinen Boden unmittelbar: wie er aussieht, wie er sich anfühlt, wie er sich bearbeiten läßt und wie er riecht, mittelbar: wieviel Regenwürmer er enthält, welche Wildpflanzen auf ihm wachsen. Komposterde ist die mit eigenen Mitteln herbeigeführte natürliche Humusbildung. Sie heilt jeden Problemboden, und es gibt für ihre Erzeugung und Anwendung im Hausgarten keine Alternative.

Hainschnirkelschnecke

V DER KOMPOST

Ende des vergangenen Jahrhunderts wurde das Flugzeug erfunden und in unserem Jahrhundert zur Weltraumrakete weitergeführt. Etwa in derselben Zeit machte das Kompostieren die Entwicklung vom unvermeidlichen Abfallhaufen zur liebevoll gepflegten Selbsterneuerungszelle des Gartens durch. Würde die einhellige Erfahrung der Menschen, die biologischen Anbau mit Kompostwirtschaft betreiben, endlich übergreifen auf die Landwirtschaften der Industriestaaten und der Entwicklungsländer, dann könnte sich die bewußte Handhabung des Kompostierens für das Überleben der Menschheit als ein ungleich wichtigerer Fortschritt erweisen als der Gebrauch von Flugzeugen.

Wer mit der Kunst der Kompostbereitung vertraut wurde, hat seinem Garten eine unerschöpfliche Nährstoffquelle eröffnet, er hat in seiner Privatsphäre einen Stoffkreislauf verwirklicht, der wahrhaft sozial genannt werden darf, menschen- wie umweltfreundlich, produktiv und aus den Umsätzen des eigenen Verbrauchs gespeist.

Mario Howard, ein Praktiker im naturgemäßen Landbau: »Die Erträge in einem Garten hängen nicht von der nutzbaren Anbaufläche ab, sondern von der Anzahl Kubikmeter an nutzbarem Humus.« Da der beste Humus durch sachgemäßes Kompostieren erzeugt wird, heißt das: Der Gartenerfolg biologischer Ausrichtung baut auf Kompost. Wir stellen das Kompostkapitel deshalb an den Anfang des praktischen Teils unseres Buches.

Wer biologischen Gartenbau betreiben will, beginnt zweckmäßigerweise mit der Anlage einer Kompoststätte. Der sogenannte Komposthaufen sollte als ein lebendiger Organismus angesehen und behandelt werden, gleichsam ein Körper mit der Aufgabe des Verdauens. Wir kennen sowohl im Pflanzen- als auch im Naturreich Organisationen höherer Ordnung, zum Beispiel die aus Algen und Pilzen zusammengesetzten Flechtenkörper oder die Völker staatenbildender Kerbtiere wie Ameisen und Bienen. Hunderte oder Tausende von Einzeltieren dienen mit ihrer Lebensentfaltung einem gleichsam handlungsfähigen Ganzen. »Das Kompostieren«, führt Clelia Vernazza aus, »ist im Grunde nichts anderes als eine Haltung von Kleinlebewesen, die im Komposthaufen Wärme, Feuchtigkeit und Futter finden – ideale Bedingungen für eine rasche Vermehrung«. Solche Feststellungen über das Wesen der Kompostanlage sollten nicht idealistisch oder theoretisch mißverstanden werden, sie dienen der praktischen Arbeit mit Kompost viel mehr als etwa nur Maßangaben, wie breit oder wie hoch eine Kompostmiete anzulegen sei.

Wohin damit?

Der Komposthaufen als Brutstätte nützlicher Lebewesen braucht einen Platz im Garten, den sich ein Mensch an einem schönen Sommertag aussuchen würde, um nach guter Mahlzeit sein Mittagsschläfchen zu halten. Das ist kein Scherz, sondern eine ziemlich genaue Angabe. Dieser Mensch würde sich nicht grundsätzlich im Süden, Norden, Osten oder Westen des Grundstücks ›hinpflanzen‹, sondern wahrscheinlich an einem windgeschützten Platz im Halbschatten, zum Beispiel im Umkreis eines Holunderbusches, weder in die Nässe noch an eine erhöhte Stelle. Der Kompost mag Wärme, aber nicht Trockenheit unter praller Sonne, auch ein windiger Ort würde ihm durch Austrocknen und Wärmeentzug wenig zusagen. Voller Schatten, etwa im Norden des Wohnhauses, verzögert die erwünschte Rotte des Kompostmaterials, aber auch die volle Sonnenbestrahlung vor einer Südwand wirkt hemmend.

Ein Holunderbusch ist leicht gepflanzt und wächst schnell, sieht schön aus und bringt verwertbare Früchte. Doch setzt er einen wenigstens mittelgroßen Garten voraus; im kleinen wirft er zu viel Schatten. Man kann die Kompoststätte auch jährlich an zwei Seiten mit Mais, Feuerbohnen oder Sonnenblumen bepflanzen, vor allem dann, wenn man noch nicht weiß, ob sich die Lage des Platzes bewährt. Die Kompoststätte soll gut mit der Schubkarre, bei größeren Gärten mit den dort verwendeten Fahrzeugen erreichbar sein, bei weitläufigen Gartenanlagen mit verschiedener Nutzung in der Nähe der Gemüsebeete liegen. Ein ungünstig langer Weg zur Küche kann durch eine zwischengeschaltete Abfalltonne unmittelbar am Haus, möglichst überdacht, verkürzt werden.

Wie groß?

Betrachter der Gärtner die Kompoststätte nur als ein notwendiges Übel, die ihm anbaufähiges Land wegnimmt, so sieht sie gewöhnlich auch danach aus: ein ungepflegter, überquellender Sammelplatz für Abfälle aus Haus und Garten. Anfänger machen meist den Fehler, die Kompoststätte zu klein anzulegen. Sie ist dann kaum in Ordnung zu halten, die Arbeit am Kompost wird mühsam.

Wenn Mario Howard die für den Kompost benötigte Fläche mit mindestens acht bis zehn Prozent der Gartengröße angibt, dann mag das sehr viel erscheinen, doch ist dieser Platzbedarf durchaus angemessen. Die sachgemäß bewirtschaftete Kompoststätte muß nicht in irgendeinem unzugänglichen Winkel oder hinter dem Geräteschuppen versteckt werden. Für den mittelgroßen Hausgarten empfehle ich drei Bahnen oder je nach Anlage drei Rahmen beziehungsweise Kästen in der Breite eines üblichen Gartenbeetes, also etwa 1,20 Meter. Sie werden durch plattenbelegte Trittflächen voneinander getrennt, so daß man von beiden Seiten gut an sie herankann. Wählt man Behältnisse aus Brettern, so genügt eine einzige Umrahmung mit zwei Teilungen; sie ergeben drei Kammern, die von wenigstens zwei Seiten zugänglich sein sollten. Der Rahmen muß bei kleinen Anlagen auf wenigstens einer Seite zu lösen sein, damit man fertige Komposterde leicht mit der Schaufel entnehmen kann.

Die erste Bahn oder Box dient als Auffanglager: Hier wird gesammelt, was anfällt. Je nach Größe des Platzes und der Menge des anfallenden Materials kann man hier auch eine Tonne oder einen offenen Kunststoffcontainer (rechteckige Wanne) aufstellen. Wichtig ist, daß dieser Platz nicht dem eigentlichen Kompostieren dient, sondern immer wieder freigemacht wird.

Verzichtet man aus Platzgründen auf die Zwischenstation, so ist man gezwungen, jede Abfalladung sofort zum Kompostieren aufzusetzen, was sich schnell als undurchführbar erweist. Für das planmäßige Aufsetzen der Miete ist es zweckmäßig, eine größere Materialmenge bereit zu haben, möglichst getrennt nach Küchen- und Gartenabfällen, damit man die Mischung steuern kann. Ein Behälter für die Haushaltsabfälle – möglicherweise verschließbar – ermöglicht es auch, die meist viel umfangreicheren Gartenabfälle getrennt zu stapeln. Wer mit dem Platz nicht geizen muß, wird die-

Die Anlage einer Kompoststätte muß kein Geld kosten. Auch wenn man nur mit alten Dielen arbeitet, wie es hier getan wurde, sollte man wenigstens zwei, besser drei Abteile schaffen.

sen Kompostvorplatz eher größer halten als die Grundfläche einer Kompostmiete.

Die beiden übrigen Flächen dienen, wie noch zu besprechen sein wird, der eigentlichen Kompostierung.

Da der Kompostplatz oft zu klein, selten zu groß angelegt wird, bemißt man ihn im Zweifelsfall besser großzügig. Die Länge einer Miete kann je nach Materialanfall und Bedarf zwei bis vier Meter betragen. Mit der Mietengröße verhält es sich wie mit dem Familienauto: Der Raum wird immer gefüllt. Statt zwei parallel ausgerichteter Mieten läßt sich auch eine im Grundriß rechteckige ›Rundum-Miete‹ anlegen, die vorn angesetzt und nach der Reife hinten bei Bedarf abgebaut wird. Solche Endlos-Kompoststätten haben den Vorteil, daß sie, einmal in Betrieb, jederzeit reife Komposterde liefern, sozusagen stufenlos nachwachsen. Ein anderer Vorzug liegt in ihrem gleichsam mikrobengerechten Ablauf: Die Zersetzer von Bakterien bis Regenwurm wandern, den jeweiligen Rottevorgang hervorrufend, durch die Miete; sie müssen den Kompostkörper nie verlassen, das heißt, sie sind immer schon zur Stelle, wo sie gebraucht werden. Die Neubesiedelung einer Miete fällt nicht an. Vielleicht ist diese Überlegung aber auch nur sehr einleuchtend ohne praktischen Vorteil, denn ich habe noch nie erlebt, daß ein richtig zusammen- und aufgesetzter Kompost nicht auch reichlich von Zersetzern einschließlich der Regenwürmer bevölkert würde, sobald die Bedingungen dafür geschaffen wurden.

Ganz abwegig wäre es, die Grundflächen der Kompostmieten mit undurchlässigem Material, zum Beispiel Beton, vom Mutterboden abzuschließen. Die Grundfläche der Mieten kann ebenerdig oder um einen Spatenstich tiefer als der Gartenboden sein. Noch tieferes Eingraben der Miete stört die Luftzufuhr und kann zur Fäulnis der unteren Schichten führen.

In welcher Form?

Viele Wege führen zur guten Komposterde. Ungeeignet ist der planlose Haufen, der dadurch zustande kommt, daß man den Plücheneimer immer über derselben Stelle auskippt. Der Zeichner hat drei Komposteinfassungen wie man sie auch unschwer selbst bauen kann, dargestellt. Es ist unnötig, auf jede Spielart ein-

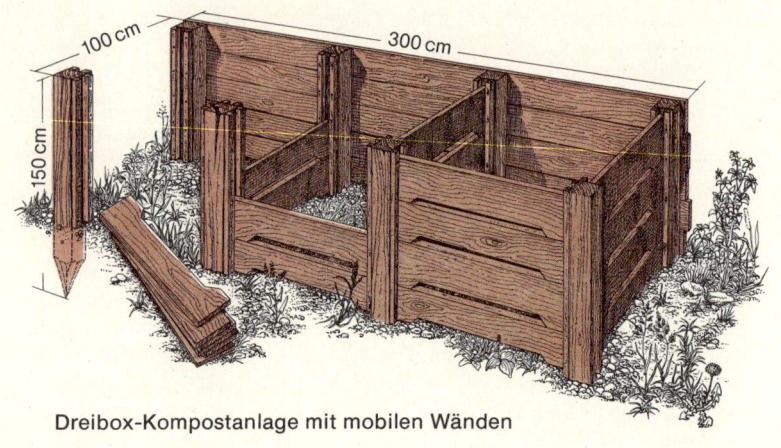

Dreibox-Kompostanlage mit mobilen Wänden

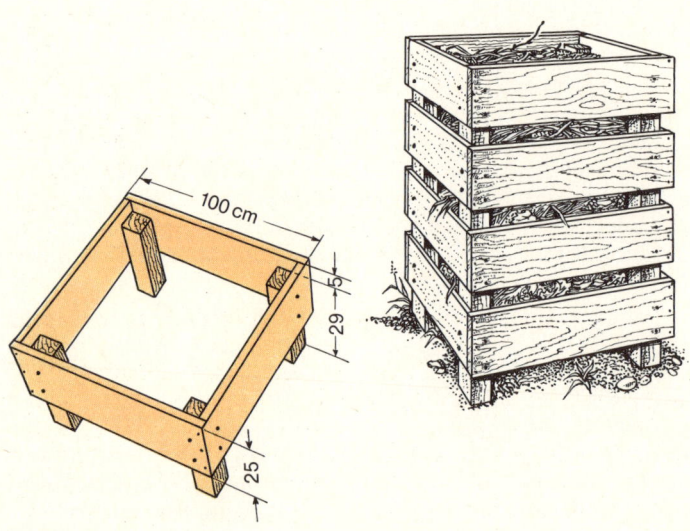

Stapelkompostsilo zum Selbstbau

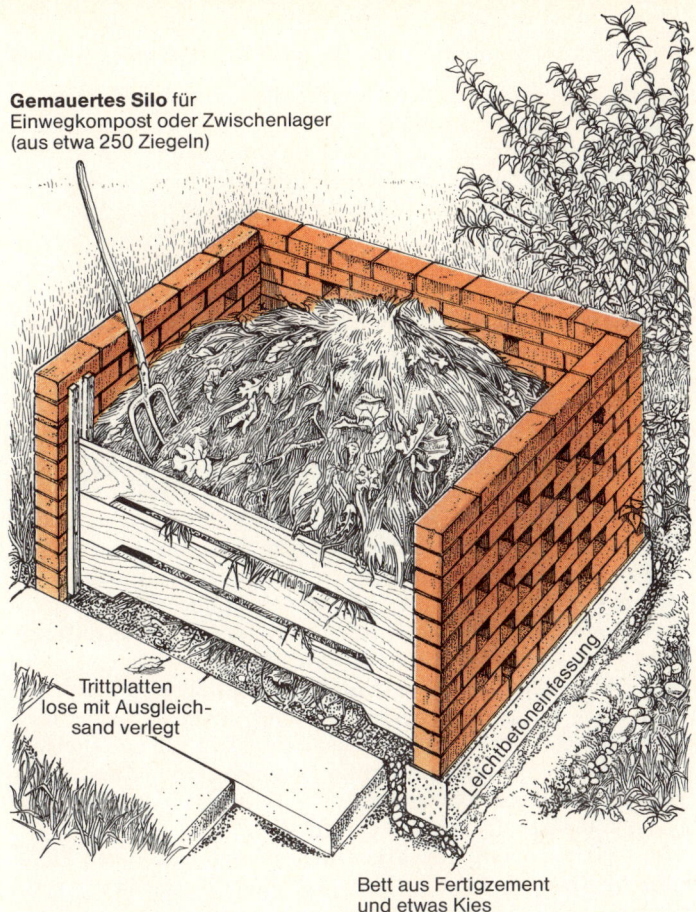

Gemauertes Silo für Einwegkompost oder Zwischenlager (aus etwa 250 Ziegeln)

Trittplatten lose mit Ausgleichsand verlegt

Leichtbetoneinfassung

Bett aus Fertigzement und etwas Kies

zugehen, alle haben sich, einem jeweiligen Bedarf entsprechend, bewährt. Auch hier empfiehlt es sich wieder, nicht von einem vorschreibenden Rezept, sondern von der Vorstellung auszugehen, was in dem ›Lebewesen Kompost‹ geschieht. Man wird dann selbst die am besten den gegebenen Verhältnissen entsprechende Form des Kompostierens herausfinden.

Verdauen, Fermentieren und Rotten (Zersetzen) sind verwandte Vorgänge in der Natur: Hochmolekulare organische Verbindungen werden unter bestimmten Hüllenbedingungen des Warmen und Feuchten stufenweise zu einfacheren Verbindungen, schließlich zu anorganischen Grundstoffen abgebaut, sie werden mineralisiert. Dabei kommen Sauerstoff, Kohlendioxid (CO_2), Wasser und Wärme frei. In gewisser Weise handelt es sich, wie bei der Atmung, um organische Verbrennungsvorgänge; Kohlenstoff in organischer Bindung und Sauerstoff setzen durch ihre Verbrennungswärme Energie frei.

Damit dem Verdauungsvorgang im Inneren die äußere Form entspricht, soll der Kompostkörper ›bauchig‹ sein: viel Inhalt bei verhältnismäßig kleiner Oberfläche. Die Oberfläche des Komposthaufens hat aber als atmende Haut die wichtige Aufgabe, das Innenleben dieses ›Organismus höherer Ordnung‹ mit Luftsauerstoff zu versorgen. Wird der Kompost aus praktischen Gründen in eine Tonne gesteckt, dann muß für Luftzufuhr gesorgt werden. Kompostgut unter Sauerstoffmangel rottet nicht, sondern fault. Was verrottet, riecht nicht, sondern duftet nach Walderde, was fault, stinkt. Auch die Fäulnis wird von Bakterien herbeigeführt, auf die Luftsauerstoff wie Gift wirkt. Diese Anaerobier bauen zum Beispiel den organisch gebundenen Stickstoff so ab, daß er als freier Stickstoff wieder in die Luft entweicht und damit dem erwünschten Nährstoffkreislauf Abfall – Kompost – Pflanze verlorengeht.

Allgemein gilt: Kleine Kompostmengen, wie sie zum Beispiel in einem Ein- bis Zwei-Personen-Haushalt anfallen, steckt man zweckmäßigerweise in dafür geeignete, in jedem Fall luftdurchlässige Behälter. Bei richtiger Behandlung und durch Zusätze bekommt man damit einen ›schnellen Brüter‹ für sogenannten Schnellkompost mit verkürzter Rottedauer.

Mittlere Kompostmengen gibt man in Rahmen, deren Höhe möglicherweise veränderbar gehalten werden. Auf diese Weise bringt man das Kompostgut platzsparend unter, weil man höher schichten kann als bei einer Miete.

Große Kompostmengen, wie sie der große Garten oder der gewerbliche Betrieb nötig macht, setzt man zweckmäßigerweise in freien Mieten oder Walmen von Gartenbeetbreite und etwa Meterhöhe auf. Man kann bei fülligem Kompostiergut, zum Beispiel mit untergemischtem Grasschnitt, Stroh oder Laub bis 1,50 Meter Höhe schichten, die Miete senkt sich dann mit der Rotte von selbst um etwa ein Drittel ab.

Was verdaut der Kompost?

Alle organischen Stoffe, gegebenenfalls zerkleinert. Das heißt: Küchenabfälle ohne Cellophan, Plastik und Silberpapier, Kehricht ohne Metall und Glas, den Inhalt von Staubsaugerbeuteln, Haare, Lumpen aus Wolle und Baumwolle, die allerdings gut zerkleinert werden müssen. Mit Sägemehl und Hobelspänen aus der Werkstatt verbessert man die Luftdurchlässigkeit von schmierigem Kompostiergut, wie es in der Küche oft anfällt.

Pappe und Papier wird noch größtenteils aus organischen Grundstoffen hergestellt, dasselbe gilt für Druckerschwärze. Tageszeitungen passen in den Kompost, doch sollte man sie nicht packweise, sondern als zerknüllte Einzelseiten oder zerkleinert zugeben. Größere Papiermengen lassen sich zu Gartenerde machen, wenn man sie einweicht, vorteilhaft in pflanzlicher oder verdünnter tierischer Jauche. Farbig bedruckte Illustrierte und Kataloge eignen sich weniger für den Kompost. Bei regelmäßigen, umfangreichen Papierabfällen hilft eine Zerkleinerungsmaschine, wie sie im Handel erhältlich ist. Man kann damit auch Pappen und Schnittgut von Bäumen und Sträuchern kompostgerecht vorbereiten.

Der Komposthaufen wirkt nicht nur segensreich für den Garten, sondern auch für den Haushalt. Gartenfreunde benutzen in der Küche grundsätzlich zwei Abfalleimer: einen für die Mülltonne, den anderen für die organischen Abfälle zum Kompostieren. Haushalt und Garten, also Kompostgutanfall und Komposterdebedarf, bilden normalerweise ein Verhältnis, das ohne Rest ineinander aufgeht. Der Haushalt liefert vorwiegend nassen, stickstoffreichen Abfall, der Garten vorwiegend luftigen, kohlenstofffreichen. Der Mischung aus beiden fehlt gewöhnlich noch etwas Stickstoff. Er kann durch Kompostzusätze wie Jauche, Mist, Hornspäne oder Blutmehl ergänzt werden.

Die Abfälle des Gartens wandern fast ausnahmslos in den Kompost. Nicht kompostieren sollte man Strünke von Kohl mit Kohlherniebefall. Die pilzlichen Erreger sind äußerst widerstandsfähig und bleiben im Boden jahrelang wirksam. Holz und harte Stengel kürzt man auf Fingerlänge mit Gartenschere oder Beil. Grasschnitt in größeren Mengen wird mit anderem Kompostgut durchmischt und mit Algenkalk überpudert aufgesetzt. Auch Laub verrottet wegen seines Gerbsäuregehaltes nicht leicht. Bakterien mögen keine saure Umgebung, hier treten oft Pilze an ihre Stelle. Laub

Hier entsteht eine freistehende Kompostmiete ohne feste Seitenwände. Sie bewährt sich vor allem dann, wenn man größere Mengen von Rottegut auf einmal verarbeiten will.

Die von der Grundfläche abgestochenen Grassoden werden später als grüne, weiterwachsende Hülle von außen an die Miete gesetzt. Halbschatten durch Bäume schafft günstige Rottebedingungen.

behandelt man deshalb wie Gras oder setzt es – falls man Platz dafür hat – zu einer Langzeitmiete auf. Man muß für ihre Reife 1½ Jahre oder mehr rechnen, bekommt aber gute, waldbodenähnliche Erde. Man mischt das Laub mit Gartenerde und gibt etwas tierisches Material dazu, also Mist oder Hornspäne. Man kann sich mit verdünnter Jauche helfen, mit der man die fertige Miete behutsam durchtränkt. Dafür eignet sich auch Brennesseljauche.

Mit tierischen Stoffen ergänzt man Stickstoff, von dem Laub verhältnismäßig wenig enthält. Bei einer fetten Mischung, wenn erdige und tierische Anteile stark vertreten sind, kann man zerkleinertes Schnittholz, Kohlstrünke und samenhaltiges Unkraut ›unterjubeln‹; Abfälle also, die eine längere Rottezeit haben müssen oder sollen. In Samen gegangenes Unkraut wird vorteilhaft in die Mitte der Kompostmiete gepackt, wo ihn Temperaturen um sechzig Grad und darüber keimunfähig machen.

Braucht man Komposterde für einen neu anzulegenden Hausgarten, für größere Obstbaumbestände, ausgedehnte Rasen- oder andere Kulturflächen, deren Kompostversorgung mehr erfordert als Haushalt und Garten liefern, kann man sich organischer Handelsdünger bedienen. Doch lohnt es sich, erst einmal darüber nachzudenken, ob man nicht eine oder mehrere Kompostmieten aus Abfallstoffen der Umgebung aufsetzen kann. Ich darf dafür ein Beispiel aus eigener Arbeit anführen.

Es ging darum, für rund zwanzig Obstbäume und mehrere Reihen Johannisbeerbüsche sowie eine kleine Heuwiese guten organischen Dünger zu erhalten, der möglichst wenig Bargeld kosten sollte. In ländlicher Umgebung ist es nicht so schwer, organische Abfälle selbst einzusammeln, zum Beispiel Laub im Wald zu holen oder das ungenutzte Gras von Wegrainen abzunähen. Da heute kaum noch Brennholz in den Wäldern gesammelt wird, kann man auch dürre oder schon angefaulte Äste aus der Bodenstreu sammeln und sie für Kompost zerkleinern. Auf Ödland wachsen oft umfangreiche Brennesselhorste, die stickstoffhaltiges Kompostiermaterial ergeben oder, noch besser, zu Brennesseljauche verarbeitet werden. Der ›biologischen Fantasie‹ sind kaum Grenzen gesetzt, sofern man nicht einsammelt, was der Besitzer des jeweiligen Landes selbst haben will.

Ich mähte eine seit Jahren nicht genutzte, distelbestandene Bergweide ab – die Bauern sind, wenn man vorher um Erlaubnis fragt, meist dankbar für solche Landpflege, die sie selbst nicht mehr leisten können –, holte in der Dorfsäge splitter- und faserartige Holzabfälle, die beim Bretterschneiden anfallen und von den Betrieben zum Müll gefahren werden müssen. Da ich mehrere Wagenladungen mitnahm, ersparte ich der Säge diese Arbeit. Solches Material läßt sich problemlos im Freien lagern, es ist gegen Regen unempfindlich. Sägemehl, das allerdings etwas kostet, oder zerkleinerte Rinden von Einschlagplätzen im Wald tun denselben Dienst.

Nun fehlte mir noch stickstoffhaltiges Material. Ich bekam es in Form frischer Fleischabfälle aus einer nahen Wildkonservenfabrik. Mit diesen organischen ›Schätzen‹ konnte ich im Laufe zweier Wochen eine zehn Meter lange Miete aufsetzen. Für diese Arbeit mußte ich nur noch gemahlenen Kalk kaufen und einen Weggraben nahe der Komposstätte ausheben, um auf diese nützliche Weise an den benötigten Lehm zu kommen. Der Aufbau einer solchen etwa zwei Meter breiten Miete bedeutet allerdings harte Arbeit. Das fertige Gebilde wurde mit einer dünnen Erdschicht umschlossen und so mit Gras belegt, daß Regenwasser gut ablaufen konnte. Es erwies sich als notwendig, die Miete mit Maschendraht gegen einen Fuchs zu sichern, dem das tiefgefrorene Wildfleisch in die Nase gestiegen war.

Fleischabfälle in größerem Umfang sind als Kompostzutaten sicher nicht die Regel und für den üblichen Kompostbedarf eines Gartens auch nicht nötig. Das Beispiel sollte nur zeigen, daß grundsätzlich alle organischen Stoffe für den Kompost verwendbar sind – eingeschänkt durch gesetzliche Bestimmungen der Länder über die ordnungsgemäße Beseitigung von Abfällen.

Ich setzte diese Großmiete im Frühsommer auf und hatte im Spätherbst des nächsten Jahres einen großen Vorrat schwarzer, krümeliger Erde, die so locker und fein war, daß ich sie nicht mehr sieben mußte. Einige noch nicht verrottete Holzstückchen störten mich beim Auffüllen der Baumscheiben nicht.

Im Eifer der umfangreichen Arbeit hatte ich den einzubringenden Kalk nicht immer fein genug verteilt. Während sich die organischen Zutaten des Kompostkörpers völlig durchmischt und zersetzt hatten, blieben solche Kalknester als weiße Stellen sichtbar; Mineralsammlungen können die Mikroben natürlich nicht verwerten.

Mit Holzschliff hat man etwa das stickstoffärmste und spröderste Kompostiermaterial, zu dem auch Sägemehl, Holzspäne, Stroh, spät geschnittenes Heu, Tannennadeln und das etwas stickstoffhaltigere Laub zählen. Solche zellulose- und damit kohlenstoffreichen, aber stickstoffarmen Verbindungen sind für das richtige Brutklima der Rotte gleichwohl sehr wichtig: Sie machen den Kompost leicht und luftig. Darauf sollte man besonders achten, wenn man so dichte, ›fette‹ und stickstoffreiche Stoffe wie Fleischabfälle, Mist mit wenig Stroh- oder Streuebestandteilen, und frische Gülle in die Komposition mit einbezieht.

Kompost heißt: das Zusammengesetzte. Er wird in der Regel um so reichhaltiger an Nährstoffen sein, je verschiedenartigere Zutaten man zur Verfügung hat. Gegensätzliche Materialien, also stickstoffarme und stickstoffreiche oder trockene und nasse, poröse und dichte darf man allerdings nicht fein säuberlich getrennt wie die Lagen einer Torte aufeinanderschichten. Sie bedürfen der gegenseitigen Durchdringung oder einer innigen Verbindung durch eingemischte Erde, zum Beispiel Lehm.

In der näheren Umgebung meiner Großmiete wuchsen im nächsten Sommer überaus üppiges blaugrünes Gras und mastige Kräuter. Sie zeigten, daß ich mit meinen stickstoffreichen Zugaben des Guten etwas zu viel getan hatte.

Für den Kompost zum Beispiel eines vegetarischen Haushaltes entsteht dagegen meist die Frage: Woher die tierischen, also stickstofftragenden Zutaten nehmen? Die beste Lösung ist Kuhmist. Selbst auf dem Land kann man ihn heutzutage nicht überall leicht beschaffen. Mist von anderen Nutztieren sollte nicht ungemischt verwendet werden. Pferdemist ist besonders heiß, Schweinemist besonders kalt, Hühnermist enthält scharfe, ätzende Bestandteile, aber besonders viel Stickstoff. In jedem Fall braucht Mist nur in kleinen bis mittleren Gaben eingearbeitet zu werden. Natürlich kann man auch einen rein pflanzlichen Kompost aufsetzen. Junges, das heißt eiweiß- und damit stickstoffreiches Gras erhöht den Stickstoffanteil, auch Brennesseljauche leistet diesen wichtigen Dienst.

Stickstoff brauchen alle Lebewesen, um ihr Körpereiweiß mit Hilfe von Aminosäuren aufzubauen. Deshalb enthält auch jedes pflanzliche oder tierische Eiweiß Stickstoff. Der freie Luftstickstoff kann von den höheren Pflanzen nicht unmittelbar genutzt werden, er muß erst Verbindungen bilden, neigt aber von sich aus nicht dazu, wie etwa der Sauerstoff, der sich bei jeder Gelegenheit mit anderen Elementen zusammentut.

Auch die Bakterien als Lebewesen mit Stoffwechsel – Viren haben meist keinen eigenen Stoffwechsel – sind für ihre Tätigkeit auf Stickstoff angewiesen. Stickstoffarme organische Verbindungen wie Holz, Weizenstroh und alt gewordenes Heu rotten langsam. Laub enthält zwar mehr Stickstoff, hemmt aber die Rotte durch seine Gerbsäure. Bei Stickstoffunterversorgung kann man zum Beispiel mit Hornspänen, Blutmehl, Jauche und Mist nachhelfen, doch sollten diese Gaben nicht als Massenanteil, eher als ›Gewürz‹ dem Kompostgut zugesetzt werden.

Der Kompost-Fachmann Karl-Heinz Mücke gibt als Bestverhältnis für die Entfaltung der Kompostmikroben 30:1 an, also dreißig Teile Kohlenstoff auf ein Teil Stickstoff. Da auch Pflanzenteile stets Stickstoff enthalten – jede organische Bildung setzt Eiweiß voraus –, geht es bei der richtigen Rottekomposition nur um ein Mehr oder Weniger an Stickstoff. Man könnte für die Einstellung des C/N-Verhältnisses eine Tabelle zu Hilfe nehmen, um die eigene Arbeit auf ihre Richtigkeit zu prüfen, aber für den sachgemäßen Umgang mit Kompost ist es weit besser, sich ein Gefühl für das angemessene Verhältnis anzueignen.

Auch hier empfiehlt es sich, nicht nur aus Büchern, sondern, wo immer sich ein Zugang ergibt, aus dem Buch der Natur selbst zu lernen. Es muß unser Bestreben werden, das biologisch richtige Handeln im Garten nach und nach unabhängig von Rezepten zu machen, aber in Einklang mit den Naturvorgängen zu bringen. Wenn wir uns dafür wieder das Beispiel Humusbildung im Wald vor Augen führen, so haben wir bei der Waldbodenrotte eine hohe Anlieferung pflanzlicher Abfälle: Laub, Nadeln, Holz, Kräuter, Samen mit geringem bis mäßigem Stickoffanteil und eine verhältnismäßig geringe Zugabe stickstoffreicher tierischer Abfälle: die absterbenden Körper der Kleinlebewelt im und über dem Boden, die Ausscheidungen dieser und größerer Tiere als Kot und Harn, verwesende Reste der höheren Tiere. Dabei gilt als Vorbild natürlich nicht die trostlose und lebensfeindliche Fichtenmonokultur, sondern der Mischwald mit seinem Artenreichtum an Pflanzen und Tieren.

Aus diesem Verhältnis pflanzlicher und tierischer Abfälle ergibt sich schon, daß die Natur bei ihrer Bodenerzeugung sparsam mit stickstoffreichen Verbindungen umgeht. Waldboden ist allerdings trotz seiner hervorragenden Gare kein Kulturboden für einen ertragreichen Gemüsegarten. Von dieser intensiv genutzten Kulturfläche können und dürfen wir mehr verlangen. Wir müssen dem Boden also auch mehr Stickstoff geben. Das gilt nicht fürs Steinbeet, für viele Blumen oder für den Kräutergarten. Hier wollen wir naturnah bleiben und brauchen den eher mageren, gleichsam ungedüngten Boden. Er genügt, wenn wir ihm wenig Massenzuwachs abverlangen. Eine ganze Reihe gerade unserer schönsten Wildblumen könnte auf gedüngtem, stickstoffreichem Kulturboden nicht wachsen. Ein Kohlkopf dagegen, um das Beispiel eines Starkzehrers zu nennen, braucht für seine umfangreiche Blattbildung nährstoffreiche Erde. Über die Kompoststufe bekommt er sie.

Nicht umsonst sprechen wir von Kulturpflanzen. Sie liefern uns mehr Nahrung oder Blüten als Wildpflanzen, sie stellen aber auch höhere Ansprüche an Boden und Pflege. Wir nehmen ihnen den Selbstbehauptungskampf ab, dem die Lebewesen der freien Natur unterworfen sind. Auch der biologische Garten ist nicht ein Stück eingezäunter Natur, sondern Kultur im ursprünglichen Sinne des Wortes. Kultur kommt von dem lateinischen cultivare = urbar machen, anbauen. Für unser Thema heißt das: Der Gartenboden braucht durchaus mehr organisch gebundenen Stickstoff als etwa im Stoffkreislauf der Waldbodenbildung anfällt. Ein Zuviel an Stickstoff schadet vielen Pflanzen, wenn er nicht in der festgelegten Form von Humuserde, sondern konzentriert, zum Beispiel in unverdünnter Tierjauche, oder mineralisch als Kalkstickstoff an die Pflanzen kommt.

Bei der Zutatenwahl für den Kompost müssen wir nicht ängstlich auf Mischungsverhältnisse bedacht sein. Was durchschnittlich in Haushalt und Garten anfällt, kann verwendet werden. Überwiegen diese oder jene Bestandteile, stellen sich die mikrobischen Zersetzer durch die jeweils begünstigten Arten darauf ein. ›Zugabefehler‹ entstehen vor allem dann, wenn über längere Zeit betriebsfremde Abfälle verkompostiert werden; und auch nur dann, wenn zum Beispiel stickstoffreiche Verbindungen nicht durch ausreichendes mageres Rottegut ausgeglichen werden. Stickstoff sehen wir nicht, aber ein Mißverhältnis ergibt sich schon aus der stofflichen Zusammensetzung des Kompostgutes. Es darf nie naß und soll nur feucht, nie zu dicht, sondern luftig porös sein. Und damit kommen wir zum Aufsetzen selbst.

Wie wird die Kompostmiete beschickt?

Günstige Brutbedingungen finden die Mikroben im Kompostkörper, wenn er nicht wesentlich weniger als etwa einen Kubikmeter Raum füllt. Das ist keine durch Meßdaten belegte Grenzzahl, sondern ein Erfahrungswert. Die erwünschte Rottetemperatur um 60° C und darüber stellt sich im Inneren einer solchen Masse leichter ein und kann leichter gegen eine kühlere Umwelt aufrechterhalten werden als in kleineren Komposthaufen oder Tonnen. Die Erfahrung zeigt, daß man selbst in einem Blumentopf kompostieren kann.

Wir gehen im folgenden von einer freien oder in Bretter gefaßten Kompostmiete aus, dem Regelfall im Hausgarten. Kompost in der Tonne wird nach grundsätzlich gleichen Bedingungen erzeugt. Bewährte Tonnen und andere Kompostbehälter, zum Beispiel solche veränderlicher Größe, gibt es in dauerhaften Ausführungen im Handel. Eine Kompostmiete mit Zwischenlager macht es leichter, die Zutaten zu komponieren, und sie nimmt dank veränderlicher Länge und Höhe auch umfangreiche Abfallschübe auf.

Haben wir drei Kammern oder Grundflächen eingerichtet, den Boden etwas vertieft oder nur geebnet, um später gut abschaufeln zu können, dann beginnen wir mit dem Aufsetzen der ersten Miete, sobald das Zwischenlager gefüllt ist. Einige wenige Vorbereitungen erleichtern das zügige Arbeiten wesentlich. Ich gehe hier wieder von der Arbeitsweise aus, wie sie sich im eigenen Garten bewährt hat. Andere Arbeitsweisen mögen zu gleichgutem Ergebnis führen. Da wir gleichzeitig drei Gärten in Kultur haben, sind wir auf zeitsparenden Ablauf aller Arbeiten bedacht; darüber hinaus ist zu überlegen, ob man sich nicht eine Arbeit sparen könnte. Dem Gartenfreund mit viel Zeit für sein Steckenpferd stellen sich solche Fragen kaum, und Spielanleitungen etwa, »Wie beschäftige ich mich möglichst lange mit meinem geliebten kleinen Garten« sollen hier nicht gegeben werden.

Das Beschicken der Kompostmiete erfordert in der Regel drei Materialhaufen oder Behälter, die abgebaut beziehungsweise geleert werden. Hat man Stallmist zur Verfügung, sind es vier.

1. Haushaltsabfälle werden, wie schon besprochen, vorteilhaft in einem geschlossenen Behälter zwischengelagert, doch möglichst nicht so lange, daß sie zu faulen und zu stinken beginnen. Nasse

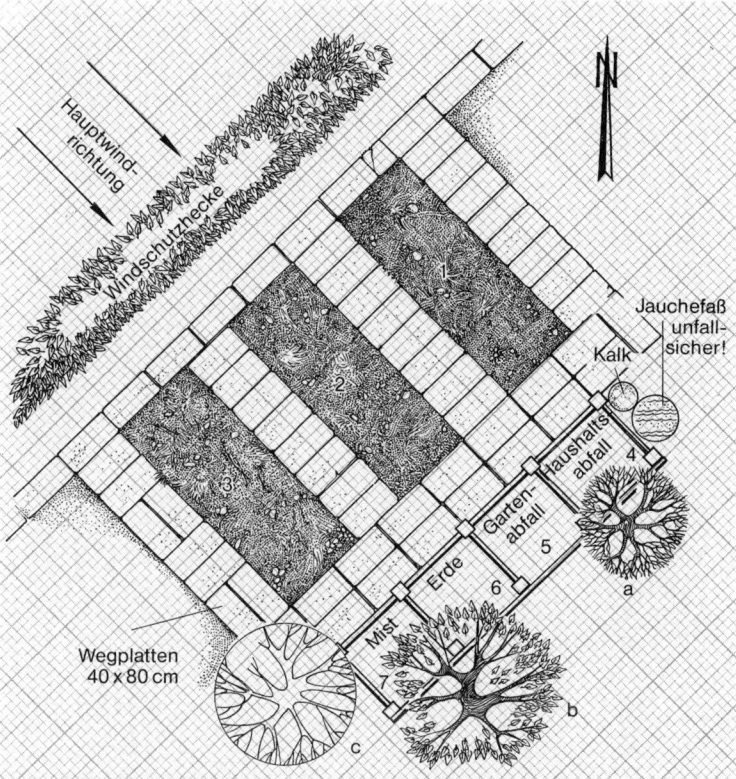

1–3 Aufsetzflächen für Frischmiete, Fertigmiete, evtl. Langzeitmiete oder Sonderkompost
4–7 Zwischenlagerboxen
a/b/c Bäume zur Teilbeschattung

Kompoststättenanlage für größeren Bedarf (Grundriß)

Küchenabfälle in einer Blechtonne gehen im Sommer schon nach zwei Tagen in Fäulnis über. Da man aber nicht alle zwei Tage Kompost aufsetzen will, empfiehlt es sich deshalb, einen Holzrahmen oder auch einen Kunststoffcontainer (eine rechteckige, hohe, offene Wanne) aufzustellen, in den man die Eimer entleert. Ein offenes Zwischenlager in Form einer brettgesäum-

Im Gartenalltag wird man das Einrichten der Kompoststätte mit eigenen Mitteln aus Kostengründen oft einer Lösung vorziehen, die Fremdleistungen oder vorgefertigte Teile erfordert. Eine solche Anlage kann bei aller Einfachheit sauber und geruchfrei gehalten werden, und sie erfüllt, wenn die Grundplanung stimmt, ihren Zweck völlig.

Die im Bild sichtbaren vier Abteilungen von links nach rechts:
1. Zwischenlager für Haushaltsabfälle, 2. Lager für Erde, die bei Gartenarbeiten anfällt, 3. Mietenfläche für den neuen Kompost, 4. fertig zur Rotte aufgesetzte Kompostmiete.

ten Kammer sollte so groß sein, daß man den Haushaltsabfall etwas flächiger, also nicht in zu dicken, von der Luft abgeschlossenen Schichten abschütten kann. Jede Eimerfüllung wird sofort mit Steinmehl oder Kalk bestreut (beides im Handel erhältlich). So bindet man den Geruch und schützt das Kompostiergut vor Fliegen. Außerdem reichert man die Masse mit Mineralien an.

Man kann die Oberfläche schmierigen Kompostgutes auch mit trockenen Gartenabfällen, mit Sägemehl oder einer dünnen Schicht Erde binden und damit unerwünschte Geruchsentwicklung verhindern.

2. Die gesammelten und lose aufeinandergestapelten Gartenabfälle setzen sich je nach Jahreszeit aus gejätetem Unkraut, ausgezogenen Wurzeln, Ernteabfällen, Rasenschnitt, Schnittgut von Sträuchern und Obstbäumen, Kohlstrünken oder Herbstlaub zusammen. Nichts Organisches aus dem Garten, ja aus dem ganzen Grundstück wandert in die Mülltonnen. Wer biologisch bewußt arbeitet, empfindet das Abschieben von organischen Abfällen in die Mülltonne als ein Vergehen gegen den erwünschten Stoffkreislauf im Garten. Sammelt sich so viel Gras-

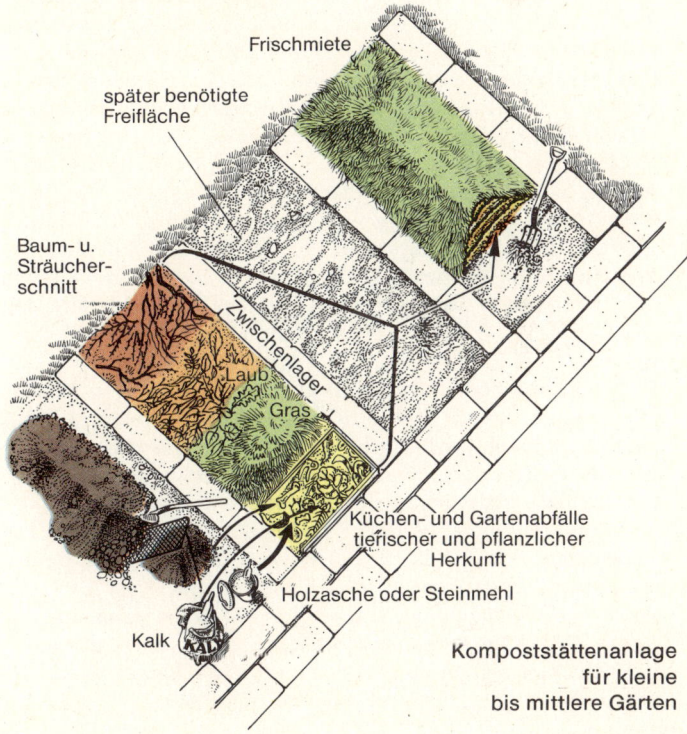

Kompoststättenanlage für kleine bis mittlere Gärten

schnitt und Laub an, daß man es im Hausgartenkompost nicht mehr unterbringt, hat man auch so viel Platz, daß man für diese Abfälle einen Langzeitkompost anlegt, dessen fertige Erde nach ein bis zwei Jahren eben den Bäumen und Rasenflächen zugute kommt, die das Kompostgut abwerfen. Wie erwähnt, eignen sich solche Mieten auch vorzüglich zum Unterbringen von zerkleinerten Holzabfällen und Unkraut, das in Samen ging, sowie für Pflanzen, die von Schädlingen oder Krankheit befallen wurden.

3. Erde. In jedem Garten fällt bei verschiedenen Gestaltungs- und Aufräumarbeiten Erde an: beim Wegebau, beim Plattenlegen, beim Stufensetzen, beim Pflanzen von Büschen und Bäumen. Übrige Erde, sei es Humus des Oberbodens oder Lehm tieferer Schichten, sollte man nach Möglichkeit nie aus dem Garten schaffen: Erde ist sein kostbarstes Betriebsmittel. Man hebt sie am besten getrennt nach Ober- und Unterboden in der Nähe der Kompoststätte auf. Gut verteilt, schadet sie der Kompostmiete nie, nützt ihr jedoch viel. Unfruchtbare, aber dafür oft mineralreiche Erde des Unterbodens wird durch die Rottevorgänge in Verbindung mit organischem Kompostiergut zu fruchtbarem Humus. Erde vermehrt die Kompostmasse, sie eignet sich vorzüglich zum Einstellen oder Steuern der richtigen Rottemischung. Sie liegt in ihrer Beschaffenheit etwa in der Mitte zwischen den luftigen, sparrigen, trockenen Pflanzenabfällen des Gartens und den stickstoffreichen, oft nassen Abfällen des Haushalts oder tierischer Herkunft. Erde vermittelt zwischen beiden Extremen und verbindet sie bestens. Sie verhindert, daß schon eingesetzte Fäulnisvorgänge um sich greifen, und sie bindet alle Gerüche.

Erde des Oberbodens ist schon belebt, das heißt, sie enthält das Bodenleben, das wir für die Rottevorgänge im Kompost brauchen. Es empfiehlt sich, zur Förderung, zum ›Anspringenlassen‹ der Rotte, den einzelnen Schichten der Miete etwas reife Komposterde zuzusetzen, die neue Miete mit dem Ergebnis der alten gleichsam zu impfen. Man wird dadurch die Rottevorgänge beschleunigen. Mit Recht vergleicht man das Zusetzen kleiner Mengen Komposterde mit der Rolle von Hefe im Brotteig. Ähnlich impft man auch süße Milch mit Sauermilch, um die Vermehrung der erwünschten Bakterien zu fördern. Für unseren Zweck genügt es, ab und zu eine Handvoll guter Komposterde auf die entstehenden Schichten zu streuen.

Der Zusatz an Erde kann je nach der Menge, die zur Verfügung steht oder verarbeitet werden soll, sehr unterschiedlich sein. Ein gutes Verhältnis wäre zum Beispiel ein Teil Erde auf fünf Teile Kompostiergut, doch kann man durchaus auch 1:1 arbeiten. Es gibt hier keine festen Grenzen, wichtig ist, daß die Erde gut verteilt wird und nicht etwa als eine unverdauliche Sperrschicht aus schwerem Lehm oder Ton die Belebung der Miete mehr hindert als fördert.

Will man mit Hilfe der Komposterde die Zusammensetzung des Gartenbodens verändern, zum Beispiel Tonböden leichter, Sandböden schwerer machen, dann mischt man den Schichten Sand beziehungsweise schweren Lehm unter. Das Gemenge muß noch immer so viel organischen Materials enthalten, daß es gut rottet.

Schon die Handhabe der Erde zeigt, wie wichtig es ist, daß die Kompoststätte nicht nur Grundflächen für die Mieten darstellt, sondern einen geräumigen Arbeitsplatz. Wenn man sich mit Spaten und Schubkarre rühren kann und die Zugaben in getrennten Haufen oder Boxen zur Hand hat, machen Aufsetzen und Abbauen der Miete Spaß.

Je nach Platz und Materialanfall wird man alle zwei bis vier Wochen weiter an der Miete bauen. Natürlich kann man diese Arbeit auch wöchentlich verrichten. Es versteht sich von selbst, daß zum Beispiel abgestochene Grassoden mit dem Spaten zerkleinert und samt Graswurzeln und Erde verwendet werden. Steht in einem kleinen Garten wirklich keine Erde zur Verfügung, dann gewinnt man für den Anfang Erde durch Abgraben der Mietenfläche um eine Spatentiefe. Man verwendet die Erde dann sehr sparsam, indem man sie handvollweise über die Schichten streut. Ein biologisch gut geführter Garten wird im Laufe der Jahre mehr fruchtbare Erde hervorbringen, als er für das Wachstum seiner Pflanzen verbraucht.

Wurde der Hauskompost schon im Zwischenlager reichlich mit Steinmehl oder fein gemahlenem Kalk bestreut, erübrigt sich eine nochmalige Zugabe beim Aufsetzen. Andernfalls bepudert man jede neue Schicht.

Gartenabfälle enthalten oft Steine, Haushaltsabfalle anorganisches Material, zum Beispiel aus Metall oder Plastik. Solche Fremdkörper sollten beim Aufsetzen herausgelesen werden. Gute

Dienste tut ein alter Marmeladeneimer mit durchlöchertem Boden – damit Regenwasser abläuft –, der für diesen Zweck einen festen Platz an der Kompoststätte bekommt. Man braucht ihn auch, wenn die fertige Komposterde abgegraben wird und solche Irrläufer zutage treten. Steine kommen auf einen gesonderten Haufen, weil sie mit Sicherheit irgendwo im Garten wieder einmal Verwendung finden.

So vorbereitet, wird das Aufsetzen der Kompostmiete zu einer wenig zeitraubenden und angenehmen Aufgabe. Für sie empfiehlt man zwei verschiedene Arbeitsweisen: Erstens (und meistens) das Auftragen etwa fingerstarker Schichten aus den verschiedenen Zutaten, zweitens das gründliche vorherige Mischen der Stoffe, die dann erst aufgetragen werden. Das vorherige Durchmischen ist für die Rotte besser, das schichtenweise Vorgehen für die Arbeit und Übersicht angenehmer. Bei mir hat sich ein Mittelweg bewährt: Ich trage je nach Material mit Schaufel, Spaten oder Gabel dünne, den Grund gerade deckende Schichten auf, die ich erst auf der Miete mit dem jeweiligen Arbeitsgerät ineinanderarbeite.

Man soll nicht mechanisch den ›ganzen Mist‹ auf die Miete packen, sondern sich so in diese Arbeit einleben, daß man die Entfaltungsbedürfnisse der künftigen Lebewelt im Kleinen vor Augen hat: nicht naß, nicht trocken, nicht einseitig zusammengesetzt. Die in Gartenbüchern oft angegebene Faustprobe für das richtige Maß der Feuchtigkeit läßt sich nach meiner Erfahrung nur selten durchführen, weil man meist sehr unterschiedlich wasserhaltiges Kompostiergut verarbeiten muß, deren Mischungsverhältnis sich nicht in einer so kleinen Probe wie der Handvoll Material niederschlägt.

Diese Faustprobe besagt, daß die Feuchtigkeit stimmt, wenn beim Zusammendrücken des Kompostgutes höchstens einige Wasserperlen herausdringen und wenn das Material nicht auseinanderfällt. Doch braucht man nicht ängstlich zu sein. Die Zersetzer nehmen unterschiedliche Feuchtigkeitsgrade hin, denn im Naturboden müssen sie das auch. Bei nachlassender und schließlich zu geringer Feuchtigkeit stellen sie ihre Tätigkeit allmählich ein. Viele von ihnen verkapseln sich und warten auf feuchtere Zeiten.

Auch tropfende Nässe hemmt ihre Entfaltung. Als durchlässiges, poröses Stoffgemisch nimmt die Kompostmiete bei Regen beträchtliche Wassermengen auf, sie saugt sich wie ein Schwamm voll. Über die verhältnismäßig dünne Rotteschicht natürlichen Bodens streicht so viel Luft, daß sie schnell wieder abtrocknet.

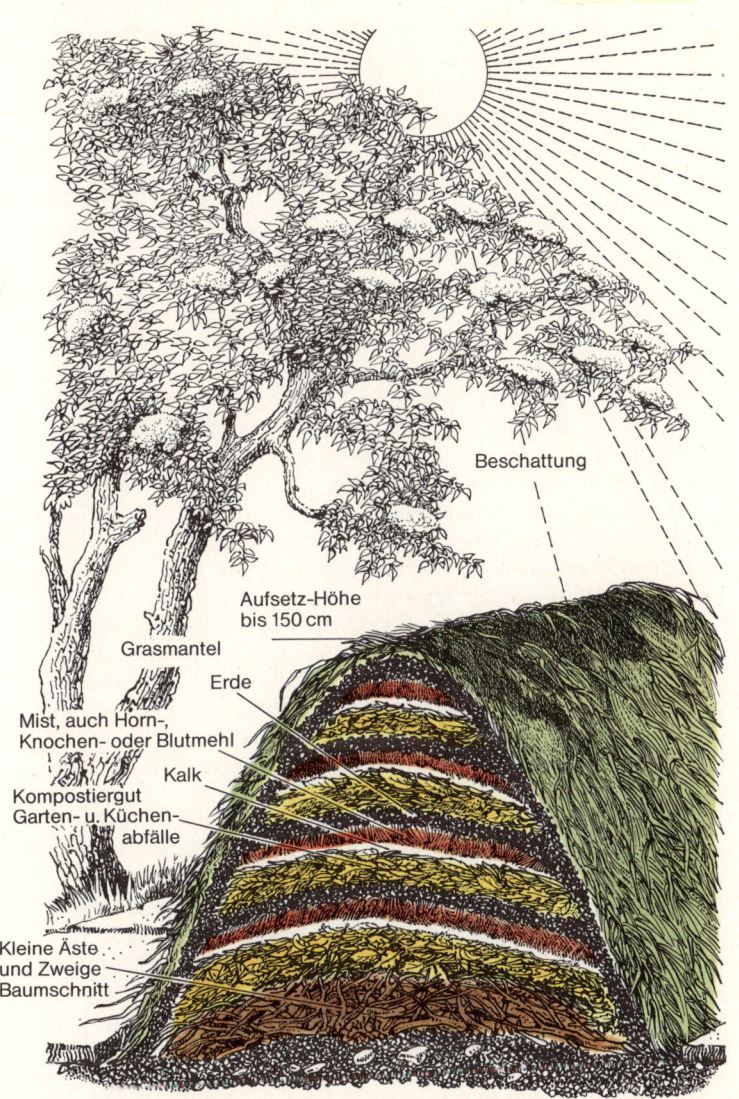

Querschnitt durch eine Kompostmiete (Schema)

Beim Brutofen Kompost mit einer Mächtigkeit des Materials von gut einem Meter bleibt viel Wasser in den luftigen Hohlräumen und Fasern des Materials, zu viel für die erwünschte Rotte im Sauerstoffmilieu. Deshalb empfahl schon Prof. Alwin Seifert, ein Altmeister heutiger Kompostierkunst, die Miete abzudecken, zum Beispiel mit Polyäthylenfolie. PVC-Folie eignet sich nicht, weil, wie es heißt, dieser Kunststoff ungünstig, wenn nicht giftig auf seine lebendige Umgebung wirkt. Andererseits soll der Kompost auch atmen. Man läßt Luft unter die Folienbedeckung durch dazwischengelegte Hölzer oder Backsteine.

Leider kosten Polyäthylenfolien, die der Handel für diesen Zweck anbietet, viel Geld. Wer größere Kulturflächen oder Obstbaumbestände ausschließlich mit selbst erzeugtem Kompost düngt, wird sich eine solche Ausgabe gut überlegen. Kompostbereitung macht im Kleinen wie im Großen einige Arbeit, man braucht dazu Einfühlungsvermögen in die Naturvorgänge, aber fast kein Geld. Man macht sich mit dieser Düngerbeschaffung unabhängig von industriellen Zulieferern, also auch unabhängig von der Beschaffung und der Preisentwicklung irgendwelcher Erzeugnisse. Man sollte diese Vorzüge nicht ohne weiteres aufgeben. Man findet heute bei den unbezweifelt sehr verdienstvollen Zulieferern des biologischen Gartenbaues eine fast schon unübersehbare Fülle von Hilfsmitteln für das Kompostieren, deren Brauchbarkeit ich nicht bestreite. Aber warum soll ich den wunderbar einfachen, naturgeschenkten Ablauf der Kompostbereitung wie einen Sportwagen beschleunigen oder wie ein wetterempfindliches Gerät verpacken, wenn ich ohne betriebsfremde Hilfsmittel auch zu guten Ergebnissen komme?

Wer seinen Garten erst einmal an den Kompostkreislauf angeschlossen hat, kann auf die Reife einer Kompostmiete so gelassen warten wie auf die Reife seiner Äpfel. Darüber hinaus habe ich einen ganz persönlichen Grund, nach anderen Lösungen der Kompostabdeckung zu suchen als durch Kunststoffplanen. Bedenkt man die vielen Stunden, die man während der warmen Jahreszeit im Garten verbringt – arbeitend oder müßig, auf Knien oder im Liegestuhl –, dann gewinnt diese umhegte Stätte des Wachsens, Blühens und Reifens auch die Qualität eines Wohnraumes. Der Garten soll gute Erträge bringen, aber ich betrachte ihn nicht nur als ein Mittel zum Zweck, sondern auch als ein Stück lebendiger Kulturfläche, die im Ganzen und in allen ihren Teilen das Auge erfreut, anspruchsvoller gesagt: dem ästhetischen Empfinden gerecht werden soll. Wer durch Blumen seinen Garten verschönert, will ihn vielleicht nicht gleichzeitig mit großen Plastikplanen häßlicher machen.

Tatsache ist, daß die ungeschützte Kompostmiete im Dauerregen leicht zu naß wird. Die fertig aufgesetzte Miete sollte keine zu steilen und keine zu flachen Seitenwände aufweisen. Die Breite der Grundfläche und die Höhe des Komposthaufens stimmen in etwa zusammen, wenn der Kompostaufbau durch einen auf den Boden gesetzten, stehenden Halbkreis umschrieben wird. Aus zu steilen Seitenwänden löst sich beim Abtrocknen Material und bröckelt ab, ein sehr flach ansteigender Komposthaufen nimmt zu viel Regenwasser auf.

Die Miete, der Walm oder der Wall erhält als Abschluß eine wenige Zentimeter starke Deckschicht aus Erde, die eher schwer als sandig leicht sein sollte. Trotz ihrer Luftdurchlässigkeit schützt sie vor Geruch, der bei möglicherweise schon im Haushaltskompostgut eingeleiteter Fäulnis zunächst auftreten könnte. Im richtigen feuchtwarm-luftigen Kompostklima geht Fäulnis in Rotte über. Die Haut aus Erde schützt unsere Kompostmiete auch vor dem Austrocknen durch Wind. Bei längerer Sommertrockenheit kann der Kompost durchaus einmal zu trocken werden. Schimmel, der nur am Anfang der Rotte kein schlechtes Zeichen ist, zeigt mangelnde Brutfeuchte an. Schon beim Aufsetzen kann das Kompostgut insgesamt zu trocken sein. Man begießt es dann, wenn möglich, mit Regenwasser, noch besser mit Pflanzenjauche oder verdünnter Tierjauche. Ist nichts anderes zur Hand, tut's auch Leitungswasser; aus dem Gartenschlauch kann es aber schnell zu viel werden. Um zu erfahren, ob die Kompostmiete nachträglich zu trocken wurde, sticht man sie mit dem Spaten an und entnimmt Proben aus ihrem Innern. Als Maßstab kann – neben der genannten Faustprobe – die natürliche Feuchtigkeit von Walderde gelten. Sie klebt nicht und fällt nicht ganz auseinander, sondern weist eine feuchte, krümelige Zusammensetzung auf.

Will oder kann man als Feuchtigkeitsschutz der fertigen Miete keine Folie verwenden – sie muß auf jeden Fall gegen Wind mit Brettern oder Latten und Steinen gespannt werden –, dann sollte man die Erdschicht mit einem Gras- oder Strohmantel umhüllen. Das möglichst lange Gras oder Stroh wird so geschichtet, daß die Halme nach unten zeigen, und es wird in waagrechten Reihen von unten nach oben gesetzt wie bei einem Reetdach, damit das Regenwasser gut abläuft.

Wenn das grüne Gras trocknet, verrottet und nicht mehr gut deckt, überzieht man es mit einer neuen Schicht.

Dauerregen kommt in unseren Breiten meistens von Westen. Legt man die Miete zu Füßen eines Holunderbusches an, der ihre westliche Begrenzung bildet, so hält man schon dadurch einen Teil des Regenwassers ab. Man liest allgemein, daß die Kompostmiete nicht mit Gras bewachsen sein darf, weil der Luftzutritt damit unterbunden würde. Entgegen dieser ›Lehrmeinung‹ schließe ich Kompostmieten auch mit flach abgestochenen Grassoden ab, wenn sie zur Hand sind. Das Gras wächst bald an und begrünt die Miete – regelwidrig, aber sehr schön.

Da die Miete üblicherweise nicht länger als ein Jahr besteht, verfilzen sich die Wurzeln der Grasnarbe nicht so stark, daß sie die Atmung der Miete verhindern würden. Dem beuge ich auch dadurch vor, daß ich die Grassoden mit flachem Spatenschnitt vom Boden abhebe und so nur einen Teil der Wurzeln erhalte. Das Rasenkleid hält zwar kein Regenwasser ab, aber es erlaubt durch seine Festigkeit steilere Seitenwände und auf diese Weise etwas mehr Schutz vor Regen.

Vielleicht erträgt nur die verhältnismäßig luftige Kompostgutschichtung einen solchen Grasbewuchs. Ich erreiche sie durch regelmäßige Zugaben von Holz in Form zerkleinerter Äste aus Obstbaum- und Beerenholzschnitt oder mit Holzspänen. Bei jeder Säge und jedem holzverarbeitenden Betrieb fallen Hobelspäne, Frässchliff und Sägemehl oder ähnlich zerkleinertes Holz an, das im Kompostgut für dessen Lufthaltigkeit sorgt. Man hält so den größten Feind der Kompostmiete fern: die Fäulnis. Sie entsteht unter Luftabschluß und wird von stickstoffreichem Kompostiergut begünstigt. Fäulnis treibt den wertvollen Stickstoff aus dem Kompost. Gestank, der Faulgruben entweicht, zeugt von Stickstoffverlusten, die bei der Rotte unerwünscht sind. Um freien Stickstoff aus der Luft, zum Beispiel für Mineraldünger, zurückzugewinnen, muß man großen Energieaufwand betreiben (Haber-Bosch-Verfahren).

In regenreichen Jahren ergibt die Grasbedeckung vielleicht nicht die besten Bedingungen für feuchte, aber nicht nasse Brutwärme der Kompostmiete. Ohne viel Aufwand kann man die Kompostmiete mit einer abnehmbaren Holzbedachung versehen.

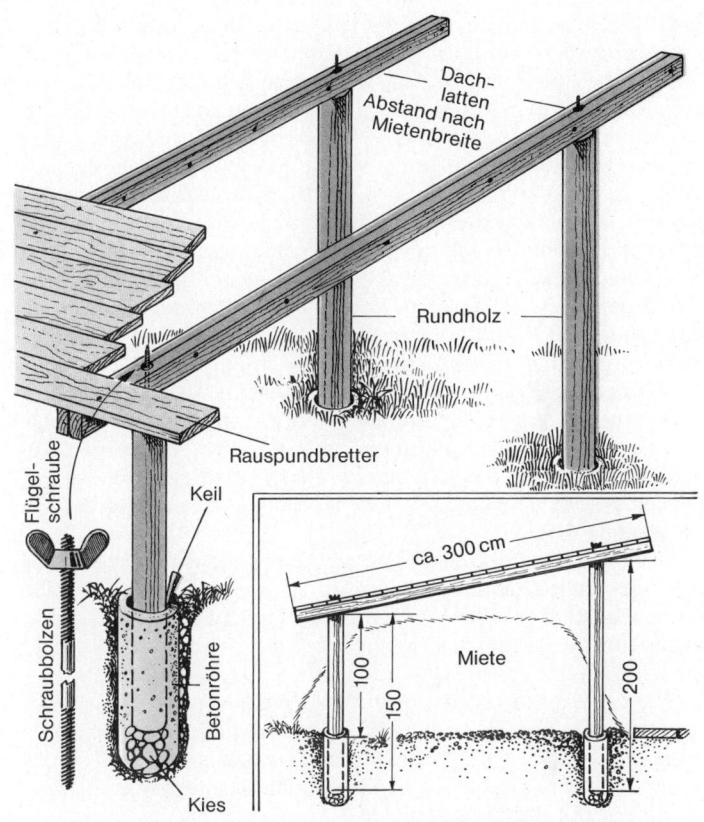

Kompostmietenüberdachung für Eigenbau (Leichtbauweise)

Man gräbt dafür an den vier Eckpunkten der Miete ein auf halber Länge mit Hammer und Meißel durchtrenntes Zementrohr ein, das für besseren Wasserablauf auf Steinen oder Kies sitzt. Solche meterlangen Zementrohre verschiedener Weiten gibt es als durchlöcherte Sickerrohre im Baustoffhandel. Man gewinnt durch die fünfzig Zentimeter langen Rohrstücke Fundament und Halterung für vier einzusteckende Rundhölzer. Die zwei nach der Wetterseite weisenden Eckpunkte – möglichst an den Längsseiten – erhalten etwa 150 Zentimeter lange Holzrundlinge, die gegenüberliegenden etwa zwei Meter lange. Nach dem Einstecken verringern sich diese Höhen um je fünfzig Zentimeter. Nun verbindet man die beiden langen Seiten mit je zwei hochkant aneinander gerückten Dachlatten und gewinnt so eine Dachschräge für nebeneinander auf die Dachlatten zu nagelnde Bretter. Es empfiehlt sich, die beiden Träger aus Dachlatten nicht fest auf die Rundhölzer zu nageln, sondern durch Bohrlöcher und starke, in die Stirnseite der Rundhölzer getriebene Nägel, deren Köpfe man absägt, einzuhängen. Man kann dann das ganze Dach abheben und nur bei anhaltendem Regen aufsetzen. Ist der Mietenplatz nicht in Gebrauch, zieht man einfach die vier Rundhölzer aus den Zementrohren und lagert den Aufbau im Keller, in der Garage oder an einer regenabgewandten Gartenhauswand. Die stabile Holzkonstruktion läßt sich also ohne Werkzeug ab- und wieder aufbauen. Um das Dach abzuheben und aufzusetzen, muß man allerdings zu zweit sein. Würde man zur leichteren Handhabe durch nur eine Person die Bretter nur durch eine Kopfleiste abnehmbar machen, bestünde die Gefahr, daß sie der Wind abhebt.

Das Holzdach, bei dem die Bretter stumpf aneinanderstoßen, ist natürlich nicht regendicht, läßt aber das weitaus meiste Wasser durch die Schräge ablaufen. Ein völlig wasserdichtes Dach wäre nicht wünschenswert, man müßte dann die Kompostmiete regelmäßig wässern.

Wie die Erfahrung zeigt, wird ein solches gegen Westen geneigtes Holzdach gern als Liegeplatz in der Nachmittagssonne ›mißbraucht‹. Um dem dafür erforderlichen Festigkeitsanspruch zu genügen, braucht man für längere Mietenüberdachungen nicht vier, sondern sechs Rundholzpfeiler.

Wir kommen nach dieser Abschweifung zum Bau einer Kompostüberdachung wieder zum Aufsetzen der Miete zurück. Luftig aufschichten heißt nicht, Hohlräume entstehen zu lassen. Das Kompostiergut sollte beim Aufschichten zwar nicht betreten werden – nur auf größeren Mieten ist das unvermeidbar –, aber man klopft es mit dem Spaten an, mit wachsender Höhe drückt das Eigengewicht die unteren Schichten beträchtlich zusammen. Hat man leicht sperriges, also luftführendes Material regelmäßig mit eingebaut, dann erübrigen sich andere Belüftungseinrichtungen im Kompostkörper, wie ausgesparte Luftschächte oder nachträglich eingestoßene Löcher.

Mangelnde Durchlüftung der Miete führt auch zu der Notwendigkeit, sie nach einigen Monaten umzusetzen. Früher galt das Umsetzen des Komposthaufens als unvermeidbar, es erübrigt sich aber durch sorgfältiges, nicht zu dichtes Schichten. Alle Monokulturen sind in der Kompostzusammensetzung zu vermeiden, das heißt: Materialien werden nie unvermischt zugegeben. Das gilt besonders für nasse und stickstoffreiche Abfälle. Man lüftet sie durch Lockermacher wie Holz von höchstens zehn Zentimeter Länge, Stroh oder Laub.

Wir sahen drei Flächen von der Größe einer Kompostmiete vor: die erste als Zwischenlager, die zweite und dritte für je eine Miete. Die erste sei beschickt und abgeschlossen. Der Kompost braucht nun Ruhe, wir überlassen ihn sich selbst, richtiger gesagt den tierischen Zersetzern in ihm. Abfälle von Haus und Garten sollen aber fortlaufend verarbeitet werden, nur im kalten Winter ruht auch die Rotte.

Liegen die zwei Mietenplätze nebeneinander, dann beginnt man mit dem Aufschichten der ersten Miete zweckmäßigerweise außen, sonst verstellt man sich mit ihr den Arbeitsplatz für die zweite. Die günstigste Anordnung ergibt sich, wenn das Zwischenlager zwei Mietenplätzen gegenübersteht.

Will man aus Platzgründen oder muß man wegen Fäulnisgefahr im Inneren der Masse eine ganze Miete umsetzen, schichtet man die alten oberen Schichten zuunterst, das vorher innen Gelagerte zweckmäßigerweise nach außen, das Äußere nach innen. Bei kleineren Mieten kann man auch alles vor dem erneuten Aufsetzen durchmischen. Zu feuchtes, schmieriges oder auch faulendes Material bleibt verwendungsfähig, wenn man es lockert und mit trokken-porösen Stoffen streckt.

Trocken heißt aber nicht immer luftig. Holzasche zum Beispiel – sie enthält viel Kali – eignet sich gut zur Geruchsbindung einzelner Schichten. Man kann sie mit Steinmehl oder Kalk mischen und wie diese verwenden. Sie macht nasses Material trockener. Hat sie aber erst einmal Feuchtigkeit aufgenommen, verdichtet sie sich und dient nicht der Belüftung wie Holzschnitt, der auch im nassen Zustand nicht zusammenbackt. Asche wird deshalb aufgestreut und nicht aufgeschüttet.

Kohlenasche und Ofenruß bestehen hauptsächlich aus Kohlenstoff. Sie haben deshalb wenig Wert, können aber in kleinen Mengen untergebracht werden. Kohlenstoff entnimmt die Pflanze ausschließlich dem Kohlendioxid der Luft (CO_2), sie leidet an diesem Element nie Mangel.

Nach den Warnungen vor Fäulnis soll auch das gegenteilig Falsche nicht unerwähnt bleiben. In einer mit viel leichtem, sperrigem, also stickstoffarmem Material aufgesetzten Miete setzt die Rotte nicht in der erwünschten Weise ein. Pflanzenmaterial mit weitem C/N-Verhältnis, also mit viel Kohlenstoff und wenig Stickstoff, bindet auch weniger Feuchtigkeit. Aus dem Alltag wissen wir, daß eiweißreiche Nahrungsmittel schnell verderben, nämlich von Mikroben angegriffen und zersetzt werden, während die eiweißärmsten zu den haltbarsten gehören, besonders in trockenem Zustand.

Luftige Hohlräume im Kompost hindert die Mikroben an ausreichender Betätigung und Vermehrung. Wässern reicht nicht mehr aus, hier hilft das Einbringen von fettem, also stickstoffreichem Material und angefeuchteter Erde. Am besten, man setzt eine solche Miete neu auf oder man nimmt eine möglicherweise sehr lange Rottezeit in Kauf. Auch ein aufgesetzter Haufen trockenen Reisigs verrottet irgendwann, aber es wird einige Jahre dauern.

Die Gefahr zu vieler Luft ist auch bei Kompostbehältern aus Drahtgeflecht gegeben. Die Rotte geht hier allgemein langsamer als in fester umschlossenen Behältern vor sich. Sehr nützlich erweist sich ein Drahtsilo dagegen als Zwischenlager für die Haushaltsabfälle. Sie sind meist zu naß und können dann etwas abtrocknen.

Wann ist der Kompost reif?

Weil jeder Kompost eine andere Zusammensetzung aufweist und je nach örtlicher Lage, Wetter und Klima verschiedenen Temperatur- und Feuchtigkeitsbedingungen unterliegt, gibt es keine einheitliche Zeitangabe für seine Reife.

Das sogenannte heiße Kompostieren in durchlöcherter Blechtonne mit oder ohne Deckel und Boden in der Sonne kann, unterstützt durch biologische Kompostierungshilfen und richtig gesteuerte Feuchtigkeit, schon in sechs Wochen zur Reife führen. Solcherart beschleunigte Rotte wird dem Bebauer eines neuen Gartens sehr hilfreich sein. Die biologischen Komposthilfen haben nichts mit chemischen Mitteln zu tun, schaden also nie, auch nicht in der Miete. Man wird sie bei einer neuen Kompoststätte einsetzen. Für den eingespielten ›Umtrieb‹ der Mikroben auf einer Kompoststätte, die ständig Kompostiergut in verschiedenen Reifegraden beherbergt, sind die käuflichen Kompostierhelfer entbehrlich.

Die übliche Miete wird unter guten Bedingungen der warmen Jahreszeit in zwei, drei oder vier Monaten gebrauchsfähig sein. Wintermonate zählen für die Rotte weniger. Ein im Herbst aufgesetzter Kompost ist nicht im Frühjahr, sondern erst im nächsten Sommer fertig. Kompostmieten, die wir wegen ihrer schwerer rottenden Zugaben wie Laub und Holz als ›Langzeitmieten‹ bezeichnen, können bis zur völligen Vererdung ihres Inhalts eineinhalb bis drei Jahre brauchen.

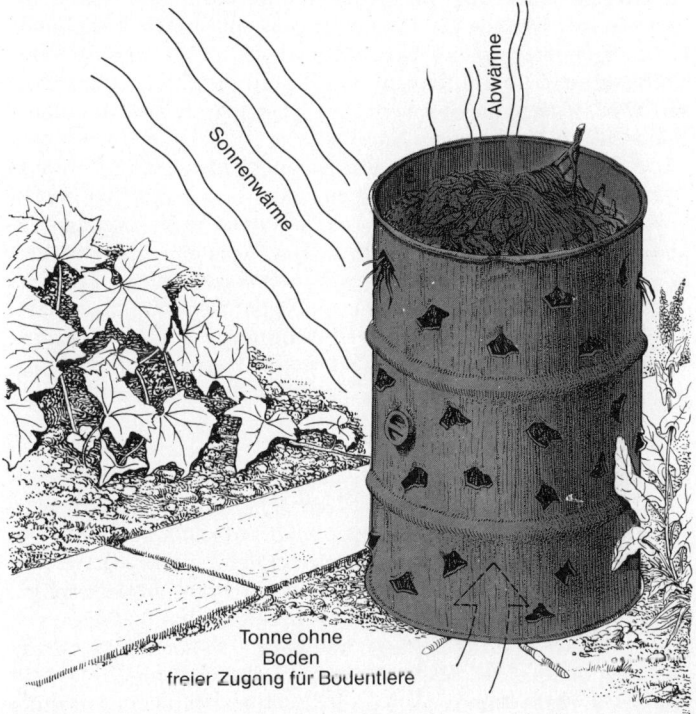

»Heißkompost« in der Tonne (hier ohne Deckel, der üblicherweise dazugehört)

Beschränkt gebrauchsfähiger Kompost muß nicht schon wirklich reif sein. Man kennt Frischkompost und Reifkompost. Bräunlichen Frischkompost haben wir nach der ersten Rotte, die unter beträchtlicher Wärmeentwicklung abläuft. Die meisten Pflanzensamen und Krankheitserreger überleben diese Ofenbehandlung nicht. Man kann deshalb auch solche Pflanzenabfälle meistens gefahrlos verkompostieren. Die Entfaltung der Mikroben erreicht mit der ersten Rotte ihren Höhepunkt. Regenwürmer sind sehr wärmeempfindlich. Bei Innentemperaturen über 18 °C wandern sie vorübergehend ab.

Wird Frischkompost vor seiner eigentlichen Vererdung ausgebracht, so lebt er im Boden weiter, die Humusbildung setzt erst ein. Frischkompost braucht gut durchlüfteten Boden, er erzeugt durch die Atmung seiner Mikroben Kohlensäure, die das Pflanzenwachstum fördert. Ein solcher frischer Boden mit hohem Anteil noch nicht abgebauter organischer Stoffe schafft im Boden eine Nährstoffreserve, die erst durch weitere Tätigkeit der Zersetzer erschlossen wird. Frischkompost vertragen Starkzehrer, vielen anderen Pflanzen schadet er eher. Empfindliche Setzlinge werden besser mit dem schwarzen Humus reifer Komposterde versorgt.

Dichte Böden aus schwerem Lehm oder Ton verkraften Frischkompost weniger gut, er kann dann in seinem Reifevorgang steckenbleiben und nicht voll zur Entfaltung kommen. Zwar verliert der Kompost bis zu seiner Endreife noch einen Teil seiner Nährstoffe, doch sollte man im Zweifelsfall lieber bis zur völligen Reife warten. Ausgereifter Kompost verbessert jeden Boden nachhaltig, auch den schweren, schlecht durchlüfteten. Er widersteht der Auswaschung seiner Nährsalze und kann von Pflanzen sofort voll genutzt werden.

Wie sieht man dem Kompost seine Reife an? Humussäuren färben reife Komposterde mehr oder weniger schwarz; sie ist jedenfalls dunkler als Frischkompost. Dieser zeigt eine gröbere Struktur. Neben mürben, also reifen Krümeln findet man noch nicht verrottete Fasern und unzersetzte verholzte Pflanzenteile. Mario Howard empfiehlt eiligen Leuten, den Frischkompost durchzusieben. Man teilt damit das Gemenge in seine schon reifen und seine erst unvollständig verrotteten Teile, bekommt gebrauchsfertige Erde und setzt den halb verdauten Rest entweder wieder auf oder teilt ihn einer neuen Miete zu, wo er als mikrobenreiche Starthilfe wirkt. Diese Maßnahme nützt dem, der Zeitgewinn mit Mehrarbeit erkaufen will. Auf die Dauer scheint es mir vorteilhaft, die Zeit arbeiten zu lassen und stets so viel Kompostgut aufzusetzen, daß man jeden Bedarf mit voll ausgereiftem Humus decken kann. Üblicherweise schaufelt man die fertige Humuserde durch ein schräg gestelltes Kompostsieb, wie es im Gartenbedarfshandel erhältlich ist. Man kann es auch selbst herstellen, indem man Maschendraht in (oder über) einen Holzrahmen spannt. Je feiner die Maschen, desto feiner die gesiebte Erde, desto mehr Rückstände, desto langsameres Durchsieben. Auch auf die Gefahr hin, gegen gute Gartenregeln zu verstoßen, benutze ich kein solches Sieb. Richtiger gesagt, ich benutze es, um das Sägemehl von den gröberen Holzteilen der Sägereiabfälle zu trennen, die ich meinen Kompostmieten zusetze. Unsere Tiere, Gärten, Bäume, Wiesen und nicht zuletzt mein Schreibtisch erzwingen zeitsparendes Arbeiten. Nicht wirklich notwendige Verrichtungen werden abgeschafft. Zu ihnen gehört das Komposterdesieben. Es ist nur unentbehrlich, wenn man weder Stöckchen noch Steinchen auf den Gartenbeeten duldet.

Ich schneide die Miete erst an, wenn sie wirklich reif ist und schaufele die schwarze, lockere Erde unmittelbar auf die Schubkarre beziehungsweise auf den Anhänger der Zugmaschine, um sie an den Ort des Bedarfs zu fahren. Wie schon erwähnt, lese ich Fremdkörper, auch Knochen, nicht aber Steine oder Hölzchen von der Schaufel, soweit ich sie sehe. Wird dann die Komposterde oberflächlich mit dem Rechen eingearbeitet, erwischt man gewöhnlich die letzten ›blinden Passagiere‹, harkt sie an den Beetrand und kann sie dort gesammelt aufnehmen. Allerdings sehen unsere Beete nicht wie sauber geleckte Vorgärten aus.

Es gibt Reifetests, für die man Kressesamen in der zu prüfenden Komposterde keimen und wachsen läßt und das Ergebnis nach Gewichtszunahme oder Farbe der gebildeten Blätter beurteilt. Diese Tests beweisen, daß unreifer Kompost den Pflanzen Schwierigkeiten machen kann, daß nur ausgereifter die ungestörte Entwicklung fördert. Wer auch nur einmal die Rotte seiner Kompostmiete aufmerksam beobachtet, braucht keinen Test, um ausgereiften Humus ohne weiteres von Frischkompost zu unterscheiden.

Auch hier hilft uns das Beispiel des Naturkompostes in der Rotteschicht des Waldbodens: Unter der unverrotteten, luftigen Streueschicht finden wir den Übergang von Rohhumus zum halb zersetzten, noch nicht schwarzen Substrat mit Holzteilchen, Nadeln und Blattstielen, darunter den ausgereiften schwarzen Waldhumus. Er riecht nicht nach Verwesung und Fäulnis, sondern frisch. Er ist krümelig, dabei elastisch wie gut ausgebackenes Hefegebäck. In der Tat wird man an den Anschnitt eines Hefekuchens erinnert, wenn man mit dem Spaten eine ausgereifte Kompostmiete öffnet. Man spürt, daß diese Erde locker und voller Luftporen ist, obwohl sie nie mechanisch gelockert wurde.

Wohin mit dem Kompost?

Natürlich in den Garten. Überallhin, wo der Garten fruchtbar werden und Pflanzenzuwachs bringen soll. Bedenken gibt es nur beim Ausbringen von Frischkompost. Der Anfänger sollte seine ersten Erfahrungen lieber mit reifem Kompost machen, sie werden besser sein.

Mit gutem Kompost kann man nicht viel falsch machen. Der größte Fehler ist, ihn zu begraben, weil man glaubt, die Wurzeln sollten ihn von unten bekommen. Kompost wird auf die allenfalls oberflächlich gelockerten Beete aufgetragen und mit Rechen oder Kräuel leicht eingearbeitet, keinesfalls mit dem Spaten versenkt. Genau wie beim Waldboden die Belebung nicht aus der Tiefe, sondern von oben kommt und nach unten wirkt, so muß auch der Gartenboden von der Oberfläche aus fruchtbar, locker, tiefgründig gemacht werden. Das kann nicht auf einmal geschehen, aber immer von oben nach unten, sofern man biologisch und nicht mechanisch vorgehen will.

Der zweite Fehler beim Kompostaufbringen besteht darin, den angereicherten Boden der Sonne zu überlassen. Der Humus kommt aus der dunklen Feuchte der Miete, sein Bodenleben, dessen Aktivität beim reifen Kompost abgeklungen, aber nicht erloschen ist, würde unter den austrocknenden Strahlen der Sonne, unter Licht und Wind wenn nicht absterben, so doch seine Tätigkeit einstellen oder in die Tiefe wandern. Deshalb bedarf die aufgebrachte Humusschicht sofort einer Abdeckung. Sie bleibt dann feucht und lebendig. Vom Bodenbedecken, auch Mulchen genannt, wird später noch die Rede sein. Das Mulchen gehört unmittelbar zur Kompostdüngung, andernfalls verschenkt man einen Teil ihres Nutzens.

Wieviel Komposterde braucht der Garten?

Kompost ist für den Boden kein Aufputschmittel und kein treibender Dünger, sondern Vollwertnahrung, die sich die Pflanzen ganz nach ihrem Bedarf erschließen. Wieviel man ausbringt, ist deshalb unkritisch. Je mehr man hat, desto besser. Man wird dann den ganzen Gartenboden mit einer Schicht bis zu fünf Zentimeter Stärke bedecken können. Eine Erhaltungsgabe von wenigstens einem Zentimeter Schichtstärke sollte der Garten jährlich einmal bekommen. Beete mit Starkzehrern versorgt man vor dem Anbau und nach der Ernte mit zusätzlichen Komposterdegaben. Das gilt auch für andere, besonders intensiv genutzte Flächen.

Meist hat man, besonders am Anfang einer Kompostwirtschaft, wenig selbstbereiteten Humus zur Verfügung. Man wird sich dann damit begnügen müssen, ihn vor dem Säen dünn auf die jeweiligen Kulturflächen zu streuen und beim Pflanzen in die Pflanzlöcher zu füllen, damit aller verfügbarer Kompost den jungen Pflanzen zugute kommt und nicht so sehr der allgemeinen Bodenverbesserung im Garten. Statt einer Flächenausbringung kann man auch nur die Saatreihen mit Kompost bedecken. Man bringt ihn vorteilhaft im Frühjahr und Herbst, aber auch zwischendurch beim Wechsel einer Bepflanzung aus. Feuchtes Wetter und bedeckter Himmel sind dafür günstiger als Sonnenschein und trockene Luft.

Der Kompost sollte möglichst nicht austrocknen, gegebenenfalls gießt man ihn leicht an, bevor er bedeckt wird. Im Eifer der ersten Kompostdüngung darf man nicht vergessen, wenigstens ein paar Schaufeln, besser eine Schubkarre voll, als Sauerteig für den nächsten Ansatz aufzubewahren. Auch dieses Häuflein hält man feucht und bedeckt. Mit ›Kompost‹ ist hier stets Komposterde gemeint.

Der wichtigste Helfer der Kompostrotte und damit für das Fruchtbarmachen unseres Bodens blieb bei unserer Betrachtung ausgespart: der Regenwurm. Wir kürzen das Loblied auf ihn ab, denn es steht – zu Recht – in jedem Gartenbuch.

Die Häufigkeit der Regenwürmer im Boden gilt als Gradmesser seiner Fruchtbarkeit. Sie haben die Form und die Funktion eines Erde verdauenden Darmes. Dabei bauen sie mit Hilfe einer Darmflora aus Bakterien organische Bodenbestandteile zu einfacheren Verbindungen und Nährsalzen ab, sie decken also den Tisch der Pflanzen.

Ihr Sich-durch-den-Boden-Fressen lockert, lüftet und bewässert den Boden. Regenwürmer vertragen Staunässe ebenso schlecht wie Trockenheit. Sie ziehen sich bei Wassermangel in tiefere Bodenschichten zurück, bei Überschuß kommen sie an die Erdoberfläche – daher ihr Name. Im Kompost betätigen sich die lebhaften, roten Mist- oder Kompostregenwürmer als Erstzersetzer. Dank ihrer schnellen Vermehrung bevölkern sie den Frischkompost massenhaft, können sich aber in reifer Gartenerde nicht annähernd so zahlreich halten. Hier finden wir die etwas größeren, trägeren und mehr gelbbraunen Ackerregenwürmer. Man ist immer wieder überrascht, wie tief sie in den unbelebten Boden vordringen, denn man findet sie bei Erdarbeiten vereinzelt in zwei Meter, manchmal sogar noch in drei Meter Tiefe.

In der Humusschicht des Gartens leben unter Bestverhältnissen zweihundert Regenwürmer je Quadratmeter. Man fördert dann bei jedem Spatenstich einige von ihnen zutage. Allerdings ernährt Frischkompost mehr Regenwürmer als ausgereifter Humus, so daß die Zahl der Regenwürmer in einem Gartenboden auch vom Verrottungsgrad seiner organischen Bestandteile abhängt.

Man kann heute Regenwürmer auch kaufen, sogar eine ›ortstreue‹ Art kanadischen Ursprungs. Für den gesunden Garten dürfte es ausreichen, gute Lebensbedingungen für Regenwürmer zu schaffen, das heißt, für organische Düngung durch Kompost und für Bodenbedeckung zu sorgen. Übrigens schont man viele Regenwurmleben, wenn man Grabarbeiten nicht mit dem Spaten, sondern mit der Grabgabel erledigt. Noch besser geht es den Regenwürmern, wenn man das jährliche Umgraben des Gartens überhaupt unterläßt.

VI DAS DÜNGEN

Entsprechend seiner buchstäblich grundlegenden Wichtigkeit im biologischen Gartenbau räumten wir dem Kompost und seiner Pflege viel Platz ein. Wer das Kompostieren beherrscht und so Haushalt und Garten in einen Stoffkreislauf zusammenfaßt, hat dauerfruchtbare Erde. Was darüber hinaus noch über das Düngen zu sagen ist, leitet sich aus den Bedingungen der Kompostwirtschaft folgerichtig ab, ergibt sich allein aus dem Bestreben, das Bodenleben zu fördern und zu erhalten.

Düngen ist unnatürlich. Die Wildpflanzen leben von dem, was sie selbst aus Wasser und Luft holen, was ihnen der Boden an Nährsalzen aus der Gesteinsverwitterung gibt und was an organischen Stoffen von abgestorbenen Pflanzen und Tieren, deren Teile und Ausscheidungen durch Mikroben verfügbar gemacht wird. Im Naturhaushalt kommt dieser Kreislauf ohne fremde Zufuhr aus. Kulturflächen aber bedürfen der Düngung, weil wir ihnen die Ernten nehmen.

Geht man bei der Düngung, wie das in der konventionellen Anbauweise seit Liebig gelehrt und von der chemischen Industrie bekräftigt wird, davon aus, daß man von den Kernnährstoffen, die jede Pflanze braucht, sich vor allem um die mineralische Zufuhr von NPK, also um Stickstoff, Phosphor und Kali kümmern muß, dann wird die Bodenversorgung zu einem Balanceakt zwischen Überfluß und Mangel, erschwert durch die Anfälligkeit der so ernährten Pflanzen gegen Krankheiten und Schädlinge. Hinzu kommen die Abhängigkeit dieser Düngeweise von der chemischen Industrie und die Notwendigkeit, Pestizide einzusetzen. Auf der anderen Seite muß allein die Bundesrepublik Deutschland einen jährlichen Müllberg von den Ausmaßen der Zugspitze bewältigen. Nur der allergeringste Teil dieser heute schon wertvollen, morgen unersetzlichen Rohstoffe und organischen Verbindungen wird heute durch ein Zurückführen in den Kreis genutzt.

Doch bleiben wir auf dem Boden unseres Gartens. Für seine Versorgung – und damit meinen wir mittelbar immer die Pflanzen, die dort wachsen – verzichten wir ganz auf Mineraldünger. Um das nicht im blinden Glauben an die biologische Wirtschaftsweise, sondern in Kenntnis der Zusammenhänge zu tun, wollen wir im folgenden kurz die vier Grundstoffe betrachten, die üblicherweise in Form von Handelsdüngern erhältlich sind, auch für den Garten.

Stickstoff (N) braucht die Pflanze zur Eiweißbildung, also für ihr Wachstum und das Erzeugen von Blattgrün (Chlorophyll). Bei Stickstoffmangel gilben die Blätter oder werden rot, die Pflanze wächst schlecht. Bei Stickstoffüberversorgung schießt sie ins Kraut, nimmt zuviel Wasser in ihre Gewebe auf, wird anfällig gegen Krankheiten und Schädlinge, Blüten- und Fruchtansätze sind gehemmt. Stickstoffüberdüngte Pflanzen und deren Früchte lassen sich schlecht lagern.

In den Mineralien des Bodens ist Stickstoff nicht enthalten, freien Luftstickstoff kann die Pflanze nicht aufnehmen. Sie braucht Stickstoff in organischer Bindung, wie er bei der Rotte von Eiweißstoffen entsteht (Nitrifikation). Bei Fäulnis verflüchtigt sich der Stickstoff und geht damit für die Pflanzen verloren (Denitrifikation). Humus enthält organisch gebundenen Stickstoff in pflanzenverfügbarer und haltbarer Form.

Bestimmte Bodenbakterien vermögen Luftstickstoff zu binden und damit den Pflanzen zugänglich zu machen. Das gleiche bewirken die Knöllchenbakterien, die mit Schmetterlingsblütlern (Leguminosen) eine Lebensgemeinschaft eingehen. Der Anbau von Leguminosen wirkt deshalb auf den Boden wie eine Stickstoffdüngung.

Organische Stickstoffdünger sind Blutmehl, Hornspäne, Hornmehl, Guano, Mist, Jauche und Gründüngung mit jungem Gras. Alle genannten Stoffe eignen sich auch zur Stickstoffanreicherung von Kompostiergut. Bakterien sind auf Stickstoff für ihre Lebensentfaltung und Zersetzertätigkeit angewiesen. Ohne Stickstoff gibt es keine Rotte. Umgekehrt kann man stickstoffüberdüngten Boden durch Zugabe von stickstoffarmem organischem Material wie Stroh und Sägemehl entlasten, weil Stickstoff dann zur Rotte dieser Zugaben gebraucht und gebunden wird.

Phosphor (P) ist wie Stickstoff ein Eiweißbestandteil. Er fördert vor allem Blüten- und Fruchtbildung. Phosphor kommt in sehr vielen organischen Verbindungen vor, auch in denen des Bodens, besonders im Humus. Aber er ist den Pflanzen nur in einem Teil dieser Verbindungen verfügbar. Ein gut belebter humöser Gartenboden hat nie Phosphormangel, man braucht sich also nicht so um ihn zu kümmern wie etwa um den Stickstoff. Allgemein hat man bei der organischen Düngung den Phosphor immer, wenn man den

Stickstoff hat. Die Rotte von Eiweißstoffen macht beide verfügbar. Nur Holzasche enthält Phosphor ohne Stickstoff. Blutmehl enthält wenig, Knochenmehl – besonders, wenn es entleimt ist – viel Phosphorsäure. Eine Phosphorüberdüngung wird bei biologischer Wirtschaftsweise nie eintreten. Phosphorüberversorgung durch Mineraldünger kann zu erheblichen Wachstumsstörungen führen, weil einige Spurenelemente dann nicht mehr richtig aufgenommen werden. Phosphor aus Kunstdüngern belastet unsere Gewässer.

Kalium (K) steckt nicht wie Stickstoff und Phosphor in Eiweißverbindungen, aber es ist für den Pflanzenstoffwechsel ebenso unentbehrlich. Es spielt eine Rolle bei der Stärke- und Zuckererzeugung, fördert deshalb Wurzeln und Knollen. Ausreichende Kaliversorgung harmonisiert den Wasserhaushalt der Pflanze, sie wird damit unempfindlicher gegen Trockenheit, Temperaturschwankungen und Frost.

Im humusversorgten Garten tritt kein Kalimangel auf. Wie Phosphor kann Kali nicht aus allen Verbindungen, in denen es im Boden vorkommt, die Pflanzen ernähren. Es ist in fast allen organischen Düngern enthalten – außer in Hornspänen. Den höchsten Kalianteil hat Holzasche (8 Prozent). Wer, wie empfohlen, sein Kompostiergut mit Holzabfällen in irgendeiner Form durchmischt, braucht sich um die Kaliversorgung des Gartenbodens nicht mehr gesondert zu kümmern.

Kalimangel kann bei unsachgemäßer Mineraldüngung auftreten. Er führt schnell zum Braunwerden und Absterben der Pflanzen. Kaliüberversorgung, auch sie ist bei organischer Düngung praktisch nicht möglich, hat oft Magnesiummangel zur Folge. Magnesium (Mg) muß dann zusätzlich – zum Beispiel als Magnesiumkalk oder Stickstoffmagnesium – ausgebracht werden. Kompostwirtschaft schließt solche Mängel aus.

Kalzium (Ca) ist weniger Nährstoff als Stützelement der Pflanzenzelle. Kalzium bildet verschiedene Verbindungen, deren gebräuchlichste unter dem Begriff Kalk zusammengefaßt werden. Der Kalkgehalt eines Bodens entscheidet über seinen sauren oder alkalischen Zustand. Bevor Kalkmangel an den Pflanzen zutage tritt, liest man ihn an der Versäuerung des Bodens ab. Auch ausgesprochen kalkarme und damit saure Böden bringen eine Pflanzendecke hervor, zum Beispiel das Hochmoor, aber es gibt nur wenig Kulturpflanzen, die auf sauren Böden gedeihen. Zu ihnen gehören die Rhododendronbüsche.

Jeder pflanzentragende Boden, dem kein organischer Nachschub geliefert wird, neigt zum Versäuern. Er muß deshalb Kalk bekommen, um wieder alkalisch zu werden. Kalkarme Böden sind verhältnismäßig unbelebt. Die bakteriellen Bodenzersetzer werden durch saure Umgebung gehemmt. Ausreichender Kalkgehalt ist deshalb eine Voraussetzung für tätiges Bodenleben.

Daß ein saures Milieu Bakterien an ihrer Entfaltung hindert, zeigt der Moorboden, wo die Rotte organischer Stoffe auf der Torfstufe stehenbleibt.

Die Säurereaktion oder der pH-Wert des Bodens läßt sich mit Kalkgaben steuern, doch darf man des Guten nicht zu viel tun. Überkalkte Böden wirken sich nachteilig auf das Pflanzenleben aus und sind schwer wieder in Harmonie zu bringen. Im biologisch bewirtschafteten Garten verwendet man gern feinen Muschel- oder Algenkalk. Besonders zum Verrotten von Grasschnitt sind Kalkgaben empfehlenswert. Eine unmittelbare Kalkung der Gartenerde erübrigt sich, es sei denn, man will einen anmoorigen Boden mit zu niedrigem pH-Wert urbar machen.

Allgemein haben sandige, also leichte Böden einen niedrigeren, schwere einen höheren pH-Wert. Darauf sollte man Rücksicht nehmen und einen Boden nicht gegen seine natürlichen Verhältnisse betont alkalisch machen. Da alle Pflanzengewebe Kalk enthalten, gelangt auch Kalk mit jeder Kompostgabe und mehr oder weniger mit den organischen Düngern auf das Land. Mist und Blutmehl haben sehr wenig (0,6 bis 0,8 Prozent), entleimtes Knochenmehl und Holzasche sehr viel Kalk (31 bis 33 Prozent).

Man bezeichnet die genannten Mineralien als Kernnährstoffe für die Pflanze. Sie sind, wie auch die schon erwähnten Spurenelemente, für die Ernährung der Pflanze unverzichtbar.

Sowohl die mineralische als auch die organische Düngungsweise sowie die gemischte Anwendung beider Verfahren führen zu sichtbaren Erfolgen. Ohne Düngung kann erntefähiger Anbau von Kulturpflanzen nicht über längere Zeit aufrechterhalten werden, wenn man den Boden nicht abbauen will. Pflanzen müssen, um ihre Nährstoffe aus den stabilen Humusverbindungen herauszulösen, Aufschließarbeit leisten. Sie finden unter natürlichen Bedingungen ihre Nahrung zum größten Teil nicht mundgerecht in wäßrigen Nährsalzlösungen vor, sondern müssen sie aus den Bestandteilen des Humus gleichsam herausbrechen. Wären die von ihnen benötigten Mineralien in Lösung, würden sie bei jedem Regen ins Grundwasser und in die Wasserläufe geschwemmt.

Die Konzentration der Salze ist im Boden geringer als die Salzkonzentration der pflanzlichen Zellflüssigkeit. Geben wir der Pflanze durch die sogenannten Kunstdünger ihre Nährsalze wasserlöslich, also unmittelbar, so nimmt sie die Mineralien schneller und gleichsam lieber auf als die gebundenen des Bodens. Sie wächst schneller und braucht das Aufschließen nicht mehr selbst zu besorgen. Sie wird aber auch abhängig von dieser Zufuhr, verliert zugunsten größeren Massenzuwachses an Widerstandskraft gegen Mangelkrankheiten und Schädlinge. Während ein Zuviel an Nährstoffen, wie sie im Humus festgelegt sind, der Pflanze nicht schadet, weil sie sich nur Teile davon erschließt, kann ein Zuviel an leicht löslichen Mineraldüngern zu Salzkonzentrationen im Boden führen, welche die des Zellsaftes übersteigen und damit zu Stoffwechselstörungen führen.

Wasserlösliche Mineralsalze, die von der Pflanze nicht aufgenommen werden, schwemmt der Regen aus, sie gehen der Pflanze verloren. Daß Mineraldünger nicht bei jedem Wetter, nicht zu jeder Zeit und nur in bestimmten Mengen gegeben werden dürfen, macht ihre Anwendung so problematisch. Man muß sich streng an die Herstellerempfehlungen halten. Außerdem müssen die Mineralsalze in einem bestimmten Verhältnis zueinander stehen. Sogenannte Volldünger vereinigen Stickstoff, Phosphor und Kalium in einem Konzentrat.

Die Vollversorgung mit Mineraldünger degradiert den lebendigen Boden von einer immer sprudelnden Nährstoffquelle zum Haltemittel für Wurzeln. Zudem stören die wasserlöslichen Salze das empfindliche Bodenleben und verändern seine Zusammensetzung. Der Humus wird nicht ausreichend erneuert. Hohe Erträge bedürfen einer immer weiter reichenden künstlichen Ernährung der Kulturpflanzen.

Um den Wesensunterschied zweier Wirtschaftsweisen deutlich zu machen, wurde hier in Schwarz und Weiß gezeichnet. Es gibt auch Mineraldünger mit Langzeitwirkung, die eine Beteiligung des Bodenlebens voraussetzen. Die biologische Anbauweise kennt außer der Kompostbereitung und -ausbringung noch andere Düngearten, die sich aber nur in der Handhabe, nicht im Grundsatz von der Kompostdüngung unterscheiden. Ihr Ziel ist stets die Pflege des Bodenlebens und die Förderung der Humusbildung.

1. Die Gründüngung

Sie ist die natürliche Urform des Kompostierens. Man verbessert den Boden mit Pflanzenmasse, die er selbst hervorgebracht hat. Dafür eignen sich schnell wachsende Bodenbedecker wie Gelbsenf, Kresse, Spinat, Feldsalat, Raps, Kapuzinerkresse und andere. Man sät sie als Zwischenfrucht, um dem Boden eine Erholung zu gönnen oder um den Boden eines neu angelegten Gartens die ersten Kulturschritte machen zu lassen. Besonders wenn es sich um Aushub oder durcheinandergeratene Erdschichten nach einer Baggerschlacht handelt, wirkt die Gründüngung segensreich. Man wird an ihr auch den Boden beobachten können: wie er sich unter Sonne und Regen verhält. Das Bodenleben bekommt Zeit, sich ohne weitere Eingriffe mechanischer Lockerung zu ordnen, das heißt, seine Entfaltungsplätze in den oberen Schichten einzunehmen, Voraussetzung jeder biologischen Bodenverbesserung.

Je nach angebauter Pflanzenart kann man einen Teil für den Verzehr ernten. Der Rest wird – wenn es Herbst ist und keine Neusaat folgen soll – sich selbst überlassen. Was die Kälte nicht überlebt, fällt den Zersetzern anheim. Im Frühjahr arbeitet man die Reste oberflächlich ein – ein natürlicher Rohkompost, der in so dünner Schicht die Verdauungskräfte auch humusarmer Böden nicht überfordert, sondern sein Bodenleben anregt.

Wenigstens ebenso nutzbringend wirkt sich die Wurzelbildung der Gründüngungspflanzen aus. Man läßt die Wurzeln immer im Boden. Sie lockern ihn und verrotten: ein Schritt zur erwünschten Bodengare. Man könnte einwenden, daß eine solche Düngung gleichsam mit Eigenmitteln des Bodens nicht viel zur Verbesserung der Gartenerde beitragen wird. Doch handelt es sich hier nicht so sehr um eine Nährstoffanreicherung als um Harmonisierung des Bodens, besonders des Neulands. Man verbessert die Wirkung durch eine Kompostgabe vor der Saat, solcher Kompost fehlt ja gerade am Anfang einer Bodenkultivierung oft.

Echter Zugewinn an organisch gebundenem Stickstoff ist zu erreichen, wenn man sich bei der Gründüngung für die Saat von Leguminosen entscheidet. Die Tätigkeit der schon erwähnten Knöllchenbakterien an und in den Wurzeln der Schmetterlingsblütler kann zehn bis zwanzig Gramm Stickstoff je Quadratmeter Gartenerde zurücklassen.

Gelbsenf als Gründüngung kann noch im Herbst gesät werden. Die schnell wachsenden Pflanzen vergehen mit dem ersten Frost und können im Frühjahr untergehackt werden.

Jede Leguminosenart braucht ganz bestimmte Stämme von Knöllchenbakterien. Glücklicherweise leben die den heimischen Arten zugeordneten Bakterien praktisch in jedem Boden und vermehren sich gewaltig mit dem Heranwachsen der Leguminosensaat.

Als Gründüngung bewährten sich die verschiedenen Kleearten, Luzerne, Esparette, Lupinen, Wicken, Erbsen, Bohnen und Handelsmischungen wie das Landsberger Gemenge. Der in den Knöllchen angesammelte Stickstoff bleibt, soweit er nicht von den Pflanzen selbst gebraucht wird und dann in der Pflanzenmasse steckt, also nicht verlorengeht, im Boden und kann von der nächsten Kultur genutzt werden. Will man Teile der grünen Pflanzen ernten, um sie für die Gründüngung eines anderen Stück Landes oder für den Kompost zu verwenden, so schneidet man sie über dem Boden ab, damit die Wurzeln, die bei einigen Leguminosen sehr tief wachsen, durch nachfolgende Rotte dem Boden zugute kommen.

Gründüngung eignet sich auch zum ›Abstellen‹ einer Kulturfläche, die man vorübergehend nicht bewirtschaften will. Sie bleibt dann von Unkraut geschützt, sieht nicht ungepflegt aus und wird ohne weiteren Arbeitsaufwand verbessert.

2. Das Mulchen

Das Mulchen, eine Bodenbedeckung mit organischem Material, liegt zwischen Gründüngung und Kompostieren. Es ist ein Flächenkompostieren mit wenig Masse, das immer dann paßt, wenn ein Boden unbedeckt der Witterung ausgesetzt wäre. Mulchen heißt nichts anderes, als den Boden mit abgestorbenen Pflanzenteilen bedeckt zu halten. Wir ahmen eine Haut nach, die jeder lebendige Boden durch seinen Bewuchs selbst hervorbringt oder die von den Bäumen des Waldes durch Blätter und Nadelstreu gebildet wird. Hier haben wir das genaue Vorbild der Mulchdecke. In freier Natur gibt es praktisch keine fruchtbare, nackte Erde. Das sollte im Garten nicht anders sein.

Die ›Mulchmode‹ setzte sich bei uns erst verhältnismäßig spät durch. Sie widerspricht dem herkömmlichen Bild von der sauber und glatt geharkten Gartenerde, die Zeugnis ablegt vom Fleiß und Ordnungssinn ihres Bearbeiters. Unter dem Einfluß von Wind und Sonne muß sich das Bodenleben von der Erdoberfläche zurückziehen. Es liebt aber anhaltende Feuchtigkeit und möglichst gleichbleibende Temperaturen. In der Folge verhärtet und verdichtet sich die oberste Bodenschicht zur Kruste und muß dann immer wieder, aber ohne Dauererfolg, mechanisch bearbeitet und gegossen werden – ein hoher Preis für einen unnatürlichen Anblick.

Lebt man mit den Wachstumsvorgängen seines Gartens und entwickelt dadurch ein Gefühl für die inneren Zusammenhänge seines Organismus, dann tut einem unbedeckte Erde unter der Sonne förmlich weh. Daß die Vertreter des Bodenlebens Erde nach Möglichkeit bis an ihre Obergrenze bevölkern, sieht jeder, der ein Brett, einen Stein oder ein liegengebliebenes Häufchen Gras aufdeckt. Besonders die Würmer fühlen sich in dieser Grenzschicht wohl, doch dürfen wir das auch von vielen anderen Lebewesen der Mikrofauna annehmen, die wir nur wegen ihrer Kleinheit nicht sehen.

Mulchen heißt demnach, die belebte Schicht des Gartenbodens um einige Zentimeter zu erhöhen. Dazu kommt die langsam in Zersetzung übergehende Mulchschicht selbst, die das Bodenleben von oben ›füttert‹.

Wann mulchen? Zu jeder Jahreszeit, auch im Herbst für den Winter, wo immer Gartenböden durch Bearbeitung oder Ernte frei werden.

Womit mulchen? Mit jedem verhältnismäßig trockenen, nicht schmierigen und nicht faulenden organischen Material. In der Regel handelt es sich um kohlenstoffreiche und stickstoffarme Pflanzenabfälle, wie Laub, Sägemehl, Säge- oder Hobelspäne, zerkleinertes Stroh oder Heu, Ernterückstände, Grasschnitt und verschiedene Abfälle aus der Landwirtschaft.

Nicht geeignet sind die wegen ihres hohen Gerbsäuregehaltes schwerer verrottbaren Nadeln. Man kann aber Abfälle von Nadelgehölzen in kleinen Mengen anderen Mulchstoffen beimischen. Um die Zersetzung von Laub und reinen Holzabfällen zu beschleunigen, gibt man ihnen organische Stickstoffdünger zu, zum Beispiel Hornspäne, indem man etwa eine Handvoll je Quadratmeter nachstreut, jedoch ist das Bedecken wichtiger als der Rottevorgang.

Die Mulchschicht schützt den Boden nicht nur vor Sonne und Wind, sondern auch vor der verschlämmenden und abtragenden Wirkung von Regengüssen. Jeder Tropfen wird abgefangen und platzt nicht auf, sondern sickert in den Boden. Schließlich wirkt die poröse Haut auch noch als Puffer gegen Temperaturschwankungen, gegen die das Bodenleben zwar nicht in seinem Dasein, aber in seiner Tätigkeit empfindlich ist.

Der unmittelbar größte Vorzug des Mulchens liegt aber im Unterdrücken von Unkraut: Unter Lichtentzug kommt es nicht auf, und damit entfällt das Jäten, die Kulturpflanzen werden durch keine Bodenbearbeitung gestört, ihr Geflecht feiner Haarwurzeln entfaltet sich, ohne durch Rundumhacken beschädigt zu werden.

Dicke Mulchdecken können Schnecken und Wühlmäusen willkommene Wohnung bieten. In diesem Fall sollte man dünner und mit kürzer geschnittenem Material mulchen und, wenn das noch nicht ausreicht, etwas gegen die unerwünschten Gartengäste unternehmen. Im vorletzten Kapitel werden Maßnahmen empfohlen.

Das Mulchen mit organischem Material ersetzt man heute auch durch das Auslegen dunkler Plastikfolien, die mit Schlitzen versehen sind. Man verschafft sich so eine bewegliche Bodenbedeckung und verzichtet auf die bodenverbessernde Wirkung der sich langsam zersetzenden Mulchhülle. Schlitzfolien ermöglichen eine vorgezogene Frühjahrsaussaat. Da ich, wie schon erwähnt, kein Freund vermeidbarer Fremdkörper im Hausgarten bin, die Geld kosten und den Garten verfremden, kann ich nicht aus eigener Erfahrung zu- oder abraten.

Starkwüchsige Kulturpflanzen vertragen auch eine dicke Bodenbedeckung. Hier wurde das Stroh im Mai ausgebracht und war im Herbst weitgehend verrottet. Grasschnitt wird dagegen nur dünn aber dafür wiederholt aufs Land gebracht. Er läßt die Luft schlechter zirkulieren als trockenes Mulchmaterial.

Auch mit Papier und Kartonagen wird gemulcht. Doch macht man damit den Garten wirklich zum auseinandergetretenen Abfallplatz. Solches Material, das zudem ohne Zusätze nur sehr langsam rottet, gehört in den Kompost.

Als Grundregel gilt: Je kleiner das verwendete organische Material ist, desto feiner läßt es sich verteilen. Das wird besonders bei jungen Pflanzen wichtig, denen durch angrenzende Mulchschichten kein Licht verlorengehen darf.

Wer gar kein Material auftreibt, kann natürlich auch mit hinreichend verrottetem Frischkompost mulchen. Aber eigentlich verlangt dann diese Schicht ihrerseits wieder eine Bedeckung zur ungestörten weiteren Vererdung.

Das Mulchen mit Torf bringt alle Vorteile der Bodenbedeckung, aber keinen Gewinn an Nährstoffen. Viel Torf macht den Boden sauer und hindert damit das Bodenleben in seiner Entfaltung.

Hat man große Flächen zu mulchen, taucht die Frage auf, wie man das Material zerkleinert. Mit der Gartenschere ist das ein Geduldsspiel. Ein maschineller Kompostzerkleinerer kann hier gute Dienste leisten, auch ein Futterschneider, wie er früher in jedem Bauernhof zur Häckselbereitung stand. Aus der Schweiz kommt ein praktischer Kompostgutzerkleinerer mit Handbetrieb, außerdem sind motorisierte Kleingeräte im Handel (siehe Anhang).

Wenn die Zerkleinerung Probleme bringt, sollte man strähniges Material verkompostieren und für die Mulchdecken kurzen Grasschnitt, Sägespäne und Frischkompost oder eine Mischung solcher Stoffe verwenden. Allerdings gilt auch für die Kompostmiete: je kürzer das Material, desto schneller die Rotte. Ich führe hier noch eine Empfehlung Mario Howards an: Gehäckseltes Stroh setzt man mit Erde auf, feuchtet das Gemenge an und läßt es einige Zeit rotten. Es wird dann unauffällig dunkel und eignet sich zum Mulchen auch für Leute, die Wert auf eine unauffällige Bodenbedeckung legen.

Wie mulchen? Man streut das Mulchmaterial dünn aus, so daß es gerade den Boden bedeckt, ihn nicht etwa überschichtet. Noch besser ist es, die zu schattierende Erde vorher oberflächlich zu lockern, besonders, wenn sich schon unter Regen und Sonne Krusten oder Risse gebildet haben. Man verbessert mit dem Aufrauhen die Erde-Mulch-Verbindung und erleichtert es den Bodenlebewesen, bis zur Mulchdecke vorzudringen.

Grasschnitt und anderes Frischmaterial bringt man zunächst sehr dünn aus. Am nächsten oder übernächsten Tag, wenn es durch Welken und Schrumpfen den Boden nicht mehr bedeckt, folgt die nächste und wieder später eine weitere Schicht. Man wiederholt den Vorgang jedesmal, wenn der Boden zum Vorschein kommt.

Hat man feines Mulchmaterial, kann man es auch auf Saatreihen und Jungpflanzen streuen, sofern man dünn aufträgt, so daß die Pflänzchen nicht behindert werden. Das Keim- und Wachsklima ist unter der Mulchdecke günstiger als auf nacktem Boden.

Nur wo auf keine Pflanzen Rücksicht zu nehmen ist, kann man auch dicker mulchen, nämlich bis auf Fingerlänge. Eine solche Decke empfiehlt sich besonders im Herbst als Frostschutz, da wir auf die sogenannte Frostgare keinen Wert legen. Darüber steht mehr im nächsten Kapitel. Für eine dicke Mulchschicht darf das Material weder naß noch dicht sein. Jede Fäulnis schadet dem Boden. Auch zu trockenes Material ist unerwünscht. Man gießt es an und vermeidet so, daß es der Wind abträgt.

Mulchen vermindert den Wasserbedarf des Bodens beträchtlich. Die Verdunstung wird herabgesetzt, Gießen erübrigt sich oft, wenn man offene Flächen schon wässern muß.

3. Jauchen

Das Herstellen und Ausbringen von Jauchen ist für den biologisch arbeitenden Gartenfreund ein überaus nützliches Mittel der Düngung und Bodenverbesserung. Es spart Zeit und tut segensreiche Wirkung. Im biodynamischen Gartenbau wurde die Kunst der Jauchezubereitung durch die Anwendung von Heilkräuterpräparaten auf eine hohe Stufe geführt. Wir bescheiden uns hier mit Anregungen, die jeder, auch der Anfänger, ohne Vorkenntnisse erfolgreich verwirklichen kann.

Reife, das heißt richtig vergorene Jauche, ist flüssiger Kompost. Der geruchlosen Rotte des Komposts entspricht die Gärung der Jauche, die gleichfalls zu einer nicht mehr stinkenden, im ausgereiften Zustand fast geruchlosen Düngeflüssigkeit führt – führen kann – und dem Boden wertvolle, organisch gebundene Nährstoffe zuführt. Die Herstellung von Jauche macht weniger Arbeit als der Kompost, dasselbe gilt für ihr Ausbringen. Jauche kann auch zur Förderung der Kompostrotte verwendet werden, sogar als Mistersatz.

Als Hindernis stellt sich vielleicht ein Mangel an passenden Gefäßen heraus. Im Sprachgebrauch wird Jauche oft mit Gülle verwechselt. Gülle ist frischer, unvergorener Urin von Nutztieren,

Jauche bezeichnet ihren vergorenen, im Sinne der biologischen Düngung ausgereiften Zustand. Neben der tierischen Jauche, die dem Hausgärtner nur selten zur Verfügung steht, kennt man im naturgemäßen Gartenbau sogenannte Kräuterjauchen, rein vegetarische Erzeugnisse. Jeder kann sie herstellen, denn ihre Bestandteile wachsen im Garten oder seiner Umgebung heran. Voraussetzung sind tonnenartige Gefäße, am besten alte Holzfässer. Auch Zement-, Steingut- oder Kunststoffbehältnisse eignen sich, nicht dagegen solche aus Metall. Jauche enthält oder entwickelt Säuren, die Metalle angreifen. Wir verwendeten in unserem Garten behelfsweise rechteckige Kunststoffcontainer, die auch für vielerlei andere Zwecke eingesetzt werden. Ihrer Form wegen sind sie als Jauchegefäße nicht zu empfehlen, weil sich ihr Inhalt weit schlechter als in einer runden Form umrühren läßt.

Man kann, hat man nur den Platz zum Aufstellen, mehrere Jauchebehälter gleichzeitig in Betrieb nehmen. Sie stehen gut an einer Südwand, zum Beispiel des Geräteschuppens, da sie im Gegensatz zur Kompostmiete der vollen Sonne ausgesetzt werden dürfen und

Auch rechteckige Vielzweckcontainer aus Kunststoff können für die Jaucheherstellung verwendet werden, doch läßt sich die Flüssigkeit in ihnen nicht so gut rühren. Tiefere Gefäße müssen aus Sicherheitsgründen abgedeckt werden. Beim Garten auf dem Land wachsen die Zugaben für Kräuterjauchen oft in nächster Nähe, hier die im Frühjahr austreibenden Sporenbehälter des Schachtelhalms. Das grüne Laub der Pflanze, auch Zinnkraut genannt, folgt erst später im Jahr. Es ist besonders mineralreich und eignet sich gut als Zusatz zu anderen Kräuterjauchen.

sollen. Wärme fördert die Gärung wesentlich. Die Sonne wirkt hauptsächlich von oben, so kann man ein Faß auch bis zur Hälfte eingraben und einen Lehmwall um den herausragenden Teil aufschütten. Feuchtigkeit vertragen die Faßdauben besser als Trockenheit. Nun braucht man nur noch eine Abdeckung zum Beispiel in Form eines aufsteckbaren Holzrostes, um Unfällen mit Kindern und Tieren vorzubeugen. Das abgesenkte und mit Flüssigkeit gefüllte Faß kann sonst für Kleinkinder zur Falle werden, eine solide, luftdurchlässige Abdeckung entschärft sie.

Wer Kleintiere wie Hasen, Hühner oder Tauben hält oder ein paar Eimer Mist anderweitig zu beschaffen weiß, kann tierische Jauche herstellen und mit ihr dem Garten besser dienen, als wenn er den frischen Dung unmittelbar aufs Land bringt. Die Tonne wird bis höchstens zu einem Drittel mit Mist beschickt und, wenn vorhanden, mit Regenwasser aufgefüllt. Man überläßt die Flüssigkeit nun sich selbst, doch fördert man ihre Vergärung durch tägliches Umrühren für bessere Luftzufuhr. Anfangs wird sich ein in unmittelbarer Hausnähe vielleicht störender Geruch entwickeln, den man leicht mit ein paar Handvoll Steinmehl bindet.

Hat man nur eine noch kleinere Mistmenge, kann man gejätete Unkräuter oder Wildpflanzen zusetzen. Eine besonders wirksame Jauche ergeben während ihrer Blüte geschnittene Brennesseln.

Verwendet man für die Jaucheherstellung nur frische Kräuter, füllt man das Faß bis über die Hälfte, bei sperrigen Pflanzen ganz mit ihnen an und gießt dann Wasser zu. Brennesseln ergeben eine kräftige, schwarze Jauche, die in Ansehen und Geruch Tierjauche vermuten ließe. Die Jauche ist reif, wenn sich keine Blasen mehr bilden.

Außer als scharfes Spritzmittel gegen Schädlinge darf man die so gewonnene Brennesseljauche nur verdünnt ausbringen. Das empfohlene Vor- und Nachgießen mit klarem Wasser erübrigt sich, wenn man einen Teil Jauche mit etwa fünfzehn Teilen Wasser verdünnt. Es kommt hier nicht auf ein genaues Verhältnis an, sondern darauf, daß die Gießflüssigkeit hellbraun wird, einem schwachen Tee vergleichbar. Es ist besser, den Boden um die Pflanze herum zu tränken als die Pflanze selbst zu benetzen. Für die Jauchedüngung gilt dasselbe wie für gewöhnliches Gießen mit Wasser: nicht während der Mittagshitze. Zu scharfe oder nicht ausgereifte Jauche kann den Pflanzen schaden. Auch ist es besser, öfter kleine Mengen als wenige Male viel zu gießen.

Schachtelhalm für Kräuterjauchen. Das grüne Kraut (Zinnkraut) folgt auf die Sporenträger.

Für die Kräuterjauche können alle Unkräuter und viele Wildkräuter verwendet werden. Man empfiehlt besonders Farnkraut, Rainfarn, Kamille, Löwenzahn, Beinwell und Schachtelhalm, einzeln oder in Mischungen untereinander.

Ich führe hier als Hinweis einen bemerkenswerten Gesichtspunkt von Oswald Hitschfeld an:

»Eine allgemeine Regel ist, daß ein Unkraut, das ja meist auch zugleich eine Heilpflanze ist, gerade da hochkommt, wo es als Ausgleich für eine Nutzpflanze eigentlich stehen sollte. Man wird daher keinen Fehler begehen, wenn sämtliches Jätgras, soweit es nicht zu Kompost gemacht wird, in die Düngerwassertonne kommt ... Auch auf größeren Flächen könnte man mit diesen Pflanzenjauchen viel zur Harmonisierung des Wachstums beitragen ... Wie viele Gartenfreunde, die keine Tierhaltung haben, könnten sich hier helfen, wenn sie sich einige Mühe damit machen würden. Man kann, wenn einmal der Kompost fehlt, einige Jahre damit einen Mangel an Düngung überbrücken. Es gelingt um so besser, wenn vielleicht noch etwas Hornspäne, Wollabfälle, Federmehl oder andere organische Stoffe beigemischt werden.«

Frischmist sollte man im Garten nur Starkzehrern geben.

Wer die Jauche mit Spritzdüsen ausbringen will, muß sie vorher sieben. Das Verfahren, die Kräuter erst in einen Jutesack und dann ins Wasser zu stecken, um die Jauche von vornherein spritzfähig zu halten, habe ich wegen Umständlichkeit des Verfahrens nicht ausprobiert. Nimmt man große Pflanzen, zum Beispiel Brennesseln, Schachtelhalm, Beinwell oder Farn, beschwert man sie einfach mit ein paar Steinen. Während der Vergärung setzt sich die Pflanzenschicht ohnehin ab, so daß man oben die Jauche mit der Gießkanne entnehmen kann.

4. Mist

Er spielt heute für den Hausgarten auf dem Land noch eine Rolle, im städtischen Bereich ist er nur noch schwer zu bekommen oder die Kosten der Anfahrt lohnen seine Beschaffung nicht. Manche haben Glück und wohnen in der Nähe eines Reitstalls, von dem sie Pferdemist beziehen können. Er eignet sich besonders zum Erwärmen eines Frühbeetes, doch soll er stets mit Erde vermischt werden.

Frischer Mist kann im Gartenboden ähnliche Probleme hervorrufen wie Frischkompost, erst die Rotte macht ihn zu Humus. Frischer Mist kann auch zu einer vorübergehenden Stickstoffüberversorgung führen.

Der beste Weg, die wertvollen Bestandteile tierischen Mistes – vor allem den Stickstoff – voll zu erhalten, führt über die Rotte im Kompost. Ein Teil Mist erlaubt es, fünf Raumteile stickstoffarmen Kompostiermaterials wie Stroh und Sägespäne zu vollwertiger Komposterde zu verrotten, wenn man ein bis zwei Teile Erde dazugibt. Hat man Mist im Überfluß, sollte man ihn im Herbst auf das Land bringen, aber nicht eingraben, sondern höchstens mit einer dünnen Erdschicht oder einer dicken Mulchdecke überziehen.

Im übrigen gilt für Mist, was schon vom Frischkompost gesagt wurde: Seine Vererdung setzt reiches Bodenleben voraus. In sandigen, sauren oder durch jahrelange Mineraldüngerwirtschaft verarmten Böden bleibt er zunächst wie ein Fremdkörper liegen.

5. Organische Handelsdünger

Sie werden in großer, wie mir scheint, wachsender Zahl angeboten. Einerseits ist es erfreulich, daß der naturgemäße Gartenbau immer mehr Freunde findet, die ihn verwirklichen, andererseits vermittelt die Vielzahl der biologischen Gartenhilfsmittel den Eindruck, es handle sich bei dieser Anbauweise um ein äußerst kompliziertes System. Biologisches Gärtnern zeichnet sich gerade durch seine Unabhängigkeit von Handelsdüngern aus, durch die Möglichkeit, fast alles, was man braucht, in Stoffkreisläufen auf eigenem Boden herzustellen. Mit Findigkeit und Fantasie erschließt die Kompostwirtschaft viele Düngerquellen, die sonst gedankenlos den großen Müllströmen zugeleitet würden.

Die biologischen Handelsdünger, deren Aufzählung wir uns aus Platzgründen ersparen, erweisen ihren Wert beim Ankurbeln der eigenen Kompostwirtschaft, beim Verbessern minderwertiger oder ausgelaugter Böden und bei der Umstellung von der konventionellen zur biologischen Anbauweise. Sie mögen auch dort unentbehrlich sein, wo der Garten keine ländliche, sondern eine städtische Umgebung hat und wo wenig Haushaltsabfälle zur Verfügung stehen.

Inhalt und Anwendung der biologischen Handelsdünger werden von ihren Herstellern hinreichend beschrieben.

Wer biologisch wirtschaftet, sollte sich nach und nach frei vom Wunderglauben an besondere Hilfsmittel machen. Die Pflanze braucht zu ihrem Gedeihen und für höchste Erträge alle Grundnährstoffe und Spurenelemente, aber sie braucht auch nicht mehr. Grundsätzlich führt eine verrottende Pflanze der Komposterde, die aus ihr entsteht, alle diese Stoffe zu, soweit sie nicht aus Luft und Wasser bezogen werden.

So wenig man Kleie essen muß, wenn man Vollkornbrot hat, so wenig braucht man in der biologischen Anbauweise besondere, oft recht kostspielige Handelsdünger, wenn man guten Kompost erzeugt. Bei tierlosen Stoffkreisläufen kann ein Mangel an Stickstoffträgern auftreten. Man gibt dann Hornspäne, Blutmehl oder andere stickstoffhaltige organische Dünger, doch führt man diese Zutaten besser erst dem Kompost als gleich dem Gartenboden zu. Im Innern der Kompostmiete sorgt die Kleinlebewelt für eine Harmonisierung der Zutaten. Es mag Leute geben, denen die Kompostwirtschaft voll einleuchtet und die auch Erfolg damit haben. Sie ist ihnen nur zu einfach.

Zuletzt soll noch der **Torf** erwähnt werden. Sieht man, in welchem Umfang er gehandelt wird, dann gewinnt man den Eindruck, daß unsere Gärten allgemein auf Torf gebaut werden.

Torf ist ein totes, so gut wie nährstofffreies organisches Material. Es entsteht bei der durch Luftabschluß unvollständigen Rotte von Torfmoosen und anderen anspruchslosen Pflanzen im Moor. Die Fähigkeit des Torfs, wie ein Schwamm große Mengen Wasser zu binden, macht ihn scheinbar zum Bodenverbesserer. Er verbessert aber nur die Luft- und Wasserführung schwerer Böden, was nicht gering zu achten ist. Naturbelassener Torf darf nicht mit einem Dünger verwechselt werden. Er lockert, aber er düngt nicht.

Um diesem Mangel abzuhelfen, wird Torf auch mit verschiedenen Düngemitteln versetzt, wir haben dann eben nicht mehr Torf, sondern einen Träger von zugesetzten Nährstoffen.

Sieht man davon ab, daß Torf auf den Boden leicht säuernd wirkt, so kann man sagen, daß er nie schadet. Als gleichsam obligatorischer Zusatz für alle denkbaren Anlässe des Säens, Pflanzens, Umsetzens und Eintopfens wird er überflüssig, wenn man belebten, also humusreichen Boden hat. Verwendet man Mineraldünger, wird man zwangsläufig auf den Torf kommen, weil man durch seine Beimischung eine biologisch nicht vorhandene Bodengare vortäuscht.

Ich verwende grundsätzlich keinen Torf, doch sind dafür nicht die genannten Gründe ausschlaggebend, sondern die Überlegung, woher der Torf kommt. Torf kann nicht in der Fabrik hergestellt, er muß dort, wo ihn die Natur in Jahrtausenden bildete, abgebaut werden. Biologisch und landschaftlich wertvollste Feuchtgebiete fallen der Torfgewinnung zum Opfer – und das im Namen und für Rechnung der Gartenfreunde, die sich im allgemeinen auch als Naturfreunde bezeichnen. Solange die Gärtner aus Beruf oder Neigung ihren großen Torfbedarf aufrechterhalten, wird der Abbau unserer Torfmoore nicht zu bremsen sein.

Ich fand die Andeutung einer solchen Überlegung nur in einem der vielen Gartenbücher, die durch meine Hände gingen. Gerade deshalb halte ich es für wichtig, sie hier dem lesenden Gartenfreund zuzumuten.

Wieviel wird gedüngt?

Das Arbeiten mit Mineraldüngern und Pestiziden ist eine unmittelbarer Einsicht entrückte Tätigkeit: Man bringt Pulver oder Flüssigkeiten auf Boden und Gewächse. Der eigene Handlungsspielraum verengt sich auf das möglichst genaue Einhalten der Gebrauchsanleitung des Herstellers. Man bewegt sich auf einem schmalen Grat, denn Mengenabweichungen können vom erhofften Nutzen in Vergeudung oder in Schaden für das eigene Land und angrenzende Lebensräume umschlagen.

Bei der Bodenpflege mit Komposterde geben dem Gärtner die eigenen Sinne Aufschluß über sein Tun. Er sieht, riecht und fühlt die Qualität des belebten Stoffes, den er dem Garten läßt, er kann nach einiger Erfahrung ohne Rezept ermessen, wieviel der Boden, wieviel eine Kultur davon braucht. Auf biologisch gepflegtem Land handelt man, sobald man erste Erfahrungen gesammelt und aufgenommen hat, frei. Vielleicht liegt darin der größte Vorzug dieser Wirtschaftsweise: sie fördert unser Empfinden und Mitdenken, sie macht unabhängig von Vorschriften und frei für ein Handeln aus eigener Beurteilung.

Der Gartenanfänger hat, weil er Zusammenhänge, die durch die Gartenarbeit selbstverständlich werden, noch nicht erfahren konnte, gern Zahlen, nach denen er sich richtet, zum Beispiel für die Kompostmenge, die sein Garten braucht. Man muß sich in der biologischen Wirtschaftsweise mit dem Gedanken vertraut machen, ohne starre Anweisungen zu arbeiten. Man könnte auf die Frage nach Richtzahlen antworten, daß der Gartenboden jährlich eine Kompostmenge von drei bis vier Kilogramm je Quadratmeter bekommen sollte. Aber eine solche Angabe ist unpraktisch, weil man Kompost nicht nach Gewicht im Supermarkt holt, weil man den selbsterzeugten nicht auswiegt, die zu düngende Fläche nicht mißt. Als wirklichkeitsnäher erweist sich die Überlegung, daß der Kompost, den man aus Abfällen des Haushalts und des Hausgartens herstellen kann, für die Düngung dieses Gartens reicht, wenn man keine organischen Stoffe in die Mülltonne steckt oder verbrennt.

Hat man einen ertragsarmen Boden oder einen jungfräulichen, der erst in Kultur genommen wird, tut man gut daran, das Humusangebot durch zusätzliches Kompostiermaterial aus der Umgebung, aus dem Wald und mit Hilfe organischer Handelsdünger zu erhöhen.

Der üblicherweise erzielbare Zugewinn an Komposterde wird eine Gartenbedeckung von jährlich ein bis vier Zentimeter ergeben. Hat man am Anfang zu wenig Kompost, werden sich dem noch verhältnismäßig unbelebten Boden auch nur mäßige Erträge abverlangen lassen, man muß jedoch keine Angst haben, den Boden auszulaugen. Hat man viel Kompost, wächst auch mehr. Gibt man mehr Kompost als nötig wäre – vorausgesetzt, er ist auch wirklich reif –, schadet man dem Boden nicht. Ein hoher Humusanteil im Garten erlaubt es, auch einmal ein ganzes Jahr ohne Düngung gleichmäßig hohe Ernten einzubringen, was bei einer Anbauweise auf Mineraldüngergrundlage nicht möglich ist.

Bisher sprachen wir von Durchschnittszahlen. In der Gartenpraxis wird man verschiedene Kulturen auch unterschiedlich düngen, das heißt mit unterschiedlichen Kompostmengen versorgen. So bringt eine Blaukrautpflanze ungleich mehr an organischer Masse hervor als Feldsalat. Die Nährstoffe entnimmt sie dem Boden, sie zehrt aus dessen Vorrat. Man spricht deshalb allgemein von Starkzehrern, Mittelzehrern und Schwachzehrern.

a) **Starkzehrer:** Alle Arten von Kohl, Kürbis, Zucchini, Gurken, Sellerie, Lauch, Tomaten, Kartoffeln, Rhabarber. Diese umsatzstarken Kulturpflanzen brauchen einen gut belebten, nährstoffreichen Boden. Sie vertragen Frischkompost oder Mist, wenn er im

Herbst als Bodenvorbereitung für das nächste Jahr ausgebracht wird.

b) **Mittelzehrer:** Gelbe Rüben (Möhren, Karotten), rote Rüben, Rettiche, Radieschen, Zwiebeln, Fenchel, Salate, Frühkartoffeln. Man gibt ihnen mäßige Mengen reifen Kompostes vor dem Säen oder Auspflanzen.

c) **Schwachzehrer:** Feldsalat und Küchenkräuter. In bezug auf Stickstoff dürfen die Hülsenfrüchte, Erbsen und Bohnen, als Schwachzehrer gelten; sie reichern den Boden sogar mit Stickstoff an. Für die übrigen Pflanzennährstoffe können sie als Mittelzehrer eingestuft werden, zumal sie auf kleiner Fläche viel Pflanzenmasse entwickeln.

Küchenkräuter und Feldsalat haben Wildpflanzencharakter, besonders die Küchenkräuter brauchen so gut wie nicht gedüngt zu werden. Wir wollen weniger ihren Massenzuwachs als ihr Aroma fördern. Es entfaltet sich, wie die Wildstandorte der meisten Gewürzkräuter zeigen, besonders gut auf mageren, oft trokkenen Böden.

Anders verhält es sich mit Schnittlauch und Petersilie: Sie sollen sich kräftig entwickeln und nach dem Schnitt schnell nachwachsen, sie brauchen deshalb auch eine mäßige Düngung.

Fragen der Umstellung

Mancher, der die Anwendung von Mineraldüngern und Pestiziden für unumgänglich hielt, sieht Gartenerfolge bei ausschließlicher organischer Düngung. Dann möchte er wissen, »wie das geht«, ob eine Umstellung auf biologische Anbauweise nicht mehrjährige Einbußen mit sich bringt. Oft wird auch gefragt, wie sinnvoll eine ›Insel‹ biologischen Anbaus in einer herkömmlich bewirtschafteten Umgebung oder in der belasteten Umwelt städtischer Einzugsgebiete ist.

Ohne Einschränkung kann gesagt werden, daß die Umstellung immer möglich ist, daß eine Gesundung und Belebung des Bodens zwei, drei, in manchen Fällen bis zu fünf Jahren dauern kann. Die Stoffkreisläufe des Gartens müssen ein neues Gleichgewicht finden, das sich auch bei bester Pflege nicht von einem auf das andere Jahr festigt. Eine Umstellung ohne Ertragseinbußen wird möglich sein, wenn man zunächst für die Humusquelle sorgt, also vorsorglich kompostiert. Der Garten braucht für die Umstellung nicht brachzuliegen, aber man verschafft ihm durch eingeschaltete Gründüngung Ruhepausen.

Oft werden sich bei einer Umstellung die Schädlingsfragen weniger leicht biologisch lösen lassen als die Düngeprobleme. Man sollte nicht versuchen, echte oder vermeintliche Vorteile beider Wirtschaftsweisen zusammenzuspannen, also zum Beispiel Kompostbereitung, aber weiterhin Schädlingsbekämpfung mit chemischen Giften. Eine solche Handlungsweise führt zu Teilerfolgen, aber nicht zum in sich gefestigten biologischen Garten. Den wirklichen, nämlich umfassenden Erfolg einer Gesundung von Boden und Pflanzen zieht man mit Kompromissen unnötig hinaus oder gefährdet ihn. Im biologischen Gartenbau heißt die entscheidende Waffe gegen Schädlinge: Widerstandskraft der Pflanzen und Mischkulturen, die dem massenhaften Auftreten von Schädlingen vorbeugen. Erst in zweiter Linie sind die biologischen, unmittelbaren Abwehrmittel zu nennen.

Selbstverständlich können wir in einer vielfach belasteten Umwelt kein biologisches Paradies schaffen, das frei von äußeren, oft schädlichen Einflüssen bliebe. Seit wir wissen, daß auch unsere Waldpilze, gewachsen an entlegensten Orten, über die Luft mit unerwünscht hohen Mengen an Schwermetallen wie Blei und Kadmium angereichert werden, sollte uns klar sein, daß wir immer nur das unter gegebenen Umständen möglichst Richtige tun können. Aber gerade, weil wir vielen uns unerwünschten Einflüssen ausgesetzt sind, die wir nicht zu ändern vermögen, kommt dem eigenen Handeln im Rahmen des persönlichen Wirkungskreises große Bedeutung zu. Jeder biologisch bewirtschaftete Garten ist ein Beitrag zum Umweltschutz. Er dient dem wirklichen Fortschritt, von dem wir uns auf vielen Gebieten noch so weit entfernt wissen.

VII BODENBEARBEITUNG

Besinnen wir uns wieder auf das Beispiel Waldboden. Er ist locker, aber niemand lockerte ihn, tiefgründig, aber niemand grub ihn um. Auch der Frost, verantwortlich für die Frostgare im Herbst umgestochener Erdschollen des Gartens, dringt im geschlossenen Mischwald kaum durch die dicke Streueschicht des Bodens. Walderde verdankt die immerwährende Gare ihrem Bodenleben.

Außer dem Düngen gibt es kaum ein Gartenthema, über das man so gegensätzliche Ratschläge hören und lesen kann wie über das Umgraben. Früher hielt man diese überaus anstrengende Arbeit für die Voraussetzung jeden Gartenerfolges. Heute wird im biologischen Anbau behauptet, daß Umgraben nicht nur entbehrlich, sondern überflüssig und schädlich sei. Man kann sich den Sachverhalt, der hinter so gegensätzlichen Praktiken steht, klarmachen, wenn man sich das weiter vorn über das Bodenleben Gesagte in Erinnerung ruft:

Mikroben und Regenwürmer leben ausschließlich von den organischen Stoffen, die auf und in den Boden gelangen. Die Belebung der Erde geht also stets von ihrer Oberfläche aus und dringt je nach der anfallenden Nahrung sowie nach den Wasserverhältnissen in tiefere Schichten vor. Die Mehrzahl der Zersetzer belebt die oberen fünfzehn bis zwanzig Zentimeter des Bodens. Die Humusschicht reicht bei guten Böden bis dreißig Zentimeter tief hinab. Regenwürmer dringen auch in Tiefen von über einem Meter und erheblich weiter vor.

Da sich die Nahrungs-, Luft- und Wasserbedingungen nach unten schnell ändern, ändert sich auch die Art der Zusammensetzung des Bodenlebens. Der Waldboden beweist, daß ungestörte Tätigkeit des Bodenlebens die völlige Lockerung des Bodens bewirkt, wenn die Nahrungszufuhr fortbesteht und der Boden durch eine Auflage von organischem Material bedeckt bleibt. Man kann diesen Idealzustand eines fruchtbaren Bodens auch im Garten erreichen und sich dann in der Tat das jährliche Umgraben im Herbst ersparen. Doch wird man sich die Voraussetzungen dafür erst erarbeiten müssen. Bei einem neu in Kultur genommenen Garten sind sie noch nicht zu erwarten. Das Ziel, den Gartenboden so zu entwickeln, daß man ihn nicht mehr umzugraben braucht, kann mit

Kompostwirtschaft und stetigem Mulchen erreicht werden, es ergibt sich bei richtiger biologischer Gartenpflege gleichsam von selbst. Das soll nun aber nicht so verstanden werden, daß der Beschluß, organisch zu düngen, den Spaten ein für allemal überflüssig macht.

Man findet in manchen Gartenbüchern verschiedene technische Anleitungen für das sogenannte Rigolen, ein besonders tiefes Umsetzen der Gartenerde nach verschiedenen, teilweise recht komplizierten ›Strickmustern‹. Es leuchtet ein, daß der Gartenboden damit gelockert und gelüftet wird, aber eben nur mechanisch, das heißt, der Vorgang muß jährlich wiederholt werden, unterstützt durch vieles Hacken während der warmen Jahreszeit, wenn man die Bodengare nicht auf natürlichem Wege herstellt. Man macht auch einen Mehlteig durch Rühren und Schlagen nicht so locker wie durch den Zusatz von Hefe. Und so, wie der Hefeteig Ruhe braucht, um zu gehen, soll man auch die natürliche Schichtung des Bodens nicht durch mechanische Bearbeitung unnötig durcheinanderwerfen, weil man damit die lebendigen Bodenlockerer in der Erde stört.

Mikroben, die als Erstzersetzer nahe der Bodenoberfläche leben und auf diesen Platz für ihre Nahrungs- und Luftzufuhr angewiesen sind, werden beim Wenden mitsamt ihrer Bodenschicht der Erde ›verlocht‹, das heißt, in eine Tiefe gebracht, die ihnen nicht entspricht. Bei schweren Böden kann das sogar eine unerwünschte Fäulnis der tiefgelegten Rohhumusschicht verursachen.

Natürlich ist es möglich, einen mangels Humus verdichteten Gartenboden umzugraben und fein zu hacken. Er ist dann locker und luftig bis zum nächsten Regen. Aber was nach der mechanischen Bearbeitung so krümelig aussieht, hat nichts mit Bodengare zu tun. Sie entsteht im Garten so gut wie im Wald ausschließlich durch die Tätigkeit der Bodenlebewesen.

Belebter, humusreicher Boden hat Schwammstruktur. Mikroskopisch kleine Poren sind mit nährsalzreichen Ausscheidungen der Zersetzer ausgekleidet, mit Wasser und Luft gefüllt. Die mechanische Bodenbearbeitung verbessert diese Mikrostruktur nicht, sondern kann sie empfindlich stören. Mineraldüngung erhöht die Nährstoffe des Bodens, verbessert aber nie die Bodengare.

Dem umbruchlosen Gartenbau, also Anbau ohne Umgraben, entspricht die pfluglose Anbauweise in der Landwirtschaft. Auch sie hat sich auf belebten Böden durchaus bewährt, wie bei vieljäh-

Auch ein Boden, der noch nicht in Kultur war, muß beim Lockern durch den Spaten nicht unbedingt gewendet werden. Reichliche Kompostgaben führen am sichersten zur erwünschten Bodengare.

rigen, vergleichenden Versuchen beider Methoden gezeigt wurde. Man kann sogar sagen, daß ständig mechanische Bearbeitung des Bodens seine nachfolgende Verdichtung unter Regen und Sonne fördert.

Eine Art Martergerät für belebte Gartenerde ist die motorgetriebene kleine Bodenfräse. Für den biologischen Garten kommt sie nicht in Frage, da sie die Bodenschichten gründlich durcheinandermischt und so eine Gare vortäuscht, die nur durch biologische Bodenpflege erreicht werden kann. Umgraben wird nützlich sein, wenn man zum Beispiel eine Wiese zum Garten machen will. Der Boden sollte dann so weit mechanisch gelockert werden, daß man ihn düngen und bepflanzen kann. Drei Hinweise für das Umgraben:

1. Grassoden erst dünn mit dem Spaten abschälen und mit Mist oder einem organischen Stickstoffdünger, Kalk und Steinmehl zu einer Kompostmiete aufschichten, die dem neu kultivierten Boden nach wenigen Wochen als reife, nährstoffreiche Komposterde zugesetzt wird.
2. Nur so tief umstechen, wie die dunkle, obere Humusschicht reicht, damit nicht unbelebter Unterboden nach oben gebracht wird und die Entfaltung der Mikroben erschwert.
3. Gräbt man im Herbst um, läßt man die Schollen liegen und glättet sie erst im Frühjahr. In diesem Fall kommt die Frostgare, auf die wir im biologischen Garten weitgehend verzichten, zu Hilfe. Gräbt man im Frühjahr um, läßt man die Schollen nicht liegen und austrocknen oder einregnen, sondern arbeitet gleich anschließend reife Komposterde oder zu Humus verrotteten Mist oberflächlich ein und glättet die Erde mit dem Rechen. Sie ist dann fertig zum Einsäen oder Pflanzen und sollte anschließend gemulcht werden, also nicht offen liegenbleiben.

Auch sehr schwerer, lettiger Lehm- oder Tonboden, der noch zu wenig Humus hat, kann es notwendig machen, ihn vorerst ein oder zwei Jahre lang umzugraben, bis man ihn mit Komposterde so weit hat, daß er aus seinem Bodenleben heraus die erwünschte Gare selbst entwickelt. Man geht auch dann nicht über Spatenstichtiefe hinaus, was die Bodenbelebung nur verzögern würde.

Man hebt zunächst einen Graben aus und sammelt die so gewonnene Erde in der Schubkarre. Man gewinnt damit einen freien, glatten Anstich und Platz für die jeweils nächste Schollenreihe. Am Ende des zu bearbeitenden Gartenstückes füllt man die in der Schubkarre aufbewahrte Erde der ersten Reihe wieder an und kommt damit zum Bodenschluß der umgegrabenen Erde mit der angrenzenden.

Darüber hinaus gibt es im biologischen Garten kaum Anlässe, die ein Umstechen des Bodens erforderlich machen. Wer die Schwerarbeit des Umgrabens aus Gewohnheit jahrelang leistete, wird sich gern angenehmeren Tätigkeiten im Garten zuwenden.

Wo Spatenarbeit weiterhin anfällt, zum Beispiel beim Umsetzen oder Abtragen einer Kompostmiete, tut man sich meist mit der vierzinkigen Grabgabel leichter. Sie erlaubt ein leichteres Eindringen des Geräts in die Erde.

Für belebten und während des Sommers bewachsenen oder gemulchten Boden wendet man im Herbst eine Lockerungsweise an, die den Arbeitenden und das Bodenleben gleicherweise schont: Man drückt Spaten oder Grabgabel wie zum Umgraben mit dem Fuß in den Boden, hebt dann die Scholle aber nicht aus, sondern drückt den Stiel des Gerätes einmal bis zum ausgestreckten Arm von sich weg und zieht ihn dann bis zum Körper zurück. Anschließend sticht man die Grabgabel etwa zwanzig Zentimeter weiter zurück in den Boden, um die gleiche Pendelbewegung auszuführen. Wie beim Graben geht man dabei zurück, um das gelockerte Erdreich nicht wieder festzutreten. Auf diese Weise lüftet man den Boden, ohne seine Schichten durcheinanderzubringen. Der Zeit- und Kraftaufwand ist denkbar gering.

Heute angebotene Gartengeräte haben einen erfreulich hohen Qualitätsstand. Da man solches Werkzeug viele Jahre lang benutzen kann, sollte man um so mehr darauf achten, daß es zur eigenen Körpergröße und Körperkraft paßt. In einem Verkaufsraum wird man darüber keinen Aufschluß bekommen. Am besten wäre es, wenn man bei einem Nachbarn oder einem anderen Gartenfreund deren Geräte einmal ausprobiert, um Größe und Gewicht besser beurteilen zu können. Fehlgriffe in der Größe kann man vor allem beim Spaten und bei der Grabgabel tun, die es in verschiedenen Ausführungen gibt.

Gewöhnen Sie sich als Anfänger daran, jedes Gartengerät unmittelbar nach seiner Benutzung zu säubern und an seinen Platz zurückzustellen. Auch hochwertiger Werkzeugstahl rostet im Regen oder Tau, Lehm löst sich schwerer vom Gerät, wenn man ihn antrocknen läßt. Nässe und Trockenheit im Wechsel schaden den Holzstielen. Nicht ohne Grund halten Handwerker und Berufsgärtner so große Stücke auf Pflege und Ordnung ihrer Geräte.

Ein vielseitiges Gerät, das sich im Garten bewährt hat, ist der SZ-Wühler, kurz Sauzahn genannt, ein Kultivator mit nur einer Schar, der je nach Form und Gegend auch Kräuel heißt. Man zieht ihn zur Bodenlockerung und -belüftung durch die Erde und erspart sich damit in vielen Fällen das Hacken. Hacken braucht verhältnismäßig viel Kraft, weil man das Gerät jedesmal aus dem Boden heben und neu einschlagen muß.

Mit einem einscharigen Kultivator, wie dem Sauzahn, schichtet man die Erde nicht um, man arbeitet deshalb mit diesem Gerät sehr schnell und ziemlich mühelos.

Betrachtet man einen Gartengerätekatalog oder das Angebot in einem einschlägigen Gartenbedarfsgeschäft, dann kann man den Eindruck gewinnen, daß die Bodenbearbeitung eine Vielzahl spezialisierter Arbeitsgänge erfordert. Man sollte sich aber nicht verführen lassen, sondern zunächst nur die Grundgeräte anschaffen, um dann bei der Bearbeitung zu sehen, was darüber hinaus auch wirklich gebraucht wird. Zur Grundausrüstung gehören:

Spaten, Grabgabel, Spitzschaufel, Sauzahn, eine schmale Pendelhacke, eine Ziehhacke, Rechen und für Erdbewegungen im Garten Pickel und Schubkarre. Entsprechend der Anzahl von Leuten, die immer oder gelegentlich im Garten arbeiten, sollten die Geräte mehrfach vorhanden sein, was nicht für Pickel und Schubkarre gilt. Zum Wässern braucht man Schlauch und Gießkanne.

An Kleingeräten kommen Setzholz, Gartenschnur und Pflanzkelle (Handschäufelchen) in Frage. Außerdem wird man Gartenschere und Sichel brauchen. Motorisierte Geräte erübrigen sich im Hausgarten üblicher Größe.

Hacken, so heißt es oft, ersetzt Gießen. Das gilt bei Trockenheit für sowohl humushaltigen als auch unbedeckten Boden. Nackter Boden soll aber im biologischen Garten die Ausnahme sein. Durch Bodenkapillare steigt Wasser, das die Humusschicht länger als andere Bodenarten festhalten kann, an die Oberfläche, wo es unter Sonne und Wind verdunstet. Hacken bringt zwar zunächst noch mehr Feuchtigkeit an die Oberfläche, unterbricht aber die Kapillaren oder Haarröhrchen und schützt auf diese Weise darunterliegende Bodenschichten vor Austrocknung. So kann Hacken in gewissem Umfang tatsächlich Gießen ersetzen. Aber einen weit wirkungsvolleren Verdunstungsschutz bildet die Mulchschicht. Auch unter ihr führen die Bodenkapillaren Wasser, aber die Mulchschicht vermindert die Verdunstung an der Oberfläche stark, das Wasser rückt nicht nach. Kapillaren befördern bekanntlich kein Wasser – sonst gäbe es ein Perpetuum mobile –, sondern füllen sich nur mit ihm.

Viele Kulturpflanzen werden von eifrigen Gartenpflegern unbeabsichtigt gestört. Man hackt scheinbar um die Pflanze herum, trifft aber in ihrem Umkreis das Geflecht der Haarwurzeln, das man wegen seiner Feinheit nicht wahrnimmt. Man sollte also lieber

Abgestandenes Gießwasser bekommt den Gartenpflanzen immer besser als Frischwasser aus der Leitung.

die Arbeit auf sich nehmen, gut zerkleinertes Mulchmaterial bis nahe an die Pflanzen heranzubringen, um dann ganz auf das Hakken verzichten zu können.

Von Pfeiffer/Riese stammt der bemerkenswerte Hinweis, daß häufiges Gießen die Pflanzen insofern verwöhnt, als sie dann vorwiegend flache Wurzeln bilden und bei ausbleibender Bewässerung mehr leiden als Pflanzen, die auf der Suche nach Wasser rechtzeitig Wurzeln auch in die tieferen, noch feuchten Bodenschichten schicken müssen. Sie überstehen eine Trockenheit besser.

Es empfiehlt sich auch aus Gründen der Arbeitsersparnis, während Trockenzeiten nicht jeden Abend ein bißchen zu gießen oder mit dem Schlauch zu wässern, sondern nur jeweils einen Gartenteil gründlich mit Wasser zu versorgen und dann umschichtig die anderen Teile an anderen Tagen.

Humusversorgung durch Kompost, Bodenbedeckung durch Mulchen und Mischkulturen, die nach dem Heranwachsen einen Bodenschluß ergeben, erübrigen die früher viel geübte mechanische Bodenbearbeitung im Garten weitgehend. Hier kann eine bedeutende Arbeitserleichterung durch biologische Anbauweise erschlossen werden. Doch wird man sie nur nutzen, wenn man die Zusammenhänge zwischen belebtem Boden, organischem Düngen und Bodenbedeckung durchschaut und im täglichen Umgang mit dem Garten erlebt.

VIII MISCHKULTUREN UND FRUCHTFOLGEN

Unsere Buchreihe »*besser biologisch gärtnern*« soll auch dem Gartenanfänger Grundlagen vermitteln. Deshalb fügen wir hier einige Hinweise zur Einteilung des Nutzgartens an, die dem Praktiker nicht neu sein werden.

Üblicherweise teilt man den Nutzgarten in langgestreckte Rechtecke ein, die Beete. Bewährt hat sich eine Beetbreite von 120 Zentimeter mit beidseitig angrenzenden Trittwegen von je dreißig Zentimeter Breite. Man erreicht von jeder Seite jeweils die halbe Tiefe der Pflanzfläche mühelos, was bei wesentlich breiteren Beeten nicht mehr der Fall ist. Mit Beeten von etwa Meterbreite verschenkt man zu viel Platz an die Wege.

Die Standardbreite der Beete bietet auch Vorteile, weil Gartenpläne und Vorschläge für Mischkulturen und Fruchtfolgen in Gartenbüchern stets von diesem Maß ausgehen. Plattenbelegte Wege zwischen den Beeten erleichtern die Arbeit, doch sollte man bei einer Neuanlage wenigstens das erste ›Betriebsjahr‹ des Gartens abwarten, weil man dann beurteilen kann, ob man die getroffene Einteilung beibehalten will. Wer aus Platzmangel noch sparsamer mit Bodenfläche umgehen muß, verwandelt bei entsprechend gewählten Kulturen auch einige der dreißig Zentimeter breiten Wege zeitweise in Anbaufläche, zum Beispiel bei schnell wachsender Vor- oder Zwischenfruchtbestellung mit Kresse, Spinat oder Radieschen, die zeitweise keiner Bodenbearbeitung bedürfen. Man kann sich solche kurzfristigen Veränderungen ohne Umstände leisten, wenn man die Wege nicht befestigt hat und wenn man auf starre Beeteinfassungen verzichtet.

Ich halte die leichte Veränderbarkeit des Nutzgartens für wünschenswert, doch hängt die Garteneinteilung immer auch mit der Mentalität des Gartenbesitzers zusammen. Wer auch im Garten das Beständige liebt, die gleichsam eingewachsene Form, kann mit Recht anführen, daß fest eingefaßte Beete mit Plattenwegen ordentlicher aussehen und die jährliche Vorplanung sehr erleichtern.

Trittwege zwischen nicht fest eingefaßten Beeten dürfen auf keinen Fall tief gelegt werden, wie man das immer wieder sieht. Man verliert mit dieser Maßnahme Pflanzfläche an die kleinen Böschungen, muß die Beetränder ständig anhäufeln, weil Erde abbröckelt, und setzt die Randpflanzen stärkerer Verdunstung im Wurzelbereich aus.

Nicht ausführen, nur erwähnen möchte ich die ungewöhnliche, aber einleuchtende und offenbar gut in der Praxis bewährte Idee von Gertrud Franck *(»Gesundheit durch Mischkultur«)*. Hier wird von vornherein auf die Anlage jeglicher Trittwege verzichtet und an ihrer Stelle über den ganzen Nutzgarten ein ›Linienblatt‹ aus Spinatreihen im Abstand von je vierzig Zentimeter gesät.

Nach dem Auflaufen sorgt man mit einer Ziehhacke für unkrautfreie Streifen zwischen den Spinatpflänzchen. Hier entstehen die eigentlichen Anbauflächen als Kleinkulturen von vierzig Zentimeter Reihenabstand, Mittelkulturen mit achzig, Großkulturen mit hundertsechzig Zentimeter Reihenabstand. Auf ihnen werden die Mischkulturen angelegt. Während des Heranwachsens der verschiedenen Nutzpflanzen schneidet man die Spinatreihen mit der Ziehhacke ab und läßt die Blätter liegen, soweit man sie nicht für den Küchenbedarf verwendet. Das feine Mulchmaterial kann nun leicht an die Pflänzchen der Mischkultur herangebracht werden und auf diese Weise für Schattengare und Unkrautfreiheit sorgen. Aus den Spinatreihen entstehen zum Teil schmale Trittwege für die Bearbeitung.

Das Anlegen der mehrmals erwähnten Mischkulturen und Kulturfolgen könnte ein eigenes Buch füllen, wenn man alle vorliegenden Erfahrungen berücksichtigen wollte. Mischkultur heißt das räumliche Nebeneinander verschiedener Nutzpflanzen auf einem Beet, Kulturfolge oder der in der Landwirtschaft übliche Begriff Fruchtfolge ist das zeitliche Aneinanderreihen verschiedener Pflanzengenerationen. Dabei unterscheidet man Vor-, Haupt-, Zwischen- und Nachkulturen, bezogen auf jeweils eine Vegetationsperiode, also die warme Jahreszeit von Frühling bis Herbst. Darüber hinaus gibt es auch Winterkulturen frosthartar Nutzpflanzen.

Wegen ihrer in zahlreichen Versuchen erwiesenen Mehrerträge setzten sich die Mischkulturen im biologischen Gartenbau voll durch. Man stellt sich mit ihnen in bewußten Gegensatz zu den Monokulturen, wie sie in der nach industriellen Maßstäben betriebenen Landwirtschaft üblich geworden sind.

Großflächige Monokulturen lassen sich nur mit den Hilfsdiensten der Chemie, das heißt mit dem Einsatz von Pestiziden durchführen. Monokulturen widersprechen dem natürlichen Pflanzenwuchs, der jeden Lebensraum mit möglichst großer Artenvielfalt überzieht und sich so gleichsam krisenfest macht. Das in Monokulturen zwangsläufig epidemische Auftreten von Pflanzenkrankheiten und der Befall durch massenhaft sich vermehrender Schädlinge kann, wenigstens in unseren Breiten, als eine Ausgleichsbewegung der Natur auf das Vorherrschen einer Pflanzenart begriffen werden. Ähnliche Verhältnisse ergeben sich für die Massentierhaltung. Deshalb ist die Mischkultur keine Erfindung des biologischen Gartenbaus, sondern eine der Natur nachempfundene Anbauweise, die schon von den Naturvölkern betrieben wurde. Daß Mischkulturen im Sinne heutiger Landwirtschaft nicht maschinengerecht sind, bedeutet im Hausgarten keinen Nachteil.

Die Vorteile der Mischkulturen liegen jedoch buchstäblich tiefer als nur in ihrer allgemeinen Hemmwirkung gegen eine Massenvermehrung von Schädlingen. Wenn wir wieder unser Waldbeispiel bemühen und den Boden eines naturnahen Mischwaldes aus Bäumen jeden Alters mit dem Boden eines Fichtenforstes, also einer Monokultur mit gleichaltrigen Bäumen, vergleichen, so sehen wir, daß dem Artenreichtum der Pflanzen im Mischwald eine artenreiche Tierwelt entspricht und auch ein formenreiches Bodenleben. Dies ist im Stangenforst auf eine dürftige, artenarme Mikrobenbevölkerung verengt, die, nur auf den Rohstoff Fichtennadeln angewiesen, keinen fruchtbaren Humus hervorbringen kann – ein Abbild der fast oder ganz fehlenden Lebensgemeinschaften an höheren Tieren.

Der Hausgarten steht niemals in der Gefahr solcher Verödung, aber man sollte sich die Wirtschaftsweisen an derart gegensätzlichen Beispielen vor Augen führen, um ihre Folgen klarer zu sehen. Auch im Hausgarten entspricht, wie bei jeder fruchtbaren Erde, pflanzliche Artenvielfalt über dem Boden einem Formenreichtum der Mikroben im Boden. Nun kommt noch eine alte Erfahrung hinzu, die heute im organischen Gartenbau zur alltäglichen Praxis gehört, obwohl man die biologischen Zusammenhänge noch nicht ausreichend erforscht hat:

Mehr oder weniger eng nebeneinander wachsende Pflanzen können sich gegenseitig fördern oder behindern. Von Trockenpflanzen der Halbwüste wissen wir, daß sie Wurzelgifte ausscheiden, die andere Pflanzen in ihrem Umkreis absterben lassen. Das geringe Wasser- und Nährstoffangebot läßt eben nur das Gedeihen jeweils einer Pflanze auf einer bestimmten Fläche zu.

Die Zu- und Abneigungen der Gartenpflanzen untereinander zeigen sich nicht so kraß, aber wir können sie uns doch zunutze machen, indem wir passende Nachbarpflanzen für die Mischkulturen wählen und ungünstig wirkende Nachbarschaften vermeiden. Wahrscheinlich rührt die schlechtere Verträglichkeit zweier Nutzpflanzenarten wenigstens zum Teil auch aus dem Stoffwechselgeschehen der Wurzeln her. Wurzeln nehmen nicht nur Sauerstoff, Wasser und gelöste Nährsalze auf, sie geben auch Stoffe ab, so wie die oberflächlichen Teile der Pflanze Duftstoffe ausströmen, die sowohl auf benachbarte Pflanzen als auch auf Tiere, zum Beispiel Schädlinge, wirken. So weiß der Gärtner aus Erfahrung, daß in Mischkulturen vereinte Zwiebel- und Möhrenpflanzen sich gegenseitig vor ihrem jeweiligen Hauptschädling schützen: Die Zwiebel wehrt die Möhrenfliege, die Möhre die Zwiebelfliege ab. Wir haben hier einen in doppeltem Sinne mittelfreien Pflanzenschutz, den uns die Natur selbst schenkt.

Die Verträglichkeit von Pflanzen beruht auch auf ihren ähnlichen oder unterschiedlichen Ansprüchen an den Boden. Dieser Gesichtspunkt kommt besonders bei der Planung von Fruchtfolgen zur Geltung. Sogenannte Bodenmüdigkeit tritt entweder bei Monokulturen auf oder bei falschen, beziehungsweise nicht durchgeführten Fruchtfolgen. Jede Pflanze entnimmt die für sie nötigen Nährstoffe dem Boden in ungleicher Verteilung. Wird immer wieder die gleiche Art angebaut, kann es zu einseitiger Belastung des Bodens kommen, zum Mangel an einzelnen Nährstoffen.

Die Natur läßt sich jedoch nicht in ein Schema pressen. Tomaten und Stangenbohnen düngt man zum Beispiel vorteilhaft mit ihren eigenen Pflanzenteilen. Besonders Tomaten kann man viele Jahre erfolgreich am selben Platz ziehen. Im biologischen Anbau kennt man einen Tomatenkompost aus abgestorbenen Tomatenpflanzen, mit dem man die neuen Tomatenpflanzen wiederum ernährt.

Noch längst sind nicht alle Fragen der Gesetzmäßigkeit von Mischkulturen und Kulturfolgen bekannt. Auch sollte der Anfänger nicht durch die vielfältigen Beziehungen der Pflanzen untereinander davor zurückschrecken, sich mit einer gewissen Unbefangenheit an die Bestellung seines Gartens zu wagen, und sei es die erste. Es geht ja bei diesen Fragen der mehr oder weniger günstigen Nachbarschaft nicht darum, ob eine Pflanze hochkommt und Erträge bringt, sondern darum, daß sie für beste Ernten die ihr am meisten zusagenden Standortbedingungen erhält. Das biologische

Die klassische Mischkultur: Zwiebeln und Karotten.

Gärtnern würde weit weniger Spaß machen, wenn sein Erfolg in einem starren Regelwerk festläge. Natürlich kann man den Hausgarten so bewirtschaften, daß man alle erreichbaren Regeln – vom Mondstand bei der Aussaat bis zum Vieljahresplan der Fruchtfolge – beachtet, auch wenn man den Sinn solcher Vorschriften noch nicht durchschaut. Viel schöner und besser ist es, sich zunächst nur um die richtigen Grundlagen zu bemühen und Jahr für Jahr eigene Erfahrungen zu sammeln, bis man auch Feinheiten aus eigenem

Gegen die Regel: Lauch und Rote Rüben in Mischkultur. Man sollte gerade im biologischen Gartenbau immer die Freiheit behalten, nach den jeweiligen Umständen auch eigene Wege zu gehen.

Pflanzenverständnis heraus beherrscht und sie dann angemessen für sich nutzen kann.

Im folgenden sollen deshalb einige Grundregeln der Mischkulturen und Fruchtfolgen ohne Anspruch auf Vollständigkeit erläutert werden. Für günstige und ungünstige Nachbarschaften bringen wir eine Aufstellung, in der die Erfahrungen vieler Gartenpraktiker stecken. Da ich es nicht gewöhnt bin (und mich auch nicht daran gewöhnen möchte), Pflanzpläne nach Tabellen zu gestalten, kann ich aus unserer Praxis nicht alle Behauptungen, die in einer solchen Liste stecken, durch eigene Erfahrung bestätigen. In mehreren Fällen sprach die erlebte Wirklichkeit gegen die Regel.

So wird in der biologischen Literatur mehrfach angegeben, daß Kartoffeln und Kohlgewächse nicht miteinander harmonieren. Wie die Fotos zeigen, gediehen in einem neu umbrochenen Garten rote Kartoffeln in unmittelbarer Nachbarschaft mit Blau- und Weißkraut prächtig. Eigentlich war diese Zusammenstellung nicht geplant, sie entstand aus einer Verlegenheit: Ich hatte zum ersten Mal in meinem Leben gepflügt – ohne Anleitung mit einem uralten Pflug aus Holz und Eisen, den ich auf dem Dachboden unseres Bauernhauses fand. Ich hängte ihn an den Unimog, ein Freund führte den Pflug. Nach Anfangsschwierigkeiten verwandelten wir wirklich das Wiesenstück in ein kleines Äckerchen, nur waren wir nicht im vorgesehenen Rechteck geblieben. Das stellte sich erst heraus, als ich mit dem Spaten Furchen für die Saatkartoffeln anlegte. In der Mitte unserer Umbruchfläche blieb ein spitzwinkeliges Dreieck übrig, in das wir mangels einer besseren Idee verschiedene Kohlarten pflanzten. Blumenkohl und Rosenkohl blieben im Schatten des mächtig aufschießenden Kartoffelkrauts klein, Weiß- und Rotkohl (Blaukraut) rundeten sich in der Kartoffelumgebung zu festen, großen Köpfen.

Man soll die Angaben über das Zusammenpassen von Nutzpflanzen deshalb nicht als Dogma auffassen, sondern als Anregung nehmen, als eine Erfahrung anderer, die sich meistens bestätigen wird. Mir ist es aus meiner Kenntnis nicht möglich, aus den Empfehlungen der Liste durchgängige, einsehbare Regeln abzuleiten. Doch gilt für **Mischkulturen** allgemein:

1. Abstände der Pflanzen untereinander werden so bemessen, daß sich ihre Blätter, wenn sie erwachsen sind, berühren oder etwas überschneiden, also den Boden decken.
2. Die Erntezeiten der verschiedenen Pflanzenarten einer Mischkultur sollte nicht zusammenfallen, so daß der Boden nie ganz entblößt wird.
3. Starkzehrer können mit Mittelzehrern, Mittelzehrer mit Schwachzehrern zusammengepflanzt werden, aber möglichst nicht Starkzehrer mit Schwachzehrern, weil ihre Bodenansprüche zu verschieden sind. Die ersteren vertragen Mist, Frischkompost und Jauchegaben, die letzteren nicht.

4. Flachwurzelnde Pflanzen stehen gut neben tiefwurzelnden, schlanke gut zwischen ausladenden Pflanzen.

Für **Kulturfolgen** gilt:

1. Allgemein bewährt sich die Reihenfolge Starkzehrer, Mittelzehrer, Schwachzehrer, doch sind Abweichungen möglich.
2. Vor oder nach Starkzehrern baut man vorteilhaft Leguminosen, sie verbessern auch andere Beete.
3. Entstehende Pausen in Anbaufolgen nutzt man für Gründüngung; sie sollte alle drei bis vier Jahre eingeplant werden.
4. Ein einfaches Schema sichert abwechslungsreiche und ausgewogene Fruchtfolgen für mehrere Jahre (nach Howard).

Man stellt vier im eigenen Garten erprobte Mischkulturen für jeweils ein Jahr zusammen, die

a) überwiegend Starkzehrer
b) überwiegend Mittelzehrer
c) überwiegend Schwachzehrer
d) überwiegend Gründüngung mit Leguminosen enthalten.

Man teilt die Gesamtfläche des Nutzgartens in vier Quartiere und wechselt im Umlaufverfahren deren Anbauprogramme (A bis D), so daß im Laufe von vier Jahren jede Anbaugruppe einmal auf jedem Quartier war.

Unser Vorschlag auf der folgenden Doppelseite will als Anregung, nicht als Vorschrift verstanden werden.

Wer im Garten plant – und das sollte man schon für den Samen- und Pflanzenbedarf tun, und um aus eigenen Fehlern und Erfolgen zu lernen –, wird seine Überlegungen zu Papier bringen müssen. Und damit hat er einen Gartenplan. Dieses Papier enthält den Gartenumriß mit den eingetragenen Beeten und unverrückbaren Gartenbestandteilen wie Bäume, Hecken, Gartenhaus, Brunnen, Pergola und so weiter. Für genaues Arbeiten auf mittleren und großen Grundstücken sollte man zumindest am Anfang maßstabgerecht auf Millimeter- oder Karopapier zeichnen.

Man verbessert die Planung wesentlich durch ein Gartenheft, zum Beispiel in Form eines Taschenkalenders, in das man unter dem jeweiligen Tag die verrichtete Arbeit, Aussaaten und Pflanzgut, Düngemaßnahmen, Ernteergebnisse, besondere Erfolge oder Mißerfolge einträgt. Ein solches Tagebuch, das nur in Stichworten geführt, aber regelmäßig benützt werden muß, ist Gold wert, weil

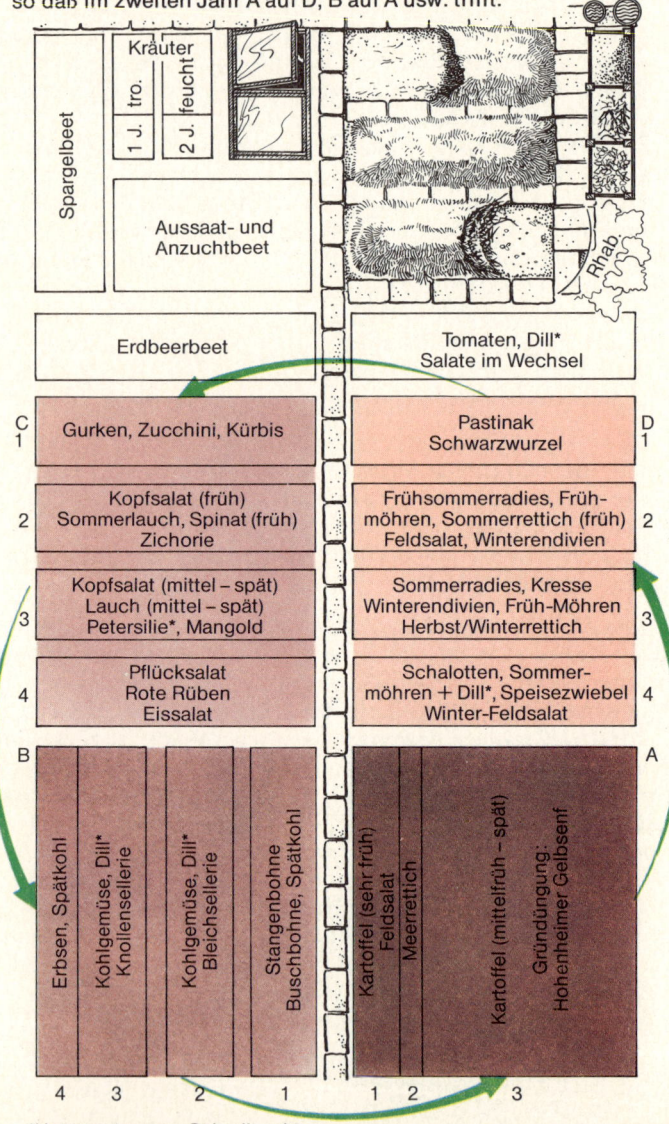

Gartenplan für Mischkulturen im ersten Anbaujahr. In den darauffolgenden Jahren rücken die Kulturen jeweils um ein Feld gegen den Uhrzeigersinn weiter, so daß im zweiten Jahr A auf D, B auf A usw. trifft.

*Untersaat gegen Schadinsekten

Zeitplan für Mischkulturen im Vierjahreswechsel

Feldbeet		Jan.	Feb.	März	April	Mai	Juni	Juli	Aug.	Sept.	Okt.	Nov.	Dez.
A	1	Gründüngung			Frühkartoffel					Feldsalat		Gründüngung:	Hohenheimer Gelbsenf
	2		Gelbsenf			Meerrettich							
	3					Kartoffel mittel – spät							
B	1					Buschbohnen früh/spät / Stangenbohnen				Spätkohl			
	2					Frühkohl / Bleichsellerie			Spätkohl				
	3					Frühkohl / Knollensellerie			Spätkohl				
	4				Erbsen früh/spät				Spätkohl				
C	1				Gelbsenf	Gurken / Zucchini			Kürbis				
	2				Spinat	Kopfsalat S-Lauch			Zichorie				
	3				Mangold		Kopfsalat		Herbst/Winterlauch				
	4				Pflücksalat	Eissalat / Rote Rüben							
D	1					Pastinak / Schwarzwurzel							
	2				Radies Möhren Rettich			Feldsalat		Winterendivien			
	3						Radies Möhren Kresse / Winterrettich			Winterendivien			
	4					Schalotten Sommermöhren Speisezwiebel						Winterfeldsalat	

Der mehrjährige Gartenteil mit Frühbeet usw. wurde nicht in den Kalender aufgenommen.

■ Hauptfrucht   ■ Nachfrucht   ■ Gründüngung

es Erfahrungen festhält, die man nachschlagen kann und deren Einzelheiten man sonst vergessen würde. Gleichzeitig sollte dieses Büchlein als Terminkalender dienen, auch wenn sich vorgesehene Aussaaten selbstverständlich nicht nach dem Datum, sondern nach dem Wetter richten müssen. Man hebt das fertige Jahrbuch zusammen mit dem dazugehörigen Gartenplan auf und hat damit ein persönliches Nachschlagewerk, das es so nur einmal auf der Welt gibt.

Hat man die im Gartenplan eingezeichneten Anbauflächen einmal mit Namen oder Nummern versehen und grübelt man nicht mehr über Aufteilungsfragen des Nutzgartens, dann kann man dazu übergehen, den Raumplan durch einen Zeitplan zu ersetzen. Er ist nichts anderes als eine Tabelle: Auf der oberen Waagerechten stehen die Wochen des Jahres, in der linken Senkrechten die Beetbezeichnungen. Je größer das Blatt, desto bessere Übersicht erlaubt es.

Nun wird jede geplante Kultur eines Beetes mit einem waagrechten Strich in die Zeitskala eingetragen. Die Pflanzenart schreibt man über den Strich. Wer noch keine Erfahrung hat, wann ausgesät, gepflanzt oder geerntet wird, hält sich an die Angaben der Samentüte, eines erfahrenen Freundes, eines Gartenbuches oder unserer Listen ab Seite 130. Dabei ist zu berücksichtigen, daß bei Mischkulturen jedes Beet zwei bis vier Linien bekommt. Findige Mischkulturliebhaber bauen auch sechs und acht Gemüsearten in ein einziges Beet! Es kann dadurch so bunt und formenreich werden, daß es dem Garten zum Schmuck gereicht.

Es liegt nun an Ihnen, lieber Leser, diese Hinweise mit Gartenleben und eigenen Erfahrungen zu füllen!

Die Handhabe der Mischkulturen und Fruchtfolgen ist ein Betätigungsfeld ohne Grenzen. Dafür möchte ich eine Anregung von Pfeiffer/Riese zitieren:

»Die gemischten Kulturen ... haben außerdem einen bedeutenden Einfluß auf die Qualität, Haltbarkeit und den Geschmack des Gemüses. Man pflanze nur einmal, um sich davon zu überzeugen, zwei bis drei Reihen Radieschen und ihnen zur Seite zwei bis drei Reihen Kresse, in einem zweiten, daneben liegenden Versuch, Kerbel als Rand. Dann wird man am Geschmack der Radieschen, wenn man noch dazu eine Kontrolle ohne Randpflanzen gemacht hat, recht deutliche Unterschiede bemerken:
Radieschen der Kontrolle ohne Randpflanzen: relativ geschmacklos.

Radieschen mit Kerbel als Randpflanzen: scharf.
Radieschen mit Kresse als Randpflanzen: sehr schmackhaft.«

Kein Erwerbsgärtner kann den Spielraum für sich in Anspruch nehmen, der dem Hausgärtner aus Neigung zur Verfügung steht; Spielraum für Versuche und Ideen. Mit der Kompostwirtschaft hat er eine sich selbst erneuernde Nährstoffquelle, die bei richtiger Anwendung reiche und gesunde Ernten sichert und ihn vor Abhängigkeit sowie großen Ausgaben für Düngemittel bewahrt. Der Garten verwandelt die Fantasie seines Besitzers oder Pflegers in Wirklichkeit. Er ist eine kleine Welt, in der Wünsche durch die Natur selbst erfüllt werden.

Die folgende Liste für günstige und ungünstige Nachbarschaften im Gemüsegarten fußt auf einer Tabelle des schweizerischen Forschungsinstitutes für biologischen Landbau, Bernhardsberg, Oberwil/BL., das dazu freundliche Genehmigung erteilte.

Pflanze	günstig mit	ungünstig mit
Bohnen (Busch- und Stangenbohnen)	Gurken, Kartoffeln, Kohlarten, Kohlrabi, Kopfsalat, Mangold, Meerrettich, Pflücksalat, Rettich und Radieschen, rote Rüben, Rhabarber, Rüben, Sellerie, Tomaten	Erbsen, Fenchel, Knoblauch, Lauch, Zwiebeln
Endivien	Fenchel, Kohlarten, Lauch, Bohnen	–
Erbsen	Fenchel, gelbe Rüben, Kohlarten, Kohlrabi, Kopfsalat, Rettich und Radieschen	Kartoffeln, Knoblauch, Lauch, Bohnen, Tomaten
Erdbeeren	Knoblauch, Kohlarten, Kopfsalat, Lauch, Rettich und Radieschen, Zwiebeln	–
Fenchel	Endivien, Erbsen, Gurken, Kopfsalat, Pflücksalat	Stangenbohnen, Tomaten
Gurken	Fenchel, Knoblauch, Kohlarten, Kopfsalat, Sellerie, Stangenbohnen, Zwiebeln	Rettich und Radieschen, Tomaten
Gelbe Rüben (Karotten/ Möhren)	Erbsen, Knoblauch, Lauch, Mangold, Rettich und Radieschen, Tomaten, Zwiebeln	–

Pflanze	günstig mit	ungünstig mit
Kartoffeln	Kohlrabi, Mais, Meerrettich, Spinat	Erbsen, Sellerie, Tomaten
Knoblauch	Erdbeeren, Gurken, gelbe Rüben, Tomaten	Erbsen, Kohlarten, Stangenbohnen
Kohlarten	alle Salatarten, Erbsen, Fenchel, Gurken, Sellerie, Spinat, Knoblauch, Zwiebeln, Kartoffeln, Lauch, Rettich und Radieschen, rote Rüben, Tomaten	–
Kopfsalat	Erbsen, Erdbeeren, Fenchel, Gurken, Kohlarten, Lauch, Mais, Rettich und Radieschen, Rhabarber, Stangenbohnen, Tomaten, Zwiebeln	Kohlrabi (gegensätzliche Erfahrungen), Sellerie
Lauch	Endivien, Erdbeeren, gelbe Rüben, Kohlarten, Kohlrabi, Kopfsalat, Sellerie, Tomaten	Erbsen, rote Rüben, Stangenbohnen
Mais	Kopfsalat, Tomaten	Sellerie, rote Rüben
Mangold	Gelbe Rüben, Rettich und Radieschen	–
Meerrettich	Kartoffeln	–
Pflücksalat	Fenchel, Kohlarten, Rettich und Radieschen, rote Rüben, Rhabarber, Tomaten	–
Rettich und Radieschen	Erbsen, Erdbeeren, gelbe Rüben, Kohlarten, Kohlrabi, Kopf- und Pflücksalat, Mangold, Spinat, Stangenbohnen, Tomaten	Zwiebeln
Rote Rüben	Gurken, Pflücksalat, Zwiebeln	Kartoffeln, Lauch, Mais
Rhabarber	Kohlarten, Kopf- und Pflücksalat, Spinat	–
Sellerie	Gurken, Kohlarten, Kohlrabi, Lauch, Stangenbohnen, Tomaten	Kartoffeln, Kopfsalat, Mais
Spinat	Kartoffeln, Knoblauch, Kohlrabi, Rettich und Radieschen, Rhabarber, Tomaten	–

Pflanze	günstig mit	ungünstig mit
Tomaten	Gelbe Rüben, Knoblauch, Kohlarten, Kohlrabi, Kopf- und Pflücksalat, Lauch, Mais, Rettich und Radieschen, Sellerie, Spinat	Erbsen, Fenchel, Gurken, Kartoffeln
Zucchini	Stangenbohnen, Zwiebeln	–
Zwiebeln	Erdbeeren, Gurken, gelbe Rüben, Kopfsalat, rote Rüben, Zucchini	Kohlarten, Rettich und Radieschen, Stangenbohnen

Die in unserer Liste nicht genannten Nutzpflanzen gelten als neutral, also ohne bemerkenswerte gegenseitige Beeinflussung. Natürlich stört jede Pflanze eine andere, wenn sie ihr Licht und Wasser nimmt. Genügend große Abstände sind Voraussetzung einer erfolgreichen Mischkultur. Ebenso ist darauf zu achten, daß nicht größere Pflanzen im Süden unmittelbar benachbarter kleinerer Pflanzen stehen und sie zu stark beschatten.

Wir können in unserem Klima zwischen dreißig und fünfzig gut anbaufähiger Gemüsearten wählen. Für die Planung von Fruchtfolgen gibt es deshalb unübersehbar viele Möglichkeiten. Eine von ihnen liegt dem Anbauplan auf Seite 119 zugrunde. Als allgemeine Planungshilfe ist unsere Pflanzenliste für Vor-, Haupt- und Nachkulturen auf Seite 125/126 anzusehen.

Natürlich überschneiden sich die Möglichkeiten auf breitem Raum. Im Sommer ist praktisch alles möglich; die Kunst des Ausfächerns liegt darin, frühe und späte Nutzungsmöglichkeiten für die Gemüsebeete zu finden und durchzuführen. So lassen sich zum Beispiel Kresse, Radieschen und Spinat zu ganz verschiedenen Jahreszeiten anbauen. Zeitangaben für Aussaat und Ernte, wie sie auch auf den Samentüten stehen, darf man nicht zu eng oder als Garantie für das Gelingen im eigenen Garten auslegen. Es kann sich bei solchen Hinweisen nur um Durchschnittswerte handeln. Der tatsächliche Ablauf des Keimens, Wachsens und Reifens einer Pflanze wird von den jeweils herrschenden Klima-, Wetter-, Wasser- und Bodenverhältnissen bestimmt.

Man gewinnt im Frühjahr einige Wochen, wenn man statt der Aussaat, mit der man bei vielen Pflanzen noch die letzten Nachtfröste abwarten muß, Jungpflanzen vorzieht oder vorgezogene Jungpflanzen beim Gärtner kauft. Gegebenenfalls müssen auch sie vor den Rückzugsgefechten des Winters unter Folie oder Glas geschützt werden. Mit geeigneten Einrichtungen sowie mit Aufwand an Zeit und Arbeit läßt sich der Winter gleichsam verkürzen, die Wachstumszeit des Jahres verlängern. Man muß Aufwand und Ergebnis solcher Bemühungen gegeneinander abwägen und wird auf die Dauer einen Mittelweg zwischen ganzjährigen Kulturen im geheizten Treibhaus und den natürlichen Tatsachen, wie sie die örtliche Jahreszeit setzt, finden.

Ich halte viel von dem sonnenstandbestimmten natürlichen Ablauf des Jahres. Wir versuchen für unsere Gärten schon aus Zeitgründen nicht, aus den winterkalten Voralpen einen milden Kaiserstuhl zu machen. Wir rufen den Frühling in den Garten mit einem Frühbeet auf Pferdemist an der Südseite des Hauses und wehren dort im Herbst die Vorhut des Winters mit Plastikfolien ab, in die wir unsere Tomatenstöcke hüllen, weil längst nicht alle Früchte vor dem Einsetzen der Nachtfröste reif werden.

Mischkultur und Fruchtfolge kann man nicht voneinander trennen, weil sich die Trachten nicht nur örtlich, sondern auch zeitlich miteinander verzahnen. Unsere Aufstellung will erste Orientierungshilfe sein. Dem Anfänger empfehle ich nicht, ausgeklügelte Bepflanzungspläne, wie er sie in Gartenbüchern als Beispiele findet, wie ein Modellschiff nachzubauen, sondern verschiedene ›einfache‹ Gemüsesorten in zunächst kleinen Gruppen und Fruchtfolgen zu säen oder zu pflanzen. Im zweiten Jahr wird man weiterführen, was Erfolg brachte, vermehrt um neue, später auch ›schwierigere‹ Sorten. Man gewinnt dann einen Erfahrungsschatz, der jährlich zunimmt. Und: Man macht sich unabhängig von Anleitungen. Einfach, das heißt leicht in jeder Spielart unseres mitteleuropäischen Klimas zu ziehen sind:

Buschbohnen, Endivien, Erbsen, Erdbeeren, gelbe Rüben (Karotten/Möhren), die verschiedenen Kohlarten, Kohlrabi, Kopfsalat, Lauch, Mangold, Pflücksalat, Rettich und Radieschen, rote Rüben, Rhabarber, Spinat, Zwiebeln und die meisten Gewürzkräuter. Dazu kann Beerenobst gepflanzt werden; wir behandeln dessen Anbau in einem anderen Band unserer Reihe.

Mit den Erfolgen des Gärtnerns erwachen ganz von selbst Wünsche auch nach ausgefallenen und selteneren Arten von Aubergine bis Zucchini. Letztlich machen sie kaum mehr Arbeit, wenn man ihre etwas höheren Ansprüche vor allem an Wärme zu berücksichtigen gelernt hat.

Grenzen des Freilandanbaus setzt das Klima. Der Gärtner aus Neigung und Liebe wird immer wieder versuchen, auch nicht alltägliche Gewächse auf seinem Grundstück heimisch zu machen. Das wird ihm mit wechselndem Erfolg gelingen. Man besinnt sich nach Fehlschlägen gern auf die Sorten, die unserem Klima und damit auch unserer Ernährung wirklich angemessen sind. Ähnlich verhält es sich mit Obst. Wie herrlich kann eine ausgereifte Ananas schmecken! Doch wären wir wohl kaum bereit, ihr zuliebe auf Äpfel zu verzichten. Der Anbau im eigenen Garten läßt uns auch die alltäglichen Nutzpflanzen hochachten.

Möglichkeiten für:

Vorkultur	Hauptkultur	Nachkultur
(frühe Sorten, gegebenenfalls im Früh- oder Saatbeet oder unter Folientunnel)	alle Salatsorten einschließlich Chicorée Zuckerhut Schwarzwurzeln alle Kohlarten einschließlich Kohlrabi Brokkoli, Rosenkohl Chinakohl Spinat Mangold (Stiel- und Schnittmangold) Rote Rüben alle Arten von Erbsen und Bohnen	(wo vorhanden, späte Sorten) Feldsalat (Ackersalat) (w) Zuckerhut Lauch (w) Winterzwiebeln (w) Möhren Fenchel Winterrettich (w) Rosenkohl (w) Blumenkohl (w) Spinat (w) Schwarzwurzeln (w)
Kresse Radieschen Rettich Steckzwiebeln Möhren Spinat Kopfsalat Endivien Kohlrabi Blumenkohl		
	Gurken Kürbis Melonen Zucchini Fenchel Karotten (gelbe Rüben/Möhren) Pastinaken Sellerie	

w = winterhart

	Hauptkultur	
	Kartoffeln
Tomaten
Paprika
Auberginen (Eierfrüchte)
Mais
Knoblauch
Lauch (Porree)
Zwiebeln	

Jahresbesetzung:
Gewürz- und Teekräuter, Rhabarber, Erdbeeren.

Die Übergänge fließen. Bei manchen Zusammenstellungen von Vor- und Nachkulturen bleibt keine Zeit für eine Hauptkultur oder die Hauptkultur reicht, wie zum Beispiel beim Chinakohl oder Brokkoli, bis in den Winter hinein. In rauhem Klima mit verhältnismäßig kurzen Vegetationsperioden, wie sie etwa in Höhenlagen

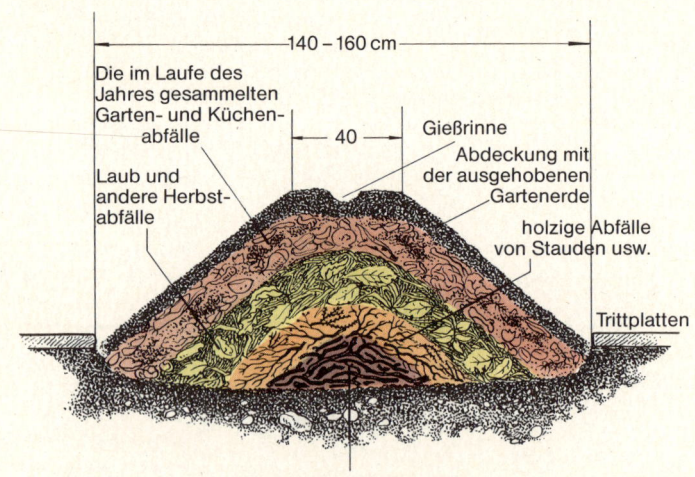

Querschnitt durch ein Hügelbeet (Schema)

Kleines Hügelbeet mit Mischkultur

gegeben sind, kann man ohnehin nur mit ein bis zwei Trachten im Jahr rechnen.

Mischkultur und Fruchtfolgen ermöglichen zwar Höchsterträge, doch sollte man sie auch unter dem Gesichtspunkt planen, daß der Gartenboden so lange wie möglich unter einer guten Bedeckung liegt und daß er nicht einseitig beansprucht wird. Man lernt mit der Zeit, ›mit dem Boden zu denken‹. Seine wünschenswerte und mit Kompostwirtschaft erreichbare Dauerfruchtbarkeit setzt eine Vielfalt der Bebauung voraus. Wenn wir hier ausschließlich vom Gemüsegarten sprechen, heißt das nicht, daß man im Hausgarten nicht auch Blumen in die Planung des Nutzgartens mit einbeziehen sollte.

Maria Thun, bekannt geworden durch ihre langjährigen Versuche über kosmische Einflüsse auf den Pflanzenwuchs und dem daraus hervorgegangenen, von vielen Gartenfreunden genutzten Aussaatkalender, arbeitete einen Anbauplan für achtjährige Fruchtfolge im Garten aus. Sie unterscheidet dabei Wurzelgemüse, deren eßbare Früchte unter der Erde reifen, Blattgemüse und echte Früchte wie Gurken, Tomaten, Hülsenfrüchte und Getreide. Sie sieht in ihrer Kulturfolge auch den Anbau von Blumen vor.

Blumen und Kräuter eignen sich besonders gut für Randstücke und Einfassungen. Mit Blumen verschönern wir nicht nur den Garten, wir bereichern ihn auch um ein nutzbringendes Insektenleben.

Fruchtfolgen auf **Hügelkulturen** bedeuten bei sachgemäßer Handhabe eine Bestnutzung oder Intensivierung des Hausgartens. Neben den verschiedenen Formen des Anbaus hinter Glas und Folie, denen wir einen eigenen Band unserer Reihe vorbehalten, gibt es seit einigen Jahren das Hügelbeet als eine aus dem biologischen Gärtnern entwickelte Anbauweise mit einem noch höheren Nutzungsgrad über gegebener Grundfläche.

Die Idee des Hügelbeetes wurde von Hermann Andrä in den Garten gebracht und von anderen weitergeführt. Sie ist, wie manche gute Idee, verblüffend einfach – sie führt den Kompostwall und das Pflanzbeet zu einer Einheit zusammen. Daraus ergibt sich eine ganze Reihe von Vorteilen:

1. Man vergrößert die Anbaufläche eines feststehenden Grundes beträchtlich.
2. Man erzeugt Humus und verbessert dadurch den Garten.
3. Man kann im Frühjahr eher säen und auspflanzen, weil das Hügelbeet wie eine Kompostmiete Wärme entwickelt.
4. Man verarbeitet eine ziemlich große Menge auch grober Holzabfälle, ohne dafür den Platz für eine Langzeitkompostmiete opfern zu müssen.

Das Hügelbeet ersetzt nicht die Aufgabe einer Kompostmiete, und es bedarf insofern mehr Pflege als ein übliches Gartenbeet, als es schneller austrocknet.

Nach unserem ausführlichen Kompostkapitel müssen wir das Hügelbeet nicht näher beschreiben. Die Zeichnung erläutert, wie man es aufbaut.

Nach unserer Erfahrung legt man das erste Hügelbeet zu flach an, weil man nicht richtig einschätzt, wie stark es in sich zusammenrutscht. Natürlich hängt das auch vom verwendeten Material ab. Jedenfalls sollte man das Hügelbeet nach Möglichkeit im Herbst aufsetzen. Man wird dann im Frühjahr davon ausgehen können, daß es nicht mehr weiter absinkt. Natürlich verbraucht sich das Rottematerial im Hügelbeet mit der Zeit. Durch neu aufgetragene Humusschichten schafft man den nötigen Ausgleich. Nach durchschnittlich sechs Jahren wird das Hügelbeet abgetragen, sein Holzkern ist dann völlig ver erdet.

Für gleichmäßige Sonnenbestrahlung sollte man das Hügelbeet in Nord-Süd-Richtung anlegen, seine Breite nicht unter 1,50 Meter halten. Seiner Länge sind nur die Grenzen des Gartens gesetzt. Um das Anlaufen der Rotte zu beschleunigen, kann man beim Aufbau Kompostierhilfen zusetzen wie bei der Kompostmiete. Fallen durch den Baumbestand eines Grundstücks jährlich bestimmte Mengen an Fall- und Schnittholz sowie Laub an und hat man die Zeit, mehrere Hügelbeete zu bewirtschaften, dann empfiehlt es sich, in jedem Herbst ein neues Hügelbeet anzulegen. Man verarbeitet dabei die Baumabfälle und hat im Frühjahr eine gut vorbereitete Pflanzfläche. Für eine gute Erwärmung kann man unmittelbar nach der Schneeschmelze Pferdemist in die Deckschicht aus Erde einarbeiten, in die man schon im Herbst reifen Kompost gemischt hatte. Der Pferdemist ersetzt den reifen Kompost nicht. Ohne ihn würde er langsamer abgebaut. Bei jährlichem Zuwachs eines Hügelbeetes bekommt man im Höchstfall sechs Hügelbeete, was für den Hausgarten üblicher Größe zuviel ist.

Wir haben mit unserem Hügelbeet gute Erfahrungen gemacht, finden aber, daß man es schon nach zwei oder drei Jahren räumen kann, sofern man nur gut zerkleinerte Holzabfälle für seinen Kern verwendete.

Die folgende Aufstellung dient der Übersicht und Planung. Es sollten deshalb nur die wichtigsten Angaben einer Gemüseart stichwortartig zusammengefaßt und nicht auf einzelne Sorten eingegangen werden. Weitere Angaben über Aussaat und Pflanzzeit sowie über die Abstände beim Säen und Pflanzen entnimmt man zweckmäßigerweise den Samenpackungen oder erfragt sie beim Gärtner, von dem man die Setzlinge bezieht. Ausgefallene Arten, die bei uns nicht überall gedeihen, wurden nicht berücksichtigt.

IX GARTENGEMÜSE IN DER ÜBERSICHT

Die wichtigsten Gemüsearten des Hausgartens
(alphabetisch)

Gemüseart	Allgemeines und Pflege	durchschnittl. Kulturdauer in Wochen	Säen, Pflanzen, Ernten R = Reihe je Beet v. 120 cm Breite
Buschbohnen = Hülsenfrüchtler, Schmetterlingsblütler	Vielerlei Sorten, kälteempfindlich, wärmeliebend, brauchen lockeren Boden und Gießen. Grüne Pflückbohnen sind unempfindlicher als gelbe Wachsbohnen.	10	R 2–3, alle 8 cm ein Korn, 3 cm tief. Aussaat in Folgen ab Mitte Mai bis Ende Juli. Vorziehen von Pflanzen bringt frühere Ernte. Erste Bohnen frühzeitig ernten für neue Fruchtansätze, vorsichtig pflücken, danach Boden lockern.
Puffbohnen (Sau-, Pferde-, Dicke oder Ackerbohnen)	Kleinkörnige Sorten sind unempfindlicher. Ziemlich kältefest, mögen am Anfang keine Wärme. Späte und zu enge Aussaaten verlausen. Vertragen schwere Kalkböden und lieben windige Standorte. Hinterlassen wie alle Hülsenfrüchtler und andere Leguminosen lockeren, mit Stickstoff angereicherten Boden.	15	R 3, alle 20 cm zwei Bohnen, 5 cm tief. Aussaat ab Anfang März. Vorkeimen oder Vorziehen bei Temperaturen um 10 ° C. Man kann schon die grünen Kerne für Gemüse ernten.

Oben links und oben rechts: Feuerbohnen, unten links: Zuckererbsen, unten rechts: Weißblühende Stangenbohnen.

Gemüseart	Allgemeines und Pflege	durchschnittl. Kulturdauer in Wochen	Säen, Pflanzen, Ernten R = Reihe je Beet v. 120 cm Breite
Stangenbohnen 	Es gibt fadenlose Sorten, in rauhen und hohen Lagen nur rotblühende Feuerbohnen nehmen, die auch dort reiche Ernte bringen. Brauchen viel Sonne und nährstoffreichen Boden (Humus). Gerüste aus 2,5 m langen Holzlatten oder Haselnußstecken, auch Welldraht. Wegen Schattenwurf möglichst am Nordende des Gartens pflanzen, für Sonne an einer Südwand. Dort auch Spalierleisten möglich. Jungpflanzen um die Stangen anhäufeln, irrende Triebe um Stangen legen. Feuerbohnen in Blüte sind Gartenschmuck und Bienenweide.	18	R 2, alle 80 cm 6 Körner 2 cm tief im Halbkreis, Folgesaaten für längeres Ernten oder frühe und späte Sorten zur gleichen Zeit säen. Mit zwei Händen an den empfindlichen Pflanzen pflücken, kleine Leute brauchen Trittleiter.
Endivien Sommer- und Winterendivien = Korbblütler. 	Liebt gut gedüngten Boden. Junge Pflanzen oft gießen.	10	R 4, Pflanzenabstand 20 cm. Sommerendivie Mai bis Juni aussäen, Winterendivie Anfang Juli. Nach gut einem Monat Pflanzen verziehen. Winterendivie kann eingeschlagen bis November auf dem Land bleiben, Fäulnisgefahr, besser in frostfreiem Kellerraum einlagern. Pflanzen bleichen dort von selbst. Oft werden die sich entfaltenden Pflanzen zum Bleichen aufgebunden.

Gemüseart	Allgemeines und Pflege	durchschnittl. Kulturdauer in Wochen	Säen, Pflanzen, Ernten R = Reihe je Beet v. 120 cm Breite
Erbsen = Hülsenfrüchtler	Es gibt Schalerbsen (Palerbsen), Markerbsen und Zuckererbsen. Sie gedeihen am besten auf leichtem, warmem Kalkboden. Bei zu viel Stickstoff schießen sie ohne Fruchtansatz ins Kraut. Buscherbsen brauchen keine Stützen, Reisererbsen (bis 1,50 m Höhe) stützt man mit Reisig, am besten von Laubholz, weil es weniger Licht wegnimmt als Tannenreiser. Vielfach nimmt man auch käufliche Erbsengitter oder Maschendraht, den man auf der Innenseite jeder Pflanzenreihe (zur Mitte hin) zwischen zwei Pflöcken aufzieht und dazwischen mit Stäben stützt.	10 (sehr unterschiedlich)	R 2, alle 3–4 cm ein Korn in die 5 cm tiefe Rille. Aussaat von Schalerbsen Mitte März bis Juli, Markerbsen ab Mitte April, Zuckererbsen Ende April. Späte Staaten sind mehltaugefährdet. Saatschutz gegen Vögel mit Tannenreisig oder auf die Erde gelegtem engem Maschendraht, der auf dem Boden bleibt, bis die Pflanzen erscheinen. Wegen Mehltaugefahr nicht bei nassem Wetter ernten. Zuckererbsen ißt man mit den Schoten.
Fenchel = Doldengewächse	Anspruchsvolle, wärmebedürftige Pflanze mit feinem Anisgeschmack, braucht lockeren, nährstoffreichen Boden, deshalb nicht als Folgetracht nach Starkzehrern anbauen. Fenchel muß gut gegossen und unkrautfrei gehalten, die Stengelknolle angehäufelt werden.	14	R 3–4, dicht in flache Rillen säen, später auf Pflanzenabstand von 25 cm verziehen. Aussaat Ende Juni bis Anfang Juli. Spätere Kulturen kommen nur noch bei sonnigem Herbst zur Knollenreife. Ein kühler Herbst hemmt das Wachstum. Ernte im Oktober.

Gemüseart	Allgemeines und Pflege	durchschnittl. Kulturdauer in Wochen	Säen, Pflanzen, Ernten R = Reihe je Beet v. 120 cm Breite
Gurken = Gurkengewächse	Wärmeliebende, recht empfindliche Pflanze aus Hinterindien. Bodentemperatur sollte nicht unter 10 ° C fallen. Freilandsaat bei kühlem Frühjahr schwierig. Braucht viel Nährstoffe und Wasser, verträgt aber keine hohen Nährsalzkonzentrationen. Stickstoffreichen, reifen Kompost geben. Folientunnel ist günstig, zu dichte Triebe werden ausgedünnt. Nie mit kaltem Wasser gießen und nicht mit dem Schlauch wässern. Gurken baut man wegen ihres hohen Nährstoffbedarfes nicht als zweite Tracht.	12	R 1. Aussaat Mitte Mai (nach den Eisheiligen), alle 15 cm einen Kern, Samen nur mit reifem Kompost bedecken, später läßt man nur die kräftigsten Pflanzen mit einem Abstand von 40–50 cm stehen. Vorziehen der Pflanzen unter Glas oder Folie ist empfehlenswert. Nach der Entwicklung der ersten drei Laubblätter ins Freiland setzen, wenn die Erde erwärmt ist. Im Frühbeet bekommen Gurken vorteilhaft ein Gemenge aus Gartenerde, Kompost und Pferdemist für gute Erwärmung. Im Freiland mulchen, damit sich der Boden nicht verkrustet, Beetränder mit Kresse oder Radieschen bepflanzen. Sind fünf Blätter voll ausgebildet, bricht man die Triebspitze (Endspitzen) für eine bessere Entwicklung fruchtbringender Seitentriebe aus. Günstige Lagertemperatur für geerntete Gurken bei 12 °

Gemüseart	Allgemeines und Pflege	durchschnittl. Kulturdauer in Wochen	Säen, Pflanzen, Ernten R = Reihe je Beet v. 120 cm Breite
Karotten (Gelbe Rüben, Möhren, Rübli) = Doldengewächse 	Frühe, mittlere und späte, kurze, halblange und lange Sorten. Samen und Jungpflanzen kälteunempfindlich. Je nach Sorte sandige bis leicht lehmige Böden, humös, aber nicht zu nährstoffreich. Sprechen gut auf Frischkompost an, der schon im Herbst auf das Land kommt. Mulchen gegen Unkraut erspart Hacken. Wegen der Möhrenfliege nicht mehrmals auf demselben Beet anbauen.	18	R 4 (späte) bis 6 (frühe). Aussaat der frühen Sorte ab Anfang März – auch ins Frühbeet, der mittleren ab Anfang April, der späten im Juni und Juli. Späte Sorten zum Einwintern. Lange Keimzeit. Aussaat in 3 cm tiefen Rillen, Markierungssaaten mit Kresse, Spinat oder Radies empfehlenswert. Jungpflanzen auf 4 cm Pflanzenabstände auslichten.
Kartoffeln = Nachtschattengewächse 	Zahlreiche frühe, mittelfrühe und späte Sorten. Im Garten vor allem frühe. Frühere Ernte durch Vorkeimen in hellem, kühlem Raum, frostempfindlich. Leichte bis mittelschwere Böden, in die Furchen oder vergrößerten Pflanzlöcher verrotteten Mist oder Komposterde füllen. Spinat als Bodenbedecker spart Hacken.	16	R 2 (Reihenabstand auf größeren Anbauflächen 50 cm). Alle 40 (frühe) bis 60 (späte) cm eine ganze oder geteilte Kartoffel legen. Frühe ab Anfang April, späte ab Anfang Mai. Jungpflanzen zweimal häufeln. Ernte nach dem Welken des Krautes.

Gemüseart	Allgemeines und Pflege	durchschnittl. Kulturdauer in Wochen	Säen, Pflanzen, Ernten R = Reihe je Beet v. 120 cm Breite
Knoblauch = Liliengewächse 	Ausdauernde Gewürzpflanze, wärmebedürftig, braucht wenig Wasser, liebt tiefgründige, aber nicht zu nährstoffreiche Böden. Vermehrung durch Samen und vegetativ aus Nebenzwiebeln (Zehen). Verdichteten oder verkrusteten Boden lockern. Knoblauch enthält schwefeliges, ätherisches Öl und Jod. Gilt seit alters her auch als Heilpflanze.	20 und mehr	R 6. Man steckt entweder ab April alle 15 cm Zehen in den Boden, 5 cm tief (auch Aussaat möglich) oder steckt im September und Oktober für eine Ernte im nächsten Jahr. Nassen Boden vermeiden. Im Sommer oder Spätsommer stirbt das Grün ab, geerntet wird an einem sonnigen Tag, die oberirdischen Teile sollen schon vertrocknet sein. Man flicht Zöpfe und bewahrt sie an trockenem Platz auf.
Kohlarten = Kreuzblütler			
Blumenkohl (Karfiol) 	Frühe und späte Sorten, braucht nährstoffreichen, krümeligen Boden (Humus) und gute Wasserversorgung während seiner ganzen Wachstumszeit. Verträgt Frischkompost. Komposterde ins Pflanzloch und als Bodendecke. Junge Pflanzen vor Frost schützen, z. B. im Folientunnel.	16	R 2, Saaten für Vorzucht schon ab Februar ins Warmbeet. Es empfiehlt sich, Setzlinge für die erste Tracht zu kaufen. Auspflanzen ab April bis Juli. Pflanzenabstand 50 cm. Jungpflanzen müssen abgehärtet werden, bevor sie ins Freiland kommen. Jungpflanzen vor Nacht-

Kartoffelblüte   Kartoffelernte

Gemüseart	Allgemeines und Pflege	durchschnittl. Kulturdauer in Wochen	Säen, Pflanzen, Ernten R = Reihe je Beet v. 120 cm Breite
	Zeitiger Anbau im Frühbeet schützt vor Kohlhernie. Anhäufeln stärkt die Pflanze. Werden die grünen Blätter nicht groß genug, um die weiße Blume zu beschatten (sie soll weiß bleiben), bindet man die inneren Blätter zusammen – nicht etwa abknicken.		frösten schützen. Auspflanzen und später säen, in Abständen und kleineren Mengen, sichert Ernten bis zum Spätherbst.

Gemüseart	Allgemeines und Pflege	durchschnittl. Kulturdauer in Wochen	Säen, Pflanzen, Ernten R = Reihe je Beet v. 120 cm Breite
Chinakohl 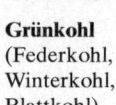	Fernöstliche Kohlart, ohne den durch Senföl verursachten strengen Kohlgeschmack. Kann gut als Salat gegessen werden. Dankbare Gemüsepflanze – auch für Anfänger – ohne hohe Nährstoffansprüche, bevorzugt leichte Böden. Kann gut als zweite Tracht nach Frühkartoffeln oder Erdbeeren stehen. Verträgt im Herbst nur schwachen Frost.	10	R 3. Aussaat ab Juli, vorteilhaft gleich ins Freiland. Frühere Saaten schießen leicht. Junge Pflanzen auf 30 cm Abstand verziehen. Erntereife Köpfe können bis 2 kg schwer werden. Chinakohl hält sich in Zeitungspapier oder Sand eingeschlagen im abgedeckten Frühbeet oder im Keller bis Januar.
Grünkohl (Federkohl, Winterkohl, Blattkohl) 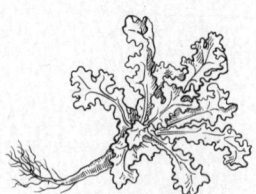	Sehr schmackhaftes, frosthartes Wintergemüse; für schneereiche Gegenden wählt man besser niedrige als hohe Sorten. Frost verbessert das Aroma durch Zuckerbildung. Nachfrucht für viele Sommergemüse. Anspruchs-	15	R 2, Aussaat Mai und Juni ins Saatbeet, Auspflanzen Juli bis August, Pflanzenabstand je nach Sorte 40–50 cm. Im Herbst schneidet man zunächst die großen äußeren Blätter für Gemüse ab und läßt die Pflanzen stehen. Sie können während des ganzen Winters auch unter dem Schnee geerntet werden. Man sät Grünkohl auch in Reihenabständen von nur 15 cm dicht ins Freiland, verzieht ihn dann nicht und erntet ihn

Gemüseart	Allgemeines und Pflege	durchschnittl. Kulturdauer in Wochen	Säen, Pflanzen, Ernten R = Reihe je Beet v. 120 cm Breite
	loseste aller Kohlarten, die auch im Halbschatten gedeiht, macht wenig Arbeit.		wie Spinat ohne Abfälle durch Strünke und braune Blätter.
Kohlrabi (Rübkohl)	Weiße und blaue Sorten. Weiß: schnellwüchsig und zart, verholzen aber später. Kohlrabis vertragen sich mit allen anderen Nutzpflanzen, deshalb besonders günstig für Mischkulturen. Wegen ihres geringen Platzbedarfs eignen sie sich gut als Lücken- und Randbepflanzung. Brauchen lockere Böden, bei Verkrustung hacken. Besser: reichliche Kompostgaben und mulchen.	10 frühe Sorten kürzer, späte länger	R 3–5, Aussaat schon ab Februar ins Frühbeet; ab März Auspflanzen, leichter Frost schadet nicht. Ab April gleich ins Freiland säen. Späte Sorten erst nach den Eisheiligen. Folgesaaten bis in den August möglich für Herbsternte. Kohlrabis werden halbwüchsig geerntet, sie sind dann noch zart und süß. Pflanzenabstand 25 cm, späte Sorten bis 40. Junge Blätter miternten für Gemüse.

Blaukraut oder Rotkohl

Früher Wirsing

Gemüseart	Allgemeines und Pflege	durchschnittl. Kulturdauer in Wochen	Säen, Pflanzen, Ernten R = Reihe je Beet v. 120 cm Breite
Rosenkohl	Seine Röschen sind kleine Kohlköpfe. Winterfest, mäßiger Frost verbessert wie beim Grünkohl Geschmack und Bekömmlichkeit. Bleiben bis zum Herbst die Röschen aus, werden die Spitzen der Sproßachsen abgeschnitten. Mäßiger Nährstoffbedarf. 	18 und mehr	R 3, Aussaat ab Anfang Mai ins Saatbeet, freilandfertig nach 5 Wochen. Auspflanzen nicht vor Juni. Zu früher Anbau öffnet die Röschen, zu später läßt sie klein bleiben. Pflanzenabstand 40 cm. Zur Ernte mehrmals von unten nach oben pflücken, damit junge Röschen nachwachsen können. Da nicht ganz so frosthart wie Grünkohl, empfiehlt es sich in besonders rauhen Lagen, die reifen Pflanzen im Frühbeet einzuschlagen und mit Nadelreisig abzudecken. Der jeweilige Küchenbedarf kann dann den ganzen Winter über geholt werden.
Weißkohl (Weißkraut) Rotkohl (Blaukraut) Wirsing	Frühe und späte Sorten, Spätkohl wird im Herbst sehr billig angeboten, deshalb lohnt sich vor allem der Anbau früher Sorten. Spätes Weißkraut wird zu Sauerkraut verarbeitet. Frühkohl hat wesentlich kürzere Entwicklungszeiten als Spätkohl. Alle drei Kohlarten	frühe Sorten 10, späte Sorten 22	R 2–3, Aussaat früher Sorten ab Ende Februar ins Frühbeet, Auspflanzen ab April ins Freiland. Pflanzweiten bei frühen Sorten ab 40, bei späten Sorten bis 60. Ab März ins Saatbeet, Auspflanzen Mai und Juni. Auch Überwintern möglich: Aussaat

Gemüseart	Allgemeines und Pflege	durchschnittl. Kulturdauer in Wochen	Säen, Pflanzen, Ernten R = Reihe je Beet v. 120 cm Breite

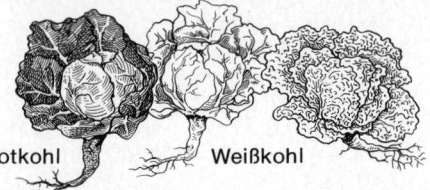

Rotkohl   Weißkohl   Wirsing

| | auch roh eßbar. Kohlpflanzen ertragen leichten Frost. Großer Nährstoff- und Wasserbedarf. Vertragen Frischkompost und Stallmist als Bodenvorbereitung. Unserem Klima gut angepaßt; Kohl wächst auch bei kühler Nässe, gehemmtes Wachstum bei Trockenheit. Die gefürchtete Pilzkrankheit Kohlhernie verbietet es, Kohlarten mehrere Jahre auf demselben Beet anzubauen. Kohl hat viele tierische Schädlinge. | | August, Auspflanzen im Oktober oder im zeitigen Frühjahr. Ernte je nach Sorte während des ganzen Sommers und Herbstes. |
| **Kürbis** = Gurkengewächse | Anbau sehr lohnend, wenn man die vielerlei Verarbeitungsmöglichkeiten dieser schmackhaften Riesenfrucht kennt und nutzt. Wärme- und wasserliebend, großer Nährstoffbedarf. Wird oft auf Komposthaufen gepflanzt, verträgt | 22 | Platzbedarf je Pflanze 3 qm und mehr, Aussaat Anfang Mai oder Vorzucht im Blumentopf. Bei sonnigem Herbst wächst die Frucht bis in den Oktober hinein, Ernte spätestens vor dem ersten Nachtfrost. Frucht bis 40 kg schwer, |

Gemüseart	Allgemeines und Pflege	durchschnittl. Kulturdauer in Wochen	Säen, Pflanzen, Ernten R = Reihe je Beet v. 120 cm Breite
	Frischkompost und Stallmist. Zweckmäßiger setzt man die Kürbispflanze nicht auf den Kompost, sondern an seinen Fuß (möglichst Südseite). Dort hat sie mehr Feuchtigkeit, dieselben Nährstoffe, weniger Wind und deshalb mehr Wärme. Ihre Ranken können dann den Komposthaufen überziehen		monatelang im Keller haltbar, vitaminreich. und beschatten. Wachsende Früchte gegen Fäulnis auf Brett oder Lattenrost legen. Die nahe verwandten süßen Melonen reifen in unseren Breiten nur, wenn sie ihre ›Kindheit‹ im Frühbeet oder unter Folie verbringen.
Lauch (Porree) = Liliengewächse 	Gemüse- und Würzpflanze als Sommer- und Winterlauch, frosthart. Liebt Lehmboden mit Humus. Zu starke Stickstoffdüngung beeinträchtigt den Geschmack. Lauch hinterläßt dicht durchwurzelte, lockere Böden.	20 und mehr	R 4. Besser als die Aussaat ab Mitte März ins Frühbeet ist es, junge Pflanzen zu kaufen. Auspflanzen ins Freiland im Mai, in 15 cm tiefen Furchen. Winterlauch im Juni ins Freiland säen bzw. Anfang August auspflanzen. Wurzeln vor dem Pflanzen etwas einkürzen. Pflanzrillen bald einebnen, später mehrmals anhäufeln für lange weiße Schäfte. Im Spätherbst auf dem Beet überwintern lassen für beliebiges Ernten bis weit ins nächste Jahr hinein.

Gemüseart	Allgemeines und Pflege	durchschnittl. Kulturdauer in Wochen	Säen, Pflanzen, Ernten R = Reihe je Beet v. 120 cm Breite
Mangold = Gänsefußgewächse	Spinat- oder Blattmangold für den Schnitt und Stiel- oder Rippmangold mit breiten, fleischigen Stielen. Sehr dankbares, unverdient wenig verbreitetes Gemüse, schmackhaft und vielseitig. Wer Oxalsäure und damit	12 und mehr	Schnittmangold R 5, Stielmangold R 3. Aussaat ab April, Pflanzenabstand Stielmangold 30 cm, Schnittmangold etwas enger. Auch zu dicht gesäter Stielmangold wird spinatartig verwendet. Aussaat im

Gemüseart	Allgemeines und Pflege	durchschnittl. Kulturdauer in Wochen	Säen, Pflanzen, Ernten R = Reihe je Beet v. 120 cm Breite
	Spinat meiden muß, schätzt Mangold besonders. Starkzehrer, soll aber nicht mit frischer Gülle oder frischem Stallmist gedüngt werden. Reichlich reifen Kompost geben und feucht halten. Verträgt sich in Mischkulturen mit allen anderen Gartenpflanzen. Auch die Wurzeln sind genießbar – gerieben sogar als Rohkost.		richtigen Abstand mit jeweils mehreren Körnern – später vereinzeln – erspart das Verziehen. Erntet man jeweils nur die äußeren großen Blätter bzw. Stiele, kann man ab Juni monatelang von denselben Pflanzen zehren, die Herzen müssen dabei unversehrt bleiben.

◁ Lauch

Stielmangold

Mangoldwurzel

Gemüseart	Allgemeines und Pflege	durchschnittl. Kulturdauer in Wochen	Säen, Pflanzen, Ernten R = Reihe je Beet v. 120 cm Breite
Radieschen und Rettich = Kreuzblütler 	Radieschen rot und rund oder als weiße Eiszapfen. Rettiche in weiß, rot und schwarz. Radieschen und Rettiche sind leicht und jederzeit anzubauen, am besten auf Humus bei guter Feuchtigkeit. Trockenheit läßt sie holzig werden. Für sehr frühe Treibrettiche braucht man ein gepacktes Frühbeet (Mistbeet). Vorbeugend gegen Rettichfliege sollte man im Freiland keinen Stallmist und Frischkompost geben. Radieschen eignen sich gut für Randbepflanzungen jeder Art. Man sollte auch ihre vitamin-C-reichen grünen Blätter unter Salate mischen.	Radieschen 5–8, Rettiche 10–12	R 6, Winterrettich R 5. Aussaat Radieschen ab Februar im gepackten Frühbeet, ab Anfang April ins Freiland. Mairettich unter Glas ab März, Sommerrettich April bis Juni, Winterrettich Juni und Juli. Pflanzenabstand Sommerrettich 10, Winterrettich 15 cm. Schwarze Winterrettiche können noch im November geerntet werden, sie halten sich im Sand bis zur Ernte der ersten Radieschen.
Salat = Korbblütler			
Kopfsalat	Viele Sorten von Mai- bis Wintersalat. Liebt tiefgründigen Humusboden, den man stets feucht halten sollte. Am besten gedeiht er unter vollem Sonnenlicht, mehr als halbtägige Be-	6	R 4 (spät) und R 5 (früh). Erste Aussaaten schon ab Februar in Blumenkästen im Haus möglich. Erstes Auspflanzen ab März ins gepackte Frühbeet. Letzte Aussaat im Juli,

Gemüseart	Allgemeines und Pflege	durchschnittl. Kulturdauer in Wochen	Säen, Pflanzen, Ernten R = Reihe je Beet v. 120 cm Breite
	schattung verhindert die Kopfbildung. Kopfsalat kann jederzeit auf Ränder und als Lückenbüßer gepflanzt werden. Frühbeet und Plastiktunnel ermöglichen unter günstigen Umständen Ernten ab Ende April.		letztes Auspflanzen im August. Wer alle 14 Tage sät bzw. pflanzt, hat bis in den Spätherbst ständig Salat. Pflanzenabstände ab 20 cm für frühe bis 30 cm für späte Sorten. Wintersalat kann noch im September ausgepflanzt werden, mit Komposterde und Reisig abdecken. Wintersalat gelingt nicht überall. Frühjahrsvorzucht in Joghurtbechern und Auspflanzen mit Topfballen vereinfacht die Arbeit und verkürzt die Zeit bis zur Schnittreife. Das gilt auch für alle anderen Salatarten.
Eissalat (Krachsalat)	Braucht etwa zwei Wochen länger als Kopfsalat, frostempfindlich und wärmebedürftig. Bildet sehr große und schwere Köpfe, deshalb größerer Nährstoffbedarf als Kopfsalat.	8	R 3, Pflanzweite 35 cm. Auspflanzen im Mai und Juni. Eissalat ist besonders schmackhaft, knackig und haltbar.
Römischer Salat Romana Bindesalat, Kasseler	Ansprüche und Pflanzweise wie Eissalat		

Kopfsalat

Eissalat

junger Schnittsalat

älterer Schnittsalat in Mischkultur

Römischer oder Bindesalat ▷

Gemüseart	Allgemeines und Pflege	durchschnittl. Kulturdauer in Wochen	Säen, Pflanzen, Ernten R = Reihe je Beet v. 120 cm Breite
Zuckerhut (Zichorie) 	Kräftige, hohe Salatpflanze mit Pfahlwurzel. Schmackhaftes Wintergemüse. Anspruch und Pflege ähnlich dem Kopfsalat. Anbau und Ernte später, braucht von der Saat bis zur Ernte wesentlich mehr Zeit. Auch der aus Italien kommende rote Radicchio hat eine Pfahlwurzel und stellt ähnliche Ansprüche wie der Zuckerhut.	16	R 4, Aussaat von Mitte Juni bis Mitte Juli, wegen schlechter Verpflanzbarkeit der Pfahlwurzel am besten gleich ins Freiland. Pflanzenabstand 30 cm. Verträgt schwachen Frost, kann im Winter, wenn er geschützt wird, draußen bleiben. Mit Wurzeln eingeschlagen, hält er sich im Keller bis zum Frühjahr.
Pflücksalat **Schnittsalat**  	Beide Arten sehr ergiebig, da sommerlange Ernte möglich. Keine Kopfbildung, bräunliche Blätter. Pflücksalat wird bis 50 cm hoch, Schnittsalat wird durch die Ernte an der Stengelbildung gehindert. Ansprüche ähnlich Kopfsalat, doch auch Halbschatten möglich.	6–20	Pflücksalat R 4, Schnittsalat R 5. Aussaat im April ins Freiland, Pflanzabstände Pflücksalat 15, Schnittsalat 5. Beim Pflücksalat werden von unten nach oben um den Stengel herum die größten Blätter gepflückt, beim Schnittsalat schneidet man knapp über dem Boden entweder die ganze Pflanze ab oder die größten einzelnen Blätter, die Pflanze wächst dann weiter, man kann viele Wochen von denselben Pflanzen ernten.

Gemüseart	Allgemeines und Pflege	durchschnittl. Kulturdauer in Wochen	Säen, Pflanzen, Ernten R = Reihe je Beet v. 120 cm Breite
Feldsalat (Ackersalat, Nüßlisalat, Nisselsalat, Rapunzel) = Baldriangewächse 	Eigentlich ein Wildgemüse. Im Gegensatz zu allen anderen Gartensalaten gehört er nicht zu den Korbblütlern. Liebt humosen Boden, stellt aber keine großen Nährstoffansprüche. Besonders hoher Vitamin- und Eisengehalt. Günstig als späte Nachfrucht auf allen freiwerdenden Gartenflächen. Wegen der mühsamen Ernte steht der hohe Kaufpreis in krassem Gegensatz zu seiner mühelosen Kultur.	12 und mehr	Aussaat ab Juli bis September, bei Unkrautgefahr in 8 Reihen, sonst breitwürfig. Samen mit dem Rechen in die Erde harken, dann mit der Schaufel festklopfen. Ernte ab Mitte September, unter Glas kann den ganzen Winter geerntet werden. Schneidet man nicht dicht über dem Boden, lassen sich die nachgetriebenen Blätter erneut sammeln. Feldsalat im Freiland überwintert ohne Schaden, wächst aber während der kalten Jahreszeit nicht. Mit Reisern abdecken und im Frühjahr ernten.
Rote Rüben (Rote Bete, Randen, Salatrüben) = Gänsefußgewächse 	Runde und lange Sorten. Nicht mit den gelben Rüben, sondern mit Spinat und Mangold verwandt. Stellen keine besonderen Ansprüche, brauchen keine volle Besonnung, gedeihen auf schweren Böden besser als auf leichten. Dürfen nicht zu trocken werden, mulchen oder hacken.	18	R 4, Aussaat Mai bis Juni, frühere Saaten können harte Rüben hervorbringen, spätere bleiben zu klein. Einzelsamen stecken (2 cm tief) erspart späteres Verziehen. Pflanzabstand 10 cm, große Sorten mehr. Empfindlich beim Auspflanzen vom Saatbeet ins Freiland, nicht unter praller Sonne!

Erntet man erst die großen Rüben, können die kleineren noch nachwachsen. Kraut nicht zu knapp abschneiden, unverletzte Wurzeln ergeben bessere Haltbarkeit. Ab Ende Oktober frostfreies Winterlager in Sand.

Knollensellerie

◁ Rote Rüben

Gemüseart	Allgemeines und Pflege	durchschnittl. Kulturdauer in Wochen	Säen, Pflanzen, Ernten R = Reihe je Beet v. 120 cm Breite
Sellerie = Doldengewächse			
Knollensellerie 	Zweijährige Gemüse- und Gewürzpflanze mit einjährigem Anbau. Hohe Ansprüche an Boden, Düngung und Wärme. Braucht kalk-, nährstoff-, humusreiche, warme und lockere Erde. Kalizehrer. Deshalb setzt man dem Kompost, wenn möglich, Holzasche zu. Kleine Kochsalzgaben decken den Chlorbedarf – auch beim Stangensellerie. In der Fruchtfolge verträgt sich Sellerie schlecht mit sich selbst, erst nach vier und mehr Jahren wieder auf dasselbe Beet pflanzen. Mist nur gut verrottet, Jauche nur vergoren geben, nur bei warmem Wetter reichlich gießen. Nachbarschaft mit krautreichen Pflanzen ungünstig. Flachwurzler, deshalb Vorsicht beim Hacken, besser dick mulchen. Das manchmal noch geübte Entfernen von Laubblättern im Sommer stört die Knollenbildung. Mineraldüngung ab August kann zu hohlen	21	R 3, Aussaat der winzigen Samen (2500 Körnchen je Gramm) Februar bis März in Anzuchtkästen bei Zimmertemperatur. Samen nicht in, sondern auf die Erde (Lichtkeimer). Anzucht unsicher, deshalb besser Setzlinge beim Gärtner kaufen zum Auspflanzen Ende Mai, auf jeden Fall nach den letzten Nachtfrösten. Pflanzenabstand 35–40 cm. Schoßgefahr bei zu frühem Auspflanzen. Als Nachkultur kann Sellerie auch noch Ende Juni und Anfang Juli ins Freiland. Nicht tief setzen, Blattrosette mit Blatthälsen bleiben über der Erde. Knollen wachsen bis November, deshalb möglichst spät, aber vor Frost ernten. Herzblätter bleiben an der Knolle, in feuchten Sand einschlagen, frostfrei lagern.
			Knollen führen. Wie Lauch hinterläßt Sellerie gut durchwurzelten, gelockerten Boden.

Gemüseart	Allgemeines und Pflege	durchschnittl. Kulturdauer in Wochen	Säen, Pflanzen, Ernten R = Reihe je Beet v. 120 cm Breite
Bleichsellerie	Ähnlich Knollensellerie, aber geringerer Nähstoffbedarf. Nachtfrostempfindlich. Selbstbleichende Sorten machen Anhäufeln überflüssig. Neben Knollen- und Bleichsellerie gibt es großlaubigen Schnittsellerie ohne ausgeprägte Knollen. Gut für Suppengrün.	21	R 4, ab Ende April in Zimmerkästen vorziehen, dann ins Frühbeet. Pflanzenabstand 30 cm.
Spinat = Gänsefußgewächse 	Vitaminträger und Kinderschreck; viele Sorten. Sehr eisenhaltig, enthält je nach Sorte und Jahreszeit mehr Vitamin C als Zitronen (nur im frischen, nicht im tiefgefrorenen Spinat). Liebt tiefgründigen, kalkreichen Humusboden, der nicht mechanisch gelockert ist (Bodenschluß). Saure Böden sind ungeeignet. Frischkompost nur als Bodenvorbereitung geben. Verträgt und braucht starke Gaben von Reifkompost. Stallmist nur in verrotteter Form. In der Fruchtfolge sollte man Spinat nicht mit rote Bete und Mangold anbauen, den beiden anderen Mitgliedern der Gänsefußgewächse.	12 und mehr	R 6, Aussaat in 3 cm tiefe Rillen, anfangs gut gelüftete Folientunnel günstig. Saatrillen mit reifer Komposterde bedecken und gut festklopfen. Aussaaten während der kürzeren Tage des Frühlings, Spätsommers und Herbstes beugen dem Schoßen vor. Deshalb nicht im Mai, Juni und Juli anbauen, sonst Samenbildung. Augustaussaat gibt Herbstspinat, Septemberaussaat Winterspinat mit Frühlingsernte. Überwinternder Spinat soll im Herbst nicht durch Ernte geschwächt werden. Höhere Erträge durch Pflücken statt Schneiden, weil dann mehrmaliges Ernten möglich ist.

Gemüseart	Allgemeines und Pflege	durchschnittl. Kulturdauer in Wochen	Säen, Pflanzen, Ernten R = Reihe je Beet v. 120 cm Breite
Neuseeländer Spinat = Eiskrautgewächse 	Große, dickblättrige, kriechende Pflanzen, wärmebedürftiger und kälteempfindlicher als unser Spinat. Sechs Pflanzen decken Familienbedarf. Problemlos während der Sommermonate, daher gute Ergänzung zum Spinat. Gut verträglich mit den oben genannten Gänsefußgewächsen. Günstig für Kompostbepflanzung. Unkrautjäten und Gießen erforderlich.	10	R 2–3, Anzucht im April in Töpfen. 1 Samenkorn (viereckige Frucht) je Topf. Auspflanzen Mitte Mai. Pflanzenabstand 50–100 cm. Nur Blätter und Triebspitzen ernten. Fortlaufendes Ernten verhindert das In-Samen-Gehen und fördert neue Triebe. Keimzeit etwa 5 Wochen.
Tomaten = Nachtschattengewächse 	Eine bei uns noch junge, sehr ertragreiche Gartenpflanze aus der Neuen Welt. Viele Sorten von kleinen, runden Zuckertomaten bis großen Fleischtomaten. Hohe Ansprüche an Boden, Standort und Pflege. Man gibt ihnen den wärmsten Platz im Garten, am besten an einer Südwand. Standort wird beibehalten, da keine Fruchtfolge nötig. Tiefgründiger, nährstoffreicher Humus, Tomaten sind Tiefwurzler. Im Herbst Mist	20	R 1–2, Aussaat 2. Märzhälfte in Anzuchtkästen bei gleichbleibender Zimmertemperatur. Nach Entfaltung der ersten Laubblätter Umsetzen mit 3–5 cm Pflanzenabstand. Auspflanzen Mitte, eher Ende Mai. Pflanzenabstand 60–80 cm. Man setzt die etwas schräg liegende Pflanze tief, so daß der grüne Stengel mit Erde bedeckt ist, dann bilden sich neue Wurzeln für bessere Nährstoffversorgung. Kompostunterlage in die Pflanz-

Vor den ersten Nachtfrösten müssen alle Tomaten geerntet werden. Auch die grasgrünen reifen im Keller oder Zimmer völlig aus.

oder Frischkompost einarbeiten. Tomaten brauchen viel Feuchtigkeit. Doch sollte die Pflanze wenigstens beim Gießen trocken bleiben. Abgestandenes Wasser in Gießlöcher füllen. An die Wetterseite 180 cm hohe Stäbe aus Holz oder Welldraht setzen. Auch Drähte oder Schnüre möglich. Mit dem wöchentlichen Ausgeizen nach-

Gemüseart	Allgemeines und Pflege	durchschnittl. Kulturdauer in Wochen	Säen, Pflanzen, Ernten R = Reihe je Beet v. 120 cm Breite
	mulde füllen. Nicht spritzen, wenn möglich, vor starken und langen Regenfällen schützen. Der große Phosphor- und Stickstoffbedarf kann durch guten Kompost voll gedeckt werden. Bei umfangreichem Anbau lohnt sich eigener Komposthaufen für Tomaten, auf den die Tomatenpflanzen und alle Tomatenabfälle gebracht werden. Mit erhöhtem Wärmeangebot durch schwarze Bodenfolie oder Folientunnel wesentliche Ertragssteigerung und Verlängerung der Reifezeit. Unter Glas und Folie für gute Durchlüftung sorgen. Tomaten sind Selbstbestäuber. Zur Blühzeit müssen die Pflanzen geschüttelt werden, wenn sie nicht im Freien stehen. Wöchentlich knipst (besser schneidet) man die Achseltriebe der heranwachsenden Tomatenpflanze aus, damit sie sich nicht unnötig stark verzweigt. Im Spätsommer und Herbst ist dieses Aus-		binden. Grüne Tomaten reifen gut nach, am besten bei nicht zu hoher Zimmertemperatur – unabhängig vom Licht. In der Regel wird man bis Ende Dezember nachgereifte Tomaten haben. geizen nicht mehr nötig. Mehr Früchte als die von fünf Blütenständen kommen bei uns nicht zur Reife. Gegebenenfalls im Sommer entspitzen. Die bodennächsten, pilz- und fäulnisgefährdeten Blätter, aber sonst kein Grün abnehmen. Die Früchte sollen im Laubschatten reifen, Sonne brauchen nur die Blätter. Eine dicke Mulchschicht aus trockenem Material, z. B. Stroh, hält den Boden feucht und locker.

Gemüseart	Allgemeines und Pflege	durchschnittl. Kulturdauer in Wochen	Säen, Pflanzen, Ernten R = Reihe je Beet v. 120 cm Breite
Buschtomaten 	Anspruch und Pflege wie Stabtomaten, aber früher reif, Stäbe und wöchentliches Ausgeizen unnötig.		Pflanzenabstand bis zu 1 m.
Zucchini (Zucchetti) = Gurkengewächse 	Früchte schlank und grün, sonst kürbisähnlich, auch in Anspruch und Pflege. Weniger wärmebedürftig als Kürbis, deshalb leichter anzubauen, auch bei Anfängern gute Ernte. Die Pflanze entwickelt viel Blatt- und Fruchtmasse, daher großer Nährstoff- und Wasserbedarf. Bodenvorbereitung mit Mist oder Frischkompost. Gute Anbaumöglichkeit südseitig der Kompostmiete. Schon zwei bis drei Pflanzen decken den Familienbedarf. Reifende Früchte gegen Schneckenfraß mit Holzwolle unterlegen.	16	R 1, Vorzucht ab April in Töpfen möglich, aber nicht nötig. Aussaat ins Freiland Mitte Mai, je 1–3 Kerne in Meterabstand, man läßt später nur jeweils die stärkste Pflanze, stehen. Starthilfe durch Folienschutz oder schwarze Bodenfolie bringt frühere Ernte. Ab Juli nimmt man die ersten Früchte ab. Man kann, wie die Italiener, schon die 20 cm langen, weißfleischigen Zucchinis ernten und bekommt dann mehr Fruchtansätze oder man läßt die Früchte bis Kürbisgröße weiterwachsen. Später verhärtet sich die Schale, aber nicht das gelb werdende Fleisch. Im Herbst geerntete große Früchte halten sich im kühlen Keller bis weit in den Winter hinein.

Gemüseart	Allgemeines und Pflege	durchschnittl. Kulturdauer in Wochen	Säen, Pflanzen, Ernten R = Reihe je Beet v. 120 cm Breite
Zwiebeln = Liliengewächse	Sehr formenreiche Gruppe von Gewürz- und Gemüsepflanzen. Zwiebeln lieben leichten, aber nicht sandigen, warmen, eher trockenen und gut lockeren Boden. Mulchen ist besser als Hacken und Gießen. Gegen Zwiebelfliege Mischkultur mit gelbe Rüben. Leicht anzubauen sind auch die schmackhaften Perlzwiebeln,	16 und mehr	R 6. Winterbedarf: ab Februar ins Frühbeet, ab Mitte März ins Freiland 3 cm tief säen. Für Frühsommerbedarf: Juni bis August ins Freiland säen, Pflanzenabstände später auf 5 cm bringen. Dritte Möglichkeit: Gekaufte, haselnußgroße Steckzwiebeln Anfang April ins Freiland, eng setzen, Rei-

Gemüseart	Allgemeines und Pflege	durchschnittl. Kulturdauer in Wochen	Säen, Pflanzen, Ernten R = Reihe je Beet v. 120 cm Breite
	Schalotten und Winterheckzwiebeln, eine mehrjährige, frostharte Art, die auf starkem Schaft frostbeständige Luftzwiebelchen ausbildet. Zur Vermehrung einfach in den Boden stecken.		hen später auf 10–15 cm Pflanzenabstand auslichten, überzählige Pflanzen in der Küche verwerten. Geerntet wird, wenn das Kraut welkt. Möglichst trocken ernten, luftig lagern, am schönsten im geflochtenen Zopf. Für gut lagerfähige Winterzwiebeln eignen sich gesäte Zwiebeln besser als gesteckte. Ernte ab August, Steckzwiebeln schon früher.

◁ Zwiebeln

Zwiebel- und Rote Rübenernte

Ungebetener und trotzdem reizvoller Schmuck an der Hauswand: eine Löwenzahnpflanze.

Unkraut als Gemüse: Dieser Sauerampfer wucherte auf dem Kartoffelbeet und wurde bei der Ernte als willkommener »Beifang« für die Küche mitgenommen.

X UNKRAUT IM GARTEN

Je nach Standort bedeutet der Löwenzahn eine hübsche Wildblume, die im Mai ganze Wiesen in ihr leuchtendes Goldgelb taucht, eine geschätzte, mancherorts kultivierte Salatpflanze oder ein lästiges Gartenunkraut, das wegen seiner Pfahlwurzel schwer zu bekämpfen ist.

Ich habe oft, wenn wir im Frühling Löwenzahnsalat sammeln und zubereiten, sagen hören: Wir sind doch keine Kühe! Der Löwenzahn ist ein Zungenblütler. Aus dieser Unterfamilie der Familie Korbblütler wurden außer Feldsalat alle Arten unserer Gartensalate gezüchtet. Während die Endivie und der Chicorée der Gattung Wegwarte angehören, zählt unser Kopfsalat zur Gattung Lattich. Milchsaft und leicht bitterer Geschmack bilden die gemeinsamen Merkmale, wie sie auch der Löwenzahn aufweist.

Bemerkenswerterweise leitet sich der Formenreichtum unserer Ernährungspflanzen von Artischocke bis Zuckerhut, eingeschlossen der in der Landwirtschaft angebauten, aus nur zehn Pflanzenfamilien her. Mit dem Unkraut bekämpfen wir oft die ›ungezähmten‹ Verwandten unserer Nutzpflanzen. Das gilt besonders für die Gänsefußgewächse, die Kreuzblütler, die Doldengewächse und die Korbblütler. Viele Pflanzengäste des Gartens – meist ungebetene – können als Wildgemüse, Tees und Heilkräuter verwendet werden: Huflattich, Schafgarbe, Brennessel, Schachtelhalm, Minze, Kamille, Ackermelde, Guter Heinrich und Geißfuß. Sogar der außerordentlich anspruchslose Breitwegerich findet in der Volksmedizin Verwendung.

Wer die Wildkräuter im Garten nur als Feinde ansieht, die den Kulturpflanzen Nährstoffe entziehen, tut ihnen unrecht. Eine unbiologische Einstellung zum Unkraut führte zu seiner Bekämpfung durch Gift. Man kann die Unkräuter aber auch als Botschafter des Gartenbodens deuten. Daraus, welche Arten erscheinen oder vorherrschen, liest der Kundige die Qualität der Gartenerde ab.

Am bekanntesten ist die Unterscheidung zahlreicher Wildpflanzen in kalkliebende und kalkmeidende Arten. Kalkliebende Pflanzen zeigen alkalische, kalkmeidende saure Böden an. Zur ersten Gruppe gehören Ackersenf, Löwenzahn und Wiesensalbei, zur zweiten Hederich, Hohlzahn und Sauerampfer.

Trotz dieser Freundlichkeiten für das Unkraut muß es gesagt werden: Seine Bekämpfung macht im Garten eine Menge Arbeit. Wir können die Kulturpflanzen nur ausnahmsweise während der ganzen warmen Jahreszeit sich selbst überlassen. Sie brauchen unsere Pflege, und wir müssen sie auch davor schützen, von Wildpflanzen bedrängt zu werden. Der gute Gartenboden ist natürlich auch für die Unkräuter ein verlockendes Angebot. Doch möchte ich den allzu eifrigen Unkrautjägern sagen, daß es nicht dafürsteht, jedes aufkommende Unkraut im Keim zu ersticken, alle nicht angebauten Pflänzchen gleichsam in Einzelverfolgung zu erlegen.

Einen solchen, im Sinne einer guten Ernte ungerechtfertigten Arbeitsaufwand wird man vielleicht nicht mehr betreiben, wenn man sich vor Augen führt, daß Unkräuter, so lange sie nur als Randfiguren auftreten, wenig Nährstoffe brauchen und unseren Nutzpflanzen als Wettbewerber nur bei deren Heranwachsen gefährlich werden können. Was braucht schon ein Greiskraut mit seiner geringen Pflanzenmasse gegenüber einem Kohlkopf! Man muß hier die Verhältnismäßigkeit von ›Schaden‹ und dem Aufwand, diesen Schaden abzuwenden, wirklichkeitsnah und nicht nur an der Ordnungsliebe orientiert einschätzen.

Natürlich gilt es zu handeln, wenn Unkräuter massenweise auftreten und die Kulturpflanzen überwuchern. Aber das ist immer auch ein Zeichen für Fehler in der Düngung, der Bodenbearbeitung oder der Kulturfolge. Da heißt es dann, nicht nur das Unkraut, sondern auch das verursachende Übel an der Wurzel zu packen.

Ein bißchen fremdes Grün an den Wegrändern oder sonstwo im Garten sollte mit Gelassenheit hingenommen werden. Man kann sich sagen, daß alle Nährstoffe, die es dem Boden entnimmt, dem Garten nicht etwa verlorengehen, sondern ihm wieder zugute kommen: entweder wird das Unkraut beim nächstfälligen Jäten eines Beetes oder Weges gesammelt und gelangt dann auf den Kompost, oder es entgeht der Nachstellung, aber nicht dem Winterfrost oder einer kommenden Bodenbearbeitung, so daß es auch auf diese Weise die Gartenerde wieder anreichert.

Unkräuter sind als Wildpflanzen für Kompost im Ausgleich zum Abfall aus Kulturpflanzen und des Haushalts geradezu erwünscht. Diese Gedanken spricht Mario Howard deutlich aus:

»Unkrautsamen liegen in jedem Boden in solchen Mengen, daß ihr Vorrat für Jahrzehnte ausreicht. Sie keimen aber nur in großem Ausmaß, wenn eine für sie besonders günstige Konstellation vorherrscht; wenn der Boden und die auf ihm wachsenden Pflanzen das Unkraut als Gegenpol brauchen. Darum soll man gerade die Unkräuter, die im Garten in großen Mengen wachsen, kompostieren und dasselbe Stück Land, auf dem sie gewachsen sind, mit diesem Kompost düngen. Mit dieser Heilmethode bringt man den Boden am schnellsten wieder ins Gleichgewicht.«

Die Bodengesundung mit Auszügen und Präparaten von Wild- und Heilkräutern wird in der biologisch-dynamischen Wirtschaftsweise in starkem Maße gepflegt und hat zum Teil auch in den allgemein naturgemäßen Anbauweisen Eingang gefunden. Der belesene Gartenfreund wird einwenden, daß man sich doch davor hüten soll, samentragendes Unkraut zur Kompostrotte zu geben. So steht es in den allermeisten Gartenbüchern. Ich hätte wahrscheinlich nicht den Mut gehabt, unsere eigene Arbeitsweise in dieser Frage zu empfehlen: Wir nehmen uns nicht die Zeit, jedes Jäteergebnis noch nach Unkräutern mit und ohne Samen aufzuteilen. Wahrscheinlich brächte ich es auch nicht fertig, irgend etwas aus dem Garten regelmäßig in die Mülltonne zu werfen. Wir führen alle mit und ohne Wurzeln gejäteten Unkräuter dem Kompost zu. Und eben dies gesteht für seine Arbeitsweise auch Mario Howard ein, wenn er schreibt:

»Ich selber tue immer alle Unkräuter, mit und ohne Samen, auf den Komposthaufen und habe dabei keine nachteiligen Folgen feststellen können.« Vielleicht wird mit der Warnung vor Unkrautsamen im Kompost eine arbeitserschwerende, aber überflüssige Anweisung von Gartenbuch zu Gartenbuch geschleppt? Möge diese Frage also jeder für sich selbst entscheiden.

Wie schon an anderer Stelle gesagt wurde, löst das aus vielen Gründen empfehlenswerte Mulchen der Gartenerde die Unkrautfrage der Gemüsebeete weitgehend ohne Jäten. Was an Wildpflanzen durch die Mulchdecke wächst, bleibt Ausnahme.

Schließlich möchte ich noch auf eine andere Aufgabe des Unkrauts hinweisen. Gemessen an der Artenvielfalt einer naturnahen Wiese finden im reinen Nutzgarten trotz Mischkultur und Fruchtfolge nur verhältnismäßig wenig Pflanzenarten ihr geplantes und gefördertes Auskommen. Der Garten als ein Organismus höherer Ordnung wird aber nur dann gesund und widerstandskräftig gegen Pflanzenkrankheiten und Schädlinge sein, wenn er ein formenreiches Tierleben ermöglicht. Damit sind außer dem meist unsichtbaren Bodenleben auch die zahlreichen nützlichen oder wenigstens

Wildkräuter am Gartenzaun – wen stören sie?

nicht schädlichen krabbelnden und fliegenden Kerbtiere von Biene und Florfliege über Lauf- und Marienkäfer bis Schwebefliege gemeint. Die wenigen höheren Wildtierarten, die den Garten bevölkern können: Erdkröten, Blindschleichen, Eidechsen und Igel finden erst durch die Wildpflanzen des Gartenzauns, des Kompostrandes, der Plattenwege oder eines umwachsenen Reisighaufens, also durch das mehr oder weniger geduldete Unkraut Unterschlupf und mittelbare Nahrung.

Ein Guß, mit Unkraut Schluß – diese lebensfeindliche Aufforderung an den Hausgärtner bedeutet Todesurteile für viel mehr Lebewesen als man mit dem Giftkanister eigentlich treffen wollte. Die Strategie der ›verbrannten Erde‹ findet im biologisch gepflegten Garten keine Verwirklichung. Hier sollte es besser heißen: Leben und leben lassen.

XI PFLANZENSCHUTZ

So wie die Gartenerde voller Wildpflanzensamen steckt, deren volle Entfaltung unsere Beete verunkrauten würde, so übt auch die Tierwelt einen Ausbreitungsdruck auf den Garten aus. Wer in der Einöde wohnt, braucht einen Gartenzaun gegen Rehe; Fuchs und Marder besuchen seine Kompostmiete, auf dem flachen Land tun sich Hasen in Kohläckern gütlich.

Der Garten mit seiner Erde, die fruchtbarer ist als die der Umgebung, und mit seinen Pflanzen, die mehr und besser Verzehrbares hervorbringen als die der freien Natur, übt Anziehungskraft auf Nutznießer in vielen Gestalten aus. Aber so wie nur bestimmte Wildpflanzen im Garten Lebensraum finden, während die meisten dort gar nicht gedeihen könnten, so finden auch nur bestimmte Arten der Kerbtiere (Insekten) Bedingungen im Garten vor, die ihre Vermehrung fördern.

Nach einem noch immer weitverbreiteten Mißverständnis bestimmen im Tierreich die Räuber den Bestand ihrer Beute. Dank eingehender Forschungen weiß man heute, daß es umgekehrt ist: Der Bestand an Raubtieren hängt vom Bestand ihrer Beutetiere ab. So bestimmen nicht die Wölfe, wie viele Elche es gibt, sondern die Elche ernähren eine bestimmte Anzahl von Wölfen, bestimmen also deren Bevölkerungszahl. Der Bestand der Elche aber hängt von dem Äsungsangebot ihres Lebensraumes ab. Die Pflanzendecke wird unter natürlichen Bedingungen nicht von den Elchen, sondern von Boden-, Wasser- und Klimabedingungen bestimmt und begrenzt.

Darüber hinaus entdeckten die Wildökologen durch langjährige Versuche und Beobachtungen in Nordamerika eine unerwartete Abhängigkeit der Mitglieder eines Ökosystems untereinander. Schaltet man nämlich die Räuber künstlich aus, so fördert man damit nicht etwa ihre Beutetiere, sondern fügt auf lange Sicht der Pflanzendecke schwere Schäden zu. Das lebentragende Gleichgewicht zwischen allen Beteiligten des Systems bricht zusammen, weil sich die Pflanzenfresser ungehemmt vermehren und damit ihre Nahrungsquellen zugrunde richten. Dabei werden sie erst durch Nahrungsmangel, dann durch Parasiten und epidemische Krankheiten in den Zusammenbruch ihrer Bevölkerung getrieben. Nach der Katastrophe wird sich ein neues Gleichgewicht mit den drastisch verringerten Beständen der alten Gegenspieler oder mit anderen Teilnehmern des Ökosystems einpendeln.

Nur weil die Natur jedes Herausfallen ihrer Lebewesen aus dem Gleichgewicht mit anderen Lebewesen so folgerichtig und durchgreifend mit den ihr zur Verfügung stehenden Mitteln beantwortet, konnte sich die belebte Schöpfung über viele Jahrmillionen fortentwickeln und die Erdoberfläche unter verschiedensten Bedingungen besiedeln. Der massenweise Anbau von Kulturpflanzen ist für einen gegebenen Lebensraum ein Ungleichgewicht seiner Artenzusammensetzung. Die Natur läßt aus ihrer Waffenkammer solche Lebewesen aufmarschieren, die der überhandgenommenen Pflanzenart gefährlich werden.

Auf diesen natürlichen Hintergrund der Schädlingsfrage wollte ich hier in aller Kürze und der dadurch notwendigen Vereinfachung hinweisen. Wir leben nicht nur in einem Gruselkabinett von fressenden, nagenden, stechenden, bohrenden, saugenden und sich hemmungslos mehrenden Schädlingen, wie uns das die Schmiede der chemischen Keule ausmalen, sondern wir stehen auch mit unseren Kulturflächen in einem größeren Beziehungsgefüge, das aus sich heraus immer bestrebt ist, unnatürliche Vorherrschaften einer Art aufzulösen. Es gibt auch in der Natur unter bestimmten örtlich begrenzten Bedingungen Ansammlungen von Lebewesen mit Kennzeichen von Monokulturen, zum Beispiel Schilfwald oder Grassteppe. Und es gab in verhältnismäßig artenarmen Lebensgemeinschaften, wie wir sie im hohen Norden, aber auch in der afrikanischen Savanne antreffen, Tierinvasionen, bevor der Mensch in die Gestaltung von Landschaften eingriff, zum Beispiel die Lemminge oder die Heuschrecken. Tatsache ist, daß heute nahezu alle Schädlinge der Landwirtschaft, denen man in einem weltweiten Abwehrkampf vergeblich Herr zu werden sucht, mit dem Einführen von Mineraldünger und Monokulturen erst massenweise in Erscheinung traten. Viele von ihnen richteten auch in vorindustriellen Zeitaltern Ernteschäden an, doch hatten sie keine Veranlassung, nämlich keine Möglichkeit, zu ähnlichen Massenauftritten wie heute.

Das Gesagte will nicht zu der Annahme einladen, man müsse nur alles sich selbst überlassen, die Natur würde das schon regeln. Die Natur kann nur sich selbst regeln. Die vom Menschen gezüchteten Nutzpflanzen bedürfen auch der Pflege und des Schutzes durch Menschen. Aber wo wir unsere Kulturflächen vor den Ausgleichsbewegungen der Natur schützen müssen, können wir das mit Mitteln tun, die uns die Natur selbst an die Hand gibt.

Ähnlich verhält es sich mit den Pflanzenkrankheiten. Ihre Erreger sind nichts anderes als Schädlinge geringerer Körpergröße: Bazillen, Pilze und Viren. Sie werden in der Natur immer da wirksam, wo das Gleichgewicht mit anderen Mitteln nicht mehr aufrechterhalten werden kann. Wenn Weidetiere nicht mehr durch große Raubtiere gesunderhalten werden, indem die Raubtiere einen Auslesedruck auf sie ausüben, dann übernehmen Krankheiten und Schmarotzer die Aufgabe fehlender Freßfeinde. Krankheiten sind die Fortsetzung natürlicher Bestandsregelung mit anderen Mitteln.

Im Garten, einem Schutzgebiet für Hochleistungspflanzen, haben Schädlinge und Krankheitserreger immer dann leichten Zugriff, wenn Nutzpflanzen

1. in einem Klima gezogen werden, das ihnen nicht entspricht; das gilt für alle deshalb besonders empfindlichen Treibhauskulturen;
2. auf Böden und in Pflanzennachbarschaften gezogen werden, die nicht ihren Bedürfnissen entsprechen; das gilt gegebenenfalls auch für die Nachbarschaft mit sich selbst;
3. durch Mangel an bestimmten Nährstoffen, Wasser oder Licht in ihrer Widerstandskraft geschwächt werden;
4. unter besonders ungünstigen Wetterverhältnissen zu leiden haben, wie zum Beispiel Tomaten im Dauerregen;
5. künstlich ernährt werden, das heißt, wenn man sie durch Mineralsalzgaben zu einem Wachstum anregt, das dem Belebungsgrad des Bodens nicht entspricht;
6. durch einseitige Zuchtziele degeneriert sind. Man kennt dieses ›Abbauen‹ vor allem bei sehr ertragreichen, also hochgezüchteten Sorten, aber letztlich bei allen Kulturpflanzen. Man kann deshalb in der Regel nicht unbegrenzt lange aus eigenem Anbau Samen ziehen. Die fehlende Auslese, in der ungeschützten Natur durch den Daseinskampf gegeben, läßt die Kulturpflanzen im Laufe der Generationen lebensuntüchtig werden, sie bauen ab.

Wenn ich nun Maßnahmen des biologischen Pflanzenschutzes aus eigener Erfahrung mitteilen soll, komme ich in Verlegenheit. Wir haben in unseren Gärten bis auf eine Ausnahme, von der ich gleich berichten werde, in den Jahren ihrer Bewirtschaftung weder Mineraldünger noch chemische Pflanzenschutzmittel eingesetzt. Und wir erlitten bisher keine nennenswerten Verluste durch Krankheiten oder Schädlinge, konnten also auch keine Erfahrung bei ihrer unmittelbaren Abwehr sammeln. Von Zufall wird man nach über drei Jahrzehnten Gartenpflege nicht sprechen können.

So haben wir in Wirklichkeit viel Erfahrung mit biologischem Pflanzenschutz gesammelt, aber wir wußten nichts davon. Er ist durch Kompostwirtschaft, Mischkulturen und Fruchtfolge gegeben. Biologischer Pflanzenschutz setzt lange vor der Notwendigkeit ein, Schädlinge zu bekämpfen.

Hier schließt sich ein beziehungsreicher Kreis zwischen Mensch und Garten:

- Der Hausgarten ist dann richtig gedüngt, wenn er aus seinen eigenen Abfällen und denen des dazugehörigen Haushalts über die Kompoststufe versorgt wird,
- wenn man die Kräuter, Gemüse und Früchte auf ihm anbaut, die den Eigenbedarf der Familie decken; denn damit hat man bei gesunder Ernährungsweise den erwünschten Artenreichtum der Nutzpflanzen.

Würde man nur eine Pflanzenart anbauen, hätte man auch gleich das Schädlings- und Krankheitsproblem. Der Hausgarten bildet eine Erzeugungsstätte nach dem Maß des Menschen, der ihn bebaut. Das mag manchem, der noch nicht mit einem eigenen Garten gut Freund ist, fast enttäuschend einfach klingen. Aber in dieser wechselseitigen Genügsamkeit lebt die Harmonie zwischen Mensch und Garten beschlossen, zwischen kultivierter und naturhafter Erde. Einen Garten im biologischen Sinne erfolgreich zu bestellen, befriedigt eben nicht nur die Bedürfnisse der Küche, sondern auch die nach tätiger Auseinandersetzung mit der Natur. Die Freude am Garten entspringt nicht dem Befolgen von Mengenvorschriften, wie sie die Anwender von Mineraldüngern und chemischen Pflanzenschutzmitteln so genau einhalten müssen, sondern dem Verständnis der von Menschen mitgestalteten Naturvorgänge.

Raupen des Kohlweißlings fraßen die äußeren Blätter dieser Blaukrautpflanze an. Im Hausgarten läßt sich ein Schädlingsbefall dieses Umfangs noch dadurch abwenden, daß man mehrmals die Raupen von Hand abliest.

Maßnahmen gegen Schädlinge

Vereinzelte Schadinsekten im Garten oder ihre Fraßspuren sind weder ein Grund zur Beunruhigung noch für Gegenmaßnahmen. Wer etwas von den so unterschiedlich gestalteten Kerbtieren des Gartens versteht und sich sozusagen fachkundig etwa über die Schwebefliegen freut, die im Schwirrflug über Blumenrabatten stehen, der wird sich auch klar darüber sein, daß diese schlanken, wespenähnlichen Räuber nicht von Nektar, sondern von Blattläusen leben, die mit Sicherheit auch seinen Garten bewohnen und dort ihr Auskommen finden. Das heißt, ein paar Blattläuse sind, obwohl sie in der Masse als arge Schädlinge wirken können, im Garten nicht ganz unerwünscht. Sie sorgen dafür, daß sich ihre natürlichen Feinde gleichsam zum Einsatz bereithalten, wenn die Blattläuse günstige Vermehrungsbedingungen vorfinden und sich in kurzer Zeit zur Plage auswachsen.

Ein artenreiches Kleintierleben im Garten setzt eine artenreiche Pflanzendecke voraus. Dazu tragen, wie im letzten Kapitel ausgeführt, auch die Wild- oder Unkräuter bei, die wir dort, wo sie nicht unmittelbar die Nutzpflanzen stören, dulden sollten. Es versteht sich von selbst, daß man solches Entgegenkommen nicht etwa auch auf Quecken oder Geißfuß ausdehnt, wo sie innerhalb des Gartens gehäuft auftreten.

Wühlmäuse

Unsere Einflußnahme auf natürliche Lebensgemeinschaften, besonders unsere Fördermöglichkeit, ist außerhalb des Gartens gering. Deshalb können wir die Freßfeinde etwa der Wühlmaus nicht zu Hilfe rufen. Dieser beißkräftige Nager wurde vielerorts zu einem gefürchteten Schädling in der Land- und Gartenwirtschaft. Wühlmäuse decken ihren Nahrungsbedarf vorzugsweise im Kulturland, nämlich in Wiesen, Äckern und Gärten. Der Angebotsvermehrung durch die Anbauflächen des Menschen stehen aber keine gleichfalls erstarkten Freßfeinde, sondern es steht ihr deren Ausdünnung gegenüber. Der Mensch, so kann man vom

Kleinwühlmaus
(Pitymys subterraneus)

Große Wühlmaus oder Schermaus
(Arvicola amphibius)

Standpunkt der Nager aus sagen, hat sich um die Wühlmäuse verdient gemacht. Er deckte ihnen den Tisch und schoß die Greifvögel ab, nahm den Eulen Lebensraum und Brutmöglichkeiten und geht jetzt daran, den dritten großen Feind der Wühlmaus, den Fuchs, mit dem Ziel zu vergasen, ihn weitgehend auszurotten, weil er die Tollwut überträgt. Wo Wühlmäuse die Gartenernte gefährden, und das tritt bei ihrer Freßlust sehr schnell ein, müssen sie energisch bekämpft werden.

Was kann man tun?

1. Hinausekeln: Kaiserkrone, Hundszunge und Schwarze Johannisbeere sollen Wühlmäuse vertreiben. Die praktischen Erfahrungen mit solcher Vorbeuge sind gegensätzlich. In einem Fall fraßen die Wühlmäuse bevorzugt an den Zwiebeln der Kaiserkronen.
Auch in die Röhre gelegte Knoblauchzehen, Lappen, mit Karbid oder Petroleum getränkt oder in die Laufgänge eingeleitete Auspuffgase können Wühlmäuse vergrämen. Mit so friedlichen Lösungen schickt man die Wühlmäuse vielleicht nur in Nachbars Garten und hat sie bald wieder im eigenen Land. Andererseits schützt auch das Töten der Wühlmäuse nicht vor Neuzugängen, besonders dann nicht, wenn der Garten an Wiesen oder Äcker grenzt.
2. Ertränken (nach Hitschfeld): Man gräbt Töpfe oder kleine Eimer so in einen belaufenen Gang ein, daß Gangboden und Eimerrand auf gleiche Höhe kommen. Nun wird Wasser bis 10 cm unter dem Eimerrand gefüllt. Hineingefallene Wühlmäuse können sich dann nicht mehr befreien.
3. Fangen: Die wahrscheinlich häufigste Art, Wühlmäuse zu bekämpfen, ist, Fallen in ihre Gänge zu stellen. Es gibt einfache und bewährte Federkonstruktionen, die durch Plättchen offengehalten werden und keinen Köder brauchen. Die Maus läuft hinein und wird erschlagen. Man achte auf Fallen, die genügend stark sind, die bald rattengroßen Tiere zu töten (ich befreite einmal einen noch lebenden Maulwurf aus einer solchen Falle). Als vorteilhaft erwiesen sich mir Fallen, deren aus der Erde ragendes Obreteil erkennen läßt, ob sie schon zugeschlagen haben.

Man erspart sich dann das Herausnehmen der leeren Falle und ihr erneutes Stellen.
4. Vergiften: Das auf pflanzlicher Grundlage hergestellte Quiritox lockt die Wühlmäuse an und tötet sie schmerzlos. Es soll nur auf Nagetiere giftig wirken. Den Köder erneuert man so lange, bis er nicht mehr abgeholt wird.
Bezugsquellen siehe Anhang.
Wir machten mit Quiritox die besten Erfahrungen, nachdem wir einen Sommer lang mit Fallen erfolglos unseren Kopfsalat zu retten suchten. Im nächsten Frühjahr verschwanden die Wühlmäuse nach dreimaligem Auslegen des Präparates und ließen den befallenen Garten den ganzen Sommer über unbehelligt, obwohl er inmitten ausgedehnten Grünlandes liegt.
Fragt man im allgemeinen Gartenbedarfshandel nach Mitteln gegen Wühlmäuse, wird man auch mit schwererem Geschütz bedient: Patronen für Giftgas und zum Ausräuchern sowie hochgiftige Köder. Der verantwortungsbewußte Gärtner wird eingedenk der hilfreichen Lebewelt seines Gartens davon nur notfalls Gebrauch machen. Jedenfalls sollte man zunächst versuchen, mit umweltfreundlichen Mitteln auszukommen.

Nicht jeder aufgeworfene Erdhaufen stammt von einer Schermaus. Gänge des Maulwurfs sind bei etwa gleicher Breite niedriger (queroval). Maulwürfe leben hauptsächlich von tierischer Nahrung, vor allem von Larven; und sie vertilgen die im Garten gefürchteten Maulwurfsgrillen. Abgesehen von ihren im Garten unerwünschten Erdbewegungen sind sie überwiegend nützlich. Als Regenwurmplünderer können Maulwürfe auch in einer älteren Kompostmiete heimisch werden. Man sollte sie dann vertreiben oder fangen. Man nervt Maulwürfe mit eintöniger Musik, indem man leere Flaschen in den Boden gräbt und den Wind darauf pfeifen läßt. Das soll auch Wühlmäuse vergrämen. Ich habe dieses Rezept nicht ausprobiert.

Maulwurfsgrillen (Werren oder Erdkrebse)
Wo diese etwa vier Zentimeter langen Wühler mit schaufelartig ausgebildetem ersten Beinpaar auftreten, können sie großen Schaden anrichten. Sie leben zwar auch von Larven der Schadinsekten, aber hauptsächlich von Pflanzenwurzeln. Sie fressen sich unterirdisch durch den Garten. Da die lichtscheuen Tiere nachts an die Oberfläche kommen, fängt man sie mit Büchsen, die als Fallgruben

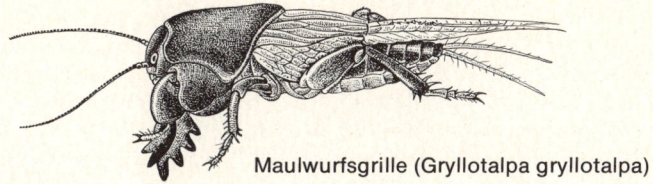

Maulwurfsgrille (Gryllotalpa gryllotalpa)

eingegraben werden. Die Büchsenränder schließen mit dem Erdboden ab.

Die Maulwurfsgrillen legen flache Gänge an. Man kann ihnen mit dem Finger folgen und so zu ihrem Kessel gelangen. Im Frühsommer findet sich dort die Brut. Man vernichtet sie mit dem Spaten oder durch etwas Speiseöl, das man in die Bruthöhle träufelt. Später gießt man Wasser nach.

Schnecken
Nacktschnecken in vielen Größen und Farben, vor allem die kleineren Arten, können dem Gartenfreund das Leben schwer machen. Nacktschnecken müssen ihre feuchte Haut gegen Austrocknen schützen und werden deshalb vorwiegend nachts tätig. Tagsüber scheint der Garten schneckenfrei zu sein, aber morgens sind besonders die zarten Blattpflanzen, wie Kopfsalat, vorzeitig geerntet, gerade vom Gärtner geholte Setzlinge erledigt.

Es gibt viele ungiftige und wirksame Möglichkeiten, sich der Schnecke zu erwehren. Aber ein feuchtes Jahr und an den Garten grenzende Entfaltungsräume für Schnecken bringen möglicherweise einen solchen Zuwachs, daß sie häufig zum lästigsten Schädlingsproblem werden.

1 Große Wegschnecke (rot mit schwarzen Fühlern)
1a Große Wegschnecke (schwarz mit rotem Fußsaum)
2 Gemeine Ackerschnecke

Trotzdem wird man im biologisch gepflegten Garten auf das hochgiftige Schneckenkorn verzichten. Da sich Schnecken ihren natürlichen Feinden nicht durch Flucht entziehen können, verlieh ihnen die Natur große Fruchtbarkeit. So wirkt es sich jetzt besonders nachteilig aus, daß in unseren Kultur- und Siedlungslandschaften oft wenig Lebensraum für die Freßfeinde der Schnecken blieb: Igel, Spitzmäuse, Weichfutter fressende Singvögel, Eidechsen, Blindschleichen, Kröten und große Laufkäfer. Die Gifte der Landwirtschaft verringern ihre Zahl weiter.

Wo immer das die Umstände erlauben, sollte man diese Tiere im Garten und dessen Umgebung fördern: Igel durch Holz- und Reisighaufen, unter denen sie Verstecke finden, Singvögel durch Beeren tragende Hecken, Eidechsen durch südseitige Trockenmauern, Blindschleichen durch schattige Moosplätze, Kröten durch kleine, nicht zu trockene Verliese in Steinhaufen, unter Holz und Ziegeln. Ein flacher Teich ist für ihre Vermehrung nötig.

Kröten, nachttätige Lurche, die ihren großen Futterbedarf ausschließlich mit Tieren decken, machen sich im Garten sehr nützlich, auch wenn sie ab und zu Regenwürmer vertilgen. Sie verbringen den Tag auch gern in kleinen Erdhöhlen, worauf man bei Gartenarbeiten achten sollte. (Ich hatte als Kind eine Erdkröte unseres Gartens durch Verfüttern von Regenwürmern so zutraulich gemacht, daß sie auf Anruf aus ihrem Versteck krabbelte.)

Maßnahmen gegen Schnecken
1. Aussperren: Ein im Handel erhältlicher Schneckenzaun ist für die Weichtiere unüberwindlich. Man steckt die verzinkten Profilbleche um solche Beete, die schneckengefährdete Kulturen tragen. Umfriedet man den ganzen Garten auf diese Weise, so wird man ihn nach und nach schneckenfrei bekommen. Für Eigenbedarf kann man den patentierten Schneckenzaun auch selbst nachbauen.
2. Ertränken: Die einfach aufzustellenden Schneckenfallen – auch im Handel erhältlich – haben sich sehr bewährt. Man gräbt leere Joghurtbecher oder ähnliche kleine Gefäße ebenerdig ein, füllt etwas Bier hinein und überdacht mit gebogenem Blech oder zwei gegeneinander gestellten Holzbrettchen. Natürlich gehen auch nützlichere Käfer in die Bierfalle. Mit Wasser lockt man die Schnecken nicht. Spätestens alle zwei Tage müssen die Becher geleert und gesäubert werden. Ihr Inhalt kommt auf den Kompost.
3. Behindern: Schnecken überklettern zwar eine aufgestellte

Rasierklinge, ohne sich zu verletzen, aber sie meiden trockene Unterlagen und solche, die an ihrer feuchten Fußfläche haften bleiben. Man kann deshalb Beete oder einzelne Pflanzen mit Umrandungen aus Holzwolle, Ätzkalk, Asche oder Steinmehl schützen. Die pulverartigen Stoffe helfen allerdings nur bis zum nächsten Regen. Angeblich hält auch angebauter Kerbel Schnecken fern; wir haben's nicht ausprobiert.

4. Sammeln: Schnecken suchen für den Tag einen sonnengeschützten Unterschlupf. Sehr gern halten sie sich unter modernden Brettern auf. Legt man solches Altholz auf die Gartenwege – natürlich nur auf Erdwege –, dann kann man die Schnecken am nächsten Morgen bequem von den Brettunterseiten ablesen; am besten mit zwei Hölzchen oder einer Pinzette, denn Schneckenschleim läßt sich nur mit Scheuermitteln wieder von den Händen waschen. Die Schnecken überbrüht man mit kochendem Wasser. Man kann auch Grapefruit- oder Melonenschalen auf gefährdete Beete legen, Sammelpunkte für Schnecken. An feuchten, geschützten Stellen findet man die glasigen Schneckeneier, die man ebenso einsammelt wie die Schnecken.

5. Abschrecken: Wasser, mit dem man Schnecken überbrühte oder in dem einige Stunden tote Schnecken lagen, benützt man als Gießwasser für gefährdete Beete oder Pflanzen. Die Schnecken meiden sie dann.

Das offenbar wirksamste und zugleich freundlichste Schneckenmittel, das gleichwohl nicht allen Gartenfreunden zugänglich ist, erlebten wir durch Zufall. Im ersten Sommer unseres aus der Wiese gegrabenen Gartens gab es ein Schneckenproblem. Ohne mein Wissen kam Schneckenkorn in den Garten, doch einigten wir uns schnell darauf, die Giftkur zu beenden und erst andere Bekämpfungsmöglichkeiten zu versuchen. Wir sammelten dann während des ganzen Frühsommers viele Schnecken von ausgelegten alten Dielen ab, aber der Zuzug aus dem umliegenden Grasland schien den Abgängen die Waage zu halten. Erst im Spätsommer ließ der Schneckendruck nach.

Für das nächste Frühjahr nahmen wir uns vor, den Schneckenkrieg auf breiterer Front zu führen, aber trotz eines verhältnismäßig feuchten Sommers, in dem andere Gartenbesitzer erhebliche Teile ihrer Salaternte an die Schnecken verloren, blieben wir ohne Gegenwehr verschont. Die Erklärung dieser auch für uns zunächst überraschenden Entwicklung lag in drei Enten, die im Frühjahr als

Mit Holzwolle schützt man nicht nur Erdbeeren, sondern auch Gurken und – wie hier – Zucchini vor Schneckenfraß.

Geburtstagsgeschenk auf den Hof kamen: eine Peking- und zwei junge Moschusenten. Nach ihrer Eingewöhnung an Teich und Nachtunterkunft fanden sie einen Durchschlupf im Maschendraht und erkundeten eifrig ihre Umgebung. Nachdem wir ihre Umzäunung ganz weggenommen hatten, betätigten sie sich bald rund um Haus und Garten. Anfangs fütterte ich die Enten gelegentlich mit Nacktschnecken, die ich unter den Brettern im Garten fand, aber im Verlauf der nächsten Wochen gab es in unserem Garten kaum noch eine Schnecke. Offenbar war der Zuzug aus den angrenzenden Wiesen durch die ständigen Rundgänge der Enten abgeschnitten. Man muß nur einmal beobachten, was eine Ente alles findet,

Wirksame Schneckenwehr: Enten auf der Kompoststätte. Man sollte sie allerdings nicht unbeaufsichtigt in einen bepflanzten Garten lassen. Junge Salatpflanzen etwa sind nicht vor ihnen sicher.

wenn sie durchs Gras marschiert. Entsprechend gering ist ihr Futterbedarf im Sommer bei solchem Weidegang. Nur einmal ließ ich die Enten in den Garten, als ich dort am Kompost zu tun hatte. (Bild Seite 179) Aber sie fraßen mir so viele Regenwürmer vom Spaten, daß ich sie bald wieder hinauskomplimentierte. –

Es ist aus Platzgründen nicht möglich, hier biologische Maßnahmen gegen alle Schädlinge, besonders die Schadinsekten, gegen Pilzbefall und Pflanzenkrankheiten aufzuführen. Angaben, die man für die Wirksamkeit von Pflanzenauszügen gegen bestimmte Schädlinge findet, sind oft ungenau und bisweilen widersprüchlich, was nichts gegen den Wert sachkundig durchgeführten biologischen Pflanzenschutzes sagt. Man hört und liest einleuchtende, angeblich erfolgssichere Rezepte gegen dieses und jenes, braucht sie aber im eigenen Garten so selten, daß man sie bald wieder vergißt. Hier könnte ein eigener Band zum Thema biologischer Pflanzenschutz die erwünschte Übersicht und Genauigkeit der Anleitung bringen.

Wir wollen im Rahmen unseres allgemeineren Themas dem zweifellos gut gemeinten Dilettantismus, dem man auch bei den ›Biologischen‹ begegnet, nicht Nahrung geben und unbedacht aufzählen, was wogegen hilft oder helfen soll. Überzeugungseifer kann dann schnell in Enttäuschung umschlagen, wenn ein einfaches Rezept auch einfach ausgeführt wird und nicht ähnlich wirkt wie das Garantiegift aus der Sprühdose. So beschränken wir uns im folgenden auf knappe Hinweise für die Bekämpfung einiger Schadinsekten, mit denen es der Gartenfreund am ehesten zu tun hat.

Blattläuse befallen allgemein keine gesunden Pflanzen. Das konnte Professor Alwin Seiffert überzeugend nachweisen, als er seine Obstbäume und seinen Garten auf Kompostdüngung umstellte. So wie ein Mensch durch Unachtsamkeit oder vorübergehend geschwächtem Allgemeinzustand eine Erkältung auffängt und ohne schwere Gegenmittel mit ihr fertig wird, kann eine Pflanze durch eine unbedeutende Stoffwechselstörung eine Anzahl von Blattläusen anziehen, die bald wieder verschwinden. Erst bei nachhaltigem Befall sollte man zu Gegenmaßnahmen greifen, sofern die natürlichen Feinde der Blattlaus, die Flor- und Schwebefliege, der Marienkäfer und die Larven dieser Kerbtiere nicht schon ausreichend zur Stelle sind. Bei ernstem Blattlausbefall rollen sich die Blätter der Pflanze ein.

1. **Spritzen** Bei kräftigen Pflanzen mit scharfem Wasserstrahl, mit beißender Brühe aus Brennesseln: ein Kilogramm frische Brennesselpflanzen in zehn Liter Wasser ansetzen, nach etwa vier Tagen unverdünnt spritzen; Rest zehnfach verdünnt für Düngung und Kompost verwenden.

Ähnliche Brühen kann man aus Wermut, Adlerfarn (gegen Rosenläuse) und Schachtelhalm ansetzen. Bewährt hat sich auch eine höchstens zweiprozentige Schmierseifenlösung.

2. **Bestäuben** nach Besprühen mit Wasser mit feinem Kalk, Holzasche oder Steinmehl.

Die genannten Anwendungen sind ungefährlich; übrigbleibende Reste setzt man dem Kompost zu.

Erdflöhe verdanken ihren Namen der Fähigkeit, wie Flöhe zu springen. Es handelt sich um zwei bis drei Millimeter kleine Käferchen von unterschiedlicher Farbe: schwarz, grünblau oder schwarzgelb gestreift; Fühler etwa so lang wie Beine. Sie fressen im Frühjahr kleine und große Löcher in die Blätter der Kohlgemüse, befallen aber auch andere Kreuzblütler, zum Beispiel Rettiche und Radieschen. Der Schaden geht mit dem Ablegen der Eier im Mai und Juni zurück.

Erdflohbefall zeigt falsche Bodenpflege an, weil sich dieser Schädling nur auf verkrusteten, verdichteten und zu trockenen Böden halten kann. Schon eine Mulchdecke verhindert sein Überhandnehmen. Auch Hacken und Gießen vertreibt Erdflöhe. Die Käferchen meiden Spinat und Salat, so daß Mischkulturen von Kreuzblütlern mit diesen Pflanzen geschützt sind. Man kann auch mit Spinatpflanzen mulchen.

Wer unmittelbar gegen Erdflöhe vorgehen muß, spritzt einen kräftigen Tee aus Rainfarn oder Wermut auf die Pflanzen. Ein solcher Tee wird durch einfaches Kochen der frischen oder getrockneten Pflanzen hergestellt.

Schließlich kann man auch befallene Böden mit Holzasche oder Steinmehl bestäuben. Unmittelbar danach sollte man durch Mulchen die Schattengare des Bodens einleiten, so daß sich weitere Abwehrmaßnahmen erübrigen.

Drahtwürmer sind keine Würmer, sondern die ziemlich harten gelben Larven der Saatschnellkäfer. Ein brauner Kopf und drei Beinpaare erinnern an den Engerling, doch wird der Drahtwurm höchstens 25 Millimeter lang und ist schlank. Man findet ihn beim Umbrechen von Wiesenboden, in dem er keinen nennenswerten

Borretsch: Gewürz, Salatergänzung und hübsche Gartenblume. Sie gilt außerdem als schädlingsabweisend.

Petersilie im Rauhreif des Spätherbstes. Auch dieses unempfindliche Würzkraut wird gegen Schädlinge gepflanzt.

Schaden stiftet. Im Garten frißt er gern zarte Wurzeln an und wird bei zahlreichem Auftreten zum Schädling.

Auch der Drahtwurm stellt sich gehäuft bei falscher Bodenpflege ein; in lockerer, krümeliger Erde kommt er so gut wie nicht vor. Zur Vorbeuge müßte man Bodenverdichtungen durch Humusgaben und Mulchen überwinden.

Soll er unmittelbar bekämpft werden, lockt man ihn mit rohen Kartoffel- oder Rübenscheiben, die man oberflächlich in den Boden bringt und markiert oder gut eindrückt und am nächsten Tag aufnimmt. Drahtwürmer haben sich dann in den Köder gebohrt und können vernichtet werden.

Engerlinge, die Larven der Maikäfer, gehörten früher zu den bekanntesten Wurzelschädlingen in Feld und Garten. Als Schüler schüttelten wir Maikäfer in großer Zahl von den Bäumen. Besonders die gerade ausgetriebenen Eichen waren vom Kahlfraß bedroht. Heute findet man in derselben Gegend nicht einmal jedes Jahr einen Maikäfer. Entsprechend selten sind die Engerlinge geworden. Man möchte sie geradezu hegen, um den Kindern wieder einen hübschen Maikäfer zeigen zu können. Die sehr weichen Engerlinge bevorzugen für ihre drei- bis fünfjährige unterirdische Entwicklung dichten, harten Boden, vielleicht, weil sie dort sicherer vor ihrem Hauptfeind, dem Maulwurf, sind. Guter Humusboden enthält in der Regel keine Engerlinge und verlockt die Maikäfer auch nicht dazu, hier ihre Eier abzulegen. Wo Engerlinge dennoch auftreten, suchen sie die Wurzeln von Salatpflanzen, bei deren erstem Welken man den Engerling durch Ausgraben erwischt.

Der wichtigste Grundsatz biologischer Schädlingsabwehr heißt, sich um einen belebten Humusboden zu bemühen. In Massen auftretende Schädlinge zeigen uns immer, daß es den befallenen Pflanzen an Widerstandskraft fehlt, daß wir in der Boden- oder Pflanzenpflege Fehler gemacht haben. Wir wollen unser Thema mit einer allgemeinen Empfehlung abschließen:

Unter den duftenden Gewürzpflanzen wirken viele wahrscheinlich durch ihren Geruch schädlingsabweisend. Man tut gut daran, mehrere Kräuterecken im Garten einzurichten und auf Schmalseiten von Gemüsebeeten Würzpflanzen anzubauen. Viele von ihnen lassen sich auch als Tee und Teemischungen verwenden. Als schädlingsvertreibend gelten:

Beifuß	Pfefferminze
Bohnenkraut	Pimpinelle
Borretsch	Rosmarin
Brunnenkresse	Salbei
Dill	Sauerampfer
Kamille	Schnittlauch
Kapuzinerkresse	Senf
Kerbel	Thymian
Knoblauch	Wermut
Kümmel	Ysop
Lavendel	Zitronenmelisse
Petersilie	Zwiebel

Ferner die Wildpflanzen Brennessel, Rainfarm, Wurmfarn, Zinnkraut (Schachtelhalm) und die unangenehm riechende Ringelblume.

Zwergmaus

XII ÜBERWINTERN UND EINKELLERN

Als es noch keine klimatisierten Lagerhallen, keine Flugzeuge, Kühlschiffe und Gefriertruhen gab, war die Vorratshaltung eine Lebensfrage. Heute können wir frei zwischen den Versorgungsarten wählen. Noch immer und schon wieder sprechen gute Gründe dafür, die Gartenernte möglichst weit in die kalte Jahreszeit hinein verfügbar zu halten. Unter geschickter Nutzung aller Arten biologischer Lagerung und Haltbarmachung von Obst und Gemüse ist es tatsächlich möglich, auch ohne Tiefkühltruhe über die Jahresrunde zu kommen.

Aus dem zeitgemäßen Wunsch heraus, die Abhängigkeit von Fremdenergie und aufwendiger Technik wieder kleiner zu halten, gewinnen die hergebrachten Lager- und Konservierungsmethoden erneut an Bedeutung. Denken wir nur an die einfach durchzuführende Milchsäuregärung, die Kraut und andere Gemüsearten nicht nur erhält, sondern auch besonders schmackhaft und gesund macht. Es gibt noch andere, weniger bekannte Verfahren, Naturprodukte ohne chemische Konservierungsstoffe oder Einkochen frisch zu halten. Im folgenden geht es nur um die Lagerung der Nutzgartenernte. Dabei wollen wir die Techniken des Einlegens, des Sterilisierens, des Einfrierens und der Entsaftung außer acht lassen, sie werden in einschlägigen Kochbüchern hinreichend beschrieben.

Grundsätzlich gibt es zwei Möglichkeiten, lagerfähiges Erntegut des Hausgartens in den Winter, teilweise sogar ins Frühjahr zu bringen.

1. **Draußen**

Die beste Lagerhaltung überlassen wir der Natur, indem wir winterhartes Gemüse so anbauen, daß es entweder im Herbst erntereif ist und für die Winter- und Frühjahrsernte stehenbleibt, oder daß es erst im späten Frühjahr oder Frühsommer des nächsten Jahres erntereif wird.

Winterharte Gemüse sind:
Grünkohl, Rosenkohl, Lauch, Ackersalat und Spinat, dazu die weniger bekannten Pastinaken. Natürlich wachsen auch diese Gemüsearten nicht im Frost weiter, aber sie halten sich, ohne Schaden

Grünkohl

zu nehmen. In milden und schneearmen Gegenden holt man den jeweiligen Küchenbedarf an ihnen auch im Winter aus dem Garten. Da man sie auch verhältnismäßig lange aufbewahren kann, versorgt man sich zweckmäßigerweise gleich für ein oder zwei Wochen und lagert das Erntegut in einem möglichst kalten Raum, üblicherweise im Keller.

Im Freiland häufelt man Grünkohl, Rosenkohl, Lauch und Pastinaken vor den ersten Frösten gut mit Erde an. Wo eine Schneedecke zu erwarten ist, deckt man die Pflanzen außerdem mit Nadelholzreisig ab, schon, um sie später leichter wiederzufinden. Die Winterernte ist keine Spitzfindigkeit unentwegter Selbstversorgung; sie erhält unsere größten Wildtiere im Winter am Leben.

Einige Gemüsearten widerstehen großer Kälte nicht, können aber bei entsprechendem Schutz draußen bleiben. Zu ihnen zählen vor allem die Wurzelgemüse, wie schwarze Winterrettiche, gelbe Rüben, rote Rüben, Schwarzwurzeln und Sellerie, außerdem mit beschränkter Haltbarkeit Fenchel, Mangold, Endivie und Zuckerhut. Man läßt die Pflanzen entweder an ihrem Platz oder bringt sie in ein hausnahes Winterlager.

Für die erste Art häufelt man die Wurzelgemüse gut mit nicht zu feuchter Gartenerde an und versieht sie dann mit einer Laub-, Heu- oder Strohschicht, auch Holzspäne und Sägemehl eignen sich. Gemüsearten mit oberirdischem Erntegut häufelt man mit möglichst trockener Erde weniger stark an und füllt die Räume zwischen den Pflanzen mit Laub oder Stroh. Darübergelegte Säcke halten alles zusammen. Doch nun muß der Winterwall noch gegen Regen und Schmelzwasser geschützt werden, was am einfachsten mit Plastikfolie geschieht. Man treibt dazu je einen Pflock in die schmalen Beetseiten, verbindet die Hölzer mit einer Dachlatte

Tomaten lassen sich viele Wochen bis in den Winter hinein aufheben, ohne zu faulen, wenn man die letzten grün oder grüngel erntet und in einem kühlen, frostfreien Keller mit nicht zu trockener Luft lagert. Sie brauchen zur Nachreife kein Licht.

oder, wenn sie stark genug sind, mit Schnur oder Draht, so daß man einen First bekommt, über den dachartig die Plastikfolie gezogen und an den Seiten mit Steinen beschwert wird. Je niedriger man mit dem Gebilde bleibt, desto weniger Angriffsfläche bietet sich für Wind und Schnee. Will man ganz gründlich arbeiten, beschwert man die Folie mit giebelartig gegeneinander gestellten Brettern. Sie müssen dafür gleich lang sein und können im Laufe des Winters Stück für Stück abgenommen werden.

Diese Lagerung am Ort hat zwei Nachteile:
a) Man muß über jedem Beet mit Wintergemüse eine eigene Miete errichten, was viel Ummantelungsaufwand für verhältnismäßig wenig Inhalt bedeutet;
b) Man hat im Winter Schneeräum- und Abdeckarbeit zu leisten und möglicherweise lange Wege zurückzulegen.

Deshalb dürfte das ›richtige‹ Einmieten an einem Sammelplatz in der Regel günstiger sein:

Man erntet die Gemüsepflanzen, klopft die Erde ab, ohne Wurzeln zu verletzen, säubert sie nicht, sondern entfernt nur angefaulte Pflanzenteile und bringt das Erntegut in den Frühbeetkasten oder einen dafür angefertigten Bretterrahmen im Schutz einer der Wetterseite abgewandten Hauswand. Man wartet dafür ein paar trockene Tage ab, damit die Ernte nicht naß oder feucht ist. Wer viel Gemüse unterzubringen hat, ohne daß entsprechende Frühbeetkästen zur Verfügung stehen, spart sich den Holzrahmen und baut eine Miete auf, wie sie oben für das Freiland beschrieben wurde.

Für Frühbeet oder Holzrahmen schlägt man das Erntegut in leicht feuchten, auf keinen Fall nassen Sand so ein, daß die verschiedenen Gemüsearten beieinander bleiben, sich aber gegenseitig nicht berühren. Darüber gibt man eine Laub- oder Strohdecke und schließt den Kasten mit brettergeschütztem Glas, mit Folie oder nur mit zugeschnittenen Brettern. Fällt Regen auf die Miete, sollte er ablaufen können. Ein solches Gemüselager ist leichter erreichbar und beherbergt die Frischgemüsevorräte an einem einzigen Platz, der zudem geschützter liegt als im offenen Garten. Auch ein Geräteschuppen, der im Winter ohnehin nicht benützt wird, kann gut als regengeschützte Miete verwendet werden. Es ist dann darauf zu achten, daß Fußboden und Wände nicht unmittelbar mit dem feuchten Sand in Berührung kommen.

Konservativ im wahrsten Sinne des Wortes: Kellerboden aus gestampften Lehm mit Natursteinplatten.

2. Drinnen

Wer noch einen Keller mit gestampftem Lehmboden hat, kann sich glücklich schätzen. Im Hochmut der Ölschwemme werden Häuser heute mit Kellern ausgestattet, die jeder naturgemäßen Vorratshaltung spotten: schlecht belüftet, durch Betonboden von der Erde getrennt, durch Heizungsrohre ganzjährig warm und trocken gehalten. Schlechtere Bedingungen für das Einkellern von Obst, Gemüse und Kartoffeln sind kaum zu schaffen. Man überbrückt den Mangel teilweise durch eine Tiefkühltruhe, die auf ihre Weise alle Frischhalteprobleme löst.

Die Architekten unserer Tage müßten sich des alten Lehmkellers nicht schämen; denn er schafft während des ganzen Jahres beste Lagerbedingungen. Gestampfter Lehm darf nicht mit schmutzender Erde verwechselt werden. Verdichteter Lehm ist trittfest, gibt aber ständig und gleichmäßig Feuchtigkeit ab. Die entstehende Verdunstungskälte hält den Keller im Sommer so kühl, daß Getränke, die man dort in Bodennähe aufbewahrt, auch während der Mittagshitze eines Julitages ohne technische Hilfe trinkkalt bleiben.

Im Winter fällt der Bodenfrost von draußen nicht in den Keller, die natürliche Bodenwärme strahlt nicht ab, so daß eine ziemlich gleichmäßige Temperatur zustande kommt, die auch bei tiefsten Frösten nicht bis auf den Gefrierpunkt fällt.

Die Lagerverhältnisse in heizungsnahen Betonkellern sind oft so schlecht, daß man solche Räume besser für andere Zwecke verwendet und das Wintergemüse an einen ungeheizten, aber frostgeschützten Ort des Hauses bringt. Wichtig ist ausreichende Luftfeuchtigkeit. Man erreicht sie im Keller mit überbautem Boden durch nasse Tücher oder aufgestellte Mooskisten, die regelmäßig bewässert werden müssen. Oft lassen sich die Luft- und Temperaturverhältnisse eines Kellers verbessern, wenn man für ausreichende Belüftung sorgt, möglichst nach der straßenabgewandten Seite. Sehr vorteilhaft wäre es, den Kellerboden wenigstens an einer Stelle dem Feuchtigkeitszustrom des darunter liegenden Naturbodens zu öffnen. Strahlen ein Heizungskeller und seine Rohre viel Wärme ab, empfiehlt sich ohnehin deren bessere Isolierung. Der Dachboden des Hauses ist luftig, aber meist recht trocken und nicht immer frostfrei. Üblicherweise eignet er sich nur für die Aufbewahrung von Trockenobst, getrockneten Kräutern und Zwiebeln. Zwiebeln können im Keller Schimmel ansetzen und dann schnell verderben.

Wird eine Raumtemperatur des Kellers, die im Sommer zwölf Grad nicht übersteigen, im Winter nicht unter vier Grad fallen sollte, weder mit Fenstern noch mit Lüftungen erreicht, bleibt noch der Einbau eines Ventilators, den man zur Selbststeuerung an einen Thermostaten anschließen kann. Das heißt, man zahlt erst für den betonierten Kellerboden und dann noch einmal, um seine Auswirkungen zu mildern.

Wasserreiche Gemüse, wie Tomaten und Gurken, lagern am besten bei Temperaturen zwischen zehn und zwölf Grad. Für die anderen Sommergemüse wirken sich Temperaturen zwischen sechs und zehn Grad am günstigsten aus. Frosthartes Wintergemüse lagert am besten bei Temperaturen knapp über dem Gefrierpunkt. Am wenigsten Probleme gibt es bei einer Luftfeuchtigkeit um achtzig Prozent, niedrige Raumtemperatur vorausgesetzt. Man sollte das Gemüse deshalb so lange im Garten lassen, bis der Keller winterkühl ist. Wurzelgemüse schlägt man wie in der Freilandmiete am besten in Sand ein. Dafür eignen sich Holzkisten mit gewöhnlichem Bausand. Man kann sich auch ungewaschenen Sand aus dem Bach holen. Für größere Mengen ist das nicht erlaubt. Bach- oder Flußsand muß getrocknet werden.

Bei zu trockenen Kellern befeuchtet man je nach Austrocknung den Sand alle ein bis zwei Wochen mit einem Wäschespritzer auf

Frisch geerntet

seiner Oberschicht. Im Naturbodenkeller hält der Sand seine Feuchtigkeit den ganzen Winter über.

Blattgemüse kann auf luftigen Holzrosten gelagert werden. Endivien- und Zuckerhutpflanzen wickelt man in Zeitungspapier und stellt sie aufrecht nebeneinander in eine offene Holzkiste. Es wird auch empfohlen, die Pflanzen mit den Wurzeln nach oben einzuordnen. Ist der Keller zu trocken, überdeckt man die Kiste oder den Karton mit einem feuchten Tuch, das man weiterhin feucht hält. Darin liegt auch eine Kühlwirkung für den Kisteninhalt.

Bei sehr trockenen Kellern kann man wie bei Kernobst verfahren: Man steckt das Erntegut noch draußen, also bei normaler Luftfeuchtigkeit, in Folienbeutel und läßt das Gemüse in dieser mehr oder weniger luftdichten Verpackung einzeln auf Rosten, nicht übereinander gestapelt. Völliger Luftabschluß ist meist ungünstig, weil das Gemüse Feuchtigkeit abgibt, die sich als Kondenswasser an der Folie niederschlägt. Einige Tröpfchen schaden nicht, zuviel muß durch Öffnen der Beutel zum Verdunsten gebracht werden. Deshalb kann es sich als besser erweisen, von vornherein die Beutel nicht zuzubinden, sondern nur leicht einzudrehen. Das muß man ausprobieren, um die für den jeweiligen Keller beste Lösung zu finden. Keinesfalls darf man das eingekellerte Gemüse wochenlang ohne Aufsicht lassen.

Das klingt alles ein wenig kompliziert, ist aber sehr einfach, wenn man erst einmal erfahren hat, worauf es im eigenen Keller ankommt. Wer mehrere Kellerräume hat, kann Obst, Gemüse und Kartoffeln getrennt aufbewahren – ein Lagerluxus, der sich günstig auf die Aromahaltigkeit des Obstes auswirken soll.

Am Rande sei noch ein anderes Kellerproblem erwähnt, das vor allem Leute auf dem Land betrifft. Wir haben in unserem Lehmkeller keine Temperatur- oder Feuchtigkeitsprobleme, aber hin und wieder Mäuse. Ihr Zuzug von draußen läßt sich nicht verhindern. Deshalb lagern wir Lebensmittel, die auch Mäusen schmecken, auf Schwebebrettern. Das sind Lattenroste, die an der Decke hängen. Kraut- und Wirsingköpfe hängen wir an ihren Wurzeln auf. Die äußeren Blätter werden mit der Zeit unansehnlich, aber das Innere bleibt frisch, so daß wir auch im Winter Rohkost aus dem Garten genießen. Kürbisse und Zucchini liegen einfach auf Lattenrosten. Das Wurzelgemüse im Sand bleibt von den Nagern unbehelligt.

Schließlich sollte der Keller dunkel oder doch dämmrig, nicht hell sein. Das gilt besonders für die Lagerung der Winterkartoffeln, die unter Licht bald zu keimen beginnen. Nach unserer Erfahrung keimen die Kartoffeln in Betonkellern am schnellsten, in Lehmkellern am langsamsten. Will man chemische Mittel gegen das Keimen vermeiden, kann man sich auch eine drehbare Holztrommel für die Kartoffellagerung kaufen. Man bewegt das Gerät ab und zu ein wenig, so daß die Kartoffeln ihre Lage verändern. Damit hindert man sie erfolgreich am Austreiben.

Gute Voraussetzungen für das Einkellern zu schaffen, lohnt sich für jeden, der viel Arbeit und Zeit in den Garten steckt.

Wir kommen ans Ende unserer Gartenbetrachtung. Vieles mußte ungesagt bleiben. Aber wäre es nicht schade, wenn die Wunderwelt des Gartens in einem einzigen Taschenbuch Platz hätte? Der vorliegende erste Band sollte die Grundlagen für den biologisch gepflegten Nutzgarten vermitteln. Den Bedürfnissen und Bedingungen des Bodens wurde mehr Raum gegeben als den Anleitungen, dieses oder jenes Gemüse zu ziehen. Wo blieben die Pastinaken, die Auberginen, wo die genauen Anweisungen für das Vorziehen von Gemüsepflanzen?

Selbstbeschränkung zugunsten einer Darstellung dessen, was den biologischen Anbau vom herkömmlichen unterscheidet und wie man biologisches Wirtschaften im eigenen Garten verwirklicht, lagen in der Absicht des Verlages wie des Verfassers. Weitere Bände sollen die einzelnen Bereiche des Gartens berücksichtigen. Ein Literaturverzeichnis im folgenden Anhang zeigt Wege zu weiteren Informationen, ein Bezugsquellennachweis erleichtert den Einkauf aller Hilfsmittel für den naturnah gepflegten Garten.

LITERATUR

Arbeitsgruppe für biologischen Land- und Gartenbau
CH–2076 Gals – BE
und Forschungsinstitut für biologischen Landbau
Bernhardsberg
Oberwil / BL
Wegleitung zum biologischen Gartenbau
(Broschüre) 1978

Aloys Bernatzky
Der Gartenratgeber
Mosaik Verlag München

Blumen & Garten
Orbis-Verlag Hamburg 1975

Greet Buchner
Gesundheit fängt im eigenen Garten an
Bircher-Benner-Verlag Bad Homburg – Erlenbach – Zürich

Das große illustrierte Pflanzenbuch
Bertelsmann Lexikon-Verlag Gütersloh, 1975

garten organisch
Zeitschrift für ein naturgemäßes Gärtnern
Volkswirtschaftlicher Verlag GmbH
Postfach 1120, 8960 Kempten (Allgäu)

Oswald Hitschfeld
Dauerfruchtbarkeit und Gesundheit im Land- und Gartenbau
Verlag Welt und Wissen, Büdingen-Gettenbach, 1960

Oswald Hitschfeld
Naturgemäße Schädlingsabwehr
Heinrich Schwab Verlag, Schopfheim, 1976

Mario Howard
Naturgemäßer Gartenbau
Desertina Verlag, Disentis, 1978

Horst Koehler
Das praktische Gartenbuch
Bertelsmann Ratgeber-Verlag München, 1972

Karl-Heinz Mücke
Der Intensivgarten
Südwestverlag München, 1970

Ehrenfried Pfeiffer / Erika Riese
Der erfreuliche Pflanzgarten
Anleitung zur Gartenpflege nach der biologisch-dynamischen Wirtschaftsweise
Rudolf Geering-Verlag Goetheanum
Dornach/Schweiz, 7. Aufl., 1974

Erika von Scanzoni
Stauden
Wilhelm Goldmann Verlag, 1970

Alwin Seifert
Gärtnern, Ackern – ohne Gift
Biederstein-Verlag, München, 1976

Otto Schmid / Silvia Henggeler
Biologischer Pflanzenschutz im Garten
Verlag Wirz, Aarau, 1979

Margot Schubert
Im Garten zu Hause
BLV Verlagsgesellschaft, München, 10. Aufl., 1976

Gunter Steinbach
Das Schöpfungskarussell
Kreisläufe erhalten das Leben
Meyster Verlag Wien und München, 1979

Maria Thun und Matthias K. Thun
Aussaattage
(jährlich neu)
Verlag Aussaattage
3560 Biedenkopf, Postfach 1446

Clelia Vernazza
Biologisch gärtnern
Hallwag Taschenbuch 144
Hallwag Verlag Bern + Stuttgart, 1979

BEZUGSQUELLEN

Bio-Gartenmarkt Keller
Konradstr. 17
7800 Freiburg
(Alles für den Garten)

Blauetikett-Bornträger GmbH
6521 Offstein
(Pflanzenliste anfordern für Kräuter und Blumen)

Ernst-Otto Cohrs
Lebensfördernde Pflegemittel für Boden, Pflanze und Tier
Postfach 1165
2130 Rothenburg (Wümme)
(Preisliste für Gartenbau und Kleingarten anfordern)

Heinrich Geisel
Biologische Dünge- und Bodenverbesserungsmittel
Ludwigstr. 70
8510 Fürth/Bayern
(Preisliste anfordern)

Kompost-Service
Aichelbergstr. 16
7302 Ostfildern 4
(Komposthäcksler, Mücke-Komposter u. a.)

Otto Hinsberg Nackenheim
Gesellschaft für naturgemäße Landkultur m.b.H.
Postfach 106
6800 Mannheim 24
(Preisliste für Garten- und Landbau anfordern)

Rolf Mücke
Brandtstr. 10
8050 Freising
(Komposttonnen System Mücke)

Thomas Pfau, Ing.
Juchstr. 27
CH–8116 Würenlos/Schweiz
(Grünzeugschneidemaschine, Schneckenzaun u. a.)

REGISTER

(Der Gemüsegarten)

Blattläuse 180 f.
Bleichsellerie 155
Blumenkohl 137
Bodenarten 41 ff.
Bodenbearbeitung 103 ff.
Bodenfruchtbarkeit 31 f.
Bodenmüdigkeit 43
Bodenprofil 38 f.
Brennesseljauche 94 f.
Buschbohnen 130
Buschtomaten 159

Chinakohl 138

Drahtwürmer 181 f.
Düngen 81 ff.
Düngung, Umstellung 101 f.

Einkellern 185 ff.
Eissalat 147
Endivien 132
Engerlinge 183
Erbsen 133
Erdflöhe 181
Erdkrebse 174

Feldsalat 151
Fenchel 133
Fruchtfolgen 110 ff.

Gartenerfolg 31 ff.
Gartengemüse 130 ff.
Gartengeräte 107 f.
Gründüngung 86 ff.
Grünkohl 138
Gurken 134

Handelsdünger, organische 97 f.
Hauptkultur 125 f.
Hügelkulturen 128 f.
Humusschicht 40

Jauchen 92 ff.

Kalium 83
Kalzium 83

Kartoffeln 136
Karotten 135
Kiesschicht 40 f.
Kleinklima des Gartens 22 ff.
Knoblauch 136
Knollensellerie 154
Kohlarten 137
Kohlrabi 139
Kompost 45 ff.
Kompostbox 48
Kompostkreislauf 68 f.
Kompostmenge 79 ff.
Kompostmiete 48, 60 ff.
Kompostmischung 48 f., 53 ff.
Kompostreife 74 f.
Kompoststätte, Größe 48
Kopfsalat 146
Kräuterjauche 95
Kulturfolgen 117 f.
Kürbis 142
Kunststoffcontainer 48

Lage des Gartens 22 ff.
Lauch 143
Leguminosen 85
Lehmboden 42

Mangold 144
Maulwurfsgrillen 174
Mineraldünger 99 f.
Mineraldüngung 32 f.
Mischkulturen 110 ff., 116 f.
Mist 96 f.
Mittel gegen Gartenschädlinge 173 f.
Mittelzehrer 101
Moorboden 42
Mulchen 88 ff.
Muttergestein 36

Nachbarschaften der Pflanzen 121 ff.
Nachkultur 125 f.
Neuseeländer Spinat 156
Nutzgarten 17 ff.

Oberflächenwasser 41

Pestizide 99f.
Pflanzenschutz 167ff.
Pflücksalat 150
Phosphor 82
Puffbohnen 130

Radieschen 146
Regenwasser 41
Römischer Salat 147
Rosenkohl 141
Rote Rüben 151
Rotteschicht 40f.

Salat 146
Sandboden 42
Sandschicht 40
Schädlinge 171ff.
Schnecken 175ff.
Schnittsalat 150
Schwachzehrer 101
Sellerie 153
Spinat 155
Spurenelemente 84f.
Stangenbohnen 132

Starkzehrer 100
Stickstoff 82
Stoffgemisch 35f.

Tomaten 156
Tonboden 42
Torf 98f.

Überwintern 185ff.
Umstellung der Düngung 101f.
Unkraut 163

Vorkultur 125f.

Waldboden 40f.
Wall 69
Walm 69
Weißkohl 141
Werren 174
Wühlmäuse 172

Zucchini 159
Zuckerhut 150
Zwiebeln 160

HEYNE RATGEBER

für Hobby-Gärtner: Obst, Gemüse, Blumen im Garten – Balkon- und Zimmerpflanzen – Zwergbäume

08/4796 - DM 12,80

08/9044 - DM 14,80

08/9070 - DM 14,80

08/9043 - DM 12,80

08/9053 - DM 9,80

08/9052 - DM 7,80

08/9035 - DM 7,80

08/4998 - DM 12,80

HEYNE KOCHBÜCHER

Gesunde Küche, Biokost und Diätkochbücher im Heyne-Taschenbuch.

Mireille Ballero
Die besten vegetarischen Gerichte aus aller Welt
07/4321 - DM 6,80

Eva Exner
Kochen mit Milch, Quark und Joghurt
07/4082 - DM 5,80
Biologisch backen
07/4396 - DM 6,80
Vollwertkost
Mit Farbfotos
07/4454 - DM 7,80

Ilse Froidl
Vegetarische Küche
07/4080 - DM 5,80

Chantal Gallo
Gesunde Körner-Kost
07/4424 - DM 7,80

Dr. Luis Guerra
Bio-Diät
07/4406 - DM 6,80

Eve Marie Helm
Feld-, Wald- und Wiesen-Kochbuch
Mit Farbfotos
07/4295 - DM 12,80

Rose-Marie Nöcker
Makrobiotische Küche
07/4288 - DM 5,80
Sprossen und Keime
07/4325 - DM 5,80
Körner und Keime
07/4362 - DM 7,80
Gesundheit aus dem Zimmergarten
07/4404 - DM 6,80

Jane O'Brien
Das Tofu-Kochbuch
07/4421 - DM 6,80

Peter Reuss
Kochen mit Wildpflanzen
07/4292 - DM 5,80

Barbara Rias-Bucher
Kochen mit Getreide und Hülsenfrüchten
Mit Farbfotos
07/4459 - DM 7,80

Gini Rock
Biokost
07/4375 - DM 6,80
Die Grüne Küche
Mit Farbfotos
07/4400 - DM 8,80
Die gesunde Honigküche
07/4433 - DM 6,80

Chris Stadtlaender
Bio-Süßigkeiten zum Selbermachen
07/4417 - DM 7,80

Marlis Weber
Naturküche
Mit Farbfotos
07/4443 - DM 9,80

Helmut Anemueller
Die richtige Schlankheitsdiät
07/4078 - DM 5,80

Judith Corlin / Mary Susan Miller
Das Rezeptbuch zur berühmten Scarsdale-Diät
07/4441 - DM 7,80

Eva Exner
100 verschiedene Schlankheitsdiäten
07/4129 - DM 5,80
Heyne-Kalorien-Tabelle
07/4199 - DM 5,80

Friederun Köhnen
Die richtige Magen- und Darmdiät
07/4150 - DM 4,80

Dr. med. Antje Katrin Kühnemann
Trenn-Kost
07/4435 - DM 6,80

Maria Lange-Ernst
Die Köhnlechner-Trenndiät
07/4341 - DM 5,80

L. Mar / A. Hoff
Die richtige Leber- und Galle-Diät
07/4095 - DM 5,80

Renate Spaetgen
Bäckereien und Süßspeisen für Diabetiker
07/4283 - DM 5,80
Was hat wieviele Kalorien?
07/4340 - DM 4,80

Chris Stadtlaender
Gesunde Entschlackungskost
Eine naturnahe, vernünftige Diät
07/4445 - DM 7,80

Anni Voss
Köstliches für Diabetiker
07/4420 - DM 7,80

Weight Watchers Kochbuch
Mit Farbfotos
07/4458 - DM 9,80

Tama Yakiro
Fernöstliche Schlankmacher
07/4397 - DM 6,80

Preisänderungen vorbehalten.

HEYNE RATGEBER

*Natürlich leben,
gesünder leben
mit Heyne-
Taschenbüchern*

08/9028 - DM 7,80   08/9030 - DM 7,80

08/9012 - DM 7,80   08/4688 - DM 7,80   08/4873 - DM 9,80

08/9050 - DM 6,80   08/4964 - DM 8,80   08/9037 - DM 8,80

HEYNE RATGEBER

Medizinische Ratgeber / Naturheilkunde im Heyne-Taschenbuch

Dr. Hermann Geesing
Neue Lebenskraft
08/4607 - DM 5,80

Barbara Hughes
Besser sehen in 12 Wochen
08/4914 - DM 6,80

Manfred Köhnlechner
Handbuch der Naturheilkunde
– 2 Bände –
08/4613 - DM 19,60
Gesund mit Köhnlechner
08/4626 - DM 7,80
Wetterbeschwerden
08/4718 - DM 5,80
Gesundheit im Alter
08/4725 - DM 5,80
Erfolgsmethoden gegen die Krankheiten unserer Zeit
08/4752 - DM 12,80

Prof. Dr. med. J. Krämer
Bandscheibenschäden
08/9058 - DM 9,80

Maria-Elisabeth Lange-Ernst
Allergien
08/4886 - DM 5,80
Vitamin E
08/4874 - DM 5,80
Vitamin E –
Elexier für die Haut
08/9013 - DM 6,80
Vitamin E –
Schutz vor Umweltgiften
08/9031 - DM 7,80
Vitamin C
08/9073 - DM 7,80

Dr. med. Raphael Lenne
Zeitkrankheit Depression
08/4937 - DM 6,80

Helmut Löffler
Das Hausbuch der Naturheilkunde
08/4716 - DM 7,80

Dr. med. Ken Mayer / Hank Pizer
AIDS – *Die rätselhafte Krankheit*
08/4952 - DM 6,80

Earl Mindell
Die Vitamin-Bibel
08/9056 - DM 9,80

Ingeborg Münzing-Ruef
So heilt die Natur
08/4873 - DM 9,80
So heilt natürliche Nahrung
08/9023 - DM 9,80

M. B. Rosanes-Berrett
Millionen könnten besser sehen
08/4574 - DM 5,80

Paul Uccusic
Doktor Biene
08/9005 - DM 7,80

Dr. Wolf Ulrich
Schmerzfrei durch Akupressur und Akupunktur
08/4497 - DM 5,80

Jean Valnet
Aromatherapie
08/9075 - DM 14,80

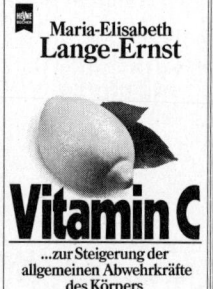

BESSER BIOLOGISCH GÄRTNERN

Gunter Steinbach
Der biologische Obstgarten

Originalausgabe

**WILHELM HEYNE VERLAG
MÜNCHEN**

Copyright © 1980 by Wilhelm Heyne Verlag, München
Zeichnungen: Fritz Wendler, München
Fotos: Gunter Steinbach, Oberreute, Christl Eberle,
Meersburg-Riedetsweiler

INHALT

(Der biologische Obstgarten)

I   Obst im eigenen Garten? 7

II   Warum biologisch?. 17

III   Arten und Sorten 26
Kernobst, Steinobst, Beerenobst, Schalenobst

IV   Der Boden. 117
Düngen und Bearbeiten

V   Pflanzen und Pflegen 143

VI   Der Schnitt. 159

VII   Das Veredeln 174

VIII   Pflanzenschutz. 179

    Literaturverzeichnis 191

    Bezugsquellen 192

    Register. 193

I OBST IM EIGENEN GARTEN?

»Mit alten Obstbäumen« steht in mancher Immobilienanzeige, mit der wieder einmal ein aufgelassener Bauernhof städtischen Liebhabern des Landes angeboten wird. Solche Obstgärten bestehen meist aus verkrüppelten und vergreisten Baumruinen. Sie führen alles vor, was einem, der heute gewerbsmäßigen Obstbau betreibt, die Haare zu Berge stehen läßt: ungepflegtes Ästedickicht auf hohen, oft verkrümmten, oft angefaulten Stämmen, dürre Baumteile; Krebsverdickungen reihen sich aneinander, gnädig überdeckt von Flechten und Moosen.

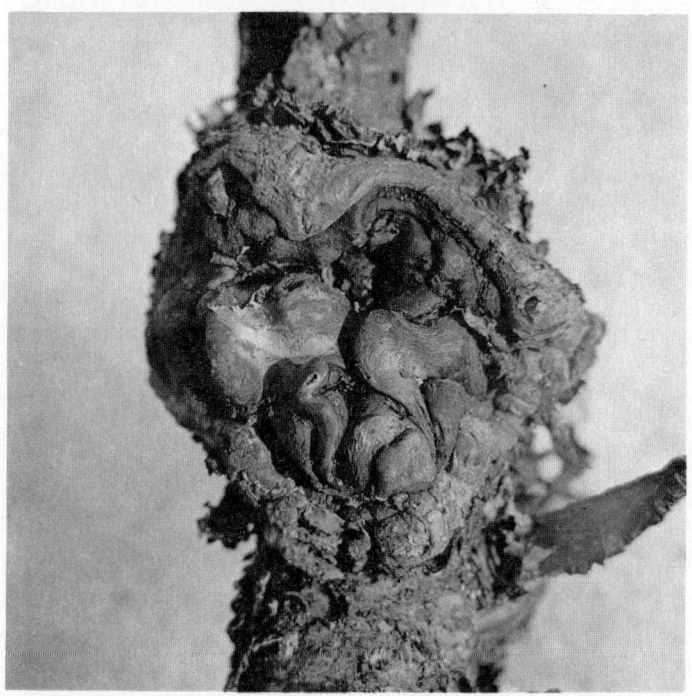

Krebsverdickungen an einem alten Apfelbaum

Ungepflegter Apfelbaum in einem Bauerngarten

Der Makler wollte aber mit dem Hinweis die Anziehungskraft seines Objektes nicht schmälern, sondern erhöhen. Seine Kunden suchen keine pflegeleichten Spindelbüsche in Reih und Glied, sondern Landatmosphäre wie zu Großvaters Zeiten. Während der Blüte schmücken diese Bäume Haus und Garten wie im Bilderbuch, zur Erntezeit fallen vielleicht nur ein paar Pfund schorfiger, kleiner Früchte ab, die als »biologisch gezogenes Obst« über den grünen Klee gelobt werden. Der Pflegeaufwand für solche Bäume beschränkt sich auf das Einsammeln des Fallobstes.

In unserem Buch geht es weder um die Obstplantagen des Erwerbsanbaus, die in einem Jahr über zwanzig Spritzungen über sich ergehen lassen müssen, noch um Vorschläge, wie man zu verwilderten »Obstgärten« kommt. Der gewerblich betriebene Obstanbau ist heute fest im Griff chemischer »Versorgung«. Seine Anlagen erfüllen die Forderung einer möglichst weitgehend maschinengerechten Wirtschaftsweise. In solchen Betrieben wird Tafelobst der Handelsklasse A so preisgünstig und reichlich erzeugt, daß der Eigenanbau unter geldlichem Gesichtspunkt kaum lohnt. Wer trotzdem Obst im eigenen Garten zieht, muß dafür andere Gründe haben. Ein Grund kann die Ansicht sein, daß selbstgezogenes Obst besser schmeckt als gekauftes.

Wie alle Kulturpflanzen erfordern auch Obstbäume und Beerenobststräucher Pflege. Der Zeit- und Arbeitsaufwand für gleich große Flächen stellt sich kleiner als bei Gemüse, größer als bei einer Wiese. Die verkommenen Obstbäume, wie sie oben erwähnt wurden, verdienen die Bezeichnung Obstgarten im eigentlichen Sinn dieses Wortes nicht. Denn jeder Garten, gleichgültig, was man darin anbaut, unterscheidet sich von einem Stück Natur durch das Pflegebedürfnis seiner Pflanzen.

Die Liebe zum sich selbst überlassenen Obstgarten ist ein Mißverständnis. Wir finden diese Bäume nur deshalb schön, weil die fluchtenden Obstanlagen heutigen Stils so eintönig und langweilig aussehen. Die Bauern wandten in den Zeiten, als jene Obstgärten noch im allgemeinen Gebrauch standen, sehr wohl Fürsorge und Pflege an ihre Bäume. Anders hätten die Anlagen gar nicht entstehen können. Die Bauern hatten kein Geld, oft auch keine Möglichkeit, Obst zu kaufen. Kernobst- und Steinobstbäume wurden gepflanzt, veredelt, gedüngt und geschnitten, weil man die Ernte im besten Sinn des Wortes notwendig brauchte. Man war auf die Erträge der Obstbäume ähnlich angewiesen wie auf die Erträge der Felder. Die Bauern verstanden etwas von ihrem Obst. Wenn sie die besten Wiesen ums Haus herum mit Bäumen besetzten, die Bearbeitbarkeit dieser Flächen damit erschwerten, dann taten sie das nicht der Schönheit, sondern des Obstes wegen.

Der ungepflegte, sich selbst überlassene Obstbaum wird zum Zerrbild dessen, was er seiner Natur nach sein könnte. Er ist kein Wildgewächs, das sich selbst erhält wie eine Buche oder Fichte, sondern eine Kulturpflanze, die mehr leistet als ein Baum der freien Flur, die aber auch höhere Ansprüche stellt, als sie der Naturhaushalt erfüllen könnte.

Doch geht man fehl in der Annahme, daß möglichst hohe Nährstoffgaben und möglichst viel Sonnenwärme Bestbedingungen für unsere Obstbäume sind. Träfe das zu, dann wären die höchsten

Ernten zu erzielen, wenn man Obstbäume in wärmeren, südlichen Ländern – also in den Subtropen oder Tropen – anpflanzte, sie mit mineralischem Volldünger »sattfüttern« würde. Zwar brauchen gut tragende Obstbäume mehr Nährstoffe, als sie Wald- und Wiesenböden auf die Dauer zu geben vermögen, und mehr Sonnenbestrahlung als wildwachsende Waldbäume, aber in den Tropen fruchten unsere Obstbäume überhaupt nicht. Sie benötigen unser gemäßigtes Klima mit seinem ausgeprägten Jahreszeitenwechsel zwischen Warm und Kalt, zwischen Entfaltung und Ruhe. Stärker als an anderen Kulturpflanzen können wir an den Obstbäumen erleben, daß sie für ihr artgemäßes Gedeihen auf Zusammenhänge ihrer Umwelt angewiesen sind, die weit über ihre bloße Einzelerscheinung hinausweisen:

1. Unsere Apfel- und Birnensorten sind mit sich selbst weitgehend unfruchtbar. Das heißt, man muß stets mehrere (und zwar bestimmte) Sorten zusammenpflanzen, damit sogenannte Kreuzbefruchtungen, also Pollenübertragungen zwischen verschiedenen Bäumen, zustandekommen. Eine Voraussetzung für sich gegenseitig befruchtende Bäume sind etwa gleiche Blühzeiten der gewählten Sorten.
2. Zur Befruchtung brauchen Obstbäume Bienen. Ohne Bienen kann kein erfolgreicher Obstbau betrieben werden.
3. Von und an Obstbäumen leben eine Reihe weiterer Kerbtiere (Insekten). Bei größeren Obstbaumbeständen können sie als Schädlinge auftreten, wenn ihre natürlichen Feinde, unter ihnen die Vögel, nicht ausreichend zur Stelle sind. Wer Obstbau ohne Gift betreiben will, hat sich deshalb auch um den Vogelschutz zu kümmern.
4. Obstbäume vermehren sich weder geschlechtlich durch Samen noch ungeschlechtlich durch Stecklinge sortenecht. Sie bedürfen zum Aufrechterhalten ihrer gewünschten Eigenschaften von Pflanzengeneration zu Pflanzengeneration des Menschen, der durch Veredelung für den Fortbestand der angezüchteten Eigenschaften sorgt.
5. Die Bildekräfte unserer Obstbäume wirken nicht ähnlich selbständig wie die unserer Waldbäume. Eine Linde oder eine Tanne bildet im Freistand unter angemessenen Bedingungen stets die ihrer Art eigene Baumgestalt in schöner Harmonie der Teile aus, in unserem Fall die kugelähnliche oder spitzkegelähn-

liche Form. Obstbäume bekommen ihre »Bildung« zu wesentlichen Teilen durch Zutun des Menschen. Auch nach dem Heranwachsen der veredelten Jungpflanzen in Baumschulen bedürfen sie nach dem Einpflanzen im Hausgarten noch des jährlichen »Erziehungsschnittes«. Der Obstbaum ist bildsam, man kann seinen Wuchs weitgehend beeinflussen und formen, man »erzieht« ihn. Sich selbst überlassen, verfehlt er seine Bestimmung, die der Wildbaum so sicher erreicht.
6. Obstbäume, die viel tragen, tätigen erhebliche Stoffumsätze. Sie sind für die Zufuhr dieser Nährstoffe sowohl auf menschliche Hilfe als auch auf die Mineralisierungsarbeit der zahlreichen Mikroben des Bodenlebens angewiesen.

Wer noch nie Obstbäume gepflanzt und gepflegt hat, könnte von diesen Hinweisen eher abgeschreckt werden: Soll man sich auf den jahrelangen Umgang mit derart anspruchsvollen Geschöpfen im eigenen Garten einlassen?

Die angedeuteten Bedingungen für Obstbäume können in einer einigermaßen belebten oder belebungsfähigen Umwelt leicht geschaffen werden. Diese Bedingungen sollte eigentlich jeder Garten zum Gedeihen seiner Pflanzen erfüllen. Wer Freude am Gärtnern hat (was nichts anderes bedeutet als das Bedürfnis und die Fähigkeit, sich Pflanzen zuzuwenden), der wird mit Obstbäumen besonders viel Erfreuliches erleben. Bei der vieljährigen Lebensdauer der Obst- und Beerengehölze kann es nicht ausbleiben, daß man zu diesen Garteninsassen bald ein persönliches Verhältnis gewinnt, das ohne jede falsche Sentimentalität in wechselseitigem Geben und Nehmen seinen Ausdruck findet. Wir geben dem Baum oder Busch Aufmerksamkeit und Pflege. Man müßte seelisch schon sehr abgestumpft sein, was man Leuten, die aus Neigung gärtnern, kaum nachsagen wird, um sich nicht über jeden pflückreifen Apfel zu freuen, den ein Baum uns gleichsam entgegenhält. Das ist die Geste eines Lebewesens – die freundlichste, die wir uns für eine Pflanze vorstellen können!

Die Frage ›Obst im eigenen Garten?‹ darf man außerhalb aller materiellen Voraussetzungen, von denen noch die Rede sein soll, mit ja beantworten. Der Marktwert des geernteten Obstes fällt im Hausgarten üblicher Größe und bei einer Familie üblichen Einkommens nicht eigentlich ins Gewicht. Unter dem Ertragsgesichtspunkt in Mark und Pfennig hat der Nutzgarten ohnehin wenig

Ein sich selbst überlassener Apfelbaum

Hier die ebenmäßige Gestalt eines Wildbaumes (Linde).

Berechtigung. Bei auch für den Garten angewandtem reinen Kostendenken sollte man eines nie tun: Blumen, Gemüse oder Obst verschenken. Und gerade das macht, wenn man sich's nur ehrlich eingesteht, am meisten Freude an der ganzen Gartenarbeit.

Weil diese Überlegungen in Wahrheit wichtiger sind als alle anderen »praktischen Fragen«, stelle ich sie an den Anfang unseres Buches. Erfolg im Obstgarten heißt doch nicht nur, drei Kilogramm rote Johannisbeeren von einem Strauch ernten zu können, sondern auch, viele Jahre lang mit denselben Pflanzen zu leben und an ihnen Freude zu haben. –

Man stellt sich unter einem Obstgarten gewöhnlich ein großzügig bemessenes Grundstück vor. Aber dem Obstanbau im Hausgarten sind keine bestimmten Größengrenzen des zu bebauenden Grundes gezogen. Nur theoretisch könnte man einen 25 Quadratmeter-Garten mit einem Hochstamm bepflanzen. Es gibt aber reich tragende Obstgehölze, die mit weit weniger Fläche auskommen: Buschformen, Spindeln, Halb- und Viertelstämme, Spalierobst.

Zunehmende Bodenverknappung wird Grundstücke in Zukunft eher kleiner werden lassen. Die zunächst für wirtschaftlichen Erwerbsbau gezüchteten kleinen und deshalb bequem zu pflegenden Spindelbüsche bringen gute Erträge bei einem Bruchteil des Flächenbedarfs von Halb- oder Hochstämmen. Zwergformen von Obstgehölzen tragen sogar im Pflanzkübel auf der Terrasse, dem Balkon oder dem Dachgarten. Man kann also auch ohne Garten Obst anbauen!

Die Grenzen der Arbeitszeit, die man den Obstgehölzen im Hausgarten widmen will oder kann, liegen nicht fest. Hochstämme, die erst einmal herangewachsen sind und nicht ganz von den natürlichen Stoffkreisläufen abgeschnitten wurden, können noch viele Jahre ohne den geringsten Pflegeaufwand Ernten bringen. Man kann dabei aber nicht mehr von Obstanbau sprechen, höchstens einem solchen auf der Kulturstufe von Sammlern und Jägern. Bekanntlich vermehren sich auch halbwilde Katzen auf Trümmergrundstücken und in Ruinen, nur handelt es sich dann nicht mehr eigentlich um Haustiere.

Obstbäume, die jahrelang vernachlässigt wurden und nicht mehr tragen, lassen sich durch sachgemäße Pflege, nämlich Schneiden und Düngen, wieder zu »anständigen Familienmitgliedern« erziehen, die solche Zuwendung mit unerwarteten und regelmäßigen Erträgen danken.

Man sollte sich vor dem ersten Spatenstich darüber klar sein, daß Obstanbau ähnlich wie die Anschaffung eines Haustieres ein lebensbegleitendes, also langfristiges Unternehmen darstellt. Man geht mit solchen Entschlüssen Bindungen ein, die man nicht ohne weiteres wieder löst. Obst- und Waldbauern brauchen ein gesundes Maß an Vertrauen in die Zukunft – und Geduld. Fehler, die man zum Beispiel durch falsche Sortenwahl gleich am Anfang begeht, kann man nicht mehr ganz rückgängig machen. Merkt man den Fehler nach Jahren und pflanzt neue Bäume, so hat man doch viel Zeit verloren. Der erfolgreiche Anbau von Obst setzt zwingender ein Grundwissen voraus als die Pflege anderer Garten-

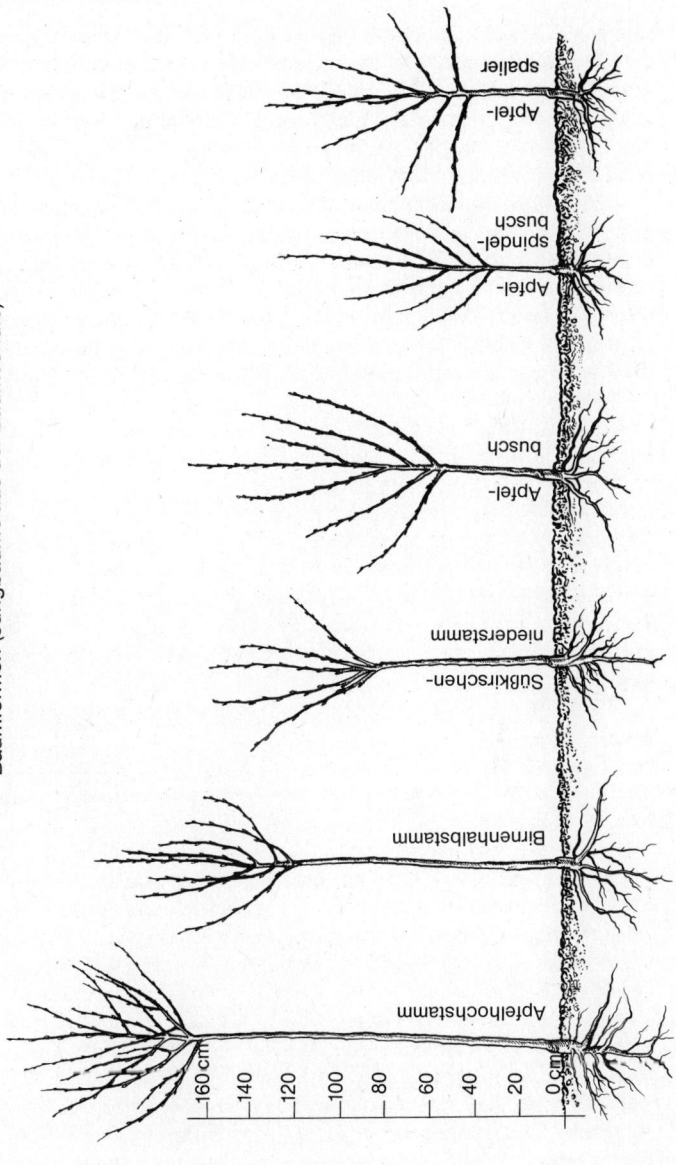

pflanzen. Dieses Wissen füllt heute Bände. Deshalb wollen wir unsere Darstellung auf die praktischen Fragen beschränken, die sich dem stellen, der unter anderem auch Obst im Garten ziehen und ernten möchte, ohne damit gleich zum Fachmann zu werden. Wir möchten vor allem den Anfänger in den Stand setzen, möglichst ohne Rückschläge vom Pflanzen bis zum Ernten zu gelangen.

»Alles über den Obstbau« dürfen wir unseren Ratgeber nicht nennen. Doch hoffen wir, vieles und Wissenswertes dem Leser nahezubringen. Entsprechend der erklärten Absicht dieser Reihe legen wir Gewicht auf das biologische, das heißt unter anderem giftfreie Gärtnern. Vielleicht bringt unser Buch auch dem im Obstanbau schon Erfahrenen zu den Fragen des biologischen Anbaus oder zur Umstellung auf diese Wirtschaftsweise Nützliches.

II WARUM BIOLOGISCH?

Dem allgemeinen Brauch folgend, verstehen wir unter biologischer Arbeitsweise im folgenden Bodenpflege durch Kompostwirtschaft ohne Mineraldünger, Schädlingsvorbeuge durch gesunde, widerstandsfähige Pflanzen auf belebtem Boden bei Verzicht auf die Anwendung chemischer Gifte.
  Die im vorigen Abschnitt erwähnte Verflechtung der Kulturpflanze Obstbaum mit dem Tierreich und die Notwendigkeit, natürliche Vorgänge der Gestaltbildung und der Vermehrung bei Obstbäumen durch Kulturmaßnahmen lenkend zu unterstützen, machen erklärlich, daß unbiologische Bedingungen wie Monokulturen und Mineraldüngung zu massiven unbiologischen Folgemaßnahmen zwingen. Das Giftspritzen im Erwerbsobstbau hat in der Tat gespenstische Ausmaße erreicht. Hier soll nicht darauf eingegangen werden, ob ein Apfel aus Südtirol, vom Bodensee oder aus einem anderen Anbaugebiet schädliche Rückstände enthält oder weniger gesund ist als biologisch gezogenes Obst. Qualitätsunterschiede werden je nach Standort der Prüfenden hervorgehoben oder bestritten. Vielmehr möchte ich auf die Unverträglichkeit des mit Giften ermöglichten Obstanbaus zur lebendigen Umwelt hinweisen. Es geht heute nicht mehr nur um die Qualität der Erzeugnisse, sondern ebenso um die Qualität des Erzeugens. Nach aller Erfahrung, die man in mehr als einem halben Jahrhundert mit biologisch ausgerichteten Wirtschaftsweisen machen konnte, führt der Weg vom naturgemäßen Anbau mit innerer Folgerichtigkeit auch zur Ernte hochwertiger Früchte. Dagegen rechtfertigen die Sachzwänge maschineller Obstbaumpflege und -ernte eine naturferne Anbauweise nicht. Das Ergebnis nur rationeller, unbiologischer Denkweise sind immer größere Ernten, die immer »wirtschaftlicher« gewonnen werden. Die Umstände dieser Obsterzeugung finden viele bedenklich und fragwürdig: des Nachdenkens und Fragens würdig. Dafür sei es erlaubt, unser Thema wenigstens für einen Gedankengang weiter zu fassen.
  Wir haben weder in unseren noch in anderen Breiten unerschöpfliche Landvorräte. Gerade die Entwicklung in den Staaten der Hochzivilisation führt uns mit scharfer Deutlichkeit vor Augen, daß Boden immer kostbarer wird, weil er sich nicht wie ein Indu-

strieprodukt vermehren läßt. Es darf uns auf die Dauer nicht gleichgültig sein, was mit diesem Boden gemacht, auch nicht, wie er bearbeitet wird. Mit einer gewissen Berechtigung regen sich die Menschen darüber auf, wenn ihre Nahrungsmittel Rückstände von Schadstoffen enthalten. Der egoistische Teil dieser Erregung reicht nicht über den eigenen Einkaufskorb, nicht über die unmittelbaren Belange des eigenen Wohlergehens hinaus. <u>Mit selbstkritischem Ernst sollten wir uns darum kümmern, ob wir durch unser Anspruchsdenken im kleinen und großen nicht viel zu einem Fortgang oder Fortschritt beitragen, der erst unsere Nahrungsmittel, im weiteren aber auch andere Lebensbereiche nach und nach vergiftet.</u> Um den Boden, auf dem ausnahmslos alles, was wir essen, in irgendeiner Form einmal gewachsen ist, kümmern wir uns in der Regel nicht.

Zahlen werden ins Feld geführt, daß die Welt nur mit massivem Einsatz hochgiftiger Biozide ernährt werden könne. Um die ganz anders geartete Wirklichkeit ins allgemeine Bewußtsein zu rücken, ist es notwendig, daß sich immer mehr Menschen wenigstens im eigenen Wirkungsbereich, zum Beispiel im Garten, durch eigene Arbeit und Erfahrung sachgemäße Urteile bilden, die den unentwegt vervielfältigten Vorurteilen Widerstand bieten. Eine solche auch auf kleinem Raum einfach zu gewinnende Erkenntnis heißt, daß die Natur in Stoffkreisläufen selbstgenügsam arbeitet und daß wir in der Landwirtschaft oder im Gartenbau ebenso arbeiten können, wenn wir diese Kreisläufe fördern, wo nötig erst in Gang setzen. Biologisch arbeiten heißt, die Zusammenhänge wahrzunehmen und zu nutzen, damit unser Wirtschaften nicht in unlösbare Gegensätze zur Natur und damit in Gegensätze zu unseren eigenen Lebensinteressen gerät. Vor dieser Forderung verblassen die kindlichen Vergleiche, die man zu der Frage anstellt, ob man mit herkömmlicher Mineraldünger- und Giftwirtschaft oder mit biologischer Arbeitsweise höhere Erntegewichte aus einer bestimmten Fläche holt. Erntemengen beschäftigen uns gerade in Europa vor allem in der Weise, daß wir sie nicht bewältigen, daß Obst und Gemüse vernichtet, Milchpulver-, Butter- und Fleischberge mit erheblichem Aufwand an Steuermitteln verwaltet und abgebaut werden müssen.

Solche Vergleiche gehen großzügig am Wesen der eigentlich lebenswichtigen Fragen vorbei. Auch wenn Vergleiche die »Konkurrenzfähigkeit« biologischer Arbeitsweisen erhärten, wäre es verfehlt, eine naturgemäße Anbauweise wegen materieller Wirtschaftlichkeit zu befürworten. In Wahrheit gibt es zu einer Landwirtschaft im Einklang mit natur- und menschenwürdiger Umwelt im weitesten Sinne so wenig eine Alternative wie zur Natur selbst.

Im biologisch bewirtschafteten Garten machen wir keinen Gebrauch von Mineraldüngern. Wir fördern den Pflanzenwuchs durch organische Düngung, das heißt, wir beleben den Boden, indem wir ihn mit Humus versorgen. Hat man diesen Kreislauf der Stoffe einmal durchdacht und in eigener Arbeit erprobt, so wird man kaum noch schwerwiegende Fehler begehen. Man lernt durch genaues Beobachten mit jedem Gartenjahr dazu und macht sich unabhängig sowohl von betriebsfremden Düngemitteln als auch von jeder Art chemischer »Versorgung« des Gartens. Gebrauchsanweisungen chemischer Mittel für oder gegen etwas bleiben für unsere Sinne undurchschaubar und abstrakt. Wir handeln, indem wir Anleitungen folgen, nicht nach eigenem, sondern nach fremdem Ermessen. Wir tun etwas in blindem Glauben an einen Hersteller, wir tun es zwangsläufig automatenhaft. So finden wir in vielen Gartenbüchern den eintönigen, man möchte sagen armseligen Rat: »Halten Sie sich genau an die Gebrauchsanleitung auf den Packungen!« Wirkliche Befriedigung bringt nur die Arbeit, die man durchschauen und damit verantworten kann. Das gilt nicht nur für den Garten.

Obstbäume unterscheiden sich in ihren Nährstoffbedürfnissen nicht grundsätzlich von anderen Kulturpflanzen. Was im ersten Band unserer Reihe über Bodenpflege und Kompostwirtschaft gesagt wurde, gilt uneingeschränkt auch für den Anbau von Obstgehölzen. Auf welche Maßnahmen sich biologisch verstandener Anbau im Obstgarten auswirkt, wird im folgenden stichwortartig umrissen. Selbstverständlich decken sich viele Überlegungen und Arbeiten des biologischen mit anderen Arten des Obstanbaus.

1. Standort

Süd- und Ostlagen sind am besten, Westlagen ausreichend, Nordlagen nur bedingt für den Obstanbau möglich. Meist kann man sich die Lage nicht aussuchen. Man wird bei ungünstigen Voraussetzungen durch Verbesserung des Kleinklimas und des Bodens versuchen, die Anbaubedingungen möglichst günstig zu gestalten.

2. Klima
Die gebräuchlichsten Obstarten passen in unser Klima. In Mitteleuropa kann bei richtiger Sortenwahl nahezu überall Obst angebaut werden. Im Norden reifen Äpfel noch in Polarkreisnähe, im Gebirge noch bei tausend Meter über dem Meer – in geschützten Südlagen örtlich auch höher.

3. Kleinklima
Man verbessert es durch Windschutzhecken, bei genügend großen Flächen auch durch Waldbäume. Hecken sollen einströmende Luft nicht stauen sondern nur bremsen, weil sich in ihrem Lee sonst unerwünschte Wirbel bilden. Sie müssen also nicht dicht, sondern dürfen und sollen durchlässig sein.
Für Obstanpflanzungen sucht man nach Möglichkeit geschützte Stellen, nur Kirschbäume mögen Wind (nach Caspari). Man vermeidet Geländemulden und Senken, weil dort Kaltluft einfließt und liegenbleibt.

4. Boden
Auf lange Sicht eignet sich für den zum eigenen Gebrauch angelegten Obstgarten jeder Boden, auf dem überhaupt etwas wächst. In kleinem und mittlerem Umfang kann man auch schlechte Böden durch eine entsprechend ausgeweitete Kompostwirtschaft in wenigen Jahren entscheidend verbessern. Sogenannte Problemböden sind zu leicht (Sand), zu schwer (lettiger Lehm und Ton) oder zu sauer (anmoorig). In jedem Fall heißt die bodenheilende Kur: Aufbau einer belebten Humusschicht.

Voraussetzung für geordnete Bodenverhältnisse sind eine gute Wasserversorgung und gegebenenfalls das gründliche Ableiten von Staunässe durch Dränage. Ständig nasse Böden leiden an Sauerstoffmangel und versauern. Auf sauren Böden (pH-Wert unter 6) kann sich das humusbildende Bodenleben zu wenig oder nicht entfalten, die Vererdung organischer Stoffe bleibt im Moorboden auf der Torfstufe stehen.

5. Arten- und Sortenwahl
Alle Mühen mit Obstgehölzen fruchten nicht, wenn man Arten und Sorten baut, die dem gegebenen Groß- und Kleinklima nicht entsprechen. Welche Obstarten und welche Sorten in eine Landschaft passen, erfährt der Anfänger in örtlichen Baumschulen, in Erwerbsbetrieben, von erfahrenen Nachbarn. Aufschluß erhält man auch, wenn man sich die Mühe macht,

alte Obstgärten eingesessener Bauern auf die Obstsorten hin zu betrachten, die dort einst gepflanzt wurden. Gespräche mit Leuten, die etwas von Obstbau verstehen, bereichern das eigene Wissen.

Alte Bauerngärten enthalten natürlich nur Hochstämme und Sorten, die oft nicht mehr erhältlich sind. Solche Erkundungen werden den Gärtner aus Neigung nicht davon abhalten, auch von den beachtlichen Züchtungserfolgen unserer Zeit Gebrauch zu machen.

6. Nachbarschaften

Obstbäume sind ihrer Natur nach Waldbäume. Unsere reich tragenden Kultursorten würden zwar im Waldesschatten nicht mehr gedeihen, aber Nachbarschaften zu anderen Gehölzen, seien es Hecken, Büsche oder Bäume, wirken sich günstig aus. Natürlich muß dafür ausreichender Platz vorhanden sein, damit kein Licht- und Nahrungswettbewerb aufkommt.

Hecken und Bäume gewähren Windschutz und spenden Bienenfutter zu anderen Blühzeiten als die der Obstbäume, sie bieten den Vögeln Lebensraum, Nistplätze und Nahrung. Die Vögel ihrerseits halten die Kerbtiere der Obstbäume kurz, so daß sie sich nicht zu Schädlingen entwickeln. Man pflanzt vorteilhaft Gehölzarten, die nicht wie die meisten unserer Obstgehölze zu den Rosengewächsen zählen, um das Nahrungsangebot für Obstschädlinge nicht zu vergrößern.

Auch für Nachbarschaften der Obstgehölze unter sich empfiehlt sich größtmögliche Vielfalt. Man hat dann für den eigenen Gebrauch mehr Abwechslung, ein länger währendes Futterangebot für die Bienen und verringert die Wahrscheinlichkeit von Krankheits- und Schädlingsbefall. Wie schon erwähnt, sind unsere wichtigsten Obstarten auf Kreuzbestäubung angewiesen. Schon aus diesem Grund ist gezielte Vielfalt wünschenswert.

7. Bienen

Wir brauchen sie zur Befruchtung der Obstgehölzblüten. Bei großen Anlagen kann es sich lohnen, selbst einige Bienenvölker zu halten. Bienen fliegen aber auch weite Strecken, um ergiebige Futterquellen (wie Obstbäume) zu nutzen. Man sollte sich darum bemühen, daß in der Nachbarschaft vor allem während der Blüte keine bienenschädlichen Pestizide ausgebracht werden.

8. Vögel

Vogelschutz kann auch heißen: Schutz **vor** Vögeln, weil man die Kirschen- und Beerenernte nicht ganz den Staren überlassen will, die gebietsweise massenhaft einfliegen. Hier helfen am sichersten Netze.

Um Vögel als natürliche Schädlingsabwehr zum Bleiben einzuladen, hängt man Nistkästen auf, sorgt nach Möglichkeit dafür, daß Hecken und Gehölze in der Umgebung geschont werden, schafft selbst eine vogelfreundliche Umgebung, wenn der Platz auf eigenem Grund reicht, läßt nicht zu, daß sich die Katzen ungehemmt vermehren, schützt Bäume mit Nestern und Bruthöhlen vor Katzen und Mardern durch stammumfassende Vorrichtungen, wie aufgehängte Flaschen, Reisigbüschel, Blechmanschetten und ähnliches, vermeidet auf eigenem Grund jede Giftanwendung in den Kulturen und wirkt dahin, daß sich auch die Nachbarn zurückhalten.

Freundlich aufklärende Gespräche bewirken meist mehr als der Versuch, mit rechthaberischer Härte vorzugehen, zumal es dafür keine juristische Handhabe gibt.

Flaschen bieten Schutz vor Katzen und Mardern.

9. Bodenbearbeitung und Düngung
   gehören in der biologischen Anbauweise zusammen: die Bodenpflege. Nach der tiefgründigen Bodenvorbereitung zum Pflanzen wird die Erde in der Regel nicht mehr mechanisch gelockert. Die erwünschte Bodengare bewirkt das Bodenleben. Um es bis unter die Oberfläche zu bekommen und die Erde vor Austrocknung zu schützen, hält man den Boden bedeckt, man mulcht.
   Die Düngung – vor allem mit Komposterde – geschieht wie in der Natur von oben. Organische oder organisch-erdige Substanzen arbeitet man allenfalls oberflächlich ein, auch um die feinen Haarwurzeln der Obstgehölze möglichst wenig zu verletzen.
   Weil organische Düngung wie das Anlegen von Nährstoffvorräten wirkt, weil sie langfristig und nicht schnell von den Pflanzen aufgenommen wird, entfallen »Termindüngungen« ebenso wie mengenmäßig genau bemessene Düngergaben. Beim Obstbau lernt man, in Zeiträumen von Jahren und Jahrzehnten zu denken.
10. Gehölzpflege und Schnitt
    Die Erziehung eines Obstbaumes zählt zu den dankbarsten und lehrreichsten Tätigkeiten an Kulturpflanzen. Da es für den richtigen Umgang mit Lebewesen keine starren Rezepte gibt, lernt man bei den verschiedenen Arten der Baumschnitte nie aus. Der Anfänger wird sich auf das Notwendige beschränken, am besten zunächst unter Anleitung eines erfahrenen Freundes oder Helfers. Wer tiefer in die Kunst der Baumerziehung eindringt, kann sich zum Beherrschen vielerlei Maßnahmen, wie Veredeln und Pfropfen, fortentwickeln. Solche Fähigkeiten bilden aber nicht die Voraussetzung, erfolgreichen Obstanbau als Steckenpferd zu betreiben.
11. Kaufen und Pflanzen
    Anfangsentscheidungen im Obstbau bestimmen für viele Jahre, ja vielleicht für ein Menschenalter und mehr den Erfolg. Der Sortenwahl und dem Aussuchen des Pflanzgutes kommt deshalb eine Bedeutung zu wie nirgends sonst im Hausgarten. Die größte Mühe wendet man vergebens an unzureichendes oder qualitativ minderwertiges Pflanzgut. Auf fachkundige Beratung sollte der Anfänger gerade in diesem Punkt nicht verzichten.

12. Ernten und Lagern

Unsere ausgeprägten Jahreszeiten bringen es mit sich, daß in verhältnismäßig kurzer Zeit viel Erntegut zu bewältigen ist. Richtiges Ernten, Lagern und Verarbeiten bilden deshalb die Voraussetzung dafür, daß man in den vollen Genuß monate- und jahrelanger Mühen kommt. Auch im Zeitalter der Tiefkühltruhe lohnt es, sich auf altbewährte Formen des Lagerns und Haltbarmachens für Obst zu besinnen.

Wie man hier Angedeutetes im einzelnen anpackt und durchführt, soll in den folgenden Kapiteln erläutert werden. Grundlegende Ausführungen zur Kompostwirtschaft im biologischen Gartenbau wurden in Band 1 unserer Reihe gemacht. Sie gelten auch für die Bodenpflege zum Anbau von Obstgehölzen und sollen hier nicht wiederholt werden.

Apfelblüten

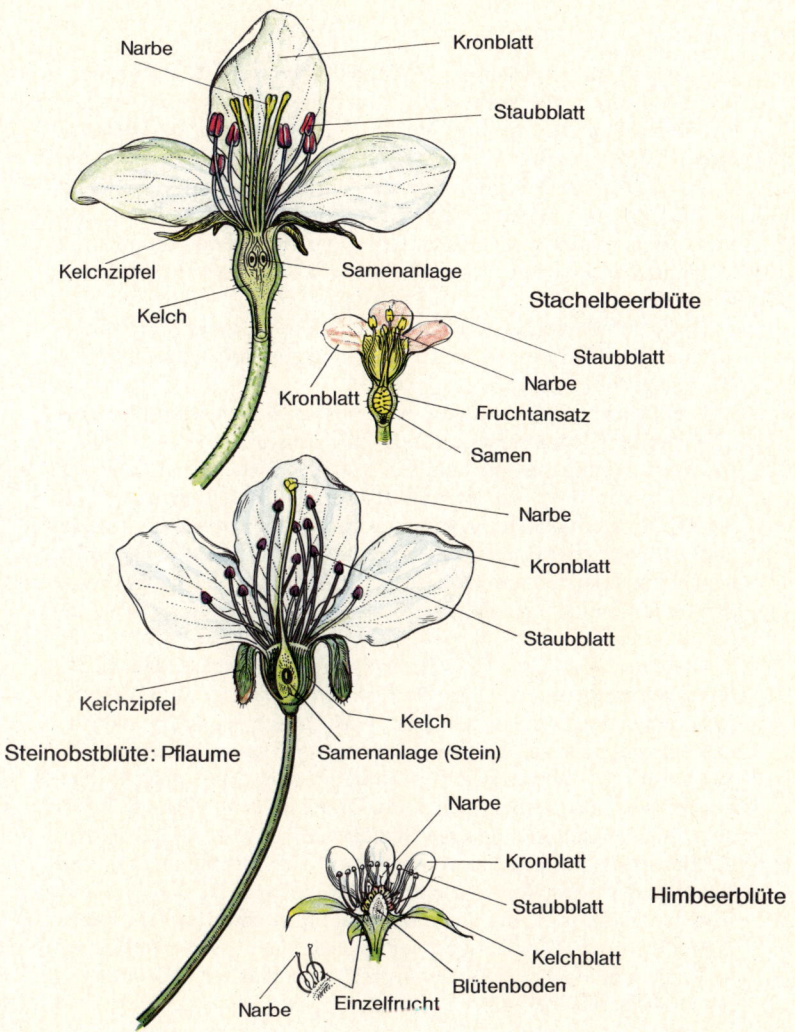

III ARTEN UND SORTEN

Der Begriff Obstgewächse umfaßt das **Kernobst** mit Äpfeln, Birnen und Quitten, das **Steinobst** mit Pflaumen, Zwetschen, Aprikosen, Pfirsichen, Nektarinen, Mandeln und Kirschen, das **Beerenobst** mit Brombeeren, Himbeeren, Loganbeeren, Johannisbeeren, Stachelbeeren und Hagebutten, das **Schalenobst** mit Hasel- und Walnüssen, die **Beerenstauden** Erdbeeren, Heidelbeeren und Preiselbeeren sowie Gehölze, die bei uns nur unter besonderen Bedingungen gedeihen, wie Edelkastanie, Maulbeere, Feige und Kiwifrucht.

Die weitaus meisten Obstarten, nämlich Kernobst, Steinobst, Himbeeren, Brombeeren und Erdbeeren, gehören zur Familie der Rosengewächse *(Rosaceae)*.

Die Früchte, derentwegen wir Obst anbauen, kommen aus pflanzenkundlicher Sicht unterschiedlich zustande. Bei den Steinfrüchten, Himbeeren und Nüssen bildet sich die Frucht aus der Fruchtknotenwand. An der Nuß schätzen wir den Samen, den wir bei der Kirsche als »Stein« ausspucken. Bei ihr entwickelt sich die äußere Schicht der Fruchtknotenwand fleischig, die innere verholzt zur schützenden Samenhülle. Dieses Pflanzengewebe wird von sogenannten Steinzellen aufgebaut, eines der härtesten Gewebe im Pflanzenreich.

Dagegen bleibt die Hülle der Apfelsamen so weich, daß wir sie ohne weiteres zerbeißen können. Die Apfelkerne stecken in einem Kernhaus aus zähen Spelzen. Das Fruchtfleisch der Äpfel und Birnen entsteht nicht aus der Fruchtknotenwand, sondern aus dem die Samenanlage überwachsenden Blütenboden. Man spricht hier deshalb von Scheinfrüchten. Bei der Erdbeere trägt dieser fleischig ausgebildete Blütenboden die Samen nach außen, so daß sie frei auf der Haut dieser Scheinfrucht sitzen. Bei den Himbeeren und Brombeeren schließen sich mehrere Steinfrüchtchen zu Haufenfrüchten zusammen, die im ganzen die Form einer Beere einnehmen. Die Natur, so scheint es, begnügt sich nicht mit einheitlichen Lösungen. Sie bildet eine Vielfalt unterschiedlicher Gestaltungen für ähnliche Zwecke aus.

Der Apfel *(Malus sylvestris)*
Zur Unterfamilie der Kernobstgewächse zählen neben Äpfeln, Birnen und Quitten unter anderem auch die Wildpflanzen Mispel, Weißdorn, Eberesche und Feuerdorn. Holzäpfel wies man für die Haushalte jungsteinzeitlicher Pfahlbauten nach, doch verliert sich die Herkunft des Apfels als Kulturpflanze im Dunkel der Vorgeschichte. Vielleicht stammt er aus dem Gebiet des Schwarzen Meeres, vielleicht aus Südosteuropa. Von den Griechen kam der kultivierte Apfel auf die Römer; die brachten ihn nach Germanien; Karl der Große ließ ihn auf seinen Gütern anbauen. Heute ist der Apfel unser weitaus wichtigstes Obst. Äpfel machen etwa vier Fünftel der gesamten Obsternte aus. Alte und neue Züchtungen von Apfelsorten zählen nach Tausenden.

Der Apfel gedeiht in allen Erdteilen; er verträgt Winterkälte gut, aber sommerliche Hitze schlecht. Er paßt genau in unser Klima mit seinem jahreszeitlichen Wechsel von Entfaltungs- und Ruhezeiten. Der Wildapfelbaum, auch Holzapfel, einer der Vorfahren unseres Apfelbaumes, wächst unter anderem in mitteleuropäischen Wäldern. Bei solchen Bäumen, die oft reich tragen, aber nur kleine, saure Früchte hervorbringen, kann es sich auch um verwilderte Abkömmlinge von Kultursorten handeln.

Apfelbäume bilden knapp zwei Meter hohe Stämme und entfalten im Freistand unter guten Bedingungen breit ausladende Kronen. Apfelbäume erreichen durchschnittlich nicht den Stammumfang und die Höhe von Birnbäumen.

<u>Der Apfelbaum</u> – seine kleineren Kulturformen Busch, Spindel und Halbstamm sind hier immer eingeschlossen – <u>blüht im April und Mai</u>. Seine rosa überhauchten Blüten stehen in vollen Büscheln und tauchen den Baum in ein dichtes, leuchtendes Kleid. Frei stehende Apfelbäume bilden dann einen großartigen Gartenschmuck. Bienen erfüllen die Krone an Sonnentagen mit dem Orgelton ihres Summens.

Nur wenige Apfelsorten genügen sich durch Selbstbestäubung, so daß man in der Regel wenigstens zwei Sorten anbaut: eine Hauptsorte und als Zwischenpflanzung eine pollenspendende Sorte. Es gibt auch Sorten, die sich nicht in beiden Richtungen bestäuben, so daß drei und mehr Sorten nötig sind, damit auch die Pollenspender bestäubt werden. Bei Neuanpflanzungen ist es nötig, sich nach den Verträglichkeits- und Bestäubungsverhältnisse der gewählten Sorten zu erkundigen.

Frucht-Längsschnitte

Kernobst: Birne, Apfel
Steinobst: 1 Reneklode, 2 Zwetsche, 3 Mirabelle, 4 Kirsche, 5 Aprikose, 6 Pfirsich

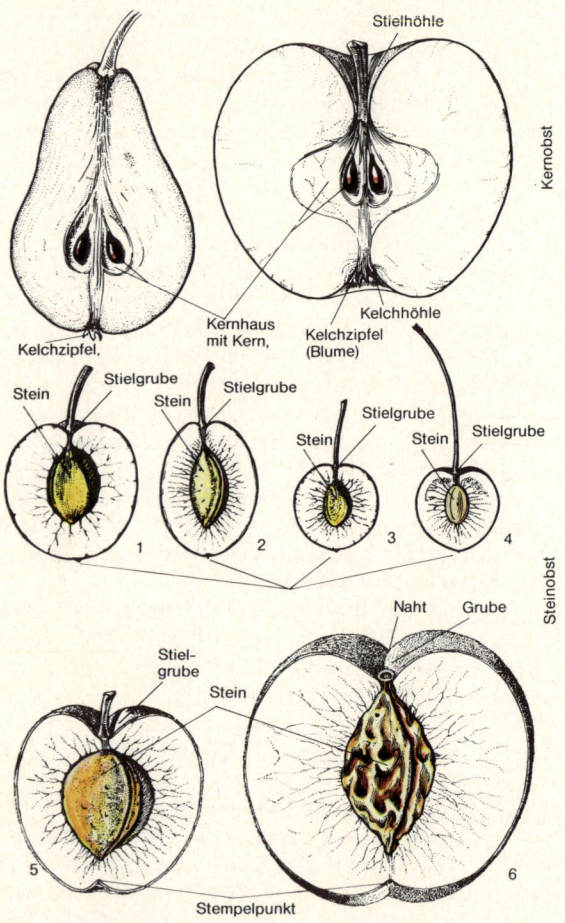

Zeichnung nach »Obst aus eigenem Garten« BLV
(neue Darstellung)

Frucht-Längsschnitte

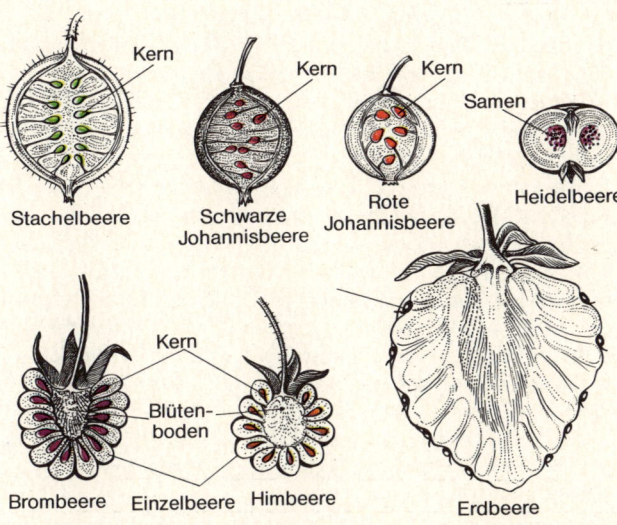

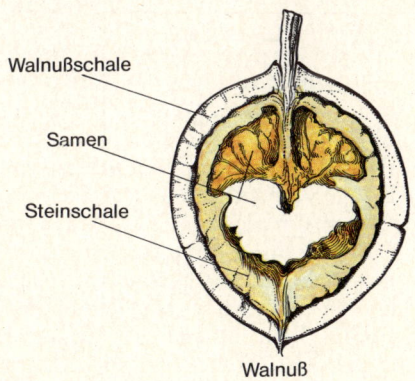

Während im Winter auch strenge Fröste dem Apfelbaum nichts anhaben, können Spätfröste zur Blütezeit erheblichen Schaden anrichten. Zum Glück öffnen sich nicht alle Blütenknospen zur selben Zeit. Ein einziger Nachtfrost muß noch nicht die Ernte gefährden, weil Blütenknospen der Kälte besser als offene Blüten widerstehen. Vergleicht man den blühenden mit dem tragenden Apfelbaum, so wird deutlich, daß der weitaus größte Teil der Blüten nicht zum Fruchtansatz kommen kann. Neun von zehn Blüten (und mehr) fallen aus.

Die Entwicklung von der Knospe bis zur reifen Frucht nimmt jeweils zwei Vegetationszeiten in Anspruch. Im Sommer bilden sich die Knospenansätze für die Früchte des darauffolgenden Jahres.

Was wir bei der reifen Frucht der Äpfel und Birnen als »Blüte« bezeichnen, sind die lederartigen Zipfel der fünfzähligen Kelche. Die vergänglichen Kronblätter fallen nach der Befruchtung ab.

Über Süße und Aroma mittelspäter und später Apfelsorten entscheidet das Herbstwetter. Ein sonniger, warmer Herbst vergoldet die Ernte.

Bekanntlich ißt man sich an Äpfeln nicht leid. Sie schmecken nicht nur gut, sondern sind auch gesund. Außer Invertzucker und Apfelsäure enthalten Äpfel geringe Mengen an Eiweiß und Fett, Vitamin A (Karotin) und C, verschiedene B-Vitamine, Fermente, Gerbstoffe, Pektine und Spurenelemente wie Kalzium, Kalium, Eisen und Phosphor.

Apfelkerne sind keimfähig. Man kann aus ihnen neue Bäume ziehen, doch wird man an diesen »Wildlingen« keine Freude haben. Auch Stecklinge führen nicht zu einer sortenechten Vermehrung. Jungbäume, die man zum Einpflanzen kauft, sind bereits veredelt. Dazu wurde ein Edelreis mit einer standardisierten Unterlage verbunden. Veredeln kann man auch selbst, es wird im siebten Kapitel unseres Buches besprochen.

Die Ansprüche der Apfelbäume an den Boden sind im allgemeinen leicht und fast überall zu erfüllen. Der flachwurzelnde Baum kommt mit einer vierzig Zentimeter starken Humusschicht aus. Die Erde soll eher sauer als alkalisch sein, der pH-Wert höchstens 7, besser 6,5 bis hinunter auf 5,5 betragen. Das heißt: Vorsicht mit Kalkgaben! Will man die Säurereaktion des Bodens nicht verändern, so genügt der bei üblicher Kompostbereitung sparsam eingearbeitete Kalk. Eine Messung des pH-Wertes, zum Beispiel durch eine Bodenuntersuchung, gibt darüber Aufschluß, ob und in welcher Richtung man den Kalkgehalt des Bodens verändern will. Lehmboden, auch bindiger bis schwerer, behagt dem Apfel, zu leichter Sandboden ebensowenig wie ausgesprochen schwerer, lettiger Lehmboden und Ton. Zu leichte und zu schwere Böden müssen also jeweils nach ihrer Gegenseite hin verbessert werden (siehe auch Kapitel 4). Hohen Grundwasserspiegel verträgt der Apfel gut, stauende Nässe nicht. Anhaltende Trockenheit macht Bewässerung nötig, weil beim Apfelbaum keine tiefen Wurzeln in dauerfeuchte Erdschichten hinabreichen.

Da Äpfel vielseitig zu verwerten sind, sollten bei der Planung des Obstgartens mehrere Apfelbäume oder -büsche auf einen Birnbaum kommen. Von den zahlreichen Sorten nennen wir im folgenden nur einige wichtige. Es gibt grüne, gelbe, orangefarbene und rote Äpfel mit allen Übergängen der Tönung, mehr süße und mehr saure, dickschalige und stoßempfindliche, weich- und festfleischige, sehr saftige, leicht verderbliche und robuste, lagerfähige Apfelsorten. Anders als der Erwerbsbetrieb kann sich der private Obstgärtner auch seltene, wenig gefragte Sorten leisten.

Daß man heute die meisten Sorten auch in Buschform anbaut, ermöglicht Vielfalt selbst bei nur mittelgroßen Grundstücken. Früher pfropfte man einem Hochstamm gern zwei Apfelsorten auf. So reizvoll es sein mag, von einem Baum mehrere Sorten zu ernten, empfiehlt es sich doch, mehrere Büsche oder Halbstämme verschiedener Sorten anzubauen, denn solche Mischungen auf einem Stamm gehen auf Kosten der biologischen Einheit des Baumes.

SORTEN

Sommeräpfel

Mantet

Die gut fünfzig Jahre alte Sorte aus Kanada neigt zur sogenannten Alternanz, das heißt, es kann Jahre geben, in denen die Bäume wenig oder nicht tragen. Als Gegenmaßnahme dünnt man die Frucht-

Cox Orange

ansätze kurz nach der Blüte aus, so daß die restlichen mehr Nahrung erhalten. Wenn sich die Sorte trotz Anfälligkeit für Mehltau, Krebs und Schorf durchsetzen konnte, so liegt das an ihrer sehr frühen Reife, die in günstigen Lagen schon Ende Juli das Abernten der ersten Früchte erlaubt. Die mittelgroßen bis großen Äpfel von grüngelber Grundfarbe zeigen gemasertes Rot, das Fleisch ist weich, saftig und aromatisch. Wie alle frühen Sorten eignet sich auch Mantet nicht zur Lagerung, sondern sollte wenige Tage nach der Ernte verbraucht werden. Die druckempfindlichen Früchte ißt man am besten roh.

Neuerdings gibt es auch eine rote Spielart aus Holland, der Rote Mantet. Als Pollenspender haben sich James Grieve und Lobo bewährt.

Stark Earliest

kann unter guten Bedingungen schon ab Juli geerntet werden. Die Früchte reifen rotbackig, die Blüten sind schlechte Pollenspender.

Gloster

Man muß diesen Apfel mit anderen Sorten zusammenpflanzen, zum Beispiel mit dem Weißen Klarapfel.

Tydemans Early

Auch bei dieser frühreifen Sorte muß man Nachteile in Kauf nehmen: Anfälligkeit gegen Krebs, keine großen Ernteerträge je Baum und schnelle Verderblichkeit der wohlschmeckenden, eher säuerlichen Früchte. Das satte Rot macht die Äpfel zu einem frühen Schmuck im Obstgarten. Als Pollenspender zur Kreuzbestäubung eignen sich James Grieve, Lobo, Roter Jonathan und Golden Delicious.

Weißer Klarapfel

Der bei uns bekannteste Frühapfel gedeiht auch in weniger guten Lagen. Er reift dann erst im August und September, während er unter günstigen Klimabedingungen schon ab Juli geerntet werden kann. Das weiche, weiße Fleisch schmeckt säuerlich, die Schale ist grünlich und wird mit der Reife gelb ohne Rot. Der Klarapfel bekommt vorteilhaft eine stark wachsende Unterlage.

Herbst- und Winteräpfel

Benoni

kann in günstigen Lagen schon ab August geerntet werden. Diese starkwüchsige und fruchtbare Sorte wird vorteilhaft mit schwach wachsenden Unterlagen verbunden. Selbstbestäubung ist möglich. Die mittelgroßen Früchte reifen grüngelb mit rötlicher Backe.

Cox Orangen-Renette

Man sollte diese anspruchsvolle und anfällige Sorte nur unter Bestbedingungen auf eher schweren Böden anbauen. Stippigkeit und Kragenfäule können auftreten, Pflege und Schnitt dieses besonders aromatischen Apfels erfordern Sachkenntnis und Erfahrung. Die goldgelben Früchte mit rötlichen Backen und gelbem, süß-aromatischem Fruchtfleisch können ab September geerntet werden.

Als Pollenspender eignen sich unter anderem Golden Delicious, Goldparmäne, James Grieve und Jonathan.

Gloster

ist eine noch junge Sorte, deren Zucht in den fünfziger Jahren in Deutschland gelang. Eine Reihe guter Eigenschaften zeichnen sie aus:

mittelfrühe, langdauernde Blüte, Starkwüchsigkeit, vor allem in den ersten Jahren, früh einsetzende, hohe Erträge, geringe Anfälligkeit gegen Krankheiten, Ernte im Spätherbst, sehr gute Lagerfähigkeit.

Der junge Baum braucht nur wenig Schnitt, doch sollte man steile Triebe, zu denen die Sorte neigt, herunterbinden. Die

Früchte sind hoch und färben sich mit der Reife gleichmäßig rot, das saftige, gelbliche Fruchtfleisch schmeckt säuerlich und aromatisch und wird durch die feste Schale gut geschützt. Sein volles Aroma entfaltet dieser Apfel bei richtiger Lagerung ab Januar. Gloster ging aus der Kreuzung einer amerikanischen Sorte mit dem bei uns heimischen Glockenapfel hervor.

Glockenapfel

Diese anspruchslose Sorte zeichnet sich nicht durch aromatisches Fruchtfleisch aus, aber durch eine besonders gute Haltbarkeit (Winterglockenapfel). Die Tragwilligkeit ist beim Glockenapfel nicht sehr groß; nicht jedes Jahr bringt befriedigende Ernten (Alternation).

Golden Delicious

Der gelbgrüne, in der Vollreife goldgelbe Apfel gehört zu den wichtigsten Sorten des Obsthandels. Ausgereifte Früchte haben nur noch wenig Säure und angenehm mürbes, aber doch festes süß-aromatisches Fruchtfleisch. Die verhältnismäßig trockenen Äpfel eignen sich nicht zum Entsaften, aber gut zum Lagern.
Golden Delicious wurde in Westvirginia gezüchtet. Er braucht viel Sonne und nährstoffreiche Böden; er ist schorfanfällig, aber widerstandsfähig gegen Mehltau. Im Erwerbsanbau verwendet man für die mittelstark wachsende Sorte schwachwüchsige Unterlagen. Sie ermöglichen auch im eigenen Garten frühes Tragen der Bäume. Bewährt haben sich auch die »Spur-Typen«, sie erfordern wenig Schnitt.
Golden Delicious trägt reich und muß für große, ausgereifte Früchte kurz nach der Blüte kräftig ausgedünnt werden. Die Blüten spenden viel fruchtbaren Pollen, sind aber selbst auf Kreuzbestäubung angewiesen, zum Beispiel mit James Grieve, Goldparmäne, Jonathan oder Cox Orange. Zum Lagern bestimmte Äpfel pflückt man, bevor sie sich goldgelb ausfärben. Geerntet wird ab Oktober.

Glockenapfel

Goldparmäne

In alten Bauerngärten behauptete diese späte Sorte ihren festen Platz. Sie reift noch in Gebirgslagen, wo die Früchte allerdings kleiner bleiben. Auch unter günstigen Bedingungen werden sie nur mittelgroß. Goldparmänen färben sich zur Reife sonnseitig mit warmem Rot auf goldgelbem Grund. Sie bilden einen reizvollen Baumschmuck. Das feste, gelbliche, wenig saftige Fleisch entfaltet sein fruchtiges, säuerliches Aroma erst während der Lagerung im Winter.

Vielleicht konnte sich die Goldparmäne im gewerblichen Obstanbau nicht so gut durchsetzen, weil die Sorte auch bei guter Düngung zu unregelmäßigem Tragen neigt. Man sollte deshalb mehr als einen Baum von ihr pflanzen. Der gute Pollenspender ist nicht mit sich selbst fruchtbar; kräftiger Schnitt empfiehlt sich. Man erntet die etwas derbschaligen Goldparmänen ab Mitte Oktober bis in den Dezember hinein.

Golden Delicious

Gravensteiner

Diese Sorte kommt wegen ihrer Starkwüchsigkeit kaum für kleine und mittlere Hausgärten in Frage. Der Baum bildet ausladende Kronen. Er ist ein schlechter Pollenspender und muß mit anderen Sorten zusammen gepflanzt werden.

Die großen, saftigen Früchte können ab September geerntet werden. Sie zeichnen sich nicht nur durch feines Aroma, sondern auch durch besonders würzigen Duft aus. Gravensteiner neigen zu unregelmäßigem Tragen; das heißt, auch bei guter Pflege muß man mit Ausfalljahren rechnen.

Ingrid Marie

Wer nicht gleich mit anspruchsvollen Sorten beginnen möchte, ist mit Ingrid Marie für den Hausgarten gut beraten. Zwar erreichen die Früchte nicht das feine Aroma der ähnlichen Sorte Cox Orange, färben sich aber gleichmäßig dunkelrot aus, so daß sie sich gut als Weihnachtsäpfel eignen. Ingrid Marie stammt aus Dänemark, wo sie anfangs dieses Jahrhunderts gezüchtet wurde. Ihr Hauptvorteil liegt in der geringen Anfälligkeit gegen Krankheiten. Allerdings kann Obstbaumkrebs auftreten. Selbst mittelstark wachsend, kann sie je nach gewählter Unterlage als Busch oder Hochstamm gezogen werden. Sie neigt zu dichtem Kronenwuchs.

Die Blüten bringen keimkräftigen Pollen hervor. Zur dennoch nötigen Kreuzbestäubung eignen sich unter anderem Golden Delicious, Cox Orange und Jonathan. Auf schwachwüchsiger Unterlage trägt die Sorte früh, ein Vorteil für Erstpflanzungen. Bei guter Pflege und Düngung gibt es in der Regel keine Ausfalljahre. Geerntet wird ab September. Die Äpfel können gut gelagert werden, verlieren aber im Frühjahr bald von ihrem Aroma.

Jamba

gehört zu den jüngsten Apfelsorten. Man züchtete sie im Alten Land an der Elbe unter Verwendung von James Grieve und brachte sie vor gut zwanzig Jahren in den Handel. Die großen Früchte zeigen sonnseitig Rot auf gelbgrünem Grund. Das erst knackige Fruchtfleisch wird später eher weich. Der reichlich vorhandene Saft bedingt eine nur begrenzte Lagerfähigkeit, doch ist Jamba nicht so druckempfindlich wie der ähnlich schmeckende James Grieve.

Zur Kreuzbestäubung bewährten sich Golden Delicious und Cox Orange, Jamba ist ein guter Pollenspender für andere Sorten. Man erntet die gleichmäßig geformten Früchte ab September. Die Sorte bleibt auf schwachwüchsiger Unterlage klein, sie braucht wenig Schnitt, gedeiht aber nicht in Höhenlagen mit starken Temperaturschwankungen.

James Grieve

stammt aus Schottland. Der vorwiegend rote Sommerapfel mit saftigem Fruchtfleisch kann in recht unterschiedlichen Baumformen gezogen werden. Auf schwachwüchsiger Unterlage wie M 9 eignet er sich für den kleinen Garten, sogar für Terrasse und Dachgarten, wenn man ihn in Kübeln pflanzt. Auf starkwüchsiger Unterlage hingegen entwickelt er sich im Lauf der Jahre zum stattlichen Baum.

James Grieve fruchtet auch bei Einzelpflanzung durch Selbstbestäubung. Der gute Pollenspender dient anderen Apfelbäumen als Vatersorte, Kreuzbestäubung ist auch für James Grieve von Vorteil (Goldparmäne, Cox Orange, Golden Delicious, Jonathan). Bei guter Pflege bringt er regelmäßige Erträge und zeigt wenig Anfälligkeit für Schorf. Auf warmen Böden in sonnigen Lagen kann man schon ab Ende August, sonst im September und Oktober ernten. Der zartwürzige Tafelapfel wird meist roh verzehrt, man kann ihn nur für begrenzte Zeit lagern.

Roter Jonathan

Der Rote Jonathan, eine Mutante des Jonathan, stammt aus Amerika. Er bringt kleine bis mittelgroße Früchte hervor, die mehr durch ihre leuchtend roten Backen als durch ihren Geschmack bestechen. Der ziemlich süße Apfel ist saftig, sein etwas durchdringender Geschmack fast derb. Trotz seines saftreichen Fruchtfleisches – grünlichgelb – kann der Apfel bei früher Ernte lange gelagert werden. Dazu trägt die dicke, glänzend glatte Schale bei. Erntet man zu spät, bekommt sie leicht Flecken. Man pflückt die ausgereiften Äpfel zum Essen im Oktober, Lageräpfel vor ihrer Eßreife schon im September. Der mehltauanfällige Jonathan muß stark zurückgeschnitten werden, er neigt zu ausladenden, biegsamen Zweigen, die den reichen Fruchtbehang nicht tragen können. Golden Delicious, James Grieve und Cox Orange bevorzugt man für die Kreuzbestäubung, Jonathan bringt auch selbst keimfähigen Pollen hervor. Der Rote Jonathan braucht viel Feuchtigkeit.

Rote Sternrenette

Auch bei dieser Sorte treffen auffallende Rotfärbung und »einfaches« Aroma zusammen. Der Hauptvorteil der Sternrenette liegt in ihrer Anspruchslosigkeit an das Klima und in ihrer Unempfindlichkeit gegen Krankheiten. Man pflanzt sie noch in rauhen Lagen

Kleine, teigige »Bauernbirnen« ...

erfolgreich an – auch als Pollanspender. Das Fruchtfleisch ist weiß, die Schale dunkelrot. Der kleine bis mittelgroße Apfel schmückt viele Weihnachtsbäume.

Schöner aus Boskoop

kommt in mehreren Mutanten vor. Die Früchte des Roten Boskoop zeigen nicht ganz so gute Lagereigenschaften wie die des Schöner aus Boskoop.

Wegen seiner ausgeprägten Starkwüchsigkeit braucht der Boskoop in den ersten Jahren wenig Schnitt. Die Blüten spenden keinen gut keimfähigen Pollen und sind deshalb auf Kreuzbestäubung

... eignen sich gut zum Trocknen. Aus diesem »Hutzeln« bäckt man Birnenbrot.

angewiesen. Dafür eignen sich vor allem früh blühende Sorten (Klarapfel, Goldparmäne, Cox Orange, Jonathan).

Ausfalljahre (Alternanz) sind beim Boskoop oft nicht zu vermeiden. Die Tragfähigkeit setzt verhältnismäßig spät ein. Ausdünnen der Fruchtansätze führt zu hohen Erträgen. Die unregelmäßig geformten Früchte können sehr groß werden.

Schöner aus Boskoop, auch Goldrenette genannt, entwickelt nur sonnseitig einen Hauch von Röte. Das anfangs sehr feste Fruchtfleisch wird während der Lagerung mürbe und entfaltet erst im Winter sein volles Aroma. Er eignet sich gleichermaßen zum Rohverzehr – hoher Vitamin C-Gehalt – wie zum Kochen, aber nicht zum Entsaften. Die derben, rauhen Schalen seiner Früchte sollten nicht darüber hinwegtäuschen, daß Boskoop zum Gedeihen viel Sonne auf feuchten Böden braucht; späte Nachtfröste werden schlecht vertragen.

Schöner aus Nordhausen

Dieser spät reifende Winterapfel wächst mittelstark und kann gut als Spindel und Busch gezogen werden. Wegen seiner Frosthärte eignet er sich auch für rauhere Lagen. Die Erträge an jungen Bäumen setzen früh ein. Nach der Blüte sollten die Fruchtbehänge ausgedünnt werden.

Die mittelgroßen Früchte entwickeln zur Reife eine undeutliche Rottönung auf weißlichgelbem Grund. Das weiße, säuerliche Fruchtfleisch enthält viel Saft. Trotzdem kann Schöner aus Nordhausen gut gelagert werden. Seine Anfälligkeit gegen Schädlinge und Krankheiten ist gering; an Klima, Boden und Pflege stellt diese dankbare Sorte keine hohen Ansprüche.

Die Birne *(Pyrus communis)*

Auch wenn man – nach einer Redensart – Äpfel nicht mit Birnen vergleichen soll, haben sie viele Gemeinsamkeiten. Als Kulturpflanze nahm die Birne wahrscheinlich einen ähnlichen Weg wie der Apfel. Von Mittel- oder Westasien ausgehend, wo noch heute viele Wildarten der Birne wachsen, gelangte sie über die Griechen und Römer nach Mitteleuropa. Ansprüche, Pflege, Schnitt und Vermehrung der Birne weichen nur wenig von den Gegebenheiten der Äpfel ab.

Die Birne wurzelt nicht flach, sondern schickt eine Pfahlwurzel in tiefere Erdschichten. Diesem »Unterbau« entsprechend streckt sich ihre Baumgestalt höher hinauf. Die Krone ist weniger kugelig, weniger ausladend als die der Äpfel. Im Umkreis von Bauernhöfen – in Süddeutschland oft auf Viehweiden – kann man noch heute hochgewachsene, mächtige Birnbäume sehen.

Dank seiner Pfahlwurzel erträgt der Birnbaum Trockenzeiten besser als der Apfelbaum. Birnen sind allgemein wärmebedürftiger und wollen ein ausgeglicheneres, milderes Klima, als es Äpfel brauchen. Seeklima und die Bedingungen von Weinbaugebieten lassen Birnen besonders gut gedeihen. Allerdings wachsen auch noch im Bergland und am Alpenrand stattliche Birnbäume bis um tausend Meter Höhe über dem Meer. Oft handelt es sich dabei um kleine, zum Essen ungeeignete »Mostbirnen«, die entsaftet und zu Birnenschnaps gebrannt werden; aber es gibt auch einige alte Sorten mit kleinen, festen, überaus süßen Früchten, die roh genießbar sind und sich gut zu »Hutzelbirnen« trocknen lassen. Man bäckt damit würziges Birnenbrot.

Die Birne bevorzugt eher schwere Lehmböden mit einem ihrer Pfahlwurzel noch erreichbaren Grundwasserspiegel. Birnen blühen in der Regel vor den Äpfeln. Späte Nachtfröste können den Fruchtansatz einer Ernte teilweise oder ganz vernichten. Den rein weißen Blüten fehlt das Rosa der Apfelblüten, dafür schmücken sie sich mit kräftig roten Staubbeuteln, die später gelb werden.

Wie bei den Äpfeln brauchen die meisten Kultursorten der Birne Kreuzbestäubung. Wo Früchte ohne Fremdbestäubung entstehen, fehlen ihnen die Samen. Dem milderen Geschmack der Birne entspricht ein geringerer Säureanteil des Fruchtfleisches. Der Gehalt an Nährstoffen, Spurenelementen und Vitaminen ist geringer, der Wasseranteil größer als bei Äpfeln. Die Birnenfrucht hat ein zartes Kernhaus, die Kerne sind dünner und länger als die der Äpfel. Birnen reifen erst nach einer gewissen Lagerzeit aus, dabei sollen sie kühl und können dunkel liegen. Die Lagerfähigkeit von Birnen reicht längst nicht an die der Äpfel heran, ihre volle Genußreife währt nur wenige Tage, Kenner sagen: nur einen Tag lang.

Auch die Kultursorten der Birne kann man weder durch Samen noch durch Stecklinge sortenecht vermehren. Man verwendet für das Edelreis Sämlingsunterlagen. So hat man es in der Hand, Birnen als Spindeln, Büsche, Schnurbäume, Viertel-, Halb- oder Hochstämme zu ziehen. Besonders gut bewährt hat sich das Okulieren auf Quittenunterlagen. Doch vertragen sich einige Birnensorten nicht mit der Quitte, so daß man dann zweimal veredeln muß (Zwischenveredelung).

Den Tausenden von Apfelsorten stehen weit weniger Birnensorten gegenüber. Im deutschen Erwerbsanbau beschränkt man sich auf etwa zehn Sorten.

Alexander Lukas

Alexander Lucas

stammt aus Frankreich. Sie wurde nach ihrem Entdecker benannt. Sie blüht schon ab April und braucht deshalb geschützte Lagen, wo sie zur Blütezeit keine Fröste mehr bekommt. Ihr Blütenstaub eignet sich nicht zur Befruchtung, sie muß mit Pollenspendern, zum Beispiel Gute Luise, Conference, Williams, Gellerts, Butterbirne, zusammen gepflanzt werden.

Die Früchte reifen spät, oft erst in der zweiten Oktoberhälfte. Die grüne Schale wird dann gelb, das Fleisch sehr saftig. Will man die großen Früchte bis in den Winter hinein erhalten, muß man sie kühl lagern; das macht frühes Pflücken vor der Eßreife erforderlich. Alexander Lucas ist anfällig gegen Schorf und Blütenwelke.

Clapps Liebling

stammt aus Nordamerika. Ihre starke Wüchsigkeit kann zu mangelnder Standfestigkeit führen. Sie wird deshalb vorteilhaft als

Clapps Liebling

Spalierbaum an eine Stützwand gepflanzt. Als Vatersorte für Kreuzbestäubung eignen sich zum Beispiel Conference und Williams Christbirne. Die Blüten von Clapps Liebling liefern ihrerseits keimfähigen Pollen für andere Sorten.

Die Erträge setzen am Jungbaum nicht sehr früh ein, sind dann aber hoch und werden in der Regel durch keine Ausfalljahre unterbrochen. Die großen, saftigen Früchte reifen unter guten Bedingungen schon gegen Ende August aus. Sonnseitig überziehen sich die gelbgrünen Birnen dann mit bräunlicher Röte. Bei schlechten Wachstumsbedingungen kann das Fruchtfleisch harte Körnchen enthalten. Es handelt sich um Steinzellen, die in vielen Birnen während der Fruchtausbildung entstehen, sich aber bei gesunder Entwicklung mit der Reife wieder auflösen.

Clapps Liebling braucht bei Quittenunterlage eine Zwischenveredelung.

Conference

gehört zu den dankbarsten Sorten – auch für den Hausgebrauch. Sie stellt wenig Ansprüche an Boden und Klima, braucht aber starken Schnitt. Sie blüht eher früh, ist sehr fruchtbar – auch mit sich selbst (Parthenokarpie), doch bilden sich dann die Früchte nicht regelmäßig aus. Damit sich die Birnen gut und groß entwickeln, sollte nach der Blüte ausgedünnt werden. Besser als Selbstbestäubung bewährt sich der Anbau anderer Pollenspender, wie Clapps Liebling oder Gellerts Butterbirne. Die Blüten bringen keimfähigen Blütenstaub für andere Sorten hervor.

Die eher unscheinbaren Farben der schlanken, langhalsigen Birnen spielen von Grüngelb zu Braungrün. Das Fruchtfleisch kommt ab September zur Reife. Früchte, die man gleich verbrauchen will, bleiben bis zur Vollreife am Baum, Lagerbirnen erntet man, solange sie noch fest sind.

Conference wächst kräftig, man veredelt sie ohne Zwischenveredelung auf Quitte A. Sie eignet sich für Spindelbüsche und kann dann auch auf kleinen Grundstücken erfolgreich gezogen werden. Die Erträge setzen früh ein, die Sorte neigt nicht zum Alternieren (Aussetzen der Ernten); auf alkalischen Böden besteht Chlorosegefahr; widerstandsfähig gegen Schorf.

Gellerts Butterbirne

kommt aus Frankreich. Sie ist eine der älteren Birnensorten. Sie blüht mittelfrüh und bringt keimfähigen Blütenstaub hervor. Trotz ihrer Fähigkeit, auch ohne Bestäubung Früchte anzusetzen, sollte man für Kreuzbestäubung sorgen, zum Beispiel durch die vorgenannten Sorten, die alle guten Pollen spenden. Gellerts Butterbirnen zeichnen sich durch gelbliches, zartschmelzendes Fruchtfleisch unter rauher, braungrüner Schale aus. Aroma und Süße der sehr saftigen Frucht machen sie zu beliebtem Tafelobst, das auch zu feinen Desserts verarbeitet werden kann. Man erntet sie im September. Während der Lagerung verliert Gellerts Butterbirne schnell ihr geschätztes Aroma.

Die Sorte wächst stark. Man sollte die rasch und steil aufstrebenden Zweige der Krone deshalb herunterbinden oder drehen, um sie zur Fruchtbildung anzuregen. Als Unterlagen haben sich Quitte Adams und Quitte C gut bewährt.

Gute Luise

erfreut sich seit etwa zweihundert Jahren großer Wertschätzung. Sie stammt, wie viele andere gute Birnensorten, aus Frankreich. Besonders zwei Eigenschaften zeichnen sie aus: das sehr feine Fruchtaroma bei säuerlichem Geschmack und die leuchtend roten Backen der mittelgroßen Früchte auf sattgelbem Grund. Die Schale ist glatt und glänzend. Man erntet Gute Luise im September – wenn man erntet. Denn diese Sorte neigt zu Ausfalljahren und beansprucht für ihr Gedeihen und Fruchten Bestbedingungen des Bodens, Klimas und der Pflege. Sie verträgt weder nasse Kälte noch anhaltende Trockenheit und will einen offenen Standort. Zudem wird sie leicht von Schorf und Blattroller befallen.

Gute Luise blüht mittelfrüh und bildet auch ohne Bestäubung Früchte. Trotzdem sollte man ihr Kreuzbestäubung ermöglichen. Sie selbst spendet fruchtbaren Pollen für andere Sorten, blüht aber nur kurze Zeit. Ihre Krone entwickelt sich regelmäßig und bedarf starken Rückschnitts. Man zieht sie vorteilhaft auf Quitte A, mit der sie sich ohne Zwischenveredelung verträgt.

Köstliche von Charneu

steht in ihrer Empfindlichkeit kaum hinter Gute Luise zurück. Das gilt auch für ihr saftiges, schmelzendes Fruchtfleisch und ihre Hinfälligkeit beim Lagern. Man erntet sie meist erst im Oktober. Ihre mittelgroßen Früchte reifen zu leuchtendem Gelbgrün heran und entwickeln kein Rot.

Die Krone wächst schnell und steil mit kräftigem Leitast, der eines starken Schnittes bedarf. Man kann Köstliche von Charneu unmittelbar auf Quitte A ziehen, doch lohnt sich die Zwischenveredelung für ungestörte Entwicklung des Baumes. Der Pollen aus den mittelfrühen Blüten ist keimfähig, dennoch braucht die Sorte Kreuzbestäubung, auch wenn sie bisweilen Früchte ohne Bestäubung ansetzt.

In Deutschland kennt man diese anspruchsvolle Sorte auch als Bürgermeisterbirne.

Gellerts
Butterbirne

Williams
Christ

Apfelquitte

Williams Christbirne

<u>kann nur in sonnigen und geschützten Lagen erfolgreich angebaut werden.</u> Wegen ihrer Wärmebedürftigkeit gedeiht sie vor allem in Südeuropa gut, stammt aber aus England, wo sie schon vor mehr als zwei Jahrhunderten gezüchtet wurde.

Geschmacksunterschiede entwickeln sich bei den einzelnen Birnensorten längst nicht so ausgeprägt wie bei den Apfelsorten. Die Williams Christbirne weist einen nur ihr eigenen muskatähnlichen Geschmack auf. Vor allem aber ihre gute Verarbeitbarkeit auch nach dem Kochen macht diese Sorte zur wichtigsten Birne der Konservenindustrie. Das Fruchtfleisch der Williams Christbirne behält auch nach dem Erhitzen Festigkeit und Aroma, es verfärbt sich nicht.

Die spät einsetzende, aber lang anhaltende Blüte der Williams Christbirne liefert keimfähigen Pollen, doch empfiehlt sich auch bei dieser Birne Fremdbestäubung durch Vatersorten. Die weiche und saftige Frucht reift goldgelb aus und kann unter günstigen Bedingungen schon Ende August geerntet werden. Es gibt Mutanten mit roten Backen. Bei Eßreife ist die Williams Christbirne besonders empfindlich, man muß sie für eine nur kurzzeitig mögliche Lagerung in festem Zustand pflücken.

Ja nach Unterlage kann man die Williams Christbirne als stattlichen Baum (auf Sämling) oder auch in kleinen Formen ziehen. Die empfehlenswerte Quittenunterlage bedarf einer Zwischenveredelung.

Die Reihe köstlicher Birnen könnte man fortsetzen, doch ergeben sich von Sorte zu Sorte sowohl in der Fruchtbeschaffenheit als auch in den Ansprüchen an Boden, Klima und Pflege keine tiefgreifenden Unterschiede, soweit es sich um edle Tafelbirnen handelt. Zwischen diesen und den erwähnten anspruchslosen kleinfrüchtigen Birnen, die teilweise nur zum Entsaften verwendet werden, liegen die nicht ganz so kleinen Kochbirnen oder Bergamotten. Ihr körniges, festes Fleisch eignet sich nicht für den Rohgenuß, aber für die Zubereitung von Kompotten und Marmeladen. Beim Kochen nehmen sie eine rötliche Tönung an. Die Farben ihrer lederartig derben, oft rauhen Schalen spielen zwischen Graugrün und Rotbraun. Ertrag und Fruchtqualität auch der kleinen und kleinsten Kultursorten, die den Wild- oder Holzbirnen noch näher stehen, lassen sich durch gute Pflege und sachgemäßen Schnitt erheblich steigern.

Die Quitte *(Cydonia oblonga)*

Als noch in den meisten Haushalten zur Herbstzeit Obst und Gemüse eingemacht wurde, kam den Früchten der Quitte eine größere Bedeutung zu als heute. Ihr hoher Pektingehalt – er übertrifft den des anderen Kernobstes – läßt Quittensaft gut gelieren. Obstkuchen aus Quitten, Quittengelee und »Quittenbrot« stellen Kostbarkeiten dar, die jetzt weithin in Vergessenheit zu geraten drohen.

Zum Rohgenuß eignen sich die hartfleischigen Früchte nicht. Dafür bieten die leuchtend gelben, meist recht großen, bis zu drei Pfund schweren Quitten im dunkelgrünen Laub des Baumes einen Schmuck, der dem Liebhabergarten gut ansteht. Wer nicht allzu sparsam mit Platz umgehen muß, sollte sich diese Zierde leisten, zumal Quittengehölze sehr wenig Pflege erfordern und nicht anfällig gegen Schädlinge und Krankheiten sind.

Der aus Asien stammende Quittenbaum braucht allerdings einen sonnigen Stand in milder Lage. Er wächst und fruchtet zwar auch unter rauheren Klimabedingungen, doch entwickeln die Früchte dann nicht das kennzeichnende Aroma und ihren starken zitronenähnlichen Duft. Schon wenige Quittenfrüchte in einem Raum verleihen der Luft würzig-fruchtige Frische. Bei der guten Lagerfähigkeit von Quitten läßt sich diese Eigenschaft leicht nutzen. Die Haltbarkeit der Quitten erklärt sich aus ihrem sehr festen, trockenen Fleisch unter dichter Schale.

Wildformen der Quitte wachsen im Kaukasus, in Turkestan, im Iran und im Südosten der Arabischen Halbinsel. Ihre Geschichte als Kulturpflanze dürfte kaum kürzer sein als die des anderen Kernobstes. Sie galt und gilt noch immer als Heilmittel in verschiedener Zubereitung und Anwendung. Auch symbolische Kräfte schrieben die Alten der Quitte zu. In Pompeji verzehrten Bräute eine Quitte, bevor sie ins Hochzeitsgemach eintraten.

Die heute bedeutendste Rolle der Gattung Quitte ist allgemein nur Obstbauern bekannt: Die meisten Birnen, die in den Handel kommen, wachsen auf Quittenwurzeln. Die niedrigen Kulturformen der Birnen werden in der Regel auf Quittenunterlagen veredelt. Sie bilden den widerstandsfähigen und ausreichend standfesten Unterbau edler, in Büschen und Niederstämmen gezogenen Birnengehölze. Am häufigsten verwendet man die Unterlagen Quitte A, Quitte Adams und Quitte C. Diese Unterlagen eignen sich allerdings nicht für die Fruchterzeugung.

Die echte Quitte kann man aus Samen, besser aus Abrissen und abgeschnittenen Einjahrestrieben vermehren. Die Einjahrestriebe sollten um dreißig, die Abrisse um vierzig Zentimeter lang sein und ziemlich tief in den Boden kommen. Die Kultursorten der Quitte werden auf Unterlagen veredelt. Für kleine Formen nimmt man Quitte A, für Hochstämme unter anderem den verwandten Rotdorn. Quittenbäume können die stattliche Höhe von acht Metern erreichen.

Nach der Form ihrer Früchte unterscheidet man Apfelquitten und Birnenquitten. Das duftende, sehr aromatische, aber herbe Fruchtfleisch ist beiden Formen gemeinsam. Es enthält neben Weinstein Apfel- und Gerbsäure, aber auch einen beachtlichen Anteil an Fruchtzucker und etwas mehr Vitamin C als Äpfel. Die

Die oft sehr hohen Bäume der Wildkirsche...

Schleimstoffe der Kerne spielen in der Volksheilkunde eine Rolle.

Quitten gedeihen sowohl auf leichten als auch auf lehmigen Böden. Der pH-Wert sollte 7 nicht überschreiten, also etwa neutral sein. Bei zu hohem Kalkgehalt besteht Chlorosegefahr. Die bis zu fünf Zentimeter messenden weißen oder zartrosa Blüten der Quitten öffnen sich im Mai und Juni, sie bilden einen reizvollen Gartenschmuck. Die Früchte sollte man so lange wie möglich, also bis zu den ersten Frösten reifen lassen. Ihre weißflaumige Behaarung verlieren sie am Ende der Reifezeit.

Außer einem jährlichen Erhaltungsschnitt und üblicher Düngung braucht der Quittenbaum keine besondere Pflege. Obwohl die Quitte in wärmeren Gegenden zu Hause ist und dort auch am

... bringen kleine, mitunter wohlschmeckende Früchte hervor.

besten gedeiht, schaden ihr Winterfröste nicht. Sie blüht spät, so drohen ihrer Fruchtentwicklung auch keine Spätfröste.

Kultursorten: Bereczki, Champion, Portugiesische Birnquitte, Riesenquitte von Lescovac und Vranja. Die letztgenannte Art bestäubt sich selbst und ist auch wegen ihrer Tragfreudigkeit für den Hausgarten besonders zu empfehlen.

Es gibt keinen »zwingenden« Grund, Quitten im Hausgarten anzubauen, aber doch einige Gesichtspunkte, die für diese alte Kulturpflanze sprechen. Man erfreut sich im Frühjahr an ihren Blüten, im Sommer und Herbst an ihren unübersehbaren Früchten und schließlich noch an den kraftigen Herbstfarben ihres Laubes.

Die Mispel *(Mespilus germanice)*

bauten nicht nur unsere Vorfahren, sondern auch die alten Römer und Griechen, wahrscheinlich schon die Kulturvölker Kleinasiens und Persiens an. Wilde oder verwilderte Mispeln wachsen in vielen europäischen Wäldern. Anders als die Wildform trägt die Kulturform der Mispel keine Dornen. Ihre gerbsäurehaltigen Früchte sind hart und zunächst ungenießbar. Erst wenn sie schon in Fäulnis übergehen, werden sie so mürbe, daß man sie essen kann – falls man den Geschmack schätzt. Ihre Würze dient bei der Herstellung alkoholischer Getränke als Aromaspender.

Mispeln sind unempfindlich und anspruchslos. Sie leiten zu den wildwachsenden Gattungen der Unterfamilie Kernobstgewächse über. Zu ihnen gehören auch die Felsenbirne, die Eberesche (Speierling) und der Weißdorn.

Steinobst

Die Steinobstgewächse, eine Unterfamilie der Familie Rosengewächse, unterscheiden sich botanisch von den bisher beschriebenen Kernobstgewächsen durch die Fruchtbildung. Die Fruchtknotenwand der Steinobstgewächse gliedert im Lauf der Fruchtreife drei Hüllen oder Schichten aus: die dünne Außenhaut (Exokarp) umschließt eine fleischige Mittelschicht (Mesokarp) – das eigentliche Fruchtfleisch – und dieses eine »steinharte«, eigentlich holzige Innenschicht als Schutzgehäuse des Samens. Im Gegensatz zu den Steinfrüchten des Kernobstes haben wir es hier mit echten Früchten zu tun. Zu ihnen zählen Kirschen, Pflaumen mit Zwetschen, Reineclauden, Aprikosen, Pfirsiche mit Nektarinen und Mandeln, die auch bei uns heimischen Wildarten Schwarzdorn (Schlehe) und Traubenkirsche (Ahlkirsche) sowie eine Reihe von Ziergehölzen mit den formenreichen Japanischen Zierkirschen. Wir beschränken uns im folgenden auf wichtige Sorten der bei uns ihrer Früchte wegen angebauten Steinobstarten. In Japan spielen die zahlreichen Varietäten der Blütenkirschen eine wichtige Rolle in der Kultur und in der Kulturgeschichte des Landes.

Wie beim Kernobst ist man auch beim Steinobst auf Veredelung angewiesen, wenn man selbst vermehren will. Kreuzbestäubung führt bei den meisten Steinobstsorten zu den besten Ernteergebnissen oder muß für die Fruchtbildung überhaupt erst vorausgesetzt werden.

Kirschen

Man unterscheidet Süßkirschen oder Vogelkirschen (Prunus avium) und Sauer- oder Weichselkirschen (Prunus cerasus). Ihre Wildformen wachsen in Mittel- und Südosteuropa, in West- und Mittelasien.

Schon die Menschen der Jungsteinzeit spuckten Kirschkerne aus, man fand solche Reste bei Ausgrabungen an Wohnstätten. Kultursorten der Kirsche lernten die Römer wahrscheinlich im ersten Jahrhundert vor Christi Geburt von den Griechen kennen und sorgten später für ihre Verbreitung in den neuen nördlichen Provinzen Galliens und Germaniens.

Die Süßkirsche ist nicht etwa einer Weiterzüchtung der Sauerkirsche; vielmehr gibt es neben bittern auch süße Wildformen, nur sind deren Früchte wesentlich kleiner als die der Kultursorten, die Bäume meist größer. Nach der Chromosomenzahl ging die Sauerkirsche mit 32 Chromosomen aus der Süßkirsche mit 16 Chromosomen hervor. Süßkirschen und Sauerkirschen sind echte Arten mit unterschiedlichen Merkmalen, in der Natur kreuzen sie sich nicht untereinander. Unter den Kultursorten aber ist die Rote Maikirsche eine Kreuzung oder Hybride. Man zählt sie allgemein zu den Süßkirschen.

Die gestielten, drüsigen Blätter der Süßkirsche hängen, während die drüsenlosen, härteren Blätter der Sauerkirschen abgespreizt wachsen und sich härter anfühlen. Alle Kirschen blühen weiß, die Blüten stehen in Büscheln. Nur die Sauerkirsche entwickelt kleine, grüne Blättchen am Grund der Blütenstände. Alle Süßkirschen brauchen Fremdbestäubung (selbststeril), die meisten Sauerkirschen genügen sich selbst (selbstfruchtbar). Man kann in einem Hausgarten also durchaus nur einen Sauerkirschbaum anpflanzen, was bei Süßkirschen nicht zum Erfolg führt, wenn auch in der Nachbarschaft keine Süßkirschengeholze stehen.

Alle Kirschen haben glatte, rundliche Steine, allgemein haftet das Fruchtfleisch der Süßkirschen am Stein, das der Sauerkirschen nicht. Die Fruchtfarben der Kirschen reichen von »Weiß«, das in Wirklichkeit einem rötlichen Gelb entspricht, über Rotgelb, Hellrot, Feuerrot, Dunkelrot, Rotbraun und Rotviolett bis zum rötlichen Schwarz. Man veredelt auf Wildlingsunterlagen.

Süßkirschen

wollen vollsonnigen Stand, warmen, eher leichten, aber tiefgründigen Boden. Kiesführender oder steiniger Untergrund wird bei starker Humusschicht vertragen, Staunässe nicht. Bei schwerem Lehm oder Ton besteht Gummiflußgefahr. Diese Krankheit kann auch andere Ursachen haben, zum Beispiel Stickstoffüberdüngung oder Mangel an Kali, Phosphor oder Kalk. Kirschen vertragen etwas mehr Kalk als Äpfel. Der pH-Wert des Bodens sollte nicht tiefer als 5,5 liegen und darf 7,5 bis 8 erreichen. Bei kalkhaltigen, also alkalischen Böden ist Vorsicht mit Kalkdüngung oder kalkreichem Kompost geboten. Spätfröste können, besonders bei den Süßkirschen, den Blüten schaden und die Fruchtansätze vereiteln.

Süßkirschen lassen sich als Büsche und Hecken, als Nieder- und Hochstämme ziehen. Im Haus- und Obstgarten wird man niedrigen Kulturformen den Vorzug geben. Sie bringen früher Erträge, lassen sich leichter pflegen, schneiden und abernten, nötigenfalls durch Netze gegen Vogelfraß schützen, was bei Hochstämmen recht schwierig oder unmöglich ist.

Die bei den Süßkirschen notwendige Kreuzbestäubung setzt voraus, daß man solche Sorten zusammenstellt, die in etwa zur gleichen Zeit blühen. Beim Kauf der Jungpflanzen in einer Baumschule sollte man sich vergewissern, daß die gewählten Sorten in ihrer Blühzeit zusammenpassen. Zur genaueren Einstufung der Kirschensorten teilt man sie auch nach ihren Reifezeiten in »Kirschenwochen« ein. Ganz allgemein entspricht einer Ernte im Juni die Blüte im April oder einer Blüte im Mai die Ernte im Juli, der späten Juniblüte eine Ernte bis in den August hinein. Ernte in der ersten Kirschenwoche bedeutet reife Früchte in der Junimitte.

SORTEN

Kassins Frühe

bringt große, weiche, schwarzrote Früchte mit rotbraunem, saftigem Fleisch hervor; Reife in der ersten und zweiten Kirschenwoche, besonders zum Frischverbrauch, weniger zum Verarbeiten geeignet. Mittelstarker Wuchs und reiche, regelmäßige Ernten machen Kassins Frühe für den Hausgarten beliebt, doch ist die Sorte empfindlich gegen Dauerregen.
   Günstige Befruchtungssorten für die Kreuzbestäubung: Badeborner, Büttners Rote Knorpel, Fromms Herzkirsche, Dönissens Gelbe Knorpelkirsche, Große Germersdorfer, Große Prinzessinkirsche, Große Schwarze Knorpelkirsche, Hedelfinger Riesenkirsche, Rivers Frühe, Schneiders Späte Knorpelkirsche.
   Rivers Frühe reift gleichfalls in der ersten und zweiten Kirschenwoche, sie ist regenfester als die vorige Art. Ihre Früchte sind etwas kleiner als Kassins Frühe. Sie kann mit dieser Sorte zur Kreuzbestäubung zusammen angebaut werden, aber auch mit den oben genannten Sorten.

Fromms Herzkirsche

reift in der dritten Kirschenwoche mit mittelgroßen weichen, violett überhauchten Früchten. Kreuzbestäubung ist mit den oben aufgeführten Sorten möglich.

Die Rote Maikirsche

reift ab der dritten Kirschenwoche in einem für Süßkirschen recht hellen, leuchtenden Rot. Der erwähnte Einschlag der Sauerkirsche zeigt sich bei dieser Sorte auch in etwas geringerer Wuchsstärke als bei anderen Süßkirschen.
   Die Rote Maikirsche tritt in verschiedenen Zuchtformen mit unterschiedlichem Aussehen und verschiedenen Eigenschaften auf. Zur Kreuzbestäubung eignen sich andere mittelfrühe Sorten, aber auch Schneiders Späte Knorpelkirsche.

Hedelfinger Riesenkirsche

reift in der vierten und fünften Kirschenwoche. Ihre tiefroten, herzförmigen Früchte zeichnen sich durch festes Fleisch, Aroma und Größe aus. Ihr Stein löst sich gut.
Sorten mit knackigem Fleisch nennt man auch Knorpelkirschen. Zur Bestäubung bewährten sich unter anderen Schneiders Späte Knorpelkirsche und Große Prinzessin.
Wegen ihrer widerstandsfähigen Fruchthaut ist die Hedelfinger Riesenkirsche nicht sehr regenempfindlich. Ihre späte Blüte entgeht den Nachtfrösten, die Frosthärte des Baumes im Winter ist gut.

Große Prinzessinkirsche

heißt wegen ihrer gelblichen, sonnseitig zart geröteten Früchte auch Weiße Herzkirsche. Sie reift in der vierten Kirschenwoche. Diese mittelspäte Sorte zeichnet sich durch knackiges Fruchtfleisch und Starkwüchsigkeit aus. Ähnliche Fruchtfarbe hat

Dönissens Gelbe Knorpelkirsche.

Sie reift in der fünften und sechsten Kirschenwoche. Für die Kreuzbestäubung kommen Fromms Herzkirsche, Große Prinzessin, Hedelfinger Riesenkirsche, Schneiders Späte Knorpelkirsche und andere in Frage.

Große Schwarze Knorpelkirsche

reift in der fünften und sechsten Kirschenwoche. Ihr Fleisch ist etwas säuerlicher als das anderer Süßkirschen, dunkelrot, saftig, aber nicht weich, sondern knackig. Diese beliebte Sorte mit herzförmiger Fruchtform braucht nährstoffreiche, aber eher leichte Böden.
Bewährte Bestäubersorten sind Dönissens Gelbe Knorpelkirsche, Fromms Herzkirsche, Hedelfinger Riesenkirsche und Schneiders Späte Knorpelkirsche.
Unsere Beispiele zeigen, daß jeweils viele Süßkirschensorten

zur gegenseitigen Bestäubung möglich sind. Die Baumschulen, von denen man Pflanzgut bezieht, geben darüber gern Auskunft. Für den Gartenfreund bringt es Vorteile, wenn er solche Sorten wählt, die ungleichmäßig reifen, so daß er länger ernten kann. Die Rote Maikirsche und Schneiders Späte Knorpelkirsche weisen diese Eigenheiten auf, die im Erwerbsanbau von Nachteil sind.

Die Sauerkirschen haben für den Hausgarten drei Vorzüge:

1. Sie stellen allgemein geringere Ansprüche an Standort, Boden und Klima. Einige Sorten reifen auch bei teilweiser Beschattung.
2. Man kann bei Sauerkirschen selbstfruchtbare Sorten wählen und ist dann nicht auf Kreuzbestäubung, das heißt auf das Anpflanzen mehrerer Büsche oder Stämmchen, angewiesen.
3. Sauerkirschen sind von Natur aus schwachwüchsiger als Süßkirschen. Man kann sie gut als recht kleine Gehölze ziehen und braucht nicht aus Platzmangel auf diese reichtragende Steinobstart zu verzichten. Ein Nachteil der Sauerkirschen ist ihre Anfälligkeit für die Pilzkrankheit Monilia. Sie kann auch bei Süßkirschen auftreten.

Schattenmorelle

ist eine der wichtigsten und dankbarsten Sauerkirschsorten. Ihre vollsaftigen, wohlschmeckend-säuerlichen Früchte reifen in der sechsten Kirschenwoche, je nach Lage auch erst im August. Dabei entwickeln sich ihre Farben von Grün über Gelb zu Hellrot und schließlich zu tiefem Dunkelrot. Wegen ihres weichen Fleisches müssen ausgereifte Schattenmorellen gleich verbraucht werden.

Bei uns gedeiht auch diese Sorte nicht wirklich im Schatten, aber doch im Halbschatten, also etwa an Ost- und Westseiten eines Hauses, wo sie nicht ganztätig Sonne bekommt. Schattenmorellen werden wegen ihrer Schwachwüchsigkeit vorteilhaft als Büsche und Spaliere gezogen, auch mittelhohe Hochstämme sind möglich. Als kaum mannshoher Kleinstbaum eignet sie sich für Pflanzkübel und Tröge, sie bringt in dieser Form ein wenig Obstgartenatmosphäre auf die Terrasse oder sogar auf den Balkon.

Ein solches Zier- und Ertragsbäumchen sollte regelmäßig gleich nach der Ernte bis auf das zweijährige Holz zurückgeschnitten werden, damit es seine Kronenform wahrt. Da die Schattenmorelle hauptsächlich auf einjährigen Trieben fruchtet und älteres Holz zum Verkahlen neigt, empfiehlt sich dieser Rückschnitt auch für die anderen Gehölzformen dieser Sorte, aber nicht für alle Sauerkirschen.

Bei Schattenmorellen, die mehrere Jahre nicht in dieser Weise gepflegt wurden, schneidet man nach der Ernte alle mehrjährigen Langtriebe bis auf kräftige Blattknospen zurück, aus denen dann neues Fruchtholz treibt. Damit sich das Gehölz trotz jährlichem Rückschnitt weiter entwickeln kann, wechselt man vorteilhaft von Jahr zu Jahr zwischen starkem und schwachem Einkürzen der Triebe. Regelmäßige Verjüngung durch Schnitt beugt auch der Bleiglanzkrankheit und dem Moniliabefall vor. Wie die meisten heute handelsüblichen Sauerkirschsorten ist die Schattenmorelle selbstfruchtbar, also nicht auf Fremdbestäubung angewiesen.

Die Sorten Ludwigs Frühe und Diemitzer Amarellen brauchen für ihre zahlreichen, aber kürzeren Fruchttriebe weniger starken Rückschnitt. Die Sorten Heimanns Rubinweichsel und Rexelle neigen weniger zum Verkahlen und müssen deshalb nur bei zu dichtem Stand der Triebe ausgelichtet werden. Der Eigenart vieler Sauerkirschgehölze, zahlreiche steile Triebe auszubilden, wirkt man durch Auseinanderspreizen von Ästen entgegen und durch das Entfernen nach innen wachsender oder schwacher Triebe. Man fördert dabei fruchtbare Seitentriebe durch Zurückschneiden auf Außenknospen, die vorhandenen Triebe verlängern sich sonst über die Endknospen und können verkahlen, wenn sie zu lang werden.

Morellenfeuer

ist eine junge Sorte aus Dänemark von mäßig starkem Wuchs. Sie blüht im Mai und kann im Juli geerntet werden. Man pflückt die dunkelroten Früchte ohne Stiele, was bei anderen Kirschen oft nicht möglich ist.

Morellenfeuer eignet sich gut für den Hausgarten. Auch diese Sorte braucht keine Fremdbestäuber, und sie erwies sich als widerstandsfähig gegen Krankheiten und Schädlinge, ohne besondere Ansprüche an Boden und Klima zu stellen. Ein jährlicher Verjüngungsschnitt fördert die Tragwilligkeit. Allgemein bilden sich bei den Sauerkirschen Früchte nur am einjährigen Holz.

Wer nur wenig Platz für Obstgehölze im Garten hat, wird zunächst den Anbau von Kern- und Beerenobst vorziehen. Nach dieser »Grundausstattung«, die nur aus niedrigen Gehölzen zu bestehen braucht, sollte man sich durchaus auch für Kirschen entscheiden, zumal sie durch Blüten und Früchte einen reizvollen Gartenschmuck bilden. Man beginnt vorteilhaft mit einer Sauerkirsche und setzt den Anbau – soweit Platz vorhanden – mit mehreren Süßkirschengehölzen fort. Süßkirschen eignen sich besser zum Rohgenuß, Sauerkirschen bestens für die Weiterverarbeitung zu Säften, Gelees, Marmeladen, für Obsttorten, zum Einmachen und zum Einlegen etwa im Rumtopf.

Auf die zahlreichen Ziergehölze in der Verwandtschaft der Kirschen gehen wir im nächsten Band dieser Reihe ein.

Pflaumen mit Zwetschen, Renekloden und Mirabellen
(Gattung *Prunus*)

In Mitteleuropa wachsen keine Wildformen der Pflaumen, wie das bei den Kirschen und beim Kernobst der Fall ist. Die Pflaume stammt wahrscheinlich aus Vorderasien, vielleicht aus dem uralten Kulturland um die Flüsse Euphrat und Tigris. Dort blühte einst die persische Hauptstadt Susa. Ihr Name soll in der italienischen Bezeichnung »susina« stecken, er könnte sich in dem Wort Zwetsche erhalten haben. Doch ist diese Ableitung ebenso unsicher wie die Vermutung, daß unser Wort Kirsche auf die Stadt Kerasond am Schwarzen Meer zurückgeht.

Es scheint erwiesen zu sein, daß wichtige Kulturformen unseres Obstes aus dem westlichen Asien, aus den Gebieten des heutigen Iran stammen, wo sich die alte persische Kultur entwickelt hatte.

Den Römern waren Kultursorten der Pflaume nach Schriftzeugnissen schon um Christi Geburt, wahrscheinlich sogar früher bekannt. Unsere Schlehe (Schwarzdorn) hat Ähnlichkeiten mit der Pflaume, doch ist ihr Kern nicht spitz und flach wie bei den Pflaumen, sondern rund und glatt. Die Wildarten Schlehe und Kirschpflaume dürften bei der Entstehung der Hauspflaume mitgespielt haben. Auch mit heutigen Erkenntnissen der Genetik und den technischen Möglichkeiten zeitgenössischer Pflanzenzucht ist es nicht möglich, etwa aus einer Schlehe eine pflaumenartige Kulturpflanze hervorgehen zu lassen. Um so rätselhafter muß es uns erscheinen, daß solche Nutzpflanzen an bestimmten Orten und zu bestimmten Zeiten auftraten und für die Fortentwicklung der Menschheit schon bald eine wichtige Rolle spielten. Die in jungsteinzeitlichen Pfahlbauten gefundenen Steinobstkerne stammen von der Vogelkirsche und der Schlehe, also noch nicht von Kulturformen. Der Anbau von Kulturpflanzen setzte eine von den europäischen Steinzeitmenschen noch nicht errungene Kulturstufe, nämlich die des Ackerbaus, voraus.

Pflaumen, Zwetschen, Reneklogen und Mirabellen sind Formen beziehungsweise Unterarten der Hauspflaume *(Prunus domestica)*. Die Hauspflaume wird mitunter als Zwetsche bezeichnet, meist gelten als Zwetschen aber nur bestimmte Formen der Pflaume. Die Abgrenzung schwimmt und ist nicht botanisch im Sinne einer Unterart begründet. Wir verwenden hier den Oberbegriff Pflaume und behalten die Bezeichnung Zwetsche (in Süddeutschland Zwetschge) den unter diesem Namen bekannten Pflaumensorten vor. Zwetschen unterscheiden sich von den Pflaumen durch die längliche Form ihrer Früchte, durch festeres Fruchtfleisch, durch flachen Kern und dünne Fruchtstiele. Zwetschen sind meist blau, seltener blaurot gefärbt, jedenfalls in der Reife niemals grün oder gelb. Das Fruchtfleisch der Pflaumen zerfällt beim Kochen leichter. Man bevorzugt sie für den Rohgenuß.

Pflaumen (und Zwetschen) wachsen von Natur aus als mittelgroße Bäume, sie sind mittel- bis starkwüchsig. Durch geeignete Unterlagen und Schnitt können sie auch als niedrige Gehölzformen gezogen werden. Einige Sorten brauchen Fremdbestäubung, andere nicht. Auch die Vermehrung durch Veredelung auf Sämlingsunterlagen braucht man nicht bei allen Sorten durchzuführen, weil sie teilweise durch Wurzelschößlinge sortenecht vermehrbar sind.

Wie die Kirschen und das Kernobst brauchen Pflaumen vollsonnige Standorte in milden Lagen, um zur Fruchtreife zu kommen. Die Bäume sind widerstandsfähig genug, auch in ungünstigen Lagen zu wachsen, doch lassen Größe, Süße und Aroma der Früchte dann zu wünschen übrig. Pflaumen sind frostempfindlich sowohl während der Blüte als auch gegen starke Winterfröste. Der Boden sollte tiefgründig humos, er darf sandig leicht sein, wenn man ihn ausreichend mit Nährstoffen versorgt und in Trockenzeiten wässert. Lehmböden, sogar tonige Böden eignen sich, wenn man Staunässe ableitet und regelmäßig Nährhumus zuführt. Naßkalte und magere Böden bilden keine Grundlage für den Anbau von Steinobst.

Kalkmangel vertragen Pflaumen schlecht. Ein pH-Wert des Bodens von 5,5 oder 6, den die Kirschen noch hinnehmen, liegt für sie schon zu tief; sie wollen möglichst 6,5 bis 7. Doch muß man auch bei ihnen mit Kalkgaben vorsichtig sein, Überkalkung kann zu Chlorose führen.

Die Tragwilligkeit der Pflaumen übersteigt bisweilen die Tragfähigkeit ihres Holzes. Die Äste solcher Bäume müssen dann abgestützt oder vorsichtig hochgebunden werden. Pflaumen neigen zu Ausfalljahren oder doch zu jahreweise schlechteren Erträgen. Vor allem an jungen Gehölzen muß man Erziehungsschnitte vornehmen. Pflaumen tragen an zwei- und dreijährigem Holz, ein regelmäßig starkes Zurückschneiden wie bei den Kirschen wäre deshalb falsch.

Pflaumen blühen im April noch vor dem Austrieb der Blätter. Es besteht deshalb stets die Gefahr, daß Spätfröste die Fruchtbildung verhindern. Die weißen Blüten sitzen an kurzen Stielen, sie bilden meist paarweise einen Blütenstand. Frühe Sorten reifen im August, mittlere und späte im September und Oktober. Die Spätzwetschen haben einen deutlich höheren Fruchtzuckeranteil. Sie eignen sich deshalb am besten für das bekannte Pflaumenmus oder zum Einmachen und Trocknen.

Während der Reife überziehen sich die Früchte vieler Pflaumensorten mit einer feinen Wachsschicht, die wie Reif aussieht und Duft genannt wird.

The Czar,

eine der bekanntesten Sorten, stammt aus England. Sie blüht im April und reift im August dunkelblau. Ihr gelbes Fleisch ist saftig und löst leicht vom Stein. The Czar braucht keine Fremdbestäubung, kann also allein angepflanzt werden. Auch ihre guten und gleichmäßigen Erträge machen sie für den Hausgarten geeignet. Ihr keimfähiger Blütenstaub kann andere Sorten befruchten, zum Beispiel die

Lützelsachser Frühzwetsche.

Sie reift schon ab Juli, ihre Früchte schmecken angenehm säuerlich. Die für sie nötige Fremdbestäubung liefern auch die Bühler Frühzwetsche und die Viktoriapflaume (Königin Viktoria). Aus Amerika kommt die

Ontariopflaume

mit schönen gelben und besonders großen, fast kugelrunden Früchten. Die selbstfruchtbare Sorte reift schon Anfang August. Die Süße dieser Pflaume lockt viele Wespen, doch bleibt ihr Aroma hinter dem anderer Sorten zurück. Daß die Ontariopflaume bei uns kaum im Obsthandel geführt wird, liegt an der Druckempfindlichkeit ihres weichen Fruchtfleisches. Um so lohnender ist ihr Anbau im Hausgarten, sofern man das Wärmebedürfnis der Sorte befriedigen kann. Da ihr zudem Winterfröste schaden können, empfiehlt sie sich nicht für rauhere Lagen.

Die Bühler Frühzwetsche

zeichnet sich durch das gute Aroma ihres saftigen Fleisches aus und durch ihre Widerstandsfähigkeit gegen Krankheiten. Allerdings braucht auch sie warme Standorte. Ihre mittelgroßen, dunkelblauen Früchte können dann schon ab Mitte August geerntet werden. Ein Nachteil ist das brüchige Holz dieser Sorte, ein Vorteil ihre Selbstfruchtbarkeit.

Die Viktoriapflaume

kommt aus England. Sie reift nicht zu blauen, sondern über gelbe zu roten Früchten heran und kann je nach Lage im August oder September geerntet werden. Der übergroßen Fruchtbarkeit dieser Sorte muß man durch Ausdünnen nach der Blüte begegnen. Beläßt man ihr einen zu starken Behang, bleiben die Früchte klein und entwickeln zu wenig Süße. Obwohl ihr Geschmack wegen geringer Säurebildung nicht so fruchtig-frisch ist wie der anderer Sorten, kann man sie doch für den Hausgarten empfehlen.

Bühler
Frühzwetsche

Für den Eigenanbau sprechen: Sie braucht keine Fremdbestäubung, ihre Früchte reifen nicht auf einmal, so daß man durch einige Zeit hindurch ernten kann, sowohl die Blüten als auch das Holz zeigen wenig Empfindlichkeit gegen Frost, die Erträge setzen an den Jungbäumen früh ein.

Die häufigsten Pflaumen-»Leiden«, Fruchtmonilia und Bleiglanzkrankheit, können allerdings auch bei dieser verhältnismäßig robusten Sorte auftreten, Dauerregen läßt die Früchte platzen. Der schwache bis mittelkräftige Wuchs mit hängenden Zweigen macht die Sorte auch für kleine Gärten anbaufähig.
Unter den Zwetschensorten ist die

Deutsche Hauszwetsche

bestimmt Nummer Eins: Zwar muß man mit der Ernte dieser späten Sorte bis Mitte Oktober warten, aber dafür eignen sich die überaus saftigen und süßen, dabei säuerlichen und aromatischen

Früchte ebenso gut für den Frischverzehr wie für alle denkbaren Verarbeitungen von Pflaumenmus bis Zwetschenwasser wie keine anderen. Die Steine lösen leicht, für den Handel ist die geringe Druckempfindlichkeit der langen, großen Früchte von Bedeutung.

Der Anbau dieser weitverbreiteten und tragfähigen Sorte macht keine Schwierigkeiten, allerdings lassen sich Ausfalljahre nicht immer vermeiden. Blüten und Holz können Frostschäden davontragen. Deshalb sollte man beim Pflanzen auf geschützte Standorte achten. Der mittelstarke Wuchs kann zu kräftigen Bäumen führen, im Kleingarten wäre dieses Gewächs fehl am Platz. Fremdbestäubung ist nicht nötig.

Mirabellen

bringen nur auf warmen Böden und in mildem Klima befriedigende Erträge und ausgereifte Früchte. Mäßiger Wuchs führt je nach Schnitterziehung zu kleinen bis mittelgroßen Bäumen, so daß die Mirabelle auch im Hausgarten angebaut werden kann. Sie ist selbstfruchtbar. Anders als Kirschen und die meisten Pflaumensorten bilden Mirabellen nur kurzes Fruchtholz aus, das fein und dicht heranwächst. Auslichtungs- und Verjüngungsschnitte sind für regelmäßige Erträge unumgänglich. Auch ein Ausdünnen zu dichter Fruchtbehänge dankt der Baum mit besserer Ernte.

Die kugelig runden Früchte erreichen nicht die Länge von Pflaumen. Sie reifen von Grün zu Grüngelb bis Goldgelb. Vollreife Mirabellen zeigen auf der dünnen, prall gespannten Fruchthaut unregelmäßige, feine, rostartige Punkte, das Fleisch ist dann sehr weich, hinigsüß mit wenig Säure und stark aromatisch. Das kennzeichnende Mirabellenaroma bleibt auch bei der Weiterverarbeitung zu Marmeladen, beim Einwecken der ganzen Früchte, vor allem aber bei der Destillation zu Mirabellenschnaps erhalten.

Die bekannteste und wohl auch dankbarste Sorte mit verhältnismäßig großen Früchten ist die Nancy-Mirabelle. Die Mirabelle von Metz bringt bei ähnlichen Ansprüchen an einen warmen Standort etwas kleinere Früchte hervor, so daß sich die erstgenannte Sorte für den Hausgarten empfiehlt.

Renekloden (auch Reineclauden)

ähneln den Mirabellen, doch reifen die meisten Sorten grün bis goldgrün, Althanns-Renekloden dagegen violett. Diese Sorte gedeiht noch in Lagen, in denen Mirabellen den Anbau nicht mehr lohnen.

Die meisten Reneklodensorten sind auf Fremdbestäubung angewiesen, doch eignen sich als Pollenspender nicht nur andere Reneklodensorten, sondern auch Mirabellen und Zwetschen, zum Beispiel die Hauszwetsche und The Czar.

Renekloden blühen im April und reifen ab August, oft erst im September. Die bekannteste Sorte, die Große Grüne Reneklode, wird in verschiedenen Formen angeboten. Will man nur ein Reneklodenbäumchen im Hausgarten ziehen, sollte man eine selbstfruchtbare Sorte nehmen, zum Beispiel Oullins Reneklode. Diese Sorte wächst stark und braucht regelmäßigen Rückschnitt, für kleine Gärten eine schwachwüchsige Unterlage. Renekloden entwickeln bei grüner Fruchtfarbe Süße, Saft und Aroma, ihre Schalen sind etwas derber als die der Mirabellen. Wo Mirabellen wegen des Klimas nicht mehr gedeihen, kann man es noch mit den genügsameren Sorten der Reneklode versuchen.

Der Pfirsich (*Prunus persica*)

galt schon unseren Vorfahren als eine besonders köstliche Frucht. Die Römer brachten ihn mit ihren Legionen im dritten oder vierten nachchristlichen Jahrhundert in unsere Heimat, sie hatten ihn von den Griechen übernommen, die Griechen von den Persern. Wahrscheinlich ermöglichte Alexander der Große durch seine Kriegszüge gegen Osten im vierten Jahrhundert vor Christi die Einreise des Pfirsichs von Asien nach Europa.

Noch viele Jahrhunderte später hieß die begehrte Frucht »Persischer Apfel«, und diese Herkunftsbezeichnung hielt sich bis heute im wissenschaftlichen Namen des Pfirsichbaumes. In Wirklichkeit hatte der Pfirsich schon in Persien eine weite Wanderung hinter sich, denn er stammt aus dem Fernen Osten und soll schon zwei Jahrtausende vor Christi in China kultiviert worden sein.

Fernöstlich anmutendenden Farbenzauber entfaltet der Pfir-

Nancy
Mirabelle

sichbaum, wenn er schon etwa zwei Wochen vor der Apfelblüte das milde Feuer seiner von Weiß über Rosa bis ins warme Rot spielenden Blüten entfacht. Die Einzelblüten sitzen ungestielt und dicht an dicht auf der dunklen Rinde des Holzes. Aber in unserem Klima macht auch der blühende Pfirsichbaum noch keinen Frühling, und ein einziger Nachtfrost, wie er im April noch wahrscheinlich ist, setzt allen Ernteaussichten ein jähes Ende.

Außer in den klimatisch bevorzugten Lagen am Bodensee, am Kaiserstuhl, in Franken, in der Pfalz, an der Bergstraße und in der Rheinebene kann man den Pfirsich in unseren Breiten nicht mit Aussicht auf Erfolg anbauen. Allgemein gedeiht der Pfirsich nur dort, wo auch Weinreben reifen.

Wer auf dieses obstbauliche Kleinod auch außerhalb der Weinbaugebiete für seinen Hausgarten nicht verzichten will, kann, wie viele Hobbygärtner beweisen, möglicherweise das Kleinklima für ein Pfirsichspaliergehölz an einer geschützten Südwand schaffen. Nicht nur in Südtirol, auch in Nordtirol, beispielsweise im Inntal zwischen Innsbruck und dem Unterengadin, gedeihen Pfirsichspa-

Große Grüne
Reneklode

liere an Bauernhäusern. Dort sind die Winter kalt und schneereich. Nur wenige Kilometer entfernt kann man sich im Ötztal von der Gletscherbahn zu ganzjährig befahrenen Sommerskigebieten hinauftragen lassen.

Winterfrost schadet dem Pfirsichbaum nicht. Aber er braucht viel Sonne; er beantwortet naßkalte Sommerabschnitte leicht mit Krankheitsbefall. Auch seine Ansprüche an Boden und Schnittpflege übersteigen die der bisher besprochenen Obstarten. Pfirsiche verlangen einen warmen, eher leichten, aber humosen Boden. Bei guter Wasserführung muß er unbedingt durchlässig sein und darf keinen hohen Grundwasserstand aufweisen. Die geforderte gute Durchlüftung erreicht man auf die Dauer am sichersten durch natürliche Bodengare, also belebten Humus. Entsprechend dem schnellen Heranreifen großer Früchte und dem starken Rückschnitt, den jedes in Kultur stehende Pfirsichgehölz verkraften und durch neue Pflanzenmasse ersetzen muß, ergibt sich ein hoher Nährstoff-, Kalk- und Wasserbedarf. Aus diesem Grund sollten Pfirsichbäume am Haus oder im Freistand auch nicht inmitten einer Rasendecke, sie sollten unter einer Mulchschicht stehen. Die darf aber nicht so dick sein, daß sie im Frühjahr die Bodenerwärmung verzögert.

Erwerbsmäßiger Pfirsichanbau wird heute vor allem in südeuropäischen Ländern betrieben. Die Nachfrage führte auch zum Anbau von Pfirsichen in Holland. Doch zieht man sie dort gezwungenermaßen unter Glas. Man liefert Treibhauspfirsiche schon ab Mai, wenn auch die ersten italienischen Freilandpfirsiche bei uns zu haben sind. Bedeutende Pfirsichanbaugebiete entstanden in den wärmeren Breiten Nordamerikas, zum Beispiel in Kalifornien.

Die weltweit überaus zahlreichen Pfirsichsorten setzen sich aus zwei Hauptgruppen zusammen: weiß- und gelbfleischige Früchte. Wahrscheinlich hätten die gehaltvolleren und aromatischeren gelben Sorten die weißen längst verdrängt, wären sie nicht allgemein die früheren Sorten. Auch bei den Äpfeln haben die frühesten Sorten überwiegend weißliches, lockeres, wenig haltbares Fleisch. Sie müssen für ihren Reifevorgang mit nur einem Teil der Sommersonne auskommen. Bei einigen weißen Pfirsichsorten lösen die Steine nicht.

Pfirsichbüsche und Pfirsichbäume bleiben ziemlich klein und werden nicht alt. In einem Klima, das ihrem Wärmebedürfnis entspricht, kann der Pfirsichbaum allerdings fünf bis sieben Meter hoch werden. Bei uns haben sich vor allem drei Kulturformen bewährt: Busch, Niederstamm bis 120 Zentimeter Stammhöhe und Fächerspalier. Die weitaus meisten Pfirsichsorten vermehrt man wie andere Obstarten durch Veredelung – oft auf Pflaumenunterlagen, zum Beispiel St. Julien A. Im Rheinischen Vorgebirge züchtete man eine kernechte Sorte, die sich sortenecht aus dem Samen vermehren läßt:
Roter Ellerstädter oder Kernechter vom Vorgebirge.

Diese wüchsige Sorte erwies sich auch als besser an unser Klima angepaßt, sie ist gegen Kälte und Krankheiten verhältnismäßig unempfindlich. Die weißfleischigen Früchte kommen im September zur Reife. Ihr saftiges Fruchtfleisch löst gut vom Stein.

Amsden,

eine der frühesten Sorten, stammt aus Amerika. Sie verlangt einen sehr warmen Freilandstand oder muß im Treibhaus gezogen werden. Man erntet die saftigen und überwiegend tiefroten Früchte schon ab Mitte Juli. Ihr Stein ist fest mit dem Fruchtfleisch verbunden. Diese Sorte hat ziemlich große Früchte, was im allgemeinen den spät reifenden, gelbfleischigen Pfirsichsorten vorbehalten ist.

Weitere Vorzüge: Amsden braucht keine Fremdbestäubung und gilt als wenig anfällig gegen die Kräuselkrankheit und Monilia. Neben Frost während der Blüte stellen diese beiden Krankheiten die stärkste Bedrohung des Pfirsichanbaus dar. Krankheitsanfälligkeit muß man bei Pflanzen allgemein hinnehmen, die man in einem ihnen nicht entsprechenden Klima zieht.

Madame Rogniat

reift ab Mitte August. Die weißfleischige Sorte hat besonders gute Fruchteigenschaften: groß und feuerrot, saftiges, aromatisches, steinlösendes Fleisch. Auch diese Sorte wächst gut, bringt Widerstandskraft gegen Krankheiten mit und ist selbstfruchtbar.

Rekord von Alfter

reift im August und September. Ihre großen, goldgelben und roten Früchte sind gelbfleischig, saftig, aromatisch, steinlösend; Wuchs- und Tragfähigkeit sind gut. Eine Sorte mit ähnlichen Reifezeiten und Eigenschaften ist South Haven.

Zu den Spätpfirsichen mit Reifezeiten im September – alle gelbfleischig und steinlösend – zählen J. H. Hale und Wasserberger.

Nektarinen

stellen eine Unterart des Pfirsichs dar. Ihnen fehlt der samtige Härchenfilz, der die Fruchthaut der Pfirsiche kennzeichnet. Zur Reife von Ende Juli bis Ende August färben sich die Früchte der

Nektarine feuerrot auf gelbem Grund. In Saftigkeit, Geschmack und Aroma stehen sie den Pfirsichen nicht nach, ihr Stein löst sich leicht aus dem Fruchtfleisch, das etwas fester, pflaumenähnlicher als beim Pfirsich ist.

Nektarinen sind bei uns noch recht teuer – ein Anreiz für den Anbau im eigenen Garten. Hinzu kommt, daß Nektarinen wie auch Pfirsiche, die in den Obsthandel kommen, etwas früher als zur Vollreife gepflückt werden müssen, da sie sonst weder lager- noch transportfähig wären. Voll in der Sonne ausgereifte Früchte wird man nur dort erhalten, wo sie wachsen, also zum Beispiel im eigenen Garten. <u>Alle bei uns nicht leicht oder gar nicht zu erfüllenden Vorbedingungen, die oben für den Anbau von Pfirsichen genannt wurden, gelten ohne Einschränkung auch für die Nektarinen</u>. Mit anderen Worten: kein Obstgehölz für Anfänger und keines für den Obstgarten, der möglichst pflegeleicht sein soll. Winterfrost schadet dem Holz der Nektarinen nicht. Wie beim Pfirsich gibt es auch bei der Nektarine viele selbstfruchtbare Sorten.

Die Aprikose oder Marille (*Prunus armenica*)

hat als Kulturform eine ähnlich lange Geschichte wie der Pfirsich. Sie stammt aus Mittelasien und wurde nach heutigem Wissen zuerst in China kultiviert. In der Mandschurei wächst eine Wildform der Aprikose. Ihr Weg nach Europa führte über Armenien, was sich im wissenschaftlichen Namen niederschlug, zu den Griechen und Römern. Eine zweite Einwanderung in den Westen erfuhr die Aprikose durch die maurische Eroberung der Iberischen Halbinsel. Von Spanien gelangte sie nach Südfrankreich und Mitteleuropa.

Entsprechend ihrer Herkunft stellt die Aprikose an Standort und Klima ähnliche Ansprüche wie der Pfirsich. Sie ist deshalb nicht ohne weiteres für den Anbau im Garten unserer Breiten geeignet. In Innerasien herrscht Kontinentalklima. Heißen Sommern stehen kalte Winter gegenüber. Das Aprikosenholz ist weitgehend frosthart. Aber da der Aprikosenbaum schon ab März blüht, wird sein Fruchtansatz bei uns noch stärker gefährdet als beim Pfirsich. Die vor den Blättern austreibenden, fast ohne Stiel sich entfaltenden Aprikosenblüten bilden einen reizvollen Schmuck: Leuchtend rote Kelche werden von fünf weißen oder zartrosa Kronblättern umrahmt.

Allgemein wird man die Aprikose dort erfolgreich anbauen, wo auch Pfirsiche reifen, also in Weinbaugebieten, aber auch dort nur an geschützten Standorten. Die Südwand eines Hauses kommt dem Wärmebedürfnis der Aprikose am nächsten, wenn man vom Glashaus absieht. Die Aprikose läßt sich als Busch, Spalier oder kleiner Baum ziehen. Je nach gewünschter Gehölzgröße veredelt man auf schwach oder stark wachsende Unterlagen. Das können Aprikosensämlinge, Zwetschen oder Renekloden sein, sie alle gehören ja der Steinobstgattung **Prunus** an. Die meisten Sorten der Aprikose sind selbstfruchtbar, brauchen also keine Pollenspender und können allein angebaut werden.

Eine der Sorten, die sich auch in Mitteleuropa bewährt hat, ist die Nancy-Aprikose: nicht sehr empfindlich gegen Frühjahrskälte, starkwüchsig, frühreif, mit rötlich überhauchten Früchten und tragwillig.

Ungarische Beste blüht spät, wächst stark und bringt ihre großen Früchte schon ab Ende Juli zur Reife. Ihr Fruchtfleisch ist saftig, die Sorte gilt als widerstandsfähig und verhältnismäßig unempfindlich. Auch Ambrosia stellt keine allzu großen Ansprüche. Ihre großen, flachen Früchte reifen im August.

In Sortenbeschreibungen wird man oft die Auszeichnung »widerstandsfähig« oder »unempfindlich« lesen. Man darf solche Angaben nicht absolut nehmen, sondern muß sie im Verhältnis zu der allgemeinen Wärmebedürftigkeit der Aprikosen und der Frostempfindlichkeit ihrer Blüten sehen. Für ein Aprikosengehölz im Hausgarten kann man sich entschließen, wenn Beispiele in der Umgebung erweisen, daß man keinen unerfüllbaren Wunsch verfolgt.

Die Mandel (*Prunus amygdalus, P. communis*)

gehört zu den Steinobstgewächsen. Das Mesokarp, das sich bei den anderen Früchten dieser Unterfamilie zum Fruchtfleisch entwickelt, tritt bei der Mandelfrucht nur als dünne Schicht zwischen pelzig behaarter Fruchthaut und der harten, löchrigen Steinschale des Samenkerns in Erscheinung. Die nahe Verwandtschaft zwischen

Pfirsich und Mandel zeigt sich, wenn die Gehölze in Blüte stehen, sie können dann miteinander verwechselt werden. Die Mandel blüht noch früher als der Pfirsich, nämlich schon ab März in Weiß oder Rosa und vor dem Austrieb ihrer Blätter. Dabei ist die einmal geöffnete Mandelblüte sehr frostempfindlich. Schon bei −1° C wird ihre Fruchtbarkeit zerstört.

Der Mandelbaum stammt wahrscheinlich aus Mittelasien. Persien, Syrien und Palästina gelten als die frühesten Anbaugebiete der Kulturformen. In warmen Ländern verwildern die Mandelbäume leicht. Auch ihr Holz kann nur mäßigen Winterfrost ertragen, Empfindlichkeit und Wärmebedürfnis dieses Baumes übersteigen noch die des Pfirsichs. Ertragsanbau im Großen kann man dort betreiben, wo auch Oliven gedeihen, also in den Mittelmeerländern und im Nahen Osten. Als gerade noch möglich gilt der Anbau von Mandelbäumen in Deutschland nur in Weinbaugebieten, und auch dort mit der Gefahr von Rückschlägen vor allem durch Frühjahrsfröste während der Mandelblüte.

In vielen Gärten zieht man die anmutigen Mandelgehölze vor allem wegen ihres frühen Blütenschmuckes. Die Zwergmandel (*P. tenella*), ein bis 150 Zentimeter hoher, dicht verzweigter Strauch mit reichen, rosaroten Blüten, fand als beliebtes Ziergehölz weite Verbreitung. Etwas größer wird das Chinesische Mandelbäumchen (*P. triloba*). Man zieht es als fülligen Busch oder kleinen Baum, es bringt ab März gefüllte Blüten hervor. Daß die Mandel schon in früheren Zeiten als Kulturpflanze bei uns heimisch war, bezeugt das Märchen vom Machandelbaum.

Man unterscheidet bei den Ertragssorten drei Hauptgruppen:
1. die Süßmandel mit hartem, nicht duftendem Kern von süßem Geschmack,
2. die Bittermandel mit duftendem, bitterem Kern. Sie eignet sich nicht für den Rohverhehr, denn sie enthält das giftige Glykosid Amygdalin.
3. die Krach- oder Knackmandel mit brüchiger Schale, aus der sich der Kern leicht lösen läßt.

Außerdem gibt es Kreuzungen zwischen Süß- und Bittermandel und Hybriden aus Mandel- und Pfirsichbäumen. Die Früchte dieser Bastarde bringen pfirsichähnliches Fruchtfleisch und mandelähnliche Steine hervor.

Die erwähnten Klimaansprüche der Mandel kann man so zusammenfassen: Der sonnigste und am ehesten vor starken Winterfrösten geschützte Standort ist im besten Fall gerade gut genug. Der Boden sollte vor allem durchlässig, eher leicht und überwiegend trocken sein. Heiße Trockenzeiten erträgt der Mandelbaum seiner südländischen Natur entsprechend gut, nasse Kälte schlecht, Staunässe gar nicht. Sein Humusbedarf bleibt unter dem des Pfirsichbaumes, da weniger Fruchtmasse erzeugt wird. Dagegen stellt sich sein Kalkbedarf höher als der von Pfirsichen.

In der Schnittpflege braucht der Mandelbaum eine ähnliche Behandlung – also scharfen jährlichen Rückschnitt – wie der Pfirsich. Man vermehrt Mandelbäume durch Veredeln auf Sämlinge der Bittermandel oder Unterlagen von Pflaumen und Renekloden. Man wird für den Hausgarten vorteilhaft fertig veredeltes Pflanzgut von der Baumschule beziehen. Für unser Klima kommen nur einige Sorten in Frage, unter anderem Dürkheimer Riesen, Ungst II und III, Osten-Bad Dürkheim und Wachenheimer Baseler.

Beerenobst

Die große Familie der Rosengewächse – zu ihr zählen alle bisher besprochenen Obstarten – enthalten auch Beerenobst: Erdbeeren, Himbeeren, Brombeeren und Hagebutten. Das wirtschaftlich nicht weniger bedeutungsvolle Beerenobst aus der Steinbrechfamilie umfaßt die roten, weißen und schwarzen Johannisbeeren sowie die Stachelbeeren.

Beerensträucher sind die Obstbäume des Kleingartens. Auf großen Grundstücken kann man Beerenhecken pflanzen, die nicht nur Früchte bringen, sondern auch Sicht und Windschutz bieten oder Gartenteile gegeneinander abgrenzen. Ob man einen Garten neu in Kultur nimmt oder selbst die ersten Gartenschritte gehen will, Beerenobst lohnt die Zuwendung schnell und reich. Man trägt an den Folgen von Fehlern, die man als Anfänger vielleicht begeht, nicht so lang wie beim Anbau von Obstbäumen, und man wird am Beerenobst mit vielen Pflegearbeiten vertraut, die einem später bei der Beschäftigung mit Obstbäumen zugute kommen. Am schönsten ist es, wenn Platz und Zeit für beide Obstgruppen reichen, denn sie ergänzen sich bestens – auch in ihren Verarbeitungsmöglichkeiten.

An Klima und Standort stellt das Beerenobst allgemein weniger Ansprüche als Baumobst. Erdbeeren, Himbeeren und Brombeeren wachsen, wie jeder weiß, auch wild am Waldrand oder auf Lichtungen, wo sie oft auf halbschattigen Plätzen ihre Früchte ausreifen. Zwar erwarten wir von den Kultursorten auch des Beerenobstes größere Ernten als von Wildpflanzen, aber wir geben ihnen auch mehr Nährstoffe und mehr Pflege. So stellt das Beerenobst in Größe sowie in seinen Ansprüchen an Standort, Boden und Pflege einen Übergang von den Wildpflanzen unseres Klimas zur gleichsam gehobenen Klasse des Baumobstes dar. So gesehen, wäre ihre Plazierung auch am Anfang unseres Kapitels richtig gewesen.

Bei der Alternative, nur Beeren- oder nur Baumobst pflanzen zu können, würde ich, ohne zu zögern, Beerensträuchern den Vorzug geben. Denn:

1. setzen nennenswerte Erträge an Jungpflanzen schneller ein, gewöhnlich schon im zweiten Jahr,
2. ist das Risiko des Nicht-Gedeihens einer Sorte beim Beerenobst so gut wie nicht vorhanden,
3. reift Beerenobst auch in naßkalten Sommern aus,
4. kann man Baumobst preiswerter als Beerenobst kaufen,
5. bleibt die Gartengestaltung mit Beerenobst beweglicher,
6. macht Beerenobst wegen seiner Unempfindlichkeit in der Regel weniger Arbeit als Baumobst,
7. gibt es beim Beerenobst unter sachgemäßer Pflege keine Ausfalljahre.

Schwerer wird die Entscheidung zwischen den einzelnen Beerenobstarten. Hier sollten Erdbeeren und Johannisbeeren (möglichst rote und schwarze) in die Endwahl kommen und erst nach ihnen auch die übrigen Arten angebaut werden. Erdbeeren in jeder Form sind bei Kindern sehr beliebt, Johannisbeeren vitaminreich und ertragsstark, dabei wenig arbeitsaufwendig. Über die genannten Beerenarten hinaus kann man heute auch Gartenformen der Heidelbeere mit Erfolg anbauen.

Erdbeeren (*Fragaria*)

Die Annahme, daß unsere großfrüchtigen Gartenerdbeeren (*Fragaria elatior grandiflora, F. ananassia*) aus unserer wildwachsenden Walderdbeere (*F. vesca*) herangezüchtet wurden, liegt bei der Ähnlichkeit beider Pflanzengruppen nahe, trifft aber nicht zu. Die Erdbeere als Kulturpflanze ist erst einige Jahrhunderte alt. Die eigentliche Gartenerdbeere entstand nach 1712 in Frankreich. Sie geht aus der schon früher nach Europa eingeführten nordamerikanischen Scharlacherdbeere (*F. virginiana*) und der in dem erwähnten Jahr aus Chile geholten Chile-Erdbeere (*F. chiloensis*)

Zur Zucht der zahlreichen heute angebotenen Kultursorten wurde auch die heimische Walderdbeere mit eingekreuzt. Nur die mehrmals tragenden Sorten oder Monatserdbeeren (*Fr. vesca var. semperflorens*) züchtete man unmittelbar aus der Walderdbeere. Neuerdings gelang es, die sommerlange Blüh- und Tragwilligkeit der Monatserdbeeren mit der Großfruchtigkeit der einmaltragenden Gartenerdbeeren in neuen Sorten zu verbinden.

Natürlich sind der Leistungsfähigkeit auch von Kulturpflanzen biologische Grenzen gesetzt. Oft geht die Fähigkeit zu überreichen Ernteerträgen auf Kosten von Geschmack und Aroma der Früchte, und die Widerstandskraft gegen Krankheiten, Schädlinge und rauhes Klima läßt nach. Deshalb sollte man den in bunten Katalogfarben angepriesenen Wundersorten neuester Züchtung nicht allzu leichtgläubig vertrauen, sondern sie erst einmal auf kleiner Fläche im eigenen Garten erproben.

Ein Vorteil der Erdbeeren liegt in der Möglichkeit, sie noch im kleinsten Garten anzubauen – sogar in Pflanztrögen auf Terrasse und Dachgarten. Hierfür eignen sich rankende Sorten wie *Macherauchs Dauerernte* als fleißig blühende Spalierpflanze an Zäunen, Wänden, Beeteinfassungen, an Stäben oder Drähten gezogen – sie erfreuen durch ständiges Blühen und Fruchten.

Erdbeeren sind, wie an anderer Stelle beschrieben, Scheinfrüchte, denn ihr Fruchtfleisch wird nicht aus dem Mesokarp der Fruchtanlage gebildet wie beim Steinobst, sondern aus dem anschwellenden Blütenboden. Er hebt die zahlreichen Früchtchen einer Blüte nach außen, so daß sie in kleine Vertiefungen der »Beere« zu liegen kommen. Die Samenkörnchen einer einzigen solchen Sammelfrucht würden genügen, ein ganzes Erdbeerbeet mit Pflanzen auszustatten. Man zieht aber allenfalls Monatserdbeeren selbst aus Samen. Gartenerdbeeren holt man als Jungpflanzen aus der Gärtnerei.

Erdbeeren gedeihen in jedem Gartenboden, in dem auch andere Nutzpflanzen wachsen. Selbst leichte und schwere Böden eignen sich, wenn sie einen spürbaren Humusanteil haben oder durch Kompostwirtschaft erst bekommen. Der günstigste pH-Wert liegt bei 7 oder wenig darunter, möglichst nicht darüber, also nicht im alkalischen Bereich. Wo im Wald Nadeln in der Bodenstreu verrotten, haben wir auch mehr oder weniger saure Böden. Der Waldpflanzennatur von Erdbeeren kommen wir mit einer Düngung durch Laubkomposte entgegen und einer Mulchschicht, die Tannen- oder Fichtennadeln enthält. Eine oberste Bodenbedeckung aus Nadelstreu läßt keine Schnecken an die reifenden Erdbeeren heran.

Eigentlich sind auch unsere Walderdbeeren keine reinen Waldpflanzen, sondern Waldrand-, Lichtungs- und Böschungspflanzen. Auf die Standortansprüche der Erdbeeren in unserem Garten übertragen heißt das: Sie mögen nicht unmittelbar im Schatten von Bäumen, aber im Schutz anderer Pflanzen stehen. Walderdbeeren findet man oft an ganz oder teilweise der Sonne zugewandten steilen Wegrändern und an waldnahen Hängen, wo die Sonnenstrahlung durch Nachbarpflanzen gemildert wird. Sie teilen sich ihre Standorte zum Beispiel mit Fingerkraut, Johanniskraut, Wolfsmilch und Gräsern, um nur wenige von vielen Möglichkeiten zu nennen. Erdbeeren überziehen lehmige Erdabrisse nach der Erstbesiedelung durch Huflattich, das heißt, sie lieben verhältnismäßig frische Böden. Im Garten sind sie dankbar für abgelagerten, aber noch nicht vererdeten Stallmist und für mäßig reifen Kompost.

So bietet es sich bei den Erdbeeren an – deren bevorzugte Plätze sind vielen Menschen seit Kindertagen bekannt –, ihre Bedürfnisse aus den natürlichen Standortzusammenhängen abzuleiten. Ihre gute Verträglichkeit mit anderen Pflanzen kommt dem Anbau in Mischkulturen entgegen. Es hat sich bewährt, Erdbeerreihen zwischen Gemüsereihen auf ein Beet zu pflanzen und bodenbedeckende Zwischenkulturen etwa von Feldsalat und Spinat anzulegen. Man beugt damit auch vorzeitiger Bodenerschöpfung in der zwei- bis dreijährigen Erdbeerkultur vor.

Wo Erdbeeren allein angebaut werden, sollte man durch Mulchen für Bodengare und für gleichmäßige Bodenfeuchtigkeit sorgen. Denn die schätzt die Erdbeere zur Ausbildung ihrer saftreichen Früchte ganz besonders. Während der letzten Reifezeit verzichtet man aufs Gießen, was bei mulchfeuchter Erde gut möglich ist.

Gartenerdbeeren

pflanzt man in Abständen von etwa dreißig Zentimeter ab Mitte Juli bis Mitte August. Das Herz der Jungpflanzen muß gerade noch über dem Boden stehen. Gutes Andrücken der Erde und mehrmaliges Wässern in den ersten Tagen fördern das Anwachsen. Für die Reihen hält man Abstände von neunzig bis hundert Zentimeter ein, damit man bei der Ernte von beiden Seiten an die Pflanzen herankommt. Als Vorfrucht für das Erdbeerbeet kommen Frühkartoffeln, frühe Erbsen, Steckzwiebeln, Kohlrabi, Spinat und Salat in Frage. Durch eine gleich nach dem Pflanzen aufgebrachte Bodenbedeckung erspart man sich zeitaufwendiges Hacken, das zudem die feinen Haarwurzeln nahe der Erdoberfläche verletzt.

Schon bald nach der Blüte im Mai und Juni schicken die Erdbeerwurzeln Ausläufer in ihre Umgebung und bilden an ihnen Tochterpflanzen aus. Man schneidet sie ab, damit alle Wuchskräfte der Fruchtbildung zugute kommen. Solche Jungpflänzchen können aber auch, sobald sie sich bewurzelt haben, zur Vermehrung benützt werden, wenn man ein neues Erdbeerbeet begründen will. Im Sinne der Bestenauslese verwendet man nur die Pflänzchen gut tragender Mutterpflanzen. Die Blüte allein gilt dabei allerdings noch nicht als Beweis, denn es gibt Erdbeersorten, bei denen auch rein männliche Pflanzen vorkommen; sie blühen, aber fruchten nicht.

Die Ernte setzt ab Juni ein und zieht sich durch das Nachreifen späterer Fruchtansätze einige Zeit hin. Eine vor der Fruchtreife ausgebrachte Mulchschicht aus nicht zu kurz geschnittenem Stroh schützt das Erntegut vor Verschmutzung und Fäulnis. Auch Schnecken wird der Zugang erschwert. Wirksam abhalten kann man Schnecken außer durch Nadelstreu durch untergelegte Holzwolle, die vorhandene feinere Mulchschicht muß dafür nicht entfernt werden. Solche im Erwerbsanbau kaum durchführbare Arbeiten machen für die kleineren Kulturflächen im Hausgarten keine Schwierigkeiten. Die in der Reife empfindlich gewordenen

Beeren trocknen auf dieser Unterlage nach Regengüssen schnell ab. Da Holzwolle auf dem Erdboden zu langsam verrottet, sammelt man sie nach der Ernte wieder vom Beet und führt sie der Kompostmiete zu, wenn sie nicht noch weitere Male Verwendung findet.

Nach der Ernte entfernt man auch alle noch stehengebliebenen oder neu gebildeten Ausläufer. Dabei darf man die Säuberung nicht auch auf Laubblätter der Erdbeerpflanzen ausdehnen. Sie bleiben stehen, bis sie im Winter und Frühjahr von selbst vergehen. Sie schützen auch in verdorrtem und welkem Zustand die jungen Triebe des nächsten Jahres vor Winden und Austrocknung. Nach dem Abharken der gröbsten Mulchschicht gibt man der Erdbeerkultur Ersatz für die Ernte und Vorratsdüngung für das nächste Jahr in Form einer mehrere Zentimeter starken Komposterdeschicht. Hat man mageren Laubkompost, sollte man ihn mit verrottetem Mist anreichern; ähnliche Dienste leisten Hornspäne, Blutmehl und andere organische Dünger mit Stickstoffgehalt. Keinesfalls darf Stickstoff – auch nicht in organischer Form – im nächsten Frühjahr gegeben werden. Man würde damit die Blattentwicklung zu Lasten der Blüten- und Fruchtbildung fördern.

Die Komposterde kann man bei guter Bodengare ohne weiteres Einarbeiten auf das Erdreich bringen, allenfalls lockert man die Erde mit einem Kultivator oberflächlich auf, vermeidet aber tiefergehende mechanische Bodenbearbeitung.

Die Kompostschicht wird im Winter vorteilhaft noch mit Reisig oder Stroh abgedeckt, oder man breitet die vorher abgeharkte grobe Mulchdecke, zum Beispiel aus Sägespänen oder Nadelstreu, wieder auf das Beet. Mit dieser Vorsorge rettet man nicht das grüne Laub über den Winter, fördert aber einen frühen Neuaustrieb, weil das Bodenleben und damit die natürliche Bodengare bis an die Erdoberfläche erhalten bleiben. Zeitig im Frühjahr entfernt man zunächst die grobe Schutzdecke und später gegebenenfalls – nämlich, wenn sie ziemlich dick ist – die darunter liegende Mulchschicht, um die Bodenerwärmung nicht zu behindern. Nach dem Austreiben wird man schon bald den Boden wieder bedecken und so die Erdbeerkultur leichter unkrautfrei halten.

Erdbeerpflanzen sind ausdauernde, winterharte Stauden. Die Beete mit Gartenerdbeeren tragen zwei Jahre, bei der hier empfohlenen Düngung und Pflege auch drei und vier Jahre gut, doch lassen die Erträge dann nach. Man wird also im dritten oder vierten

Ertragssommer Ableger an einen neuen Standort pflanzen, sofern man mit der bisherigen Sorte zufrieden war. Andernfalls besorgt man sich neue Jungpflanzen in der Gärtnerei und pflanzt sie im Hochsommer. Erledigt man diese Arbeit erst im September, dann leidet der Ertrag des nächsten Jahres darunter, weil sich die Jungpflanzen nicht mehr so gut verwurzeln – eine Voraussetzung für kräftige und tragfähige Stauden im nächsten Jahr.

Fast unabsehbar viele Sorten der Gartenerdbeere stehen zur Verfügung. Es wäre nicht sinnvoll, auch nur eine Auswahl zu beschreiben, da man sich überdies mit einer getroffenen Wahl nicht lange bindet. Hohe Erträge liefern zum Beispiel Aphrodite, eine früh reifende Sorte, Hummi Ferma mit festen Früchten, die reichtragende Gorella, Red Gauntlet mit hellroten Beeren, die wuchskräftige und großfrüchtige Vigerla, eine mittelfrühe Sorte, die sich gut einfrieren läßt, und schließlich die verschiedenen Varietäten der Senga-Sorten des Züchters von Sengbusch, vor allem Senga-Sengana, eine gegen Krankheiten und Schädlinge recht unempfindliche Sorte mit Höchsterträgen.

Man kann sich im allgemeinen darauf verlassen, daß Fachbetriebe am Ort einwandfreies Pflanzgut in umsichtig ausgewählten Sorten anbieten, die den Wünschen und Möglichkeiten des Gartenfreundes gerecht werden. Zudem kommen immer wieder neue Sorten auf den Markt, alte, auf die noch manch einer schwört, sind vielleicht nicht mehr zu haben.

Monatserdbeeren

stehen unseren Walderdbeeren nahe. Ihre im Vergleich zu den Gartenerdbeeren kleinen Früchte entwickeln ein besonders feines, ihren wilden Schwestern ähnliches Aroma. Monatserdbeeren werden etwa dreimal so groß wie Walderdbeeren. Die dankbaren und eher anspruchslosen Stauden blühen von Anfang Mai unermüdlich bis Oktober und beschenken uns mit einer bescheidenen, aber anhaltenden Ernte, der erst die Spätherbstfröste ein Ende setzen. Monatserdbeeren zieren den Garten mit Blüten und Fruchtschmuck auch an halbschattigen Stellen. Man kann sie gut an reinen Ost- und Westlagen pflanzen.

Man sät Monatserdbeeren ab April in Kästen, vereinzelt später die Jungpflanzen und bringt sie ins Freiland. Wer nicht vorziehen will, kauft Pflanzgut beim Gärtner. Monatserdbeeren schätzen besonders einen Zusatz von Laubkompost zur Gartenerde. Aber so, wie sie schon mit mäßig besonnten Standorten vorlieb nehmen, geben sie sich auch mit fast jedem Boden zufrieden, wenn er nur Humus enthält. Frühzcitig ausgesät, kann die Monatserdbeere noch im selben Sommer blühen und Früchte bringen. Bei ihren meist überreichen Fruchtansätzen empfiehlt es sich auszudünnen, damit die verbleibenden Beeren um so größer und schöner heranreifen.

Man kann auch im Hochsommer ins Saatbeet säen, im Herbst die zuvor vereinzelten Pflänzchen in etwa dreißig Zentimeter Abständen an ihren endgültigen Platz bringen, so daß sie sich noch vor Wintereintritt gut verwurzeln. Man wird dann im nächsten Jahr mit früher Ernte belohnt. Wie den Gartenerdbeeren gibt man auch den Monatserdbeeren einen leichten Winterschutz. Überhaupt weichen Anbau und Pflege nicht wesentlich von der etwas anspruchsvolleren Gartenerdbeere ab. Regelmäßiges Mulchen verringert auch hier die Arbeit und erhöht die Erträge. Andauernde Trockenheit vertragen alle Erdbeeren schlecht, sie müssen dann regelmäßig gegossen werden, nur nicht mehr während der letzten Reifezeit.

Bewährte und bekannte Sorten sind Rügen mit ziemlich großen Früchten, Baron von Solemacher, Hummi Gento und Ostara aus Holland.

Die Himbeere (*Rubus idaeus*)

Auch bei der Himbeere bildet sich der Blütenboden mit ihrer Fruchtreife um, aber hier wächst er zu einem festen weißen Kegel aus. Auf ihm sitzen die Samen in Form von Steinfrüchtchen mit saftig-weichem Fruchtfleisch. Sie vereinigen sich zu einer Sammelfrucht, man zieht sie im reifen Zustand als Ganzes vom Kelchzapfen ab. Er trägt noch die fünf derben Kelchblättchen und ist fest mit dem Stiel verbunden. Die zur selben Gattung *Rubus* zählenden Brombeeren zeigen eine grundsätzlich ähnliche Bauart ihrer blauschwarzen Früchte.

Himbeeren duften. Sie haben ein fast parfümiert wirkendes, starkes Aroma. Gartenhimbeeren übertreffen die Waldhimbeeren an Größe und Ertragskraft, erreichen aber nicht deren feinen Geschmack. Himbeeren enthalten wenig Säure, jedoch mehr Vitamin C als die meisten Apfelsorten und etwa doppelt so viel Eisen.

Wildhimbeeren wachsen bekanntlich gern auf Kahlschlägen im Wald und auf Lichtungen. Wenn man daraus nur ableitet, daß sie viel Sonne wollen, wird man ihrem eigentümlichen Standortbedürfnis nicht gerecht. Viel Sonne brauchen zum Beispiel auch die Königskerzen, aber wo sie wachsen, reifen keine Himbeeren. Die Himbeere ist an Waldnähe gebunden. Sie siedelt jedoch nicht im Schatten der Bäume, sondern weicht ihm gleichsam aus. Was sie vom Wald in Anspruch nimmt, ist der tiefgründige, feuchte, humose, also nährstoffreiche Boden. Sie sucht den Vorteil des Waldes, ohne seinen Nachteil, die Beschattung, in Kauf zu nehmen. Deshalb findet man sie auch nicht so beständig wie Brombeerbüsche, die jahrzehntelang am selben Platz undurchdringliche Dickichte bilden; vielmehr tritt sie hier und da auf, vor allem, wo frischer Waldboden seine Beschattung durch Bäume verliert.

Kahlschläge kann die Himbeere aber nur so lange bewohnen, bis ihr nach einigen Jahren Büsche und Bäume den Platz, besser gesagt, das Licht nehmen. Dabei ist die Himbeere auch an solchen von Bäumen geräumten Plätzen auf die Gesellschaft anderer Pflanzen angewiesen, weil feuchter, durchlüfteter Boden nur unter einer geschlossenen Pflanzendecke zu haben ist. Kräuter und Stauden überziehen Lichtungen und Holzeinschläge, sie machen der schnell wachsenden Himbeere zunächst das Sonnenlicht noch nicht streitig. Damit haben wir die wichtigsten Bedürfnisse der Himbeere zusammen:

Sie braucht tiefgründigen, lockeren, humushaltigen Boden von möglichst gleichbleibender, jedenfalls nie aussetzender Feuchtigkeit. Bei Staunässe kann sie absterben. Vielleicht rührt daher und von ihrem Bedürfnis nach sonnigem Stand ihre Vorliebe für Hänge. In der Ebene wächst die Himbeere auch auf nicht zu leichten Sandböden.

Die Fruchtbarkeit der meisten Waldböden wird durch ihren nur mäßigen Stickstoff- und Kalkgehalt begrenzt. Das heißt, Walderde ist mehr oder weniger sauer, besonders, wenn auch Nadelbäume in ihr wachsen. Guter Himbeerboden darf etwas sauer sein, nämlich einen pH-Wert von 5 aufweisen und sollte die Neutralitätsgrenze von 7 nicht überschreiten (Böden mit pH-Werten über 7 bezeichnet man als alkalisch).

Kräftige Stickstoffgaben lassen die Himbeere zu schnell wachsen bei gleichzeitig gehemmter Blüten- und Fruchtbildung. Außerdem wird sie dann anfällig gegen Krankheiten, vor allem gegen die gefürchtete Rutenkrankheit. Im übrigen langt die Himbeerpflanze kräftig in den Nährstoffvorrat des Bodens; man spricht davon, daß sie ihn ausräubert. Bei einer Vorratsdüngung durch Komposthumus besteht für den Boden keine Gefahr.

Daß die Himbeeren viel Pflanzennahrung aufnehmen, zumal die reich tragenden Kultursorten, kann nicht allein aus ihrem Ernteergebnis abgeleitet werden. Es ist mit einem halben Kilogramm Früchten je Quadratmeter nicht übermäßig hoch. Die Himbeerpflanze erneuert aber auch jährlich ihre zweijährigen oberirdischen Teile. Im ersten Jahr treibt sie grüne, stark beblätterte Ruten, die den Winter ohne Blätter überdauern und im zweiten Sommer blühen und fruchten. Im Herbst verdorren diese leicht holzigen Ruten, sterben ab oder bringen im dritten Jahr nur noch kümmerliche Fruchtansätze. An ihre Stelle tritt der dann zweijährige Nachwuchs. Während diese Ruten tragen, bilden sich schon wieder die Blütenträger für das nächste Jahr. Es gibt auch Kultursorten, bei denen schon die einjährigen Ruten im Hochsommer blühen und im Herbst tragen.

Die zahlreichen Wurzelausläufer sorgen für die vegetative Ausbreitung eines Himbeerschlages auf frischen Boden. Im Garten wird man dieses Fortwuchern nicht dulden, sondern alle unerwünschten Ausläufer regelmäßig entfernen. Das erhöht auch die Fruchtbildungskraft der Pflanze. Man erfüllt den Bedarf der Himbeerpflanze an frischem Humus durch reichlich bemessene Kompostgaben, wenn möglich mit Laub- oder Nadelanteilen, bei Kalkböden nicht gekalkt, und nähert sich damit den Waldbodenverhältnissen. Den erwünschten hohen Kalianteil erreicht man durch zerkleinerte Holzabfälle, Sägmehl oder Holzasche, die man dem Kompostiergut zusetzt.

Wenn wir »Waldbedingungen« für die Himbeeren in unserem Garten schaffen wollen, so gelingt das in erster Linie über die hier angedeutete Bodenpflege, zu der auch eine ständige Bodenbedeckung gehört. Wir erreichen sie durch Mulchen, unter anderem mit angerotteten Laub- und Nadelabfällen, aber auch durch Mischkultur, besser gesagt durch Unterkultur mit Gemüsepflanzen. Hierfür werden Buschbohnen und Erbsen empfohlen, weil sie den Boden mit pflanzenverfügbarem Stickstoff anreichern. Selbstverständlich brauchen auch Himbeeren wie alle anderen Pflanzen Stickstoff. In der organisch gebundenen Form, wie ihn die Leguminosen mit Hilfe von Knöllchenbakterien im Boden zurücklassen, wirkt der Stickstoff nicht treibend, und es besteht keine Gefahr einer Stickstoffüberversorgung.

Man kann Himbeeren im Herbst bis Oktober oder im Frühjahr pflanzen. Je nach Sorte hält man Pflanzabstände von etwa fünfzig Zentimeter und Reihenabstände von 120 bis 200 Zentimeter ein. Himbeeren sind mit sich selbst fruchtbar, doch wirkt sich ein Nebeneinander verschiedener Sorten günstig auf ihre Fruchtbarkeit aus. Beim Pflanzen schneidet man die Wurzeln leicht, die Ruten kräftig zurück und regt dadurch den Neuaustrieb an.

Himbeeren blühen ab Mai, die reifen Früchte können ab Juli geerntet werden, die letzten im September. Herbsthimbeeren kann man bis in den November hinein pflücken, ihre Ernte setzt ab September ein. Sie blühen entsprechend später als die anderen Sorten.

Was im Erwerbsanbau lästig ist, bedeutet im Hausgarten einen Vorteil: Himbeersträucher können und sollen immer wieder durchgepflückt werden, denn nur die wirklich reifen Früchte lassen sich mühelos vom Kelchkegel lösen. Und nur die strauchreifen Früchte entwickeln den Duft und das Aroma, um derentwillen wir sie schätzen. Daß Himbeeren im Obstladen teurer sind als manche exotische Früchte, liegt nicht an ihrer Seltenheit oder an der Schwierigkeit ihres Anbaus, sondern an der aufwendigen Handarbeit ihrer Ernte sowie an der Unmöglichkeit, die Früchte zu lagern und in größeren Mengen zu transportieren. Mit der Himbeere im Garten schaffen wir uns einen leicht erreichbaren Luxus!

Eine Mühe bleibt bei der Anlage eines Himbeerbeetes nicht erspart: Die Ruten stehen bei den meisten Sorten nicht oder doch nur schlecht aus eigener Kraft, sie brauchen einen Halt. Man gibt ihn durch Spanndrähte. (Ohne Stütze kommt die Schweizer Sorte Zewa aus.) Zwischen zwei starken Holzpfosten – für Daueranlagen kann man natürlich auch Profileisen in Zementsockeln verwenden – spannt man je nach Sorte ein bis drei Doppeldrähte von etwa 60 bis 150 Zentimeter Höhe. Die Ruten steckt man einfach zwischen die Doppeldrähte, ein weiteres Anbinden erübrigt sich. Man kann auch die Viereckform mit Querverbindungen wählen. Will man die Himbeerkultur sehr gut und genau anlegen, spannt man vier Einzeldrähte in gleichen Abständen und bindet die Ruten fächerförmig daran auf. Auf diese Weise bekommt man keine Himbeer-

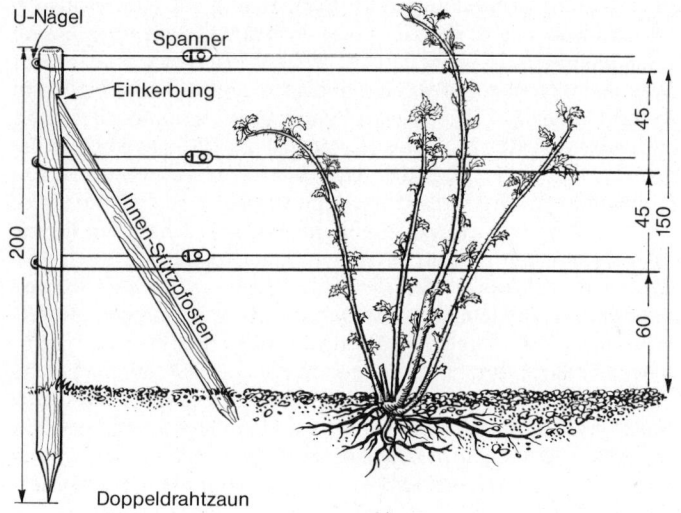

Himbeerzaun

wildnis, sondern eine sehr gepflegt aussehende und leicht abzuerntende Kultur in Spalierform.

Nach der Ernte schneidet man die abgetragenen Ruten so knapp wie möglich über dem Boden ab und schichtet sie, wenn man sie nicht verbrennen will, zerkleinert in das Innere einer Kompostmiete. Auf diese Weise beugt man der Rutenkrankheit vor. Sie kann sich auch an den stehen gebliebenen Rutenstummeln einnisten, man überdeckt sie deshalb mit einer Schicht Komposterde und häufelt leicht an. Damit gibt man der Himbeere ihre Jahresdüngung. Auch der einjährige Rutennachwuchs wird ausgedünnt. Je nach Art der Anbindung läßt man sechs bis neun gut ausgebildete Ruten stehen und entfernt die überzähligen. Im ersten Jahr werden es nur etwa halb so viele sein. Sehr lange Ruten befestigt man und biegt ihre Enden abwärts, man kann sie im Frühjahr etwas einkürzen. Ausläufer nimmt man weg; sie lassen sich natürlich auch zur Vermehrung verwenden. Eine solcherart gezähmte Himbeerkultur kann sich sehen, vor allem bequem abernten lassen.

Bei guter Bodenpflege mit Kompost, dem von Zeit zu Zeit auch etwas Kalk zugesetzt werden muß, kann eine Himbeerhecke ein Jahrzehnt lang gute Erträge bringen. Lassen sie trotz regelmäßiger Pflege nach, dann erneuert man die Pflanzen vollständig. Je nach Sorte kann eine Neuanpflanzung auch schon früher nötig werden.

Auch bei den Gartenhimbeeren wechselt das Sortenangebot. So wurde die bei uns über lange Zeit wichtigste und sehr hoch wachsende Sorte Preußen von anderen abgelöst. Die aus ihr hervorgegangene Sorte Deutschland reift etwas später. Die schon erwähnte Sorte Zewa wächst buschartig. Man kann sie auch einzeln in Pflanzgefäßen anbauen. Die Beeren dieser Sorte erreichen eine erstaunliche Größe, ohne daß ihr Geschmack darunter leidet. Schönemann aus Deutschland ist starkwüchsig und reift spät. Einige gute Sorten züchtete man im Malling-Forschungsinstitut in Kent (England) heran: Malling Exploit, Nachfolgesorte von Malling Promise, reift früh, Malling Jewel bringt regelmäßige Ernten mittelgroßer, fester Früchte, die im Juli und August reifen, Malling Enterprise eignet sich für schwere Böden, ihre großen Früchte reifen erst im August und September.

Spät reifende Sorten werden auch Herbsthimbeeren genannt. Wegen ihrer langen Erntezeit vom Sommer bis in den Herbst, oft schon an einjährigen Ruten, nennt man sie auch »zweimaltragende« oder »immertragende«. Die niedrig wachsende Romy und die reich tragende Sorte Korbfüller haben sich gut bewährt. Wo die Gefahr von Rutenkrankheit besteht, kann man bei Sorten, die schon einjährig tragen, nach der Ernte alle Ruten abschneiden, so daß keine oberirdischen Pflanzenteile überwintern.

Im allgemeinen treten Krankheiten und Himbeerschädlinge in Kulturen des biologisch gepflegten Hausgartens nicht auf. Maßnahmen zur Vorbeuge und Bekämpfung werden im achten Kapitel genannt.

Brombeeren (*Rubus fructicosus* und andere)

Viele Gartenfreunde ziehen die Brombeere als Kulturpflanze kaum in Betracht. Anders als in Nordamerika, wo wild wachsende Brombeeren schon lange kultiviert wurden, hat sich bei uns die

Gartenbrombeere nicht ähnlich durchgesetzt wie etwa die Gartenhimbeere. Heute stehen uns viele Sorten der auch als Wildpflanze überaus formenreichen Brombeere für den Garten zur Verfügung: bestachelte und stachellose, rankende und aufrecht wachsende. Alle haben schwarze Früchte und gedeihen auf jedem Pflanzboden. Gerade im biologisch gepflegten Garten sollte die Brombeere ihren Platz bekommen. Denn sie ist in unserem Klima zu Haus und leidet weniger als ältere Kulturpflanzen aus warmen Ländern unter Krankheits- und Schädlingsbefall. Sie bringt auch in rauhen Lagen und schlechten Sommern reiche Ernte. Nur bei einem kühlen, verregneten Herbst werden die letzten Früchte nicht mehr reif.

Der Ähnlichkeit von Brombeeren und Himbeeren entspricht ihre Zugehörigkeit zur gemeinsamen Gattung *Rubus*. Brombeeren reifen von Grün über Rot zu Schwarz. Sie haben festeres Fruchtfleisch als die Himbeeren, mehr Säure, und man spürt beim Essen, daß es sich um kleine Steinfrüchte handelt, denn die in jeder »Einzelbeere« enthaltenen (ölhaltigen) Samen treten körnig in Erscheinung. Im ganzen zeigt die Gartenbrombeere noch stark die Nähe zu ihren Verwandten in freier Natur. Übrigens lassen sich Brombeeren im Kühlschrank verhältnismäßig lange frisch halten, sie neigen nicht wie die Himbeeren dazu, ihre Form zu verlieren, weil die Sammelfrüchte nicht hohl, sondern voll sind.

Die Wildbrombeere ist eine seit alters geschätzte Heilpflanze. Man bereitet aus den Blättern einen wohlschmeckenden, magenfreundlichen Haustee. Fermentierte Brombeerblätter dienten in Notzeiten nicht nur als Schwarztee-Ersatz, sondern wurden auch geraucht. Als heilkräftig für Magen und Darm gilt frischer Brombeersaft schon in kleinen Mengen. Ein Absud aus der getrockneten Brombeerwurzel wird gegen Verstopfung empfohlen.

Im Garten kann die Brombeere noch einen ganz anderen Nutzen bringen: Rankende Sorten wie die starkwüchsige Theodor Reimers bilden hohe und – wenn man sie nicht jährlich stark zurückschneidet – undurchdringliche Hecken als Wind- und Sichtschutz, als Trennwände für verschiedene Gartenteile und als lebender Zaun.

Wie die Himbeere kennt man die Wildbrombeere in erster Linie als Waldrandpflanze. Doch finden wir sie auch an anderen Plätzen, so an Zäunen von Viehweiden, an Berghängen, wo sie Felsbrocken, Stubben oder Gehölzgruppen mit ihrem Gestrüpp umrankt, und an den Rändern von Landwegen und Kiesgruben. Sie ist also viel anspruchsloser als die stärker an Waldboden gebundene Himbeere. Sie braucht mehr Kalk, das heißt, sie wächst auch auf alkalischen Böden, und sie übersteht Trockenzeiten besser als die Himbeere. Brombeeren wurzeln gleichzeitig tief und breit. Sie erschließen als Pionierpflanzen des zweiten Gliedes Böden, die vielen anderen Gewächsen nicht genügen. Kurz: Sie stellen sehr wenig Ansprüche. Gartenbrombeeren leisten mehr als die Wildarten. Trotzdem genügt ihnen jede Gartenerde, wenn sie nur durchlässig ist und Humusanteile enthält. Brombeeren mögen Lehm, aber keine Staunässe. Für gute Ernten brauchen sie regelmäßige Düngung mit Komposterde oder anderen Humusbildnern wie verrottetem Mist und ab und zu Erhaltungsgaben von Kalk, am besten über die übliche Kompostbereitung. Ihr Standort sollte sonnig sein. Ständige oder längere Beschattung mögen Brombeeren noch weniger als Himbeeren. In Gebirgslage oder in Gärten, die an Teilen des Tages im Schatten liegen, richtet man die Brombeerhecke vorteilhaft in Ost-West-Richtung aus, so daß die Früchte wenigstens auf der Sonnenseite bis in den Herbst hinein zur Vollreife kommen. In günstigen Lagen wählt man besser die Nord-Süd-Richtung und kann dann auf beiden Seiten der Hecke ernten. Besonders die aus Amerika stammenden Sorten, unter ihnen alle stachellosen, könnten gut einen etwas längeren Sommer gebrauchen, als er bei uns gegeben ist. Ein schöner Herbst steigert ihren Ernteertrag.

Bei aller Genügsamkeit ist die Gartenbrombeere doch empfindlich gegen tiefe Winterfröste. Wildbrombeeren behalten ihre grün bis braunviolett gefärbten Blätter im geschützten Wald oft durch die kalte Jahreszeit hindurch und bilden so wertvolle Wildäsung. In Frostlöcher sollte man Gartenbrombeeren so wenig pflanzen wie jedes andere Obst. Es empfiehlt sich, die Brombeeren im Garten vor Wintereintritt mit Stroh oder Tannenreisern leicht abzudecken. Einfachen Schutz gewähren auch die abgetragenen Ruten. Man schneidet sie zwar im Herbst ab, kann sie den Sträuchern aber durchaus als Schneeabwehr und Schirm für die einjährigen Triebe lassen. Man zieht sie dann erst im Frühjahr ab. Frieren bei Kahlfrösten die oberirdischen Teile der Brombeersträucher einmal ab, so treiben die Pflanzen doch aus den lebendig gebliebenen Wurzeln wieder neu aus. Man kann dadurch aber eine Jahresernte einbüßen, weil Brombeeren erst am zweijährigen Holz tragen.

Wie bei den Himbeeren gibt es auch für die Brombeeren verschiedene Kulturmöglichkeiten. Rankende Sorten brauchen eine Stütze. Man treibt an den Enden des Beetes oder der Reihe, die einmal Hecke werden soll, 2 bis 2,5 Meter lange Pfähle ins Erdreich, stützt sie innen mit Holzstreben gegen Zug ab (über außen zu Boden geführte Haltedrähte stolpert man) und spannt zwei bis vier rostfreie oder mit Plastik ummantelte Drähte. Sie bieten den heranwachsenden Ruten genügend Halt, zusätzliches Anbinden erübrigt sich. Doch hilft man den Ranken auf die Drähte, wenn sie genügend lang geworden sind. Sie bilden dann Bögen, die durch ihr eigenes Gewicht halten. Man schützt sich für diese Arbeit mit derben Handschuhen vor den Stacheln oder benützt einen Stock, besser eine Gabel.

Wie bei den Himbeeren kann man im Herbst oder Frühjahr pflanzen, im Herbst jedoch nur so zeitig, daß sich die Jungpflanzen noch vor dem Winter im Erdreich verwurzeln, also bis Mitte Oktober. Die Pflanzabstände betragen etwa 1,20 bei stachellosen, 2 bis 3 Meter und mehr bei bestachelten Sorten. Man kann rankende Brombeeren auch, wie bei den Himbeeren beschrieben, fein säuberlich in ein Fächerspalier binden. Das macht wiederholt etwas Arbeit, weil die heranwachsenden Ruten mehrmals an den Drähten befestigt werden müssen. Die so formierte Brombeerpflanze wird zur Gartenzierde schon während der Blüte ab Juni, später läßt sie sich mühelos abernten. Auch ein gleichmäßiger Lichtzutritt für die Reife ist auf diese Weise bestens gesichert.

Die Stilisten unter den Beerenstrauchanbauern fanden noch andere, durchaus zweckmäßige »Frisuren« für Brombeer- und Himbeersträucher. So kann man die zweijährigen, fruchttragenden Ruten auf eine Seite, die einjährigen, nur grünenden und noch nicht blühenden Triebe auf die andere Seite ziehen und wie beim Fächer an die Drähte binden. In der Reihe sollten sich dann jeweils gleichaltrige Ruten gegenüberstehen. Im ersten Jahr trägt ein Strauch nach dieser Anordnung beispielsweise auf seiner linken, im zweiten Jahr auf seiner rechten Seite, bei den beiden benachbarten Sträuchern ist es umgekehrt. Nach dem Herbstschnitt der abgetragenen Ruten stehen die jungen Triebe schon auf der richtigen Seite, man läßt sie also dort und hat durch den Schnitt Platz für die neuen Triebe geschaffen. Man kann auch symmetrisch vorgehen: Die fruchttragenden Triebe werden nach beiden Seiten breit ausgefächert, der Neuzuwachs, der ja zunächst noch kürzer ist, wird in die Mitte nach oben geleitet. Im Herbst nimmt man die

Brombeerspaliere

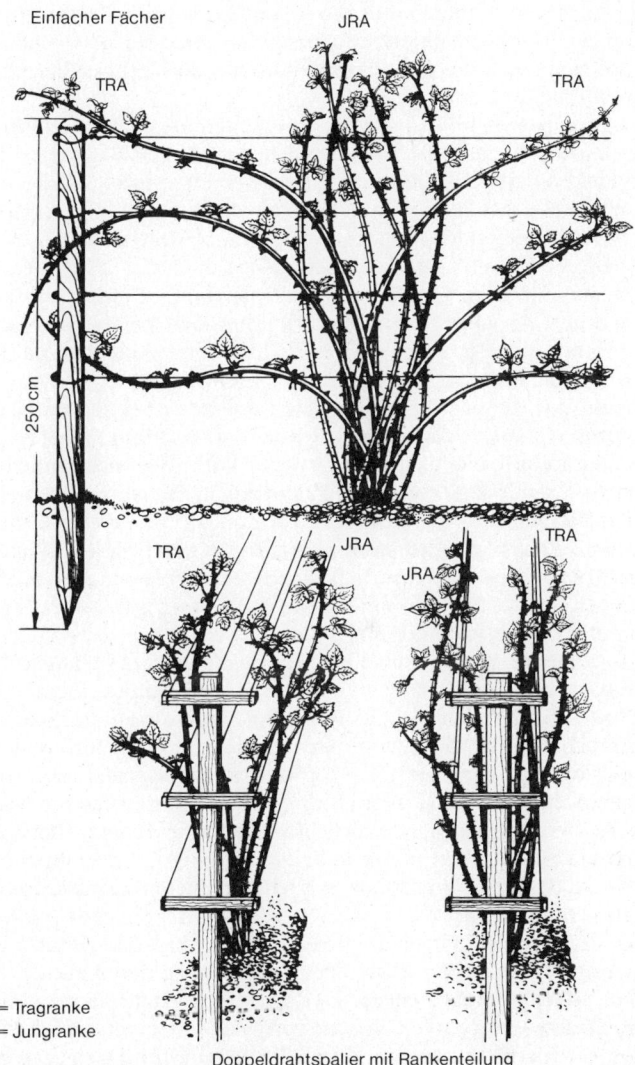

TRA = Tragranke
JRA = Jungranke

Doppeldrahtspalier mit Rankenteilung

abgetragenen Triebe ab und biegt an ihrer Stelle die Jungtriebe herunter, der Mittelplatz wird damit frei für den neuen Nachwuchs.

Auch wer die mehr naturnahe Brombeerhecke vorzieht, muß im Herbst kräftig schneiden, sonst hat er bald ein wild fortwucherndes Gestrüpp, dem mit der Gartenschere nur noch schwer beizukommen ist.

Brombeeren blühen von Juni bis September, die ersten Früchte reifen im August, die letzten mit der letzten Herbstsonne. Man pflückt nur jeweils die ausgereiften Beeren – zwangsläufig, denn unreife Früchte kann man nur gewaltsam abreißen, sie sind ungenießbar. Beerenobst reift auch nicht nach wie Baumobst.

Brombeeren blühen und fruchten wie die meisten Himbeersorten nur an den im Vorjahr gewachsenen Ruten, man erntet also erst im zweiten Sommer nach dem Pflanzen. Genaugenommen sitzen auch bei der Brombeere Blüten und Früchte an einjährigen Trieben, aber diese wachsen seitlich aus den vorjährigen Ruten, das heißt, die Ruten verzweigen sich. So werden bei den rankenden Sorten die Ruten recht lang – bis zu fünf und sechs Meter –, die Seitentriebe bleiben verhältnismäßig kurz. Bei nichtrankenden, aufrecht wachsenden Sorten schneidet man nach der Ernte wie bei den Himbeeren die abgetragenen Ruten am Boden ab. Die Jungtriebe bleiben zunächst stehen, werden aber im Frühjahr so ausgelichtet, daß etwa sechs kräftige Ruten stehen bleiben. Seitentriebe an den Ruten werden auch erst im Frühjahr, gegebenenfalls noch einmal im Frühsommer eingekürzt.

Rankende Sorten schneidet man nach der Ernte ähnlich: Man durchtrennt die abgetragenen Ruten knapp über dem Boden, entfernt sie oder läßt sie als Winterschutz bis zum Frühjahr am Strauch. Die einjährigen Neutriebe dünnt man im Frühjahr auf sechs kräftige aus, deren Triebspitzen man etwas einkürzt, besonders, wenn sie unter Frost gelitten haben. Starkwüchsige Sorten wird man mehr, schwachwüchsige weniger beschneiden. Das fruchttragende Holz zweigt als Seitentrieb aus den Vorjahrsranken aus. Auch diese Seitentriebe werden nach Bedarf zurückgeschnitten.

Brombeeren entwickeln große Fruchtbarkeit. Sie genügen sich selbst, brauchen also keine Fremdbestäubung durch andere Sorten. Man vermehrt vegetativ durch Wurzelschnittlinge, durch Stecklinge – am besten von Seitentrieben, weil sie leichter anwachsen –, am einfachsten aber durch Spitzenableger. Dazu biegt man

Vegetative Vermehrung durch Absenker

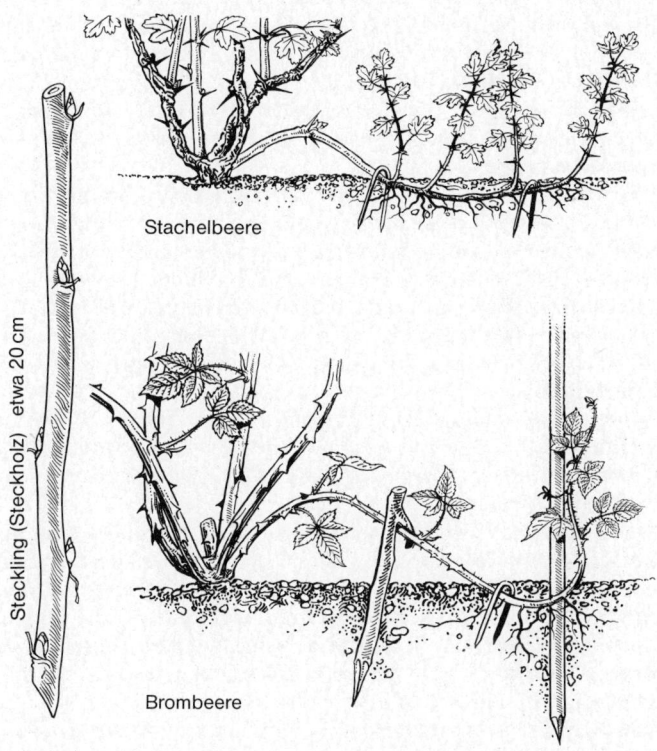

im Sommer eine Triebspitze zu Boden und beschwert sie mit einem Drahthaken. Bis zum Herbst hat sich dieser Ableger bewurzelt, er kann abgetrennt und noch im Herbst oder – besser – im Frühjahr an seinen Bestimmungsort gepflanzt werden. Einige stachellose Brombeersorten sollte man nicht durch Wurzelschößlinge vermehren, weil sich aus ihnen bestachelte Pflanzen entwickeln. Durch Kopfstecklinge und Spitzenableger vermehrt man dagegen sortenecht.

Die am meisten verbreitete deutsche Sorte heißt Theodor Reimers; sie wächst und rankt sehr stark. Als sogenannte Sandbrombeere gedeiht sie auch auf leichten Böden. Für dichte Hecken dürfte diese in vielen Weltteilen bewährte Sorte kaum zu übertreffen sein, zumal sie jahrzehntelang reiche Ernten liefert. Gegen Frost unter −10 Grad sollte sie durch Winterabdeckung geschützt werden. Ihre großen, glänzend schwarzen Früchte pflückt man ab August. Theodor Reimers bildet an Ranken und Blattstielen kräftige Stacheln aus.

Wilsons Frühe, eine nicht rankende, aufrecht wachsende Sorte, stammt aus Amerika. Sie hat sich bei uns gut bewährt, sie ist sogar etwas weniger frostempfindlich als die vorgenannte Sorte. Zur Ausbildung ihrer großen, länglichen Früchte braucht sie eine gute Humusversorgung. Auch wenn Brombeeren überall wachsen, wird man ihre Ernteerträge durch regelmäßige Kompostgaben im Herbst oder Frühjahr – einfach als Mulchdecke ausgebracht – wesentlich erhöhen.

Die stachellosen Sorten aus Amerika haben geschlitzte Blätter: Thornless Evergreen mit großen Früchten, unempfindlich und ziemlich winterhart, Thornfree mit großen spät reifenden Früchten, Merton Thornless und andere.

Neuerdings kommen auch zahlreiche Hybriden auf den Markt, Kreuzungen mit Himbeeren. Unter ihnen ist die **Loganbeere** am bekanntesten. Sie wird sich in unserem Klima wegen ihrer größeren Wärmebedürftigkeit wahrscheinlich nicht überall durchsetzen können. Auch hier gilt: Versuche mit wenigen Pflanzen bringen die nötigen Erfahrungen, die man sammeln sollte, bevor man Neuheiten mehr Platz im Garten einräumt.

Schließlich haben in den letzten Jahren auch Ziersträucher der Brombeere in unsere Gärten Einzug gehalten. Man baut sie meist wegen ihrer großen, reizvollen Blüten an.

Ein der Brombeere nahe verwandter Zierstrauch mit kleinen roten säuerlichen, aber eßbaren Früchten ist die **Japanische Weinbeere** *(Rubus phoenicolasius)*. Sie gedeiht in unserem Klima ohne Schwierigkeiten.

Der Formenkreis der Brombeere und ihrer nächsten Verwandten umfaßt viele Arten, Sorten und Varietäten vom Steingartenzwerg *Rubus arcticus* mit nur zwanzig Zentimeter Höhe über duftend blühende, stachellose Sorten wie *Rubus odoratus* aus Nordamerika bis zu den heimischen Heckenbildnern. Die meisten von ihnen brauchen den jährlichen starken Schnitt. Nur wer besonders wenig Zeit für seine Pflanzen hat, sollte sich keine Brombeeren in den Garten holen, weil sie ohne Pflege zum Verwildern neigen.

Johannisbeere (Gattung *Ribes*)

Alle bisher behandelten Obstarten gehörten zu den Rosengewächsen. Mit den Johannisbeeren verlassen wir diese formenreiche Pflanzenfamilie mit weltweit etwa zweitausend Arten und wenden uns der Familie der Steinbrechgewächse zu. Zu ihr zählen die bekannten Steinbrecharten, die das Gartenalpinum zieren und in der Natur vor allem die Gebirge bis zur oberen Vegetationsgrenze der Blütenpflanzen besiedeln; von den als Gartenblumen kultivierten Vertretern der Familie sind vor allem die reich blühenden Hortensien bekannt und schließlich die Johannisbeeren und Stachelbeeren, die zusammen die Gattung *Ribes* bilden.

Kernobst und Steinobst kamen über Süd- und Südosteuropa aus Asien zu uns. Johannis- und Stachelbeeren dagegen waren den Griechen und Römern als Kulturpflanzen unbekannt. Im Gegensatz zu dem schon vor Jahrtausenden kultivierten Baumobst hat dieses Beerenobst eine nur nach Jahrhunderten zählende Geschichte in unseren Gärten. Wie, wann und wo es entstand, wissen wir nicht.

Man vermutet, daß die Kreuzung jeweils mehrerer wilder Johannisbeerarten zu den heutigen Gartenformen führte. Die Wildarten sind in Mittel- und Südeuropa, hier vor allem in den Gebirgen zu Haus. Die Alpenjohannisbeere (*Ribes alpinum*) wird in ihrer Gartenform als Ziergehölz und Heckenpflanze angebaut. Überhaupt sind von den rund 130 Arten der Gattung *Ribes* die meisten als Ziersträucher im Gebrauch, nur wenige Arten als fruchttragende Nutzpflanzen: die rote, weiße und schwarze Johannisbeere, wobei die weiße wahrscheinlich aus der roten hervorging.

Viel Säure, derbe Fruchthäute und harte Kernchen, die verhältnismäßig viel größer sind als etwa bei den Erdbeeren, machen die Früchte dieser Beerensträucher zu einem für den Rohverzehr »rauhen« Obst. Sein gesundheitlicher Wert ist jedoch schon wegen des hohen Vitamin C-Gehaltes unbestritten. Schwarze Johannisbeeren enthalten gegenüber den anderen Obstarten ein Vielfaches an Vitamin C. Nur die Hagebutte übertrifft in dieser Hinsicht noch die schwarze Johannisbeere wiederum um ein Vielfaches. Süßmost aus Johannisbeeren, besonders aus schwarzen, gehört zu den wertvollsten Fruchtsäften mit hohem Gehalt an Kalzium und Eisen.

Aus den meist kargen Standorten der wild wachsenden, johannisbeerähnlichen Arten geht schon hervor, daß diese Gewächse wenig Ansprüche an Klima, Lage und Boden stellen. Die bei uns heimischen Gewächse sind winterhart, das gilt auch für die Gartenformen der Johannisbeere. Allenfalls frühblühende Sorten können von Spätfrösten überrascht werden und vorübergehend Schaden nehmen. Als wir vor kurzem ein 950 Meter hoch im Allgäu gelegenes Grundstück in Kultur nahmen, das viele Jahre lang nicht mehr als Garten gedient hatte, fanden wir eine Reihe roter Johannisbeersträucher vor, die nach all der Zeit ohne Pflege, Düngung oder Schnitt noch immer Ernteerträge brachten.

Johannisbeeren machen auch dem Gartenanfänger die Entscheidung leicht, sie anzubauen. Selbstverständlich danken sie Bodenpflege, Düngung und Schnitt mit höherem Ertrag.

Ein entscheidender Vorteil der Johannisbeersträucher ist ihre Fähigkeit, auch im Halbschatten zu fruchten und die Beeren auszureifen. Man setzt sie deshalb vorteilhaft als Lückenbepflanzung in Obstgärten, wo sie teilweise von Bäumen beschattet werden. Man hält zu den Baumscheiben einen Abstand von wenigstens einem Meter ein. Kern- und Steinobst verträgt sich gut mit Beerenobst, man spricht sogar von gegenseitiger Förderung, zumal diese obsttragende Mischkultur den Massenauftritt von Schädlingen nicht begünstigt. Selbstverständlich müssen beide Obstgruppen ausreichend gedüngt werden, damit kein Nahrungswettbewerb ausbricht. Bei zu starker Beschattung leidet allerdings die Ertragskraft auch der Johannisbeere, die Früchte reifen nicht so schön aus wie unter der Sonne. Reine Nordhänge kommen für die Bepflanzung mit Beerenobst nicht in Frage.

Sieht man für die Johannisbeerkultur einen vollsonnigen Platz vor, so empfiehlt es sich, die Sträucher in heckenartigen Reihen in Nord-Süd-Richtung anzuordnen, weil sie sich dann gegenseitig etwas beschatten und auf beiden Seiten genug Sonne für vollreife Beeren erhalten. Nicht zu empfehlen sind Einzelbüsche in unbeschirmter Südhanglage. Auch vor starkem oder ständigem Wind sollte man Johannisbeeren schützen. Die Büsche eignen sich nicht für windabhaltende Außenhecken. Der Boden für Johannisbeeren darf leicht, lehmig oder steinig sein, doch muß er Humus enthalten, aus dem die Pflanzen ihre Nährsalze zum Treiben, Blühen und Fruchten beziehen können. Sehr magere Böden verbessert man nach und nach durch die im biologischen Anbau selbstverständliche Kompostwirtschaft. Man gibt dann Humusbildner über die reine Erhaltungsdüngung hinaus. Mehr darüber steht im vierten Kapitel.

Zwei Ansprüche der Johannisbeeren sollte man beachten:
1. Als Flachwurzler von kaum mehr als zwanzig Zentimeter Tiefe sind sie auf ausreichende und stetige Feuchtigkeitszufuhr angewiesen. Staunässe vertragen sie nicht.
2. Johannisbeersträucher mögen keinen sauren, das heißt sehr kalkarmen Boden. Der pH-Wert sollte etwa bei 7 liegen. Besonders die schwarzen Johannisbeeren entnehmen dem Boden Kalk – entsprachend dem Kalziumgehalt ihrer Früchte –, der ergänzt werden muß. Das geschieht am einfachsten über den Kompost. Bei seiner richtigen Zubereitung setzt man regelmäßig geringe Mengen von Kalk oder kalkhaltigem Steinmehl zu.

Die den Johannisbeeren erwünschte gleichmäßige Bodenfeuchtigkeit braucht man nur in Trockenzeiten durch Bewässern zu ergänzen, wenn man dafür sorgt, daß der Boden nicht offen bleibt. Man pflanzt Unterkulturen oder mulcht. Der mutige, aber zweifellos sachgemäße Vorschlag der Abtei Fulda in ihrer empfehlenswerten Schrift »Beerenobst im naturgemäßen Anbau«, Brennesseln zwischen die Johannisbeersträucher zu säen beziehungsweise den Samen mit einer nach dem Blühen der Brennesseln gewonnenen Kräuterjauche auszubringen, wird manchen ordentlichen Hausgärtner in Schrecken versetzen. Rudolf Steiner, der Begründer der biologisch-dynamischen Anbauweise, wies schon in den zwanziger Jahren auf die außerordentlich heilsame Wirkung von Brennesseln auf Kulturböden hin, die auch dann gegeben ist, wenn die Brennesseln nicht im Garten, sondern an dessen Rändern oder nur in der Nähe wachsen. Die Heilkräfte der Brennessel haben sich inzwischen vielfach bestätigt. Man macht sie heute allgemein für den biologischen Garten nutzbar – vor allem in Form der Brennesseljauchen.

Als Unterpflanzung lassen sich Brennesseln am einfachsten und nutzbringendsten dadurch in Schach halten, daß man die jungen

Pflanzen regelmäßig schneidet. Sie ergeben einen schmackhaften und gesunden Spinat, der im Gegensatz zum Gartenspinat keine Oxalsäure enthält.

Beerenobst im allgemeinen, Johannisbeeren im besonderen vertragen kein Chlor. Chlorhaltiges Leitungswasser sollte man beim Wässern möglichst durch Regenwasser ersetzen, chlorhaltige Düngemittel werden im biologischen Anbau ohnehin nicht verwendet – mit Ausnahmen, zum Beispiel für Stangensellerie.

Johannisbeerpflanzen bezieht man zwei- oder dreijährig aus Gärtnereien und Baumschulen. Man kann sie im Herbst oder Frühjahr pflanzen. Im allgemeinen brauchen Johannisbeerpflanzen keine Stütze, es sei denn, man will sie spalierartig an einer Wand oder in Form von Bäumchen ziehen. Sehr hübsch machen sich solche hochstammartigen Bäumchen im kleinen Hausgarten, wo man mehr Wert auf Einzelgestaltung legen muß. Man erhält sie pflanzfertig auf Unterlagen der aus Amerika stammenden Goldjohannisbeere veredelt im Gartenbaubetrieb. Vor dem Einsetzen gibt man ihr einen Haltestab aus Holz, Tonkin oder Bambus.

Die Bäumchenform auf Stammbildnern hat sich vor allem bei Stachelbeeren bewährt, die in Buschform mit ihren niedrig über dem Boden ansetzenden Blättern und Blüten leicht von Mehltau befallen werden. Die in dieser Hinsicht robusteren Johannisbeersträucher entfalten mehr Lebenskraft und eine längere Lebensdauer als in der Form von Minibäumchen. Für ertragsorientierte Anbauzwecke wird man die Strauchform vorziehen, zumal sie keine Vermehrungsprobleme aufwirft. Beerenobst muß nicht veredelt werden.

Man pflanzt die Sträucher in 120 bis 150 Zentimeter Abstand, wenn man heckenartige Reihen will. Die Reihenabstände betragen zwei Meter, für Zwischenkulturen auch mehr. Einzelbüschen, die für die Ernte allseitig »begehbar« bleiben sollen, gibt man je nach Sorte Abstände von zwei bis drei Metern. Weiße Johannisbeeren entfalten sich nicht ganz so wuchskräftig wie rote. Bei mehreren Reihen pflanzt man die Sträucher »auf Lücke«. Überhaupt sollte man nicht zu viele Pflanzen ungegliedert auf eine Fläche bringen. Solche Beete werden leicht zur Johannisbeerwildnis, die nicht mehr gut zu pflegen, zu düngen und zu schneiden ist. Da viele Büsche solcher geschlossenen Kulturen zu wenig Sonnenlicht bekommen, lassen Ernte und Reife zu wünschen übrig, der Befall durch Schädlinge und Krankheiten wird wahrscheinlicher.

Johannisbeeren sind selbstfruchtbar, man kann bei einer Sorte bleiben, doch wird auch berichtet, daß sich ein Nebeneinander mehrerer Sorten günstig auf die Ertragskraft auswirkt. Mischkulturen aus Johannisbeeren und Stachelbeeren lassen sich ohne Nachteile anlegen. Man muß dann darauf achten, daß die kleineren Stachelbeerbüsche südseitig und nicht nordseitig der laubreichen, viel Schatten werfenden Johannisbeeren stehen.

Johannisbeeren blühen ab April, die ersten reifen Beeren kann man ab Juni pflücken. Im Hausgarten sollte man die Beeren voll ausreifen lassen und zuerst nur die dunkelroten Trauben ernten. Sie entwickeln wesentlich mehr Zucker und Geschmack als die gerade hellrot gewordenen Beeren.

Der Schnitt ist bei den meisten Obstgehölzen die halbe Pflege. Johannis- und Stachelbeersträucher bekommen ihren ersten Schnitt nach dem Pflanzen. Schon vor dem Pflanzen kürzt man die längsten Wurzeln etwas ein, vor allem abgeknickte oder beschädigte. Setzt man die Sträucher oder Hochstämmchen im Herbst, wartet man mit dem Pflanzschnitt bis zum zeitigen Frühjahr, man vermindert so die Gefahr von Frostschäden. Je nach ihrer Länge kürzt man die Triebe um ein Auge oder mehrere Augen und regt sie dadurch zur Bildung von Seitentrieben an. Vier bis sechs Gerüstzweige ergeben einen kräftig ausgebildeten Strauch. Bei weniger nutzt er seinen Platz ungenügend, bei mehr wird er zu dicht; dem Fruchtbehang fehlt dann Sonne zum Reifen.

Gut gegliederte und lichtdurchlässige Strauchkronen sind auch das Leitbild für den Jahresschnitt im Herbst. Er kann gleich nach der Ernte, aber besser erst nach dem Laubfall vorgenommen werden. Denn die nährstoffaufbauende Tätigkeit der Blätter kräftigt die Wurzeln und läßt sie Vorräte für den Austrieb im Frühjahr speichern. Ebenso gut kann man den Verjüngungsschnitt im Spätwinter oder zeitigen Frühjahr durchführen, jedenfalls vor dem Steigen der Säfte. Die jeweils ältesten Gerüstzweige schneidet man knapp über dem Boden ab. Bei gutem Neuaustrieb, der bei Johannisbeeren üblicherweise gegeben ist, wird man kein älteres als drei-, höchstens vierjähriges Holz am Strauch haben.

Überalterte Strauchäste sind dunkel und setzen weniger Knospen an als die jüngeren. Von den einjährigen Neutrieben entfernt man so viele der schwächsten, daß im ganzen bis zu acht Gerüstzweige einschließlich der nachwachsenden stehenbleiben, meist genügen schon sechs. Starke Seitentriebe verkürzt man soweit, daß

Pflanzschnitt Johannisbeere

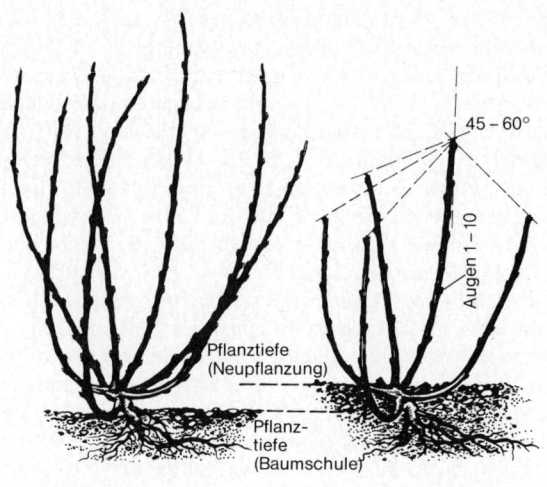

Aufbauschnitt

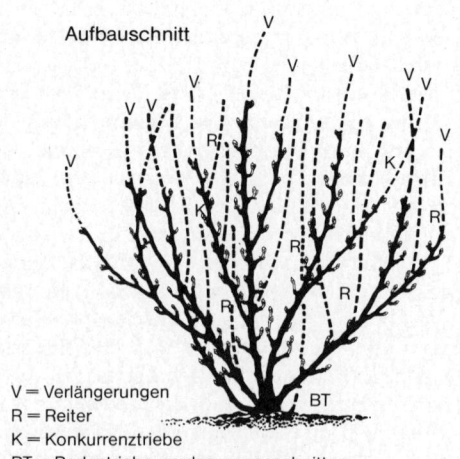

V = Verlängerungen
R = Reiter
K = Konkurrenztriebe
BT = Bodentriebe werden weggeschnitten

auch das Strauchinnere luftig und licht bleibt. Blütenknospen sitzen vorzugsweise nahe der Auszweigungsstellen, sie werden durch den Rückschnitt nicht beeinträchtigt, sondern gefördert.

Bei zu starkem Wachstum und »Verdunklungsgefahr« des reifenden Behanges kann man im Frühsommer ein zweites Mal Triebspitzen ohne Fruchtansätze beschneiden.

Hochstämmchen behandelt man ähnlich. Für eine allseitige und gleichmäßige Ausbildung der kleinen Kronen beläßt man nur so viel Gerüstzweige, nämlich die stärksten, daß alle Seitentriebe genügend Licht bekommen. Man kürzt auch sie um wenige Augen ein; die Krone sollte gegliedert und übersichtlich bleiben.

Will man eine dichte, nicht zu breite Hecke aus Johannisbeersträuchern ziehen, so verfährt man ähnlich wie bei den Himbeeren: Zwischen zwei Pfosten spannt man zwei oder drei Doppeldrähte, den höchsten knapp mannshoch, um die Zweige und Triebe einfügen zu können. Auch aus einer solchen Hecke muß das überalterte Holz entfernt und nachwachsendes in die gewünschte Richtung geleitet werden. Gegen bodennahe Verkahlung der Zweige hilft rechtzeitiges Zurückschneiden und Einkürzen der Seitentriebe, es regt zu tief angesetzten Verzweigungen an. Altholz verkahlt von unten nach oben.

Die Vermehrung ist bei Johannisbeeren einfach. Hat man erst einmal mehrjährige Sträucher, so kann man sie auch beliebig für Neuanpflanzungen vermehren. Man muß die dafür nötigen Maßnahmen allerdings frühzeitig einleiten, weil das Heranwachsen von Ablegern und Stecklingen bis zu fruchttragenden Sträuchern länger braucht als mit vorgezogenen Pflanzen aus der Gärtnerei. Wer es eilig hat, wird also auch bei eigenem Johannisbeerstand auf fertiges Pflanzgut zurückgreifen. Besonders, wenn man Hochstämmchen kauft, hat man von Anfang an ansehnliche Gehölze am vorgesehenen Standort, die bei Frühjahrspflanzung schon im Sommer die ersten, wenn auch zunächst spärlichen Behänge aufweisen können.

Bei Sträuchern ist es möglich, die Wartezeit auch ohne zugekaufte Jungpflanzen zu umgehen, wenn man im Frühjahr noch vor dem Austrieb vorhandene, gut entwickelte Wurzelstöcke vorsichtig ausgräbt, sie mit Spaten oder Messer teilt und die Teilstücke an die alten und neuen Standplätze setzt. Dabei empfiehlt es sich, Wurzelspitzen und Zweige etwas einzukürzen. Allerdings geschieht solche Vermehrung nicht ohne Schwächung der Ausgangspflanzen, man erkauft den Zeitgewinn für die Neuanpflanzung mit vorübergehendem Ertragsrückgang der alten Stöcke.

Ohne Aderlaß vollzieht sich die Vermehrung durch **Steckhölzer**. Man gewinnt sie aus dem Jahresschnitt an kräftig entwickelten einjährigen Trieben. Die gut zwanzig Zentimeter langen Stecklinge erhalten einen schrägen Anschnitt unter einem Auge und werden an geschützter Stelle in die Erde gesteckt, am besten neben einem eingerammten Pflock, man tritt sie sonst leicht um. Die Triebspitze schaut etwa acht Zentimeter aus dem Boden heraus. Stecklingsvermehrung ist im Herbst oder Frühjahr möglich. Ein Jahr später nimmt man die versetzungsfähigen Jungpflanzen aus der Erde. Man kann mit dem Umsetzen auch ein weiteres Jahr warten und hat dann schon verzweigtes Pflanzgut.

Schließlich kann man Ableger durch Herunterbiegen einjähriger Triebe im Frühjahr gewinnen. Man befestigt sie am Boden, bedeckt sie mit guter Erde und läßt die Triebspitze frei. Im Sommer wässert man regelmäßig und hat ein Jahr später ein bewurzeltes Zweigstück, das sich vom Mutterstrauch abtrennen und mehrmals teilen läßt. Jedes Teilstück braucht ein Wurzelbündel und kann im Saatbeet weiter gezogen werden.

Die Wahl der **Sorten** dürfte bei Johannisbeeren kaum Kopfzerbrechen machen, da in unserem Klima alle gedeihen. Unterschiede treten innerhalb der roten, weißen und schwarzen Johannisbeeren weit weniger in Erscheinung als beim Kern- und Steinobst. Baut man mehrere Sorten, dann sollte man darauf achten, daß für langes Ernten frühe und späte vertreten sind. Früh reifen: Jonkheer van Tets und Heros. Heros wächst stark und eignet sich gut für Hecken. Später, nämlich erst im August, reifen Heinemanns Rote Spätlese und Rotet. Rote Holländische und Rote Vierländer bringen reiche Ernten.

Unter den weißen Sorten haben sich Weiße Versailler, unter den schwarzen Silvergieters Schwarze und Rosenthals Langtraubige Schwarze gut bewährt. Doch sollen die wenigen hier genannten Sorten keine Auszeichnung vor nicht genannten bedeuten. Man kann sich darauf verlassen, daß der örtliche Fachbetrieb ausgewählte Sorten anbietet.

Die Kulturbedingungen der roten und schwarzen Johannisbeeren ähneln einander, so daß sie in Gartenbüchern oft in einem Text behandelt werden. Doch sollte man einige von der roten Johannisbeere abweichenden Ansprüche der schwarzen kennen und berücksichtigen. Nur auf diese Verschiedenheiten wollen wir im folgenden noch eingehen.

Die schwarze Johannisbeere gedeiht und reift in allen rauhen Lagen wie die rote Art und ist in dieser Hinsicht eher noch unempfindlicher. Jedenfalls kommt sie mit weniger Sonne aus. Man kann die schwarze Johannisbeere sogar in reinen Nordlagen pflanzen. Die Ausbildung des Vitamins C, das wir in den Zitrusfrüchten des Südens so schätzen, ist demnach nicht an eine unmittelbare Sonnenbestrahlung gebunden.

Vollsonnigen Stand schätzen die schwarzen Johannisbeeran wenig, obwohl es gerade im gewerbsmäßigen Anbau genügend Beispiele gibt, wo sie auf freien Flächen bestens wachsen und fruchten. Der füllige Strauch beschattet seine Behänge selbst durch Blattfülle. Er entwickelt in den Blättern große Verdunstungsflächen, Laub und Triebe sind zudem weicher als bei der roten Art, empfindlicher gegen Austrocknung; sie verströmen einen leicht unangenehmen Geruch. Er führte zur alten Bezeichnung »Wanzenbeere«. Mehr als die rote Johannisbeere ist die schwarze auf gleichmäßiges und immer durchfeuchtetes Erdreich angewiesen. Wo man diesen Sträuchern unbeschattete Plätze zumutet, muß man besonders darauf achten, daß sie es nicht auch noch trocken haben. Den besten Austrocknungsschutz bietet eine genügend starke, ganzjährig auf dem Boden belassene Mulchschicht. Nimmt man für diese Bedeckung vererdeten Mist oder ausgereifte Komposterde, so hat man schon für eine ausreichende Düngung gesorgt. Auch bodenbedeckende Anpflanzungen unter und zwischen den Büschen sorgen für die erwünschte Beschattung, doch stört man mit einer Bodenbearbeitung die flach streichenden Wurzeln der Sträucher.

Der jährliche Schnitt im Herbst oder Frühjahr zielt bei der schwarzen Johannisbeere ganz besonders auf die Verjüngung des Strauches, weil schon das dreijährige Holz merklich weniger trägt. Dagegen verzichtet man auf den Rückschnitt der einjährigen Triebe, lichtet sie aber wie bei der roten Art auf insgesamt etwa sechs Gerüstzweige aus.

Beim Setzen von Johannisbeersträuchern geht man etwas tiefer als bei anderen Obstgehölzen und regt dadurch neue Wurzelaustriebe an. Wegen der Unterschiede in Schattenverträglichkeit und Feuchtigkeitsbedürfnis wird man rote und schwarze Johannisbeeren nicht in eine Mischkultur nehmen. Dabei sei betont, daß stauende Nässe auch für die schwarze Johannisbeere ein Gift bedeutet, das sie nicht verträgt. Desgleichen sollte man diese ausladenden Sträucher mit ihren weichen Blättern und Zweigen nicht frei der Hauptwindrichtung – bei uns in der Regel Westen – aussetzen.

Die Abtei Fulda weist in ihrer oben erwähnten Schrift darauf hin, daß »die schwarze Johannisbeere für die Nachbarschaft der Sauerkirsche besondere Sympathie« zeigt.

Die Stachelbeere (*Ribes grossularia, Ribes uva crispa*)

Der engen Verwandtschaft zwischen Stachel- und Johannisbeeren entsprechen ähnliche Klima-, Boden- und Pflegeansprüche. Was darüber bei der Johannisbeere gesagt wurde, gilt auch für die Stachelbeere.

Stachelbeerbüsche erreichen allgemein nicht die Größe von Johannisbeerbüschen, ihre Blätter sind kleiner, die eher sparrigen Zweige mit Stacheln bewehrt. Stachelbeersträucher begnügen sich im Hausgarten mit jedem Platz und mit fast jedem Boden. Ganztägig im Schatten, bleiben die Früchte kleiner und härter, sie entwickeln dann weniger Süße und Geschmack. Voller Sonnenstand schadet dem Strauch nicht, aber man sollte solche begehrten Gartenplätze Kulturpflanzen überlassen, die auf viel Sonne angewiesen sind; die Stachelbeere fühlt sich im Viertel- und Halbschatten am wohlsten. Sie wurzelt tiefer als die Johannisbeere, erträgt also auch regenarme Zeiten besser. Die ganzjährige Bodenbedeckung enthebt uns der Sorge um ausreichende Bodenfeuchtigkeit weitgehend. Die früher gleichsam obligatorische Empfehlung, den Boden zwischen Stachelbeerbüschen – auch zwischen anderen Beerenobststräuchern – durch wiederholtes Hacken locker und unkrautfrei zu halten, erscheint uns heute nicht mehr sinnvoll. Auch Stachelbeerwurzeln durchziehen den Boden bis nahe der Oberfläche und wollen nicht durch mechanische Bodenbearbeitung gestört, sondern in natürlicher Bodengare ernährt werden.

Stachelbeersträucher brauchen kalkhaltigen Boden. Bei sauren Reaktionen sollte man den pH-Wert durch Kalkgaben in die Nähe von 7 bringen. Anmooriger Boden liegt von Natur aus im sauren Bereich, er paßt der Stachelbeere ebenso wenig wie humusarme Sandböden. Die erträgt sie aber noch besser als Staunässe. Bodendurchlässigkeit bildet eine Voraussetzung für den Anbau aller Beerenobstarten.

Stachelbeeren brauchen Kali, denn ihre Früchte sind kaliumhaltig. Kaliummangel äußert sich durch graubraun verdorrte Blattränder. Bei einer Kompostbereitung mit Holzabfällen oder Holzasche wird mit der Düngung genügend Kalium zugeführt. Abhilfe muß nicht in kalihaltigen Mineraldüngergaben, sie kann auch durch Mulchen mit Farnkraut gebracht werden. Farn soll, wo es zur Verfügung steht, dem Kompost – auch für andere Nutzpflanzen – zugeschlagen werden. Die Forstleute vernichten den in großen Blattfächern sich entfaltenden Farn in Anpflanzungen oft noch mit chemischen Mitteln. Man richtet also keinen Schaden an, wenn man Farnblätter für den Garten sammelt oder mäht – natürlich nach Rücksprache mit den Eigentümern und *vor* solchen Vergiftungsaktionen. (Der sehr seltene Straußfarn – er tritt niemals in Massen auf wie der Wurm- und der Königsfarn – ist eine geschützte Farnart des Waldes.)

Chlor mögen Stachelbeeren so wenig wie die übrigen Beerenobstarten, und Stickstoffüberdüngung fördert den Befall durch den Amerikanischen Mehltau. Man gibt deshalb nur verrotteten Mist. Ist er noch frisch, kann man allenfalls im Herbst kleinere Mengen ausbringen, doch wäre es besser, ihn über die Kompoststufe dem Boden zuzuführen.

Die Stachelbeerplage Mehltau wurde erst um die Jahrhundertwende von Amerika nach Europa eingeschleppt. Man begegnet ihr heute erfolgreich mit mehltauresistenten Sorten. Doch helfen bei anfälligen Sorten auch biologische Maßnahmen wie Herbstschnitt der Triebspitzen und eine nur organische Düngung für gesunden Boden. Da die Pilzerreger des Mehltaus zu ihrer Entfaltung eine stickig-feuchte Atmosphäre brauchen, sind die Kulturformen Fuß-, Halb- und Hochstämmchen der Stachelbeere weniger gefährdet als Büsche, die sich schon dicht über dem Boden verzweigen und bei mangelnder Schnittpflege verfilzen.

Pflanzen, Schneiden und Vermehren unterscheiden sich bei der Stachelbeere nicht wesentlich von der roten Johannisbeere. Beim jährlichen Rückschnitt achtet man auf regelmäßige Verjüngung der Gerüstäste; vier bis sechs genügen. Einjährige Triebe fruchten bei der Stachelbeere am reichsten. Das mehrjährige dunkle Holz verkahlt leicht und muß durch regelmäßigen Schnitt schon vor seiner Überalterung dem Nachwuchs weichen. Ein Strauchdickicht wirkt sich bei der Stachelbeere auch deshalb ungünstig aus, weil es die Ernte sehr erschwert. Die Mehltauerreger überwintern an den Triebspitzen. Man kürzt alle einjährigen Triebe ein, entfernt das Schnittgut sorgfältig aus dem Strauch und verbrennt es. Man kann es nur dann ohne Schaden der Kompostmiete zuführen, wenn man es in deren Mitte einbaut, wo die Pilzsporen durch Gärhitze vernichtet werden.

Man zieht Stachelbeeren in Büschen, Spalieren, Niedrig- oder Fußstämmchen und Hochstämmchen. Wie bei der Johannisbeere sehen gepflegte Hochstämmchen schöner aus, sind weniger mehltaugefährdet, entwickeln aber nicht die Lebenskraft und die Lebensdauer der Sträucher. Beim Strauch versorgen sich die Triebe unmittelbar aus der Wurzel, beim Hochstämmchen muß ein gemeinsames Leitbündel benützt werden, die Zufuhr der Wurzelsäfte ist deshalb anfälliger gegen Störungen. Trotzdem sollte man im kleinen und mittleren Hausgarten durchaus Stachelbeerhochstämmchen ziehen, sie bilden ein schmückendes Gestaltungselement und bringen bei biologischer Bodenpflege sowie jährlichem Kronenschnitt keine Probleme. Fuß-, Halb- und Hochstämmchen ergeben Stammhöhen von vierzig bis hundert Zentimeter. Sie alle brauchen eine kräftige Stütze durch einen Pfahl, der über die Krone hinausreicht und vor dem Pflanzen geschlagen wird.

Bei der Sortenwahl muß man zwei Entscheidungen treffen: Will man weiße, grüne, gelbe oder rote Früchte. Grün reifende Stachelbeeren sind nicht etwa saurer als die roten, werden sogar allgemein als im Geschmack besser beurteilt. Die zweite Entscheidung betrifft die Wahl einer frühen, mittelfrühen oder späten Sorte. Stachelbeeren sind selbstfruchtbar, sie brauchen also keine Bestäubungshilfe durch zweite und dritte Sorten. Trotzdem sollte man verschiedene Sorten mischen, wenn man Platz für mehrere Stachelbeergehölze hat. Den unscheinbaren Blüten im April folgen reife Beeren ab Juni, bei späten Sorten erntet man erst im August. Die Stachelbeersaison kann also beim Anbau mehrerer Sorten auf fast ein Vierteljahr ausgedehnt werden.

Zu den ganz frühen Sorten zählen Hörnings Früheste mit gelben Früchten und süßem, angenehmem Geschmack. Mittelfrüh reifen Lauffener Gelbe und Lady Delamere, eine besonders genügsame Sorte mit grünen Beeren. Weiße Triumphbeere bringt regelmäßige Ernten, Rote Triumphbeere aus Schottland wächst stark, ihre Früchte reifen dunkelrot aus, doch ist diese Sorte anfällig gegen

Mehltau. Auch Maiherzog und die neue Sorte Remarka bringen rote Beeren, Reverta gelbgrüne.

Die meisten Sorten eignen sich auch für die Anlage kleiner, verhältnismäßig dichter Hecken. Sie ertragen Windbelastung weit besser als Johannisbeeren, doch werden sie nicht so hoch. Innerhalb des Gartens sind niedrige Hecken oft erwünscht, weil sie weniger Schatten werfen.

Holunder *(Sambucus)*

Der Schwarze Holunder *(Sambucus nigra)* liefert ein Beerenobst, das auf Bäumen wächst. Er gehört nicht eigentlich zu den Kulturpflanzen, denn die allgemein am Haus und im Garten wachsende Art (Sorten ausgenommen) unterscheidet sich nicht von den an Waldrändern, auf Lichtungen und in Hecken wachsenden Holunderbüschen. Als Kulturfolger mit einer ausgesprochenen Vorliebe für Haus- und Scheunenecken steht dieses Gewächs zwischen Wild- und Nutzpflanze. Der Holunder wurde in den letzten Jahrzehnten, in denen uns Obst aus allen Erdteilen und zu jeder Jahreszeit im Überfluß zur Verfügung stand, nicht mehr so hoch geschätzt, wie er es verdient.

Der Holderbusch genoß einst die besondere Verehrung der Germanen. Er wurde von der ländlichen Bevölkerung unserer Heimat bis in die Neuzeit hinein an Haus und Hof nicht nur geduldet, es blieb auch etwas von der Hochachtung lebendig, die über die Verwertung seiner Beeren hinausreicht. Man sah im Holunder, der nach Form und Größe zwischen Busch und Baum steht, die Wohnstatt guter Hausgeister, sein Gedeihen verhieß Schutz für Haus und Stall. Um den Holunderbusch entstanden volkstümliche Sagen. Seine bekannteste Märchengestalt wurde Frau Holle. Ihr Name leitet sich aus der in Süddeutschland üblichen Bezeichnung Holder oder Holler für Holunder ab.

In Norddeutschland nennt man den Holunder auch Fliederbeerbaum oder einfach Flieder. Fliederbeersuppe und Holdermus waren einst weitverbreitete bäuerliche Gerichte. Der starke Duft der weißen Blüten gibt den Holderküchlein ihr Aroma: Man taucht die frisch vom Baum gebrochenen Trugdolden in Teig und bäckt sie anschließend in heißem Öl goldgelb und knusprig. Aus den

Der schnellwüchsige Holunderbusch bevorzugt Hausecken

Beeren gewinnt man Saft und Hollerwein. Daneben wurden nahezu alle Teile des Holderbaumes in der Heilkunde verwendet: Wurzeln, Rinde, Blätter, Blüten und Früchte. Man sagte, daß der Holunderbaum die lebendige Apotheke des Hauses ist.

Der Holunder zählt zur kleinen Familie der Geißblattgewächse, die auch die Gattungen Schneeball und Geißblatt enthält. Der Holunderbaum bildet am Haus und im Garten einen erfreulichen Anblick. Er hat die Eigenart, sich niedrig über dem Boden zu verzweigen und eine buschig-kugelige Gestalt anzunehmen, die durch das dichte Blattwerk nach außen geschlossen wird. Die Schnellwüchsigkeit des Holunderbaums ist fast unheimlich. Wird er abgesägt, so hat sich schon im nächsten Jahr ein neuer Busch aus den Wur-

Zur Ernte bricht man Trutzdolden an ihrem Ansatz ab und perlt später die Beeren ab.

zeln gebildet, der sich schnell vergrößert und im zweiten Jahr wieder blüht. Der flach wurzelnde Großstrauch oder Baum kann sieben Meter und mehr hoch werden, Äste und Zweige neigen sich bogenförmig und ergeben die abgerundete Baumform.

Die zahlreichen Blütenstände überziehen den Baum im Mai und Juni, er sieht dann weiß betupft aus. Das brüchige Holz ist hart und vom Stamm bis in die Zweige hinein von einer Markhöhle durchzogen. Die Beeren reifen im August und September glänzend schwarz. Der tiefrote Saft wurde früher nach Angaben von Lonicerus auch zum Färben von Geweben verwendet.

Der Holderbaum beansprucht für seine guten Gaben keine Gegenleistung von uns. Am liebsten ist ihm ein frischer, humoser und eher feuchter Boden. Er blüht und fruchtet auch im Schatten, so daß man ihn vorteilhaft an die Nordseite des Hauses, am besten an seine Nordwestecke pflanzt.

Man vermehrt den Holunder durch Aussaat der kleinen, in den Beeren enthaltenen Samen und durch Steckholz. Der Holunderbaum formt sich ohne Schnitt zu seiner bauchig aufgewölbten Gestalt, ein Schnitt würde diese Entwicklung nur stören.

In neuester Zeit entdeckte man am Holunder Eigenschaften, welche selbst den naturverbundenen Germanen noch nicht bekannt sein konnten: Ihm hat die Luftverschmutzung der Städte und Industriegebiete offenbar wenig an. Er wird deshalb als Luftverbesserer noch dort gepflanzt, wo andere Bäume keine Lebensgrundlage mehr finden. Das gilt auch für den viel kleineren Traubenholunder oder Roten Holunder *(Sambucus racemosa),* der feuerrote, ungenießbare Beeren hervorbringt. Er meidet Kalk und kommt noch auf den ärmsten Böden hoch.

Roter und Schwarzer Holunder sind dankbare Heckenpflanzen, die durch ihre Beeren Vögeln viel Nahrung bieten. Dabei eignet sich der Schwarze Holunder nicht als eigentlicher Heckenbildner, sondern als wohltuende Bereicherung einer gemischten Hecke in der Landschaft oder in großen Parks, die er mit seinen grünen Kuppeln anmutig überwölbt.

So begleitet der äußerst anspruchslose Holunderbusch die Menschen durch die Zeitalter. Schon in der Steinzeit dienten seine Beeren, wie Funde belegen, den Menschen als Nahrung. Heute führt seine Widerstandskraft gegen Umweltgifte vielleicht zu einer Neuentdeckung.

Holunderjauche, die man aus den grünen Blättern wie Brennesseljauche ansetzt und vergären läßt, soll Wühlmäuse vertreiben; man gießt die stark riechende Flüssigkeit in ihre Gänge. Holunderblättertee verwendet man gegen verschiedene Schadinsekten, so gegen Blattläuse auf Rosen.

Vielleicht bin ich für diesen Baum voreingenommen, weil mein erster Wagen – ein Kinderwagen – oft im Schatten eines Holderbusches stand. Ein Holunderbusch macht sich in vielen auch nur mittelgroßen Gärten gut – und sei es nur als Beschattung der Kompostmiete.

Gartenheidelbeere (*Vaccinium corymbosum*)

Auf ausgesprochen saurem, »kalkfreiem« Boden wachsen nur ganz wenige Kulturpflanzen. Die Gartenheidelbeere aus der Familie der Erikagewächse gehört zu diesen Ausnahmen. Als anbauwürdiges Beerenobst nimmt man sie hierzulande noch nicht so recht ernst. In ihrer Heimat Nordamerika, wo die meisten Zuchtsorten herkommen – sie entstanden aus den dortigen heimischen Wildformen –, baut man die Gartenheidelbeere feldmäßig an.

Ein Vorteil der Gartenheidelbeere, der in den meisten unserer Hausgärten kaum ins Gewicht fällt, ist ihre Fähigkeit, auch in kühlem Klima und rauhen Lagen, im Norden bis in arktische Gebiete zu wachsen und zu fruchten. Dabei braucht sie zur Reife ihrer blauen Beeren durchaus Sonne bis höchstens Halbschatten. Man hat herausgefunden, daß sie zur Winterruhe über längere Zeit hin Temperaturen unter vier Grad nötig hat, um sich während der warmen Jahreszeit artgemäß entfalten zu können. Wir wissen auch von unseren Baumobstarten, daß diese Winterruhe bei tiefen Außentemperaturen Voraussetzung ihres Blühens und Fruchtens sind. Bekanntlich braucht der Samen einer Reihe heimischer Pflanzen wenigstens einmal Frost, um im nächsten Frühjahr keimen zu können, man spricht von Frostkeimern.

Die Gartenheidelbeere blüht im Mai, einige Kältegrade schaden der Blüte nicht. Die reifen Beeren kann man ab Juli und August ernten. Sie erreichen bei einigen Sorten die Größe von Kirschen.

Die Gartenheidelbeere bevorzugt Bodenverhältnisse, die den meisten unserer Kulturpflanzen den Tod bringen würden: einen pH-Wert von 4,3 bis 5,5 und einen Grundwasserspiegel, der dem Begriff »stauende Nässe« entspricht. Man schafft diese Bedingungen im Hausgarten üblicher Lage und Bodenqualität in unmittelbarer Nähe eines regulierbaren Wasserzuflusses, wo man wenigstens zeitweise, aber regelmäßig für satte Bewässerung sorgen kann. Noch besser wäre die Nachbarschaft eines Sumpfbeetes, wie man es im Anschluß an Gartenteiche anlegt. Den sauren Boden erhält man durch umfangreiche Zusätze von Torf und Moorerde sowie eine Düngung mit Laubkompost, Nadelkompost und Sägemehl oder verrotteten Holzabfällen. Man wird eine solche örtliche Umstellung nicht gerade auf Kalkböden vornehmen, die von Natur aus alkalisch sind, sondern eher in kalkarmen Gärten, wie man sie vor allem in Norddeutschland oft antrifft. Wo Rhododendronbüsche gut gedeihen, wächst auch die Gartenheidelbeere. Man muß für sie nicht Bestbedingungen schaffen. Man kann sie auf Böden und unter Verhältnissen anbauen, die nur annähernd ihren geschilderten Bedürfnissen entsprechen. Trockenzeiten darf man ihr vom Frühjahr bis zur Fruchtreife allerdings nicht zumuten. Ihre Wurzeln können geringe Bodenfeuchtigkeit, die anderen Pflanzen noch durchaus genügt, nicht mehr aufnehmen.

Es versteht sich von selbst, daß die Gartenheidelbeere mit ihren zahlreichen und großen Früchten gut ernährt werden muß. Sie braucht humosen Boden. Die zu ihrer Düngung vorgesehene Komposterde wird ohne Kalkzugaben hergestellt. Der Kalk, den auch Gartenheidelbeeren zum Aufbau ihrer Pflanzenmasse brauchen – ihre Früchte enthalten etwas Kalzium – bekommt sie aus den verrotteten Pflanzenteilen, die jede Komposterde enthält. Eine dicke Mulchschicht verhindert, daß der Boden austrocknet. Die Gartenheidelbeere wird vorteilhaft mit Sägmehl, Laub oder Nadelstreu gemulcht; man bleibt damit im sauren Bereich des Bodens.

Die jährliche Schnittpflege gleicht der, wie sie für die Johannisbeere beschrieben wurde: Auslichten und systematisches Verjüngen der Sträucher.

Die Vermehrung kann auf vegetativem Wege durch Wurzelschößlinge, Steckhölzer und Ableger geschehen. Doch sollte man für kürzere Wartezeiten besser mehrjähriges Pflanzgut beim Gärtner kaufen. Die Ernteerträge laufen bei der Gartenheidelbeere ohnehin erst nach einigen Jahren voll an. Bei guter Pflege und Düngung bleiben sie dann viele Jahre lang hoch.

Wer bei Gartenheidelbeeren an unsere kleinen Sträucher der heimischen Heidelbeere denkt, wird über die Größe der Pflanzen erstaunt sein. In Amerika gibt es Wildarten, die zwei Meter und mehr Höhe erreichen. Die großen Sorten der Gartenheidelbeere bilden Sträucher bis zu einer Höhe von 150 Zentimeter aus. Noch eine Eigenart unterscheidet die Gartenheidelbeere von unserer europäischen Wildart: Der Saft ihrer blauen Früchte färbt nicht.

Schalenobst

Haselnüsse (*Corylus*)

Der heimische Haselstrauch *(Corylus avellana)* aus der Familie der Birkengewächse wächst fast überall in Europa mit Ausnahme des hohen Nordens wild. Birke, Erle und Hainbuche stehen ihm verwandtschaftlich nahe. Im Spätwinter und Vorfrühling gehört der Haselstrauch zu den allerersten Blühern. Der einhäusige Strauch mit männlichen Kätzchenblüten und wegen ihrer Kleinheit fast unsichtbaren weiblichen »Pinselblütchen« in kräftigem Rot ist ein Windbestäuber, doch laben sich auch die Bienen an den reichlich vorhandenen Pollen, wenn ihnen andere Pflanzen noch nichts bieten können.

Die fruchttragenden Kultursorten bringen wesentlich größere Nüsse hervor als die Wildart. Man unterscheidet die unempfindlichen Zellernüsse, Abkömmlinge unserer Wildart, und die im Geschmack feineren, anspruchsvolleren, aber nicht frostharten Lambertnüsse *(Corylus maxima)*. Ihr Name weist auf die Lombardei hin, sie stammen aus Südeuropa. Diese Art trägt besonders große Früchte.

Die Haselnuß gedeiht in jedem ausreichend feucht gehaltenen Kulturboden ohne besondere Standortansprüche. Bodenpflege durch jährliche Humusgaben dankt sie mit reicheren Ernten. Haselnußsträucher vertragen Wind, sie brauchen ihn zur Bestäubung. Da sie mit sich selbst unfruchtbar sind, muß man jeweils mehrere Sorten zusammenpflanzen. Die kräftig sich entwickelnden Büsche brauchen drei bis fünf Meter Abstand, kommen also für den Hausgarten kaum in Frage; wohl aber als Bepflanzung von Grundstücksrändern, zum Beispiel gegen Straßenseiten. Haselsträucher gelten als ziemlich industriefest. Sie gedeihen auch auf sauren Böden.

Der jährliche Verjüngungsschnitt im Herbst erhöht Ernteertrag und Lebensdauer. Haselsträucher füllen ihren Platz für Jahrzehnte. Aus ihrem elastischen, hellen Holz schnitt man früher Wünschelruten und brannte Zeichenkohle.

Neben den Fruchtsorten haben sich einige Arten und Sorten als Ziersträucher und Parkbäume bewährt, zum Beispiel Korkzieherhasel, Goldhasel, Bluthasel und Baumhasel. Die Vermehrung erfolgt durch Ableger, Absenker und durch Veredeln.

Walnuß (*Juglans regia*)

Die Walnuß hat ihren Namen vom Welschland, denn der Baum kam über Italien zu uns. Wilde Walnußbäume wachsen in Europa nur im Südosten auf dem Balkan. Ihre Heimat liegt in warmen Landstrichen West- und Mittelasiens. Anders als beim Haselstrauch sind dem Anbau der Walnuß oder Baumnuß bei uns Frostgrenzen gesetzt. Ihr Holz nimmt in kalten Wintern Schaden, die Blüten leiden unter Spätfrösten. In Grenzlagen des Walnußanbaus sollte man deshalb nach spät austreibenden Sorten fragen, zum Beispiel Nr. 26.

Nur bei freiem Stand und in mildem Klima entwickelt der Walnußbaum seine ausladende Krone und eine Höhe von zwanzig Metern und mehr. Im Süden wird er bis zu dreißig Metern hoch. Ungewöhnlich weitläufig dringt das Wurzelgeflecht des Walnußbaumes über den Traufrand der Krone hinaus flach ins umgebende Erdreich vor. Der Walnußbaum liebt keine engen Nachbarschaften, man sollte ihm je nach der zu erwartenden Baumgröße um fünfzehn Meter Abstand bis zum nächsten Baum einräumen. Es versteht sich von selbst, daß solch ein Gewächs keinen Platz im üblichen Hausgarten findet. Der Pflanzboden sollte locker und besonders tiefgründig, gut durchlüftet, warm und humos sein, kurz, der Walnußbaum stellt Ansprüche. Er gedeiht auch nicht in irgendeinem vergessenen Winkel wie der Holderbaum.

Die unscheinbaren, windbestäubenden Blüten – männliche und weibliche getrennt auf einem Baum – entfalten sich im Mai und sind selbstfruchtbar, so daß auch ein Einzelbaum zum Fruchtansatz kommt. Die verschiedenen Sorten bringen unterschiedlich große Nüsse hervor. Esterhazy II trägt von den bei uns angebauten Sorten die größten.

Die fleischig grüne, schalenartige Haut, in der die eigentlichen Nüsse stecken, diente früher zum Färben von Stoffen, sie gibt aber keine grüne, sondern braune Farbe ab und macht den Händen, die mit ihr umgehen, schwarze Flecken. Die reifen Nüsse lösen sich leicht aus den grünen Schalen. Sie werden nicht gepflückt, sondern vom Boden aufgelesen. Durch anschließendes Trocknen verlieren sie rund die Hälfte ihres Gewichtes.

Der Walnußbaum wächst langsam. In ungünstigen Lagen entfaltet er sich – auch wenn er viele Jahre trägt – nicht zu seiner vollen Größe. Das polierfähige, harte Holz hat besonderen Wert für die

Möbelherstellung. <u>Erst nach drei bis fünf Jahren kann man mit ersten Erträgen rechnen, volle Ernten nach dem ersten Jahrzehnt erwarten.</u>

Es läge nahe, Walnußbäume als Büsche oder Niederstämme zu ziehen, um die Wartezeit abzukürzen. Doch haben sich diese Formen wegen ihrer größeren Frostempfindlichkeit nicht bewährt. <u>Man pflanzt im Herbst oder Frühjahr.</u> Ein Pflanzschnitt entfällt, für den behutsam durchzuführenden Erziehungsschnitt wird das Frühjahr empfohlen.

Die meisten Sorten unterscheidet man nicht nach Namen, sondern nach Nummern. Wer sich auf das Heranziehen eines Walnußbaumes einlassen will, sollte erst einmal Umschau halten, ob und wie Walnüsse in der näheren Umgebung gedeihen, und sich dann für die Sortenfrage von einem örtlichen Fachbetrieb beraten lassen. Es ist leicht, eine Sorte mit großen, dünnschaligen Nüssen zu wählen, doch schwerer, auch die richtige für das gegebene Gartenklima zu finden. Die Jungbäume der Baumschule sind bereits veredelt. Eigenzucht aus Samen führt zu keinem befriedigenden Ergebnis.

Obwohl wir in unserer Obstartenschau auch Außenseiter wie Aprikose, Holunder, Mispel und Walnuß berücksichtigen, können wir in unserem Rahmen nicht alle Obstgehölze würdigen, deren Anbau in unserem Klima überall oder nur in besonders günstigen Lagen möglich wäre. Für Weinbergklima wäre die Edelkastanie *(Castanea sativa),* die mächtigen Bäume der Schwarzen Maulbeere mit ihren schmackhaften schwarzen Früchten *(Morus nigra)* und nicht zuletzt die Weinrebe *(Vitis vinifera)* mit ihren zahlreichen Kultursorten zu nennen. Voll unserem Klima angepaßt und auch dort noch tragend, wo andere Obstgehölze versagen, sind die Süße Eberesche *(Sorbus aucuparia moravica)* und die Hagebutte *(Rosa rugosa und Rosa carnina),* sowie der Speierling *(Sorbus domestica),* dessen Früchte nicht gegessen, sondern als Würze zum Einkochen und Vermosten von Äpfeln verwendet werden.

Die Heckenrose wächst schnell, blüht reich – auch in weiß – trägt gut und bildet füllige Hecken. Der Vitamin C-Gehalt ihrer Früchte übertrifft den aller unserer Obstarten.

IV DER BODEN

Ist es nicht merkwürdig, wie die Ansichten über die Wirkungsweise und Bedürfnisse des Stoffgefüges, auf dem wir alle stehen und von dem wir alle leben, im Zeitalter der exakten Naturwissenschaften so weit auseinanderstreben? Jeder kann jederzeit Erdboden in die Hand nehmen, im Labor untersuchen oder seine Rolle in der Natur beobachten. Und doch scheiden sich gerade an der Beurteilung der Boden-, Fruchtbarkeits- und Düngungsfragen die Geister. Durch unser Tun und Lassen entscheiden wir uns täglich an diesem noch immer geheimnisvollen Boden – toter, mineralischer Stoff und belebter Organismus in einem –, auch wo wir uns dieser Entscheidung nicht bewußt werden. Das eine Lager beweist, daß die Welt von morgen ohne »Kunstdünger« und chemischen Pflanzenschutz in den Hungertod treiben müßte, das andere Lager beweist ein Gegenteiliges: Unsere Landwirtschaft auf der Grundlage industrieller Mineraldünger und steigender Giftanwendung führt über Humusschwund, Tier- und Pflanzenartenverarmung zur Ver-Wüstung der Erde.

Liegt die Wahrheit in der Mitte? Ein bißchen organisch und ein bißchen mineralisch düngen, soweit möglich biologische und soweit nötig chemische Hilfsmittel in Anspruch nehmen? In der Tat wird dieser auf den ersten Blick verlockende, scheinbar vernünftigste Weg von vielen empfohlen und begangen.

Den Leser unserer Buchreihe erwartet nach der in Band 1 versuchten Standortbestimmung unserer Absicht keine jeweils neu zu entfachende Auseinandersetzung zwischen zwei Betrachtungs- und Denkarten, denen folgerichtig zwei unterschiedliche, Anbauweisen in Gartenbau und Landwirtschaft entsprechen. Vielmehr wollen wir aufzeigen, wie man mit rein biologischen Maßnahmen, also ohne Anleihen an »Kunstdünger« – wie unglücklich dieser Begriff auch sei – und an Leben gefährdende, umweltbelastende chemische Gifte im Garten zu guten Ergebnissen kommt.

Der Weg zu einer mit gelassener Selbstsicherheit betriebenen, naturnahen Anbauweise führt über ein wenigstens umrißhaftes Verständnis des lebendigen Bodens und seiner grundsätzlichen Vorgänge – soweit wir sie an ihren Wirkungen durchschauen. Natürlich kann man auch leidlich Auto fahren, ohne den Motor unter der Haube begriffen oder auch nur gesehen zu haben. Aber das Autofahren ist eine Fähigkeit, die gutes Reaktionsvermögen, bestenfalls die Tugend der Selbstbeherrschung von uns fordert, während der Umgang mit Pflanzen, zumal der mit Bäumen, langjähriger Zuwendung an Lebewesen bedarf. Sie wird gerade vom Freizeitgärtner nicht nur als Mittel zum Zweck, als Arbeit für Äpfel, begriffen, sondern auch als Selbstzweck. <u>Das heißt nichts anderes, als daß die Zu*wendung* einer echten Zu*neigung* zu diesen stummen Lebewesen entspringt, die wir pflegen.</u>

Pflanzen pflegen bedeutet, wie jeder weiß, der sich auch nur für einen Blumentopf am Fenster verantwortlich fühlt, der Erde geben, was wir der Pflanze zukommen lassen wollen. Eine lebende Pflanze ohne Boden beunruhigt; sie bedarf der Ergänzung durch Erde im weitesten Sinne. In Hydrokultur gehaltene Pflanzen bestätigen nur die Untrennbarkeit von Pflanze und Nahrung gebender Umwelt. Die Hydrokultur scheint ja zunächst den augenfälligen Beweis zu erbringen, daß die ganze Wichtigtuerei der »Biologischen« mit ihren zu Hausheiligtümern erhöhten Komposthaufen nur weltanschaulich gefärbte Umwege bedeuten. Warum diese Überbewertung hausbackener, gewollter Natürlichkeit, wenn die Pflanze auch in einem Glas Wasser prächtig gedeiht, dem man nur eine Tablette mit dem Konzentrat aller von ihr benötigten Nährsalze und Spurenelemente beigibt? Die Pflanze kann offenbar, was von vielen auch für den Menschen der Zukunft erträumt wird: von Tabletten leben. In Wirklichkeit und gründlicher besehen, zeigt gerade das Beispiel Hydrokultur, wo die Grenzen der Manipulierbarkeit von Lebewesen liegen. Was hier so einfach zu gelingen scheint, erweist sich auf die Dauer und in der praktischen Durchführbarkeit als recht aufwendig, so daß die Hydrokultur auch unter reinen Ertragsgesichtspunkten keine Vorteile gegenüber der Erdkultur bringt. Entscheidend an diesem technisch-biologischen Vorstoß, das Pflanzenwachstum unter vollständige Kontrolle der stofflichen Bedingungen zu halten, ist die Tatsache, daß solche Pflanzen ihre Vererbungsqualitäten weder halten noch vollständig weitergeben. Leben kann aber niemals an seinem Ist-Zustand, es muß in seinen Werde-Zuständen begriffen werden. Die Fähigkeit der Fortpflanzung gehört zu den Wesensmerkmalen des Lebens. Wo sie gestört ist, haben wir nicht mehr das volle, sondern ein absterbendes Leben. Das schnelle Abbauen der Kultursorten wurde ja auch zur unbewältigten Bürde der Landwirtschaft auf Mineraldüngerbasis. Sie wiegt um so schwerer, als die Erbanlagen eines Lebewesens gleichsam sein Allerheiligstes darstellen, das wie die innersten Verteidigungsringe einer Burg erst angreifbar wird, wenn alle anderen Sicherungen durchbrochen wurden.

Obstbäume machen dem, der sie anbaut und pflegt, wie keine anderen Gartenpflanzen deutlich, daß ein ganzes Bündel von Umwelteinflüssen zu ihrem Gedeihen beiträgt. Bis etwa ein Apfelbaum seine volle Ertragskraft entfaltet, bedarf es vieler aufeinander abgestimmter »Reize«. So müssen jeder Pflanze zehn Grundstoffe zur Verfügung stehen, von denen nach Liebigs Minimumgesetz keiner fehlen darf, ohne die anderen unwirksam zu machen: Sauerstoff (O), Kohlenstoff (C), Stickstoff (N), Wasserstoff (H), Schwefel (S), Phosphor (P), Kalium (K), Kalzium (Ca), Magnesium (Mg) und Eisen (Fe). Die Pflanze ist von weiteren Stoffen, den Spurenelementen, abhängig: Natrium (Na), Silizium (Si), Chlor (Cl), Aluminium (Al), Mangan (Mn), Bor (B), Kupfer (Cu), Vanadium (Va), Zink (Zn), Kobalt (Co) und Molybdän (Mo), sowie von sogenannten Humus- und Wuchsstoffen; sie braucht eine bestimmte Wasserzufuhr, Luftumgebung und Lichtbestrahlung, einen bestimmten Temperatur-, Tages- und Jahreszeitenrhythmus, um nur die offensichtlichsten Abhängigkeiten zu nennen. Kurz: Die Welt und ihr Sonnensystem mußten erschaffen werden für einen Apfelbaum!

Um ein Augenmaß dafür zu bekommen, wieviel die gegebenen Naturverhältnisse für die Pflanze bewirken und wie wenig wir dazutun, um unsere Kulturpflanzen zu hegen, sollte man sich klarmachen: »95 Prozent der Trockensubstanz holt sich die Pflanze aus Luft, Kohlensäure und Wasser. Der scheinbare Widerspruch, daß Trockenmasse auch aus Wasser entsteht, löst sich durch den Vorgang der Photosynthese: In ihrem Ablauf wird Wasser in Wasserstoff und Sauerstoff gespalten. Nur etwa fünf Prozent ihrer Trockenmasse schöpfen die Pflanzen aus Mineralsalzen« (aus »Das Schöpfungs-Karussell«, siehe Literaturverzeichnis).

Da frische Pflanzen und ihre Früchte überdies zu drei Vierteln bis vier Fünfteln ihrer Gewichtsteile aus Wasser bestehen, liegt es nahe, daß wir dem Boden nur wenig von dem, was er uns an Ernte schenkt, zurückgeben müssen. Stofflich gesehen, läßt sich diese Rückgabepflicht weitgehend auf die sogenannten Kernnährstoffe Stickstoff, Phosphor und Kalium beschränken. Hinzu kommt das als Gerüstbildner für den Aufbau der Pflanzenzellen nötige Kalzium sowie die Reihe der Spurenelemente, die buchstäblich nicht ins Gewicht fallen.

In der auf Mineraldüngung ausgerichteten Anbauweise gibt man dem Boden die Kernnährstoffe in Form mehr oder weniger leicht wasserlöslicher Nährsalze (Kurzzeit- und Langzeitwirkung). Das daraufhin kräftig gesteigerte Wachsen beweist, daß man die Stoffkreisläufe dort in Gang brachte, wo ein natürlicher Rücklauf auf unseren Kulturböden nicht mehr oder nur ungenügend stattfindet. Stimmen Wasserzufuhr und Wetter, erntet man vorhersehbare Mengen und weiß recht genau, wieviel der Kernnährstoffe N, P, K und Ca für welche Kulturen wann zu ergänzen sind.

Für ein Verständnis dessen, was wir mit dem Düngen auf unseren Böden tun oder unterlassen, müssen zwei Gesichtspunkte in aller Kürze angesprochen werden:

1. Welche Umstände und welche Folgen begleiten die als »herkömmlich« bezeichnete Wirtschaftsweise auf Mineraldüngerbasis?
2. Wie macht es die Natur ohne eine solche Rückführung der Kernnährstoffe in Papiersäcken?

Mineraldünger werden durch bergmännischen Abbau gewonnen, wie Phosphor, Kalium und Kalzium, oder als Abfallstoffe industrieller Erzeugung. Stickstoff liefert die Luft, doch bedarf seine industrielle Bereitstellung großen Energieeinsatzes (Haber-Bosch-Verfahren). Unsere Lufthülle besteht zu fast vier Fünfteln aus diesem Element. Es verbindet sich nur ungern mit anderen Elementen und ist für die höheren Pflanzen deshalb aus der Luft nicht unmittelbar aufnehmbar, sondern nur in organischer Bindung.

Die Düngestoffe werden aufbereitet und der Landwirtschaft zur Verfügung gestellt. Wir finden sie später als Bausteine organischer Verbindungen im Erntegut, also in unseren Nahrungsmitteln wieder. Aus ihnen wandern sie früher oder später in den Mülleimer oder in die Kanalisation. Da anorganische und organische, Industrie- und Haushaltabfälle gemeinsam die Mülhalden und Klärbecken speisen, enthalten die Klärschlämme giftig wirkende Rückstände von Schwermetallen wie Kadmium, Blei und Quecksilber. Die Rückführung verederter Klärschlämme in die Landwirtschaft bringt erhebliche Gefahren mit sich, das an sich begrüßenswerte Bemühen führt so noch nicht zum Ziel. Nur was über

Mist, Jauche und untergepflügte Ernterückstände wieder in den Boden kommt, bildet echte Kreisläufe wie im Naturgeschehen und verbraucht sich deshalb nicht. Große Umsatzmengen der Kunstdüngerwerke und der Müllbeseitigung bewegen sich nicht in Kreisläufen, sondern bedingen in ihren harmlosen Formen tote Stoffverschiebung (was abgebaut wird, erneuert sich nicht), in ihren fragwürdigen Formen aber Raubbau (zum Beispiel an fossiler Energie), Umweltbelastung (zum Beispiel durch Eutrophieren der Gewässer aus nicht genutztem Phosphor landwirtschaftlicher Dünger) und unbewältigte Müllberge. So kann man diese Wirtschaftsweise nur bedingt und begrenzt als segensreich beurteilen. Sie ist langfristig undurchführbar, weil sie nicht im Einklang mit den natürlichen Abläufen steht, sie sogar stört. Dies zu sehen, müssen wir uns heute zumuten, wo sich die Zusammenhänge für viele Menschen recht deutlich abzeichnen, denn wir tragen schon durch unser Dasein die Verhältnisse mit.

Wie macht es die Natur?

Sie bildet eine Vielzahl von Stoffkreisläufen, deren Umsätze in einer meist nur zwanzig, selten bis vierzig Zentimeter starken Schicht zusammentreffen, der Humusschicht. In ihr durchdringen sich die Mineralablösungen des steinigen oder kiesigen Untergrundes, ein langsamer aber stetiger Zustrom anorganischer Bausteine für das darüberliegende Erdreich an Kalk, Silizium, Aluminium und viele anderen. Von oben erfolgt die Zufuhr organischer Verbindungen; das sind die gestorbenen Pflanzen und Tiere, deren Absonderungen und Ausscheidungen. Sie enthalten alles, was Pflanzen brauchen, aber in hochmolekularer Bindung, das heißt, für die weitaus meisten höheren Pflanzen nicht aufnehmbar. Dem allgemeinen Stoffkreislauf fehlt als Schlußstück die Umwandlung der organischen Verbindungen in ihre mineralischen Bestandteile. Obwohl dieses Zerlegen Energie freisetzt, nämlich die von den Pflanzen an den Kohlenstoff gebundene, läuft es nicht »von selbst« ab wie das Fallen eines Regentropfens, sondern muß durch Lebewesen vollzogen werden. Man faßt sie unter dem Sammelbegriff »Edaphon« zusammen und meint damit das Bodenleben. Es besteht vor allem aus pflanzlichen und tierischen Mikroben: Bakterien, Pilzen, Algen, einzelligen und vielzelligen Tieren bis zur Regenwurmgröße.

Entsprechend ihrer Tätigkeit nennt man diese überaus artenreiche und unvorstellbar individuenreiche Gruppe von Lebewesen

Zersetzer. Die meisten bleiben unter einer dem freien Auge sichtbaren Größe. Die im verborgenen wirkenden Heerscharen bauen alles Organische unter allen Klimabedingungen ab, unter denen noch Pflanzen wachsen. Dem Wachsen über der Erde entsprechen demnach spiegelbildlich entgegengesetzte Vorgänge in der Erde. Sie bedingen sich gegenseitig, sind nur miteinander denkbar. Die Raumgrenzen überschneiden und verzahnen sich: In der Erde wachsen auch Wurzeln, über ihr beginnt die Zersetzung schon in der obersten, noch der Luft ausgesetzten Bodenstreu oder an abgestorbenen Bäumen.

Nun zerlegen aber die Zersetzer oder Destruenten organisches Gewebe nicht gleich in seine chemischen Elemente, die dann nackt und haltlos auf dem Gestein lägen. Vielmehr vollzieht sich der Abbau in zahlreichen Stufen. In der Regel läuft das Abbaugeschehen langsam an, die zum Teil sehr festen Gewebe wie Knochen, Horn oder Holz müssen von Erstzersetzern aufgebrochen werden. Das kann Jahre in Anspruch nehmen oder bei weniger widerstandsfähigen Teilen der Organismen schnell, unter günstigen Bedingungen fast stürmisch verlaufen. Schließlich bleibt die Mineralisierung in einem Zustand fast stehen, den wir in seinem gesamten Erscheinungsbild Humus nennen. Der Humus ist ein nur noch langsam in Richtung Mineralisierung fortschreitender Gleichgewichtszustand weitgehend abgebauter Stoffe. Sie zeigen nicht mehr die Eigenschaften organischer Verbindungen, stehen aber auch noch nicht am Endpunkt ihrer Zerlegung. In diesem Zustand, der nur unter bestimmten Umweltbedingungen der Temperatur, der Wasser- und Luftzufuhr erreicht wird, entwickelt das Stoffgemisch Eigenschaften, die unsere Erde für Landlebewesen erst bewohnbar machen: Die im Humus eingebauten Nährsalze, also die mineralischen Bausteine der Pflanzen, können von deren Wurzeln schon aufgenommen werden, sie sind den Pflanzen verfügbar, aber andererseits noch so in ihrem Molekülzusammenhang verankert (kolloid), daß sie von dem frei im Boden vorhandenen Wasser nicht herausgelöst werden, wie etwa die Nährsalze der gleichen Stoffe in Mineraldüngern.

Wären die Pflanzennährstoffe im Humus unmittelbar wasserlöslich, dann müßte diese dünne Bodenschicht nach einem Platzregen ihre Fruchtbarkeit verlieren, ihre Nährsalze ins Grundwasser und in die Wasserläufe abgeben. <u>Hier wird klar, daß es bei der Pflanzenernährung</u> nicht nur um das Vorhandensein der vor allem zu ergänzenden Kernnährstoffe Stickstoff, Phosphor, Kalium und Kalk ankommt, sondern wesentlich auch darauf, in welcher Form sie zur Verfügung stehen – wasserlöslich oder eingebunden in die Ton-Humus-Komplexe. Man darf, will man sachgemäß über Boden und Düngefragen sprechen, nicht beide Ernährungssituationen für Pflanzen durcheinanderbringen. Wenn man nur die Minaralien und nicht ihren jeweiligen Zustand im Zusammenhang des Bodens berücksichtigt, kommt man zu falschen, jedenfalls unzureichenden Urteilen.

Für die tägliche Arbeit im Garten kann man drei grundlegende Eigenschaften des Humus wie folgt zusammenfassen:

1. Humus enthält alle Mineralien (Nährsalze) einschließlich der Spurenelemente, die Pflanzen für ihr Wachstum dem Boden entnehmen müssen.
2. Die Pflanzennährstoffe des Humus liegen in Dauerform fest. Sie werden zwar durch die Tätigkeit der Mikroben weiter mineralisiert und unterliegen danach der Auswaschung, doch erfordert dieser Vorgang viele Jahre und wirkt sich nur dann nachteilig aus, wenn die weitere Zufuhr von organischem Material unterbleibt.
3. Die Pflanzennährstoffe im Humus stehen in ausgewogenem Mengenverhältnis zueinander. Dies muß schon deshalb so sein, weil organische Substanzen, aus denen sich Humus zusammensetzt, ausgewogene Stoffverteilungen darstellen. Am Aufbau einer Pflanze sind alle Mineralsalze beteiligt, die eine Pflanze braucht – die in einer Pflanze enthaltenen Bausteine decken also auch den Bedarf der neuen Pflanze. Eine Ausnahme kann der Stickstoff bilden, weil er sich unter ungünstigen Bedingungen während des Zersetzens in die Luft verflüchtigt.

So garantiert die Tatsache, daß organische Verbindungen durch die Tätigkeit der Mikroben verrotten und humufizieren, Humus werden, eine angemessene Pflanzenernährung durch Stoffkreisläufe. Ein unausgewogenes oder unvollständiges Stoffgemisch könnte sich nicht zu Humus verwandeln. Humus ist ein Gleichgewichtszustand kolloidal verbundener Stoffe. Sein inneres Gefüge kann mit einem Schwamm verglichen werden. Seine Poren vermögen die doppelte Menge seines Eigengewichtes an Wasser aufzunehmen, sie enthalten außerdem Lufteinschlüsse für das sauerstoffbedürftige (aerobe) Bodenleben und geben Kohlendioxid als Endstufe der Atmungsvorgänge dieses Bodenlebens ab. Das Kohlendioxid (CO_2) entweicht dem Boden und wird von den Pflanzenblättern als »Nährgas« aufgenommen, sie brauchen es für die Photosynthese. Der in allen organischen Verbindungen enthaltene Kohlenstoff stammt aus diesem Kohlendioxid unserer Lufthülle.

Wer die Fähigkeiten des Bodens für die Arbeit mit Pflanzen richtig einschätzen und nutzen will, wird ihn nicht als ein totes Stoffgemisch ansehen, sondern als einen lebendigen Organismus, den man füttert und pflegt. Mit einer zutreffenden Vorstellung vom Boden gewinnt man auch die Maßstäbe für ein sachgemäßes Düngen und Bearbeiten. Es geht bei der Düngung nicht einfach darum, bestimmte Stoffe, von denen man annimmt oder weiß, daß sie ergänzt werden müssen, dem Boden zuzuführen. Diese Denkart entspricht der herkömmlichen Anbauweise mit ihren Düngetabellen, Düngeprogrammen und genauen Düngevorschriften nach Menge und Zeitpunkt des Ausbringens. Bei der Mineraldüngung entscheiden diese Größen über den Erfolg des Wirtschaftens; die zugeführten Mineralsalze ernähren die Pflanze unmittelbar. Das Bodenleben wird nicht gefördert, sondern durch drastische Veränderungen der Mineralsalzkonzentrationen im Boden erheblich gestört.

Wenn man die Mineraldüngung dann noch auf Kosten organischer Zufuhr vornimmt, baut man zwangsläufig Humus ab. Humus ist kein sich selbst aus dem Untergrund ergänzender Bestandteil bestimmter Böden wie Kalk oder Ton, sondern ein durch jedes Pflanzenwachstum ergänzungsbedürftiges Stoffwechselprodukt. Auf der Habenseite dieses Stoffwechsels stehen die Zugänge an organischen Stoffen, auf der Sollseite steht die Ernährung der Pflanzen. Ohne Neuzufuhr organischer Verbindungen in Form von pflanzlichen und tierischen Abfällen kommt die Humusbildung an ein Ende.

Mineralische Bestandteile des Bodens ohne die Kolloidbindung in Ton-Humus-Komplexen bilden keine Schwammstrukturen aus. Das bedeutet, sie verschlämmen bei Regen, verdichten sich bei anschließendem Trocknen. Die Speicherfähigkeit eines Bodens für Wasser und Luft sinkt mit seinem Humusanteil. Tonböden springen bei Trockenheit auf, Sandböden werden vom Wind abgetragen, sie erliegen der Erosion. Mineraldünger, die man auf solche Böden bringt, reichern zwar den Boden kurzfristig mit Nährstoffen an, so daß Kulturpflanzen wachsen können, die Bodenstruktur aber erfährt durch diese Maßnahmen keine Verbesserung. Deshalb müssen mineralisch gedüngte Böden besonders oft und stark mechanisch bearbeitet werden. Man täuscht damit vorübergehend eine Bodengare vor, die biologisch nicht vorhanden ist. Die beständige Bodengare bedarf keiner mechanischen Lockerungshilfe, sie ist der Ausdruck eines gesunden und reichen Bodenlebens.

Man teilt die Böden allgemein in sandige, lehmige und tonige Böden ein. Über ihren Humusgehalt ist damit noch nichts gesagt. Bei ausreichendem Humusanteil können alle genannten Bodenarten fruchtbar werden, sie eignen sich dann auch für den Anbau von Obstgehölzen. Darüber hinaus unterscheidet man kalkreiche und kalkarme Böden. Man spricht von Kalk- beziehungsweise von Moorböden. Kalkböden wirken alkalisch, Moorböden sauer. Für die meisten Kulturböden ist das Mittelmaß wünschenswert mit einem pH-Wert, der bei 7 liegt. Veränderung des pH-Wertes durch Kalkgaben nach oben oder durch Untermischen von Torf und kalkfreiem Waldkompost nach unten dürfen nur nach und nach und behutsam vorgenommen werden. Ein Moorboden mit überhöhtem Kalkgehalt ist ungesund. Und damit sind wir schon im Garten.

Biologisch verstandene Bodenpflege macht sich die Wirksamkeit der Naturvorgänge zunutze, sie verstärkt sie. Um ein Mehr, als in freier Natur geschieht, muß es sich handeln, denn der Nutzpflanze wird mehr Stoffbildeleistung abverlangt als der Wildpflanze. Dem Apfelbaum genügt es nicht, wenn er sich nur mit seinen eigenen Herbstblättern düngt. Wir entziehen ihm seine Früchte mit ihren Mineralgehalten. Im Sinne geschlossener Kreisläufe könnten wie die Äpfel mit Blättern und angefallenem Baumschnitt kompostieren und sie dem Baum vererdet zurückgeben. Derart kurzgeschlossene Kreisläufe sind nicht im Sinne der Natur. Vielmehr ernähren sich auf allen Stufen der Stoffumwandlung irgendwelche Nutznießer. Die Kreisläufe zweigen vielfach aus und ein. Als geschlossen können sie nur in der Gesamtheit der umgesetzten Stoffe gelten. Im übrigen bringt unser Apfelbaum nicht nur Blätter, Früchte und Zweige hervor, sondern auch Stammholz, Blüten, Knospen für das nächste Jahr und Wurzeln. Irgendwann gibt er unmittelbar oder mittelbar alles dem Boden zurück, aber zunächst ist er auf Zufuhr aus diesem Boden angewiesen. Er nimmt »Aufbaukredite« in Anspruch.

Im Grundsatz unterscheidet sich die in Band 1 beschriebene Kompostwirtschaft für den Nutzgarten nicht von der des Obstgartens. Für die Versorgung vieljähriger Obstgehölze kommt es ganz besonders auf einen gesunden, dauerfruchtbaren Boden an. Ländliche, oft noch ausschließlich mit alten Hochstämmen bestandene Obstgärten werden in vielen Fällen überhaupt nicht gesondert gedüngt. Alle paar Jahre tragen die Bäume, man möchte fast sagen, aus Anstand und Gewohnheit, aber man tut nichts mehr für sie. Verkaufen konnte und wollte man solches Obst nicht. Daß die Früchte klein, unansehnlich und schorfig sind, nimmt man hin. Neuerdings gibt es wieder romantische Leute mit Landlust, die schrumpeliges, fleckiges Obst besonders schätzen und gut bezahlen, weil sie es zu Recht für ungespritzt, zu Unrecht für »biologisch gezogen« halten. Wenn man sieht, welche Mengen von Gift im gewerblichen Obstbau von der Knospe bis zur Fruchtreife umgesetzt werden, so kann man einen sich selbst überlassenen Obstbaum tatsächlich als das kleinere Übel ansehen. Doch läßt sich die Kennzeichnung »biologisch angebaut« nicht aus der Nullpflege von Boden und Nutzpflanzen ableiten.

So wie alle Reitkunst darauf baut, daß ein Pferd unter seinem Reiter vorwärts geht, so setzen alle Pflegemaßnahmen an Obstbäumen vom Veredeln bis zum Erziehungsschnitt voraus, daß der Baum kräftig wächst. Das Wachsen leistet allein die Natur, doch können wir ihr günstige oder ungünstige Bedingungen schaffen. Wenn es in klimatisch schlechten Obstbaulagen an Wärme und Licht fehlt, so werden wir deshalb nicht umziehen, sondern Hemmnisse hinnehmen, die wir nicht ändern können. An Nährstoffen sollte ein Obstgehölz in unserer Obhut allerdings nie Mangel leiden. Denn für seine Ernährung sind wir voll verantwortlich. Im biologischen Anbau leisten wir eigentlich nur Zubringerdienste, wir lassen das hilfreiche Bodenleben für uns arbeiten, doch müssen wir ihm geben, was es für seine Entfaltung und Tätigkeit braucht.

So wie für den Hausgarten sollte auch für den Obstgarten, die Obstwiese oder den Obstteil einer größeren Gartenanlage eine Kompoststätte angelegt werden. Handelt es sich nur um einen Apfelbaum und ein paar Johannisbeersträucher, die im Garten oder in seiner Umgebung wachsen, dann wird man mit einer gemeinsamen Kompoststätte auskommen. Doch was darüber hinausgeht, macht eine eigene Anlage wünschenswert. Die Platzfrage wird leicht zu beantworten sein, denn wo mehrere Obstgehölze angepflanzt wurden, ergibt sich auch der Raum für eine Kompostmiete. Im Halbschatten von Bäumen, Büschen oder Sträuchern ist sie sehr gut aufgehoben.

Die hauseigene Kompoststätte kann in der Regel den gesamten Bedarf an Düngermenge in Form von Komposterde erzeugen, auch wenn man aus Mangel an organischen Abfällen oder bei zu einseitigem Anfall von Kompostiergut organische Handelsdünger und mineralische Zuschläge etwa in Form von Kalk oder Steinmehl hinzukauft. Je mehr geerntet wird, desto unentbehrlicher wird diese Zufuhr – besonders dann, wenn man die Haushaltsabfälle nicht für den Obstgarten, sondern für den Gemüsegarten kompostiert. Im allgemeinen sollten auch die Handelsdünger und mineralische Zuschläge den Weg durch den Kompost gehen, was Einzelanwendungen in bestimmten Fällen nicht ausschließen muß.

Die Überlegung, daß die Kompoststätte die ständig sich erneuernde Fruchtbarkeitszelle auch des Obstgartens sein soll, führt zu einer eher großzügigen Anlage. Auf ihr wird nicht nur auf- und umgesetzt, sondern auch zwischengelagert, geordnet, gemischt und gesiebt.

Es gibt mehrere richtige Formen und mehrere angemessene Möglichkeiten, eine Kompoststätte anzulegen und zu betreiben. Ein unter Anfängern allgemein verbreiteter Fehler besteht darin, den Platz für die Bodenerneuerungsstätte zu klein zu bemessen. Die Faustregel, daß zehn Prozent der Nutzgartenfläche für die Kompoststätte bereitzustellen sind, muß man im Obstgarten nicht ganz erfüllen, weil er in der Regel weniger intensiv bewirtschaftet wird als der Gemüsegarten. Selbstverständlich braucht die Nutzung nicht geringer auszufallen, wenn man ertragsbetont arbeitet. Aber gerade dem Freizeitgärtner kommt es für seine Obstanlage oft auch auf andere Nutzungsarten an, etwa solche, die den Spiel- und Erholungsbedürfnissen der Familie entgegenkommen. Obstgehölze werden dann zum angenehmen Beiwerk, zur Gartengestaltung, die gleichwohl gute Ernten ermöglichen, wenn man sie düngt und pflegt.

Im Zweifelsfall würde ich den angeführten zehnten Teil einer Fläche für die Kompoststätte anstreben. Man teilt die Anlage dann so ein – unsere Zeichnungen führen es vor –, daß sie auch nach Abschluß einer Miete jederzeit aufnahmefähig bleibt. Eine nicht zu eng unterteilte Fläche kann besser beschickt und saubergehalten werden, was bei kleinen oder zu kleinen Kompostplätzen bisweilen schwierig ist. Gerade weil der ungepflegte Komposthaufen das alte Vorurteil vom wüsten Abfallhaufen im Garten nährt, sollte man größten Wert auf die Kompoststättenpflege legen. Um sie pflegeleicht schon durch die Anlage zu bekommen, sollte man auf befestigte Einfassungen und Wege bedacht sein, auf ein großräumiges Zwischenlager für Abfälle und für Kompostiergut, das nicht gleich verarbeitet wird, auf begehbare Streifen zwischen den einzelnen Mietenplätzen beziehungsweise auf allseitige Zugänglichkeit der Abteilungen bei einem Boxenplatz.

Selbstverständlich muß der Boden unter den eigentlichen Mieten offen bleiben, er darf keinesfalls mit Platten belegt oder zubetoniert werden. Man würde damit den erwünschten Zuzug von Mikroben und Regenwürmern aus der Umgebung abschneiden oder behindern.

Hat man für eine reichlich bemessene Aufnahmefähigkeit der Kompoststätte gesorgt, so wird man diese Möglichkeit früher oder später auch nutzen. Man ist dann in der Lage, Laub und Gras von Nachbarn zu übernehmen, die es sonst der Mülltonne zuführen würden, man kann Herbstlaub auch außerhalb des eigenen Grundstückes sammeln und Schnittgut aus der Obstbaum- und Heckenpflege stapeln, um es erst nach und nach in die Miete einzuarbeiten. Gerade bei sperrigem, zellstoffreichem Material tut man gut daran, es nur dann aufzusetzen – natürlich gut zerkleinert –, wenn man die passende Ergänzung, also feuchtere, weichere, dichtere oder stickstoffreichere Zuschläge hat, wie Mist, junges Gras oder Lehm.

Wie oft fallen beim Aushub eines Grabens, eines Teiches, beim Bau von Gartenwegen und Stufen oder bei Veränderungen am Haus Humus oder mineralreicher Unterboden an, wie oft bleibt bei einer Arbeit Boden übrig! Meist fehlt dann der Platz, um diese Kostbarkeit aufzuheben. Hat man ihn an oder nahe der Kompostmiete, kann man für lange Zeit Nutzen aus solchem Füllmaterial ziehen. Sand wird man allerdings nur bei eher schweren Lehmböden und Tonböden zusetzen, um jene Durchlässigkeit des Bodens zu verbessern, die gerade das Wurzelwerk von Obstgehölzen braucht. Bei getrennten Gemüse- und Obstgärten kompostiert man ohnehin die Haushaltsabfälle im Hausgarten, vielleicht in Tonnen oder anderen Kompostbehältern. Gras, Laub und Baumschnitt des großflächigeren Obstgartens setzt man zu freien Mieten auf, die, je nach Materialanfall, beliebig zu verlängern sind.

Hier wird eine Langzeitmiete für den Obstgarten aufgesetzt – unter anderem aus Sägereiabfällen.

Gibt es Unterschiede zwischen Hausgarten- und Obstgartenkomposten? Im Hausgarten verarbeitet man die eher weichen, feuchten, durchschnittlich stickstoffreicheren Haushaltsabfälle. Bei richtiger Mischung und möglicherweise durch zugesetzte Rottehilfen (zum Beispiel Biorott und andere) tritt die Vererdung schneller ein, nämlich nach wenigen Monaten, beim Heißkompost in der Tonne schon nach Wochen. Die am Stickstoffanteil gemessen eher mageren, aber umfangreicheren Reihenmieten mit Gras, Holzschnitt, Laub- oder Nadelstreu, gehäckselten Ernterückständen und so weiter, könnte man als Langzeitmieten bezeichnen. Ihr Rottevorgang kann bis zur Vererdung zwei oder drei Jahre erfordern. Die Mikroben zersetzen auch einen Stapel Brennholz zu Erde, wenn man nur lange genug wartet. Allerdings wird eine solche Erde verhältnismäßig nährstoff-, vor allem stickstoffarm sein. Sie könnte als Düngung nicht schaden, brächte aber auch nicht den erhofften Nutzen, da ihr vor allem Stickstoff und Phosphor, aber auch Kalk fehlen. Holz bringt Kalium und macht

Anlage der Kompoststätte

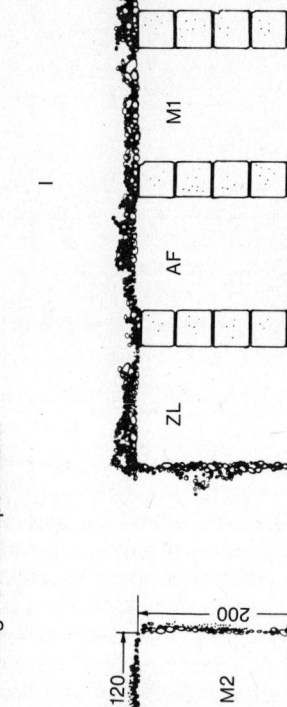

M1 = Miete 1
M2 = Miete 2
ZL = Zwischenlager
AF = Arbeitsfläche

Maße in cm

das Rottegut sauer. Es kommt für ein gezieltes Kompostieren durchaus darauf an, daß man die Zuschläge nach ihrem jeweiligen Gehalt wenigstens überschlägig beurteilen und so die Humusherstellung steuern kann. Bevor wir auf diese Frage eingehen, wollen wir kurz die Technik des Aufsetzens einer freien Miete beschreiben.

Zwingende Gründe für bestimmte Maße der Miete gibt es nicht, doch wird man wenigstens die übliche Beetbreite von 120 Zentimeter oder mehr wählen. Man kommt sonst nicht auf die erwünschte Höhe von gut einem Meter. Die Grundfläche kann ebenerdig oder spatentief ausgehoben sein. Durch das Abheben der obersten Humusschicht gewinnt man einen schon mit Mikroben und Regenwürmern belebten Zuschlag, der besonders für das »Anwerfen« der Rotte bei Erstbeschickung einer Miete wichtig ist. Bei einer wiederholten Benutzung der Mietenfläche steht meist kein Humus mehr zur Verfügung, man hat aber dann reife Komposterde. Von ihr braucht man nur jeweils eine Schaufel je Schicht, um das Rottegut gleichsam zu impfen. Frischkompost enthält in der Regel mehr Mikroben als ausgereifter.

Wie man eine Kompostmiete aufsetzt, wurde in Band 1 ausführlich dargestellt. Wir beschränken uns hier auf eine Zusammenfassung.

Man legt die Kompoststätte so an, daß zwei Mietenflächen – in der Regel gleich groß –, eine Zwischenlagerfläche und eine Arbeitsfläche zur Verfügung stehen. Sie können je nach Gegebenheiten nebeneinander oder gegenüberliegend angeordnet werden. Die Flächen in einer Reihe haben den Nachteil, daß beim Aufsetzen der Miete zeitweise eine Grundfläche – leer oder gefüllt – im Weg liegt. Diesen Nachteil vermeidet man bei der in der ersten Schemazeichnung wiedergegebenen Anordnungen. Es kommt aber nicht auf ein bestimmtes Schema, sondern darauf an, daß man sich bei der Arbeit »rühren« kann, daß Zugänge und Abgänge ohne Umwege mit der Schubkarre abzuwickeln sind und daß die Kompoststätte aufnahmefähig bleibt, auch wenn man eine Miete fertig aufgesetzt hat.

Stehen Kompostbehälter zur Verfügung, müssen sie genügend Rauminhalt bieten. Man kann sie aus durchbrochenem Mauerwerk oder in Holzbauweise anfertigen, als fertige Behälter oder als Einzelelemente zum Zusammensetzen kaufen. Wichtig ist, daß die Luft möglichst allseitig Zutritt hat und daß Sickersäfte die Möglichkeit zum Ablaufen haben. Diese Flüssigkeit enthält wertvolle Nährsalze. Man fängt sie auf, wenn man die Miete gleichsam mit einem »Kellergeschoß« versieht, einer Sammelgrube mit durchlässiger Decke in Form aines Stangenholzrostes. Im Hausgarten lohnt sich der bauliche Aufwand dafür kaum. Man sollte eher die Kompostmiete vor Übernässung bei längeren Regenfällen durch beschwerte Plastikplanen oder ein (möglichst abnehmbares) Dach schützen. Die Kompostmasse hält das zur Rotte benötigte Wasser in den Poren ihres Stoffgemenges fest, wenn die Bewässerung überwacht und geführt wird. Dafür genügt es, Dauerregen abzuhalten und in Trockenzeiten für Flüssigkeitszufuhr zu sorgen: durch Leitungswasser, besser Regenwasser, noch besser in Form von etwa 1:10 verdünnten Jauchen tierischer oder pflanzlicher Herkunft.

Ein großes Zwischenlager mit der Grundfläche einer Miete erlaubt Unterteilungen in Boxen oder durch aufgestellte Behälter. Besonders für die leicht in Fäulnis übergehenden Haushaltsabfälle aus der Küche empfiehlt sich eine Tonne oder ein Behälter mit Deckel. Getrennt gehaltenes Kompostiergut läßt sich leichter verarbeiten, es ermöglicht eine gleichbleibend richtige Zusammensetzung der Miete zwischen den Gegensätzen naß und trocken, dicht und locker, zellulose- oder stickstoffreich (C/N-Verhältnis).

Der Wasserführung kommt aus zwei Gründen Bedeutung zu:

1. Der Rottevorgang verbraucht Wasser, die Mikroben und Regenwürmer entfalten ihre Tätigkeit am besten in feuchtwarmer Umgebung.
2. Wo viel Wasser ist, kann nur wenig Luft sein. Die sauerstoffliebenden (aeroben) Mikroben verbrauchen Sauerstoff für ihren Stoffwechsel. Ähnlich wie krümeliger Humus in seinen Poren Feuchtigkeit und Bodenluft enthält – man hat dann die Bodengare –, darf die Kompostmiete nur soviel Wasser führen, daß in allen Schichten auch Luftsauerstoff freien Zugang behält. Man bekommt beim Aufsetzen schlecht durchmischter Zuschläge Trocken- oder Nässenester, in deren Innerem Schimmel beziehungsweise Fäulnis zu finden ist.

Fäulnis vollzieht sich durch die Tätigkeit sauerstoffeindlicher (anaerober) Bakterien. Bei diesem Vorgang entstehen üble Gerüche, was bei der Rotte nicht der Fall ist. Der für das Pflanzenwachstum so wichtige Stickstoff entweicht bei Fäulnis in die Lufthülle, er geht dem Boden verloren. Poröse organische Verbindungen mit vorwiegender Gerüststruktur, wie Stroh, Laub, Stengel und Holz, fallen deshalb längst nicht so schnell und leicht in Fäulnis wie dichte, wasserreiche und weiche Gewebe, zum Beispiel junges Gras, Früchte, Gewebe vieler Kulturpflanzen oder tierische Abfälle. Die erstgenannte Gruppe enthält viel Kohlenstoff, sie hat ein »weites« C/N-Verhältnis, die letztere ein »enges« mit verhältnismäßig hohem Stickstoffanteil.

Beim Zusammensetzen der Miete sollte man als Anfänger dem C/N-Verhältnis Aufmerksamkeit schenken, man wird bald die richtige Mischung schon gefühlsmäßig einstellen. Zum Glück ist das Feld der richtigen Möglichkeiten nicht eng begrenzt. Wenig Stickstoff führt zu langsamer, mehr zu eher stürmischer Rotte unter Wärmeentwicklung, wenn die übrigen Bedingungen stimmen; zuviel Stickstoff in organischer Form bringt Fäulnisgefahr. Ein ausgewogenes Verhältnis Stickstoff zu Kohlenstoff wäre etwa 1:30.

Material	C : N-Verhältnis
Harn	0,8 : 1
Blut	3,0 : 1
Grünmasse (frische Gartenabfälle)	7,0 : 1
Humus der Schwarzerde	10,0 : 1
Mistkompost	10,0 : 1
Rasenschnitt	12,0 : 1
Kot landwirtschaftlicher Nutztiere	15,0 : 1
Stapelmist nach dreimonatiger Lagerung	15,0 : 1
Küchenabfälle	23,0 : 1
Laub	50,0 : 1
Weizenstroh	125,0 : 1
Sägemehl	500,0 : 1

(aus »Der Intensivgarten« von K.-H. Mücke)

Das Kompostiergut in den Zwischenlagern setzt man so auf, daß die schnell verderblichen Küchenabfälle jeweils vollständig in die anderen Zutaten, wie Gras, Unkraut, Ernterückstände, Laub und Baumschnitt, eingebunden werden; gegebenenfalls nimmt man Zwischenschichten von Erde zu Hilfe. Man trägt die einzelnen Lagen möglichst dünn auf, nicht stärker als fingerdick, vermengt alle Materialien gut miteinander und überpudert mit Kalk oder Steinmehl. Steinmehl eignet sich auch gut zur Geruchsbindung der zwischengelagerten Küchenabfälle. Bei zu trockenem Zustand des aufgesetzten Materials bewässert man mit der Gießkanne. Zu naß können die Zuschläge nicht sein, wenn genügend umfangreiche Anteile an sperrigem Material darunter sind, gegebenenfalls sorgt man für mehr Stroh, Laub, Sägmehl, Sägspäne oder fingerlang zerkleinertes Holz. Sie bringen die nötige Luft in die Komposition.

Eine möglichst vielseitige Zusammensetzung und inniges Durchmischen des Kompostiergutes sind sowohl für die verschiedenen Kompostbehälter als auch für die freie Miete nötig. Bei ihr ergibt sich zwangsläufig eine nach oben sich verjüngende Form, wenn man das Abbröckeln zu steiler Seitenwände vermeiden will. Humus, Lehm oder Erde von Maulwurfshaufen verleiht der Mischung die erwünschte Dichte. Sie nimmt mit der Lagerung durch das Eigengewicht der Miete zu. Ein Begehen und Festtreten der Miete sind überflüssig und schädlich. Es kommt nur für Großmieten in Frage.

Gegen Austrocknung und als nur begrenzt wirksamen Regenschutz kann man die fertige Miete so mit Gras, Heu oder Stroh eindecken, daß die übereinandergeschichteten Halme nach außen unten weisen und Regenwasser wenigstens teilweise ableiten. Eine zu trockene Miete kann jederzeit bewässert, eine zu nasse muß auseinandergenommen, mit trockenen Füllstoffen versetzt und neu aufgeschichtet werden. Das Umsetzen, wie es früher für jeden Komposthaufen üblich war, fördert die gleichmäßige Rotte, ist aber bei sorgfältiger Schichtung und Wasserführung nicht nötig, vorausgesetzt, man kann warten, bis die ganze Miete vererdet ist. Diese Zeit hat man im Obstgarten, wenn man mit dem jahreszeitlich anfallenden Material Miete für Miete aufsetzt, so daß in jedem Herbst reife Komposterde zur Verfügung steht. Mit Hilfe von Kompoststartern, wie sie im Handel erhältlich sind, verkürzt man die Rottezeit.

Zunächst sollten viele Regenwürmer die Miete bevölkern, sie müßte während des ersten Zersetzungsvorgangs von den roten kleinen Mistregenwürmern wimmeln. Mit zunehmender Erwärmung und anschließender Vererdung nimmt die Regenwurmdichte stark ab. Die Mikroben vollenden das Werk bis zur Humusreife. Schwarzer, krümeliger Humus in seinem besten Zustand erinnert in seinem angenehmen Geruch und seiner krümeligen Beschaffenheit an Walderde. Die weitere Mineralisierung verdichtet den gewonnenen Humus wieder, läßt ihn unter Nährstoffverlusten zusammensinken. Solche Erde, die den Humushöhepunkt schon überschritten hat, kann bei Verwendung im Garten etwas tiefer in den Boden eingearbeitet, beim Pflanzen von Obstbäumen in die Pflanzgrube geschüttet werden. Sie gibt dem Boden Vorräte an Mineralien und Spurenelementen, aber nur noch wenig Stickstoff und damit dem Bodenleben karge Nahrung.

Beim Frischkompost dagegen hat das Rottematerial die Humusreife noch nicht erreicht. Die Humussäuren färben es braun, zellulosereiche Gewebe blieben erhalten und machen das Gemenge faserig. Dazwischen liegen schon erdige Anteile. Hat man es eilig, kann man Frischkompost durchsieben und erhält so gebrauchsfähigen Kompost. Den Rückstand arbeitet man in eine neue Miete zur weiteren Rotte ein. Empfindlichen Pflanzen macht Frischkompost Schwierigkeiten, er kann ihr Wachstum hemmen. Diese Tatsache nutzt man im »Reifetest« mit Kressesamen – siehe auch Band 1.

Frischkompost läßt sich mit ähnlicher Einschränkung verwenden wie frischer Mist; er eignet sich für Starkzehrer oder zum Mulchen in dünner Schicht – auch mit Torf gemischt. In stärkerer Schichtung sollte man ihn nur im Herbst geben, er lagert sich dann bis zum Frühjahr ab, allerdings unter Stickstoffverlusten; seine »Aggressivität« mildert sich. Mist und Frischkompost darf man nicht »eingraben«, vor allem nicht in Ton- und schwere Lehmböden, weil sie dort unter Luftabschluß zu faulen beginnen und dem Boden schaden.

Ausgereifte Komposterde hat lockere Krümelstruktur, man kann mit ihr jederzeit düngen. Sie wirkt nie triebig, sondern als Vorratsdüngung bodenverbessernd. Gibt man den Obstgehölzen in jedem Herbst reichlich Reifkompost, dann hat man die Düngerfrage im Grundsatz befriedigend gelöst. Für viele Freizeitgärtner, die neben ihrem Gemüse auch Obst anbauen und die deshalb mit den Pflegestunden für ihren Garten haushalten müssen, reicht die Jahresdüngung mit Komposterde aus. Sie enthält alles, was man dem Boden als Ersatz für die Leistungen der Kulturpflanzen und damit für seine Dauerfruchtbarkeit durch Humusbildung zukommen lassen sollte. Bei dieser Wirtschaftsweise kann man kaum grundlegende Fehler machen, wenn man sich um gute Kompostqualität bemüht. Man sollte dann nur noch alle paar Jahre mit Hilfe von Bodenproben die Säurereaktion der Kulturerde prüfen oder prüfen lassen. Für den Anbau von Obst liegen die besten Werte zwischen 6,5 und 7. Abweichungen der Bedürfnisse und Grenzen wurden bei den Arten und Sorten im letzten Kapitel angeführt. <u>Allgemein wollen Äpfel einen eher etwas kalkärmeren, also zur Säurereaktion neigenden Boden mit pH-Werten ab 5,5 und nicht über 7.</u> Da sich in einem Bereich zwischen 6,5 und 7 die Ansprüche unserer Obstarten treffen, sollte der Freizeitgärtner seinen Obstgarten auf diesen Nenner bringen. Er entspricht auch den Bedürfnissen der meisten Gemüse- und Blumenarten. Beim Obst macht nur die Gartenheidelbeere eine Ausnahme: Sie verlangt saure Böden und darf deshalb keinen oder nur wenig Kalk bekommen, dagegen Torf und Laubkompost mit Holzanteilen.

Über die Jahresdüngung hinaus kann man auch mehr für die Nährstoffversorgung der Obstgehölze tun. Im Erwerbsanbau unterscheidet man verschiedene jahreszeitliche Düngungen: die Haupt- oder Herbstdüngung, die Frühjahrsdüngung zum Anregen des Austriebs, die Blütendüngung und die Blütenknospendüngung. Mit ihr unterstützt man im Früh- und Hochsommer die Blütenknospenbildung für die Blüten des kommenden Jahres. Auf eine gute Nährstoffversorgung der reifenden Ernte schließlich zielt die Fruchtdüngung.

Diesen Termindüngungen kommt Bedeutung vor allem bei teilweisem oder völligem Düngen mit den wasserlöslichen Düngesalzen der mineralischen Handelsdüngern zu. Nur beim Kalk treffen sich beide Anbauweisen. Kalk gewinnt man hauptsächlich aus erdgeschichtlichen Meeresablagerungen (Sedimenten). Er ist auch im Kalkgestein letzten Endes organischen Ursprungs. Im biologischen Anbau verwendet man gern, aber nicht ausschließlich Algen- und fein gemahlene Muschelkalke, ebenso andere handelsübliche Düngekalke wie kohlensauren Kalk, für schwere Böden auch Brannt- oder Ätzkalk. Dieser Kalk hat keimtötende Wirkung, er ist für leichte Böden nicht zu empfehlen. Er neigt überdies dazu, den Stickstoff auszutreiben, kann also im Kompost die wertvollen Zuschläge an Mist und anderen Stickstoffträgern auslaugen.

<u>Stickstoff ist der flüchtigste und im Boden beweglichste der Kernnährstoffe. Gibt man ihn mineralisch, so antwortet die Pflanze sehr schnell mit verstärktem Wuchs.</u> Bei Überdüngung zeigt sie Triebigkeit, ihre Widerstandskraft wird beeinträchtigt. Die Pflanze nimmt dann zuviel Wasser in ihre Gewebe auf, Gemüse und Früchte verlieren an Lagerfähigkeit.

Zu viel oder zu wenig Düngung: die kleinen Äpfel stammen von einem Baum, der jahrelang nicht gedüngt wurde. An einem Baum desselben Bauerngartens wurde der Überlauf einer Jauchegrube vorübergeleitet; er brachte bis zu 500 Gramm schwere Früchte, die aber nicht mehr lagerfähig waren.

Es liegt auf der Hand, daß zusätzliche Termindüngungen nach der Hauptdüngung im Herbst sich vor allem dann als günstig oder nötig erweisen, wenn man bei der Herbstdüngung sparsam mit Komposterde umgehen mußte. Man kann dann die Obstgehölze während der Zeiträume verstärkten Nährstoffbedarfs gezielt unterstützen. Bei ausreichender bis reichlicher Kompostversorgung im Herbst gewinnt man dagegen mit weiteren Düngungen in der Regel keine entscheidenden Verbesserungen mehr. Humus kennzeichnet sich für die Pflanzenernährung ja gerade dadurch, daß er Nährstoffe in ausschwemmfester Form, also gleichsam lagerfähig, bereit hält, aus dem sich die Pflanze nach ihrem jeweiligen Bedarf bedient. So gesehen könnte man die Humusschicht des Kulturbodens zu jeder Zeit des Jahres mit organischem Material »füttern«, zu jeder Jahreszeit Kompost ausbringen. Im Wald, dem sprechenden Beispiel für die Humusbildung in freier Natur, fällt der größte Nachschub an organischer Masse vor allem im Herbst mit dem Laub an, auf sich selbst überlassenen Wiesen und Matten mit dem Wintereinbruch durch die oberirdisch absterbende grüne Pflanzendecke. Daß ein »Regen« organischer Zufuhr im Wald das ganze Jahr über anhält, beobachtet man gut im Winter, wenn eine verharschte Schneedecke sichtbar macht, was die Bäume abwerfen.

Daß man die Hauptdüngung im Herbst vornimmt, hat naheliegende Gründe: Die aufgetragene oder oberflächlich eingearbeitete Komposterde wird von der Sonne nicht mehr so stark ausgetrocknet wie im Sommer, die Flächen unter und zwischen den Obstgehölzen sind dann frei von Unterkulturen und können im Frühjahr neu bestellt werden.

Für das Düngen im Frühjahr und Sommer empfiehlt sich die organische Flüssigdüngung. Dafür kommen in Frage: tierische Jauche, verjauchter Mist und Kräuterjauchen. Tierische Jauchen dürfen weder im Nutz- noch im Obstgarten frisch und unverdünnt gegeben werden. Man mischt die frische Gülle – dem Freizeitgärtner steht sie meist nur bei eigener Tierhaltung zur Verfügung – hälftig mit Wasser und läßt sie in Tonnen, Fässern oder anderen Behältern an der Sonne vergären. Der Gärvorgang kommt je nach Wärme in zwei, drei oder vier Wochen ans Ziel, wenn keine Blasen mehr aufsteigen. Man fördert ihn durch wiederholtes Rühren, weil dadurch Luft in die Flüssigkeit gelangt. Die fertige Jauche wird vor ihrer Anwendung noch einmal auf das Drei- bis Zehnfache mit Wasser verdünnt. Man gießt damit den Wurzelbereich der Obstgehölze, jedoch nie unter praller Sonne, sondern bei bedecktem Himmel, morgens oder abends. Bei zu schneller Verdunstung des Wassers verflüchtigt sich der Stickstoff, man merkt das, wann es nach dem Ausbringen der Jauche stark riecht. Man darf gerade bei tierische Jauche des Guten nicht zu viel tun. Sie sollte nur eine zusätzliche Düngemaßnahme, nie die alleinige sein. Auch Mist kann man verjauchen, indem man ihn mit Wasser ansetzt, umrührt, gären läßt und anschließend verdünnt.

Genaue Angaben wie: ein Kilogramm Mist auf fünf Liter Wasser sind unnötig, weil es hier viele richtige Möglichkeiten mit überaus weitem Anwendungsspielraum gibt. Als brauchbarer erweist sich da die Faustregel, daß Jauchen, die man ausbringt, nicht schwarz oder dunkelbraun, sondern höchstens hellbraun sein sollen. Wir wissen aus der Landwirtschaft, daß Mist und Gülle oder Jauche auch so, wie sie anfallen, aufs Land kommen. Bleibt danach der Regen aus, kommt es durchaus zu vorübergehenden Schäden auf dem Grünland. In begrenztem Umfang kann man frischen Mist auch im Garten verwenden, doch sollte man hier die verrottete Form vorziehen.

Jauchebereitung durch Vergären bedeutet einen der Kompostrotte ähnlichen Vorgang. Deshalb kann man wirksame Jauchen auch ohne Mist und Gülle herstellen. Man weicht auf Hornspäne, Guano und andere organische Handelsdünger als Zusätze für Kräuterjauchen aus. Steinmehl, etwas Kalk und Holzasche, bringen weitere Anreicherung. Auch Ofenruß wird empfohlen, wenngleich die Pflanzen diesen reinen Kohlenstoff nicht aufzunehmen vermögen. Er enthält aber auch Stickstoff. Ruß aus Ölöfen scheidet für die Verwendung im Garten aus. Ein sehr stickstoffreicher Dünger ist Hühnermist. Man sollte ihn wegen seiner ätzenden Wirkung nur zu Jauche vergoren oder im Kompost anwenden.

Wie in Band 1 unserer Reihe beschrieben, lassen sich viele »Unkräuter« aus Garten und Feld zu Jauchen ansetzen und zu Pflanzenpflegemitteln vergären. Heilende und schädlingsabweisende Wirkungen gehen von Kamille, Schachtelhalm, Rainfarn, Brennesseln, Schafgarbe und Beinwell (Comfrey) aus. Selbstverständlich bringt man die Rückstände der Jauchen, Brühen oder Aufgüsse dieser Pflanzan auf den Kompost.

Eine überaus wichtige Rolle in der biologischen Bodenpflege spielt das **Mulchen** oder Bodenbedecken. Es leistet beim Anbau von Obstgehölzen mit verhältnismäßig wenig Arbeitsaufwand beste Dienste. Die »Mulchprobleme« mit heranwachsenden Kulturpflänzchen des Gemüsegartens, die geschützt, aber nicht verdeckt werden dürfen, entfallen beim Obstanbau. Eine Bodenbedeckung aus organischem Material hält den Boden weitgehend unkrautfrei, schützt ihn vor Austrocknung und ermöglicht es den Mikroben des Bodenlebens, ihre Tätigkeit bis an die Erdoberfläche auszudehnen. Sie bewirken so die erwünschte Bodengare. Eine mechanische Bodenbearbeitung durch Hacken entfällt nahezu, das Bewässern kann eingeschränkt werden. Man mulcht mit Grasschnitt, Heu, strohreichem Mist, gehäckseltem Stroh, Torf, Laub, Sägemehl,

Holzspänen und jedem, meist zellulosereichem Material, das nicht fault. Nur die Bodenstreu von Nadelhölzern ist wegen ihrer säuernden Wirkung für die meisten Kulturen nicht zu empfehlen.

Unter und zwischen Obstgehölzen mulcht man im Frühjahr, bevor der Bodenbewuchs in Form von Kräutern und Gräsern aufkommt. Hatte man eine grobe oder dicke Winterbedeckung, so entfernt man sie, der Boden muß sich erwärmen können. Die Mulchschicht braucht nur so stark zu sein, daß sie den Boden gerade bedeckt hält, ohne ihn unnötig gegen Sonnenwärme und Regen abzuschirmen. Unter einer zu dicken Mulchschicht nisten sich gern Mäuse ein. Bodenbedeckungen aus frischem Gras welken und trocknen schnell, sie müssen ergänzt werden, sobald sie den Boden nicht mehr ganz bedecken.

Mulchen ist eine Flächenkompostierung. Die Bodenbedeckung wird von den Zersetzern nach und nach angegriffen und verarbeitet. Langes Stroh und Holzabfälle widerstehen dem Vererdungsvorgang natürlich länger als frisches Grün. Will man die düngende Wirkung der Bodenbedeckung beschleunigen, etwa weil man im Herbst keine oder zu wenig Komposterde gab, so setzt man dem Mulchmaterial etwas Kalk oder Steinmehl sowie Hornspäne für Stickstoff zu. Auch verdünnte Jauche fördert die Rotte, denn die Mikroben und Regenwürmer brauchen neben geringen Mengen an Kalk auch Stickstoff als Nahrung.

Die Bodenbedeckung unter Obstbäumen darf nicht am Kronentraufrand enden. Die feinen Saugwurzeln der Bäume dringen weit über diesen Bereich hinaus, während die starken Stützwurzeln in Stammnähe bei alten Bäumen keine Haarwurzeln mehr ausbilden und deshalb keine Nahrung aufnehmen. Je nach Baumgröße weitet man die Mulchdecke bis zu zwei Meter über den Kronentraufrand aus.

Auch eine natürliche Grasnarbe schützt den Boden um Obstgehölze vor Verdunstung, aber sie entzieht ihm im Wettbewerb mit den Baumwurzeln auch erhebliche Mengen an Nährstoffen und Bodenfeuchtigkeit. In Trockenzeiten bringt die Bodenbedeckung spürbare Vorteile gegenüber der Grasnarbe. Ebenso findet man unter der Mulchschicht eine bessere Bodengare vor als unter Grassoden, das heißt, der Baum wird besser ernährt.

Die grüne, blumenbestandene Obstbaumwiese, auf der man Heu erntet oder Schafe weidet, sieht allerdings schöner aus als jede aufgebrachte Bodenbedeckung. Gerade zwischen Hochstämmen wird man sich deshalb gern für Rasen oder Wiese entscheiden. Die damit verbundenen Nachteile für die Obstbäume gleicht man teilweise durch eine reichlich bemessene organische Düngung aus. Man lockert die zuvor gemähte Grasnarbe mit Spaten oder Hacke und trägt eine bis fingerdicke Schicht Komposterde auf. Sie setzt sich im Winter ab und begrünt sich im nächsten Frühjahr: Das Gras wächst wieder durch. Man kann auch die Grasnarbe dünn abschälen, beiseite legen und die Komposterdeschicht damit eindecken. Auf keinen Fall darf im Baumscheibenbereich tief gehackt oder gar umgegraben werden, weil man damit das Haarwurzelgeflecht der Obstgehölze schädigt. Bei großflächigen Obstanlagen mulcht man die Baumscheiben und läßt im übrigen Gras wachsen.

Eine dritte Möglichkeit der Bodenbedeckung unter und zwischen Obstgehölzen verbindet die Bodenverbesserung des Mulchens mit dem schöneren Bild einer lebenden Pflanzendecke: die Unterkultur. Hierfür kommen vor allem Schmetterlingsblütler (Leguminosen) in Frage, weil sie durch ihre Symbiose mit Knöllchenbakterien organisch gebundenen Stickstoff im Boden zurücklassen. Die Knöllchenbakterien siedeln sich an den Wurzeln der Leguminosen an und gewinnen den Stickstoff aus der Bodenluft. Wicke, Klee, Luzerne, Esparette, Serradella und Lupinen sind solche Stickstoffsammler. Da sie den Boden meist tief durchwurzeln, sorgen sie zudem für seine Lockerung. Nach ihrem Absterben düngen auch sie den Boden. Die grünen Teile der Pflanzen vergehen im Herbst. Man läßt sie als natürliche Bodenbedeckung liegen, sie ergeben eine wertvolle Gründüngung. Im Frühjahr arbeitet man die Reste oberflächlich ein.

Aushubböden, deren Schichten sich noch nicht geordnet haben, bepflanzt man vorteilhaft mit Gelbsenf. Er wächst auch auf humuslosem Lehm und übt eine harmonisierende Wirkung aus, er leitet die Bodenbelebung ein. In den Folgejahren gedeihen auf solchen Böden auch anspruchsvollere Pflanzen. Gelbsenf kann noch im Herbst ausgesät werden. Er wächst so schnell, daß keine anderen Kräuter neben ihm hochkommen. Zudem bilden seine zahlreichen Blüten in warmem Gelb einen reizvollen Schmuck. Gelbsenf sollte man vor allem für Neuanlagen im ersten Jahr und auf frischen Aushub einsetzen.

In biologisch bewirtschafteten Obstgärten pflanzt man auch gern die Kapuzinerkresse auf Baumscheiben. Sie gedeiht im Halbschatten der Obstgehölze besonders gut. Sie zieht Blattläuse an, so daß die Kronen darüber verschont bleiben. Das junge Laub kann man wie Kresse als Salat zubereiten, die noch saftigen grünen Samen als Ersatz für Kapern in Essig legen.

Aus dem über Düngen und Mulchen Gesagten geht hervor, daß die eigentliche Bodenbearbeitung im Obstgarten bei biologischer Bodenpflege weitgehend entfällt. Im Wurzelbereich der Bäume und Sträucher kann sie gleichsam ersatzlos gestrichen werden, wenn man sich um eine natürliche Bodengare bemüht.

Unsicherheit herrscht oft in der Frage, wann, wie und wo Frischkompost (und frischer Mist), wann Reifkompost verwendet werden soll. Aufschluß gibt uns die Beobachtung der Schichtverhältnisse eines belebten Naturbodens. Wir finden an der Erdoberfläche die Rohhumusauflage (manchmal nur Spuren von ihr). Hier beginnen die Erstzersetzer ihr Werk, zum Beispiel Regenwürmer, die Baumblätter unter die Erde ziehen. Die oberste Rotteschicht etwa des Waldbodens entspricht dem nur teilweise zersetzten Frischkompost. Für seine Vererdung brauchen die Zersetzer mehr Sauerstoff als die, welche reifen Humus weiter mineralisieren. Frischkompost und Mist sollten für Kulturen daher nur aufgelegt oder oberflächlich eingearbeitet, aber nie tiefer »an die Wurzeln« gebracht werden.

Reife Komposterde kann auf, aber auch in die Erde kommen, so etwa in die Pflanzgrube für Obstgehölze. Am tiefsten könnte man einen weitgehend mineralisierten Humus bringen, doch hat er in diesem Zustand seine Lebendigkeit und fruchtbar machenden Eigenschaften schon mehr oder weniger eingebüßt. Man sollte Komposterde oder Erdkomposte deshalb spätestens mit ihrer Reife verwenden und nicht länger liegen lassen. Sie fallen dann zusammen und verlieren ihre Porenstruktur, die sie befähigen, Luft und Wasser aufzunehmen.

Frischkompost vertragen und brauchen am besten die Starkzehrer unter den Obstgehölzen, also alle reich tragenden und besonders schnell wachsenden Arten und Sorten: Kern- und Steinobst. Frischen Mist sollte man den Obstgehölzen überhaupt nicht, allenfalls alle paar Jahre im Herbst geben. Unter Beerenobststräucher bringt man Frischkompost nur im Herbst und nicht zu reichlich. Hat man übrigen Frischkompost aus einer angebrochenen Miete, dann ist es besser, ihn zusammen mit einer neuen Kompostmiete aufzusetzen. Er wirkt dort beschleunigend auf die Rotte. Auch frischer Mist sollte besser auf diese Weise verarbeitet und nicht unmittelbar in den Obstgarten gebracht werden.

V PFLANZEN UND PFLEGEN

Im biologisch ausgerichteten Obst- und Gartenbau bemüht man sich darum, den Umgang mit Boden und Pflanzen in seiner Naturgesetzlichkeit zu erkennen. Es wird dann weniger wichtig, eine empfohlene Technik aufs genaueste nachzuvollziehen, eine Anleitung möglichst buchstäblich einzuhalten. Es kommt für das biologisch richtige Handeln mehr auf das Verständnis eines Vorganges als auf formale Genauigkeit einer Maßnahme an. Allerdings wird das Richtige nur mit Sorgfalt zu erreichen sein, Wissen ohne Erfahrung reicht nicht aus. Die Übung, die auch in kleinen Dingen den Meister macht, kann man sich gerade im Garten und beim Obstanbau nur durch eigenes und regelmäßiges Arbeiten mit Pflanzen aneignen, Fehler, aus denen man lernt, eingeschlossen.

Dem Gärtner aus Neigung, Laie im besten Sinn des Wortes, ist es oft nicht möglich, sich von einem Könner zeigen zu lassen, was er lernen möchte, das wäre zweifellos der unmittelbarste und angenehmste Weg. So ergibt sich für die folgenden Ausführungen die Aufgabe, grundsätzliche Arbeitsschritte im Obstgarten so darzustellen, daß sie jeder für sich selbst anwenden kann – auch auf die Gefahr hin, daß sich einige Gartenfreunde langweilen, weil sie nichts Neues erfahren.

Kann man einen Garten oder ein Grundstück mit schon vorhandenen Obstgehölzen übernehmen, darf man sich glücklich schätzen. Nehmen wir dagegen eine neue Anlage in Kultur, dann steht das Pflanzen von Obstbäumen am Anfang. Ihm gehen Bodenvorbereitung sowie Auswahl der Arten und Sorten voraus. Umsicht beim Bäumesetzen legt den Grund zu späteren Erfolgen. Das Lebewesen Pflanze beantwortet unsere Behandlung mit Gedeihen oder Verderben; darüber, was wir einer Pflanze an Standort und Pflege zumuten, kann sie sich nicht äußern.

Die Ansprüche der einzelnen Obstgehölze an ihre Standorte sprachen wir bereits an. Bei Neupflanzungen sind aber auch die Bedingungen zu bedenken, die heranwachsende Gehölze ihrerseits schaffen. Vor allem ihr Schattenwurf engt den Spielraum ein, den man für die Gartenbenutzung nach einer Obstbepflanzung noch hat. Auch die Einschränkung, daß im Bereich der Gehölzwurzeln jahrzehntelang keine tiefgreifende Bodenbearbeitung mehr möglich ist, nicht mehr mit schneidenden Bodenwerkzeugen gearbeitet werden kann, wenn man die Ernährungskreise der Bäume und Sträucher nicht stören will, bedarf rechtzeitiger Berücksichtigung.

Für den Anbau von Obstgehölzen sollte der Boden nicht weniger gut kultiviert, das heißt durch organische Düngung belebt und gepflegt sein als für den Nutzgarten. Doch braucht man gerade dafür mehrere Jahre, falls man eine Baustelle zum Garten machen will. Erhebliche Wartezeiten können sich aber auch vom Pflanzen der Obstgehölze bis zu ihrer vollen Ertragskraft ergeben. Beide Fristen muß man nicht aneinanderreihen, man kann sie ineinanderschieben oder zusammenlegen, wenn man gleich mit der Inbesitznahme oder mit dem Pflegebeginn eines Grundstückes Obstbäume setzt. Oft wird man sich erst im Lauf der Jahre über die endgültige Gartengestaltung klar. In diesem Fall sollte man wenigstens die Bäume und Sträucher pflanzen, deren Standort festliegt.

Grundsätzlich pflanzt man bei Beginn oder am Ende der Ruhezeiten unserer Gehölze, also im Herbst, wenn die Blätter abgefallen sind, oder im Frühjahr vor dem neuen Austrieb. Die Erde sollte noch oder schon warm sein, nahe dem Gefrierpunkt darf nicht gepflanzt werden. Zu knapp vor Wintereinbruch gesetzte Gehölze können sich erst im Frühling verwurzeln, falls sie nicht vorher absterben.

Enthält ein neu in Kultur zu nehmender Boden noch wenig Humus, dann sollte man für eine Bodenverbesserung wenigstens im unmittelbaren Wurzelbereich des Baumes oder Strauches sorgen, indem man die Pflanzgrube geräumig aushebt und sie beim Pflanzen mit Humus oder humusbildenden organischen Stoffen anreichert. Bei der Pflanzgrube kommt es weniger auf die Tiefe als auf den Durchmesser an. Da man selten Gelegenheit hat, die Wurzeln eines Baumes in ihrer natürlichen Lage im Boden so zu übersehen wie etwa seine Krone, ist die irrige Vorstellung verbreitet, Wurzeln hätten vor allem das Bestreben, tief in die Erde hinein zu wachsen. Das trifft nur bei den wenigen Baumarten zu, die Pfahlwurzeln ausbilden. Auch bei ihnen streben die meisten Wurzeln in die Breite des Umkreises wie Äste und Zweige der Krone. Letztere wollen Licht, erstere Wasser und Nährsalze aufnehmen. Die finden die Wurzeln nicht im Unterboden, sondern in der Humusschicht nur wenige Zentimeter unter der Erdoberfläche.

Die meisten Obstgehölze sind Flachwurzler. Die Birnen suchen mit tief sich hinabsenkenden Wurzeln Anschluß an das Grundwasser, weshalb sie Trockenzeiten besser überstehen als Apfelbäume.

Je schlechter der Boden ist, in dem gepflanzt wird, desto größer sollte man den Raum halten, in dem man Bodenvorbereitung durch tiefgründiges Lockern und Humusversorgung betreibt. Die beste Vorsorge wäre ein Pflanzbeet wie im Nutzgarten. Man lüftet eine solche Fläche durch regelmäßig und eng hintereinander gesetzte Einstiche der Grabgabel oder des Spatens mit anschließendem Vor- und Zurückschwingen des Gerätestiels und lockert je nach Bodenbeschaffenheit mit Hacke oder Kultivator. In die oberste Bodenschicht arbeitet man eine etwa fingerdicke Humusschicht ein, am besten in Form reifer Komposterde.

Ein Pflanzbeet empfiehlt sich vor allem bei Reihenpflanzungen. Für Obstgehölze im Garten wirken fluchtende Gehölzreihen allerdings meist zu steif, hier zieht man lockere Gruppierungen vor. Bäume in Reih und Glied erinnern leicht an gewerbliche Anlagen, wenn sie nicht als Mittel symmetrischer Gestaltung großer Gärten eingesetzt werden. Gerade ausgerichtete Gehölzreihen lassen sich leichter pflegen; das gilt vor allem für den Einsatz von Maschinen.

Die Pflanzgrube hebt man nur flach aus. Auf gewachsenem Boden braucht sie meist nicht tiefer hinabzureichen als die Humusschicht. Gerät man zu tief, füllt man die Höhlung mit der gleichen, nur gelockerten Erde auf, die man heraushob, nicht mit Komposterde oder Mist. Aus Luftmangel trügen sie in dieser Tiefe nicht zur Bodenfruchtbarkeit bei. Setzt man größere Gehölze mit umfangreicherem Wurzelwerk, so ergibt sich die benötigte Tiefe, wenn man den Baum probeweise in die Höhlung hebt. Die tiefsten Wurzeln sollten dann, ohne stark abgebogen zu werden, auf dem Grund aufliegen. Es ist besser, einzelne, besonders lange Wurzeln mit glattem Schnitt zu kürzen als sie nach innen oder oben abzubiegen. Bei dieser »Platzprobe« stellt man auch gleich den Baumpfahl so neben den Stamm, wie er später stehen soll, und treibt ihn mit einem Schlegel in den Boden. Ohne diese Stütze sollte kein Baum gepflanzt werden. Bei sehr kleinen Setzlingen dient der Pfahl auch als Markierung. Das Bäumchen kommt dann nicht in Gefahr, mit dem schnell heranwachsenden Gras der Obstgartenwiese versehentlich abgemäht zu werden. Bei den unscheinbaren Ablegern von Johannisbeersträuchern kann das leicht geschehen.

Eine wichtige Maßnahme, die dem Anfänger oft nicht einleuchten will, besteht im Einkürzen der Wurzeln. Man stellt sich vor, daß die Wurzeln als Nahrungsbeschaffungsorgane des Baumes nicht

Ein Obstbaum wird gesetzt. Die Wanne enthält Komposterde, ...

noch verkleinert werden dürfen, wenn der Baum anwachsen soll. Die Länge der Wurzeln sollte aber nicht als Maßstab für ihre Leistungsfähigkeit angesehen werden. Pflanzenwurzeln saugen im Erdreich nicht etwa die gelösten oder lösbaren Mineralsalze aus ihrem Umkreis an, sondern suchen sie durch ständigen Vortrieb ihrer haarfeinen Spitzen unmittelbar auf. Nur die sich ständig erneuernden Wurzelspitzen können Nährsalze »ergreifen«. In magerem Boden müssen die Wurzeln deshalb größere Wuchswege zurücklegen als in nährstoffreichem. Mit dem Altern des Baumes am selben Standort nehmen die Bodennährstoffe – sofern sie nicht von oben ergänzt werden – in Stammnähe ab, die Wurzeln suchen Neuland im Außenkreis des Kronentraufrandes. Ein neu gesetzter Baum findet aber bei guter Humusversorgung noch überall, auch

... der Eimer Steinmehl. Man schlägt den Pfahl *vor* den Pflanzen.

in Stammnähe, Nahrung vor. Er braucht deshalb zunächst keine langen Wurzeln für seine Nahrungsaufnahme. Es kommt vielmehr darauf an, daß möglichst viele Haarwurzeln ins neue Erdreich hineinwachsen. Deshalb kürzt man die Wurzeln allseitig ein, nicht eigentlich wegen des Kürzens, sondern um einen frischen Anschnitt zu bekommen als Reiz für neues Wachsen. Man darf nur kürzen, nicht etwa ausdünnen, wie bei oberirdischen Trieben. Die Wurzelgewebe enthalten auch Nährstoffvorräte, man kürzt deshalb nicht beliebig.

Nun überpudert man den Pflanzgrubenboden mit den natürlichen Mineraldüngern Steinmehl, gegebenenfalls mit Kalk oder Holzasche, auch Thomasmehl eignet sich. Holzasche enthält viel Kalium; man düngt auf diese Weise ein Gehölz mit dem Mineralgehalt von Holz. Zum Pflanzen hebt man den Setzling mit der Lin-

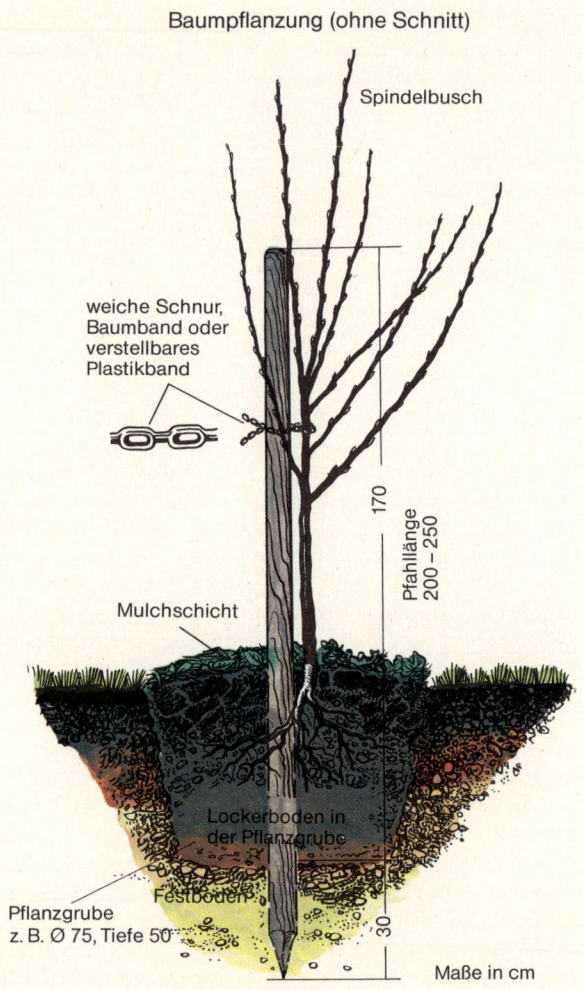

ken senkrecht in die Pflanzgrube und überschichtet seine Wurzeln mit der zerkrümelten Erde des Aushubs, durchmischt mit reifer Komposterde. Hat man nur wenig davon, bringt man sie vor allem in den Bereich der Wurzelspitzen. Man drückt die lockere Erde fest und verstärkt nach oben hin den Zuschlag an Humus oder Komposterde – das heißt, man hält die Schichtung ein, die auch der gewachsene Boden hat. Frischkompost oder Mist darf allenfalls als dünne Deckschicht aufgebracht werden.

Bevor man soweit ist, muß man noch einmal die Stellung des Setzlings überprüfen:

1. Stimmt die Pflanztiefe des Bäumchens?
2. Steht es senkrecht?

Die Pflanztiefe fällt bei Anfängern meist zu groß aus. Man meint, die Wurzeln gehören nicht nur in den Boden, sondern auch gut zugedeckt. In Wirklichkeit setzen, wie wir bei natürlich aufgewachsenen Bäumen beobachten können, die obersten Wurzeln an oder über der Erdoberfläche am Stamm an, so daß sie als oft eindrucksvolle »Baumfüße« zu sehen sind – auffällig besonders an Stubben. Für das Pflanzen von Obstbäumen ist daraus abzuleiten, daß die obersten Wurzeln nicht dick mit Erde zugedeckt, sondern nahe oder an der Oberfläche gehalten werden. Die durch eine leichte Stammverdickung zu erkennende Veredelungsstelle über dem Wurzelhals muß frei über der Erde zu stehen kommen, sonst wurde der Baum zu tief eingegraben. Das behindert seine gesunde Entwicklung, kann sogar zu Wurzelaustrieben über der Veredelungsstelle führen.

Ob ein Stämmchen senkrecht steht, sieht man bei ungleichmäßig gewachsenen Setzlingen nicht allein an einer Seite. Man muß um das an seiner Wurzel mit frischer Erde beschwerte Stämmchen herumgehen, seine Stellung möglicherweise korrigieren. Man drückt weitere Erde fest – besser als mit einem Gerät arbeitet man nur mit den Händen –, bindet das Stämmchen locker an den Baumpfahl, ergänzt fehlende Erde und tritt sie so vorsichtig fest, daß sich die Lage des Setzlings dadurch nicht mehr verändert.

Bei Neuumbruch hat man die abgestochene Grasnarbe als letzte Schicht liegen. Will man sie erhalten, was im Bereich der Baumscheibe nicht als beste Lösung zu empfehlen ist, so schließt man mit diesen Grassoden ab; andernfalls klopft und schüttelt man den Humus aus den Graswurzeln und bringt sie zum Kompostieren.

Die freie Fläche wird gemulcht oder wie oben empfohlen mit Gelbsenf, Leguminosen oder Kapuzinerkresse eingesät.

Man kann auch die Grassoden mit dem Grün nach unten als abschließende Decke verwenden, wenn man darüber eine Mulchschicht aus Frischkompost, Mist, Stroh oder Sägemehl mit Hornspänen oder Grasschnitt mit Steinmehl gibt. Die umgedrehte Grasnarbe verrottet dann, eine neue kann sich wegen der Bodenbedeckung nicht bilden. Auch beim Mulchen achtet man darauf, daß der Wurzelhals des Obstbäumchens frei bleibt.

Beerensträucher pflanzt man allgemein etwas tiefer als Stammgehölze. Die Wurzelhälse der Sträucher dürfen mit Erde bedeckt sein, das fördert den Austrieb neuer Wurzeln an diesen Stellen. Auf ähnliche Weise bringt man beim Beerenobst abgesenkte Zweige dazu, sich zu bewurzeln.

Johannisbeersträucher brauchen keine Stützstäbe, wenn man sie nicht auf Spalier zieht. Wird eine Obstwiese von Schafen beweidet oder nachts von Wild besucht, muß man das neu gesetzte Pflanzgut umfassender schützen, als dies durch einzelne Baumpfähle geschieht. Man schlägt dazu je drei Pfosten in die Eckpunkte eines gleichseitigen Dreiecks um den Baum. Man verbindet die Pfosten ein bis zwei Handbreit über dem Boden und an deren oberem Ende

Schneebruch verhindert man durch Dreiecksbefestigung.

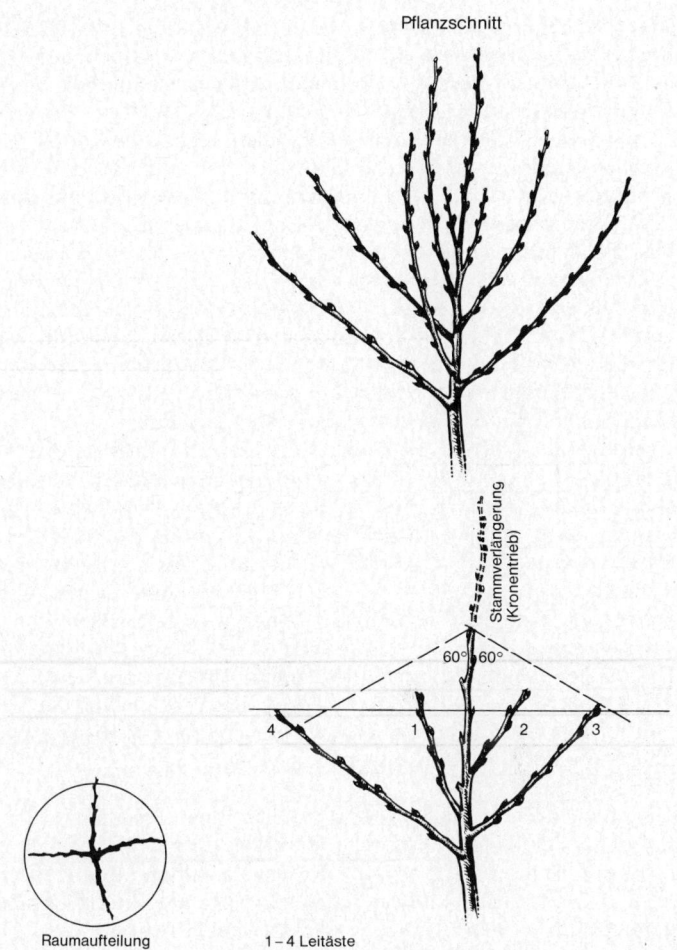

mit Dachlatten oder ähnlichem Holz. Zwischen die Latten spannt man Maschendraht. Der Setzling bekommt dann trotz des massiven Schutzes genügend Sonnenlicht für seine Blätter. Bei Bäumen, deren Kronenansätze über die Pfosten hinausragen, genügen je drei bis vier Querlatten ohne Maschendraht. Solche Dreiecksbefestigung macht den Baumpfahl nur überflüssig wenn man Baumband oder einen nicht zu engen Schnurring um das Stämmchen legt und mit den drei Pfosten so verbindet, daß der Stamm bei Winddruck ohne Scheuerstelle gehalten wird.

In windiger Lage bietet eine Dreipfostenstütze die beste Sicherung für Jungbäume. Sie empfiehlt sich auch überall dort, wo Schneelast und Wildverbiß zu erwarten sind. – Als Holzschutzmittel für Baumpfähle eignet sich Karbolineum wegen seiner Giftigkeit nicht. Ich machte die Erfahrung, daß eine Karbolineumbehandlung von Pfählen noch in dreißig Zentimeter Abstand die frisch ausgetriebenen Blätter kurz zuvor gesetzter Apfelbäume verdorren und kümmern ließ. Es gibt auch Holzschutzmittel, die für Pflanzen ungiftig sind. Baumpfähle für Hochstämme müssen nur wenige Jahre halten, bis der Baum aus eigener Kraft steht, man braucht ihr Holz also nicht vor Fäulnis zu bewahren.

Für das Setzen von Obstgehölzen am Hang legt man die Pflanzgrube selbstverständlich genauso senkrecht an wie auf ebener Fläche. Um das zu ermöglichen, treibt man jeweils eine kleine Terrasse in den Hang; sie hält auch das Gießwasser länger am Setzling, als wenn man versucht, unmittelbar in die Schräge zu pflanzen.

Das Angießen geschieht mit der Gießkanne ohne Brause oder mit einem Eimer, am besten mit abgestandenem Wasser. Es ist wichtig, daß viel Wasser eingegossen wird. Es soll die feineren Erdteilchen um die Wurzeln schwemmen und Hohlräume schließen helfen, die beim Pflanzen entstehen. Das regelmäßige Gießen setzt man je nach Witterung einige Wochen lang fort. Es erübrigt sich, wenn der Boden unter der Mulchschicht spürbare Feuchtigkeit aufweist.

Nun ist das Bäumchen gesetzt und bedarf noch des Pflanzschnittes. Man führt ihn in der Regel unmittelbar nach dem Setzen aus, nicht erst nach dem Anwachsen. Der Sinn des Pflanzschnittes liegt ja gerade darin, das Fußfassen des Setzlings zu erleichtern. Es mag dem Anfänger zunächst nicht einleuchten, daß man die wenigen Triebe, die ein junges Gehölz entwickelt hat, noch beschneiden soll. Man glaubt, es würde dadurch geschwächt. Zum besseren Verständnis dieser Maßnahme muß man sich vorstellen, daß jede Pflanze ein Gleichgewicht zwischen ihren unterirdischen und ihren oberirdischen Organen herstellt. Die grünen Blätter sind für ihr Assimilieren im Licht auf die Zubringertätigkeit der Wurzeln angewiesen (gelöste Nährsalze und Wasser), die Wurzeln auf die

Hier erhalten frisch gesetzte Johannisbeersträucher eine Bodenbedeckung.

Versorgung mit organischen Verbindungen, wie Kohlehydrate und Eiweiß, auf die Liefertätigkeit der oberirdischen grünen Teile.

Mit Ausnahme der im Container erhaltenen Wurzelballen geht beim Umpflanzen von Gehölzen ein beträchtlicher Teil ihres feinen Saugwurzelgeflechtes verloren. Den Knospen, die zum Austrieb kommen sollen, stehen nun nicht genug Wurzeln zu ihrer Versorgung gegenüber, sie leiden Mangel und kommen zu schwach in Saft. Das Anwachsen verzögert sich oder wird ganz verhindert. Schneidet man dagegen die oberirdischen Teile so zurück, wie es den Wurzelverlusten einschließlich ihres Anschnittes kurz vor dem Pflanzen entspricht, so stellt sich ein neues Gleichgewicht auf kleinerer Ebene zwischen unten und oben leichter wieder her. Das Gehölz wächst an und treibt kräftig aus.

Besonders wenn der zu pflanzende Baum schon grüne Blätter entfaltet hat – sie bedeuten Verdunstungsflächen, die bei zu geringer Wasserversorgung durch die Wurzeln abwelken –, muß der Pflanzschnitt kräftig ausfallen. Es kommt dabei auf die Verringerung der zu versorgenden Teile an. Man benutzt diese Gelegenheit, den jungen Obstbaum im Sinne der erstrebten lichten, allseitig ausgebildeten Krone durch Schnitt zu erziehen. Wer sich darauf mangels Kenntnis und Erfahrung beim Setzen eines Obstbaumes noch nicht einlassen will oder kann, kürzt einfach die bestehenden Triebe um gut ein Drittel ihrer Länge ein. Dies ist ein sehr grobes Daumenmaß, denn der Umfang des Rückschnitts hat sich nach dem Umfang der verbliebenen Wurzeln zu richten.

Mit dem Pflanzschnitt entfernt man einzelne und zu tief am Stamm, also unterhalb der späteren Krone ansetzende, außerdem sich kreuzende oder nach innen wachsende Triebe. Man schneidet sie mit einer scharfen Baumschere hart am Stamm ab, ohne die Stammrinde zu verletzen. Gequetschte oder geknickte Zweige, die man für den Kronenaufbau nicht entbehren will, schneidet man aufs gesunde Holz zurück. Man schneidet auf gut ausgebildete, nach außen gerichtete Knospen zurück, wie im nächsten Kapitel erläutert wird. Dabei achtet man darauf, daß eine allseitig gleichmäßige Kronenwölbung entsteht; das heißt, die Triebe sollten nicht unterschiedlich lang hervorstehen, sondern auf der Umfanglinie einer Kuppel oder eines Dachs enden, auch wenn es sich nur um wenige Triebe der späteren Krone handelt.

Man kann vor oder unmittelbar nach dem Setzen schneiden. Ist der Baum größer, tut man sich leichter, wenn man den Pflanzschnitt am fertig gepflanzten Baum ausführt, weil man dann die bessere Übersicht hat.

Gehölze, die mit vollständigen Wurzelballen im Container angeliefert werden, erlitten keine Wurzelverluste. Man hebt sie mit dem Netz- oder Folienbeutel, der den Wurzelballen mit Erde umschließt, aus ihrer Pflanzstelle und kann sie nach dem Lösen der Umhüllung genauso an ihren neuen Standort setzen. Solches Pflanzgut kostet wesentlich mehr, bietet aber auch Gewähr dafür, daß es angeht. Außerdem muß man nicht den durch Pflanzschnitt an Wurzeln und Zweigen unvermeidlichen Wachstumsrückschlag in Kauf nehmen. Containerpflanzen kann man während des ganzen Jahres verpflanzen. Für die Pflanzgrube gilt das oben Gesagte. In der Regel versorgt der Herkunftsbetrieb die Erde im Container mit einer Vorratsdüngung. Für ein gutes Fortkommen brauchen auch solche Pflanzen Humus, wenn man ihren Vorsprung erhalten will.

Im biologisch ausgerichteten Anbau wird man von der durch die Container-Methode eingeräumten Möglichkeit, etwa im Hochsommer Bäume zu pflanzen, nur in besonderen Fällen Gebrauch machen. Im Herbst und Frühjahr kann man Bäume setzen, ohne die umgebende Pflanzendecke unnötig zu beeinträchtigen. Während der Vegetationszeit vermeidet man solche Eingriffe lieber.

Die Versuchung ist groß, beim Pflanzen von Obstgehölzen sozusagen »für alle Fälle« den Boden in der Pflanzgrube mit mineralischem Volldünger zu versorgen. Er enthält die Kernnährstoffe NPK in einer am Pflanzenbedarf ausgerichteten Mischung. Auch wer beabsichtigt, biologisch zu wirtschaften, aber seinen Pflanzen das Beste geben will und vielleicht noch keine eigene Komposterde hat, mag sich sagen: Schaden kann das nicht, aber vielleicht nutzen. In der Tat gibt man mit dieser Mineraldüngung dem jungen Baum eine Starthilfe für seine Nährstoffaufnahme, weil die wasserlöslichen Salze des Mineraldüngers schnell in die Wurzeln gelangen. Nötig ist dieser Schub bei lebendigem Boden nicht. Man sollte sich die Wirkung solcher Düngung klarmachen. Sie bringt Nachteile, wenn man sie nicht regelmäßig wiederholt, wie im herkömmlichen Anbau vorgeschrieben. Die Wurzeln des jungen Gehölzes finden in ganzer Tiefe der Pflanzgrube ein gleichsam mundgerechtes Angebot an Nährsalzen vor. Auch wenn man den Volldünger nur in die Oberschicht des Bodens bringt, bewirken Gieß- und Regenwasser, daß seine Salze bis auf den Boden der Pflanzgrube und tiefer gelangen, unabhängig von der Humusschichttiefe der Umgebung. Da Nährsalzaufnahme und Wurzelwachstum zusammengehören, bildet die Pflanze auch dort Saugwurzeln aus, wo die Humusschicht nicht mehr hinabreicht. Die Nährstoffe werden verbraucht, die Wurzeln wollen weiter versorgt werden, aber im Lehm, Sand oder Ton des Unterbodens können sie sich nicht ohne neue mineralische Zufuhr ernähren. Findet die Pflanze ihre Nährsalze vor allem im Humus, wie das auch bei den Wildpflanzen auf Naturböden der Fall ist, dann bildet sie ihre Saugwurzelgeflechte hauptsächlich in der Humusschicht nahe der Erdoberfläche aus.

Für ihre fernere Versorgung muß die Humusbildung von oben gefördert werden, eine Tiefendüngung mit wasserlöslichen Nährsalzen in Form von »Kunstdünger« erübrigt sich.

Auch die Düngelanze, zur Tiefenversorgung des Bodens in die Grasnarbe der Baumscheibe eingebracht, ersetzt nicht eine von oben nach unten sich stets erneuernde Bodengare, wie sie durch jährliche Kompostversorgung erfolgt und auch Obstgehölze auf natürliche Weise ernährt.

Haustiere im Obstgarten

Das schöne Bild von den unter großen Birnbäumen grasenden Kühen, wie es vor allem im Umkreis süddeutscher Grünlandhöfe noch heute bisweilen Wirklichkeit ist, legt die Frage nahe, ob man auch eine kleinere Obstwiese nicht einfach durch Weidetiere kurzhalten kann, um sich das Mähen zu ersparen. Meist geht diese Verbindung zu Lasten der Obstgehölze. Beerenobst muß man von vornberein aus solcher Überlegung ausklammern. Kühe und Schafe sind zwar nicht versessen auf Johannisbeerblätter, doch wenn das Gras knapp wird, fressen sie sie mitsamt den einjährigen Trieben. Man kann Beerensträucher aber nicht durch Pfosten und Latten ähnlich schützen wie Bäume, weil man sonst nicht mehr zum Pflücken an sie herankommt.

Weidende Rinder, Pferde und Ponys schaden auf einer Obstwiese auch alten Hochstämmen, deren Äste außerhalb ihrer Reichweite ansetzen, durch Scheuern am Stamm. Zur Abwehr wickelt man oft Stacheldraht um die Stämme, verhindert damit aber nicht, daß die Tiere durch ihr Gewicht den Boden der Baumscheiben und ihrer Umgebung verdichten. Die Tätigkeit des Bodenlebens und der Haarwurzeln wird dadurch beeinträchtigt. Weidetiere ernten kleinere Gehölzformen als Hochstämme im Herbst regelrecht ab, wenn sie erst einmal auf den Geschmack der Früchte gekommen sind. Findige Tiere schütteln sogar Äste an Hochstämmen.

Von Schafen kann man Obstwiesen abweiden lassen, wenn man sie nur zeitweise und nicht in Massen einläßt. Doch empfiehlt es sich, den Baumscheibenbereich über die Kronentraufe hinaus abzuzäunen. Unterkulturen und Mulchdecken bleiben dann verschont. Ziegen fressen besonders gern das Laub von Bäumen und Büschen ab. Sie ziehen sogar stachelbewehrte Brombeerblätter einer saftigen Löwenzahnrosette vor. Im Erschließen solcher Nahrungsquellen entwickeln sie weit mehr Witz und Geschicklichkeit als Schafe.

So bleibt noch das Federvieh. Hühner, Enten, Gänse und Puten bilden die beste Nutzverbindung mit einem Obstgarten. Wenn ihr Besatz im Verhältnis zur Grünfläche nicht zu groß ist, können sie während der ganzen warmen Jahreszeit tierische und pflanzliche Nahrung auf der Obstwiese finden. Ihr stickstoffreicher Kot düngt den Boden, die Grasnarbe bleibt erhalten, die Baumscheiben nehmen keinen Schaden, man muß Obstgehölze nicht abzäunen. Hühner picken allerdings mit Vorliebe reife Johannisbeeren von den Sträuchern und schädigen Unterkulturen durch Scharren.

Baumflechten

Stämme, Äste und Zweige alter, ungepflegter Obstbäume stecken häufig in einem grauen Kleid. Flechten hüllen die Bäume ein, ohne im eigentlichen Sinne auf ihnen zu schmarotzen. Sie benutzen den Baum als Unterlage, die ihnen von keinen höheren Pflanzen streitig gemacht wird.

Flechten sind keine einheitlichen Pflanzen, vielmehr setzen sie sich aus Algen und Pilzen zusammen. Jeweils bestimmte Arten beider Gruppen bilden innig verbundene Lebensgemeinschaften, die imstande sind, mit Luft, Luftfeuchtigkeit oder Regen und mit organischem Anflug in Form von Staub auszukommen. Sie brauchen keine Erde und entnehmen ihrer Baumunterlage keine gelösten Nährsalze und Wasser wie etwa der Halbschmarotzer Mistel, auch keine Pflanzensäfte wie Vollschmarotzer, die Saftleitungen ihrer Wirtspflanzen anzapfen. Flechten schaden dem Baum aber insofern, als sie durch ihr Gewebe, den Thallus, Feuchtigkeit an den Stamm binden. Nach Regen trocknet der Baum schlecht und bleibt in einer feucht-stickigen Atmosphäre. Schon bei Nebel schwellen die Flechtenkörper an und wirken auf den Baum wie feuchte Umschläge. Sie begünstigen die Ansiedlung von Moosen und Pilzen, sie begünstigen Faulstellen.

Zur Baumpflege gehören deshalb das Abkratzen und Abbürsten

Flechten an einem alten Apfelbaum.

der Flechten. Es gibt dafür Kratzer und Drahtbürsten. Beide Geräte sind mit Vorsicht zu gebrauchen. <u>Mit den Flechten darf nicht die Oberschicht der Rinde entfernt werden.</u> Einen alten Obstbaum aus seiner Flechtenhülle zu schälen, bedeutet zeitraubende Geduldsarbeit. Zusammen mit organischer Düngung und in mehrjährigen Stufen durchgeführten Verjüngungsschnitten kann man auch alte Bäume zu neuem Leben und zu besseren Erträgen wiedererwecken. Zu den wichtigsten Pflegearbeiten an Obstgehölzen gehört das regelmäßige Schneiden. Damit befassen wir uns im nächsten Kapitel.

VI DER SCHNITT

Hinweise für die Schnittpflege des Beerenobstes gaben wir bei den Obstartenbeschreibungen des dritten Kapitels, so daß wir uns hier auf das Schneiden des Baumobstes beschränken können. Was über den Obstbaumschnitt zu sagen ist, füllt Bände. Es wäre vermessen, seine Handhabe hier so darstellen zu wollen, daß auch der Anfänger den Schnitt »beherrscht«. Dieses weite Feld muß dem Unerfahrenen noch weitläufiger durch die Tatsache erscheinen, daß es für den Schnitt keine festen Regeln gibt, die für alle Arten und Sorten des Baumobstes gleichermaßen Geltung hätten. Selbstverständlich spielen für eine sachgemäße Schnittpflege auch die jeweiligen Unterlagen eine Rolle – schwachwüchsig oder starkwüchsig –, Standort, Klima, Düngung und Erziehungsziel des Obstbauern.

Die beste Grundlage für den angemessenen Schnitt ist ein Verständnis der biologischen Zusammenhänge: Warum wird geschnitten, und was bewirkt man damit? Mit diesem Grundwissen kann auch der Anfänger schon weit kommen. Darüber hinaus sollte man sich nicht scheuen, einmal oder mehrere Male einen Fachmann zu Rate zu ziehen. Man lernt beim aufmerksamen Zuschauen – Fragen eingeschlossen – soviel, daß man schon damit in den Stand gesetzt wird, die eigenen Obstgehölze nach und nach selbst zu pflegen.

Kein Baum gleicht in seiner Gestalt ganz einem anderen Baum. Deshalb beginnt jede Schnittarbeit mit einem gründlichen Anschauen des zu pflegenden Obstbaumes. Man braucht dafür einen Abstand, der es erlaubt, den Baum zu überblicken. Man versucht dann, aus der Eigenart des Baumes heraus sich über die Eingriffe klarzuwerden, die man vornehmen will. Eine solche in aller Ruhe vorgenommene Baumbeschau des Bestandes – möglichst schon einige Tage vor dem eigentlichen Schneiden – bringt auch den Vorteil, daß man sich den Aufbau der Kronen einprägt. Man kann das Erinnerungsbild ein Jahr später mit dem Ergebnis vergleichen. Geduld ist für den sachgemäßen Baumschnitt allerdings nötig. Denn die Wirkung des Schnitts zeigt sich erst viele Monate nach getaner Arbeit.

Den Jahresschnitt eines Baumes leitet man stets mit dem Aus-

lichten ein. Man wird dabei kaum schwerwiegende Fehler machen, weil es sich nicht um Formentscheidungen, sondern um Schnitte handelt, die in jedem Fall nötig und ohne weiteres ersichtlich sind.
<u>Warum müssen Obstgehölze überhaupt beschnitten werden?</u>
Wild wachsende Bäume entwickeln sich im Freistand zu bestimmten, ihrer Art eigenen Gestalten, an ihnen erkennen wir sie schon von weitem: die schlanken Kegel der Fichten, geschlossene, ebenmäßige Kuppeln der Linden. Pappeln wachsen anders als Birken, Eichen anders als Buchen. Auch bei Obstbaumhochstämmen können wir im allgemeinen Apfel- und Birnbäume an ihren Kronen unterscheiden: die ersteren mehr kugelig ausladend, die letzteren hochgestreckter – eine Entsprechung zur Ausbildungsrichtung ihrer Wurzeln. Aber Obstbäume sind bildsamer als Waldbäume. Sie lassen sich unter folgerichtiger Schnittpflege zu unterschiedlichsten Baumgestalten bringen, man nennt das »erziehen«.

Durch die Veredelung, nämlich das Zusammenführen zweier Pflanzen beziehungsweise Pflanzenteile zu einem Baum, gewinnt das neu entstehende Obstgehölz an Leistungsfähigkeit und verliert an Einheitlichkeit. <u>Mit dem Schnitt nehmen wir Einfluß nicht nur auf Gestalt und Größe des Obstbaumes, sondern auch auf Blühen und Fruchten seiner Kronenorgane. Dazu muß man sich vergegenwärtigen, daß zwei Leitungssysteme den Säftekreislauf des Baumes zusammensetzen. Sie bewirken den Säfteumsatz zwischen Blattoberflächen und Wurzeln und tauschen sich in den lebendigen Zellen der Pflanze aus – nicht mehr in den verholzten.</u> Diese versorgungsbedürftigen Zellen stehen untereinander durch Membranen in Verbindung, die von Flüssigkeiten teilweise, nämlich in bestimmten Salzkonzentrationen, überwunden werden.

So wie unser Blutkreislauf aus tiefliegenden Arterien und näher der Körperoberfläche gelegenen Venen gebildet wird, führt der Baum einen von den Wurzeln zu den Blättern steigenden Strom aus Wasser und Salzen im Holzinneren und ein gegenläufiges Leitungsnetz unmittelbar unter der Rinde. Die Wasser-Salz-Leitungen versorgen alle wachsenden Organe der Pflanze mit mineralischen Grundbausteinen des Bodens in gelöster Form. Ein starker »Salzstrom« fördert das vegetative Wachstum des Baumes, das heißt die Entwicklung von Trieben, Blättern und Holz. <u>Die Wasserversorgung des Baumes bedient sich der Leitungsbahnen von den Wurzeln zu den Blättern.</u> Die Wasserverdunstung aus den Spaltöffnungen *(Stomata)* der Blattunterseiten wirkt wie ein Antrieb, der erhebliche Flüssigkeitsmengen vom Boden bis in die Kronen der Bäume schafft. Allein mit Wurzeldruck, der nachweislich auch bei hohen Bäumen nicht sehr groß ist, kann diese mechanische Leistung nicht erklärt werden, sie kommt hauptsächlich durch Verdunstungssog zustande.

Diesem von unten nach oben und außen gerichteten Strom steht ein von außen nach innen gerichteter Nährstoffstrom gegenüber, der ebenfalls alle Zellen, also auch die Wurzeln, mit organischen Aufbau- und Betriebsstoffen beliefert: Kohlenhydrate, vor allem Zucker, Eiweiß, Fermente und andere hochmolekulare Verbindungen, die durch Photosynthese in den Blättern gebildet wurden. Die Leitungsbahnen dieses Assimilationsstromes finden wir im Kambium, der eigentlichen Lebensschicht zwischen Rinde und Holz nahe der Oberfläche von Ästen und Stamm.

Ein Übergewicht des wässerigen »Salzstromes« gegenüber dem Säftestrom aus den Blättern führt zu Wüchsigkeit auf Kosten der Blüten- und Fruchtbildung. Ein reiches Stickstoff- und Kaliumangebot des Bodens in wasserlöslicher Form steigert das vegetative Wachstum des Baumes bis zu ungesunder Triebigkeit.

Von Obstbäumen wollen wir vor allem Früchte, also zunächst <u>Blütenansätze und keinen in die Größe gesteigerten Wuchs</u>. Deshalb veredelt man ertragreiche Sorten auf schwachwüchsige Unterlagen und bekommt so die niedrige Gehölzform Busch, Spalier, Fächer, Spindel, Schnurbaum (Cordon) und Niedrigstamm. Man kann einen starkwüchsigen Baum auch dadurch hemmen, daß man seine Wurzeln beschneidet, ein ebenso umständliches wie verlustreiches Verfahren.

<u>Eine *Förderung* der Wüchsigkeit ergibt sich durch scharfen Rückschnitt der Zweige und Triebe eines Baumes. Das erklärt die scheinbar widersprüchliche Regel, daß man für starken Holzwuchs stark zurückschneiden muß</u>. Will man die Blüten- und Fruchtbildung fördern, so muß man den Assimilationsstrom stauen, damit er im Kronenbereich oder in bestimmten Ästen bleibt. Da die Zuckersäfte des Baumes im Kambium verlaufen, kann man sie stauen, indem man Rindeneinschnitte an Stamm oder Ästen bis aufs Holz anbringt (Ringeln) oder einen Drahtring um den Baum legt, der den Abfluß der Assimilate zur Wurzel hin drosselt. Tatsächlich gelingt es, einen unfruchtbaren Obstbaum auf diese Weise zum Blühen und Fruchten zu bringen. Im Obstbau zieht man solchen »chirurgischen« Eingriffen eine behutsamere Pflege durch mäßigen

Schnitt, Niederbinden von Zweigen und ausgewogenes Düngen vor, um den Baum für reiches Blühen und Fruchten ins Gleichgewicht seiner Säfte zu bringen.

Die allseitig ausladende, gut mit Fruchtholz bekleidete, dabei aber in allen ihren Teilen lichtdurchlässige Krone ist deshalb nicht nur ein formales Ziel des Obstbaumschnittes, sondern auch die Voraussetzung für gute Erträge. Bei einem harmonisch aufgebauten, nicht mit Ästen überfrachteten Kronengerüst sowie einer im wesentlichen organischen Düngung (die vor allem keinen mineralischen Stickstoff enthalten darf) stellt sich das physiologische Gleichgewicht des Baumes ohne Kunstgriffe ein: Er blüht und fruchtet entsprechend den Erbanlagen der jeweiligen Sorte.

Eine Baumkrone setzt sich aus dem Stamm mit der nach oben zur Spitze geführten Stammverlängerung und den Leitästen mit den ihnen untergeordneten Organen zusammen. Die Leitäste entspringen dem Stamm in lockeren Quirlen oder, was der Naturform des Baumes besser gerecht wird, in unregelmäßig spiraliger Folge. Bei diesem Aufbau kann man nicht deutlich gegeneinander abgesetzte »Etagen« unterscheiden; er bedeutet aber eine bessere Lichtnutzung und höhere Bruchfestigkeit des Stammes als gegen die Natur des Baumes erzogene regelmäßige Leitastquirle an einem Stamm, den man von einzeln hervorwachsenden Ästen freistellte.

Man unterscheidet im wesentlichen den *Pflanzschnitt* am Setzling, den *Erziehungs-* oder *Aufbauschnitt* am jungen Baum zur Ausbildung einer leistungsfähigen Krone, den *Erhaltungsschnitt* im vollen Ertragsalter des Baumes und den *Verjüngungsschnitt* bei alternden oder lange nicht mehr gepflegten Bäumen. Daneben gibt es den *Formschnitt* bei allen Formobstgehölzen; hier kommt es auf die Erziehung einer bestimmten Form an, der wir in unserem Rahmen keine besondere Aufmerksamkeit schenken müssen. Alle Schnitte haben dasselbe Ziel: gute Ertragskraft des Baumes für möglichst lange Zeit. Ihre Ausführung folgt den gleichen Regeln, so daß man nicht alle Schnittarten gesondert »lernen« muß. Hat man die Grundsätze erfahren und erprobt, kann man jeden Baum in jedem Alter sachgemäß schneiden.

Dem Obstbauschnitt liegen einige wenige, allgemein gültige Wuchsgesetze zugrunde.

Auf einfache Form gebracht lauten sie:

1. Die stärkste Wuchskraft entwickelt der Baum an den höchstgelegenen Teilen der Triebe: an ihren Spitzen und am Scheitelpunkt von abwärts gebogenen Zweigen. Austrieb und Zuwachs sind an diesen Stellen besonders gefördert. Dabei steht die Oberseitenförderung im Rang noch vor der Spitzenförderung. Bei einem zunächst steil oder schräg nach oben wachsenden Trieb verlagert sich die Förderung mit seinem Absinken durch Eigengewicht, durch Gewicht eines auf ihm entspringenden Neutriebes oder durch Fruchtbehang von der Spitze auf die Bogenoberseite mit Schwerpunkt am Scheitel. Bei weiterer Absenkung verlagert sich die Förderung bis an die Basis des Triebes, wenn sie zur höchsten Stelle wird.
2. Starker Rückschnitt regt starken Holzwuchs an. Bei scharfem Schnitt bleiben weniger Austriebstellen übrig. Die deshalb zahlenmäßig geringen Neutriebe wachsen stärker, sie stehen gleichsam unter dem Druck des Salzstromes. Bei schwachem Rückschnitt bleiben viele Austriebstellen erhalten; der zahlenmäßig starke Neuwuchs zeigt nur geringe Triebkraft.
3. Triebförderung ergibt sich nicht durch die Schnittstelle, sondern aus dem Übergewicht des Lösungsstromes aus den Wurzeln nach Wegfall von Holz und Knospen (oder Blättern) durch den Schnitt. An schwach zurückgeschnittenen Zweigen zeigt sich deshalb ein starker Neutrieb – entgegengesetzt zur vorigen Regel –, wenn der Baum gleichzeitig an anderen Stellen scharf zurückgeschnitten wurde. Dort beobachtet man dann einen schwachen oder gehemmten Austrieb.
4. Triebe mit Blütenknospen nennt man Fruchtholz. Es kann lang (Fruchtruten) oder kurz (Fruchtspieße) sein. Allgemein bilden sich solche Triebe zu Fruchtholz um, die stark geneigt oder waagrecht wachsen, beziehungsweise in diese Lage gebracht werden. Steil oder senkrecht nach oben wachsende Triebe neigen weniger zur Blüten- und Fruchtbildung.

Jede Schnittpflege zielt auf die Ausbildung, Erhaltung oder Wiederherstellung einer allseitig ausgebreiteten, durchlässigen Krone mit möglichst viel waagrecht verlaufendem Holz. Einer gewünschten Breitenentwicklung der Krone werden durch die begrenzte Tragfähigkeit ausladender Äste Grenzen gesetzt. Für die Höhenentwicklung der Krone erzieht man die Stammverlängerung möglichst senkrecht über dem Mittelstamm. Aus ihm wachsen die

Leitäste als Träger für Zweige und Fruchtholz. Es kommt nicht auf die Regelmäßigkeit oder ein symmetrisches Ausfächern der Leitäste an, sondern darauf, daß alle Äste vom Sonnenlicht erreicht werden. Kronenverdichtungen sind überall, besonders aber im oberen Teil des Baumes schädlich.

Unabhängig von Schnittart und Baumform müssen bei jeder Schnittpflege zunächst auf Astring entfernt, das heißt dicht am Ast oder Stamm abgenommen werden:

dürre oder weitgehend dürre Äste, nach innen zur Kronenmitte hin wachsende Äste und Triebe, sich kreuzende oder reibende Äste, die sich als Konkurrenztrieb gegenseitig behindern. Angebrochene Zweige oder Äste werden bis aufs unverletzte Holz zurückgeschnitten.

Konkurrenztriebe können auch an der Spitze eines Astes als Gabel auftreten. Man nimmt den schwächeren von beiden ab und leitet damit die Triebkraft in den verbleibenden. Man kann auch den schwächeren stehenlassen, wenn seine Richtung günstiger für unbehindertes Weiterwachsen ist. Schließlich schneidet man noch die auf den geförderten Oberseiten der Äste und Zweige stehenden, senkrecht nach oben wachsenden sogenannten Wasser-

Knospen

B = Blütenknospen, BT = Blattknospen

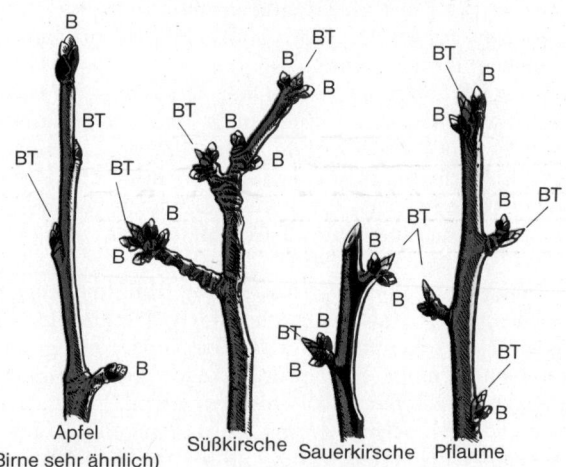

Apfel (Birne sehr ähnlich)   Süßkirsche   Sauerkirsche   Pflaume

Baumaufbau schematisch

H = Hauptachse
S = Stammverlängerung
— Seitenzweige (4. Ordnung)
— Seitenzweige (3. Ordnung)
— Seitenäste (2. Ordnung)
— Leit-, Haupt- oder Gerüstäste (1. Ordnung)

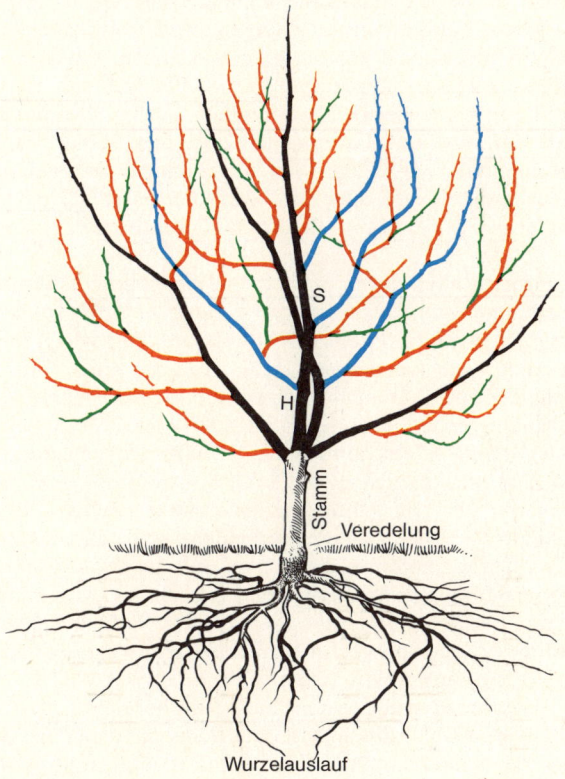

schosse. Man leitet damit die Triebkraft auf die nach außen gerichteten Triebenden und auf waagrechte Seitentriebe ab. Wie noch zu besprechen sein wird, kann man einzelne solcher »Reiter« durch Abbinden zur Kronenverjüngung heranziehen.

Nach dieser Wegschneidearbeit, die auch für den Anfänger leicht durchzuführen ist, hat sich die Krone oft schon wesentlich geklärt und gelichtet, so daß man danach leichter über weitere Maßnahmen entscheidet. Das Wegschneiden auf Astring geschieht bei den Trieben und dünneren Zweigen mit der einhändig zu bedienenden Garten- oder Baumschere oder einem scharfen, vorn aufgebogenen Messer, der Hippe. Keinesfalls darf man mit einer zweihändig zu bedienenden Heckenschere an die Obstbäume gehen. Mit ihr schneidet man ungenau und quetschend. Die gute Gartenschere hat auf beiden Seiten geschärfte Schneiden, die durch ein starkes Gelenk ohne Spiel verbunden sind. Beim Durchtrennen eines Triebes dürfen die Schneiden nicht seitlich ausweichen.

Für stärkeres Holz gibt es langhebelige Astscheren. Bei nur kleinen Obstbaumbestand kann man auf ein solches Gerät verzichten. Man braucht es nur für Pflegearbeiten an jahrelang vernachlässigten Bäumen, doch kommt man dafür auch mit einer Baumsäge (Bügelsäge) zurecht. Die Obstbaumsäge hat ein auf verschiedene Schnittwinkel verstellbares Sägeblatt. Man kann mit ihr selbst in engen Astgabeln Sägeschnitte jeder gewünschten Richtung anbringen. Für ganz unzugängliche Stellen – sie dürften bei einem ständig gepflegten Obstgehölz gar nicht erst entstehen – benützt man eine kleine Schwertsäge mit schmalem, oft leicht gebogenem Blatt. Ein Veredelungsmesser tut nicht nur beim Veredeln gute Dienste. Viele Baumgärtner arbeiten lieber mit dem Messer als mit der Schere. Die Schere hat besonders für den Anfänger den Vorteil, daß die Verletzungsgefahr benachbarter Zweige geringer ist als beim freien, ungeübten Messerschnitt.

Das Wegschneiden auf Astring hinterläßt bei richtiger Ausführung keine Stummel, führt aber auch nicht so nahe an den tragenden Ast oder Stamm heran, daß die Schnittfläche vergrößert und Stamm oder Ast in Mitleidenschaft gezogen wird.

Mehr Überlegung als das Wegschneiden erfordert das Zurückschneiden oder Einkürzen. Man muß sich dabei für ein bestimmtes Auge oder eine Knospe entscheiden, »auf« die man schneidet. Aus ihr entwickelt sich der Neutrieb. In der Regel schneidet man auf eine Außenknospe zurück und leitet den Trieb damit in die Waagerechte.

Wie unterscheidet man Blattknospen von Blütenknospen? Natürlich haben die Knospen bei jeder Obstart verschiedene Formen. Doch sind alle Blattknospen schlank und spitz, sie sitzen vor allem an den Triebspitzen. Aus den Blattknospen entwickeln sich Neutriebe, man nennt sie deshalb auch Holzknospen. Blütenknospen sind dick und rundlich. Sie enthalten neben der vorgebildeten Blütenanlage Nährstoffvorräte. Daneben gibt es gemischte Knospen und ruhende Knospenaugen; sie kommen nur zur Ausbildung, wenn durch Schnitt andere Knospen entfallen.

Sinn und Ausführung des **Pflanzschnittes** wurden im vorangegangenen Kapitel besprochen. Er kann bei Pflanzgut, das mit Wurzelballen angeliefert wurde (Containerpflanzen), entfallen oder ein Jahr nach dem Anwachsen als erster Erziehungsschnitt durchgeführt werden.

Der Erziehungs- oder Aufbauschnitt dient der richtig geführten Kronen- und Fruchtholzentwicklung. Wird er jährlich vorgenommen, so steht das Kronengerüst für die Hauptertragszeit, weitere Schnittarbeiten beschränken sich im wesentlichen auf das Auslichten und Verjüngen. Mit Ausnahme des Grünschnittes legt man die Schnittpflege in die vegetationslose Zeit. Am besten haben sich Februar und März, in rauhen Lagen noch Anfang April bewährt. Man spricht von Winterschnitt, führt ihn aber nicht bei Temperaturen unter 5° C aus.

Was der Erziehungsschnitt bewirken soll, wird am besten beim Vergleich eines nie geschnittenen Obstbaumes mit einem regelmäßig durch Schnitt gepflegten deutlich. Naturgemäße Obstbaumpflege bedeutet nicht, daß man den Bäumen eine Naturkrone zugesteht, nämlich die, welche sich ohne Schnitt ergäbe. Solche Bäume werden – besonders auf Wildlingsunterlage – groß und stark, aber ihre Kronen verdichten sich von Jahr zu Jahr zu einer Äste-Wildnis. Lichtmangel bewirkt teilweise Verkahlung, die mit Wasserschossen übersetzte Krone hemmt die Blütenbildung. Bei hohen Birnbäumen können sich mehrere konkurrierende Leitäste stammartig ausbilden und am alten Baum durch ihr wachsendes Gewicht ausbrechen. Die Vergreisung ungeschnittener Obstbäume setzt zu einer Zeit ein, zu der ein gepflegter Baum noch in voller Ertragskraft steht.

Man muß sich beim Erziehungsschnitt um ein klares, kräftiges

Kronengerüst aus sechs bis zehn Leitästen bemühen und überzählige Triebe entfernen. Man unterscheidet am Baumgerüst Organe verschiedener Rang- oder Ordnungsstufen: Mittelstamm mit Stammverlängerung, Haupt- oder Leitäste mit Seiten- oder Nebenästen (Zweigen), Seitenzweigen, Fruchtästen und Fruchtholz. Bei den freien, naturnahen Baumformen Halb- und Hochstamm kommen alle Glieder der Rangordnung zur Geltung, bei den kleineren Baumformen (Formobstbäume) sucht man die Rangfolge abzukürzen, indem man das Fruchtholz möglichst nahe an den Stamm bringt oder auch zugunsten der Leitäste auf den Stamm verzichtet. Man muß solche Gehölze – meist Zwergformen – durch Pfosten oder Gerüste stützen. Abgekürzte Wuchsformen brauchen Winter- und Sommerschnitte sowie zusätzliches Entspitzen ihrer Neutriebe vor der Blüte.

Im biologischen Anbau gibt man einem naturnäheren Kronenaufbau den Vorzug, achtet aber nicht weniger auf ein offenes, übersichtliches Kronengerüst. <u>Die Kuppelform ist zweifellos die dem Obstbaum am besten entsprechende Kronenform. Bei ihr überragt meist ein Mittelstamm die Leitäste.</u> Nimmt man die Stammverlängerung heraus, so kann man auch eine Trichter- oder Hohlform erziehen, die Licht in den Baum läßt.

Spindelbüsche erzieht man zur Pyramidenform: Von der breiten Basis der untersten Leitäste verjüngt sich die Baumgestalt bis zur Spitze der Stammverlängerung.

Der Mittelstamm eines Obstbaumes wächst nicht unverzweigt und gerade in die Höhe wie bei Nadelbäumen. Durch Schnitt fördert man jeweils die der Senkrechten am nächsten kommende Triebspitze der Stammverlängerung und erzieht die stärksten Seitentriebe zu Leitästen. Dabei sollte man nicht aus falschem Symmetriedenken für die Leitastansätze tannenbaumähnliche Astquirle heranbilden, sondern besser unregelmäßige Spiralen.

Mit dem Erziehungs- oder Aufbauschnitt wird das Kronengerüst eines Baumes vorbereitet und aufgebaut. An den in der Regel acht bis zehn Leitästen soll sich viel Fruchtholz bilden, aber nicht mehr als vom Sonnenlicht gut erreicht werden kann.

<u>**Der Erhaltungs- oder Ertragsschnitt** löst den Erziehungs- oder Aufbauschnitt der ersten Standjahre ab.</u> Man muß sich jetzt nicht mehr für die Wegnahme oder Förderung von Leitästen entscheiden, sondern wird <u>bestrebt sein, die Krone bei anhaltender Verjüngung in Ertragsform zu halten.</u> Man beginnt den Winterschnitt

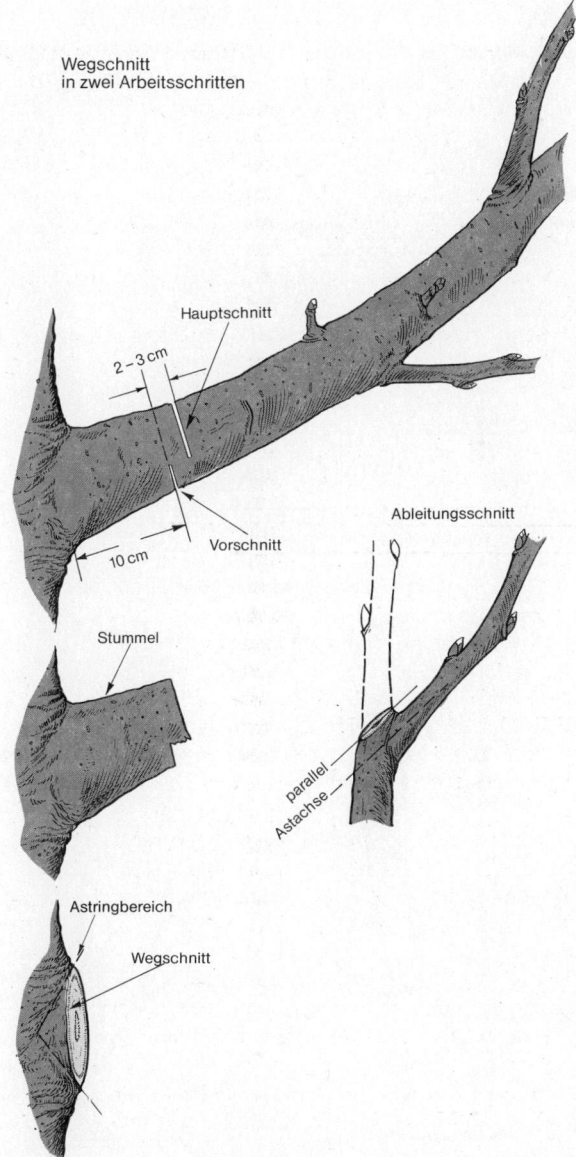

Nach dem Wegschnitt eines starken Astes (Birnbaum) wird das offene Holz mit einem Wundmittel überstrichen.

Verjüngungsschnitt (Älterer Apfelbusch)

vor dem Schnitt

nach dem Schnitt

auch hier mit dem oben beschriebenen Auslichten. Ein scharfer Rückschnitt erübrigt sich beim gepflegten Baum im Ertragsalter, er wäre sogar schädlich, weil er vermehrte Holzbildung auf Kosten der Blütenansätze bewirken würde. Man sorgt durch mäßiges Einkürzen dafür, daß die Krone gedrungen und übersichtlich bleibt, daß an keiner Stelle Verdichtungen mit Verkahlungsgefahr auftreten. Der Ertragsschnitt wird in gleicher Weise und zu gleicher Zeit wie der Aufbauschnitt vorgenommen.

Der **Verjüngungsschnitt** führt nur dort zu größeren Eingriffen, wo Obstgehölze jahrelang vernachlässigt wurden. Es wäre allerdings falsch, das Versäumte mit einem einzigen Schnitt nachholen zu wollen. Man sollte vielmehr versuchen, in zwei oder drei Winterschnitten diesem Ziel nahezukommen. Größere Äste sägt man zunächst eine Handbreit von der endgültigen Schnittstelle entfernt unten an und sägt dann, etwas nach außen versetzt, von oben dagegen. So verhindert man ein Splittern des Holzes, wenn der Ast durch sein Eigengewicht fällt. Danach wird der Aststummel mit einem glatten Schnitt möglichst nahe am Stamm beseitigt. Mit einem scharfen Messer glättet man die Schnittränder und verschließt die Wundfläche mit einem Baumharz oder mit einem Brei aus Wasser und Lehm. Neuerdings gibt es auch flüssige Wundmittel, die die Wunde noch dauerhafter verschließen. Solche Arbeiten sollte man wegen der Winterfröste immer im Frühjahr, nicht im Herbst erledigen. Schnittwunden, die durch die Baumschere verursacht wurden, brauchen im allgemeinen wegen ihrer geringen Fläche nicht verschlossen zu werden.

Nicht jede Obstbaumruine kann gerettet oder in einen ertragsbringenden Baum verwandelt werden. Für die Entscheidung, ob man ein Gehölz zu verjüngen versucht oder rodet, spielt vor allem der Zustand, weniger das Alter des Baumes eine Rolle.

Auch bei regelmäßig und sachgemäß durchgeführten Erziehungsschnitten kann man die erstrebte Harmonie des Kronenaufbaus nicht ein für allemal herstellen, man muß sich auch in fortgeschrittenen Standjahren eines Obstbaumes um sie bemühen. Bei einem geradegewachsenen Baum sollten die Leitäste in etwa auf gleicher Länge gehalten werden. Um möglichst viel Fruchtholz zu bekommen, richtet man die Seitenäste waagerecht aus, indem man sie auf solche Knospen zurückschneidet, deren Triebe eine günstige Leitastverlängerung ergeben. In der Regel wird das eine Außenknospe sein.

Ein mit Ästen stark übersetzter Birnbaum soll einen Verjüngungsschnitt bekommen.

Steil nach oben wachsende Triebe bringen durch ihre starke Wüchsigkeit (Oberseitenförderung) keine oder nur wenige Blütenansätze. In der Regel entfernt man solche »Reiter« oder Wasserschosse. Einzelne von ihnen kann man auch zur Verjüngung abgetragener Äste verwenden. Man staut ihren Saftstrom durch Niederbinden und regt damit die Blütenbildung an. Die Schnur führt man zu einem Zweig, Ast oder Stamm. Sie wird überflüssig, sobald ein solcher Trieb durch Fruchtbehang Gewicht gewinnt. Am Scheitelpunkt kann sich im nächsten Jahr durch die dort verstärkte Wuchsförderung ein neuer Trieb entwickeln. Bindet man auch ihn nieder, so ergeben sich sogenannte Fruchtbögen. Die Erziehung zu Fruchtbögen bedeutet die Nachhilfe zu einem Vorgang, der bei einigen Obstarten und Sorten auch auf natürliche Weise zustandekommt, wenn sich das Eigengewicht eines Triebes so vergrößert, daß er sich senkt.

Bei der Schnittpflege von Obstgehölzen wird man kaum je auslernen. Doch kann sich auch der Anfänger an diese dankbare und befriedigende Tätigkeit heranwagen, wenn er sich um ein biologisches Verständnis dieser Maßnahmen bemüht. Hier konnte nur ein Überblick, keine umfassende Anleitung gegeben werden.

VII DAS VEREDELN

Daran gemessen, wie wenige Hobbygärtner Obstbäume veredeln, dürften wir auf dieses Thema ganz verzichten. Hier sollen deshalb nur die gebräuchlichsten Begriffe kurz angesprochen werden.

<u>Obstbäume kann man wie die meisten Blütenpflanzen durch die Samen ihrer Früchte vermehren.</u> Allerdings keimen die hartschaligen Samen mancher Obstarten schlecht und nur nach längerer Keimruhe in feuchtem Sand. Läßt man solche Sämlinge heranwachsen, dann bekommt man in den meisten Fällen einen Obstbaum mit anderen, unbefriedigenden Ertragseigenschaften als die

Stammbildner

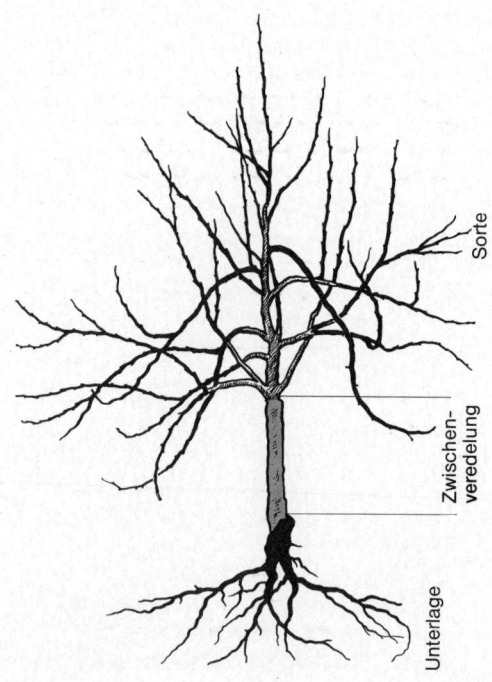

der Muttersorte. Die Mehrzahl unserer Obstgehölze vererbt ihre Merkmale nicht samen- oder sortenecht. Zudem weiß man im Hausgarten oft nicht, welche Vatersorte den Pollen zur Befruchtung spendete.

Durch eine ungeschlechtliche Vermehrung, etwa durch Wurzelteilung, bekommt man ebenfalls keine Vervielfältigung der Ausgangspflanze, denn die war ja bereits das Ergebnis der Zusammenführung einer Unterlage (Wurzel) mit einem Edelreis bestimmter Sorte. Das Vereinigen von Unterlage und Sorte heißt je nach gewählter Technik Pfropfen, Kopulieren oder Okulieren mit jeweils verschiedenen Ausführungen und Namen. Unsere Zeichnungen verdeutlichen die Vorgänge besser als eine Beschreibung.

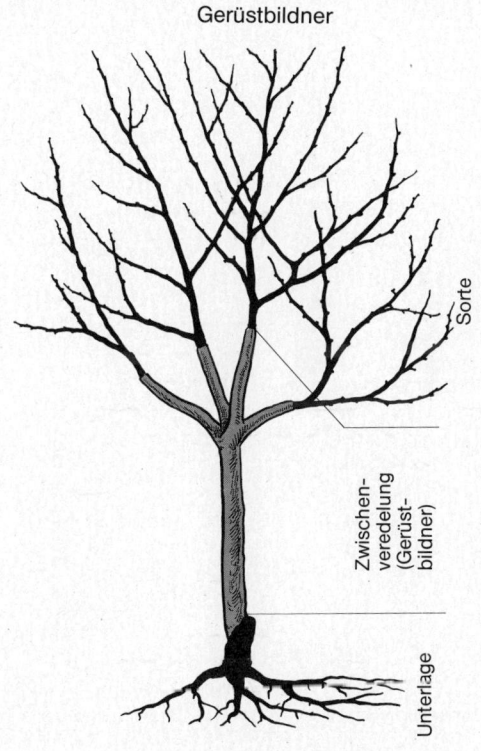

Pfropfen

Geißfußpfropfen

Rindenpfropfen

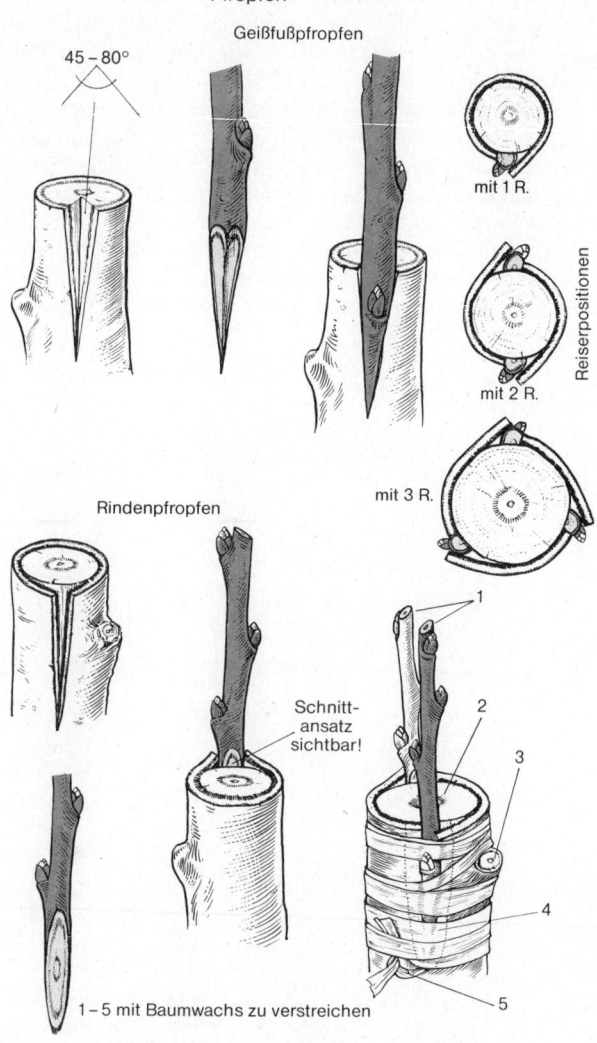

Reiserpositionen
mit 1 R.
mit 2 R.
mit 3 R.

Schnittansatz sichtbar!

1–5 mit Baumwachs zu verstreichen

1 = Endknospenschnitt, 2 = Kopfwunde, 3 = Nachbarwunde,
4 = Längsschnitt, 5 = Bastknoten

Kopulieren

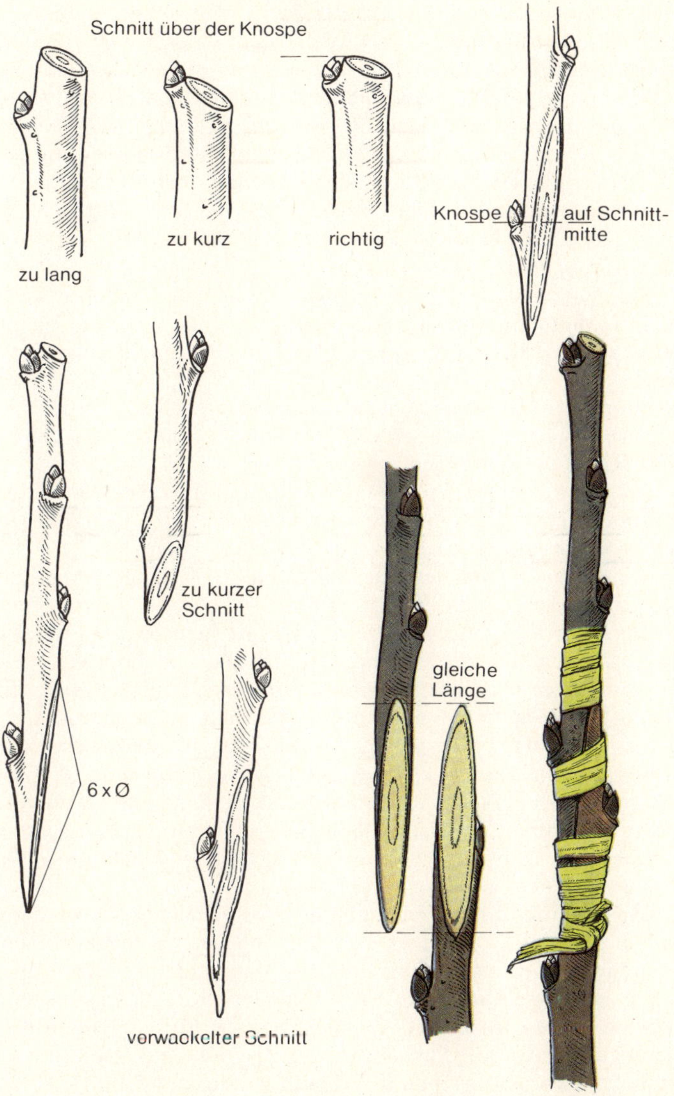

Schnitt über der Knospe

zu lang

zu kurz

richtig

Kno_spe_ auf Schnittmitte

zu kurzer Schnitt

6 x Ø

verwackelter Schnitt

gleiche Länge

Welches Verfahren man anwendet, hängt auch davon ab, in welchem Größenverhältnis die Partner zueinander stehen. Beim Kopulieren sollten Unterlage und Edelreis etwa gleich starke Triebe haben. Beim Rinden-, Geißfuß- und Spaltpfropfen ist das Edelreis bedeutend schwächer. Man wählt das Pfropfen deshalb zum Umveredeln eines mehrjährigen Baumes. Im Spätherbst »wirft« man den oberen Teil seiner Krone ab und pfropft im Frühjahr auf die Leitaststümpfe die neue Sorte. Man kann auch mehrere Sorten einer Obstart auf einen Baum pfropfen und hat bei richtiger Wahl gleich die passenden Bestäuber auf einem Stamm. Man muß dann vier bis fünf Jahre warten bis zum Einsetzen des Vollertrages. Die Veredelungsstellen bleiben bruchempfindlich. Ein solches Verfahren lohnt den Aufwand nur, wenn man einen gesunden Baum erhalten will, der die für ein gegebenes Klima unpassende Sorte trägt.

Beim Okulieren schiebt man ein schildförmiges Rindenstück mit einem schlafenden Auge der Sorte unter die T-förmig aufgeschnittene Rinde der Unterlage.

Alle Methoden zielen darauf ab, die Lebensschichten beider Partner an einer Stelle innig zu verbinden. Nur das Kambium zwischen Rinde und Holzkern ist zur Zellteilung fähig.

Handveredelungen bedürfen des geschickten Umgangs mit der Hippe und dem Okuliermesser; denn die aneinanderzusetzenden Hölzer oder Rindenteile müssen möglichst fugenlos zusammenpassen. Man schützt die Verbindung durch Bastumschnürung, besser mit einem elastischen Wundverband, mit künstlicher Rinde (Lacbalsam), die flüssig aufgetragen wird, oder mit Baumwachs.

Das Rindenpfropfen gelingt nur im Frühjahr, wenn sich die Rinde lösen läßt, das Holz also schon Saft führt. Die anderen Verfahren wendet man in der vegetationslosen Zeit an, das Okulieren im Hochsommer. Für den Hobbygärtner kommt am ehesten das Umveredeln in Frage. Ohne Erfahrung wird man sich nur unter Anleitung eines Fachmanns heranwagen.

Die Hohe Schule des Veredelns ist selbstverständlich auch dem Laien zugänglich, wenn er sich mit Hilfe eines fachkundigen Freundes in dieses Gebiet einarbeitet. Man ist dann in der Lage, aus einem mitgebrachten Edelreis eine Obstsorte, die man ziehen möchte, seinen Baum auf Sämlings- oder Typenunterlage selbst heranzuziehen – ein reizvolles Unterfangen, das Fehlschläge einschließt, aber auf das man sich durchaus einlassen kann.

VIII PFLANZENSCHUTZ

Unter diesem Begriff versteht man einerseits so harmlose Maßnahmen wie das Versprühen von Heilkräuterbrühen im Garten, andererseits die Anwendung der chemischen Keule zur Vernichtung von Gliederfüßern, Pilzen und Viren. Chemische Pflanzenschutzmittel errangen den zweifelhaften Ruhm, auch für Warmblüter und Menschen hochwirksame Gifte darzustellen (zum Beispiel E 605), und wurden als schwer abbaubare Umweltschadstoffe global verbreitet. DDT, dessen Gebrauch heute bei uns verboten ist, durchdrang lückenlos die Biosphäre unserer Erde; es wurde in den Wildtieren der Arktis ebenso nachgewiesen wie in der Antarktis, Tausende Kilometer vom nächsten Ort seiner Anwendung entfernt.

Der amtlich verordnete Totenkopf über einem Knochenkreuz als Kennzeichen für Pflanzenbehandlungsmittel der Giftabteilungen I (giftigste Stoffe) und II (giftige Stoffe) spricht es symbolhaft aus: Man schützt Leben mit tödlich wirkenden Stoffen. Die Versicherung, daß alles, was heute in der Landwirtschaft im Garten- und Obstbau geschieht, vielfach geprüft wurde und strenger staatlicher Kontrolle unterliegt, beruhigt schon längst keinen weiterdenkenden Menschen mehr. Die biologischen Folgen der vorsätzlichen und unbeabsichtigten Vergiftung unserer nahrunggebenden Erde vermag heute niemand abzusehen. Man darf nicht erwarten, gerade von dort Aufschluß über die mittelbaren und unmittelbaren Auswirkungen der industriell betriebenen Vergiftung Aufschluß zu erhalten, wo man an dieser Entwicklung gut verdient. Die Agrarchemie ernährt wachsende Wirtschaftszweige.

Kulturpflanzen bedürfen der Pflege und des Schutzes. Sich selbst überlassen, erliegen sie den widerstandsfähigeren und lebenskräftigeren Wildpflanzen. Weil Kern- und Steinobstgehölze bei uns oft mit einem Klima auskommen müssen, das ihrem Wärmebedürfnis nicht ganz entspricht, da wir ihnen große Ertragsleistungen abverlangen, müssen wir möglichst gute Lebensbedingungen für sie schaffen. Gesunde Pflanzen bilden eine der drei Hauptvoraussetzungen für die Selbstbehauptung gegen Schädlinge.

Die Gesundheit und Widerstandskraft einer Pflanze hängen un-

Okulieren

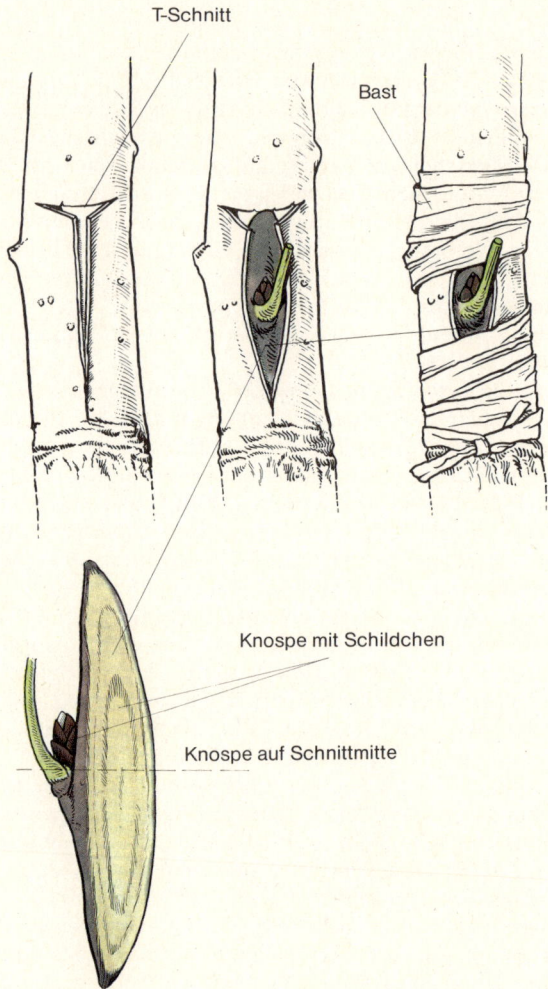

Sommerveredelung

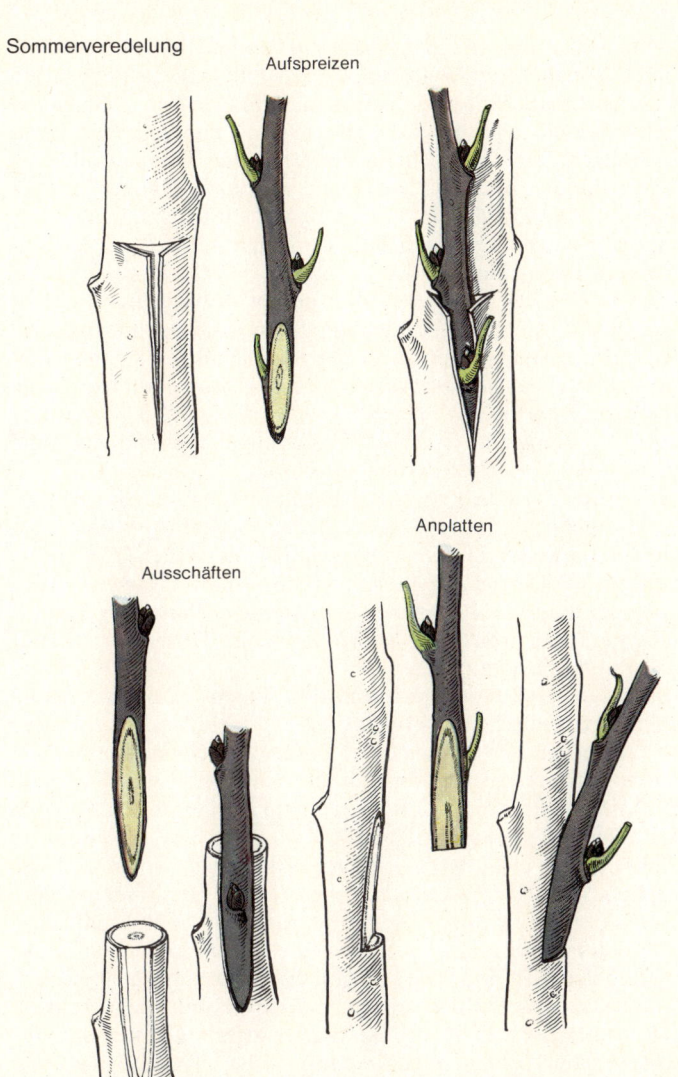

Aufspreizen

Ausschäften

Anplatten

Das noch notwendige Verbinden mit Bast und das lückenlose Verstreichen mit Baumwachs wurde aus Übersichtsgründen nicht dargestellt.

mittelbar von der Beschaffenheit des Bodens ab, auf dem sie wächst. Wie in Kapitel 4 gezeigt wurde, kann man die erwünschte Dauerfruchtbarkeit eines Bodens nicht mit dem ausreichenden Vorhandensein aller Pflanzennährstoffe in mineralischer Form gleichsetzen. Sie ist vielmehr an ein arten- und zahlreiches Bodenleben gebunden, dieses an den Humus und seine ständige Erneuerung durch die Zufuhr organischer Stoffe. Zusammengefaßt: Gesunde Pflanzen lassen sich auf die Dauer nur auf gesundem, humosem Boden ziehen.

Die zweite Voraussetzung für eine verhältnismäßige Freiheit von Schädlingen liegt in der richtigen, einer Lage und einem gegebenen Klima entsprechenden Sortenwahl. In milden Anbaugebieten gedeihen bei sachgemäßer Pflege praktisch alle hierzulande üblichen Obstarten und Sorten; je rauher die Lage, desto geringer wird die Auswahl. Örtliche Gärtnereien, Baumschulen und amtliche Berater geben darüber Auskunft.

Die dritte der Hauptvoraussetzungen für ein Gleichgewicht eines Obstgehölzes mit seinen möglichen Schädlingen unter der Schadensschwelle – nur das wollen wir im biologischen Obstbau erreichen – bezieht sich auf die Anbauweise. Wie im Nutzgarten bedeutet der massenhafte Anbau einer einzigen Pflanzenart (Monokultur) erhöhte Gefahr für Schädlingsbefall. Die meisten der als Obstschädlinge bezeichneten Gliederfüßer – vor allem Kerbtiere in ihren verschiedenen Entwicklungszuständen – zählen zur natürlichen, ja erwünschten Tierwelt eines Obstgehölzes. (Ein wirklicher Schädling, der bei uns keine bestandsregelnden natürlichen Feinde hat, ist die aus der Neuen Welt nach Europa eingeschleppte San-José-Schildlaus. Sie tritt vor allem in klimatisch begünstigten Obstanbaugebieten auf – etwa dort, wo auch Wein gedeiht.)

Wir machen uns gewöhnlich unzureichende Vorstellungen von der Lebewesenfülle unserer Umwelt. Selbst der Gartenfreund kennt meist nur einige wenige Kerbtierarten und weiß wenig über deren Lebenskreise. Von den etwa eine Million zählenden Insektenarten der Welt sind viele so klein, daß wir sie üblicherweise gar nicht wahrnehmen. Doch spielen auch sie im Sinn der Nahrungsketten, mit denen die Bestandsgleichgewichte untereinander aufrechterhalten werden, eine wichtige Rolle. Schaltet man eine Gruppe aus, so kann man das ganze Artengefüge treffen. Daß es sich bei solchen Feststellungen nicht um allgemeine Redensarten der »Biologischen«, sondern um Tatsachen handelt, die nur unserem Gesichtskreis nicht ohne weiteres zugänglich sind, mag ein kurzer Text von Dr. Hans Steiner vom Stuttgarter Landesamt für Pflanzenschutz verdeutlichen, zitiert nach Ewald Könemann:

»In der Krone eines Apfelbaumes leben über 1000 Arten von Gliedertieren im Laufe des Jahres (Insekten, Milben, Spinnen). Nur 300 von diesen leben irgendwie vom Baum direkt, 300 weitere leben in diesen als Parasiten, 200 von diesem als Räuber und 200 schließlich vom Honigtau, Moosen u. ä., was sich auf dem Baum befindet. Sie stellen miteinander eine große Lebensgemeinschaft dar, die ihre Gleichgewichte selbst bewahren kann. Die Bekämpfung mit Giften zerstört allmählich diese Gemeinschaft, weil Parasiten und Räuber mit vernichtet werden. Diese Kleinlebewelt gehört jedoch so zu dem Baum dazu, daß ihre Zurückdämmung wie ein Vakuum auf Gliedertierchen zu wirken scheint. Erst durch die chemische Bekämpfung werden z. B. die Spinnmilben zu ungeheurer Vermehrung veranlaßt und damit zu neuen Schädlingen. Sie haben eine solche Sucht, den Baum zu besiedeln, daß sie gegen alle Mittel resistent wurden und schließlich 40 Spritzungen im Jahr nicht mehr genügten, um ihrer Herr zu werden. Aktiviert man nun durch Düngungsmaßnahmen die Aktivität des Bodens, dann kann man bald die Insektenbekämpfung in der Baumkrone einschränken, und die Milben hören von selbst auf, ein Schädlingsproblem zu sein.«

Verschiebt sich durch Eingriffe oder auch nur durch Umwelteinflüsse, die wir nicht in der Hand haben (etwa das Fehlen verschiedener insektenvertilgender Vogelarten), das Beziehungsgefüge dieser Lebewelt, was ja auch in freier Natur täglich vorkommt, dann setzen Ausgleichsbewegungen in der Artenzusammensetzung ein, die früher oder später zum alten oder zu einem neuen Gleichgewicht führen. Für solche Ausgleichsbewegungen sorgt die belebte Umwelt einer kleinen oder großen Lebensgemeinschaft. Allen Lebewesen wohnt nämlich der Drang inne, sich auszubreiten. Ausdünnungen füllen sich durch gesteigarte Vermehrungstätigkeit der am Ort vorhandenen Individuen oder durch Zuzug von außen schnell auf. Bei den vermehrungsfreudigen Gliederfüßern mit ihren schnell kreisenden Lebenszyklen vollziehen sich die Generationsfolgen in viel kürzeren Zeiträumen als bei größeren Tierarten.

Gleichgewichte in der Artenzusammensetzung eines Lebensraumes sind nicht statisch wie Gleichgewichte von Massen in der

Physik, sondern dynamisch. Sie beruhen auf kreislaufartigen Vorgängen, die sich weitgehend selbst steuern.

Hat man es nicht mit einem einzigen Apfelbaum oder mit wenigen Apfelbäumen zu tun, sondern mit Hunderten und Tausenden am gleichen Standort, wie das in einer Obstplantage gegeben ist, dann können sich Bestandszunahmen als Folge eines vervielfältigten Nahrungsangebotes an Trieben, Knospen, Blüten, Blättern oder reifenden Früchten zu Massenbewegungen aufschaukeln, zu Freß- und Vermehrungsorgien, die Merkmale einer örtlichen Katastrophe annehmen. Wir haben dann den futterbedingten Massenauftritt von Insekten, die aus dem Rahmen ihrer Lebensgemeinschaft fallen und damit zu Schädlingen werden. Die Natur beantwortet solche Zeigerausschläge gleichsam mit Vergeltungsschlägen gegen die überhandnehmende Art: durch eine lawinenartig anlaufende Vermehrung der Freßfeinde, bis diese das neue Futterangebot erschöpft haben, durch Krankheiten, Parasiten oder einfach durch den Verbrauch der auslösenden Futterquelle – die überzählige Bevölkerung einer Tierart verhungert. Die Selbstregelung ohne Freßfeinde kann in der Forstwirtschaft einem Nadelwald das Leben kosten.

Bekämpft man einen Schädling, der die Schadensschwelle überstiegen hat, mit einem Insektizid, das nicht selektiv auf seine Art, sondern breit wirkt, das heißt auch andere Kerbtiere schädigt oder tötet, was bei den unsystemischen Mitteln der Fall ist, dann schaltet man unmittelbar oder mittelbar über Nahrungsketten auch seine natürlichen Freßfeinde aus. Ein »Vergeltungsschlag« der Natur setzt nicht ein. Darin und in den letztlich unkontrollierbaren Nebenwirkungen und Folgen der chemischen Keule liegt die Gefahr ihrer Anwendung. Ihre Wirkungen lassen sich nicht sauber eingrenzen. Wie sehr gerade die Kerbtiere mit dem Gedeihen, ja mit der Arterhaltung der Obstgehölze verbunden sind, beweisen unsere Honigbienen als unersetzliche Befruchter.

Aus diesen mehr allgemeinen Bemerkungen zum Pflanzenschutz sollte klarwerden, daß die Maßnahmen einer biologisch verstandenen Schädlingsabwehr im Obstbau nicht unmittelbar mit dem Ausbringen chemischer Gifte verglichen werden können. Biologisch aufgefaßter Pflanzenschutz wird vor allem als Vorbeuge durchgeführt: passende Sorten, auf gesundem, organisch gepflegtem Boden angebaut, bieten die beste Gewähr für widerstandskräftige Pflanzen ohne nennenswerten Schädlingsbefall, wenn auch die dritte der genannten Vorbedingungen erfüllt wird: reichhaltige Mischkulturen in überschaubar gegliederten Beständen. Der scharfe Rationalisierungszwang drängt den gewerblichen Obstanbau in die entgegengesetzte Richtung:

1. Die Mineraldüngung erfordert bei Schnellerfolgen weniger Handarbeit als eine folgerichtig durchgeführte Kompost- und Humusbewirtschaftung.
2. Die bessere Verkäuflichkeit von hochgezüchteten, empfindlichen Sorten sowie die Vereinfachung der Angebote auf wenige gängige Sorten bedingen, daß der Marktwert einer Obstsorte höher eingeschätzt wird als die Möglichkeit, eine der Lage gut angepaßte Sorte mit weniger Spritzungen anzubauen. Der aus Renditegründen angestrebte Maschineneinsatz für möglichst viele Pflegearbeiten fordert große, gleichförmige Anbauflächen für gleichartige und gleichaltrige Obstgehölze. So entstehen Sachzwänge, die nicht in der Natur, sondern der Handhabe des Obstanbaus liegen.

Ansätze zum sogenannten integrierten Pflanzenschutz brachten für große gewerbliche Anlagen Erfolge. Man vermeidet bei dieser Methode den Einsatz chemischer Gifte unterhalb einer genau zu ermittelnden Schadensschwelle, man verbindet chemische und biologische Maßnahmen zu möglichst gezielter Abwehr. Einsichten zeichnen sich ab, daß der bisher eingeschlagene Weg zu Grenzen der Machbarkeit und der Giftbelastung führt.

Im privaten Obstgarten oder im Hausgarten mit Obstgehölzen kommt man ohne Gift aus. Die Schädlingsfrage taucht bei biologisch gepflegtem Boden mit Gründüngung, Mulchkultur und Düngergewinnung aus eigenem Kompost in der Regel noch nicht auf. Das Maß des Eigenbedarfs an Obst führt zu gesunden Bestandsmischungen. Man braucht keine fünfzig Büsche Cox Orangen in Reih und Glied, man baut möglichst viele Obstarten und -sorten in kleinsten Mengen an und tut damit das, was den Massenauftritt von Schädlingen erschwert oder verhindert.

Die im vierten Kapitel gegebenen Empfehlungen zur Bodenpflege und Bodenbearbeitung bedeuten wirksame Vorbeuge gegen Schädlinge und Krankheiten. Für den Gartenfreund, der seinen eigenen Bedarf an Baum- und Strauchobst auf der Grundlage von Kompostwirtschaft anbaut, könnte das Kapitel Pflanzenschutz hier beendet werden. Er leistet ihn ausreichend durch seine Bodenpflege und kann mehr für sich und seine Umwelt tun, wenn er Lebensmöglichkeiten für Vögel durch Heckenpflanzungen und durch Aufhängen von Bruthöhlen schafft. Wenn er darüber hinaus bei der Wahl seiner Blumen und Gehölze Futterpflanzen für Bienen bevorzugt und durch sein gutes, erfolgreiches Beispiel über die eigenen Grundstücksgrenzen hinauswirkt, kann er viel erreichen.

Auch im biologisch bewirtschafteten Obstgarten gibt es zahlreiche und gestaffelte Möglichkeiten der unmittelbaren Schädlingsbekämpfung. Die folgende Übersicht enthält Maßnahmen zur Stärkung der Pflanzen, zur Schädlingsvorbeuge, Abwehr und Bekämpfung im biologischen Obstanbau. Die organischen Pflanzengifte Quassia, Derris und Pyrethrum werden aus Pflanzen gewonnen. Wegen ihrer breiten Wirkung gegen Gliedertiere gefährden sie auch Bienen und andere Nutzinsekten. Man bringt sie deshalb nur zur unmittelbaren Schädlingsbekämpfung dort aus, wo die zuvor aufgeführten Maßnahmen nicht mehr ausreichen. Auf keinen Fall führt man mit diesen Giften vorbeugende »Blindspritzungen« durch. Alle Spritzungen mit Giften und beißenden Brühen (unvollständig vergorene Kräuterjauchen in höherer Konzentration) werden bei bedecktem Himmel ausgebracht, sie unterbleiben bei sonnigem Wetter.

Für den kleinen Obstgarten am Haus genügen einfache Handspritzen. Sie eignen sich bestens auch zum Versprühen der verdünnten Kräuteressenzen. Solche Spritzungen können während der ganzen warmen Jahreszeit in regelmäßigen oder unregelmäßigen Abständen zur allgemeinen Stärkung der Pflanzen – auch im Nutzgarten – und zur Vorbeuge gegen Schädlingsbefall angewandt werden (nicht während der Blüte!). Sie haben keinerlei schädliche Nebenwirkungen.

Wo sich für nur wenige Obstgehölze die Anschaffung einer Spritze nicht lohnt, hilft man sich mit einer Malerbürste oder einem Handfeger zum Benetzen der Pflanzen.

Die Herstellung von Kräuterjauchen ist denkbar einfach und nicht an eng aufzufassende Mengenangaben gebunden. Wichtig sind das tägliche Rühren für die Sauerstoffzufuhr während der Gärung und die Verdünnung bis zu einer hellbraunen Farbe der Flüssigkeit. Die Rückstände verwendet man zur Bodenbedeckung oder im Kompost. Flüssigkeiten, die durch eine Düse verspritzt werden, muß man zuvor durchsieben.

Die wichtigsten Heilkräuter für Spritzbrühen, wie Zinnkraut (die grünen Teile des Ackerschachtelhalms), Brennessel, Farnkräuter, Rainfarn und Kamille, findet man an vielen Stellen – auch in städtischer Umgebung. Man kann sie getrocknet oder als Auszüge von Apotheken, Drogerien und im Fachhandel für biologischen Gartenbau beziehen.

Weitere vorbeugende oder abwehrende Maßnahmen: Leimgürtel und Obstmadenfanggürtel – im Fachhandel erhältlich – werden um die Stämme von Obstgehölzen gelegt, Wühlmäuse im Baumscheibenbereich mit Quirotox, einem im Handel erhältlichen Erzeugnis aus Meerzwiebeln bekämpft.

Wegen der dort besonders großen *Mehltaugefahr* lichtet man Stachelbeerbüsche auch außerhalb des Jahresschnittes in Bodennähe aus und entfernt zu eng stehende Sträucher.

Die bekannten, aber meist nicht beliebten *Ohrwürmer* leben unter anderem auf Bäumen und jagen dort während der Nacht Blattläuse. Man schafft ihnen vogelsichere Verstecke, indem man holzwollegefüllte Blumentöpfe mit der Öffnung nach unten in blattlausgefährdete Bäume hängt. Die Holzwolle wird mit einem Stück Draht befestigt (Anregung nach O. Hitschfeld).

ANWENDUNGEN FÜR DEN OBSTGARTEN

Bezeichnung	Zweck und Wirkung	Zusammensetzung oder Herstellung	Anwendung
Kräutertees, Kräuterbrühen, Kräuterjauchen			
Ackerschachtelhalmtee (nur grüne Pflanzenteile)	Verstärkt die Lichtwirkung (Kieselgehalt) vorbeugend gegen Mehltau, Rost, Schorf, Blattfallkrankheit, Rote Spinne	1 kg grüne Pflanzen oder 150 g Trockenpflanzen in 10 l Wasser einweichen, wenn möglich kochen, danach 5 fach mit Wasser verdünnen	Soll als einzige Ausnahme bei Sonne gespritzt werden. Ausbringen auf Pflanzen und Boden, vor allem Beerensträucher im März und April
Brennesseljauche (vergoren)	Zur Pflanzenstärkung, für gute Blattentwicklung, bodenverbessernd, kompostverbessernd, gegen Blattläuse, gegen Chlorose	1 kg grüne Pflanzen auf 10 l Wasser in Steingut- oder Kunststoffgefäß in der Sonne vergären lassen, wird fast schwarz. Beißende Brühe (gärend) gegen Blattläuse nur schwach verdünnt, nach einem Tag mit Wasser nachspritzen. Ohne Nachspritzung: 50fach verdünnen	Jederzeit auf Baumscheibe gießen (vergorene Jauche). Nur bei Schädlingsbefall auch auf die Gehölze spritzen, gegebenenfalls als beißende Brühe
Farnkrautbrühe	Enthält Kalium, wirkt gegen Schild- und Blutläuse, gegen die Rote Spinne	1 kg grüne Pflanzen in 10 l Wasser oder 100 g Trockenpflanzen 24 Stunden einweichen. Für Spritzflüssigkeit danach 10fach verdünnen	Im Winter schildlausbefallene Stämme abbürsten. Spritzen im Frühjahr und Sommer
Rainfarntee oder -brühe	Gegen Erdbeer- und Brombeermilben, Blattwespen, Rost, Mehltau	300 g frische Pflanzen oder 30 g Trockenpflanzen in 10 l Wasser einweichen oder kochen	Im Winter spritzen, Nachblütenspritzung im Sommer (dafür doppelte Wassermenge)

Pflanzen-schutz-(Pflanzen-schmierseife)	Kann als Haft-mittel allen Spritz-mitteln zugesetzt werden. Als Lösung auch allein gegen viele Schadinsekten und Schädlingsgespinste sowie gegen Pilzbefall spritzen. Keine üblichen Reinigungsseifen verwenden, sie können Chlor enthalten!	Im Handel erhältlich, nach Anleitung in Wasser lösen	Spritzungen außer während der Blüte jederzeit möglich
Quassia	Wirkt als Fraß- und Kontaktgift, harmlos für Warmblüter. Tötet u. a. die verschiedenen Arten der Sägewespen, Blattwespen, Larven, Raupen und Blattläuse. Giftwirkung schwächer als bei Derris und Pyrethrum	Ein tropisches Bitterholz, erhältlich in Drogerien und im Fachhandel. Man stellt eine Brühe durch Auskochen her, dasselbe Holz kann mehrmals verwendet werden. Spritzflüssigkeit mit Pflanzenschutzseife als Haftmittel versetzen	Gehölze nur bei Befall spritzen, nur wenn unumgänglich, auch während der Blüte
Derris (Rotenon)	Starkes Fraß- und Berührungsgift, wirkt lähmend, auf größere Kerbtiere nicht immer tödlich. Ungefährlich für Warmblüter, gefährlich für Fische. Eignet sich nicht zur Bekämpfung von Schildläusen und Roter Spinne, baut langsamer ab als Pyrethrum, wird mit diesem oft kombiniert	Derris oder Rotenon wird unter verschiedenen Handelsnamen, auch in Kombinationen mit Rotenon angeboten (Spruzit, Deril, Sicide u. a.). Wartefrist im Obstbau 3 Wochen	Nur gezielt bei Schädlingsbefall nach Anweisung auf Verpackung. Die Lagerfähigkeit ist begrenzt

Pyrethrum	Wärmeempfindliches Berührungsgift gegen Insekten, wirkt besonders bei chitingepanzerten Kerbtieren, auch auf Nützlinge wie Bienen, wenn sie mit dem Gift in Berührung kommen. Wirkt schneller als Derris, aber nur kurzfristig, nach 48 Stunden abgebaut	Wird aus Chrysanthemenblüten südlicher Länder hergestellt, ist unter verschiedenen Handelsnamen und in Kombinationen erhältlich. Wartefrist im Obstbau 3 Wochen. Ledax, Bioxid, Aril u. a.	Anwendung nach Anweisung auf Verpackung
Stammanstrich	Gegen Schädlinge, die auf und in der Rinde überwintern, zur Baumverjüngung	2 Teile Lehm werden mit 1 Teil möglichst strohlosem Kuhmist und einem Zusatz von sehr feinem Sand oder Steinmehl (höchstens 1/2 Teil) und Wasser zu einer ölartigen Flüssigkeit gut verrührt. Statt Wasser vorteilhaft Schachtelhalmtee. Außerdem können Kalk oder Tonerde eingemischt werden. Statt Lehm ist auch »Betonit« verwendbar	Stammanstriche können jederzeit durchgeführt werden. Besonders günstig wirken sie sich im Spätwinter oder Vorfrühling aus. Der Ausschlupf von überwinternden Insekten wird gehemmt oder verhindert. Im Herbst aufgebracht und mit einer Wermutabkochung versetzt, schützt er vor Wildverbiß. Nachteil des Herbstanstriches: Meisen und Baumläufer können im Winter keine Kerbtiere und deren Eier am Stamm suchen

Ursprünglich war daran gedacht, diesem Buch ein Kapitel »Ernten und Lagern« anzugliedern. Aus Platzgründen mußten wir darauf verzichten. Andere Themen des Obstgartens hätten sonst kürzer behandelt werden müssen, was für alle, die noch keine Erfahrung im Obstanbau sammeln konnten, nachteilig gewesen wäre. Dem Lagern und Konservieren von Obst und Gemüse soll nun ein späterer Band dieser Reihe gewidmet werden.

LITERATURVERZEICHNIS

Bayrische Landesobstsortenliste für den Erwerbsanbau
Bayrischer Erwerbsobstbau-Verband e. V. München, 1972
Beerenobst in naturgemäßem Anbau
Abtei Fulda, 2. Auflage 1976
Blumen und Garten in 8 Bänden
Orbis Verlag Hamburg, 1975
Tjerk Buishand: **Knaurs Obstbuch**
Droemer/Knaur München – Zürich 1979
Dr. Fritz Caspari: **Fruchtbarer Garten**
Wirtschaftsverlag M. Klug, München-Pasing, 4. Auflage 1964
P. G. de Haas: **Naturgemäßer Obstbaumschnitt**
BLV Verlagsgesellschaft München, 1978
P. G. de Haas: **Obst aus eigenem Garten**
BLV Verlagsgesellschaft München, 3. Aufl. 1967
Oswald Hitschfeld: **Naturgemäße Schädlingsabwehr**
Heinrich Schwab Verlag Schopfheim, 1976
Ewald Könemann: **Biologischer Obstbau und Beerenanbau**
Wilhelm Braumüller Wien, 1977
Karl-Heinz Mücke: **Der Intensivgarten**
Südwest Verlag München, 1970
Neues großes Gartenlexikon
herausg. v. G. E. Siebeneicher, Südwest Verlag München, 3. Aufl. 1980
Obstbaukalender auf biologischer Grundlage
Abtei Fulda, 3. Auflage 1977
Heiner Schmid: **Obstbaumschnitt** und
Umpfropfen, Veredeln
Verlag Eugen Ulmer Stuttgart
Hermann Sattler: **Beerenobst**
Verlag Eugen Ulmer Stuttgart, 1968

BEZUGSQUELLEN FÜR BIOLOGISCHEN GARTENBAU

Bio-Gartenmarkt Keller
Konradstr. 17
7800 Freiburg
(Alles für den Garten)

Blauetikett-Bornträger GmbH
6521 Offstein
(Pflanzenliste anfordern für Kräuter und Blumen)

Ernst-Otto Cohrs
Lebensfördernde Pflegemittel für Boden, Pflanze und Tier
Postfach 1165
2130 Rothenburg (Wümme)
(Preisliste für Gartenbau und Kleingarten anfordern)

Heinrich Geisel
Biologische Dünge- und Bodenverbesserungsmittel
Ludwigstr. 70
8510 Fürth/Bayern
(Preisliste anfordern)

Kompost-Service
Aichelbergstr. 16
7302 Ostfildern 4
(Kompost-Häcksler, Mücke-Komposter u. a.)

Otto Hinsberg Nackenheim
Gesellschaft für naturgemäße Landkultur m.b.H.
Postfach 106
6800 Mannheim 24
(Preisliste für Garten- und Landbau anfordern)

Rolf Mücke
Brandtstr. 10
8050 Freising
(Komposttonnen System Mücke)

Thomas Pfau, Ing.
Jochstr. 27
CH-8116 Würenlos/Schweiz
(Grünzeug-Schneidemaschine, Schneckenzaun u. a.)

REGISTER

(Der biologische Obstgarten)

Äpfel 27 ff.
Aprikosen 28, 72 f.
Aufbauschnitt 162, 167 f.
Auslichtungsschnitt 66

Beerenobst 26, 29, 75 ff.
Bienen 10, 21, 186
Birnen 25, 28, 42 ff.
Blattläuse 110, 141 f., 187, 188, 189
Bleiglanzkrankheit 60, 65
Bodenbeschaffenheit 20, 23, 30 f., 43, 52, 56, 62 f., 78, 83, 89, 111 f., 117 f., 124 f.
Brennesseln 97 f., 187, 188
Brombeeren 29, 87 ff.

Chlorose 52, 63, 188
Containerpflanzen 154 f., 167

Düngung 23, 119 ff.

Erdbeeren 29, 77 ff.
Erhaltungsschnitt 162, 168 ff.
Ertragsschnitt 168 ff.
Erziehungsschnitt 11, 63, 162, 167 f.

Farn als Dünger 105, 188
Flechten 157 f.
Frischkompost 135, 142
Frühjahrsdüngung 136
Fruchtbögen 173
Fruchtholz 163

Gelbsenf 141
Grasnarbe 141, 149 f.

Haselnüsse 113
Hauptdüngung 136 ff.
Hausgartenkompost 129
Hecken 88, 101, 107, 110
Heidelbeeren 29, 111 f.
Herbstdüngung 136 ff.
Himbeeren 29, 82 ff.
Holunder 107 ff.
Holzasche als Dünger 84, 105, 147

Hornspäne 80, 139, 140
Hühnermist 139
Humus 20, 69, 84, 121 ff., 137 f.

Insekten 10, 21, 182 ff.

Jahresdüngung 135
Jahresschnitt 159 f.
Jauchedüngung 138 f.
Johannisbeeren 29, 95 ff.

Kalkdüngung 30, 63, 88, 97, 104, 112, 136, 140
Kapuzinerkresse 141 f.
Kernobst 25, 26, 28
Kirschen 20, 28, 55 ff.
Kleinklima 20, 68
Klima 20, 42 f., 68, 72 f., 111, 115
Kompostbereitung 127 ff.
Kompostdüngung 17, 23, 78, 80, 135, 142
Kompostmiete 130 ff.
Konkurrenztriebe 164
Kräuselkrankheit 71
Kräuterjauchen 97, 138 f., 186 ff.

Langzeitkompost 129
Leguminosen 85, 141
Lehmboden 20, 31, 43, 62, 135

Mandelbäume 73 ff.
Marillen 72 f.
Mehltau 105 f., 187, 188
Mineraldüngung 17 ff., 84, 117, 120 f., 124, 127, 136, 155, 185
Mineralien 119, 123
Mirabellen 28, 66
Mischkultur 78, 84, 96, 99
Mispel 54
Mistdüngung 135, 138 f., 142
Monilia 59, 60, 65, 77
Monokultur 182
Mulchen 78 ff., 84, 112, 139 ff.

Nektarinen 71 f.

Ohrwürmer 187

Pfirsiche 28, 67 ff.
Pflanzen von Beerensträuchern 150
– von Obstbäumen 143 ff.
Pflanzschnitt 152 ff., 162, 167
Pflaumen 25, 28, 61 ff.

Quitten 50 ff.

Reifkompost 135, 142
Renekloden 28, 67
Rückschnitt von Obstbäumen 59 f., 63, 75, 161, 163, 171
– von Sträuchern 99 ff., 103
Rutenkrankheit 84, 86, 87

Sandboden 20, 83
Saurer Boden 20, 30, 78, 83, 97, 104, 111, 113, 125, 136
Schädlingsbekämpfung 10, 17, 22, 110, 179 ff.
Schalenobst 26, 113 f.
Schnecken 79
Schnitt 10 f., 23, 151, 152 ff., 159 ff.
Spalier für Sträucher 85 f., 90 f., 150

Spitzenableger von Beerensträuchern 92 f., 102
Stachelbeeren 29, 104 ff.
Standort 19 f.
Staunässe 20, 31, 83, 97, 111
Stecklinge von Beerensträuchern 92 f., 101 f.
Steinmehl 133 f., 139, 140, 147
Steinobst 25, 26, 28, 54 f.
Stickstoffdüngung 80, 84 f., 136, 141

Tonboden 20, 31, 62, 135

Veredeln 30, 73, 160, 174 ff.
Verjüngungsschnitt 66, 162, 170 ff.
Vögel 10, 21, 22, 186

Walnüsse 29, 114 f.
Wasserschosse 165 f., 173
Windschutz 20, 88
Wühlmäuse 110, 187
Wundmittel 171 f.
Wurzeln 145 ff.
Wurzelschnittlinge von Beerensträuchern 92 f.

Zwetschen 28, 61 ff.

BESSER BIOLOGISCH GÄRTNERN

Gunter Steinbach
Der Blumen Garten

Originalausgabe

**WILHELM HEYNE VERLAG
MÜNCHEN**

Copyright © 1984 by Wilhelm Heyne Verlag, München
Zeichnungen: Fritz Wendler
Pflanzplan: Peter Leitzmann
Fotos: Samenzucht Ernst Benary, Hann. Münden; Rupert Haslberger, München; Willi Pilz,
Lindenberg; Egon Schumacher; Fritz Ziegast, München und Gunter Steinbach, Oberreute

INHALT

(Der Blumengarten)

	Zum Buch	7
I	Gartengestaltung mit Blumen	11
II	Auch Blumen biologisch düngen?	24
III	Pflanzenschutz	37
IV	Sommerflor	43
	Einjahresblumen für die Aussaat ins Freiland	45
	Aussaat ins Freiland	78
	Einjahresblumen mit Vorkultur	86
	Vorkultur – aber wie?	110
V	Zweijährige Blumen	114
	Das Saatbeet	130
VI	Gartenblumen aus Zwiebeln und Knollen	134
	Winterharte Gartenblumen	138
	Nicht winterharte Gartenblumen	162
	Blumenernte	179
VII	Stauden	181
	Staudenpflege	188
VIII	Abschied mit Rosen	195
	Literaturverzeichnis	199
	Bezugsquellen	201
	Register	202

ZUM BUCH

Mit dem Titel des Bandes ist nicht nur der Garten gemeint, den man ausschließlich mit Blumen bestellt, sondern jeder Blumenteil im Garten. Kann man sich doch kaum einen Hausgarten vorstellen, der nicht auch Blumen trüge. Wo immer man Blumen pflegt, im Vor- oder im Reihenhausgarten, im Atriumgarten oder auf dem Dachgarten, im Trog auf der Terrasse, im Wochenendgarten oder zur Auflockerung im Gemüsegarten, stellt sich vor allem die Frage: Welche Blumen will man, welche kann man ziehen?

Wer sich zum ersten Mal mit einem Garten beschäftigt, möchte auch wissen: Wie mache ich's denn? Wie muß der Boden sein, wieviel Zeit kostet mich das, zieht man sich mit der Blütenpracht nicht allerlei Ungeziefer ans Haus, welche Schädlinge müssen abgewehrt werden, was und wie ist zu düngen? In der Tat werfen auch Gartenblumen, die doch auf den ersten Blick nichts anderes als Schmuck bringen, Fragen auf. Dieses Buch will sie beantworten.

Wir begrenzen das Blumenthema auf den Garten. Die Zimmerblumen schließen wir wegen ihrer ganz anderen Pflegebedürfnisse nicht mit ein. Balkon-, Fenster- und Terrassenblumen stehen nicht nur örtlich, sondern auch mit ihren Ansprüchen etwa zwischen Haus und Garten. Was über Gartenblumen zu sagen ist, kann vielfach auch für die Pflege der Blumen am Haus angewandt werden. Aber auf die Besonderheiten der »Gefäßgärten« mit mehr als allgemeinen Ratschlägen einzugehen, erfordert Platz. Anlage und Pflege der »Blumenpracht am Haus« bleibt deshalb einem eigenen Band dieser Reihe vorbehalten.

Seit Jahrtausenden züchten die Menschen Blumen aus Wildformen. Wir haben uns an die fast unabsehbare Pracht der Kultursorten gewöhnt. Aber erleben wir hier nicht eine erstaunliche Weiterführung der Schöpfung nach Maß und Wunsch des Menschen? Bei einigen uns vertrauten Gartenblumen ist die ursprüngliche Naturform nicht mehr bekannt, verschollen oder untergegangen. Bei vielen anderen unterscheiden sich die Kulturformen kaum von der Wildform. Doch wurden die »wilden Schwestern« in unserer freien Natur oft zur schutzbedürftigen Seltenheit. Denken wir nur an das Edelweiß. Die Gartenform blüht auch im Garten der Niederung, die Wildform kann nur im Hochgebirge und mit viel Aufwand vor der Ausrottung bewahrt werden.

Viele Wildblumen lassen sich nicht im Garten nachzüchten, zum Beispiel die zum Teil auch bei uns heimischen Ragwurzarten der Orchideenfamilie. Die Formen- und Farbenwelt der Gartenblumen bildet ein Stück gezähmter, eigenständiger Natur. Ihre Blütengewächse entfalten sich prächtiger als die dem harten Daseins- und Auslesekampf unterworfenen Wildblumen, aber sie bedürfen unserer Anlage und Pflege. Ohne unsere Zuwendung verwildern die Gartenblumen, gehen ein oder pflanzen sich nicht fort.

Bedenkt man, daß jährlich eine große Zahl von Blumen-Neuzüchtungen auf den Markt kommt, wird der Sortenreichtum unserer Gartenblumen verständlich. Nur aufzuführen, was es gibt, würde den Rahmen unseres Buches weit überschreiten. Wie beim vorangegangenen Band zum Gemüsegarten wollen wir Grundlagen vermitteln, die es auch dem Anfänger möglich machen, erfolgreich zu gärtnern. Dem Gartenfreund soll eine Übersicht gegeben werden, die ihm zu richtigen Entscheidungen verhelfen kann. Vollständigkeit der Aufzählungen muß deshalb nicht unser Ziel sein.

Die Reihe »Besser biologisch gärtnern« stellt sich auch die Aufgabe, das biologische, nämlich naturgemäße Gärtnern zu erläutern und dem zugänglich zu machen, der sich bisher nicht um die Unterschiede herkömmlicher und biologischer Anbauweise kümmerte. Beim Gemüse- oder Obstgarten leuchtet es jedem ein, daß giftfreier Anbau unmittelbare Vorteile bringt. Aber beim Blumengarten? Wir wollen unsere Blumen sehen, vielleicht auch schneiden, aber nicht essen. Doch ist das Wesen des biologischen Gärtnerns keineswegs mit der Forderung nach rückstandfreiem Obst und Gemüse umrissen. Aus botanischer Sicht unterscheiden sich Gartenblumen nicht grundsätzlich, sondern nur durch den Schwerpunkt ihrer Leistung von anderen Nutzpflanzen. Die verschwenderische Blütenfülle einer Gladiole oder eines Dahlienbusches stellt auch eine erhebliche Umsatz- und Stoffbildeleistung der Pflanze dar. Viele Gartenblumen sind deshalb in ihren Nährstoff- und Standortansprüchen durchaus mit Gemüsepflanzen vergleichbar.

Auch einige fruchttragende Nutzpflanzen, wie Kürbis oder Feuerbohne, blühen auffällig, aber die Zuchtbemühungen zielen vor allem auf die verstärkte Ausbildung der Frucht oder anderer eßbarer Pflanzenteile. Bei den Gartenblumen züchtet man möglichst eindrucksvolle »Schauapparate«. Blüten sind Werbemittel, um tierische Befruchter, hauptsächlich Kerbtiere (Insekten) anzulok-

Reizvolle Blüten an Gemüsepflanzen: Feuerbohne (links) und Zucchini (rechts).

ken. Aus den natürlichen Aufgaben der Pflanze, wie Wurzelbildung, Blattentwicklung oder Fortpflanzung durch Blüten und Fruchtstände, greift der Züchter jeweils bestimmte Leistungen heraus, die er auf Kosten anderer fördert. Dabei muß die Pflanze lebensfähig, das heißt auch fortpflanzungsfähig bleiben.

Gartenblumen haben an den Stoffkreisläufen teil wie andere Nutzpflanzen auch. Ihre Lebensbedingungen können und sollten deshalb ebenso naturnah, das heißt giftlos und damit umweltfreundlich erfüllt werden, wie das bei Obst und Gemüse möglich ist. Diesem Ziel kommt bei den Blumen insofern besondere Bedeutung zu, als sie ihrer natürlichen Bestimmung nach auf Insektenbesuch angelegt sind. Auch wenn wir bei den meisten Gartenblumen keinen Samen ziehen wollen, liegt uns im Sinne des biologisch Richtigen daran, den Naturzusammenhang einer Pflanze zu wahren und zu fördern. Dazu gehört neben einem reichen Bodenleben auch die möglichst ungestörte Entfaltung des Insektenlebens. Was wäre unser Blumengarten ohne Hummeln, Bienen, Schmetterlinge, Käfer und all die anderen krabbelnden oder fliegenden Geschöpfe, die mit und von ihm leben?

Ein Gartenbuch für Blumen, das den Anfänger auch in allgemeinen Fragen zum Thema beraten will, läßt sich nicht darauf beschränken, die wichtigsten Arten und Sorten mit ihren Anbaubedingungen vorzustellen, wie es im Hauptteil unseres Bändchens geschieht. Es muß über die Einzelheiten hinaus Hilfestellung für verschiedene Pflegemaßnahmen geben.

Wer einen Garten hat und biologisch pflegt, weiß natürlich, »was eine Harke ist«. Damit auch der Unerfahrene das später Selbstverständliche nachlesen kann, erläutern wir ihm im zweiten Kapitel die für jeden Anbau nötigen Grundschritte der Gartenarbeit. In Band 1 unserer Reihe begründeten wir die biologische Bodenpflege ausführlicher.

Blumen sind Nahrung für Auge und Herz. Gerade bei Blumen können sich wie wohl nirgends sonst alle Menschen auf den so unterschiedlich verstandenen Begriff des Schönen einigen. Blumen gedeihen auch, wenn man sie wie Radieschen pflanzt. Aber man wird den Ausdrucksmöglichkeiten der verschiedenen Blumenarten besser gerecht, wenn man sie sowohl in eine räumliche oder farbliche Beziehung zu anderen Gartenpflanzen als auch zu den größeren Gliederungselementen des Gartens bringt. Dies ist nichts anderes als eine Umschreibung des anspruchsvollen Wortes Gartengestaltung.

Wir widmen diesem Zusammenhang gleich das folgende Kapitel. Doch beschränken wir uns darin auf das Gestalten mit Blumen, nämlich wie man aus Einzelpflanzen vorteilhaft wirkende Gruppen fügt, was man vom ästhetischen Gesichtspunkt aus bei der Bepflanzung eines Blumengartens oder von Teilen des Hausgartens berücksichtigen sollte.

I GARTENGESTALTUNG MIT BLUMEN

Nicht Blumen können wir gestalten, nur die räumlichen Rahmen, in denen sie wirken sollen. Wir haben es dabei mit festen und veränderlichen Voraussetzungen zu tun: Größen, Farben, Formen, Blühzeiten, Licht und Schatten, Boden und Wasser. Schon ihre Aufzählung macht deutlich, daß es eine unendliche Zahl von Möglichkeiten gibt, diese Größen miteinander in harmonische Beziehung zu bringen.

Um die Freiheit des Planens nicht zu beeinträchtigen, wollen wir statt fertiger Pflanzpläne lieber Kriterien und Anregungen zur Gestaltung mit Blumen geben. Sie helfen auch dem Anfänger, allgemein verbreitete Fehler zu vermeiden; und darauf vor allem kommt es an. Eine Gestaltung, die man wie ein Kochrezept aus einem Buch nimmt, wäre keine. Wie der Pflanzenplan eines Fachmannes aussieht, zeigen wir an einem Beispiel aus der Praxis eines Landschaftsgärtners auf der folgenden Doppelseite.

1. Größe

Ikebana, das fernöstliche Blumenstecken, lehrt uns, daß die Gestaltung mit Pflanzen noch auf der nur handgroßen Fläche eines Tischgefäßes zur Kunst geführt werden kann. Je kleiner der Raum, in dem wir Blumen zur Wirkung bringen wollen, desto sorgfältiger sollte man ihn gestalten. Die Staude im Vorgarten gilt so viel wie der Baum im Parkgarten.

Die Natur kann sich in ihren großen Räumen Veilchen unter Buchen leisten. Auf den meist bescheidenen Maßen des Hausgartens wird die größte Pflanze vielleicht ein Fliederbusch oder nur eine Sonnenblume sein können. Man muß auf kleinen Flächen sehr vorsichtig mit großen Pflanzen sein. Man schafft sich besser einige »Leitpflanzen« in Form mäßig hoher Blütenstauden oder in größeren Gärten blühender Sträucher, als einen Baum zu pflanzen, den das Grundstück zwar tragen könnte, der aber die Ausgestaltung der Grundfläche unnötig und bleibend einschränkt.

Auch eine blühende Staude kann zwei Meter hoch werden, Flä-

Pflanzenliste für einen Hausgarten

Entwurf: Peter Leitzmann, Landschaftsarchitekt BDLA,
Rehsteig 5a, 8000 München 50

Gehölze:

1 Aralia elata, Aralie, Sol., m. B., 3 x v.,
2–3 Grundtriebe, 200–250
2 Azalea mollis sinensis Hybr., Freilandazalee,
70–80
1 Betula verrucosa, Birke, Sol., m. B., 3stämmig,
350–400
2 Buxus arborescens, Buchsbaum, Sol., 60–80
2 Cotoneaster horizontalis, niedrige Felsmispel,
Sol., m. B., 60–80
1 Cytisus beanii, gelber Zwergginster, TB, 30–40
1 Cytisus praecox, Elfenbeinginster, TB, 60–80
1 Evonymus alatus, korkiges Pfaffenhütchen,
m. B., 80–100
1 Kolkwitzia amabilis, Kolkwitzia (rosa), Sol.,
m. B., 100–125
1 Larix leptolepis, japan. Lärche, m. B., 250–300
1 Lonicera maackii, weiße Heckenkirsche, Sol.,
m. B., 125–150
1 Nothofagus antarctica, Scheinbuche, m. B.,
125–150
1 Populus Fremula »Erecta«, Zitterpappel –
Säulenform, m. B., 200–250
1 Prunus sargentii, japan. Kirsche, Sol., m. B.,
200–250
1 Prunus tenella, Zwergmandel, 60–100
1 Pyracantha cocc. »Orange Glow«, Feuerdorn,
m. B., 80–100
1 Rhododendron praecox, Vorfrühlingsalpenrose,
lilarosa, 60–70
1 Rhododendron williamsianum »Wega«, zartrosa,
80–90
2 Sorbus aucuparia, Vogelbeerbaum, 1 H, 1 STBu,
3 x v., 16–18 STU
1 Spirea arguta, Spierstrauch, Sol., m. B., 100–125
1 Taxus baocata, Eibe, Sol., m. B., B 80–100,
H 125–150
1 Taxus media »Hicksii«, Eibe, m. B., 80–100
1 Tsuga canadensis, Helmlockstanne, Sol., m. B.,
125–150
1 Viburnum burckwoodii, duftender Schneeball,
m. B., 80–100

Rosen:

5 Edelrose »Gloria Dei«, gelb
10 Edelrose »Queen Elizabeth«, rosa
10 Edelrose »Super Star«, rot
1 Rosa hugonis, gelbe Strauchrose
5 Rosa »F. J. Grootendorst«, rote Strauchrose
2 Kletterrose »New Dawn«, rosa

Schlinger:

1 Aristolochia durior, Pfeifenwinde, 2 Tr., TB,
80–100
1 Clematis »Jackmannii«, violett ⎫
2 Clematis montana »Rubens«, rosa ⎬ Waldrebe,
1 Clematis tangutica, gelb ⎭ 2 Tr., TB
35 Hedera Helix, Efeu, 4–6 Tr., TB, 60–80
4 Hydrangea petiolaris, Kletterhortensie, m. B.,
40–60
1 Jasminum nudiflorum, echter Jasmin, TB,
80–100
1 Lonicera heokrottii ⎫
1 Lonicera tellmanniana ⎬ Geißblatt, TB, 80–100
3 Parthenocissus quinque folia, Wilder Wein,
5–7 Tr., TB

Obst:

1 Apfelhochstamm »Roter Boskop«
2 Rote Johannisbeere »Rote Holländer«, 8–12 Tr.
1 Schwarze Johannisbeere, 8–12 Tr.
1 Himbeere »Preußen«
50 Monatserdbeere »Rügen«

Stauden:

15 Alchemilla mollis, Frauenmantel
11 Anemone japonica »Honorine Jobert«,
Herbstanemone weiß
5 Anemone japonica »Königin Charlotte«,
Herbstanemone rosa
12 Aruncus sylvestris, Waldgeißbart, weiß
5 Astilbe arendsii »Brautschleier«, Astilbe weiß
5 Astilbe arendsii »Fanal«, Astilbe rot
3 Carex gravii, Morgensternsegge
4 Carex pendula, Riesensegge
5 Campanula carpatica, Karpatenglockenblume
3 Centranthus ruber »Coccineus«, Spornblume,
karminrot
30 Convallaria majalis, Maiglöckchen
2 Delphinium cult., »Sommernachtstraum«,
Rittersporn, blau
5 Dryopteris filix-mas, Wurmfarn
50 Epimedium pinnatum »Elegans«, Elfenblume
25 Erica carnea »Winter Beauty«, Schneeheide rosa
5 Festuca glauca, Blauschwingel
15 Geranium platypetalum, Storchschnabel,
leuchtend blau
40 Hepatica nobilis, Leberblümchen
2 Iris sibirica »Caesar«, Iris, blau
15 Lavandula angustifolia »Hidcote Blue«,
Lavendel
5 Luzula sylvatica »Marginata«, Hainsimse
55 Lysimachia nummularia, Pfennigkraut
1 Miscanthus sinensis »Grazillimus«, Chinaschilf
15 Omphalodes verna, Vergißmeinnicht
2 Pennisetum compressum, Lampenputzergras
10 Polygonatum multiflorum, Salomonsiegel
50 Pulmonaria saccharata, geflecktes Lungenkraut
2 Rodgersia podophylla, Schaublatt
2 Rudbeckia fulgida »Goldsturm«, Sonnenhut,
gelb
15 Sedum acre, scharfer Mauerpfeffer
250 Tiarella cordifolia, Schaumblüte
200 Vinca minor, Immergrün
100 Waldsteiniaterwata, Waldsteinia
1 Yucca filamentosa, Palmlilie

Blumenzwiebeln:

Gehölzunterpflanzung in den Bereichen Terrasse,
Rasenmulde und Eßzimmerhöfchen – Pflanzung in Tuffs!

10 Tulipa dasystemon, schneeweiß, mehrblütig,
15 cm
10 Tulipa eichleri, rote Wildtulpe, 40 cm
10 Tulipa fosteriana »Red Emperor«, rot, 30 cm
15 einfache frühe Tulpen »Couleur Cardinal«
20 Darwin-Hybrid Tulpen »Apeldoorn«,
orangescharlach
30 lilienblütige Tulpen »Captain Fryatt«,
rubin-purpur
20 lilienblütige Tulpen »Golden Duchess«, goldgelb
20 lilienblütige Tulpen »White Triumphator«, weiß
5 Allium albopilosum, violetter Blumenlauch,
70 cm
15 Allium moly, Goldlauch, 20 cm
50 Jonquilla Narzissen »Trevithian«, gelb,
mehrblütig
50 Narzissen, »Golden Harvest«
80 Triandrus Narzissen »Perly Queen«, zartgelb-
weiß, mehrblütig
15 Iris danforidgo, gelb
15 Iris reticulata »Joyce«, blau
100 Crocus Gelbe Riesen
100 Crocus »Remembrance«, purpurblau
100 Crocus tomasianus, lavendellila Wildkrokus
100 Anemone blanda »Blue Star«
100 Eranthis hiemalis, Winterling
5 Eremurus bungei, gelbe Steppenlilie
30 Fritillaria meleagris, Schachbrettblume
150 Galanthus nivalis, Schneeglöckchen
100 Scilla sibirica, Blaustern
25 De-Graaf-Lilien

Parthenocissus quinque foli
Hydrangea petiolaris

Vinca minor (30)
Polygonatum multiflorum

Hydrangea petiolaris
Pyracantha cocc. 'Orange G
Rhododendron praecox
Dryopteris felix-mas (5)
Tsuga canadensis
Vinca minor (70) ⎫
Convallaria majalis (5) ⎬
Carex pendula (2)
Hydrangea petiolaris
Evonymus alatus
Carex grayii (3)
Aruncus sylvestris
Astilbe arendsii 'Fanal'

Lysimachia nummularia
Carex pendula

Rhododendron williamsianum
Hydrangea petiolaris
Tiarella cordifolia (100)
Betula verrucosa
Luzula sylvatica 'Marginata
Taxus baccata
Astilbe arendsii 'Brautsc

Himbeersträucher (5)

Johannisbeersträucher rot, sc

Monatserdbeere 'Rügen' (50
Lonicera tellmanniana
Anemone japon. 'Königin
Charlotte'
Apfelbaum 'Roter Boskop'

Kletterrose 'New Dawn'

Rosa hugonis

Aruncus sylvestris (2)

Larix leptolepis

Anemone japon. 'Honorine

Lonicera maackii

Parthenocissus quinque fo

Unterpflanzung:
Waldsteinia ternata (100)
Vinca minor (100)
Tiarella cordifolia (70)
Pulmonaria saccharata (40)
Hepatica nobilis (40)
Convallaria majalis (20)
Hedera helix (15)

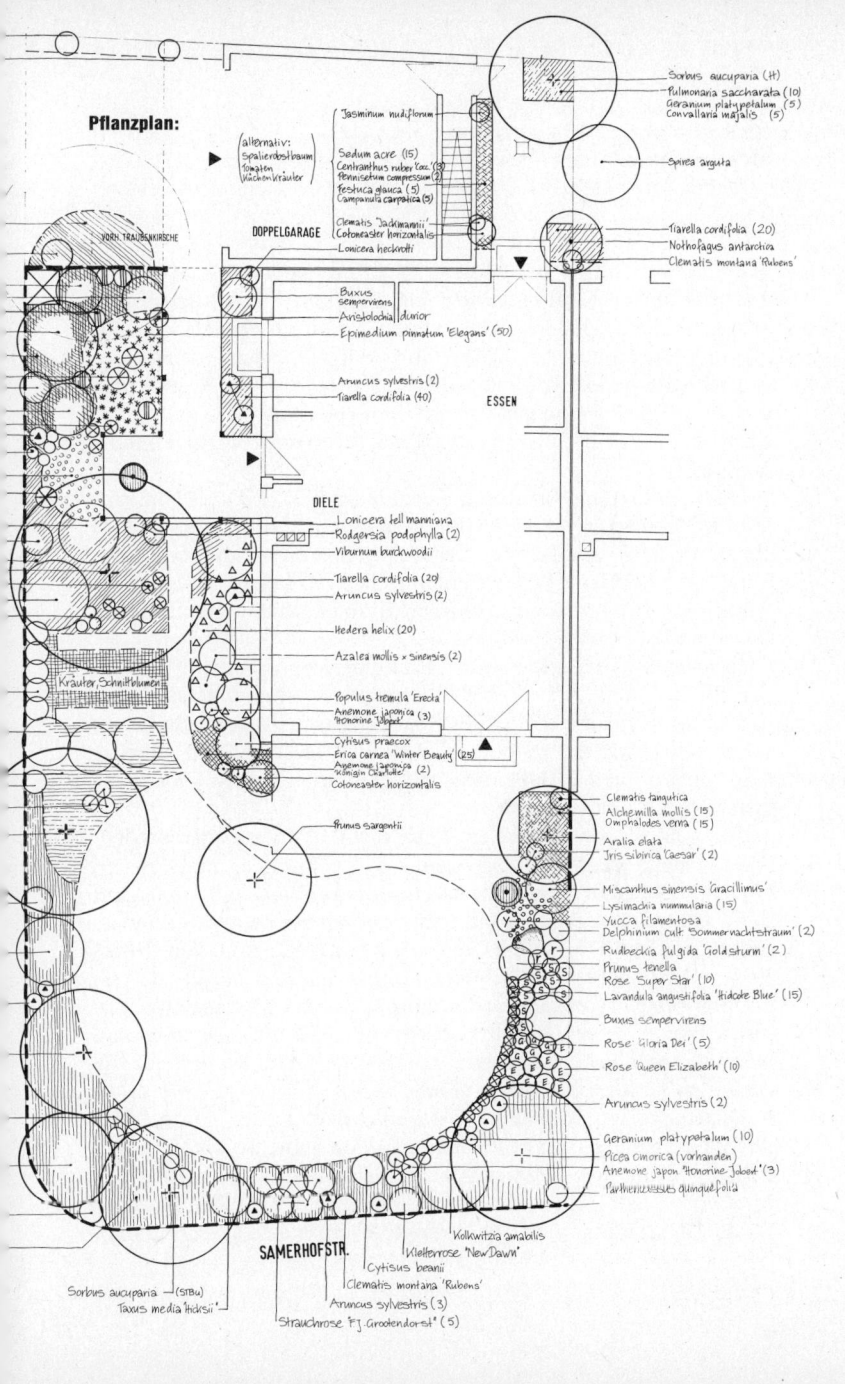

chen gliedern und beherrschen, aber sie legt keine endgültigen Maßverhältnisse fest: Die oberirdischen Teile der meisten Stauden vergehen im Spätherbst, ihre Wurzelstöcke können leicht versetzt oder ausgetauscht werden, wenn sich die Pflanzen als zu groß erweisen.

Der kleine Blumengarten wird allerdings nicht dadurch größer, daß man ihn in viele noch sehr viel kleinere, unter sich gleichwertige Teile zergliedert. Der gestaltete Garten braucht ein Gegenspiel von Vielfalt und Ruhe, also etwa von einer geschwungenen Rabatte bunter Sommerblumen, die sich um ein Rasenstück, um einen Sitzplatz, um einen Teich, um einen Teil des Nutzgartens oder um einen Busch gruppiert, ohne eine symmetrische Umrandung zu bilden.

Hat man so wenig Platz, daß Blumen nur hier und dort Farbtupfer oder Einfassungen bilden, dann sucht man den Mangel an Fläche durch Farb- und Formenvielfalt auszugleichen. Die meist lang blühenden Sommerblumen eignen sich dafür besser als Stauden, schon weil man im Kleingarten den Blumenschmuck von Jahr zu Jahr wandelbar halten will.

Je größer der Garten, desto umfangreichere Ansammlungen von Blumen einer Art verträgt er. Einfarbige Blumenbänder können im Kleingarten nicht durch andersfarbige ergänzt werden, man sollte sie deshalb der größeren Fläche vorbehalten. Dort gewinnt man mit art- und farbgleichen Blumenreihen ruhige Linien für großzügige Raumteilungen.

Auch die Größe der Blütenpflanzen will berücksichtigt werden. Sowohl beim Planen als auch bei der Bepflanzung eines neuen Gartens oder einer Flächenbestellung im Frühling beginnt man mit den größten Gewächsen. Hat man nicht nur Beete und Reihen zu füllen, sondern Flächen zu beleben, dann sollte man von diesen Leit- oder Gerüstpflanzen nicht weniger als drei vorsehen – sie können gleicher, ähnlicher oder verschiedener Art sein. Zwei von ihnen bilden keinen Raum, sondern nur eine Gerade, drei und mehr bezeichnen bei richtiger Anordnung eine Raumtiefe, die dann von kleineren Blumen gefüllt wird.

Die Regel, daß man kleine Pflanzen außen, mittlere in der Mitte und größere innen oder hinten einzuordnen habe, ist im Grundsatz richtig, weil dann die Pflanzen beste Licht- und die betrachtenden Menschen beste Sichtverhältnisse vorfinden. Aber man darf aus dieser Empfehlung nicht die strenge Regel machen, nun überall und gleichmäßig so vorzugehen. Es würde sich dann Langeweile im Blumengarten ausbreiten. Wo man solche Regeln bewußt einhält, muß man immer wieder für Unterbrechungen sorgen. Überhaupt ist das Regelmaß, die allzu lange Gerade, der geschlossene Kreis und die symmetrische Form nur sehr zurückhaltend anzuwenden. Das gilt für kleine und große Pflanzflächen oder Gärten. In sehr ausgedehnten Gärten kann man sich natürlich Vollkreise und fluchtende Strecken leisten, weil der Raum dadurch nicht unschön eingeengt wird. Im Hausgarten wirkt die betont geometrische Form gewollt und gekünstelt, ein Zuviel an deutlich herausgearbeiteten Begrenzungslinien oft putzig.

2. Farben

Welcher Gartenfreund sucht seine Blumen wirklich nach Farben aus? Erfahrungsgemäß spielen andere Gesichtspunkte eine wenigstens ebenso wichtige, wenn nicht größere Rolle. So wird jeder, der im elterlichen Garten gleichsam aufwuchs, mit vielen Blumenarten starke Kindheitserinnerungen verbinden und diese Gewächse wieder um sich haben wollen – ein verständlicher und meist erfüllbarer Wunsch. Oder im Garten von Bekannten gesehene Blüten erregen Aufmerksamkeit. Man hat dann auf dem Heimweg gewöhnlich schon einen Ableger in der Tasche oder bekommt im Herbst Samen geschenkt. Gärtner aus Neigung gönnen sich ihre Schätze gegenseitig und tauschen sie gern aus.

Man wird also selten vor der Notwendigkeit stehen, für eine leere Fläche Blumen aus dem Katalog wählen und sagen zu müssen: Wir brauchen hier noch einen starken Karmintupfer und dort als Gegengewicht einen Quadratmeter Preußischblau ... Vielmehr hat man in der Regel schon Stauden in bestimmten Blühfarben und Wünsche nach bestimmten Blumenarten. Aber dann kommt eben doch die Qual der Wahl – die Gartengestaltung mit Blumen setzt ein. Der wohlkomponierte Blumengarten wirkt farbig, aber nicht kunterbunt. Auch wer sich diesen Grundsatz zu eigen macht, braucht nicht auf irgendwelche Blütenfarben zu verzichten. Man könnte aber folgende vier Grundregeln berücksichtigen:

a Man stellt auf Flächen oder Reihen Sommer-, zweijährige Blumen und Blütenstauden so zusammen, daß sich die Blühzeiten der einzelnen Pflanzen ergänzen. Blühendes braucht nicht unmittelbar neben gleichzeitig Blühendem zu stehen; die jeweils blühenden Pflanzen verteilen sich auf die ganze Fläche. Vom Frühling bis in den Spätherbst blühen stets einige Arten oder Sorten zur selben Zeit. Auf diese Weise erreicht man Dauer im Wechsel und den fortlaufenden Eindruck: »Es blüht gerade«. Außerdem werden so die blühenden Pflanzen stets von nur grünen umgeben – und umgekehrt. Ihre Blütenfarben kommen besser zur Geltung als wenn sie im Farbwettbewerb zu ihren unmittelbaren Nachbarn stehen. Im Hochsommer, wo sich die Blühzeiten vieler Gartenblumen treffen und überschneiden, ist geballte Blütenpracht nur natürlich.
b Oft bringen verschiedene Blüten derselben Art oder eng beieinanderstehende artgleiche Sorten – zum Beispiel die beliebten »Prachtmischungen« – verschiedene Farben auf engem Raum hervor. Man unterbricht dann vorteilhaft mit weiß blühenden Blumen. Weiß macht alle Farben frischer, lockerer, anmutiger, fröhlicher. Man denke nur an den duftigen Eindruck eines gekonnt gemalten Aquarellbildes. Die farbigen Pinselstriche stehen auf dem Weiß des Papiers und wirken gerade deshalb.
c Die genannten Prachtmischungen eignen sich für einzelne Blütenhorste und für Vorgärten, wo man Farbigkeit auf kleinstem Raum entfalten will. In mittelgroßen und großen Garten sollten Blumengruppen auch auf Abstand wirken. Die »bunte Mischung« kommt dafür weniger in Frage als das durch viele Einzelblüten verstärkte reine Rot, Blau oder Gelb.
d Hat man die Möglichkeit, eine Blumengruppe nach Farben zusammenzustellen, so gehe man aus den angeführten Gründen sparsam mit Farbgegensätzen um. Möglich ist alles, aber betonte Blau-Gelb- oder Rot-Blau-Mischungen empfindet das Auge meist als zu stark. Feiner wirken Abstufungen verschieden heller Blau- oder, was bei der Kleidung oft danebengeht, unterschiedlicher Rottöne, von Altrosa bis Feuerrot.

Legt man eine Blumenbepflanzung so an, daß sie stets oder meist von einer Seite betrachtet wird, zum Beispiel vor einer Hauswand oder auf einer Blumenrabatte zwischen zwei Gartenwegen, dann kann man auch mit den Farben des Vorder- und Hintergrundes spielen. Mit warmen Tönen von Gelb über Braun und Orange zu Rot besetzt man die ersten Reihen, mit Violett und Blau als kälteren Farbtönen bildet man den Hintergrund beziehungsweise die Beetmitte. Man beginnt beispielsweise mit Tagetes und schließt mit Rittersporn ab. Überhaupt wird man bei gestalteter Blumenpracht eine größere Leuchtkraft hervorbringen, wenn man von Reihe zu Reihe, aber nicht so sehr innerhalb einer Reihe die Farben wechselt. Mit »Reihe« ist hier nur die Unterscheidung von Vorder-, Mittel- und Hintergrund gemeint, nicht die linealisch ausgerichtete Anreihung von Pflanzen.

Gerade bei Farben sollten solche Regeln nicht als Vorschriften, sondern als die Weitergabe von Erfahrungen verstanden werden. Sie wollen auch nicht das ganz persönliche Farbempfinden ersetzen. Der Könner ist frei.

Man gewinnt schon viel, wenn man beginnt, im eigenen Garten und in fremden Gärten auf die Wirkung der Blumenfarben zu achten. Im Hausgarten mit seiner artenreichen Bepflanzung aus Gemüsen, Kräutern, Blumen und Beerenobst, Wildsträuchern und Hecken ist die Gefahr gering, mit der Wahl der Blumen etwas geschmacklich Fragwürdiges zu tun. Man denke nur an die gleichsam unschuldige Schönheit von Bauerngärten, in denen so wenig absichtsvoll gestaltet wurde wie beim Errichten einer Alphütte aus Baumstämmen und Schindeln. Und doch offenbart sich in beiden Formen menschlichen Wirkens eine ebenso bescheidene wie sichere Könnerschaft. Ihr Geheimnis liegt darin, daß sich in beiden Werken nicht eine abstrakte, von außen herangetragene Idee, sondern das Maß des Gebrauchs ausspricht.

3. Formen

Die häufigste Gartenform ist das gleichmäßige Rechteck, das Quadrat oder das »Handtuch«. Da wir hier nicht von Gartenarchitektur, sondern von Blumenschmuck sprechen wollen, nehmen wir an, der Garten sei in seinen Teilen räumlich gegliedert. Das Rechteck des Grundstücks bildet den größten Gegensatz zu den Pflanzen- und Blütenformen selbst. Deshalb gestaltet man Gärten nicht wie Schachbretter oder übersichtliche Arbeitsplätze, sondern man versucht, dem rechten Winkel freiere Linienführungen entgegenzusetzen.

Der rechte Winkel ist das rationelle Maß, das nicht schwingt und leicht erstarrt. Viele gelungene Gärten bewahren im größten Gestaltungselement, nämlich ihrem Umriß, und im kleinsten, zum Beispiel den Trittplatten des Weges, das Rechteck oder Quadrat; es gibt dem Auge Ruhe und Anhalt. Um so freier läßt man die Raumgliederung in geschwungenen Flächenformen und gekrümmten Linien spielen.

Für die erwünschte Harmonie eines Gartens spielen auch wiederkehrende Formelemente und räumlich aufgefaßte Rhythmen eine große Rolle. Besonders ein unverhältnismäßig langes und schmales Grundstück kann durch das ineinandergreifende Anreihen gut bemessener und durch blühende Gewächse bezeichneter »Innenräume« gerettet werden.

Auch die Gartengestaltung hat ihre Geschichte. Wir kennen die streng geometrischen Elemente im französischen Garten, wo noch die Hecke dem Willen des Gärtners durch aufgezwungene Formschnitte folgt, wo freiere Wuchsformen durch ihre Anordnung das spiegelbildliche Gleichmaß erfüllen. Der englische Garten nimmt dagegen mehr Rücksicht auf die Natur. In ihm gliedern sich mit einer gewissen Gelassenheit ungezwungen gruppierte Bäume in großflächige Rasen.

Unsere heutigen, im guten Sinne bürgerlichen Hausgärten müssen mit sehr viel kleineren Flächen auskommen als die höfischen Anlagen von einst. Aber auch hier geht es immer wieder um die Vorgabe von Formen, wie die der Beete und Wege, und um das Gewährenlassen der Natur durch ihre Pflanzen. Aus diesem Gegensatz lebt die Gartengestaltung.

Allgemein gilt, daß die geometrisch strenge Gliederung eines Gartens, vorgegeben zum Beispiel durch befestigte Anlagen der Wege und Beeteinfassungen, eine lockere Bepflanzung braucht, um einen Ausgleich herbeizuführen. Stehen auf eingesäumten Rechteckbeeten auch noch die Rosen in Reih und Glied, dann erinnert ein solcher Garten an einen Erwerbsbetrieb, wo Pflanzen angeboten, besichtigt und verkauft werden. Dagegen verträgt der Gartenentwurf mit frei schwingenden Grundformen eine wenigstens örtlich strenger geordnete Bepflanzung. Hier macht man die sparsamen Gestaltungselemente durch blühende Linien erst sichtbar.

Ein guter Gartengestalter wird das Grundstück gleich welcher Form immer in verschiedene Räume gliedern, die den ernüchternden Durchblick von der Pforte bis zum hinteren Gartenzaun unterbrechen. Auch den Garten auf gerader Strecke durchschneidende Wege vermeidet man zugunsten geschwungener und gestufter Pfade, die dem wandelnden Betrachter möglichst viele unterschiedliche Eindrücke und Ausblicke vermitteln. Erst das Bepflanzen mit Blumen läßt diese Gartenteile räumlich erscheinen und erfüllt sie mit Leben. Der Blumengärtner aus Liebe spielt und gestaltet mit blütenbestickten Polstern, mit der harten Grafik von Grasgruppen, mit berankten und in Farben getauchten Wänden und Lauben, mit der üppigen Formenfülle des Sommerflors.

Die Natur setzt dem Formenspiel im Garten wohltuende Grenzen. Die üppigen, vollfleischigen, glattrandigen Blätter vieler Sumpf- und Wasserpflanzen stehen auch im Garten nicht unmittelbar mit hartblättrigen, stachelspitzigen Trockenpflanzen, schattenliebende nicht mit sonnenbedürftigen Gewächsen zusammen.

4. Blühzeiten

Im Blumengarten vereinigen wir blühende Gewächse aus vielen Ländern und Erdteilen zu gemeinsamer Pracht. Herkommen und Zucht geben den Blumen unterschiedliche Blühzeiten. Während viele Arten des sogenannten Sommerflors, also der einjährigen Blumen, mehrere Monate hintereinander in Blüte stehen, entfalten die Stauden ihre Blüten meist nur nach Wochen. Dafür können wir diese Pflanzen auch im nächsten Sommer wieder begrüßen. Zu den ersten Frühblühern zählen die zahlreichen Zwiebelgewächse, auch sie ausdauernde Pflanzen, aber ihrer Gestalt nach eher den einjährigen gleichend.

Der Blumengarten soll und kann vom Vorfrühling bis in den Spätherbst hinein geöffnete Blüten zeigen; natürlich nicht im Ganzen, aber doch mit jeweils mehreren Pflanzenarten. Man wird das nicht im ersten Jahr eines neuen Gartens erreichen, aber nach und nach doch dahin kommen, daß der Blumengarten während der warmen Jahreszeit ein immer erfreuliches Bild bietet. Dafür gibt es einfache Hilfsmittel. Man fertigt sich einen Gartenplan an, wie er für mittelgroße und große Grundstücke ohnehin erforderlich ist. Auf ein Stück kariertes Papier listet man links die Blütenpflanzen untereinander auf, gruppiert nach ihren Standorten und gegliedert in Stauden, Zwiebelpflanzen, zwei- und einjährige Blumen. Dem Namen folgen zwölf schmale Spalten für die Monate des Jahres. Wir nehmen auch die Wintermonate hinzu, weil wir selbst während der kalten Jahreszeit wenigstens im milden Klima auf Blüten nicht ganz verzichten müssen. Denken wir nur an Christrose und die frostharte Schneeheide.

Die Blühzeiten tragen wir durch einen waagerechten Strich auf. Wer sie nicht schon aus eigener Erfahrung weiß, übernimmt sie aus dem Pflanzenkatalog oder aus Gartenbüchern. In keinem Werk werden alle erreichbaren Blütenpflanzen vereinigt sein; auch unser Buch kann nur eine Auswahl bringen. Auf Wochengenauigkeit kommt man dabei nicht, da sich schon am selben Standort von Jahr zu Jahr wetterbedingte unterschiedliche Pflanzenentfaltung ergibt. Doch lassen sich mit einer solchen Übersicht Lücken des Blühens in einem Beet auch für den großen Garten mit einem Blick feststellen.

5. Licht und Schatten

Während sich der Nutzgarten nicht über dauernd beschattete Flächen erstrecken kann, gibt es viele Blumen, die im Halb- und sogar im Vollschatten gedeihen. Man findet sie vor allem unter den Stauden, weniger häufig unter den sonnenhungrigen Jahresblumen. Man wird für den Bepflanzungsplan, also auch für das Ausschmükken des Gartens mit Blumen, auf die tages- und jahreszeitlich sich ändernden Lichtverhältnisse besondere Rücksicht nehmen müssen.

Dem Anfänger mag nach all dem Gesagten die Planung gerade seines Blumengartens, die er vielleicht nicht so sehr als gärtnerisches, sondern eher künstlerisches Problem sah, überaus kompliziert erscheinen. Er irrt. Allerdings sollte er sich zugunsten einer unbefangenen Planung von der Erfolgserwartung lossagen, gleich im ersten Sommer eine Blütenpracht genießen und anderen zeigen zu können, die sich mit einem schon jahrelang gepflegten Garten vergleichen ließe. Dafür müßte entweder das neue Steckenpferd einen schon in Kultur stehenden Garten vorfinden oder der Hobbygärtner für den neuen Garten jahrelange Erfahrungen mitbringen.

Warum aber sollte man am Anfang nicht auch ein paar Fehler machen? Von den vielen unempfindlichen Sommerblumen werden die meisten ungetrübte Freude bringen. Was am falschen Platz saß, bekommt im nächsten Jahr den besseren, im dritten den richtigen. Auch Stauden lassen sich im Herbst oder im zeitigen Frühjahr unschwer versetzen.

Bezieht man ein Haus und beginnt, den dazugehörigen Garten in Pflege zu nehmen, wird man wenigstens eine Vegetationsperiode mit Gartenarbeit füllen, bis man gleichsam im Schlaf die Licht- und Schattenseiten des neuen Grundstücks kennt. Man wird dann bald die schattenliebenden Pflanzen dort haben, wo ohnehin keine anderen gedeihen. Da die meisten Blumen in unserem Klima Sonne wollen, viele Halbschatten vertragen, aber nur verhältnismäßig wenige etwa im Schlagschatten einer nördlichen Hauswand noch ihr Auskommen finden, sollte man die Einrichtung des Gartens auch so vornehmen, daß möglichst wenig neuer Schatten hinzukommt. Die mit blühenden Ranken oder von Kletterrosen beschattete Sitzecke bleibt die meiste Zeit des Jahres leer, weil man die knapp bemessenen Sonnenstunden lieber in der Sonne verbringt. Wird es zu heiß, ist schnell ein Sonnenschirm aufgespannt. Im kleineren und mittleren Garten mit vielen anderen Nutzungsmöglichkeiten sollte man deshalb keinen Schattenplatz einrichten.

Man wird es sich gut überlegen, ob man Bäume pflanzen will, die einmal groß werden. Schattenreiche Gärten sind in unseren Breiten immer auch solche mit gedämpfter Blumenpracht. Denn natürlich entfalten sich die Schattenblumen nicht ähnlich üppig und farbstark wie die sonnenbedürftigen. Blumen und Stauden, die durch ihre Größe selbst Schatten werfen, pflanzt man deshalb an die Nordränder der Beete oder Rabatten, wo sie ihren Nachbarn kein Licht nehmen.

6. Boden und Wasser

Natürlich setzt die Beschaffenheit des Gartenbodens Grenzen für das Gedeihen von Blumen. Doch kann man diese Grenzen durch anhaltende Kompostwirtschaft und, wenn nötig, ergänzendes organisches Düngen beträchtlich erweitern und schließlich aufheben. Wirkliche Problemböden wie Sand oder Ton erfordern etwas Geduld. Aber sie müssen bei biologischer Pflege keine Problemböden bleiben.

Nach dem Vorbild der Natur gibt es auch für sehr leichte und sehr schwere Böden genug Möglichkeiten des Blumenschmucks. Der Heidegarten etwa wird auf Sandböden angelegt. Sein herber Reiz paßt zur Landschaft, in der ein solcher Gartenboden vorkommt.

Auf schwierigen Böden beginnt man, wie es sich ohnehin für den Anfänger oder wenig Erfahrenen empfiehlt, mit nicht allzu vielen und nicht allzu anspruchsvollen Blumenarten. Man sucht sie zweckmäßigerweise nicht im Pflanzenkatalog, sondern hört und sieht sich in der Nachbarschaft um, wo ähnliche Böden bebaut werden. Mit Einsetzen der Bodenverbesserung durch garteneigene Komposterde erweitert sich der Kreis der Pflanzen schnell, die man erfolgreich anbauen kann. Anders als in der Landwirtschaft, wo man einen gegebenen Boden mehr oder weniger hinnehmen muß, braucht man wegen der Bodenbeschaffenheit eines Hausgartens nicht zu verzagen. Für alle Wild- und Kulturpflanzen ist der Säurezustand des Bodens wichtig. Man spricht von der Bodenreaktion, die durch eine Meßzahl, den pH-Wert (potentia hydrogenii) ausgedrückt wird. Diese technische Skala reicht von 1 (reine Säure) bis 14 (reine Base). Gute Kulturböden sollten in der Nähe des Mittelwertes 7 liegen. pH-Werte über 7 bezeichnen saure, unter 7 alkalische Böden. Die allermeisten Pflanzen gedeihen besser in mehr alkalischer, das heißt kalkreicher Erde. Nur wenige, wie der Rhododendron und Hochmoorpflanzen, brauchen saure, das heißt auch kalkarme Böden. Man kann den pH-Wert des Gartenbodens mit Kalkgaben zur alkalischen Seite, mit Torfbeimengungen zur sauren Seite hin beeinflussen. Anmoorige Böden sind von Natur aus kalkarm.

Bodenproben untersuchen für wenig Geld die landwirtschaftlichen Institute der Bundesländer. Auskunft erteilt das für einen Ort zuständige Landwirtschaftsamt. Man kann selbst feststellen, ob Gartenerde überwiegend sauer oder alkalisch ist. Dafür entnimmt man an mehreren Stellen des Gartens ein wenig Erde, durchmischt die einzelnen Bodenproben gut und verrührt das Ergebnis mit etwas Essig. Aufschäumen zeigt Kalk, also alkalischen Boden, ausbleibende Reaktion weist auf einen kalkarmen, sauren Boden hin. Geringe Kalkmengen enthält auch der saure Boden, sonst könnten auf ihm keine Pflanzen wachsen.

Einige Wildblumen geben durch ihr Gedeihen auf bestimmten Standorten Aufschluß über den Bodenzustand. So zeigt Huflattich Kalkboden (alkalisch), Heidekraut dagegen kalkarmen (sauren) Boden an. Man nennt solche kalkliebenden und kalkmeidenden Gewächse auch Zeigerpflanzen.

Wasser ist Voraussetzung jedes Gartens. Wer auf großen Flächen Zeit sparen will oder muß, verlegt, ohne tiefe Gräben ziehen zu müssen, eines der im Gartenfachhandel gängigen Pipelinesysteme und kann dann durch Flächenregner seine Beete bewässern.

Im Gemüsegarten wird das Gießen wenigstens teilweise Handarbeit bleiben. Schon weil Setzlinge mit abgestandenem Regenwasser zu tränken oder Kräuterjauchen mit der Gießkanne auszubringen sind. Auch den Gartenblumen schmeckt in der Sonne gesammeltes Regenwasser besser als die kalte Dusche aus der Leitung. Aber wenn man Mittagsgüsse an Sommertagen vermeidet, kommt man im Blumengarten mit Leitungswasser zurecht. Die Überlegung, einen Hausgarten vorwiegend mit Blumen zu gestalten und nicht mit Gemüse zu bebauen, entsteht ja oft aus der Notwendigkeit, Zeit zu sparen.

Nicht alle Gartenblumen brauchen gleichviel Wasser. Trockenliebende Pflanzen wie die des Steingartens wollen weniger Feuchtigkeit als Beetblumen. Unter ihnen gibt es erhebliche Unterschiede des Wasseranspruchs. Hier hilft dem Unerfahrenen der Rat des Gärtners, bei dem er Blumenpflanzen kauft, oder Hinweise auf den Pflegeanleitungen der Samentüten. Fehlen solche Angaben, kann man von einem normalen Wasserbedürfnis ausgehen.

Besonders trocken- und besonders feuchtigkeitsliebende Pflanzen löst man aus der übrigen Gartengesellschaft heraus und bereitet ihnen im Sumpfbeet, am oder im Teich und im Steingarten angemessene Standorte. Da man weder das durch Zufluß bewässerte Sumpf- oder Moorbeet noch das Alpinum künstlich beregnet, sollte man beim Gartenplan darauf achten, daß diese Anlagen außerhalb der von Flächenregnern bestrichenen Räume liegen.

II AUCH BLUMEN BIOLOGISCH DÜNGEN?

Man prägte für die Fähigkeit, mit Pflanzen gut umzugehen, den Begriff des grünen Daumens. Wer ihn hat, bringt seine Zöglinge wie mühelos zum Wachsen und Blühen. Aber zweifelsohne erwirbt man diesen grünen Daumen auch (oder nur) bei langjährigem, ich möchte sagen liebevollem Umgang mit Pflanzen. Die Bewirtschaftung eines Gartens setzt ja ein großes Maß an Zuneigung zu seinem Pflanzenleben voraus. Diese Zuneigung scheint mir wichtiger zu sein als alle anderen Fragen, die sich dem stellen, der sich auf einen Garten einläßt. Er schließt eine Freundschaft, die Jahrzehnte währen wird.

Wer einmal Kühe betreut hat, weiß, wie feinfühlig diese angeblich plumpen Tiere auf jeden Menschen reagieren, der ihren Stall betritt, wie sie ruhig und zufrieden oder ängstlich und nervös allein durch die Gegenwart des Neuankömmlings werden. Ich glaube, daß auch die Pflanzengemeinschaft des Gartens dem, der sie pflegt, etwas entgegenbringt, gewissermaßen ein Echo seiner seelischen Einstellung. Das mag manchem zu romantisch, zu vermenschlichend klingen, aber wer selbst gut Freund mit seinem Garten ist, kann wahrscheinlich unschwer nachempfinden, was hier gemeint ist. Glaubt man einigen Veröffentlichungen der letzten Jahre zu diesem Thema, so wurde durch Versuche bewiesen, daß Pflanzen tatsächlich in physikalisch meßbarer Weise auf die Annäherung eines Menschen reagieren, daß sie den, der sie täglich betreut, gleichsam kennen, den, der ihnen Schaden zufügte, fürchten. Wie dem auch sei – im Garten wirken viele Lebewesen zusammen. Er formt sich um so eher zu einer auch sichtbaren Einheit, je mehr man den Bedürfnissen dieses Beziehungsgefüges aus Pflanzen und Tieren, aus Erde und Wasser, Luft und Licht gerecht zu werden versteht.

Der Streit, ob man Landwirtschaft und Gartenbau herkömmlich mit Mineraldüngern und Gift oder umweltfreundlich mit organischer Düngung und biologischer Bodenpflege betreiben soll, wird oft auf falscher Ebene ausgetragen. Man rechnet sich gegenseitig die Kilogrammerträge je Quadratmeter vor, Kapitaleinsatz und Arbeitszeiten. Ein solcher Zahlenvergleich hat seine Berechtigung für Produktionsstätten und Herstellungsmethoden der Industrie, aber nicht für den Umgang mit Lebewesen – denn darum handelt es sich noch immer bei den Urerzeugungen der Forst-, Land- und Gartenwirtschaft.

Nur eine biologisch ausgerichtete Anbauweise wird langfristig und weltweit wirtschaftlich, ja auf die Dauer durchführbar sein, weil sie mit weitgehend selbstgenügsamen Stoffkreisläufen auskommt. Die heute betriebene herkömmliche Landwirtschaft auf Mineraldüngergrundlage hat sich durch einen drastisch gestiegenen Energiebedarf ihrer Arbeitsweise an das kreisfremde Betriebsmittel Erdöl gefesselt. Bei einer wirklichen Ölkrise lägen unsere mitteleuropäischen Äcker größtenteils brach! Das ist einer von vielen Gesichtspunkten, auf den hier nur ein Streiflicht fallen sollte.

Abgesehen von solchen Ausblicken, die an Dringlichkeit gewinnen, wenn man sie mit Zahlen durchspielt, kommt der geistige Antrieb, biologisch ausgerichteten Pflanzenbau zu betreiben, nicht aus der Überlegung, rationeller zu produzieren, sondern aus dem von vielen Menschen tief empfundenen Bedürfnis, verantwortungsbewußt gegenüber allen unseren Mitgeschöpfen, also Menschen, Tieren und Pflanzen, zu handeln. Nicht im hier oder dort höheren Ertrag, der hierzulande ohnehin etwa als Butterberg Steuergelder frißt, sondern in verantwortbarem Tun liegt der eigentliche Beweggrund für die biologischen Wirtschaftsweisen. Deshalb stellt sich die Frage dem, der seinen Garten mit zu erwartendem guten Erfolg biologisch pflegt, gar nicht so, wie unsere Kapitelüberschrift sie aufwirft: Auch Blumen biologisch düngen?

Biologisch heißt ja gerade, den größeren Zusammenhang zu sehen. Man würde auch im Nutzgarten nicht mehr naturnah und giftfrei anbauen, wenn man die danebenliegenden Blumenbeete mit Mineraldünger ernähren und mit Pestiziden behandeln wollte.

Für eine ausführlichere Darstellung biologisch ausgerichteter Bodenpflege sei nochmals auf Band 1 dieser Reihe verwiesen. Den Garten biologisch, das heißt im Einklang mit den natürlichen Stoffkreisläufen zu bewirtschaften, schließt selbstverständlich alle Gewächse des Gartens, also auch die Blumen mit ein. Wer biologisch gärtnert, besprüht seine Rosen ebensowenig mit Gift wie seinen Blumenkohl oder seine Äpfel.

Aus dem Bestreben heraus, jedem Band unserer Reihe doch eine gewisse Selbständigkeit in der Darstellung des jeweiligen Themas zu geben, ist es angebracht, im folgenden wenigstens so viel über die Kompostwirtschaft des Hausgartens zu sagen, wie man wissen muß, um den Blumengarten ohne Nutzgartenteil mit ausreichendem Dünger aus eigener Herstellung zu versorgen. Dabei kann vielleicht gleich das Vorurteil abgebaut werden, Kompostbereitung mache allein für einen Blumengarten zu viel Arbeit. Selbst wer nur eine einzige Blumenrabatte als Wochenendgarten pflegt, muß nicht auf selbsterzeugte Komposterde verzichten.

Selbstverständlich kann man Blumen auch ohne Mineraldünger und gifthaltige Pflanzenschutzmittel anbauen, wenn man keinen Kompost hat oder haben will. Man bedient sich dann der zahlreichen organischen Handelsdünger und ernährt so die Pflanzen noch immer »biologischer« als auf mineralischer Grundlage.

Warum Kompost?

Das Wachsen und Gedeihen in der belebten Natur beruht auf Stoffkreisläufen. Sauerstoff, Wasserstoff, Kohlenstoff, Stickstoff, Phosphor, Kalium, Kalk und viele andere Elemente sprudeln nicht unerschöpflich aus Himmel und Erde, sondern werden in zahlreichen Stufen der Atmosphäre, der Hydrosphäre, der Lithosphäre und der Lebensentfaltung kreisläufig umgesetzt. Die Pflanze braucht zu ihrem Wachstum zehn verschiedene »Kernnährstoffe«, von denen wir die meisten nannten, und eine Reihe von Spurenelementen in sehr kleinen Mengen. Sauerstoff, Kohlenstoff und Wasserstoff entnimmt die Pflanze der Luft und dem Wasser. So lange sie nicht an Trockenheit leidet und genügend Sonnenlicht bekommt, hat sie an diesen Stoffen nie Mangel, sie müssen ihr deshalb nicht als Dünger zugeführt werden.

Mangel entsteht in der Regel nur an drei, höchstens vier Stoffen: Stickstoff (N), Phosphor (P), Kalium (K), bei sauren Böden Kalk (Ca). Mineraldünger enthalten diese Stoffe einzeln oder in Kombinationen. Im sogenannten Volldünger stecken N-P-K in wasserlöslicher Form sowie Spurenelemente. Der Boden kann solche »Kunstdünger« nur in geringem Maß auf Vorrat speichern. Die wasserlöslichen Nährsalze werden deshalb zu oft beträchtlichen Teilen vom Regen ausgewaschen und finden sich in unseren Gewässern wieder – ein fehlgeleiteter, offener Kreislauf. Da besonders der Stickstoff in mineralischer Form die Pflanzen leicht überdüngen kann – sie verlieren dann an Gewebefestigkeit und

Widerstandskraft, wachsen schnell und üppig bei gleichzeitig gehemmter Blüten- und Fruchtbildung –, lehnen alle biologisch ausgerichteten Anbauweisen vor allem die mineralische Stickstoffdüngung ab. Kalk dagegen wird auch in den naturnahen Wirtschaftsweisen mineralisch dem Boden oder dem Kompost zugesetzt. In der Natur kommt Kalk in großen Mengen als Verwitterungsprodukt der Kalkgesteine vor, das sind Ablagerungen organischen Ursprungs.

Die Entfaltung der Pflanzendecke in freier Natur bedarf grundsätzlich der gleichen Kernnährstoffe und Spurenelemente wie unsere Pflanzenkulturen. Auch sie haben einen mehr oder weniger großen Verbrauch an N-P-K, den sie weder aus dem Wasser, noch aus der Luft decken können, und der aus den im Boden organisch gebundenen Vorräten bald verbraucht wäre. Die Natur arbeitet mit Stoffkreisläufen, die den Bedarf des irdischen Pflanzenmantels voll decken.

Alle Stoffe, die Pflanzen brauchen, sind in ihnen selbst enthalten. Wenn eine Pflanze abstirbt, liegen sie in organischer Bindung vor, in dieser Form unverwertbar für die Wurzeln der lebenden Pflanzen. In der Rotteschicht des Bodens nehmen sich mikrobische Zersetzer, meist Bakterien, aber auch größere Lebewesen wie Regenwürmer, dieser organischen Verbindungen an und zerlegen sie zur Nahrungsgewinnung in mehreren Stufen in die mineralischen Grundbausteine.

Während der Abbauschritte kommt es zur Humusbildung. Humus ist ein nicht mehr nur organisches und noch nicht ganz mineralisches Stoffgemenge, er stellt eine stabile Zwischenstufe der Mineralisierung dar. Die im Humus gebundenen Mineralsalze können durch Wasser so gut wie nicht ausgeschwemmt werden. Die Pflanzenwurzeln sind aber in der Lage, ihre Nährstoffe schon von dieser Zwischenstufe aufzunehmen. Humus bedeutet deshalb einen idealen Nährboden für die Pflanzen – einerseits vor Auswaschung geschützt, andererseits nur sehr langsamem Abbau durch Mikroben zur endgültigen Mineralisierung ausgesetzt. Humus kann deshalb verschieden mächtige Schichten bilden. Neben der Zufuhr an organischem Material hängt seine Mächtigkeit auch vom Klima und von der Entfaltung des Bodenlebens ab. Humus entsteht ausschließlich durch die Tätigkeit der Zersetzer.

Die biologische Anbauweise macht sich die in jedem fruchtbaren Boden enthaltenen Kleinstlebewesen zunutze und fördert ihre

Tätigkeit durch organisches »Futter«. Strenggenommen düngt man dabei nicht die Pflanzen, sondern füttert das Bodenleben – eine Reihenfolge, die dem natürlichen Kreislaufgeschehen voll entspricht. Die Mineraldüngung dagegen umgeht das Bodenleben weitgehend und ernährt die Pflanzen unmittelbar. Deshalb kommt es bei dieser Wirtschaftsweise so sehr auf die richtigen Mengen zur richtigen Zeit an.

Mit der Kompostmiete schafft sich die biologische Wirtschaftsweise eine denkbar einfache Erzeugungsstätte für Humus. Die Kompoststätte wird mit allen organischen Haushaltsabfällen und allen organischen Gartenabfällen beschickt. Die Miete liefert je nach den Vermehrungsbedingungen für das Bodenleben nach zwei bis zwölf Monaten lockeren schwarzen Humus, die reife Komposterde. Sie riecht nach Waldboden und enthält alle bodenbürtigen Nährstoffe der Pflanze in harmonischer Zusammensetzung. Wir gewinnen damit die beste Düngung für unsere Kulturpflanzen, also auch für Blumen.

Man kann den Schichten der Kompostmiete fein gemahlenen Kalk (Algen-, Muschel-, Korallenkalk), Knochenmehl und/oder Steinmehl zusetzen, indem man sie dünn damit bestreut. Das aufgesetzte Material soll feucht, aber nicht naß sein. Durch beigegebene zerkleinerte Holzabfälle von Sägemehl bis Baumschnitt, durch Stroh oder anderes sperriges, aber kurzgeschnittenes Pflanzenmaterial hält man die Mischung luftig, denn sie soll nicht unter Sauerstoffabschluß und Geruchsentwicklung faulen, sondern unter Luftzutritt rotten.

Für rasche Rotte und fruchtbaren Humus braucht man neben zellstoffreichen Bestandteilen auch stickstoffhaltiges Material. Jedes Eiweiß – tierisch oder pflanzlich – enthält Stickstoff (und Phosphor). Pflanzliche Abfälle haben in der Regel weniger, tierische mehr Stickstoff. Deshalb sollte man der Kompostmiete nach Möglichkeit Mist, Jauche oder andere organische Stoffe tierischer Herkunft beigeben. Stehen sie nicht zur Verfügung, nimmt man organische Handelsdünger wie Blutmehl, Hornspäne, Hornmehl oder Guano. Sie kommen über den Weg des Kompostierens dem Boden und damit den Pflanzen voll zugute.

Die sachgemäß beschickte und gepflegte Kompostmiete riecht nicht unangenehm und bietet keinen häßlichen Anblick. Man kann den Kompost, besonders den kleinerer Haushalte, auch in dafür selbstgemachte Holzrahmen oder käufliche Kompostbehälter in

Form beweglicher Wandteile oder Tonnen stecken. Dabei muß immer auf ausreichende Luftzufuhr durch Löcher oder Schlitze geachtet werden. Die Komposttonne ermöglicht es dem Kleinsthaushalt mit vielleicht nur einem Terrassengarten, fruchtbaren Humus selbst und problemlos herzustellen. Man hat dann einen stets sich erneuernden Nachschub an bester Blumenerde für Rabatten, Pflanzkübel und Blumentöpfe. Zudem entlastet man durch das Kompostieren die Mülltonnen spürbar. Störende Gerüche, die der Haushaltsabfall entwickeln kann, wenn er noch nicht dem Kompost zugesetzt wurde, bindet man durch aufgestreutes Steinmehl. In der Kompostmiete sorgen Erdzusätze in fast beliebiger Menge für geruchlose Rotte.

Wie werden Blumen gedüngt?

Das Geheimnis biologischen Düngens steht nicht auf irgendeiner Packung, es erschließt sich in der Tätigkeit eigenen Beobachtens. Organisch düngen heißt, die Stoffbildung der Pflanze über das Bodenleben und die Humusstufe mit Nährsalzen zu versorgen.

Bildet ein Gewächs im Laufe der Vegetationsperiode, also während der warmen Jahreszeit, viel Pflanzenmasse in Form von Blättern, Stengeln, Knollen, Blüten oder Früchten, dann muß es große Stoffmengen umsetzen. Der Motor dafür ist die Photosynthese der grünen Blätter. Die Rohstoffe ihres Aufbaus an Biomasse holt sich die Pflanze aus Luft, Wasser und Boden, also auch in Form von Nährsalzen. Je mehr Masse sie jährlich bildet, desto größer ist ihr Nährstoff- und damit ihr Düngerbedarf. In diesem Sinne unterscheiden wir bei den Gemüsepflanzen Stark-, Mittel- und Schwachzehrer. Der Massenzuwachs bei Gartenblumen erreicht nicht den von Kartoffeln oder Kohl. Blüten sind zwar oft umfangreich, aber sie wiegen nicht viel. Im allgemeinen entspricht der Nährstoffbedarf von Gartenblumen dem der Schwachzehrer und Mittelzehrer. Er liegt besonders bei den auf reiche Blütenentfaltung gezüchteten Arten noch immer deutlich über dem durchschnittlichen Nährstoffverbrauch der Wildblumen.

Es gibt allerdings unter den Blütengewächsen des Gartens einen Starkzehrer: die Sonnenblume. Sie übersteigt in ihrer Höhe die größten Stauden, gehört aber zu den Sommerblumen. Das heißt, sie bildet ihren holzigen Schaft, die großen derben Blätter, die mächtigen Blütenscheiben und den fett- wie eiweißreichen Fruchtstand zwischen Frühling und Herbst eines Jahres aus. Verständlicherweise braucht sie dafür viele Nährstoffe. Man pflanzt diese »hungrige« Pflanze deshalb nicht an den Rand eines Kartoffel- oder Kohlstückes, weil sie diesen Starkzehrern zu viel Nährsalze entziehen würde.

Auch zwiebel- und knollenbildende Blumen sammeln beträchtliche Nährstoffmengen, von denen sie allerdings im darauffolgenden Jahr zunächst zehren.

Für die Stoffbildung einer Pflanze spielt ihre Lichtaufnahme eine bedeutende Rolle. So wachsen in freier Natur selbst auf armen Böden einige großblütige Gewächse, zum Beispiel das Adonisröschen und die Silberdistel.

Den erhöhten Düngebedarf der Sommersonnenblumen und anderer Gartenblumen mit großem Zuwachs deckt man mit reichlich bemessenen Kompostgaben im Herbst oder Frühjahr. So wird man Dahlien und Gladiolen, die sowohl Knollen als auch viel oberirdische Masse bilden, mit mehr Komposthumus versorgen als kleinere Blütengewächse.

Stellt man sich vor, was eine Gartenpflanze im Herbst mit ihren absterbenden Teilen dem Boden oder der Kompostmiete zurückgibt, beziehungsweise zurückgeben würde, wenn man ihr nichts nähme, so hat man darin einen brauchbaren Maßstab dafür, wieviel Dünger eine Art im Verhältnis zu einer anderen braucht. Unter Dünger verstehen wir hier ganz allgemein den Bedarf an verschiedenen Nährsalzen, vor allem N-P-K, wie sie Komposterde in ausgewogenem Mengenverhältnis bietet. Die Überlegung, daß eine immergrüne Staude weniger organisches Material »abwirft« als eine Staude, die im Herbst ihre oberirdischen Teile »einzieht«, das heißt vergehen läßt, ist richtig: Pflanzen, die im Frühjahr schon Gerüst und Blätter tragen, diese Organe also nicht jährlich neu bilden müssen, brauchen auch weniger Nährstoffe für ihr Fortkommen. In gleicher Weise beanspruchen einziehende Stauden weniger Nährstoffe und damit Düngermasse als gleichgroße Sommerpflanzen, weil erstere im Frühling aus dem vorhandenen Wurzelstock sprießen können, während die einjährigen Blütenpflanzen sich ganz aus dem Samen heraus aufbauen.

Der Zusammenhang zwischen Zuwachs und Bedarf ist einleuchtend, wird aber oft nicht wahrgenommen. Man nimmt leicht auf, was auf Papier gedruckt steht, aber tut sich viel schwerer, im

Buch der Natur selbst zu lesen. Gerade im Blumengarten müßte man dahin kommen, für die Fragen der Boden- und Pflanzenpflege vor allem seine Sinne zu gebrauchen, das heißt, zu beobachten, was sich im Garten tut. Man wird dann unabhängiger von zusammenhanglosen Gartentips und Packungsaufschriften.

Ohne Zweifel sind die Erfahrungen anderer für die eigene Arbeit oft von größtem Nutzen. Aber wieviel Aufforderungen, dieses und jenes zu tun oder zu lassen, werden an den Freizeitgärtner allein von Gartenbedarfsherstellern herangetragen! Hobbygärtner bilden eine zahlenstarke und zahlungskräftige »Zielgruppe«; es lohnt sich nicht nur, um sie zu werben, sondern auch, ihre Arbeitsweisen und Gewohnheiten zu beeinflussen.

Blättert man eine Gartenzeitschrift durch, so findet man, daß in der Tat mit Versprechungen, Suggestionen und Drohungen nicht gespart wird. Man liest von Düngemittel- und Giftherstellern, daß ihre Erzeugnisse für den Garten »so unentbehrlich wie Sonne und Regen« sind. Mit solch kernigen Sprüchen kann für den, der sie nicht als die geschmacklose Verirrung eines Werbetexters belächelt, sondern ernst nimmt, der Grund zu weitreichenden Irrtümern gelegt werden. Setzt man Rosen nur lange genug mit einem »Rosendünger« oder einem bestimmten Pestizid ins selbe Werbebild, dann festigt sich im Betrachter mit der Zeit bewußt oder unbewußt die Ansicht, daß eine Rose ohne solche Hilfsmittel gar nicht gedeihen kann, daß man sie schlecht behandelt, wenn man ihr das Präparat vorenthält.

Den Wegweiser für verstandenes biologisches Gärtnern – dahin zielt mein Hinweis – wird man vor allem im Garten selbst gewinnen, im tätigen Beobachten des Pflanzenlebens – auch in freier Natur. Gerade die Antwort auf Düngungsfragen legt uns das Kreislaufgeschehen der Natur so deutlich vor Augen: Wo viel Pflanzenmasse entsteht, wächst damit auch der organische Dünger heran, der die üppige Pflanzenentfaltung aufrechterhält. Welche Unordnung gäbe es in den Lebensräumen, wenn Starkzehrer wenig Masse entwickeln würden, Schwachzehrer aber viel! Die Böden der ersteren würden nach kurzer Zeit ausgelaugt, die der letzteren könnten den Humusanfall nicht wieder an die Pflanzen loswerden.

Im Wald, der umsatzstärksten natürlichen Pflanzengemeinschaft unserer Heimat, führt starker Zuwachs zu massereichen organischen Abfällen, diese ermöglichen umfangreiche Humusbildung. Wir haben im Wald einen dauerfruchtbaren Boden, der ohne

Düngung von außen über Jahrhunderte und Jahrtausende hinweg große Bäume ernährt. Unter der Trockenheide mit ihrer schütteren, umsatzschwachen Pflanzendecke, die gleichwohl herrliche Wildblumen hervorbringt, entsteht eine nur dünne Humusschicht, ein magerer Boden. Würde man ihn wohlmeinend mit mineralischem Volldünger »verbessern«, um den armen Pflänzchen dieser Standorte etwas Gutes zu tun, dann hätte man diese Wildgewächse auch schon vertrieben. Der Boden entspricht genau ihrem Stoffumsatz.

Die Natur führt uns vor, wie die Wachstums- und Umsatzvorgänge ablaufen. Im Garten machen wir uns die Art der natürlichen Kreisläufe zunutze, regeln aber durch unsere Maßnahmen ihren Umfang und bestimmen, welchen Pflanzen sie zugute kommen. Auf biologisch gepflegter Erde unterstützen wir die Naturvorgänge und bauen sie für unsere Zwecke aus.

Naturnahes Gärtnern setzt auch für den reinen Blumengarten eine Kompostmiete oder ein Kompostsilo voraus. Bodenpflege und Düngung gestalten sich im Blumengarten einfacher als im Gemüsegarten, sie kosten weniger Zeit. Das gilt nicht für die Pflege besonders anspruchsvoller Blumenarten, die in unserem Klima nur unter Glas oder mit anderen Hilfsmitteln gedeihen.

Selbstverständlich kann man Blumenbeete zu einer Art ständigen Gartenbauausstellung mit fortlaufender Blumenschau aufpäppeln. Verblühende Pflanzen werden dann durch gerade aufblühende ersetzt, man entwickelt durch ausgeklügelte Kulturfolgen nach Art des Intensivgartens Höchsterträge an Blüten. Hier soll aber von dem eher pflegeleichten Blumengarten die Rede sein, wie er üblicherweise Terrasse und Haus schmückt oder den Nutzgarten ergänzt.

Organische Düngung und Bodenbearbeitung bilden eine Einheit. Sie werden deshalb im folgenden zusammenhängend behandelt. Der Sommerflor der Blumenrabatten vergeht im Herbst. Nur wenige Stauden behalten ihre oberirdischen Teile, man schützt sie, wo kälte- und schneereiche Winter zu erwarten sind, gegen Frost und Schneebelastung. Für eine Bodenbearbeitung im Frühjahr ist es wichtig, daß die Wurzeln aller Stauden schon im Herbst mit Holz- oder Bambusstöcken gekennzeichnet werden. Man wird im Herbst düngen, sofern man ausgereifte Komposterde zur Verfügung hat. Eine Schicht von zwei bis vier Zentimeter Stärke genügt im allgemeinen als Jahresdüngung für das Blumenbeet. Der Humus wird mit der Harke oberflächlich eingearbeitet, keinesfalls untergegraben.

Im biologisch gepflegten Garten verzichten wir auf das herbstliche Umgraben ganz. Erscheint uns der Boden zu dicht, weil wir erst am Anfang unserer Kompostwirtschaft stehen, so lockern wir ihn, indem wir Spaten oder Grabgabel in die Erde treten, den Stiel einmal nach vorn bis zum ausgestreckten Arm, dann zurück an den Körper bringen und dasselbe beim nächsten Einstich wiederholen. Wir gehen dabei wie beim Umgraben rückwärts, um nicht auf die Einstichstellen treten zu müssen. Dieses Bodenlockern dient vor allem der Belüftung und dem besseren Eindringen von Wasser.

Muß ein neu in Kultur genommener, noch nicht garer Boden im Herbst umgegraben werden, läßt man die Schollen unzerkleinert liegen, damit sie durch Frostgare krümelig werden. Eine solche Bodenbearbeitung wird bei regelmäßiger Kompostdüngung überflüssig. Sie wirkt störend auf ein gut entwickeltes Bodenleben.

Ein humoses Blumenbeet kann auf folgende arbeitssparende Weise dem Winter übergeben werden: Man läßt die halbvertrockneten Pflanzenabfälle liegen, harkt auch das Laub nicht ab, sondern bringt, wenn vorhanden, davon noch einige Körbe voll auf das Beet und deckt mit Tannenreisern ab. Wir haben damit eine Mulchschicht, die den belebten Boden vor Frost schützt. In der Folge werden wir eine beständigere Bodengare bemerken als die nur kurz anhaltende Frostgare. Stecken in einem so abgedeckten Blumenbeet Zwiebeln von Frühjahrsblühern, so darf nicht versäumt werden, unmittelbar nach der Schneeschmelze wenigstens die Tannenreiser abzuräumen. Schneeglöckchen und Osterglokken schicken sonst ihre grünen Triebe durch die trockenen Zweige und werden später beim Abnehmen des Reisigs leicht verletzt.

Will man die Kompostdüngung im Frühjahr durchführen, so harkt man das Blumenbeet ab, lockert es und vermengt den aufgetragenen Humus mit der obersten Erdschicht. Das Blumenbeet ist dann fertig zum Pflanzen oder Säen.

Grundsätzlich kann reife Komposterde zu jeder Jahreszeit aufs Land gebracht werden, doch wird man für Blumenbeete nur Frühjahr oder Herbst wählen, weil sie während des Sommers bewachsen sind.

Zu viel Kompost kann, wenn er wirklich reif ist, eigentlich nie schaden, es sei denn, man deckt das Steinbeet damit ein. Eine starke Humusschicht bedeutet belebten, lockeren Boden, der kaum noch einer mechanischen Bearbeitung bedarf. Eine zu dürftige Kompostgabe für einen Boden, der vielleicht noch nicht lange in Kultur ist, kann bei anspruchsvollen Stauden und Sommerblumen zu einer Nährstoffunterversorgung führen. Gerade im ersten Gartenjahr hat man oft noch keinen Kompost oder so wenig, daß man ihn ganz den Gemüsebeeten zukommen läßt. Man wird dann zur Überbrückung mit organischen Handelsdüngern arbeiten; sie stehen im Fachhandel des organischen Gartenbaus in reicher Auswahl zur Verfügung (siehe Bezugsquellen im Anhang).

Doch ist Vorsicht geboten, daß man der Blumenerde nicht zu viel Stickstoff zuführt. Er fördert vor allem das Blattwachstum, aber nicht die Blütenbildung. Wenn möglich, sollte man organische Handelsdünger, wie Blutmehl, Hornspäne oder Guano, dazu benutzen, mehr Kompost herzustellen. Mit ihrer Hilfe lassen sich auch stickstoffarme Zutaten, zum Beispiel Laub, Stroh, Holzabfälle, Grasschnitt und Unkraut, schneller und besser vererden. Nur junger Grasschnitt hat selbst viel Stickstoff, er ist eiweißreich. Er sollte zum Verrotten gut mit Erde oder anderen Materialien durchmischt und mit Kalk bestreut werden.

Im Frühjahr wird man die Blumenbeete nicht wesentlich früher durchhacken oder mit einem Kultivator lockern, was bei ähnlicher Wirkung weniger Arbeit macht, als man pflanzen oder säen will. Die Kompostdüngung bringt man erst kurz vor der Landbestellung auf. Man kann dann in krümeliger Erde säen oder pflanzen und erspart sich erneutes Bearbeiten.

Erde, die ungeschützt Wettereinflüssen ausgesetzt liegt, neigt zu oberflächlicher Verschlämmung und Verkrustung. Sie trocknet dann leichter aus. Es bilden sich sogenannte Bodenkapillaren, feinste Haarröhrchen, in denen die Feuchtigkeit tieferer Schichten aufsteigt, oben verdunstet sie. Durch Hacken unterbricht man diese Röhrchensysteme und schützt so die feuchtere Erde darunter. Die Redensart »Hacken spart Gießen« stimmt zwar, aber der Tausch verlängert die Arbeitszeit eher.

Eine erhebliche Arbeitsersparnis erreicht man dagegen durch das **Bodenbedecken** oder **Mulchen**. Man versteht darunter das Ausbringen einer je nach Anwendungszweck gerade bodendeckenden bis mehrere Zentimeter starken Schicht eines organischen Materials. In Frage kommen Grasschnitt, Laub, gehäckseltes Stroh oder Heu, Sägespäne, Sägemehl, zerkleinerte Gartenabfälle, Torfmullgemenge und anderes mehr. Man ahmt damit die grüne Pflanzendecke der Natur nach – nicht in der Farbe, sondern in der Wirkung: Der Boden wird beschattet, trocknet nicht aus und erreicht den erwünschten Zustand der »Schattengare«. Sie entsteht allerdings nur mittelbar durch die Beschattung, unmittelbar aber durch das Bodenleben, das im Schutz der Mulchschicht die Erde bis an ihre Oberfläche durchdringen kann und damit für krümelige Erde sorgt. Gleichzeitig werden die sogenannten Erstzersetzer der obersten Bodenschicht durch die Mulchdecke mit organischen Verbindungen »gefüttert«, Abbau setzt ein, die Mulchdecke vererdet nach und nach. Ihre Stoffe kommen so über die Tätigkeit der Zersetzer den Pflanzenwurzeln zugute. Die Bodenmikroben verbrauchen Sauerstoff und geben Kohlendioxid (Kohlensäure) an die bodennahe Luft ab und fördern damit die Photosynthese der Pflanzen.

Mulchen ist eine auf einfachste Art herbeigeführte Flächenkompostierung. Der augenscheinlich größte Vorteil der Mulchdecke für den arbeitsgeplagten Gartenfreund liegt darin, daß sie so gut wie keine Unkräuter aufkommen läßt. Gemulchte Gartenerde wird nicht mehr gehackt, weniger gegossen, und auf ihr erübrigt sich auch das Jäten weitgehend.

Für den Blumengarten mag das Mulchen einen einzigen Nachteil haben: Es ergibt vielleicht nicht das Bild, das sich mancher Hobbygärtner von seiner gepflegten Blumenrabatte vorstellt. Der Anblick gemulchter Beete hängt allerdings sehr von dem verwendeten Material ab und von der Sorgfalt, mit der es aufgetragen wurde. Hier muß jeder selbst entscheiden, ob er lieber hacken oder mulchen will. Es gibt neuerdings auch fertige Mulchmischungen zu kaufen. Mulchen und Kompostieren erleichtern hand- oder motorgetriebene Zerkleinerungsmaschinen, die alle organischen Abfälle von Haus und Garten einschließlich Pappe und Holz zur Weiterarbeit zerschneiden.

Aus der Schweiz stammt der Vorschlag für »schöneres«, nämlich unauffälliges Mulchen: Man mischt gehäckseltes Stroh mit Erde und setzt es zu einem Haufen auf, den man einige Wochen rotten läßt. Man bekommt dann ein erdfarbenes Gemenge, das sich gut mulchen und kaum vom Boden unterscheiden läßt. Eine solche Mulchdecke sollte auch auf einer vorbildlich gepflegten Blumenrabatte am Haus keinen ästhetischen Widerspruch erregen.

Die Frage, mulchen oder jäten und hacken, stellt sich vor allem für Staudenbeete mit junger Bepflanzung, wenn das Grün dieser

Gewächse noch keinen Bodenschluß erreicht hat. Mulchen empfiehlt sich auch dort, wo Sommerblumen in Reihen ausgesät oder ausgepflanzt wurden. Sie kommen dann unkrautfrei hoch und überwachsen im Frühsommer den Boden samt seiner Bedeckung.

Wie erwähnt, gibt man den Blumenbeeten vor Wintereinbruch eine dicke, vor Frost schützende Mulchschicht, die nach dem Abräumen im Frühling der Kompostmiete zugeführt wird. Sie kann deshalb aus grobem Material bestehen.

Mulchen im Blumengarten mag manchem neu sein. Doch sollte man sich mit dieser bodenschonenden, bodenverbessernden und arbeitssparenden Maßnahme im biologischen Gartenbau für Blumenbeete vertraut machen. So wie mancher eine Blumenrabatte nach dem Vorbild einer städtischen Anlage ausrichten möchte, wo blühende Pflanzen auf nackter Erde stehen, so widerstrebt dem biologisch empfindenden Gartenfreund gerade dieser Anblick ungeschützten Bodens.

Hacken ist nicht gleich hacken. Man unterscheidet die altbekannte Pendelhacke, oft zweiseitig benutzbar, und die Bügel- oder Ziehhacke mit scharfer, waagerechter Schneide. Das Arbeiten mit der Pendelhacke ist verhältnismäßig anstrengend und zeitraubend. Wo nur leicht gelockert und Unkraut beseitigt werden soll, tut man sich mit der Ziehhacke wesentlich leichter. Sie erfordert kein kraft- und zeitraubendes Schlagen, sondern nur ein Durch-den-Boden-Ziehen, wobei Unkräuter in der Erde durchschnitten werden. Wo die Ziehhacke zu breit ist, etwa zwischen Pflanzen oder an Beeträndern, nimmt man einen einscharigen Kultivator. Für tieferes und trotzdem die Bodenschichten erhaltendes Lockern gibt es den gut bewährten SZ-Wühler oder Sauzahn, erhältlich im Fachhandel für biologischen Gartenbau.

Außer den genannten allgemeinen Bodenpflegearbeiten erfordert der Blumengarten einige wiederkehrende Verrichtungen, die unmittelbar mit Anbau und Pflege der mehrjährigen Gartenblumen und Stauden zu tun haben. Darauf gehen wir im siebten Kapitel ein.

III PFLANZENSCHUTZ

Die beste Schädlingsabwehr sind gesunde und damit widerstandsfähige Pflanzen. Sie werden uns die eigentliche und unmittelbare Bekämpfung einzelner Schädlinge weitgehend ersparen. Auch Blattläuse, um ein verbreitetes Beispiel zu nennen, gehören zur Tierwelt des Gartens, die so lange nicht als Schädlinge in Erscheinung treten, als sie mit ihren Freßfeinden wie Marienkäfern, Florfliegen, Schwebefliegen und deren Larven in einem Gleichgewicht stehen. Zur Bedrohung werden sie erst, wenn sie eine Pflanze oder einen Pflanzenbestand massenhaft befallen.

Das gehäufte, im Sinne natürlicher Gleichgewichte übermäßige Auftreten eines Kerbtieres oder pilzlichen Krankheitserregers ist im Garten in der Regel an zwei Voraussetzungen gebunden:
1. gestörter Allgemeinzustand bestimmter Pflanzen (Anfälligkeit),
2. massenhaftes Futterangebot für einzelne Kerbtiere oder andere Schadorganismen in Form von Pflanzenbeständen aus nur einer Art (Monokultur).

Die beste Voraussetzung für gesunde Pflanzen im Blumengarten ist seine regelmäßige Versorgung mit ausgereiftem Humus aus eigener Komposterzeugung. Irgendwelche Nährstoffmängel als Ursache herabgesetzter Pflanzengesundheit schließen wir damit aus, ohne uns um die Versorgung der Pflanzen mit einzelnen Nährsalzen kümmern zu müssen.

Auch gut ernährte Pflanzen können anfällig gegen Krankheiten und Schädlinge sein, wenn sie in einem Klima angebaut werden, das ihnen nicht entspricht. Zwar stammen viele gerade unserer prachtvollsten Gartenblumen ursprünglich nicht aus unseren Breiten, aber sie wurden durch Zuchtwahl so angepaßt, daß sie bei sachgemäßer Pflege genügend Widerstandskraft gegen Krankheiten und Schädlinge entwickeln. Fortdauernd kühles oder nasses Wetter kann den Allgemeinzustand von Kulturpflanzen aus wärmeren Ländern vorübergehend schwächen. Sie werden dann, besonders, wenn sie zu eng stehen, anfälliger gegen Pilzerkrankungen wie den Echten und den Falschen Mehltau sowie den Grauschimmel (Botrytis). Grauschimmel entwickelt sich vor allem unter der hohen Luftfeuchtigkeit von Gewächshäusern und Frühbeeten; er kann unter anderem Pelargonien (Geranien), Gladiolen, Primeln,

Tulpen und Alpenveilchen befallen. Echter Mehltau sucht Astern, Begonien, Chrysanthemen, Hortensien, Rittersporn und Rosen, Falscher Mehltau Goldlack, Löwenmäulchen, Mohn, Primeln und Rosen heim. Echter Mehltau verursacht einen weißen, mehlartigen Belag, vor allem auf Trieben und jungen Blättern, aber auch auf Blüten. Falscher Mehltau zeigt sich am weißgrauen Schimmelbelag der Blattunterseiten und gelblichen Flecken der Blattoberseiten. Grauschimmel oder Graufäule gilt als ein Zeichen ungenügender Wachstumsbedingungen.

Da der Hausgarten allgemein keine Blumen-Monokulturen wie im Erwerbsgartenbau enthält, ist die Gefahr massiven Krankheits- und Schädlingsbefalls in Gärten mit biologischer Bodenpflege durch Kompostwirtschaft sehr gering. Treten Krankheiten und Schädlinge im Blumengarten gehäuft auf, sollten sie dem Hobbygärtner Anlaß sein, eigene Fehler bei der Bodenpflege zu suchen. Es gibt wirksame biologische Mittel zur unmittelbaren Bekämpfung von Schädlingen und Krankheitserregern, doch wird ihr Einsatz im Blumengarten selten erforderlich sein. Chemischer Pflanzenschutz kommt im naturnahen Garten nicht in Frage, weil man seine schädlichen Nebenwirkungen und seine Giftrückstände für Tiere, Pflanzen und Boden nicht in Kauf nehmen möchte.

Synthetische, also chemische Insektizide gibt es als Berührungs-, Atem- oder Fraßgifte. Man unterscheidet systemische und nichtsystemische Insektizide. Die systemischen wirken mittelbar über das Pflanzengewebe, in das sie eindringen, auf Kerbtiere, die von diesem Gewebe oder seinem Saft leben. Die nichtsystemischen Insektizide wirken unmittelbar auf alle mit ihnen in Berührung kommenden Insekten, also auch auf Nützlinge, wie Schmetterlinge, Käfer und Bienen.

Es gibt hochgiftige organische Insektizide, die ausschließlich aus Pflanzen gewonnen werden. Sie wirken nicht systemisch, töten also auch Nützlinge, gelangen aber nicht in das Pflanzengewebe wie die systemischen Mittel und bauen sich nach wenigen Tagen von selbst ab. Für Warmblüter sind sie ungefährlich, für Insekten und Fische in hohem Maße giftig:

Pyrethrum aus bestimmten Chrysanthemenblüten, ein Kontaktgift, das schon nach 48 Stunden wirkungslos wird.

Rotenon (Derris) aus den Wurzeln tropischer Schmetterlingsblütler, ein lähmend wirkendes Kontakt- und Fraßgift mit etwas längerer Wirkung als Pyrethrum, ist für Warmblüter ungefährlich, aber stark giftig für Kerbtiere und Fische,

Quassia wird aus dem tropischen Bitterholz gleichen Namens gewonnen. Es wirkt als Fraß- und Kontaktgift auf Kerbtiere tödlich, aber schwächer als die beiden vorgenannten Gifte, für den Menschen ist es harmlos.

Quassia kommt als einziges der drei aufgeführten organischen Insektenbekämpfungsmittel für den biologisch bewirtschafteten Blumengarten in Frage. Man kann Quassiaholz in Drogerien und im Fachhandel bekommen und eine wirksame Brühe durch Auskochen in Wasser selbst herstellen. Da dieses Gift alle Kerbtiere, die mit ihm in Berührung kommen, tötet oder schädigt, sollte man es nur gezielt und im kleinsten nötigen Umfang einsetzen. Seine Verwendung kann nur empfohlen werden, wenn Gartenpflanzen akut durch Schädlinge gefährdet sind. Es gibt für die Schädlingsabwehr eine Reihe biologischer »Hausmittel« ohne unerwünschte Nebenwirkungen. Man kann sie leicht selbst herstellen, und die dafür nötigen Kräuter wachsen meist im Garten oder in dessen Nähe oder man kauft sie getrocknet.

Im folgenden werden die gebräuchlichsten Herstellungsarten und Anwendungen aufgeführt. Man setzt sie gleichermaßen im Gemüse- wie im Blumengarten ein. Ihr besonderer Vorteil liegt darin, daß sie die Abwehrkraft der Pflanzen stärken, so daß überschüssige Gießflüssigkeit weiter mit Wasser verdünnt und als Dünger oder Kompostzusatz verwendet werden kann. Dies gilt natürlich nur für Tees, Brühen und Jauchen aus Kräutern, nicht für die Quassiabrühe. Man bringt die Mittel mit der Gießkanne aus oder spritzt sie mit dafür käuflichen Handspritzen durch Düsen.

Kräuterjauche: Frische grüne oder getrocknete Pflanzen werden in Wasser – vorteilhaft Regenwasser – eingeweicht. Man verwendet Holz-, Steingut-, Zement-, Emaille- oder Kunststoffbehälter, kein blankes Metall. Man deckt das Gefäß, zum Beispiel ein Holzfaß, mit Brettern oder einem Rost ab, die Luftzufuhr muß erhalten bleiben. Täglich sollte einmal gründlich gerührt werden. Zur Geruchsbindung kann man in den ersten Tagen mehrmals eine Handvoll Steinmehl zusetzen. Die Flüssigkeit vergärt und wird dunkel. Sie ist reif – etwa nach ein bis zwei Wochen –, wenn die

Schaumbildung abklingt. Sonnenwärme unterstützt die Gärung. Für bessere Haftung der Flüssigkeit an Pflanzen mischt man dem Wasser etwas Lehm bei. Will man die Flüssigkeit durch eine Düse verspritzen, muß sie erst gesiebt werden. Man kann die Kräuter auch erst in einen Jutesack und dann in den Gärbottich stecken.

Beißende Brühe: Man wartet den Abschluß der Gärung nicht ab, sondern verwendet die Jauche schon nach drei bis fünf Tagen, ohne sie noch einmal zu verdünnen.

Tee: Man weicht frische oder trockene Kräuter in anfänglich heißem Wasser rund 24 Stunden lang ein.

Brühen: Frische oder getrocknete Kräuter weicht man 24 Stunden lang ein und kocht sie in diesem Wasser eine Viertelstunde lang.

Die Mengenangaben der folgenden Aufstellung sind veränderliche Richtzahlen. Man spart sich das Abwiegen der Kräuter, wenn man in das Gärgefäß so viel frische Kräuter lose einschichtet, daß sein Oberrand noch nicht erreicht wird. Dann füllt man mit Wasser auf. Die anschließende Verdünnung kann ohne Messen so gehandhabt werden, daß die verwendungsfertige Jauche nicht dunkler als hellbraun gefärbt ist. Nur die beißende Brühe bleibt unverdünnt. Für die Herstellung von Tees und Brühen in kleineren Mengen hält man sich sinngemäß an die Angaben für Kräuterjauchen und verdünnt anschließend wie dort. Für gezielte Schädlingsbekämpfung können Tees und Brühen in stärkerer Konzentration ausgebracht werden.

Zugaben	Zubereitung	Anwendung
Ackerschachtelhalm	1 kg grüne Pflanzen ohne Wurzeln auf 10 l Wasser oder 100–200 g Trockenpflanzen	Fünffach mit Wasser verdünnt, gegen Pilzbefall, Echten und Falschen Mehltau, Rost und Schorf. Auf Pflanzen und Boden ausbringen.
Brennessel	wie oben	Zehnfach verdünnt gegen Blattläuse und zur allgemeinen Stärkung auf Pflanzen und Boden, als beißende Brühe unverdünnt gegen Blattläuse, nur auf befallene Pflanzen, später mit Wasser abwaschen.
Farnkraut (Wurmfarn und/oder Adlerfarn	wie oben	Zehnfach verdünnt gegen Blattläuse
Rainfarn	wie oben	Zehnfach verdünnt allgemein gegen Insektenschädlinge
Quassia	150 g Quassiaholz in 2 l Wasser einweichen und kochen, dazu die gleiche Menge Schachtelhalmtee und 250 g reine Schmierseife	In 10 l Wasser verdünnt, gegen Blattläuse und andere Insektenschädlinge. Giftig für alle Kerbtiere, also auch die Nützlinge. Wenn es nicht regnet, müssen die Pflanzen nach 3 Tagen mit Wasser abgewaschen werden. Quassiaholz kann man 2–3 mal auskochen.

Man stellt Kräuterjauchen auch mit Mischungen der genannten Kräuter her. Ähnlich bereitete Auszüge aus anderen Gartenunkräutern und Wildkräutern wirken als Düngung und fördern das Wachstum. Besonders bewährt haben sich Beinwell, auch Comfrey genannt, und Löwenzahn.

Schließlich sei noch erwähnt, daß man mit einer Anpflanzung von Tagetes (Studentenblume) die Wurzelälchen (Nematoden) vertreibt. Diese höchstens einen Millimeter langen Fadenwürmer kommen in mehreren Arten vor und vermehren sich in verschiedenen Pflanzenteilen. Blattälchen können Astern, Begonien, Chrysanthemen, Dahlien, Gloxinien, Rittersporn und Farne befallen. Stock- oder Stengelälchen, eine seltenere Art in Stielen, Blättern und Zwiebeln, gefährden Hortensien, Hyazinthen, Narzissen, Nelken und Phlox.

Nematoden gehören zum gesunden Bodenleben, sie beteiligen sich an der Humusbildung. Nur bestimmte schädliche Arten unter ihnen bewirken die Gewebsveränderungen bei Pflanzen. Übermäßige Feuchtigkeit und Monokulturen begünstigen ihren Auftritt als Schädlinge. In biologisch gepflegter Erde ohne zusätzliche Stickstoffdüngung wird man selten Schäden durch Nematoden feststellen. Neben Tagetes scheiden auch Esparette, Luzerne, Mais und Zuckerhut Stoffe aus ihren Wurzeln aus, die den Älchen schaden, indem sie sie zur Larvenbildung anregen. Da die genannten Pflanzen nicht als Futterpflanzen in Frage kommen, sterben die Larven im Boden ab.

Daß in der Schädlingsfrage Vorbeugen besser als Bekämpfen ist, bewies Professor Alwin Seifert, einer der Väter der Kompostwirtschaft. Mehr durch Zufall war er auf die gesundende Wirkung dieser kreislaufgebundenen Düngung gestoßen und machte sie zur ausschließlichen Grundlage seines Obst- und Gemüseanbaus. Durch überwältigende Erfolge sicher geworden, versprach er öffentlich, jedem Besucher für jede Blattlaus, die der in seinen Kulturen finden könnte, eine Deutsche Mark zu bezahlen. Obwohl der Professor sein Angebot jahrelang aufrechterhielt und obwohl ihn viele, auch fachkundige Besucher aus nah und fern besuchten, hat ihn diese Zusage keine einzige Mark gekostet.

IV SOMMERFLOR

Wenn man als Gartenanfänger im Frühjahr – mehr oder weniger ratlos – vor dem unkultivierten Land eines Neubaus steht, das einmal Garten werden soll, dann heißt die beste Antwort auf viele Fragen: Einjährige Sommerblumen säen!
Dieser Schritt in die schnell erreichbare Blütenfülle setzt keine besonderen gärtnerischen Erfahrungen, aber sonnigen Standort und eine fruchtbare Humusauflage voraus. Für die wird heute in der Regel noch durch die Baufirma gesorgt; doch kann nicht jede als »Humus« bezeichnete Erde auch gleich erfolgreich bebaut werden. Durcheinander geratene Erdschichten müssen möglicherweise zunächst durch eine Gründüngung harmonisiert werden, das heißt, man sät Gelbsenf oder Leguminosen, wie Lupine, Esparette oder Klee.
Die in der Pflege meist anspruchslosen Einjährigen brauchen doch einen guten, nährstoffreichen Boden, wie man ihn für die Mittelzehrer unter den Gemüsepflanzen vorsieht. Er darf, wie für alle Blumen, nicht zu reichlich mit Stickstoff gedüngt sein. Wer nur mit Kompost arbeitet, kann den Fehler nicht begehen.
Auch für das schon gut eingewachsene Gartengrundstück mit blühenden Sträuchern und Stauden erweisen sich die rasch entfaltenden Sommerblumen als unentbehrlich. Ihr farbenfroh geknüpfter Teppich läßt Büsche und Bäume als Raumbildner erst richtig zur Wirkung kommen. Die erwünschte überquellende Üppigkeit der mit Sommerblumen eingesäten oder bepflanzten Einfassungen und Beete steigert man, wenn man keine geradlinigen oder befestigten Grenzen zieht, sondern bewegte, den Pflanzen selbst verwandte Formen schafft und die mit dem Rasen oder mit plattenbelegten Flächen ebenerdig sich verzahnen läßt. Für solche wuchernden und blühenden Ränder eignet sich die schnell wachsende und bodendeckende Kapuzinerkresse, wenn man ihr großzügig Platz einräumt. Hält man dagegen auf klare Grenzen auch der Blütenpracht, dann empfiehlt sich beispielsweise das niedrige Portulakröschen zur Einfassung.
Das Heer der Sommerblumen umfaßt an die fünfzig Arten mit einem Vielfachen an Sorten in oft eigenständigen Formen und Farben. Der Gartenfreund kann unter einigen hundert Blumen wäh-

len! Jährlich bringen die Züchter reizvolle Neuheiten auf den Markt. Manche verschwinden schnell wieder, andere bewähren sich und vergrößern den Bestand erhältlicher Varietäten.

Die Samen- und Pflanzenkataloge bringen über alle angebotenen Arten und Sorten die wichtigsten Angaben, Hinweise für Aussaat und Pflege findet man auf den Samentüten. Deshalb halte ich es nicht für sinnvoll, endlose Sortentabellen aufzuführen, sondern den wichtigsten Arten etwas mehr Aufmerksamkeit zu widmen, als dies durch eine bloße Auflistung geschehen könnte.

Man teilt die Sommerblumen in zwei Gruppen:

1. Pflanzen, die man von März bis Mai gleich ins Freiland aussäen kann,
2. Pflanzen, die in unserem Klima einer Vorkultur bedürfen.

Den Sommerblumen schließen sich die Zweijährigen an, Zwiebel- und Knollengewächse leiten zu den Stauden über.

Das Jahr der »Einjährigen« währt oft nur sechs Monate, selten länger als zehn. Viele von ihnen laufen ihr Rennen in wenigen Wochen gleichsam aus dem Stand, nämlich vom Samen im Freiland bis zu den ersten Blüten. Dagegen verschaffen wir den etwas anspruchsvolleren Gästen aus wärmeren Weltgegenden den nötigen Vorsprung durch einen »fliegenden Start« in unserem Garten, indem wir sie schon in den letzten Wintermonaten oder im Frühjahr an geschütztem Platz vorziehen.

Die sogenannten Zweijährigen brauchen für ihren Lauf vom Samen zur Blüte nicht grundsätzlich mehr Zeit als die Einjährigen, wenn man ihre winterliche Ruhezeit abzieht. Doch keimen sie erst im Hochsommer und überwintern als frosthar te Pflanzen im Freiland, um dann im nächsten Frühsommer zu blühen und Samen zu bilden. Ihr Lebenskreis hat also bei auch nur einjähriger Dauer an jeweils zwei aufeinanderfolgenden Vegatationsperioden teil.

Die meisten Sommerblumen blühen – dank der dahin zielenden züchterischen Bemühungen – sehr reich und ausdauernd, vielen setzt erst ein Nachtfrost ihr Lebensende. Die Pflanzengröße gibt keinen Anhaltspunkt, den Sommerflor von den Stauden zu unterscheiden. Nur im Durchschnitt werden die Stauden größer. Doch kennen wir sehr kleine Stauden, wie etwa die Veilchen, und überaus große Einjährige, wie z. B. die bis zu drei Meter hohe Sonnenblume.

EINJAHRESBLUMEN FÜR DIE AUSSAAT INS FREILAND
(alphabetisch)

Adonisröschen (Adonis aestivalis)
Blutströpfchen, Sommer-Adonisröschen
Hahnenfußgewächs

Auf magerem Trockenrasen blüht das bei uns äußerst selten gewordene Frühlings-Adonisröschen (Adonis vernalis). Es genießt vollkommenen Schutz. Seine goldgelben, großen Blüten öffnen sich nur unter Sonnenschein. Diese sehr niedrige Art kann auch im Garten gezogen werden – als Staude. Sie blüht im April und Mai.

Unser **Sommerblutströpfchen** blüht dagegen in tiefem Blutrot mit schwarzem Blütengrund. Als Wildblume gedeiht das Sommerblutströpfchen vor allem in den Mittelmeerländern. Seinem Wildblumencharakter entsprechend öffnet auch das Sommerblutströpfchen des Gartens seine besonders auffallenden Blütensterne nur für kurze Zeit während des Hochsommers. Es gibt außerdem eine gelbe Varietät.

Die Pflanze wird dreißig bis fünfzig Zentimeter hoch und stellt keine besonderen Bodenansprüche. Sie ist winterfest, man kann sie sowohl im März und April als auch schon im Herbst aussäen. Man sät in Reihen und vereinzelt später auf gut fünfzehn Zentimeter Abstand. Im Herbst gesäte Pflanzen blühen früher. Das Sommer-Adonisröschen eignet sich mit seinen geschlitzten Blättern nicht zur bodenschließenden Flächenbedeckung, es wirkt sehr reizvoll in gelber oder weißer Blütenumgebung. Es ist sonnenbedürftig und sollte nicht von größeren Pflanzen überragt werden.

Atlasblume (Godetia)
Sommerazalee
Nachtkerzengewächs

Die großblütige Sommerazalee stammt aus Nordamerika. Von den vielen dort heimischen Arten fanden einige in unseren Gärten Verbreitung. Ihre besonders zarten Blüten schimmern in vielen Pastelltönen von Weiß über Rosa und Orange bis Violett und erreichen einen Durchmesser bis acht Zentimeter. Je nach Art und Sorte wird die Godetie zwanzig bis achtzig Zentimeter hoch. Sie schätzt einen sonnigen Standort und gut durchwärmten, humusreichen Boden.

Man kann sie in günstigen Lagen schon ab Ende März ins Freiland aussäen und später auf fünfzehn Zentimeter Abstand auslichten. Die Atlasblume öffnet ihre Blüten ab Juni. Mit gestaffelten späteren Aussaaten bis Ende Mai bekommt man Blüten bis in den Herbst hinein.

Godetien eignen sich wegen ihrer zarten und doch leuchtenden Farben gut für größere Flächen und als üppige Schnittblumen.

Chrysantheme (Chrysanthemum)
Ring-Wucherblume, Sommer-Margerite
Korbblütler

Man müßte einen sehr großen Garten bepflanzen, um alle Sorten der Chrysantheme, die weltweit gezogen werden, anbauen zu können – es sind an die fünftausend. So kennt man zahlreiche einjährige Chrysanthemen, die zum schönsten Bestand unserer Sommerblumen gehören, Halbsträucher von den Kanarischen Inseln, die bei uns nicht überwintern können, winterharte Stauden (Grönlandmargerite) und schließlich die Gärtner-Chrysanthemen. Ihre Blütenformen und -farben scheinen unerschöpflich zu sein, ein-, zwei-, drei-, vier-, fünffarbig, bis zur Kugelform gefüllt oder von langen Strahlen umrahmt (Spinnen-Chrysantheme).

Die Kulturformen der Chrysantheme kamen erst im 17. Jahrhundert aus dem Fernen Osten nach Europa. Chrysanthemenausstellungen wurden schon im 3. Jahrhundert nach Christus in China veranstaltet, noch heute feiert man Chrysanthemenfeste in Japan, eine Chrysantheme ziert das Wappen der japanischen Kaiserfamilie. Unsere besonders reizvolle Ring-Wucherblume (C. carinatum) fällt durch gelbe und rote Ringe um den schwarzvioletten Blütenkorb auf, umrahmt vom reinen Weiß der dichten Blütenblätter. Die Pflanze verzweigt sich reich und wird bis zu achtzig Zentimeter hoch.

Chrysanthemen passen ihre Entfaltung an den Boden an: Bei großem Reichtum an Nährstoffen blühen sie besonders üppig, aber auch besonders lang. Ihre Pracht entfaltet sich um so stärker, je öfter sie geschnitten werden. Als Schnittblumen halten sie sich bis zu vier Wochen in der Vase.

Die Sommer-Chrysantheme wird ab April ins Freiland gesät, die Jungpflanzen verzieht man auf dreißig Zentimeter Abstand. Für ihre gute Entwicklung brauchen Chrysanthemen viel Sonne und durchfeuchteten Boden. Anhaltende Trockenheit vertragen sie schlecht. In sehr günstigen Lagen sät man schon im März aus, doch empfiehlt es sich für eine frühe Blüte, zunächst in Kästen oder ins Frühbeet zu säen. Man bringt die herangewachsenen Pflänzchen dann Anfang Mai an ihren Platz im Freien.

Chrysanthemen sind empfindlich gegen Blattlausbefall. Es hat wenig Sinn, sie auf schlechten Böden anzubauen.

Edelwicken (Lathyrus odoratus)
Wohlriechende Wicke, Duftwicke
Schmetterlingsblütler (Leguminose)

Aus botanischer Sicht ist die Duftwicke keine echte Wicke aus der gleichnamigen Gattung (Vicia), wie etwa die Nutzpflanze Saubohne, sondern zählt zur Gattung der Platterbsen. Aus der wilden

Eine von vielen Chrysanthemen: Chrysanthemum segetum »Prado«.

Die üppig sich entfaltenden Wicken eignen sich gut, einen Zaun zu verstecken.

Wickenblüten
in schwarz-
violett...

...und
feuerrot.

Stammform unserer Edelwicken, die im warmen Süden Italiens beheimatet ist, wurden die heutigen Kulturformen in Nordwesteuropa, vor allem in England gezüchtet. Als Ausgangsmaterial dienten Wickensamen, die ein Pater namens Francesco Cupani im Jahre 1699 nach Amsterdam und England schickte. Durch Zuchtwahl vergrößerte man dort die Blüten, und es gelang mit Ausnahme des Türkisblau, alle Farben des Regenbogens zu erzielen. Diese Farbenpracht von reinem Weiß bis zum tiefen Purpurbraun steht uns heute in Mischungen zur Verfügung.

Ein weiterer Vorzug der einjährigen Duftwicke ist ihr süßer Duft, der den mehrjährigen Staudenwicken fehlt. Die Duftwicken sind unermüdliche Ranker. Aus geflügelten Stengeln sprießen gestielte Blattpaare, die jeweils eine Ranke einschließen. Einige Sorten erreichen Kletterhöhen von zwei Metern. Sie eignen sich deshalb gut für farbenprächtige Verkleidungen von Wänden und Gerüsten. Man kann auch Röhren oder Würfel aus Maschendraht formen und sie von den Wicken mit Leben überziehen lassen. Man wählt dafür einen sonnigen, windgeschützten Standort. Überdies eignen sich die Wickenblüten vorzüglich als reizvolle Schnittblumen, zumal es auch zweifarbige Sorten gibt. Die Edelwicke dankt uns den Schnitt noch mit vermehrter Blütenfülle. Auch das Entfernen der Samenansätze treibt die Pflanze zu neuem Blühen.

Bei solcher Entfaltung brauchen die Wicken einen nährstoffreichen Boden, was man durch kräftige Kompostgaben erreicht. Wie viele Leguminosen wurzelt die Edelwicke sehr tief. Trotzdem sollte man mit Gießen nicht sparsam sein. Sie dankt uns solche Pflege nicht nur mit üppiger Entfaltung, sondern auch mit einer Anreicherung des Bodens an Stickstoff (durch Knöllchenbakterien).

An geschützten Plätzen des Gartens kann man schon ab Anfang April ins Freiland säen. Man legt die Körner einzeln im Abstand von zehn Zentimetern und bedeckt sie gut mit Erde. Natürlich ist eine Vorzucht möglich, aber wegen der starken Wurzelentwicklung sollte man nur mit Ballen aussetzen. Wer mehr Wert auf dichte Büsche als große Rankhöhen legt, zwickt die Triebspitzen ab, sobald sich einige Blattpaare entwickelt haben. Selbstverständlich kann man Wicken in Pflanzgefäße setzen, um Hauswände, Terrassensäulen oder Rankgerüste damit zu schmücken. Man sollte den Pflanzen immer die Sonnenseite einräumen.

Es gibt niedrige Buschsorten für Rabattenränder und Balkonbepflanzung.

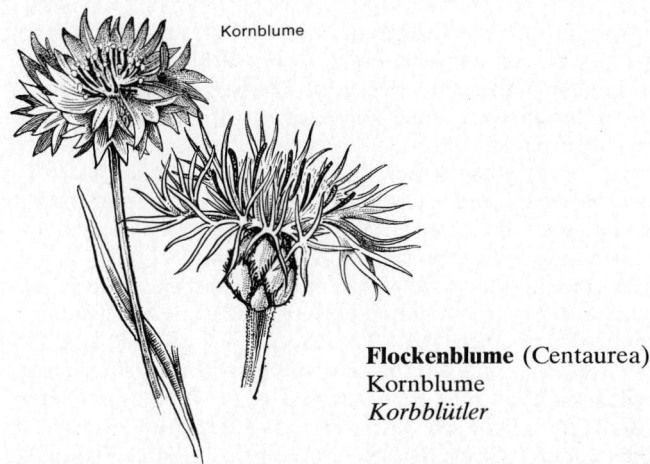
Kornblume

Flockenblume (Centaurea)
Kornblume
Korbblütler

Die früher als Ackerunkraut weit verbreitete Kornblume (Centaurea cyanus) ist durch den Einsatz giftiger Pflanzenschutzmittel eine seltene Wildblume unserer Heimat geworden. Ihr tiefes, reines Blau wird nur von wenigen anderen Blumen erreicht. Die Acker-Kornblume stellt eine Art unter zahlreichen anderen Wildblumenarten der Gattung Flockenblume dar. Jeder kennt die weit verbreitete, blaßviolette Wiesen-Flockenblume; der Kornblume ähnlicher ist die zerstreut auf Bergwiesen wachsende Berg-Flockenblume.

Die **Garten-Kornblume** gibt es in vielen Farben: Blau, Violett, Rosa, Rot und Weiß. Man erhält einfache und gefüllte, einstengelige und reich verzweigte sowie wohlriechende Arten und Sorten. In der Regel bezeichnet man nur die cyanblaue Art Centaurea cyanus als Kornblume, die übrigen zahlreichen Kulturformen entsprechend ihrer Gattung als **Flockenblumen**.

Die einjährigen Kulturformen der Flockenblume erreichen zwischen fünfzig und achtzig Zentimeter Höhe, die Zwerg-Kornblume bleibt bei zwanzig Zentimeter Höhe.

Als Kulturformen einheimischer Arten sind die Flockenblumen recht unempfindlich und gut an unser Klima angepaßt. Sie gedeihen auf jedem Gartenboden, brauchen aber volle Sonne. Man sät sie im April und Mai ins Freiland und verzieht später auf etwa dreißig Zentimeter Abstand. Flockenblumen blühen ausdauernd ab Juli, je nach Aussaat bis in den Spätherbst. Da sie winterhart sind, kann man sie auch wie Zweijährige erst im Spätsommer aussäen, sie blühen dann im nächsten Frühjahr und Frühsommer.

Flockenblumen eignen sich gut für den Schnitt, wenn man die verblühten Blumen regelmäßig entfernt, verlängert man die Blühzeit der Pflanzen.

Da verhältnismäßig wenige Gartenblumen in reinem Blau blühen, sollte man die Kulturformen der Kornblumen wieder stärker in die Gartengestaltung einbeziehen, zumal die Acker-Kornblume weitgehend aus unseren Landschaften verschwand.

Die formenreiche Gattung Flockenblume enthält Stauden verschiedener Blütenfarben mit Pflanzenhöhen bis zu 150 Zentimeter. Mehrjährig ist auch die Kulturform der Bergflockenblume. Sie wird nur dreißig Zentimeter hoch und wächst gut im Steingarten. Allen Flockenblumen ist gemeinsam, daß sie in unserem Garten sehr wenig Pflege brauchen. Man muß ihre Verbreitung sogar oft eindämmen, weil sie zum Fortwuchern neigen. Die im Spätsommer ausgesäten einjährigen Flockenblumen sollte man über den Winter mit Reisig abdecken.

Fuchsschwanz (Amaranthus)
Fuchsschwanzgewächs

Der aus den tropischen Teilen Afrikas und Asiens stammende Fuchsschwanz gelangte im 16. Jahrhundert in europäische Gärten. Die zottigen Blüten, das kräftige, fast derbe Laubwerk und die Buschformen bis 150 Zentimeter Höhe verleihen dem Fuchsschwanz das Erscheinungsbild einer Staude, doch sind alle Arten und Sorten einjährig.

Die meisten Arten blühen purpurrot, daneben gibt es goldgelbe, orangefarbene und violette Blütenstände. Bei uns werden vor allem zwei Arten kultiviert: der **Garten-Fuchsschwanz** (A. caudatus)

Goldlack ▷

mit hängenden, dunkelroten Blütenrispen und sechzig bis hundert Zentimeter Pflanzenhöhe, sowie der **Dreifarbige Fuchsschwanz** (A. tricolor) mit grünlichen Blütenbüscheln. Seinen Hauptschmuck bilden die schön gezeichneten Laubblätter in Grün, Braun und Rot. Sowohl verschiedene Blüten- als auch verschiedene Blattfarben treten je nach Sorte bei dem bis 150 Zentimeter hohen und dabei dichten Strauch von A. paniculatus auf, dessen Blütenstände nicht hängen, sondern aufrecht stehen.

Entsprechend ihrer teilweise recht großräumigen Entfaltung brauchen die Fuchsschwanzarten nährstoffreichen Humusboden an unbeschattetem Standort. Im Gegensatz zu den bisher aufgeführten Sommerblumen sind diese tropischen Gewächse ausgesprochen frostempfindlich. Trotzdem kann man sie ohne Vorkultur anbauen, wenn man ab Mitte Mai in den dann schon gut durchwärmten Boden des Freilandes sät. Je nach Art verzieht man die Jungpflanzen später auf dreißig bis vierzig Zentimeter Abstand. Besonders bei den heranwachsenden Pflanzen sollte man auf immer gut durchfeuchteten Boden achten. Der Dreifarben-Fuchsschwanz liebt kalkhaltige Erde. Steht er zu trocken, entwickeln seine Blätter nicht die erwartete Fülle und Farbigkeit.

Die herbe, manchmal etwas düstere Schönheit der verschiedenen Fuchsschwanzarten bringt Festigkeit und eine gewisse Schwere in den Blumengarten – ein erwünschter Gegensatz zum duftigleichten Blütenflor der Einjährigen.

Durch Vorkultur junger Fuchsschwanzpflanzen im Kasten oder Frühbeet erzielt man frühere Blüten, bei Freilandaussaat blüht der Fuchsschwanz von Juli bis Oktober.

Goldlack (Cheiranthus cheiri)
Kreuzblütler

Die Familie der Kreuzblütler enthält nicht nur alle unsere Kohlarten, Rettiche und Radieschen, sondern auch eine der ältesten europäischen Gartenblumen, den Goldlack. Im Altertum verwendete man dieses Kraut als Heilpflanze sowie als Schmuck für religiöse und weltliche Feste.

In den Mittelmeerländern finden wir Wildformen des Goldlacks als zwei- und mehrjährige Pflanzen mit behaarten Blättern und kleinen Blütentrauben auf steinigem, trockenem Standort. Andere Goldlackarten kommen in Nordafrika, Ostasien und Nordamerika vor.

Die meisten Kultursorten bleiben unter fünfzig Zentimeter Höhe und blühen in leuchtend warmen Farben: Gelb, Orange, Rot und Rotbraun, seltener Violett, es gibt einfache und gefüllte Blüten.

Die Sorten über fünfzig Zentimeter Höhe faßt man als **Stangengoldlack** zusammen, die niedrigeren als **Buschgoldlack, Zwerggoldlack** bleibt unter dreißig Zentimeter Höhe.

Goldlack stellt nur geringe Bodenansprüche. Er gedeiht sowohl in sandiger als auch in lehmiger Erde und braucht kaum Pflege.

Üblicherweise zieht man Goldlack zweijährig. Man sät ihn im Oktober ins Freiland, schützt die jungen Pflanzen durch Abdeckung vor Wind und Kälte und kann sich in milden Lagen schon ab April an seiner reichen Blütenpracht erfreuen.

Einjahrs-Goldlack sät man im April ins Freiland und vereinzelt die Jungpflanzen auf zwanzig Zentimeter Abstand. Die Blütezeit beginnt im August und endet erst im Oktober.

Goldmohn (Eschscholtzia californica)
Eschscholtzie
Schlafmützchen
Mohngewächs

Der Goldmohn stammt aus der Neuen Welt. Unsere Kulturform gibt es nicht nur in satt leuchtendem Gold, sondern auch in Gelb, Rosa und Dunkelrot. Eigentlich handelt es sich um eine Staude, die man aber gewöhnlich als einjährige Sommerblume anbaut. Ihre Blüten erreichen bis zu acht Zentimeter Durchmesser, die Pflanze wird bis vierzig Zentimeter hoch.

Wie der Gartenmohn, bildet die Eschscholtzie ihre zarten Blüten aus vier breiten, sich überlappenden Kronblättern. Gartenflächen, auf denen Goldmohn wächst, bieten zur Blütezeit von Juni bis Oktober wechselnde Anblicke: Bei trübem, bedecktem Wetter sieht man das eher stumpfe Grün der fiederteiligen Blätter, bei Sonnenschein öffnen sich die Blüten und tauchen das Beet in warmes Goldorange. Doch blüht die Eschscholtzie nur etwa von zehn Uhr vormittags bis vier Uhr nachmittags, was ihr den Namen Schlafmützchen einbrachte.

In ihrer Heimat bekommt die Eschscholtzie mehr Wärme und Sonne als bei uns, man sollte ihr deshalb einen unbeschatteten Platz gönnen und nur sparsam gießen. Sie bevorzugt einen eher leichten, aber tiefgründigen und nährstoffreichen Boden. Die Verwandtschaft mit unserem Mohn zeigt sich bei der Eschscholtzie auch in der Pfahlwurzel, die sie ausbildet; wie dieser läßt sie sich nicht mehr versetzen – es sei denn mit ganzem Wurzelballen.

Man sät den Goldmohn schon ab März an seinen endgültigen Standort und bringt die Pflanzen später auf einen Abstand von etwa 25 Zentimeter. Er bedarf kaum einer Pflege und sät sich auch selbst aus. Schatten, Wind und andauernde Nässe sind seine Feinde.

Für den Garten gibt es noch eine Reihe Sorten in verschiedenen Farben, manche mit gefüllten Blüten, teils kleinwüchsiger, teils höher. Goldmohn eignet sich gut für Einfassungen, Lücken in Staudenbeeten und als ein- oder mehrfarbige Blütenteppiche für sonnige Plätze.

Kapuzinerkresse (Tropaeolum)
Kapuzinerkressengewächs

Mit Garten- oder Brunnenkresse verbindet dieses reich blühende Gewächs aus Südamerika keine verwandtschaftliche Beziehung, doch schmecken seine grünen Blätter deutlich nach Kresse. Man

Kapuzinerkresse am Fenster (zwischen Petunien) und im Garten.

kann sie als **Würzkraut** und **Salatzusatz** verwenden. Ihre annähernd runden Blätter mit dem kennzeichnenden Stielansatz inmitten der Blattfläche machen sie zu einer unverwechselbaren Pflanze.

Die meisten Arten und Sorten des Gartens sind einjährig. Die rankende Art **Guck-über-den-Zaun** (Tropaeolum majus) schickt ihre kletternden Sprosse bis zu vier Meter weit oder hoch, entwickelt gleichzeitig eine üppige Begrünung und blüht etwa ein Vierteljahr lang, nämlich von Juli bis Oktober ununterbrochen. Seine langgespornten Blüten spielen von warmem Rot bis Goldgelb.

Solche Wuchsfreudigkeit kann man nutzen, um Balkonbrüstungen, Mauern und Wände mit dem lebhaften Farbdreiklang Grün, Rot und Gelb überziehen zu lassen. Die Kapuzinerkresse braucht Halt für ihre nur locker zugreifenden Ranken in Form von Drähten oder Spalierstangen. Ebenso eifrig bedeckt diese Art große Bodenflächen und da sie überdies keine großen Ansprüche an die Erde stellt, kann man sie an fast jedem sonnigen Platz sich ausbreiten lassen. Die Kapuzinerkresse zieht Blattläuse und Kohlweißlinge an. Man setzt sie im biologischen Gartenbau gern auf die Baumscheiben der Obstbäume oder als sogenannte Fangpflanzen in den Nutzgarten.

Die **Zwerg-Kapuzinerkresse** (Tropaeolum majus »Nanum«) rankt nicht, sondern wächst aus eigener Kraft bis zu dreißig Zentimeter hoch, man kann mit ihr eine anmutige Sommerhecke bilden, wenn man mehrere Reihen hintereinander sät – Pflanzenabstand etwa 25 Zentimeter. Die Farben der Zwerg-Kapuzinerkresse reichen von Gelb über Gold bis Scharlach.

Kapuzinerkresse liebt einen sonnigen Stand, begnügt sich aber auch mit teilweiser Beschattung. Besonders die Art Tropaeolum peregrinum (Tr. canariensis) gedeiht gut im Halbschatten. Sie unterscheidet sich von den genannten Arten durch feingefiederte Blätter und kanariengelbe Blüten.

Die Kapuzinerkresse wächst so üppig, daß man von Zeit zu Zeit einen Teil ihrer jungen Blätter als schmackhaftes Würzkraut ernten kann, ohne der Pflanze zu schaden. Darüber hinaus ergeben die Blütenknospen, in Essig gelegt, einen brauchbaren Kapernersatz, ebenso die jungen, noch nicht ausgereiften Samen.

Die Kapuzinerkresse, das genügsame und dankbare »Mädchen für alles«, gibt hübsche Schnittblumen ab, besonders, wenn man nur wenige Blüten mit einigen der dunkelgrünen Laubblätter in eine kleine Vase stellt.

Kapuzinerkresse sät man Anfang Mai, in rauhen Lagen erst nach den letzten starken Nachtfrösten ins Freiland. Man steckt alle zehn Zentimeter eines der großen Samenkörner in die Erde und sorgt für gleichmäßige Befeuchtung, bis sich die Jungpflanzen gut verwurzelt haben. Eine Vorzucht ist im allgemeinen nicht nötig, doch kann man für frühes Blühen auf Terrasse und Balkon in Kästen oder Töpfen Jungpflanzen heranziehen.

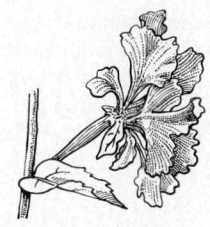

Klarkie (Clarkia unguiculata,
Clarkia elegans)
Sommerfuchsie
Nachtkerzengewächs

Die Blütenfarben der Klarkie umfassen Rosa, Karmin und verschiedene Violettöne. Sie erinnern an kleine Rosen und duften zart. Die Pflanze wird bis zu sechzig Zentimeter hoch und gedeiht auf humoser Gartenerde. Man sät sie im April an ihren endgültigen Standort – er sollte gut besonnt sein – und verzieht später auf 25 Zentimeter Pflanzenabstand. Für kräftigeres Wachsen kann man die Jungpflanze einmal zurückschneiden.

Die Klarkie blüht vom Hochsommer bis in den Herbst. Will man ihre Blüten schon im Frühsommer, muß man sie in Kästen vorziehen. Gute Schnittblumen.

Es gibt vier weitere Arten, darunter eine sehr niedrige (Clarkia pulchella), die man zur Bodenbedeckung breitwürfig sät.

Anhaltenden Regen ertragen die zarten Blüten der Klarkie schlecht. Auch gegen Wind sind sie empfindlich. Gefüllte Sorten werden durch ein dem wissenschaftlichen Namen nachgestelltes fl. pl. gekennzeichnet.

Lupine (Lupinus)
Wolfsbohne
Schmetterlingsblütler (Leguminose)

Wilde Lupinen wachsen in Südeuropa, aber auch in der Neuen Welt, zum Beispiel in Mexiko. Von dort stammt die in unseren Gärten sehr beliebte Kulturform Lupinus hartwegii.

Hoher Eiweißgehalt der grünen Pflanze und die den Schmetterlingsblütlern eigene Fähigkeit, Symbiosen mit Bakterien einzugehen, die Luftstickstoff binden (Knöllchenbakterien an den Wurzeln), machen die Lupine zu einer wichtigen Gründüngungspflanze in der Landwirtschaft. Die schnell herangewachsene, umfangreiche Pflanzenmasse wird untergepflügt und wirkt bei ihrer Verrottung wie eine Flächenkompostierung.

In Gegenden, wo viel Lupinen angebaut werden – sie liebt kalkarme und eher leichte Böden –, schätzt man sie als Gartenschmuck verständlicherweise weniger als sie es verdient. Sowohl ihre hohen, in vielen Farben leuchtenden Blütentrauben als auch die üppig sich entfaltenden, sternförmig geteilten Blätter bilden besonders für den großräumigen Garten einen leicht heranzuziehenden Schmuck.

Seit es gelungen ist, sogenannte Süßlupinen zu züchten, deren Samen weniger Alkaloide enthalten und deshalb nicht mehr bitter schmecken, werden die großen eiweißreichen Samenkörner nicht mehr nur als Viehfutter, sondern auch als Rohstoff für Nahrungsmittel verwendet, zum Beispiel um Kaffee-Ersatz herzustellen. Die rundlichen Samenkörner stecken in kleinfingerlangen Hülsen, ihre Durchmesser betragen etwa einen Zentimeter.

Die Kulturformen der Lupinen stehen in vielen Farben zur Verfügung. Neben den Grundfarben der **Weißlupine** (L. albus), der **Blauen** oder **Schmalblättrigen Lupine** (L. angustifolius) und der **Gelben Lupine** (L. lutius), eine Süßlupine, deren goldgelbe Blüten nach Veilchen duften und violette Spitzen zeigen, entfalten vor allem die **Lupinen-Hybriden** alle nur denkbaren Farbstufen von zart durchscheinenden Tönen bis zum tiefen Dunkelblau und Violett. Sie alle sind einjährig und blühen zwischen Juni und Oktober. Die größten Sorten erreichen 120 Zentimeter Höhe.

Auch in kleineren Gärten braucht man auf die dankbaren und bodenverbessernden Lupinen nicht zu verzichten. Die gleichfalls einjährige **Zwerglupine** (L. nanus) bleibt unter dreißig Zentimeter und ist wie ihre größeren Schwestern in zahlreichen Farben erhältlich.

Die bei den Hybriden erzielten Zwischenfarben – es gibt unter ihnen Sorten mit mehrfarbigen Blüten – können durch selbst gezogenen Samen nicht farbecht vermehrt werden. Diese Pflanzen fallen dann wieder in ihre Grundfarben zurück. Im übrigen sind die Lupinen recht widerstandsfähige Pflanzen mit guter Anpassung an unser mitteleuropäisches Klima, die selbst kühle Regenzeiten gut überstehen. Verwilderte Lupinen kann man bei uns noch in über tausend Meter Meereshöhe auf Bergmatten finden.

Einjährige Lupinen sät man im April ins Freiland, am besten breitläufig und nicht zu dicht. Gegebenenfalls muß man später noch verdünnen.

Die mehrjährigen Lupinenstauden gibt es gleichfalls in vielen Sorten, unter ihnen steht eine große Auswahl an Farben zur Verfügung.

Mädchenauge (Coreopsis, Calliopsis)
Schöngesicht
Korbblütler

Die Gattung Mädchenauge enthält über hundert wildwachsende Arten in der Neuen Welt und im tropischen Afrika. Die besonders dankbaren Kulturformen werden in unseren Gärten als formenreiche Sommerblumen und Stauden verschiedener Größe angebaut. Die niederen Sorten der Einjährigen reichen von fünfzehn bis dreißig Zentimeter, die hohen werden bis zu hundert Zentimeter groß.

Es gibt einfarbig gelbe, zweifarbige und dreifarbige Sorten des Mädchenauges, bei C. cardaminifolia bilden die inneren roten Abschnitte der acht Strahlenblüten (»Blumenblätter«) einen gezackten, gelb umrahmten Kreis. Ein braunrotes »Auge« zeigen die goldgelben Blüten von C. tinctoria.

Kaum eine andere Sommerblume, die aus wärmeren Ländern zu uns kommt, stellt so wenig Ansprüche an den Boden wie das Mädchenauge. Es gedeiht noch auf sandigem Grund und auf trockenen

Steinbeeten. Dabei erfreuen uns diese Pflanzen mit einer besonders langen Blühzeit von Juni bis Oktober. Man sieht schon ihren schmalen Laubblättern an, daß sie viel Sonne brauchen. Unter dieser Bedingung entfalten sie Blüte an Blüte und geben immer ein harmonisches, fröhliches Bild. Den größten Kontrast zeigen die Sorten mit dunkelbraunem Blütengrund und leuchtend gelben äußeren Abschnitten der Zungenblüten.

Man sät erst nach den letzten Frösten, also ab Mitte Mai, ins Freiland und vereinzelt die jungen Pflanzen großer Sorten auf 25 Zentimeter Abstand. Man kann für schnellere Entfaltung im Frühbeet ab April vorziehen oder noch früher im Zimmer. Man wird mit dieser anspruchslosen Pflanze sogar auf einem nur wenig humosen oder leichten Boden guten Erfolg haben; das gleiche gilt für die Stauden dieser so reich blühenden Gattung.

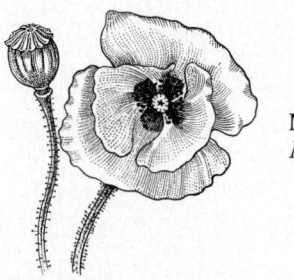

Mohn (Papaver)
Mohngewächs

Die Anfänge der Verbindung Mensch und Mohn verlieren sich für uns in der Frühgeschichte. Im Orient war der Gebrauch des Opiums, das aus dem Milchsaft der unreifen Samenkapsel gewonnen wird, weit verbreitet, um Betäubungs- und Rauschzustände hervorzurufen. Und die Vorfahren der Eidgenossen, in deren Pfahlbauten an Schweizer Seen Mohnkapseln gefunden wurden, dürften diese Pflanze nicht zum Bestreuen ihrer Brötchen mit Mohnsaat, sondern des Opiums wegen angebaut haben. Mohnsamen enthält kein Opium.

Aus dem Milchsaft des **Schlafmohns** (Papaver somniferum) gewinnt man eine ganze Reihe Wirkstoffe für medizinische Anwendung. Doch bereitet man auch aus den Kronblättern des Klatschmohns, eine früher weit verbreitete Wildpflanze unserer Äcker, ein Beruhigungsmittel.

Gerade der Schlafmohn ist eine unserer reizvollsten und zartesten Sommerblumen, dessen Sorten viele Blütenfarben hervorbringen. Wer Kinder hat, muß darauf achten, daß der Milchsaft der halbreifen Samenkapseln, aber auch der Stengel und Blätter nicht aufgenommen wird. Er kann, so heißt es, sogar tödlich wirken.

Für den Blumengarten kommen unter den einjährigen Mohnarten außer dem Schlafmohn, der fünfzig bis sechzig Zentimeter hoch wird, der scharlachrote **Tulpenmohn** (P. glaucum) von etwa gleicher Höhe und der **Klatsch-** oder **Klappermohn** (P. rhoeas) in zahlreichen Sorten und Farben, auch gefüllt, in Frage. Besonders schöne Farben bringt der **Seiden-** oder **Shirleymohn** hervor, unter ihnen Weiß, verschiedene Rosatöne, Karmin, Scharlach und Zinnober. Es gibt außerdem gelbe Mohnarten, zum Beispiel den niedrigen **Pyrenäenmohn**, jedoch keine blaublütigen.

Die leuchtend bunte, aber gleichzeitig so zartblütige und vergängliche Schar der einjährigen Mohnpflanzen bringt eine rechte Sommerstimmung in den Garten. Mohn liebt eher leichte, sogar sandige, aber tiefgründige Böden, die er für seine Pfahlwurzel braucht, deshalb kann man ihn nicht versetzen. Man sät ihn ab März an Ort und Stelle ins Freiland. Seine tiefreichende Wurzel läßt ihn Trockenheit gut ertragen. An den Nährstoffgehalt des Bodens stellen die einjährigen Mohnarten keine besonderen Ansprüche, doch brauchen sie einen sonnigen Stand. Je nach Art vereinzelt man die jungen Pflanzen auf dreißig bis vierzig Zentimeter Abstand.

Der Mohn blüht im Hochsommer, seine Blühzeit ist kürzer als die der meisten anderen Sommerblumen. Sät man ihn im Herbst aus, so hat man im nächsten Jahr früher Blüten. Die Zeit reicht dann noch für das Nachpflanzen von Astern, so daß sein Platz nicht blütenleer bleibt.

Unter den mehrjährigen Mohnarten sind vor allem der nur zwanzig Zentimeter hoch werdende **Alpenmohn** (P. alpinum) des Steingartens und der sortenreiche **Islandmohn** (P. nudicaule) zu nennen, der in vielen leuchtenden Farben erhältlich ist. Er kann ein- oder zweijährig kultiviert werden.

Zu einer überaus stattlichen Staude von 150 Zentimeter Höhe kann sich der **Türkenmohn** (P. orientale) entwickeln und viele Jahre lang auf gleichem Platz prächtige Blüten hervorbringen, je nach Sorte von Feuerrot bis Orange.

Mohn ist in vielen Farben und Größen erhältlich.

Portulakröschen (Portulaca grandiflora)
Portulakgewächs

Die Familie der Portulakgewächse ist in den Tropen der Alten und Neuen Welt zu Hause. Der Name leitet sich von dem lateinischen Wort portula, das Türchen, ab, weil die Fruchtkapseln des Portulakröschens durch ein Deckelchen verschlossen sind. Die Wildform unseres Portulakröschens ist in Südamerika zu Haus.

Seine Kulturformen erblühen in unwahrscheinlich vielen und reizvollen Farbstufen, die durch den Seidenglanz der Kronblatt-Innenseiten besonders zur Geltung kommen. So gibt es rein weiße, cremig getönte, strohgelbe, goldgelbe, orangerote, altrosa, feuerrote, blaßviolette und dunkelviolette Blüten. Sie öffnen sich allerdings nur unter vollem Sonnenschein.

Die Pflänzchen werden höchstens zwanzig Zentimeter hoch. Sie brauchen lockeren, eher leichten und nicht zu feuchten Boden. Sie gedeihen auch gut auf dem Steinbeet. Man sollte die Portulakröschen dort einplanen, wo man sie aus der Nähe sehen kann, denn der zarte Reiz ihrer Blüten, die einen Durchmesser von zwei bis vier Zentimeter erreichen, ist nicht auf Fernwirkung angelegt. Nährstoffreiche Böden und Düngung beeinträchtigen die Blühfreudigkeit dieser Pflanzen, vor allem brauchen sie einen warmen, windgeschützten Platz unter voller Sonne.

Man kann Portulak im Mai gleich ins Freiland aussäen; der feine Samen wird leicht angedrückt und mit gesiebter Erde überrieselt. Nur zum Keimen sollte die Saat etwas feucht gehalten werden.

Portulakröschen werden ab März ins Frühbeet gesät; die Pflanzen eignen sich gut für Balkonkästen und flache Schalen für die Terrasse. Man sollte sie nach Möglichkeit südseitig aufstellen.

Das Portulakröschen hat einen nahrhaften Verwandten, den Kohlportulak (Portulaca oleracea). Ursprünglich aus Westasien stammend, wächst dieses Pflänzchen heute auch in Südeuropa wild auf trockenen, steinigen Plätzen, sogar in Mauerritzen und zwischen Wegsteinplatten der Orte. Man verwendet die fleischigen Blattrosetten der kriechenden Pflanze als Würzkraut, Suppenkraut, Gemüse und roh als Beimischung zu Salaten. In Essig eingelegt, galten sie als gutes Mittel gegen den Skorbut. Kohlportulak wurde früher häufig in Kräutergärten und auf Gemüsebeeten gezogen. Heute ist er etwas aus der Mode gekommen.

Reseda (Reseda odorata)
Wau
Resedengewächs

In dem wissenschaftlichen Gattungsnamen steckt das lateinische Wort heilen, beruhigen. Odorata heißt die Duftende. Was unserer Gartenreseda an Größe, Farbigkeit und Leuchtkraft der Blüten fehlt, macht sie durch ihren ungemein süßen Duft mehr als gut. Obwohl schon der altrömische Dichter Plinius die Reseda rühmte, setzte sie sich in mitteleuropäischen Gärten erst vor gut zweihundert Jahren durch. Wahrscheinlich war es der Duft dieser Pflanze, der die Ägypter veranlaßte, Reseden den königlichen Mumien in ihren Grabkammern beizulegen. Als Heilpflanze soll sie krampflösend wirken.

In Mitteleuropa erlangte die **Färber-Reseda** (R. luteola) eine große Verbreitung, weil man aus ihr einen gelben Textilfarbstoff gewann. Diese zweijährige Art blüht im Hochsommer.

Auch die **Garten-Reseda** gibt es in ein-, zwei- und mehrjährigen Sorten. Für duftende Beetränder bevorzugt man niedere Varietäten bis dreißig Zentimeter Höhe, andere werden doppelt so hoch. In den letzten Jahren gelang es, großblütige Reseden, wie »Grandiflora Goliath« mit roten Staubgefäßen oder »Rubin« mit dunkelroten Blüten, zu züchten. Man bringt etwas mehr Farbe in die eher unscheinbaren Blüten, wenn man Prachtmischungen wählt. Die Blütenstände der Reseda wirken reizvoll als Gegensatz zu den oft großen und starkfarbigen Blüten des übrigen Sommerflors. Sie locken überdies besonders viele Bienen an.

Die Garten-Reseda gedeiht gut auf nährstoffreichem Lehmboden. Kräftige Humusgaben dankt sie mit längerer Blühzeit. Reseden lieben volle Sonne, doch ertragen sie auch Halbschatten. Stauende Nässe bekommt ihnen schlecht.

Man sät ab April ins Freiland und verzieht später auf fünfzehn Zentimeter Pflanzenabstand. Sie blühen dann zwischen Juni und September. Zusammen mit anderen Sommerblüten eignen sich die stämmigen Blütentrauben der Reseda als Schnittblumen, zumal sie selbst dann noch ihren süßen Duft verströmen.

Der Versuch, Resedablüten während der kalten Jahreszeit im Haus zur Entfaltung zu bringen, gelingt meist, wenn man im August in Töpfe aussät, die man im Herbst ins Zimmer stellt.

Ringelblume (Calendula)
Korbblütler

Unsere allbekannte Ringelblume stammt aus den Mittelmeerländern, wo es viele ein- und zweijährige wildwachsende Arten gibt. Man baute sie schon zur Zeit der Kreuzzüge im Garten an – wohl nicht nur wegen ihrer Schönheit, sondern als Heilpflanze. Noch heute werden aus ihr wirksame Wundmittel gewonnen.

Die Ringelblume gehört zu den in unserem Klima dankbarsten Mitgliedern des Sommerflors. Sie wächst auf jedem Gartenboden, am liebsten auf nährstoffreichem, bevorzugt Sonne, aber gedeiht auch im Halbschatten. Weil sie keiner besonderen Pflege bedarf, ausdauernd blüht und sich selbst immer wieder aussät, wurde sie zum Wahrzeichen für Bauerngärten. Ihr strenger Geruch soll Schädlinge vergrämen, man pflanzt sie deshalb gern zwischen andere Blumen, sogar zwischen das Gemüse im Nutzgarten.

Ringelblumen entwickeln vor allem warme Farbtöne: Gelb, Gold, Orange und gelbliches Rot mit helleren oder dunkleren Blütenkörben (Augen). Neuere Zuchtformen wie die Pacific-Hybriden zeigen Blütenfarben, die nicht mehr dem vertrauten Ringelblumenbild aus Großmutters Garten entsprechen: Cremeweiß, Hellgelb und Aprikosenfarben. Es gibt heute sogar kugelig gefüllte Züchtungen verschiedener Größe.

Ringelblumen sät man – wenn man sie nicht ohnehin schon im Garten hat, wo sie sich immer wieder selbst vermehren – von März bis Juni und hat dann Blüten bis in den Spätherbst. Sät man Mitte September, so blühen die ersten Ringelblumen schon, wenn man die letzten für den Herbst sät. Viele Zuchtformen bilden sich durch

Ringelblumen gedeihen an jedem Platz.

Ringelblumen riechen streng bis unangenehm.

fortgesetzte Selbstaussaat wieder zu einfachen Ringelblumen zurück.

Zwergsorten der Ringelblume werden nur 25, langstielige bis siebzig Zentimeter hoch. Sie halten sich als Schnittblumen lange in der Vase; Knospen mit Farbrand kommen im Wasser noch zur Blüte. Man regt die Pflanzen zur vermehrten Blütenbildung an, wenn man die Fruchtstände entfernt.

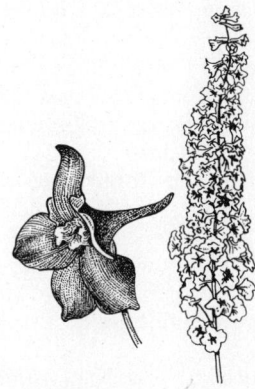

Rittersporn (Delphinium)
Hahnenfußgewächs

Die Wildformen des Rittersporns sind in Hunderten von Arten über die Nordhalbkugel verbreitet. Seine für den Garten gezüchteten Kulturformen zeigen eine außerordentliche Vielfalt der Farben, die durch changierende Töne und zwei- bis dreifarbige Blüten noch erhöht wird. Der Farbfächer des Rittersporns öffnet sich vom reinen Weiß bis zum düsteren Violett und Schwarzblau.

Üblicherweise versteht man unter Gartenrittersporn die fast unabsehbare Fülle der Hybriden in Form von Stauden.

Aber auch die einjährigen Arten des Rittersporns entfalten in ihren zahlreichen Sorten die ganze Farbenpracht der Gattung. Der in einer lockeren Rispe blühende **Acker-Rittersporn** (Delphinium consolida) wächst auf Äckern und Ödland wild. Die Kulturformen dieser Art zeigen einen viel dichteren Blütenstand, einige werden bis 150 Zentimeter hoch. Man erhält Sorten in Weiß, Rosa, Rot, Violett und Blau. Zu den stattlichsten gehören der Kaiser- und der Exquisit-Rittersporn. Ihre Blütenstände bilden unregelmäßige, aber reich verzweigte, lockere und teilweise sehr umfangreiche

Rispen, also keine schlank aufstrebenden Kerzen, wie die in den Gärten am meisten verbreitete einjährige Art Delphinium ajacis. Ihre kleinsten Sorten werden nur um dreißig Zentimeter, ihre größten über einen Meter hoch. Meist trägt der aufrechte Schaft eine hohe, dicht besetzte Blütentraube, die von unten nach oben aufblüht. Einige Sorten verzweigen sich.

Bei den Blütenähren von D. ajacis finden wir eine große Farbfülle mit besonders vielen Abstufungen in den Blau- und Violetttönen, aber auch Weiß, Rosa, Rot bis zum schokoladenartig dunklen Rotbraun.

Wer angesichts der vielen angebotenen Sorten nicht weiß, welche er wählen soll, könnte mit dem besonders schönen **Hyazinthen-Rittersporn** (D. ajacis var. hyacinthiflorum) beginnen, der in einer Reihe verschiedener Farben erhältlich ist.

Neben den genannten Formen des **Garten-Rittersporns** wird der aus Vorderasien stammende **Orientalische** oder **Morgenländische Rittersporn** (D. orientale) mit kürzeren Spornen und rotvioletten Blüten in unseren Gärten angebaut. Da er nur bis sechzig Zentimeter hoch wird, schmückt man mit ihm gern kleinere Blumenbeete oder Gärten, für die der sehr hohe Garten-Rittersporn zu groß wäre.

Der einjährige Rittersporn braucht tiefgründige, guthumose, nicht staunasse Erde. Er kann in der Sonne und im Halbschatten stehen und muß bei anhaltender Trockenheit regelmäßig gegossen werden. Ein so hohes Blütengewächs ist windempfindlich. Man baut Rittersporn deshalb vorteilhaft gruppenweise an und erreicht damit zugleich die beste Schmuckwirkung. Er eignet sich vorzüglich als Schnittblume für besonders raumfüllende Gebinde.

Man sät den Sommer-Rittersporn ab April aus und achtet beim späteren Vereinzeln auf Pflanzenabstände von dreißig bis vierzig Zentimeter für die großen Sorten, weniger für die kleineren. Im Hochsommer wird der Rittersporn dann vier bis sechs Wochen lang in Blüte stehen. Für frühere Blühzeit sät man den Rittersporn schon im Herbst ins Freiland.

Einjähriges Schleierkraut
(Gypsophelia elegans)
Gipskraut
Nelkengewächs

Unter den meist als Stauden gezogenen Schleierkräutern gibt es eine dankbare einjährige Art in Weiß (»Grandiflora Alba«), in Rosa (»Carminea«) und Hellrot (»Kermesina«). Das Schleierkraut mit seinen vielen winzigen Blütchen bringt luftige Anmut in den Sommerflor des Gartens und als Schnittblume in den Blumenstrauß. Zudem kann man es, wenn man es zu Beginn seiner Blühzeit schneidet und kopfunten trocknen läßt, für Dauersträuße verwenden, zum Beispiel mit verschiedenfarbigen Strohblumen. Die Pflanze wird gut vierzig Zentimeter hoch. Dieses überaus zarte Gebilde bringt wenig Pflanzenmasse hervor, verbraucht also wenig Nährstoffe und nimmt mit jedem Gartenboden vorlieb. Man muß es allerdings sorgfältig vor Unkraut schützen, wenn sein duftiger Reiz nicht untergehen soll.

Noch besser als bei Einfassungen, für die es oft verwendet wird, kommt es zur Wirkung, wenn man kleinere Gruppen von mehreren Pflanzen zwischen gleichgroße und kleinere Sommerblumen stellt.

Aussaat ab Ende März bis Juli für gestaffelte Blühzeiten bis in den Herbst. Man kann schon im Herbst aussäen und hat dann im späten Frühjahr blühende Pflanzen.

Schleifenblume (Iberis)
Schneekissen
Kreuzblütler

Die in unseren Gärten häufigste Art ihrer Gattung, die **Doldige Schleifenblume** (Iberis umbellata) stammt wie die anderen Kulturformen der Schleifenblume aus dem Mittelmeerraum. Man züchtete weiße, rosa und purpurrote Sorten, die gut in Mischungen harmonieren. Die kleinen Einzelblüten der Dolden schließen sich zu großen Blütenständen zusammen, so daß der Eindruck einer niedrigen, aber großblütigen Blume entsteht. Dazu tragen wesentlich die jeweils nach außen strahlig vergrößerten Kronblätter der Randblüten bei.

Die in ihren Ansprüchen bescheidenen Sommerblumen werden nur zehn bis dreißig Zentimeter hoch, die Zwergformen bilden dichte Polster über Einfassungen und auf dem Steinbeet, die höheren Sorten eignen sich als Schnittblumen, von denen schon wenige Stiele kugelige Sträuße ergeben.

Obwohl die Schleifenblumen aus dem Süden stammen und viel Sonne vertragen – auch leichte, sandige Böden –, gedeihen sie selbst im Halbschatten und decken den Boden mit ihren lebhaften Farben noch dort, wo andere Sommerblumen Schwierigkeiten hätten.

Schon ab März kann man an Ort und Stelle aussäen; man verdünnt später auf zehn Zentimeter Pflanzenabstand. Gestaffelte Saaten für langes Blühen bis August sind bis in den Mai hinein möglich. Man gewinnt Blüten schon im zeitigen Frühjahr mit einer Herbstaussaat, doch empfiehlt es sich, in rauheren Lagen die Jungpflanzen mit einer Abdeckung gegen Frost zu schützen.

Besonders dichte Polster der Schleifenblume finden wir unter den zahlreichen ausdauernden Arten, die im Staudengarten viele Jahre lang sogar auf mäßigem Boden reiche Blüten bringen.

Sonnenblume (Helianthus annuus)
Korbblütler

Der Menge nach verschwinden die vielen Sonnenblumen unserer Gärten vor denen, die unsere östlichen Nachbarn anbauen. Allein in der Sowjetunion erntet man jährlich rund vier Millionen Tonnen Sonnenblumenkerne – hauptsächlich zur Ölgewinnung. Dabei wurde dieses ebenso nützliche wie prachtvolle Gewächs erst im Jahre 1596 aus seinem Ursprungsland Nordamerika nach Europa gebracht. Man verwendet nicht nur seine nährstoffreichen Samen, sondern auch seine Blätter und Stengel und gibt sie als Milchleistungsfutter dem Vieh, denn sie enthalten mehr Eiweiß als Klee. Daß die großen Blütenstände der Sonnenblume eine ausgezeichnete Bienenweide abgeben, können wir im eigenen Garten gut beobachten.

Wir schätzen und pflanzen die Sonnenblume vor allem ihrer Schönheit wegen. Tausende von Einzelblüten vereinigen sich zu mächtigen Blütenkörben, die bei den größten Sorten über einen halben Meter Durchmesser erreichen. Betrachtet man eine solche Einzelblüte unter dem Vergrößerungsglas, so findet man in ihr alle Bestandteile, die zu einer fortpflanzungsfähigen Blume gehören:

Sonnenblumen sind die »Sommerbäume des kleinen Gartens«. Mit der Samenreife neigen sich die Blütenstände.

Kronröhre, Stempel und Staubgefäße. Dieses kleine Gebilde mit der verwachsenen Kronröhre erinnert in seiner Form an eine Glockenblume. Tatsächlich stehen die Glockenblumengewächse den Korbblütlern wegen gemeinsamer Gestaltmerkmale der Blüten recht nahe.

Die meist goldgelben »Blütenblätter«, die als Strahlenkranz den Blütenstandboden der Sonnenblume umranden, erweisen sich als Einzelblüten mit einer blütenblattartig vergrößerten Zunge. Man sieht das, wenn man ein solches »Blatt« vorsichtig aus dem Blütenboden löst.

Eine Sommerblume, die sich in wenigen Monaten vom kleinen Samenkorn zu einer selbsttragenden Höhe ihrer endständigen Blütenscheibe bis zu drei Meter entwickelt, muß sehr viel Nährstoffe und Sonnenlicht aufnehmen. Für ihre Entwicklung braucht sie einen unbeschatteten Platz, auf dem ihr die Nachbarn nicht zu nahe kommen. Um für ihre Blüten keinen Sonnenstrahl zu versäumen, dreht die Pflanze ihren Blütenkorb während eines Sonnentages mit dem Lauf ihres Ebenbildes am Himmel. Die lange Blühzeit der Sonnenblume ergibt sich aus der gut zu beobachtenden Tatsache, daß die Einzelblüten in immer neuen Ringen von innen nach außen aufblühen. Wenn die äußeren in Blüte stehen, Schmetterlinge, Käfer und Bienen noch mit Nektar speisen, sehen wir in der Mitte des Blütenbodens schon die fertig ausgebildeten Samenkörner. Sie sitzen dicht an dicht und bilden durch ihre Anordnung reizvolle Spiralen. So ist die Sonnenblume auch eine Augenweide.

Das klassische Bild der Sonnenblume erfüllt die einschäftige Pflanze, deren Leiter herzförmiger, rauher Blätter zur einzigen Blumenscheibe führt. Wer auf diese größten Gestalten ihrer Art Wert legt, sollte die Sorten »Bismarckianus« oder »Macrophyllus« anbauen, Riesensonnenblumen, die zwei bis drei Meter hoch werden. Diese Pflanzen brauchen natürlich reichlich Humus. Sie vertragen auch während ihres Wachstums Gaben von tierischer Jauche und Frischkompost wie die Starkzehrer unter den Gemüsepflanzen.

Es gibt etwas niedrigere und viel niedrigere Sorten mit reizvollen Abwandlungen der Grundform: gefüllte Blütenböden, dunkelbraune »Augen« mit rostroten Ringen. Zwergsorten werden nur etwa einen halben Meter hoch und eignen sich mit einfachen und gefüllten Blütenständen als Schnittblumen.

Neben großen und mittleren einsonnigen Sorten werden vielsonnige, also verzweigte Sorten mit kleineren Blütenkörben (Helianthus debilis) angeboten. Man kann zwischen schwefelgelben und goldgelben, zwischen kupfer-, bronze-, purpurfarbenen und blutroten wählen, zwischen geraden und gedrehten »Blumenblättern«.

Eine besonders prachtvolle gefüllte Sorte ist die »chrysanthemenblütige« (H. annuus var. globulosus fistulosus).

Je kleiner die Sorten, desto geringer ist der Nährstoffbedarf der Sonnenblumen. Sie gedeihen sogar auf mittelmäßigem Boden, erreichen aber dann nicht immer ihre volle Größe. Lehmiger Boden eignet sich besser als sandiger.

Man sät im April oder Mai ins Freiland und hält dabei je nach Sorte Pflanzenabstände von vierzig bis sechzig Zentimeter ein. Um sicherzugehen, steckt man jeweils zwei bis drei Sonnenblumenkerne in den Boden und läßt später nur die jeweils kräftigsten der aufgelaufenen Pflänzchen stehen. Man kann sie wesentlich früher in Töpfe und Kästen säen, darf diese an Wärme gewöhnten Pflanzen aber nicht zu bald an ihren endgültigen Standort setzen und sollte dies nur mit dem ganzen Wurzelballen tun.

Will man Wände, Mauern oder Zäune hinter Sonnenblumen verstecken, so pflanzt man mehrere verschieden hohe Arten oder Sorten hintereinander. Für gute Deckung darf man nicht zu eng pflanzen, weil die Sonnenblumen sonst kümmern und keine großen Blätter entwickeln. Mit einer Reihe von Sonnenblumen kann man z. B. eine Kompostmiete beschatten oder die ganze Kompoststätte den Blicken entziehen.

Zur Ernte reifer Sonnenblumenkerne für die Winterfütterung der Vögel oder zur neuen Aussaat sollte man die Fruchtstände in Netze oder Gaze hüllen, um sie vor den Meisen zu schützen.

Will man Sonnenblumenkerne für die Meisen im Winter aufbewahren, erspart man sich das Auslösen der Samen, wenn man die gereiften Fruchtstände abschneidet und an einem trockenen Platz aufbewahrt. Man kann sie im Winter nach und nach ans Fenster oder an einen Ast hängen. Die Kerne sind so vor Nässe und Schnee geschützt und nur Meisen kommen an das ihnen zugedachte Futter heran, während Spatzen sich mit den Körnern begnügen müssen, die bei den Meisenmahlzeiten auf den Boden fallen.

Auch unter den ausdauernden Arten der Sonnenblumen hat man große Auswahl nach Größen und Farben. Offenbar haben sich die Sonnenblumenstauden aber nicht so durchgesetzt wie die Einjährigen. Es liegt schon ein großer Reiz darin, die größte Blütenstaude des Gartens jährlich neu aus Samen hervorgehen zu sehen.

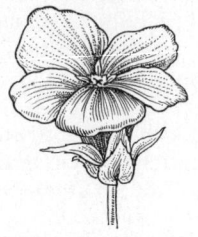

Trichtermalve (Malope trifida)
Sommermalve
Malvengewächse

Die Gattung Malope zählt nicht zu den »echten« Malven, die in der Familie der Malvengewächse eine eigene Gattung bilden, doch steht die Leuchtkraft ihrer Blüten nicht hinter jenen zurück. Die Trichtermalven stammen aus dem Mittelmeergebiet, ihre Kulturformen lassen sich ohne Schwierigkeiten in unseren Gärten anbauen. Die Pflanzen werden bis zu einem Meter hoch und wachsen sich zu umfangreichen Büschen aus. Man sollte ihnen deshalb untereinander fast einen halben Meter Abstand zugestehen. Wie bei den echten Malven verjüngen sich die Kronblätter im Blütengrund so stark, daß sie blattförmige Ausschnitte des grünen Kelches freigeben. So entsteht mit den dunkel abgesetzten Adern der Blüte eine reizvolle Dreifarbigkeit.

Die schnell wachsenden Trichtermalven gedeihen auf jedem Gartenboden, wenn sie nur Sonne und Feuchtigkeit haben. Man setzt sie im Blumengarten überall hin, wo man leuchtendes Rot möchte oder einen sommerlangen Sichtschutz braucht.

Schon im April sät man ins Freiland und hat dann ab Juli Blüten. Vorzucht im Frühbeet ist möglich, wenn man die Blühzeit schon in den Frühsommer verlegen möchte.

Trichterwinde (Hipomoea purpurea)
Prunkwinde
Windengewächs

Die Prunkwinde kam im 17. Jahrhundert von Südamerika nach Europa. Die Gattung umfaßt mehrere hundert Arten, es wurden in der Neuen Welt noch in jüngster Zeit weitere Arten entdeckt. Eine ausdauernde tropische Art mit Wurzelknollen, die Batate

(Hipomoea batatas), gelangte als Süßkartoffel zu wirtschaftlicher Bedeutung; man baut sie heute in vielen warmen Ländern an.

Die Prunkwinde erreicht schnell eine Höhe von drei Metern. Die verschiedenen Sorten bringen unterschiedliche Blütenfarben hervor, die auch als Mischung erhältlich sind: Weiß, Rosa, Rot, Blau, Violett, mit mehrfarbigen Ringen oder mehrfarbigen Streifen.

Bei nährstoffreichem Boden und warmem, windgeschütztem Stand entwickelt die Purpurwinde auch ein dichtes Blattwerk, so daß sie sich gut zum Beranken und Verdecken von Wänden eignet.

Die vergänglichen Blütentrichter öffnen sich nur am Vormittag und sind bis Mittag schon verblüht. Bei trübem Wetter halten sie

Trichterwinde als Schmuck für ein häßliches Treppengeländer.

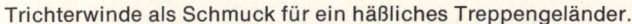

sich ein paar Stunden länger. Trotzdem gibt die Winde mehrere Monate den Eindruck voller Blüte, weil sich jeden Morgen neue Knospen öffnen.

Bei Freilandaussaat Ende April oder Anfang Mai beginnt die Blühzeit im Juli und endet im September. Man kann die Winden frei an Drähten, Schnüren und Gittern hochziehen, sie Balkonbrüstungen überklettern oder eine Pergola einwachsen lassen. Sie entfalten ihre Pracht auch aus Töpfen und Pflanzkästen, doch muß man dann besonders auf gute Düngung und Durchfeuchtung der Erde achten. Die Prunkwinde liebt nährstoffreichen Boden. Mit stickstoffhaltigem Komposthumus erfüllt man ihre Ansprüche bestens. Auf saurem Boden, also bei Kalkmangel, und im Schatten oder an Standorten, die starkem Wind ausgesetzt sind, kann die Winde nicht gedeihen.

Aussaat ins Freiland

Die im vorangegangenen Abschnitt behandelten Sommerblumen können ohne Vorkultur ins Freiland gesät werden. Gerade für den Gartenanfänger liegt in dieser einfachen Handhabung ein bedeutender Vorteil. Unsere – natürlich unvollständigen – Sommerblumen-Vorschläge zeigen, daß man auch ohne Anzucht junger Pflanzen in Zimmerkästen oder Frühbeeten einen reichen Blumenschmuck hervorzaubern kann – aus der Samentüte gleich an Ort und Stelle des Gartens.

Die Zeitangaben in diesem Buch oder auf Samentüten bilden nur Anhaltspunkte, keine erfolgssicheren Zusagen. Wie stark die örtliche Gartenlage jeweilige Zeiten für Aussaat und Auspflanzung verschieben kann, erlebe ich in unseren Voralpengärten mit drastischer Deutlichkeit: Wir haben noch Schnee, wenn nur dreißig Kilometer weiter westlich am Bodensee die Obstbäume blühen. Wenn er uns verläßt, weiden dort schon die Kühe. So zahlen wir für den Anblick der gegenüberliegenden Hochgebirgskette mit mehr Winter. Aber es ist, als ob dann der kürzere Sommer wieder einen Teil seiner Verspätung hereinholte, denn wir ernten in Fülle. Allerdings müssen wir im Frühjahr Rückschläge einstecken, die der Gartenfreund tieferer Lagen nicht kennt. So warf uns im letzten Jahr (1979) der schon fortgeschrittene Mai noch einmal eine geschlossene Schneedecke vor die Füße, die schon ohne Schuhe im

Noch im Mai wurden diese blühenden Kaiserkronen mit Neuschnee zugedeckt. Die robuste Pflanze erträgt solche Rückschläge.

Grünen gestanden hatten. Und im Oktober kann das erste Winterweiß die noch reifenden Tomaten überzuckern. Kurz, man wird in jeder Lage Erfahrungen sammeln, die gleichwohl in unserem wankelmütigen Klima nicht vor Überraschungen schützen.

Gerade im Frühjahr läßt man sich als Anfänger von einigen wenigen Sonnentagen gern zu verfrühten Freilandaussaaten hinreißen, weil man den erzielbaren Zeitgewinn vor Augen hat. Der nächste Nachtfrost aber erinnert sich nicht an die vorausgegangene Sonnenwärme. So reift im Laufe der Jahre die Erfahrung heran, daß mit frostempfindlichen Pflanzen vor den Eisheiligen kein Blumentopf zu gewinnen ist. Und damit bestätigen wir nur die alte Bauernregel, die sich ja schon in den frostigen Kosenamen dieser Heiligen niederschlägt.

Mit der Tätigkeit des Säens verbindet der Gärtner aus Neigung unwillkürlich vorausschauende, hoffende und wünschende Gedanken. Der bedächtig über den Acker schreitende Sämann des vorindustriellen Zeitalters gehörte zu den großen Bildern des ländlichen Jahreslaufes: Das Beste der vergangenen Ernte spart sich der Mensch selbst in Hungerszeiten vom Munde ab und vertraut es erneut seinem Acker an.

Heute haben sich die Verhältnisse und Vorstellungen des Säens für den Heimgärtner in eine ganz andere Richtung entwickelt. Er liest in seinen Gartenbüchern, daß der Samen, wie ihn die Pflanze uns schenkt, noch gar nicht verwendungsfähig ist. Pilze und andere Krankheitserreger befallen ihn vor und bei der Keimung, er muß deshalb »gebeizt« werden. Darunter versteht man das Umhüllen jedes Samenkorns mit einem Mantel aus gut haftenden Chemikalien. Man unterscheidet ein trockenes und ein nasses Verfahren. Beizmittel enthalten in der Regel Quecksilber, ein hochgiftiges Schwermetall, das schon in Spuren wirkt und unsere Umwelt als zivilisationsbedingter Schadstoff buchstäblich schwer belastet. So hat man es bereits in wildwachsenden Pilzen unserer Wälder in Mengen nachgewiesen, die ihren allzu häufigen Verzehr nicht mehr geraten sein lassen.

Die Beizmittel, die dem Heimgärtner empfohlen und verkauft werden, sind hochgiftig: »Daher Kinder von der Prozedur fernhalten, keine Reste von gebeiztem Saatgut aufheben oder gar an Tiere verfüttern!«

Die segensreiche Tätigkeit des Säens, aus der Kinder viel lernen könnten, wurde zu einem Umgang mit Gift, zu einer gefährlichen

Handlung. Hatte man das Beizen zunächst vor allem für Getreidesaaten entwickelt, so liest der Hobbygärtner heute in Gartenbüchern, die der biologischen Anbauweise durchaus wohlwollend gegenüberstehen: »Und das Beizen bestimmter Gemüsesamen sowie möglichst auch der Blumensämereien darf er nicht versäumen.«

Das Beizen ist schnell erledigt, sein Zeit- und Geldaufwand für den Hausgarten unerheblich. Aber die gutgemeinte Aufforderung des erfahrenen Fachmanns bringt den leichter zu Rezeptgläubigkeit neigenden Anfänger in eine Abhängigkeit von chemischen Produkten, deren Wirkung man als Laie nur hinnehmen, nicht beurteilen kann. Der freundliche Umgang mit der Natur – was wäre Gärtnern anderes? – wird unter der Bemäntelung notwendiger Hilfeleistung vergiftet. Vielleicht werden unsere Böden einmal wirklich so geschädigt, die angebotenen Samen so anfällig sein, daß dieser Schritt als notwendig gelten muß. Es gibt Bestrebungen, Saatgut allgemein nur gebeizt in den Handel zu bringen. Noch haben wir wenigstens im kleinen Rahmen unseres Gartens die Möglichkeit, anderer Meinung zu sein und anders zu handeln.

Aus eigener Gartenerfahrung kann ich sagen, daß wir noch nie gebeizt und noch nie irgendwelche Verluste an Samen bemerkt haben. Aber wo kein Bedarf ist, kann er, wie man sieht, durchaus geweckt werden. Dazu möchte ich Oswald Hitschfeld, den langjährige Berater im biologisch-dynamischen Landbau, einen Mann mit großer Berufserfahrung, anführen: »Man sollte sich bewußt sein, daß die ganze Frage des Beizens in eine Kategorie zusammen mit der Giftverwendung im Pflanzenschutz gehört und nur zu lösen ist, wenn wir uns entschließen können, wieder zu natürlichen Zuständen im Pflanzenbau zurückzukehren: Abkehr von zu viel treibender Düngung und überspannter Leistungssteigerung, Ausscheiden anfälliger Sorten und so weiter ...

Abgesehen von den dauernden Kosten und der Mehrarbeit, die man mit dem Beizen hat, ist durch exakte Versuche erwiesen, daß Gifte in die werdende Frucht kommen. So soll man zum Beispiel durch exakte Untersuchungsmethoden Quecksilber noch in der dritten Generation bei Weizen feststellen können! ...

... sollten wir uns bei einem biologischen Anbau doch folgendes überlegen: Wenn wir den Samen mit einer Gifthülle umgeben, leiten wir damit einen Prozeß ein, der dann in der Folge immer wieder dazu führen muß, während des Wachstums ähnliche bewahrende Maßnahmen zu ergreifen, damit die Pflanze leben kann.

Das Beizen ist das erste Glied einer Kette ständig sich steigernder Eingriffe in die Lebens- und Wachstumsprozesse des Pflanzenlebens.«

In der Landwirtschaft und im Erwerbsgartenbau gibt es heute einen wirklichen Bedarf zum Beizen des Saatgutes, welche Gründe auch immer zu diesem unerfreulichen Umstand geführt haben. Deshalb bemühte man sich bei den biologischen Anbauweisen um naturgemäße Lösungen dieser Frage. Langjährige Versuche ergaben, daß man statt Saatbeizen mit Gift erfolgreich Saatbäder mit Heilkräuterauszügen anwenden kann. Oswald Hitschfeld: »Bei diesen Saatbädern handelt es sich nicht um das Abtöten von Pilzsporen, sondern um die Unterstützung des Pflanzenwachstums zu Gesundheit und Widerstandsfähigkeit.«

Obwohl diese Maßnahmen kaum für den blumenbauenden Gartenfreund, der für Bodengesundheit durch Kompostdüngung sorgt, vonnöten sein werden, gebe ich eine Anweisung der beiden Schweizer Otto Schmid und Silvia Henggeler aus deren empfehlenswerter Schrift »Biologischer Pflanzenschutz im Garten« wieder.

»Zur Vorbeugung gegen Schädlingsbefall und Pilzkrankheiten sowie zur Förderung der Keimung empfehlen sich Saatbäder. Einige Tropfen (1 bis 2 ccm) Kräuterextrakt in 1 Liter Wasser so lange rühren, bis es gut vermischt ist. Nach etwa 24 Stunden, während denen man gelegentlich umgerührt hat, hängt man das Saatgut in einem kleinen Stoffsäcklein 10 bis 15 Minuten in die Lösung. Darauf breitet man den Samen an einem schattigen Ort zum Trocknen aus und sät diesen am selben oder am darauffolgenden Tag.«

Ich führte das Thema Saatbeize hier an, um den in der biologischen Pflanzenpflege noch Unerfahrenen Mut zu machen, allen Gartentips und leicht gegebenen Empfehlungen für Gifte im Garten zu widerstehen. Es gibt für den Garten grundsätzlich keine besseren Lösungen als ungestörte natürliche Abläufe. Die müssen wir stärken und fördern, nicht die Zulieferer von Gartengiften.

Ob man Samen, der im Vorjahr übrigblieb, wieder verwendet, oder ob man ihn besser gar nicht erst aufhebt, ist eine persönlich zu entscheidende Frage, die nicht allgemeingültig beantwortet werden kann. Die meisten Samen sind im Folgejahr noch keimfähig, aber zweifellos treten Verluste ein. Wer die nicht in Kauf nehmen will, deckt sich in jedem Winter neu mit Samen für den Garten ein, zumal man dann ohnehin nach Gartenplan, Gefühl oder Erfahrung bestellen muß.

Der Anbau aus eigenen Samen kann dem Gartenliebhaber nicht grundsätzlich empfohlen werden, weil unsere teilweise in langen Zuchtreihen entstandenen Kulturpflanzen schnell abbauen, das heißt, ihre erwünschten Eigenschaften nur mangelhaft vererben. Dies gilt besonders für Kreuzungen (Hybriden). Sogenannte F1-Hybriden können ohnehin nicht sortenrein durch Samen fortgepflanzt werden. Auch kommen im Garten Kreuzungen vor, so daß die Sorten schon aus diesem Grund nicht rein bleiben. Wer selbst Samen zieht, braucht dafür recht genaue Kenntnisse und muß vieles beachten. Das gilt nicht für im Garten gezogene Wildpflanzen oder Blumen, die ihren wildwachsenden Vorfahren noch recht ähnlich sind. Wildwachsende Pflanzen stellen von Natur aus gefestigte Arten dar; sie vererben ihre Gestalten und Eigenschaften gleichmäßig fort. Allerdings kommt es in freier Natur bisweilen zu Kreuzungen zwischen Unterarten.

Hat man Samen unbekannter Herkunft oder ist man sich nicht sicher, ob er noch verwendet werden kann, prüft man ihn durch eine Keimprobe. Man legt Samenkörner zwischen zwei Löschblätter, die man gleichmäßig feucht hält, indem man eine Kante mit dem Wasser eines Gefäßes in Verbindung hält. Nur bei den sogenannten Lichtkeimern – das sind ganz wenige Pflanzenarten – muß man die Samen auf ein einziges Fließblatt legen.

Wie wird ausgesät? Auf vorbereitete Erde, das heißt gelockerten und feinkrümeligen Boden. Hat man kurz zuvor eine Schicht reifer Komposterde oberflächlich eingebracht, so erledigt man Düngen, Lockern und Saatfertigmachen in einem Arbeitsgang.

Man kann in Reihen aussäen, was gerade bei Sommerblumen viele Vorteile bringt, vor allem für die weitere Boden- und Pflanzenpflege, oder breitwürfig, also gleichmäßig flächendeckend. Die Korngröße der Samen reicht von staubfein bis bohnengroß. Es liegt nahe, daß feiner Samen leicht zu dicht gesät wird. Man kann sich helfen, indem man ihn mit trockenem, streufähigen Sand vermischt. Für das Reihenziehen mit einem Setzholz spannt man eine beetlange Schnur zwischen zwei Pflöcke.

So verbreitet wie das zu dichte Säen ist der Fehler einer zu tiefen Samenverlegung. Bei dicken Saatkörnern rechnet man eine Erdbedeckung von der doppelten bis dreifachen Stärke des Samens. Entsprechend zieht man bei feinem Saatgut die Rillen sehr flach, was nur bei feinkrümeliger Erde gelingt, die weder zu trocken noch zu naß ist. Man hat die Samenbedeckung mit Erde bei sehr kleinen Samen besser in der Hand, wenn man nicht mit dem Rechen die Rille zuschiebt, sondern gut ausgereiften Komposthumus oder gesiebte Gartenerde aufstreut. Anschließend wird mit dem Rechen vorsichtig geglättet und mit gedrehtem Gerät leicht angedrückt. Zuletzt begießt man die eingesäten Reihen mit der Brause – vorteilhaft ist Regenwasser oder wenigstens abgestandenes, in der Sonne etwas erwärmtes Leitungswasser. Bei sehr feinem Samen genügt schon dieses Angießen, um die Körnchen in Erde zu betten. Allgemein gilt, daß die Saat bei schweren Böden etwas flacher, bei leichten Böden etwas tiefer einzubringen ist.

Wickensamen weckt die Begehrlichkeit körnerfressender Vögel, man sollte ihn gegebenenfalls mit einem Netz oder mit Reisern abdecken.

Will man den für die Freilandsaat vorgesehenen Gartenboden schon im Frühjahr mulchen, um ihn vor dem Austrocknen und vor dem Auflaufen von Unkraut zu schützen, so kann man die vorgesehenen Saatreihen durch aufgelegte Holzlatten frei von Mulchmaterial und doch bedeckt halten. Für breitwürfiges Aussäen muß die Mulchschicht mit Rechen oder Gabel entfernt werden.

Auch trockenliebende Pflanzen brauchen zum Keimen und Heranwachsen Feuchtigkeit. Beete mit Saatgut sollten deshalb regelmäßig begossen werden.

Unserer Zusammenstellung von Sommerblumen, die ohne Vorkultur auskommen, lassen wir nun eine Reihe von empfindlicheren Einjahresblumen folgen, die man im Zimmer oder Frühbeet vorziehen sollte. Die Jungpflanzen werden nach den letzten Frösten, also üblicherweise in der zweiten Maihälfte ins Freiland gesetzt. Wer sich nicht die Mühe der Vorkultur machen will, oder wer die Einrichtungen dafür noch nicht hat, muß auf diese Sommerblumen nicht verzichten, er holt sich die Jungpflanzen beim Gärtner.

Natürlich kann man auch Sommerblumen, die für Freilandsaat geeignet sind, an geschütztem Platz heranziehen, vereinzeln und dann auspflanzen, das heißt Vorkultur treiben. Man bringt sie damit früher zum Blühen. Nur wenige Arten, zum Beispiel solche, die Pfahlwurzeln ausbilden wie Gartenmohn und Goldmohn, wollen nicht mehr versetzt, sondern gleich ins Freiland gesät werden.

Feuersalbei »Johannisfeuer« ▷

EINJAHRESBLUMEN MIT VORKULTUR
(Alphabetisch)

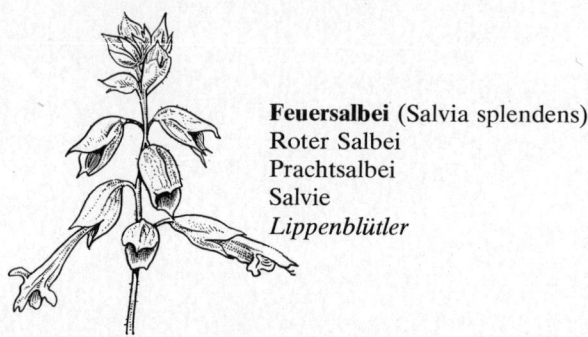

Feuersalbei (Salvia splendens)
Roter Salbei
Prachtsalbei
Salvie
Lippenblütler

In dem wissenschaftlichen Gattungsnamen Salvia steckt das lateinische Wort salvare, heilen. Salvia officinalis, der **Echte** oder **Garten-Salbei,** erfreut sich als Heil- und Gewürzkraut bis heute großer Beliebtheit. Diese in den öden Karstgebirgen der Mittelmeerländer riesige Bestände bildende Staude wächst auch in unseren Gärten mehrjährig, obwohl sie nicht eigentlich frosthart ist. Sie lieh einer Gattung ihren Namen, die mit vielen hundert Arten in warmen und tropischen Landschaften der Alten und Neuen Welt vorkommt.

Unter den anderen Gattungen der Familie Lippenblütler finden wir so artenreiche heimische Wildpflanzen wie Ziest und Taubnesseln, vor allem aber wertvolle Gewürzpflanzen des Kräutergartens: Rosmarin, Lavendel, Minze, Thymian, Majoran, Bohnenkraut, Basilienkraut, Melisse, Ysop, Pogostemon (Patschulipflanze) und Basilikum.

Der Formenfülle dieser Pflanzenfamilie liegt ein recht einheitlicher Bauplan zugrunde: vierkantiger, oft hohler Stengel, gegenständige Blattpaare an den Knoten, die übereinander jeweils im Kreuz stehen und zweiseitig symmetrische (zygomorphe) Lippenblüten.

Unter den vielen Salbeiarten, die in Kulturformen ihrer Blüten wegen im Garten meist als Stauden, aber auch einjährig gezogen werden, sticht der **Pracht-Salbei** durch sein unvergleichlich leuchtendes Feuerrot hervor. Es ist, als erzeuge diese Pflanze einen

Überschuß an Farbe; denn nicht nur die Blüten, sondern selbst deren Hüllblätter und die Blütenstiele sind so rot, als hätte man die ganzen Blütenstände in einen Farbtopf getaucht. Die größten Sorten dieser Art werden bis zu 150 Zentimeter hoch, man setzt mit ihnen unübersehbare Farbzeichen mit Fernwirkung in den Garten, Fanfarenstöße in Rot.

Rot ist die Blütenfarbe der Stammpflanze dieser Art. Sie wächst als mehrjährige Staude in Brasilien. Unsere Kulturformen des Pracht-Salbei sind eigentlich Stauden, die man ihrer Frostempfindlichkeit wegen einfach als einjährige Sommerblumen anbaut.

Beim Pracht-Salbei ließen es die Züchter nicht bei einer Farbe bewenden. Für den Garten stehen rein weiße, cremeweiße, rosarote, zweifarbig rote, rot gesprenkelte, purpurfarbene und violette Sorten zur Verfügung. Darüber hinaus kann man zwischen verschiedenen Wuchshöhen wählen. Salvia splendens nana, eine winzige Zwergsorte, bleibt meist unter zwanzig Zentimeter. Für Blumenrabatten des mittelgroßen Hausgartens wird man Größen zwischen vierzig und fünfzig Zentimeter bevorzugen und die hochwüchsigen Sorten größeren Gärten vorbehalten. Der Pracht-Salbei ist eine gute Futterpflanze für Bienen, er zieht diese erwünschten Gäste zur Blütezeit scharenweise auf sich.

In ihren Ansprüchen gleichen sich die Salbeiarten in etwa: ein Platz an der Sonne, eher trocken als feucht – kalkhaltiger, keinesfalls saurer Boden. Aussaat ab März im Haus, ab April im Frühbeet; die Jungpflanzen setzt man ab Mitte Mai in den Garten. Entsprechend seiner tropischen Herkunft ist der Pracht-Salbei kälteempfindlicher als der in Südeuropa heimische Garten-Salbei.

Von den vielen Kulturarten des Salbei sei noch der **Scharlach-Salbei** erwähnt (S. horminum). Bei ihm nehmen die Laubblätter der Pflanzenspitze blütenblattartige Farben an, zum Beispiel Violett oder Rosa, und übertreffen mit diesem Schmuck die tiefer stehenden, verhältnismäßig kleinen Lippenblüten.

Fleißiges Lieschen (Impatiens wallerina)
Balsaminengewächs

Das Fleißige Lieschen trägt seinen Namen zu Recht, denn es blüht an allen 52 Wochen des Jahres, wenn man seine Ansprüche an Feuchtigkeit und Wärme erfüllt. Eigentlich ist das Fleißige Lies-

Oben: Das Fleißige Lieschen trägt gespornte Blüten. Rechts: Nektarien an den Stengeln. Unten: Löwenmaulblüten in rot und gelb.

chen aus der Gattung Springkraut (Impatiens) eine Zimmer- und Balkonpflanze. Doch entfaltet sie ihre unermüdliche Blütenpracht auch im Freiland. Der erste Kälteeinbruch im Spätherbst bereitet den eigentlich ausdauernden Pflanzen ein Ende.

Oft wird man das Fleißige Lieschen schon deshalb in den Garten pflanzen, weil es wie wenig andere Blumen sogar im Halbschatten üppig blüht und den Boden völlig bedeckt.

Die flachen Blüten zeigen entweder ein gleichmäßig dichtes Feuer- oder Purpurrot mit vielen Abstufungen der einzelnen Sorten, Orange oder einen Blütengrund in Rosa, das nach außen in Weiß übergeht. Je nach Sorte werden die Pflanzen bis zu fünfzig Zentimeter hoch. An unser wildwachsendes Gelbes Springkraut derselben Gattung erinnert nur der lange Blütensporn.

An seinen dickfleischigen, fast durchscheinenden Stengeln kann man schon den großen Feuchtigkeitsbedarf des Fleißigen Lieschens ablesen. Dauernde Nässe verträgt es allerdings nicht. Wenn es immer neue Blüten entfalten soll, was seiner Natur entspricht, dann muß man dem Boden eine kräftige Kompostgabe eingearbeitet haben. Die Pflanze ist außerordentlich kälteempfindlich, so daß man sie erst Ende Mai in den Garten bringt, jedenfalls nach den letzten Nachtfrösten. Man kauft Jungpflanzen beim Gärtner und setzt sie in Abständen von dreißig Zentimetern. Für Terrasse und Hausnähe pflanzt man das Fleißige Lieschen vorteilhaft in Kästen und Kübel. Läßt man wenigstens einen Teil dieser Pflanzen im Haus überwintern, so hat man bei Zimmertemperaturen nicht nur fortgesetztes Blühen, sondern kann ohne Schwierigkeit durch Stecklinge vermehren. Abgebrochene Pflanzenteile, selbst blühende, schlagen im Wasser oder in feuchter Erde schnell Wurzeln und entfalten sich bald zu einer neuen, stattlichen Pflanze.

Das Fleißige Lieschen braucht im Winter Zimmertemperatur oder wenigstens um fünfzehn Grad. Bei Temperaturen unter zwölf

Grad nimmt die Pflanze bereits Schaden, sie wirft dann die Blätter ab und bringt keine neuen Knospen hervor.

Zwischen Blättern und Stengeln des Fleißigen Lieschens kann man glitzernde Tröpfchen beobachten, die einen stark süßen Geschmack haben. Die Bedeutung dieser sogenannten Nektarinen – einer Nektarentwicklung außerhalb der Blüten – ist nicht bekannt.

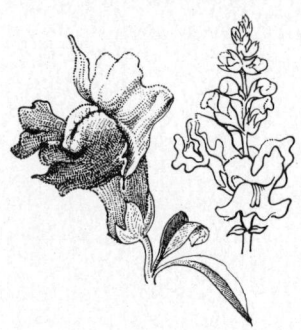

Löwenmaul (Antirrhinum majus)
Braunwurzgewächs

Die nach Farbe und Wuchshöhe sehr zahlreichen Sorten des Gartenlöwenmauls gehen ausnahmslos auf eine einzige Art zurück, das Große Löwenmaul der Mittelmeerländer. Eigentlich sind unsere Gartenlöwenmäulchen mehrjährig wie ihre Wildform. Aber man zieht sie gewöhnlich als Sommerblume, die jährlich neu gesät und gepflanzt wird. In milden Lagen setzt sich die Staudennatur eines Löwenmäulchens bisweilen durch: die Pflanze übersteht Schnee und Eis und treibt im Frühjahr um so üppiger aus.

Daß die Löwenmäulchen nicht besonders kälteempfindlich sind, zeigt sich an spät gezogenen Pflanzen im Herbst: Sie behaupten sich bis zum Frost. Deckt man die Selbstaussaat der Löwenmäulchen im Winter ab, so hat man im nächsten Frühjahr schon Jungpflanzen im Garten. So verträgt das Löwenmäulchen in begünstigten Gegenden eine Aprilaussaat ins Freiland, doch wird man in der Regel im Frühbeet vorziehen oder Jungpflanzen beim Gärtner kaufen.

Die Rachenblüte des Löwenmauls ist nicht nur ein beliebtes Kinderspielzeug, sondern eine zuverlässig arbeitende Kerbtierwaage. Nur für Bestäuber vom Gewicht einer Hummel öffnet sich die Unterlippe des Mäulchens, Fliegen, Schmetterlingen und vielen anderen Insekten bleibt der Nektar des Blütengrundes durch das elastisch schließende Blütentor unerreichbar.

Den ursprünglich roten Blüten des **Großen Löwenmauls** mit goldgelbem Schlund wurden durch Zucht viele andere Blütenfarben in einer großen Sortenzahl angereiht: Weiß, Gelb, Braun, Orange, Rosa, Purpur und viele Zwischentöne. Diese Farbskala ist in vier Grundgrößen der Pflanze erhältlich, so daß man aus einem besonders umfangreichen Sortenangebot auswählen kann.

Die kleinsten Sorten bleiben unter zwanzig Zentimeter – reizvolle Steinbeetblumen (Pumilum-Gruppe). Die hohen Sorten erreichen bis zu 120 Zentimeter Größe und tragen teilweise auch besonders große Blüten (Tetra-Sorten, Maximum- und Grandiflorum-Gruppe). Sie eignen sich vorzüglich als Schnittblumen. Dazwischen liegen halbhohe und niedrige Sorten.

Entsprechend der unterschiedlichen Wuchshöhen muß man die Abstände der Jungpflanzen halten. Obwohl sich das Große Gartenlöwenmaul nicht verzweigt, nehmen seine ausladenden Blütentrauben so viel Platz in Anspruch, daß man nach einer Faustregel ein Drittel der Pflanzenhöhe als Abstand zum nächsten Exemplar einhält. Man fördert die Blütenbildung aus Seitentrieben, wenn man welkende Blütenstände entfernt.

Das Löwenmaul stellt trotz großer Blütenfülle keine großen Ansprüche an Standort, Boden und Pflege. Es gedeiht noch im Halbschatten und bevorzugt eher schwere als leichte Böden.

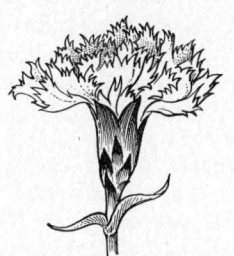

Nelke (Dianthus)
Nelkengewächs

Die Nelken gehören zu den ältesten Gartenblumen Mitteleuropas. Die ihnen schon im Altertum entgegengebrachte Hochachtung der Griechen schlug sich in dem Gattungsnamen Dianthus nieder, der mit Zeus- oder Götterblume übersetzt werden kann. Vielleicht war es der süße Duft dieser Blumen, der besondere Aufmerksamkeit

Chinanelke

Nelkenknospe

erregte, denn die Blüten der Wildformen zeichnen sich weder durch Größe noch durch außergewöhnliche Formen aus. Wilde Nelken heben sich mit ihren kennzeichnend leuchtenden Rottönen dennoch unübersehbar von ihrer Umgebung ab, weil sie meist auf kargen Trockenböden wachsen, die eine nur schüttere Pflanzendecke hervorbringen.

Die fünf Kronblätter einfacher Nelkenblüten – sehr viele Zuchtformen sind gefüllt – verengen sich zur Blütenmitte zum sogenannten Nagel, der in einem langen, derbblättrigen Kelch steckt. Der Kelchgrund enthält Nektar, erreichbar nur für langrüsselige Kerbtiere wie Schmetterlinge und Hummeln.

Man nimmt an, daß die Nelkengewächse ursprünglich nur im Mittelmeergebiet beheimatet waren, daß sie sich von dort über Asien bis in den Fernen Osten und durch Afrika bis zum Südkap verbreitet haben.

Frühe Zuchtbemühungen um die Nelke, von der über 250 Wildarten zur Verfügung standen, führten schon in den vergangenen Jahrhunderten zu zahlreichen Kulturformen. Man kennt einjährige, zweijährige und ausdauernde Gartennelken in fast unübersehbar vielen Arten und Sorten. Sie haben gewöhnlich schmale, grasförmige Blätter von meergrüner Farbe.

Die meisten Sorten einjährig gezogener Nelken gehen aus Dianthus caryophyllus und Dianthus chinensis, der China-Nelke, hervor. Die letztgenannte Art gibt es in einfachen, gefüllten und mehrfarbigen Varietäten, unter ihnen die niedrige, polsterbildende Sorte »Persian Carpet« und die besonders reizvolle **Heddewigsnelke**. Bei ihr stehen auffallend große Blüten auf festen, niedrigen Stielen zwischen fünfzehn und dreißig Zentimeter Höhe. Auch hier findet man einfache, gefüllte und mehrfarbige Sorten.

Unter den sehr beliebten **Bartnelken** (Dianthus barbatus), bei denen die endständigen Blüten sich zu wirkungsvollen Büschen zusammenschließen, gibt es dreißig und vierzig Zentimeter hohe Sorten, die als Sommerblumen gezogen werden können. Allgemein zählen die Bartnelken zu den zweijährigen Gartenblumen.

Die häufigsten Nelkenfarben sind Weiß, Rosa und Rot in allen nur denkbaren Schattierungen.

Nelken lieben trockene Wärme, einen kalkhaltigen, nicht zu schweren Boden. Arten und Sorten, die viel Grün, hohe Stengel und üppige Blüten hervorbringen wie die Bartnelken, brauchen natürlich mehr Nährstoffe als kleine Formen oder solche, die den Wildarten noch nahestehen. Allgemein bevorzugen sie durchlässige Böden mit gutem Wasserabzug, Staunässe ist für Nelken Gift. Nur die ausdauernde **Prachtnelke** liebt feuchten, sogar moorigen Boden. Ihre reizvoll gefransten Kronblätter ähneln denen unserer wildwachsenden **Kuckucks-Lichtnelke**, die gleichfalls auf Feuchtwiesen gedeiht.

Einjährige Nelken sät man ab Februar in Töpfe und Schalen, je nach Lage ab März oder April ins Frühbeet. Jungpflanzen setzt man ab Mitte Mai ins Freiland. Da vorgezogene Nelkenpflanzen leicht bei Gärtnereien zu haben sind, sollte man von diesem Angebot Gebrauch machen. Die meisten Sommernelken blühen ab Juli, für die Herbstblüte kann man China-Nelken Ende Mai und Anfang Juni unmittelbar ins Freiland säen. Ein vollsonniger Standort ist die beste Voraussetzung für gutes Gedeihen der Nelken.

Phlox (Phlox)
Flammenblume
Sperrkrautgewächs

Phlox ist der Vielseitigkeitskünstler des Blumengartens schlechthin. Man bekommt ihn als Staude oder als einjährige Sommerblume. Die kleinsten Sorten werden fünf Zentimeter (Ph. douglasii), die größten dreißigmal so hoch. Die Möglichkeiten seiner Blütenfarben kennzeichnet man am treffendsten mit »alle«. Man müßte nur Grün ausklammern, hat aber neben den Grundfarben auch zahllose Übergänge, wie cremefarben und braun, außerdem gesprenkelte und gestreifte Blüten, solche mit weißen oder mit dunkleren Augen. Es gibt sogar dreifarbige Phloxblüten. Die Blütenform ist wandelbar. Meist sind die fünf Kronblätter ganzrandig rundlich, doch kommen schmale, gekerbte und gefiederte vor.

Phlox bildet dichte Bodenbedecker im Steingarten (Moosphlox) oder stattliche Stauden mit üppigen Blütenständen auf hohen Stielen von 150 Zentimeter Höhe (Maculata-Hybriden).

Obwohl der **Einjahrs-** oder **Sommerphlox** nur mit einer Art (Phlox drummondii) vertreten ist, steht der Farben- und Formenreichtum ihrer Sorten nicht hinter den mehrjährigen Phloxarten zurück.

Phlox heißt auf Griechisch die Flamme, der Gattungsname wurde demnach von einer rotblühenden Art abgeleitet. Es gibt nur eine asiatische Wildform des Phlox, die aber nicht kultiviert wurde. Unser Phlox stammt aus den warmen Teilen Nordamerikas. Er kam im Jahre 1732 nach Europa, Einjahrsphlox sogar erst gut hundert Jahre später aus Texas.

Der Siegeszug der Flammenblume begann für ihre Kulturformen in den vierziger Jahren des vergangenen Jahrhunderts, nachdem es dem Franzosen Lierval gelungen war, bunt blühende Sorten zu züchten. Immer wieder kommen neue Phloxsorten auf den Markt und bereichern die fast unabsehbar gewordene Fülle des Angebots. Bei Kindern erfreut sich der Phlox besonderer Beliebtheit, weil man aus der Kronröhre ausgezupfter Blüten Honig saugen kann.

An den Blüten sind die Einjährigen nicht ohne weiteres von den Mehrjährigen zu unterscheiden, jedoch leicht an den Laubblättern: Bei den Stauden wachsen sie gegenständig, beim Sommerphlox wechselständig.

Nach seiner Wuchsgröße teilt man den Einjahrsphlox in Zwergformen (Ph. drummondii »Compacta« oder »Compacta Nana«) mit fünfzehn bis zwanzig Zentimeter hohen Pflanzen, in mittelhohe und hohe Sorten (Ph. drummondii »Grandiflora« und »Gigantea«). So findet man beim Sommerphlox alle erwünschten Größen bis etwa sechzig Zentimeter Höhe; will man noch größere Büsche, muß man Phloxstauden pflanzen.

Da die niederen und mittleren Wuchsformen des Sommerphlox reich mit Blüten übersät sind oder kugelige Blütenstände bilden, eignen sie sich besonders gut für Beeteinfassungen. Man kann aber auch sehr vorteilhaft ganze Rabatten nur mit Phlox gestalten. Dafür spricht die lange Blühzeit des Phlox von sechs bis acht Wochen. Man verlängert sie für den Garten fast beliebig durch zeitlich gestaffelte Folgesaaten. Die langstieligen Sorten bewährten sich hervorragend als Schnittblumen.

Als Gegenleistung für seine verschwenderische Fülle und Vielseitigkeit sollten wir dem wärmeliebenden Phlox vollsonnige Standorte und humosen, nährstoffreichen Boden gönnen. Regen und Kälte machen ihm zu schaffen und können den Blüherfolg in Frage stellen. In günstigen Jahren blüht der Sommerphlox zweimal, wenn man die Pflanzen nach der ersten Blüte kräftig zurückschneidet und so zu neuen Trieben und Knospen anregt. Um solche »Doppelleistungen« zu erzielen, ist allerdings eine frühe Vorkultur erforderlich.

Phloxsamen verlieren schnell ihre Keimfähigkeit, man sollte sie deshalb jährlich neu kaufen. Ziemlich sichere Erfolge erzielt man mit Jungpflanzen, die man beim Gärtner kauft und ab Mitte Mai ins Freiland setzt. Um diese Zeit kann man Sommerphlox in den Garten säen, um auch noch im Herbst Blüten zu bekommen, vorausgesetzt, er ist sonnig. Zur eigenen Vorzucht sät man Phlox ab März in Schalen, setzt später in Töpfe um und pflanzt ab Mitte Mai aus. Ab April gelingen Aussaaten ins Frühbeet. Die Pflanzenabstände im Freiland sollten bei kleinen Sorten um zwanzig Zentimeter, bei größeren bis doppelt so viel betragen.

Impatiensglandulifera, eine Balsamine aus Ostindien, wächst gut mannshoch. Unten: Blüte derselben Pflanze.

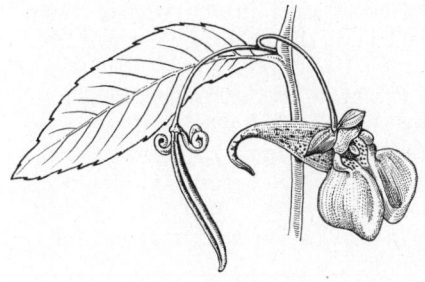

Springkraut (Impatiens)
Balsamine
Balsaminengewächs

Das zitronengelb blühende Springkraut wächst im Schatten unserer Wälder häufig. Seine an dünnen Stielchen aufgehängten großen, schön geformten Blüten mit langem Sporn erinnern an tropische Urwaldgewächse. Die weitaus meisten Arten der Balsaminenfamilie gedeihen in Äquatornähe Afrikas und Südostasiens.

Unser Springkraut verdankt seinen Namen der Schnellkraft seiner reifen Früchte: Sie stehen unter Spannung und schleudern schon bei leiser Berührung aufplatzend ihre Samen in die Umgebung. Der lateinische Gattungsname Impatiens (ungeduldig) und der Artname (I. nolitangere) für das **Echte Springkraut** unserer Wildflora findet seine Entsprechung in dem deutschen Namen Rührmichnichtan.

Aufspringende Früchte hat auch die stattliche **Garten-Balsamine** (Impatiens balsamina), die schon im 16. Jahrhundert aus tropischen Ländern nach Europa kam. Die zahlreichen Sorten blühen in Weiß, Rosa, Purpur, Violett, Gelb, zweifarbig, getüpfelt und gestreift. Nach der Art der Blütenfüllung unterscheidet man **Kamelien-Balsaminen, Nelken-Balsaminen** und **Rosen-Balsaminen. Zwerg-Balsaminen** werden nur 25 Zentimeter hoch, dagegen ist Impatiens glandulifera aus Ostindien eine überaus kräftige und große Pflanze von gut zwei Meter Höhe. Ihre purpurroten, bambusartig glatten Sproßachsen bilden vielgliedrige Büsche, von denen man nicht annehmen würde, daß sie in einem einzigen Sommer aus Samen hervorgewachsen sind. Die Wuchsleistung dieser Pflanze läßt sich durchaus mit der von Sonnenblumen vergleichen. Dabei blüht sie reich und lang, nämlich von Juni bis Oktober. Ihre schön geformten, meist zweifarbigen Blüten hängen ähnlich wie beim heimischen Springkraut an einem am Schwerpunkt ansetzenden Stielchen, so daß der Blütenkörper in der Waagerechten bleibt, eine Einladung an Bienen und Hummeln, die sich in großer Zahl einfinden.

Voraussetzung für solche Pracht ist ein humus- und nährstoffreicher Boden. Außer Gießen ist keine Pflege vonnöten, nicht einmal ein vollsonniger Stand. Die Pflanze unseres Farbbildes wuchs in 950 Meter Höhe auf einem Osthang im Schatten eines großen Fliederbusches. Im Gegensatz zum schnell welkenden Echten Springkraut halten sich die Blütenstände der beschriebenen Balsaminen in der Vase und duften herrlich.

Andere Impatiens-Arten werden als ausdauernde Pflanzen gezüchtet, die aber nicht winterfest sind.

Außer dem Echten Springkraut, das einen ständig feuchten Boden braucht, begnügen sich die Pflanzen mit üblichem Gießen bei längerer Trockenheit.

Die Springkräuter oder Balsaminen zieht man ab März im Frühbeet vor und pflanzt ab Mitte Mai aus.

Impatiens glandulifera sät sich trotz ihrer tropischen Herkunft selbst aus und übersteht den Winterfrost unbeschadet im Samen. Im nächsten Frühjahr kommen die Pflanzen ohne Zutun wieder zur Blüte. Man findet bisweilen verwilderte Bestände dieser stattlichen Pflanze.

Strohblume (Helichrysum)
Korbblütler

Diese Kinder der Sonne stehen nicht nur Bauerngärten gut, sondern können jeden Blumengarten mit ihren sonnigen Goldtönen bereichern. Durch ihre fast unbegrenzte Haltbarkeit bei voller Bewahrung ihrer Farben retten sie ein wenig Sommerglanz für den Winter.

Bei den glatten, glänzenden Blättchen, die als Strahlenkranz das oft andersfarbige Blütenkörbchen einrahmen, handelt es sich nicht um verwandelte Zungenblüten wie beim »Flammenrand« der Sonnenblume und vielen anderen Korbblütlern, sondern um farbig gewordene Hüllblätter des Blütenstandes, die nicht aus Blüten hervorgingen. Einen ähnlichen Bauplan finden wir bei der Silberdistel, deren Blütenstände gleichfalls haltbar sind.

Der wissenschaftliche Gattungsname der Strohblume, Helichrysum, bedeutet so viel wie Sonnengold (aus dem Griechischen). Wir finden bei den Strohblumen vor allem die warmen Farben von Gelb über Orange bis Rot und Braun, auch ein bräunliches Violett, aber niemals Blau.

Von den rund fünfhundert Arten der Strohblume in der Alten Welt und in Australien wird als Einjährige vor allem die **Gartenstrohblume** (H. bracteatum) gezogen. Ihre vielleicht beliebteste Sorte ist »Monstrosum«, deren Blüten besonders groß werden. Unter ihnen finden wir weiße und rosa Blüten.

Neben diesen langstieligen Strohblumen, die bis zu hundert Zentimeter Höhe erreichen, gibt es halb so hohe Sorten wie »Nanum«.

Unter den ausdauernden Arten der Strohblume (Stauden) werden Zwerge von nur fünf Zentimeter Höhe angeboten; sie eignen sich besonders gut fürs Steinbeet. Ihre Blätter bilden silbrige Rosettenpolster.

Die Strohblume stellt hohe Ansprüche an Sonne und Wärme, aber nur geringe an Nährstoffgehalt und Feuchtigkeit der Erde. Am liebsten sind ihr leichte, eher magere, durchlässige, also sandige Böden. Doch wächst sie auch auf nicht zu bindigem Lehm.

Man kann Strohblumen in geschützten Lagen ab Anfang Mai ins Freiland säen, doch empfiehlt sich die Vorzucht mit einer um vier Wochen früheren Aussaat ins Frühbeet. An ihrem endgültigen Standort sollten die Pflanzen auf etwa dreißig Zentimeter Abstand gebracht werden, kleineren Sorten genügt entsprechend weniger Platz.

Staudenphlox

In Gartenmischungen mit Strohblumen ist oft das **Katzenpfötchen** (Antennaria dioica) enthalten. Man faßt die unverwelkbaren Blumen beider Gattungen bisweilen als Immortellen zusammen, was so viel heißt wie »die Unsterblichen«. Doch auch die einjährige **Papierblume** (Xeranthemum annuum) wird als Immortelle bezeichnet.

Katzenpfötchen eignen sich besonders gut in Mischung mit Strohblumen zu Dauersträußen. Als Einzelpflanzen finden sie weniger Beachtung, denn sie blühen in gedeckten Farben und kleinen Blütenköpfen. Je nach Sorte erreichen sie zehn bis vierzig Zentimeter Höhe.

Studentenblume (Tagetes)
Samtblume
Korbblütler

Wenn eine Gartenblume mehrere deutsche Namen trägt, kann das als Hinweis dafür gelten, daß sie schon lange Zeit in unseren Gärten verbreitet ist. Die Studentenblume kleidet sich in Samt, daraus leiten sich ihre älteren Bezeichnungen Sammetblume und Hoffahrtsblume ab. Ihre Herkunft aus der Neuen Welt führte zu dem gleichfalls früher gebräuchlichen Namen Indianische Nelke. Das örtlich verwendete »Stinkerle« bezieht sich auf den strengen bis

unangenehmen Geruch der grünen Blätter. Er rührt von ätherischem Öl her, das durch kleine Drüsen abgegeben wird. Den Züchtern ließ dieser »Nachteil« offenbar keine Ruhe, denn es gibt heute geruchlose Tagetessorten. Und aus einfachen Blüten wurden

Tagetes. Rechts: T. tenuifolia »Ornament«.

gefüllte, aus ursprünglich rotbraunen gelbe, orangefarbene, rote und zweifarbige.

Unsere Kulturformen der Tagetes sind immer einjährig. Von den vielen wildwachsenden Arten des südlichen Nordamerika haben sich vor allem zwei bei uns durchgesetzt, von denen es jeweils eine ganze Reihe von Sorten verschiedener Gestalt und Größe gibt. Tagetes erecta, die **Aufrechte Sammetblume**, bringt verzweigte Büsche bis zu einem Meter Höhe mit meist gefüllten Blüten hervor. Besonders die tief samtbraunen Sorten bereichern den Sommerflor des Gartens um eine verhältnismäßig seltene Farbe. Die Blüten dieser Art werden bis zu zehn Zentimeter groß. Unter den T.-erecta-Hybriden gibt es wahre Riesen bis 130 Zentimeter Höhe, außerdem unterscheidet man nelken- und chrysanthemenblütige Sorten; unter ihnen geruchlose.

Tagetes patula, die **Ausgebreitete Sammetblume**, umfaßt ebenfalls die kennzeichnenden Blütenfarben von Braun über Goldgelb bis Orange, doch bleiben diese Pflanzen meist unter dreißig Zentimeter und haben kleinere Blüten.

Schließlich ist noch die gleichfalls niedrig bleibende Art T. tenuifolia zu nennen, reich blühend, aber mit kleinen, teils zweifarbigen Blüten. Diese Art eignet sich gut für dichte Bodenbedeckung. Tagetes nimmt mit jedem Gartenboden vorlieb, braucht aber möglichst volle Sonne. Jungpflanzen gibt es in jeder Gärtnerei, man setzt sie ab Mitte Mai in den dann schon gut durchwärmten Gartenboden. Für eigene Anzucht sät man ab März in Saatkästen oder ab April ins Frühbeet. Je nach Höhe der Sorte wird man sie später auf zwanzig bis dreißig Zentimeter Pflanzenabstand vereinzeln. Bei Tagetes kann man selbst Samen gewinnen und ihn im nächsten Frühjahr verwenden.

Die Studentenblumen stellen keine besonderen Pflegeansprüche, man sollte sie eher trocken als zu feucht halten. Die Jungpflanzen sind frostempfindlich.

Trompetenzunge (Salpiglossis sinuata)
Brokatblume
Nachtschattengewächs

Diese außergewöhnlich reizvolle Blume aus Chile gehört zur selben Pflanzenfamilie wie die Tabakpflanze, Paprika, Tomate und

Kartoffel, bedeutende Gäste aus der Neuen Welt. Die Nachtschattengewächse sind aber auch unter unseren heimischen Wildpflanzen mit etlichen Gattungen vertreten, zum Beispiel Bilsenkraut, Tollkirsche und Bocksdorn.

Die verschiedenen Kulturformen der Trompetenzunge gehen alle auf eine Art zurück. An verzweigten Stengeln sitzen rauhe Blätter mit Drüsenhaaren, deren Ausscheidungen die Pflanze etwas klebrig macht. Darin und in der Blütenform eines breit ausgewölbten Trichters erinnert die Trompetenzunge an unsere Balkonpflanze Petunie, welche ebenfalls zu den Nachtschattengewächsen gehört, die aus Südamerika zu uns kamen und als Kulturpflanzen weitergezüchtet wurden.

Die Innenseiten der in elegant geschwungenen Doppelzungen auslaufenden Trompeten zeigen eine fein gezeichnete, zwischen verschiedenen Farben abgesetzte Maserung. Sie führte zu dem Namen Brokatblume. Diese Gewächse zeigen die Fähigkeit, an einer Pflanze Blüten in drei bis vier verschiedenen Farben hervorzubringen. Es gibt Blüten in den Grundfarben Weiß, Gelb, Goldgelb, Orange, Braun, Rosa, Dunkelrot, Purpurrot und Violett. Wie sehr man sich an dieser Blütenpracht begeistern kann, drückt der folgende Satz der bekannten Gartenbuchautorin Margot Schubert aus:

»Sie sind wahre Farbenwunder von orchideenhafter Pracht, unwahrscheinliche Geschöpfe einer geradezu üppigen Spenderlaune der Natur, die hier für wenige Monate einen Reichtum ohnegleichen entfaltet.«

Natürlich ergeben die Trompetenzungen mit ihrem Blütendurchmesser bis fünf Zentimeter besonders prunkvolle Schnittblumen von allerdings begrenzter Haltbarkeit. Die Pflanze erreicht eine Höhe von sechzig bis achtzig Zentimeter. Empfehlenswerte

Trompetenzunge mit Brokatzeichnung.

Sorten sind unter anderem »Grandiflora« und die »Kaiser-Trompetenzunge« (»Superbissima«).

Die Trompetenzunge braucht viel Sonne und einen humosen Boden, doch unterscheidet sie sich darin nicht von den meisten anderen Sommerblumen. Sie kommt mit wenig Feuchtigkeit aus. Die Vorkultur der Trompetenzungen gleicht der anderer Sommerblumen, die sich besser entwickeln, wenn man im Mai schon Jungpflänzchen gezogen hat. In günstigen Lagen kommen auch erst im

Mai gleich ins Freiland gesäte Pflanzen noch zur Blüte, doch empfiehlt es sich für bessere und längere Entfaltung dieser im besten Sinne aufsehenerregenden Sommerblume, wenn man Jungpflanzen beim Gärtner kauft.

Die einen ähnlichen Namen tragende **Trompetenblume** (Campsis) ist eine Kletterpflanze aus dem Fernen Osten mit gleichfalls außergewöhnlich prächtigen, langgezogenen Trompetenblüten. Wegen ihrer Kälteempfindlichkeit kommt diese mehrjährige Pflanze für unsere Gärten kaum in Frage.

Verbene (Verbena)
Eisenkraut
Eisenkrautgewächs

Die Stammformen unserer Kultursorten wachsen sowohl in der Alten als auch in der Neuen Welt. Das gewichtigste Mitglied der Eisenkrautgewächse ist der Teakbaum aus den tropischen Ländern Asiens. Eine besondere Eigenschaft macht das Teakholz für den Schiffbau so begehrt: Es hält sich, obwohl es nicht besonders schwer ist, gut im Wasser – auch in Verbindung mit Eisenteilen.

Der deutsche Name der artenreichen Gattung Verbene geht wahrscheinlich auf die dem **Eisenkraut** in früheren Zeiten nachgesagte Heilkraft für Wunden, die durch Eisenwaffen geschlagen wurden, zurück. Außerdem sollte es möglich sein – so glaubte man –, mit dem Eisenkraut eine dahinschwindende Liebe wieder zu befeuern. Im übrigen verwendete man die Pflanze gegen Schmerzen, Rheuma und Fieber.

Die duftenden Einzelblüten der Verbene schließen sich zu doldig-kugeligen Blütenständen zusammen. Der große Farbenreichtum heutiger Zuchtformen entstand durch Kreuzungen mit Verbenaarten aus Mittel- und Südamerika. In zahlreichen Sorten sind nahezu alle denkbaren Farbtöne erhältlich – nur Gelb und seine Abstufungen zu anderen Farben fehlen. Hinsichtlich der Pflanzengröße geben die einzelnen Sorten gute Wahlmöglichkeit, doch wird eine Höhe von fünfzig Zentimeter nicht überschritten.

Die sehr niedrige Sorte »Compacta« eignet sich wegen ihrer Dichtwüchsigkeit besonders gut für Blumenmosaike. Größere Sorten wie »Mammut« bringen auch größere Blüten hervor.

Eisenkraut zeichnet sich durch besonders lange Blühdauer aus, je nach Saat oder Pflanzung von Juli bis Oktober. Die größeren Sorten eignen sich als Schnittblumen.

Die Blühfreudigkeit der Verbenen setzt vollsonnigen Standort voraus, dagegen sind sie mit jedem Gartenboden zufrieden. Während der Blütezeit müssen die Pflanzen bei ausbleibendem Regen gut gegossen werden.

Ab März wird in Schalen oder Kästen gesät – am besten bei Zimmertemperatur. Die heranwachsenden Jungpflanzen dürfen nicht kalt stehen. Mitte bis Ende Mai setzt man sie ins Freiland. Die in Gartenbüchern empfohlene mehrmalige Flüssigdüngung während eines Sommers erübrigt sich, wenn die Erde vor der Bepflanzung eine Kompostgabe erhält. Die kleineren Sorten nimmt man gern für Balkonbepflanzungen.

Zinnie (Zinnia)
Korbblütler

Der Name Zinnie, so scheint es, ist gut gewählt; kann man doch den matten Schimmer dieser Blüten mit der Oberfläche polierten Zinns vergleichen. In Wirklichkeit leitet sich die Gattungsbezeichnung dieser Pflanzen von einem Professor namens Zinn ab, einem Pflanzenforscher des 18. Jahrhunderts.

In europäischen Gärten wurde diese unverwechselbare Sommerblume tropischer Herkunft erst in der ersten Hälfte des 19. Jahrhunderts verbreitet. Kaum eine andere Gartenblume entwickelt so dichte, man möchte sagen glimmende Farben auch in dunklen Tönen wie die Zinnie. Sie verleiht in der Mischung mit anderen Sommerblüten einer lebenden Blumenkomposition Festigkeit. In Mischungen der eigenen Art wirkt sie ernst und feierlich, fast ein wenig steif, aber in ihrem Farbenfeuer geradezu unwirklich schön. Die Zinnie stammt aus Mexiko; nach der Überlieferung wurde sie schon von den Azteken angebaut.

Von den siebzehn in der Neuen Welt heimischen Arten der Gattung stehen nur vier für unsere Gärten zur Verfügung. Der Sortenreichtum dieser Arten ist jedoch so groß, daß für Größen und Farben eigentlich keine Wünsche offen bleiben dürften. Wie viele andere Blumengattungen bringt die Zinnie vor allem warme Blütenfarben hervor, also Gelb, Goldgelb, Orange, Feuerrot und Rotbraun, aber auch Purpur, Violett, reines und grünliches Weiß und eine Reihe zartester Rosastufen. Für die Blütenform – einfach oder gefüllt – unterscheidet man dahlien-, skabiosen- und chrysanthemenblumige Sorten.

Eine sehr kleine Form mit der Bezeichnung »Lilliput« wird nur zwanzig bis dreißig Zentimeter hoch, umfaßt aber, wie die größeren Sorten, die ganze Farbenskala der Zinnien.

Zu den großen und beliebtesten Arten gehört Zinnia elegans in allen Größenstufen bis hundert Zentimeter. Außer Blau, das bei Zinnien nicht vorkommt, bringt auch diese Art alle Farben und Zwischentöne hervor. Die Riesenzinnie, eine dahlienblütige Sorte dieser Art, erreicht Blütendurchmesser von zehn Zentimetern.

Bei der meist gefüllten Zinnia angustifolia liegen die »Blumenblätter« dachziegelartig übereinander. Sie wird nur vierzig Zentimeter hoch, wächst aber breit und buschig und ist besonders widerstandsfähig. Ihre Blüten kann man als Trockenblumen aufheben.

Die niedrigste Sorte »Thumbelina«, was soviel wie Däumling heißt, bleibt meist unter zwanzig Zentimeter Höhe. Sie ist in vielen Farben erhältlich.

Die langstengeligen Zinnien ergeben sehr dankbare Schnittblumen mit guter Haltbarkeit. Man schneidet sie in erblühtem Zustand, weil Knospen im Wasser nicht aufgehen.

Entsprechend ihrer tropischen Herkunft brauchen Zinnien sehr viel Wärme und leiden unter naßkaltem Wetter. Die Jungpflanzen sind gegen Spätfröste viel empfindlicher als beispielsweise Phlox, man wird sie deshalb nicht vor Mitte oder Ende Mai ins Freiland setzen. Freilandsaaten zu dieser Zeit bringen erst sehr späte

Blüte, deshalb werden Zinnien in Saatkästen und im Frühbeet schon ab März vorgezogen. Auspflanzen sollte man bei mild-warmem Wetter, auf keinen Fall unter praller Sonne.

Zinnien wollen humosen, eher nahrhaften, auf keinen Fall zu leichten Boden. Trotz ihrem großen Wärmebedürfnis gedeihen sie noch im Halbschatten, wenn sie wenigstens für einen Teil des Tages volle Sonne bekommen. Je nach Anzucht oder Aussaat blühen die Zinnien von Juli bis Oktober. Ihr Laub wird gern von Schnecken gefressen, bei zu engem Stand und ungünstiger Witterung können sie unter Grauschimmel leiden. Wenn ihnen übermäßige Nässe und Kälte erspart bleiben, sind Zinnien dankbare und unschwierig anzubauende Gartenblumen.

◁ Zinnienblüten. Rechts unten: Dahlienblütige Riesen »Scarlet Flame« (Blaupunktsamen).

VORKULTUR – ABER WIE?

Durch Vorkultur verlängern wir mit hauseigenen Mitteln die warme Jahreszeit. Wir ermöglichen damit das Gedeihen von Pflanzen in unserem Garten, die ihren natürlichen Bedürfnissen nach nur in wärmeren Ländern zur Blüte oder Reife kommen. Wir verlegen damit aber auch Blühzeiten des Herbstes in den Sommer oder des Hochsommers in den Frühsommer.

Die im folgenden beschriebenen Arbeiten der Pflanzenvorzucht im Haus oder im Frühbeet werden dann überflüssig, wenn man die Jungpflanzen beim Gärtner holt. Sie sind dort preiswert zu haben, weil sie der Erwerbsbetrieb in großen Stückzahlen und in geeigneten, arbeitssparenden Anlagen heranzieht. Rechnet man die Zeit, die man selbst für Vorkulturen aufwenden muß, dann lohnt es sich nicht, die Ausgaben für gartenfertiges Pflanzgut sparen zu wollen. Gerade der Anfänger wird sich im ersten und zweiten Jahr leichter tun, wenn er sich mit solchen Arbeiten erst später beschäftigt; er kann sich dann den wirklich notwendigen Gartenarbeiten mit um so mehr Zeit und Ruhe widmen.

Ein ganz anderer Gesichtspunkt ist die Freude, die man am Heranziehen von Jungpflanzen aus Samen haben kann. Täglich beobachtet man die Saatschale am Fensterbrett, die Töpfe oder Kästen in einem anderen Raum, um zu sehen, wann die Saat aufläuft, wie sich die Pflänzchen entwickeln. Dies beginnt in einer Jahreszeit, in der es üblicherweise draußen noch nicht viel zu tun gibt. Wer kennt nicht die Ungeduld des Gartenfreundes ab März! Man möchte endlich loslegen, aber die Erfahrung sagt, daß es noch zu früh ist.

Will man sich erstmalig mit dem Vorziehen von Jungpflanzen vertraut machen, dann empfiehlt es sich, mit wenigen Pflanzenarten zu beginnen. Ein Hauptfehler liegt darin, daß man alle Pflanzgefäße vollsät und dann für die heranwachsenden Jungpflanzen nicht genügend Platz findet.

Für das Säen der Vorkultur im Haus gibt es flache Handkästen, doch eignen sich alle feuchtigkeitsunempfindlichen Gefäße dafür, wenn sie nur Abzugslöcher am Boden haben. Zum Einlegen größerer Samen, wie Sonnenblumenkerne, nimmt man vorteilhaft kleine oder mittlere Blumentöpfe, die man batterieweise aufstellt. Die Abzugslöcher der Gefäße werden mit Tonscherben abgedeckt, den Boden belegt man mit Kies, damit sich dort kein Wasser staut.

Nun füllt man mit einem hälftigen Gemisch aus reifer Komposterde und Sand auf. Hat man keinen Komposthumus, nimmt man lockere Gartenerde der oberen Bodenschicht, die man mit käuflicher Blumenerde oder etwas Torf durchmischen kann. Gute Dienste leistet auch Waldboden des Misch- oder Laubwaldes, auf keinen Fall aber die saure Erde unter Nadelbäumen. Es versteht sich von selbst, daß man größere Mengen Erde nicht einem fremden Wald, sondern dem eigenen Grundstück entnimmt.

Die Erdoberfläche im Pflanzgefäß sollte nicht mit dem Kastenrand abschließen, sondern etwas tiefer liegen. Sie wird mit einem Brettchen geglättet.

Statt eigene Erde zu verwenden, kann man auch TKS I kaufen, ein Torfkultursubstrat, das für diesen Zweck entwickelt wurde. Nun sät man flächig oder in Reihen und siebt eine dünne Schicht Sand oder Sand-Erde-Gemisch auf die Samen. Natürlich kann man den Sand auch vorsichtig von Hand aufbringen, doch darf die Schicht nur einige Millimeter stark sein. Zuletzt feuchtet man mit feiner Brause oder mit dem Wäschespritzer an.

Handkästen oder Saatschalen werden üblicherweise mit Glasscheiben abgedeckt, die man jedoch nicht dichtschließend auf die Gefäßränder legt; vielmehr sollte durch dazwischen gelegte Lüfthölzer – Streichhölzer und Bleistifte tun diesen Dienst – ein Belüftungsabstand gehalten werden. Die Abdeckung schützt das Saatgut vor Zugluft und damit vor schnell schwankenden Temperaturen. Der Keimvorgang erfordert kein Licht, ein abgedunkelter Raum ist vorteilhaft, aber nicht Bedingung.

Nach dem Auflaufen der Saat brauchen die Keimlinge Licht, um sich fortzuentwickeln. Man sollte sie aber in den ersten Tagen vor unmittelbarer Sonnenbestrahlung schützen. Die Glasscheibe kann jetzt abgenommen werden; die Verdunstung wird sich dadurch erhöhen, man muß für eine gleichmäßige Feuchtigkeitszufuhr durch Gießen sorgen.

Bald haben wir dichte Reihen von Pflänzchen oder bei Flächensaat einen kleinen Wald im Handkasten. Die Pflanzenkinder werden jetzt vereinzelt (pikiert). Das kann je nach Jahreszeit und verfügbaren Einrichtungen gleich ins Frühbeet, in Töpfe oder in andere Saatkästen geschehen. Man sollte die Pflanzenabstände großzügig bemessen, sonst muß man noch einmal oder noch mehrere Male umsetzen, damit die heranwachsenden Jungpflanzen sich nicht gegenseitig behindern.

Es gibt heute tiefgezogene Plastikplatten, deren Vertiefungen als Pflanztöpfe dienen (Multitopf). In jeden Napf wird eine Pflanze gesetzt, die dort ungehindert ihre Wurzelballen bilden kann. Später nimmt man die Pflanze mit ihrem Ballen heraus und bringt sie an ihren Standort ins Freiland. Diese Methode ist zweifellos die schonendste. Man kann auch gleich in den Multitopf säen. Da nicht jeder Samen keimt, legt man jeweils drei Samenkörner mit kleinem Abstand ein und läßt später nur die stärkste Pflanze stehen.

Doch kehren wir noch einmal zum Pikieren zurück, denn diese Arbeit erfordert Geduld und Fingerspitzengefühl. Man löst jeweils einen ganzen Bund von Pflänzchen vorsichtig aus der Erde – die Sandbeimischung erweist sich jetzt als sehr vorteilhaft –, sticht mit einem dünnen Pflanzholz eine Vertiefung in die Erdfläche, läßt das Pflänzchen hineinrutschen und drückt die Erde von beiden Seiten sanft an. Danach wird gegossen. Weder darf der Wurzelhals aus der Erde schauen, noch dürfen grüne Pflanzenteile zugedeckt werden. Besonders lange Wurzeln werden mit der Schere eingekürzt oder mit dem Fingernagel abgeknipst – das Pflänzchen wächst dann um so leichter an.

Pflanzen spüren zwar keinen Schmerz, aber sie empfinden plötzliche Kälte oder Wärme sehr wohl und können durch einen solchen Schock in ihrer Entwicklung gestört werden. Man muß deshalb Pflanzen, die man bei Zimmertemperatur vorzog, erst abhärten, bevor man sie ins Freiland setzt. Das geschieht durch eine Zwischenstation in einem ungeheizten Raum. Die Übergänge vom Haus ins Frühbeet und vom Frühbeet ins Freiland gestalten sich meist weniger kraß, zumal sich die Belüftung des Frühbeets verändern läßt.

Wie im Gemüsegarten, so kann man auf Blumenbeeten durch Folientunnel oder ähnliche Hilfsmittel günstigere Wachstumsbedingungen schaffen als sie der Jahreszeit entsprechen. Im gemischten Hausgarten wird man bei Blumen auf solche Förderung eher verzichten und die vorhandenen Einrichtungen lieber den Gemüsepflanzen zugute kommen lassen.

Pflanzen, die aus Blumentöpfen ins Freiland sollen, setzt man mit dem ganzen Topfinhalt um. Man hält dazu mit der linken Hand die Pflanze zwischen Daumen und Zeigefinger leicht fest und drückt die Handfläche nach unten. Man ergreift den Blumentopf mit der Rechten, stürzt ihn und klopft einmal kurz auf einen festen Gegenstand, Tischkante, Treppenstufe, Eimer oder Gießkanne.

Der Topfinhalt löst sich dadurch heraus, man setzt ihn in das vorbereitete Pflanzloch.

Topfpflanzen können sich mit weit entwickelten Wurzeln so in ihr Gefäß »krallen«, daß sie auf diese Weise nicht zu lösen sind. Man nimmt dann ein Messer und führt es um den Wurzelballen am Innenrand des Topfes entlang, so werden höchstens die äußersten Wurzeln beschädigt.

Für jedes Umpflanzen sollte man ein spitzrundes Handschäufelchen, die Pflanzkelle, benutzen. Man erleichtert der Pflanze das Anwachsen, wenn man das Pflanzloch etwas größer aushebt und mit reifer Komposterde unterfüttert. Dies gilt für das Umsetzen größerer Pflanzen, nicht für das Auspflanzen aus der Vorkultur. Die Bodenvorbereitung ist hier die gleiche wie die für das Aussäen: lockern und Komposthumus oberflächlich einarbeiten, nach dem Pflanzen eine dünne Mulchschicht aus feinem Material ausbreiten, man kann dafür auch Torf nehmen.

V ZWEIJÄHRIGE BLUMEN

Es gibt auch von dieser verhältnismäßig kleinen Gruppe der Gartenblumen viel mehr als wir aufzählen können. Mit welcher Berechtigung halten wir die erwähnten für wichtiger als die nicht erwähnten? Es geht in unserer Darstellung nicht um einen möglichst vollständigen Pflanzenkatalog, sondern um Ratschläge und Anregungen. In diesem Sinne scheint es mir nützlicher zu sein, den jeweiligen Pflanzenbeschreibungen ein paar Hinweise auf die Herkunft oder auf den Familienzusammenhang der Blumen zu geben, als es nur bei dürren Angaben über Wuchshöhe und Auspflanztermine zu belassen. Bei dem unübersehbar gewordenen Sortenreichtum unserer Gartenpflanzen sind solche Angaben ohnehin fragwürdig, sie können nur Anhaltspunkte geben.

Wer sich einen Überblick über das jeweils aktuelle Angebot an Gartenblumen verschaffen will, kann dies gut anhand der Samen- und Pflanzenkataloge tun, die jährlich neu zur Verfügung stehen. Den Gartenanfänger werden diese kleingedruckten Angebote, gespickt mit wissenschaftlichen Namen, zunächst eher verwirren als aufklären. Aber hat man erst einmal einige dieser Gewächse im eigenen Garten zum Blühen oder Reifen gebracht, dann findet man sich mit den Jahren durch und läßt es damit bewenden, einen angemessenen Teil der Möglichkeiten zu nutzen. Schließlich kann man ja auch nicht an mehrere Orte zugleich in den Urlaub fahren. Manche Leute besuchen viele Jahre hintereinander immer wieder denselben Urlaubsort. Darin drückt sich kein Mangel an Fantasie aus, sondern die Liebe zu vertrauten Verhältnissen, zu Menschen und zu einer Landschaft, die man kennt und doch immer wieder neu kennenlernt.

Ähnlich ist es mit dem Garten. Es macht Spaß, züchterische Neuheiten auszuprobieren, aber eine noch tiefere Befriedigung liegt darin, liebgewordene Pflanzenarten jährlich neu heranwachsen zu sehen oder zu anderen, die im Garten alt werden, eine mit den Jahren innigere Bindung zu entwickeln. Man kann eine solche Zuneigung zu Pflanzen nicht eigentlich anstreben, sie stellt sich wie von selbst ein, wenn man sie pflegt – so wie man ein Haustier liebgewinnt, mit dem man täglich umgeht.

Pflanzenzüchter und Gärtner brauchen klare Einteilungen; sie wurden mit den Begriffen
1. Einjahresblumen, Sommerflor oder Annuellen,
2. Zweijahresblumen, Halbstauden oder Biennen,
3. ausdauernde Kräuter, Stauden oder Perennen
geschaffen.

Aber die Übergänge fließen. Viele Mitglieder unseres Sommerflors sind von Natur aus mehrjährige Pflanzen, die wir einjährig anbauen, weil sie den Winter im Freiland nicht überstehen würden. Der Winter unserer Breiten beendet ihr Leben nach der ersten Blüte.

Bei den Gartenblumen, die wir zweijährig ziehen, handelt es sich um drei Gruppen mit fließenden Übergängen:
1. Pflanzen, die man auch einjährig, also in einer Vegetationsperiode zur Blüte bringen kann – gegebenenfalls mit Vorkultur,
2. Pflanzen, die von Natur aus zweijährig sind wie ihre wildwachsenden Stammformen,
3. Pflanzen, die eigentlich zu den Stauden gehören, also mehrjährig sind, aber nur zweijährig gezogen werden, weil dann ihre Blühfreudigkeit nachläßt oder die Pflanzengestalt unansehnlicher wird.

Die Zweijahresblumen schließen ihren Kreis vom Keimen bis zur Fruchtreife oft innerhalb einer Jahresdauer, doch haben sie an zwei Sommern teil, weil sie den Winter überstehen können. Sie leben länger als die Einjährigen, denen in Wirklichkeit nicht ein Jahr, sondern nur eine warme Jahreszeit zugemessen ist.

Monatsangaben für Aussäen, Verpflanzen und Blühzeit der Gartenblumen sollte man nur als durchschnittliche Erfahrungswerte oder Vorschläge betrachten. Die Blühzeit vieler Zweijährigen kann man je nach Aussaat oder Vorkultur in den Frühling, Sommer oder Herbst legen, und in dieser Wahlmöglichkeit liegt für den Gartenfreund ein besonderer Reiz.

Durch geschickte Verzahnung dieser Gruppen erreicht man einen blühenden Garten vom Frühling bis in den Spätherbst. Die Grenzen zwischen dem, was gelingt und nicht, erfährt man durch Erfolge und Rückschläge. Einem wirklichen Risiko setzt man sich nie aus, wenn man die Versuche mit neuen Pflanzenarten oder unerprobten Pflanzzeiten in ein angemessenes Verhältnis zu den Anbauarten setzt, die mit Sicherheit gelingen.

Grundsätzlich und zunächst sollte man vom natürlichen Rhythmus der Zweijährigen ausgehen: Nach der Blüte im Hochsommer reift die Frucht, die Pflanze samt sich aus. Während der Samen bei den Einjahresblumen etwa unserer Wiesen liegenbleibt, also überwintert, und im nächsten Frühjahr keimt, laufen die Samen der Zweijährigen noch im Spätsommer oder Herbst auf und entwikkeln sich zu mehr oder weniger winterharten Jungpflänzchen. Winterhart sind sie bei den durch Zucht noch wenig veränderten Arten, die auch wild in unserem Klima wachsen, zum Beispiel Königskerze oder Roter Fingerhut. Empfindlicher sind sie bei Pflanzenarten, die aus wärmeren Ländern stammen, oder bei Hybriden zwischen solchen und heimischen Arten.

Wir führen im folgenden die gebräuchlichsten Zweijährigen auf. Unter ihnen sind die Mariendistel, die Marienglockenblume und einige Königskerzenarten echte Zweijährige, während Bartnelken, Fingerhüte, Stiefmütterchen, Stockmalven und Tausendschönchen auch mehrjährig wachsen würden, doch lassen sie dann in ihrer Blütenentfaltung nach, so daß sie besser zweijährig gezogen werden. Von dem bei den Einjährigen erwähnten Goldlack gibt es zweijährige Sorten. Ebenso ist der Islandmohn (Papaver nudicaelu) eine dankbare Zweijahresblume, er sät sich immer wieder selbst aus. Näheres über die Mohnarten stand bei den einjährigen Sommerblumen.

Auf Tabellen oder Samentüten findet man für die Zweijährigen das Symbol des Kreises mit zwei Punkten darin.

Bartnelke (Dianthus barbatus)
Nelkengewächs

Die überaus dankbaren Bartnelken gehören zu den beliebtesten Zweijahrespflanzen. Sie blühen üppig und lang in Weiß, Rosa, Rot, Violett und in reizvollen mehrfarbigen Blütenmustern mit oft starken Kontrasten. In bunten Mischungen angebaut, brauchen die Bartnelken keine Verstärkung durch andere Blumen. Sie werden etwa fünfzig Zentimeter hoch und gedeihen in jedem humosen Gartenboden. Aussaat der zweijährigen Sorten im Juni in ein Frühbeet oder auf ein Saatbeet im Freiland. Die Jungpflanzen pikiert man einmal und setzt sie im August oder September an ihre endgültigen Standorte. Sie blühen dann ab nächsten Juni.

Bartnelken werden auch einjährig gezogen. Mehr über Nelken wurde bei den einjährigen Sommerblumen gesagt.

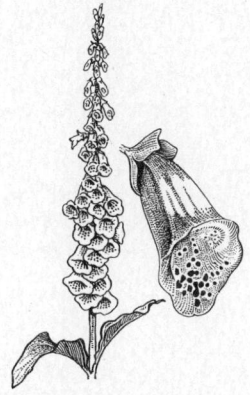

Fingerhut (Digitalis)
Braunwurzgewächs, Rachenblütler

Die drei in unserer Heimat wachsenden Wildarten des Fingerhut gehören zu den auffälligsten Blütenpflanzen der Flora. Der bis 150 Zentimeter hohe **Rote Fingerhut** (Digitalis purpurea) kommt mit seiner Überfülle leuchtend roter Glocken an kräftigem Schaft vor dunkelgrünem Nadelgehölz am besten zur Geltung. Da er kalkarmen, sauren Boden liebt und im Halbschatten gedeiht, findet man ihn auf Lichtungen und Kahlschlägen des Fichtenwalds. Die Gartenform trägt denselben Namen und unterscheidet sich in ihren Bodenansprüchen kaum von der Wildpflanze. Für betont alkalische Böden eignet sie sich deshalb nicht.

Man erhält darüber hinaus reizvolle Hybriden in verschiedenen Farbstufen von Weiß über Cremefarben und Rosa bis Rot mit braunrot gefleckten Glocken wie bei der Wildart. Besonders prächtige Blüten bringt die Sorte »Gloxinaeflora«, der **Gloxinienblütige Fingerhut**. Ähnlich der Wildart ist die Gartenform des **Gel-**

Fingerhut　　　　　　Bastnelken

ben Fingerhut (D. lutea) wesentlich niedriger als der Rote Fingerhut. Der Gelbe Fingerhut wächst mehrjährig, der Rote in der Regel zweijährig, doch kann man ihn auch noch in Folgejahren zum Blühen bringen, wenn man ihn gleich nach der Blüte zurückschneidet.

Im Juni wird ausgesät, im August oder September setzt man die Jungpflanzen an ihren Platz und hält einen Abstand von etwa vierzig Zentimeter ein. Je nach Sorte wird sich der Fingerhut in den nächsten Jahren selbst aussamen und für reichliche Nachkommenschaft sorgen.

Königskerze (Verbascum)
Wollblume
Braunwurzgewächs, Rachenblütler

In unserer Wildflora zählen die Königskerzen zu den stattlichsten Erscheinungen. Sie bilden im ersten Sommer nur Blattrosetten und

Pfahlwurzeln, um im zweiten Jahr ihren bis zu zwei Meter hohen Blütenstand austreiben zu können.

Der Standort wildwachsender Königskerzen gibt uns Aufschluß für den besten Platz im Garten: Sonne, Sand und freie Sicht. Die Königskerze ist eine Trockenpflanze, die auf kargen, kalkhaltigen Böden gedeiht. Ihre Pfahlwurzel läßt sie Trockenheiten gut überstehen, dagegen verträgt sie keine stauende Nässe. Ihre Vorliebe für leichte Sandböden und steinige Standorte bedeutet, daß die Königskerze selten mit ähnlich hochwachsenden Wettbewerbern zusammensteht. Sie liebt den freien Platz, den Geröllhang, sogar die Krone einer alten Mauer. Wir sollten ihr auch im Garten einen diesem Pflanzendenkmal würdigen Standort geben. Sie macht sich besonders gut als Einzelpflanze über polsterbildenden Stauden; in ausgedehnten Gärten kann man eventuell kleine Gruppen pflanzen.

Verbascum densiflorum, die **Großblumige Königskerze**, trägt nicht nur die größten Blüten ihrer Gattung – bis fünf Zentimeter im Durchmesser –, sie ist mit gut zwei Meter hohen Kerzen auch die größte Art. Wie die meisten Königskerzen blüht sie goldgelb.

Ein besonderer Vorzug der Königskerzen liegt in der Eigenart ihrer Blütenentfaltung. Ihr Blütenstand öffnet nicht in einer abgegrenzten Welle von unten nach oben, wie das bei den meisten Pflanzen ähnlicher Bauweise der Fall ist, vielmehr blühen über die ganze Länge der Ähre jeweils einzelne Blüten auf, verblühen und machen danebenliegenden Knospen Platz. So gibt die Königskerze über viele Wochen hin immer den Eindruck, gerade in vollster Blüte zu stehen, doch sind es immer andere Einzelblüten, welche dieses Bild zustande bringen.

Für mittelgroße Gärten eignen sich die zahlreichen mittelhohen Sorten bis etwa 120 Zentimeter Höhe. Sie sind hauptsächlich in den Blütenfarben Weiß, Hellgelb, Goldgelb, Rotgelb und Hellrosa zu haben.

Die etwas kleinere **Schwarze Königskerze** (Verbascum nigrum) – eine Wildpflanze unserer Heimat – trägt in ihren gelben Rachenblüten auffallend dunkelviolette Staubblätter.

Andere Zuchtformen stammen von Wildarten ab, die in südlicheren Ländern heimisch sind, so wie **Violette Königskerze** (V. phoeniceum). Ihre großen Blüten sitzen an niedrig bleibenden Stielen zwischen dreißig und achtzig Zentimeter Höhe. Sie blüht schon ab Mai und braucht nicht, wie die anderen Königskerzen, einen vollsonnigen Stand.

Darüber hinaus stehen für den Garten zahlreiche reizvolle Hybriden zur Verfügung. Während sich die reinen Arten, die in unserer heimischen Pflanzenwelt vorkommen, gut durch Aussamen fortpflanzen, vererben die Hybriden ihre Eigenschaften nicht rein weiter. Zu ihrer Vermehrung muß man entweder Tochterrosetten abtrennen oder Wurzelschnittlinge abnehmen, aus denen im Frühjahr neue Pflanzen treiben.

Für die Erstansaat von Königskerzen bringt man den Samen im Juni oder Juli in ein Saatbeet und pflanzt im August oder September an die endgültigen Standorte um.

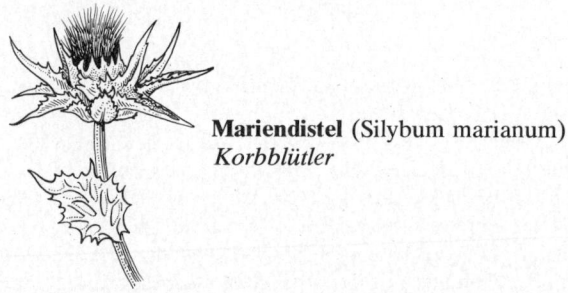

Mariendistel (Silybum marianum)
Korbblütler

Disteln können, besonders auf Wiesen, zu einem sehr lästigen Unkraut werden. Soll man sich diese stachligen Gewächse wirklich in den Garten holen? Bei der Mariendistel sprechen einige Gründe dafür.

Weißblühende Glockenblume.

Sie wächst wild im Mittelmeerraum und wird bei uns nicht nur wegen der Schönheit ihrer Blätter und Blüten kultiviert, sondern auch, weil Wurzeln und Samen in der Medizin Verwendung finden.

Die Blätter dieser Distel zeigen eine reizvolle weiße Marmorierung auf grünem Grund, die fülligen Blütenköpfe erfreuen uns von Juni bis September mit leuchtendem Purpur.

Die Mariendistel gedeiht auf trocken-sonnigem Standort, also da, wo die Königskerze wächst. Man sät sie im Sommer an ihren endgültigen Platz. Da die Jungpflanzen nur bedingt frosthart sind, gibt man ihnen eine Winterdecke. In den folgenden Jahren samt sich die Mariendistel selbst reichlich aus, man wird sie dann eher eindämmen müssen.

Die Mariendistel kann einjährig gezogen werden, wenn man sie schon im April ansät.

Bei dichtem Stand läßt sich mit Reihen von Mariendisteln eine wehrhafte Sommerhecke heranziehen. Da die Pflanzen bis zu 150 Zentimeter Höhe erreichen, ist dieser lebende Zaun so gut wie undurchdringlich.

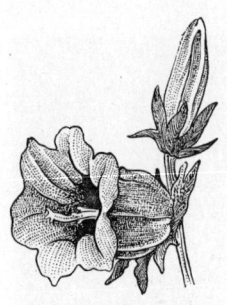

Marienglockenblume (Campanula medium)
Zweijährige Glockenblume
Glockenblumengewächs

Zu den zahlreichen Korbblütlern unter den Sommerblumen bilden die nickenden Kelche der Glockenblumen eine reizvolle Ergänzung. Aus botanischer Sicht stehen die Glockenblumen den Korbblütlern nahe.

Die besonders hübsche Marienglockenblume ist eine wenig veränderte Kulturform der in Mittelmeerländern heimischen Wildart. In unserer heimischen Flora gibt es viele Glockenblumen, sehr niedrige Gebirgsbewohner und hochwachsende Waldrandbewohner im Halbschatten.

Trotz ihrer oft großen und zarten Blüten gehören die Glockenblumen einschließlich der Gartenformen zu den widerstandsfähigen, weder empfindlichen noch anspruchsvollen Blumen. In den verschiedenen europäischen Lebensräumen kommen über dreihundert Glockenblumenarten wild vor.

Die Marienglockenblume weist zwei Merkmale auf, die bei anderen Glockenblumen nicht gleichzeitig vorkommen: ein fünfnarbiger Griffel und fünf nach unten gerichtete Fortsätze zwischen den fünf Zipfeln der Kronblätter. Die Gartenform wird vierzig bis gut achtzig Zentimeter hoch. Sie blüht in Weiß, Rosa und Blau. Daneben gibt es gefüllte Sorten mit doppeltem Becher.

Die Marienglockenblume will einen gut besonnten Stand, aber sie wächst auf jedem Gartenboden. Man gießt nur bei anhaltender Trockenheit. Im Juni sät man in ein Saatbeet des Freilands und dünnt später aus. Im September setzt man die Jungpflanzen in einem Abstand von gut dreißig Zentimeter an ihren endgültigen Platz. Über den Winter sollte man sie mit Tannenreisern oder anderem organischen Material abdecken.

Die Marienglockenblume verschönert jedes Blumenbeet, sie eignet sich aber auch vorzüglich als dauerhafte Schnittblume; man hat sie ab Juni bis August zur Verfügung. Einen besonders hübschen Sommerstrauß ergibt die Mischung der blauen Marienglokkenblume mit Margeriten.

Martin Stangl sagt mit Recht, daß die Marienglockenblume dem Garten »eine gemütliche Note« gibt.

Maßliebchen (Bellis perennis)
Gänseblümchen
Tausendschönchen
Korbblütler

Das Allerweltsblümchen, das in seiner Wildform überall wächst, wo Menschen wohnen, hat die in unserem Klima wohl beispiellose Fähigkeit, in jedem Monat des Jahres draußen zu blühen, sofern es nicht durch eine Schneedecke daran gehindert wird. Ausdauernde Blühfreudigkeit zeichnet auch die Kultursorten aus, die teils durch Kreuzungen mit südländischen Arten gewonnen wurden.

Die bei unserer Wildform weißen Zungenblüten – oft rot überhaucht – können bei Gartensorten rosa oder tiefrot sein. Es gibt einfache und gefüllte Blüten mit Durchmessern über fünf Zentimeter und solche, die nur Röhrenblüten bilden. Man unterscheidet deshalb zungenblütige (Ligulosa) und röhrenblütige Sorten (Tubulosa).

Maßliebchen gedeihen im Garten fast überall: unter voller Sonne oder im Halbschatten, auf leichtem oder schwerem Boden. Nur der Sandboden des Heidegartens behagt ihnen nicht.

Im Hochsommer sät man breitwürfig oder in Reihen ins Freiland. Da der Samen sehr fein ist, mischt man ihn mit Sand. Bei nicht allzu enger Saat braucht man später nicht zu pikieren. Auch die Gartenmaßliebchen samen sich selbst aus, doch vererben dann die Hybriden die angezüchteten Eigenschaften, zum Beispiel gefüllte Blüten, nicht voll weiter. Will man nicht nach und nach nur noch ungefüllte Maßliebchen haben, dann sollte man im Herbst die schönsten Stöcke teilen und auf diese Weise die Merkmale der Pflanzen erhalten.

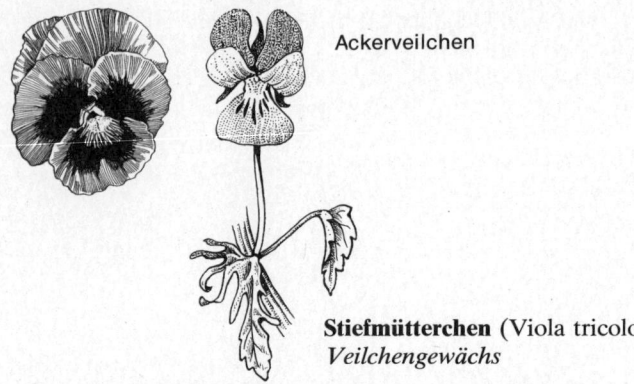

Ackerveilchen

Stiefmütterchen (Viola tricolor)
Veilchengewächs

Obwohl das Gartenstiefmütterchen den wissenschaftlichen Namen Viola tricolor, »dreifarbiges Veilchen«, wie das kleine Acker- oder Feldstiefmütterchen trägt, stammen unsere großblütigen Kultursorten nicht unmittelbar und allein von der weitverbreiteten Wildblume ab. Vielmehr mischten bei der Zucht das in unseren Bergwäldern zu findende Gelbe Veilchen (V. lutea), das Sibirische Altaiveilchen (V. altaica) und andere Wildarten mit. Es gelang, die Blüten entscheidend zu vergrößern und zu den vorherrschenden Grundfarben Weiß, Gelb und Violett, die in den Wildarten enthalten sind, neue Farbtöne hervorzubringen. Mit dieser Erweiterung um viele warme Farben zwischen Gelb, Rot und Braun konnte man den Farbkreis nahezu schließen, was trotz fast unendlicher Sortenfülle nur für wenige Gartenblumen zutrifft. Es fehlt meistens entweder das Blau oder das reine Gelb.

Die Farbenvielfalt des Gartenstiefmütterchens erhöht sich noch um ein Mehrfaches durch die Zeichnung der unteren drei Kronblätter und den meist helleren Eingang zum Nektar tragenden Sporn. Die Zeichnung kann als feine dunkle Maserung auf hellerem Grund stehen oder kräftige, samtige Farbflecke mit ausblutenden Übergängen bilden. Noch auffälligere Mehrfarbigkeit der Blüten ergibt sich durch eine abweichende Tönung der beiden oberen Kronblätter bei vielen Sorten.

Der beispiellose Farbreichtum allein hätte nicht zu der ebenfalls beispiellosen weiten Verbreitung und Häufigkeit unseres Gartenstiefmütterchens geführt, wenn es nicht ebenso robust wie schön wäre. Stiefmütterchen blühen je nach Anzucht von der Schnee-

Maßliebchen   Stiefmütterchen »Schweizer Riese«.

schmelze im Vorfrühling bis zu den ersten Frösten im Spätherbst. Wenn sie nicht durch Schnee behindert werden, blühen sie sogar im Winter.

Ihr unermüdlicher Einsatz machte die Stiefmütterchen so unentbehrlich für öffentliche Anlagen. Wenn der Jahreszeit entsprechend nichts mehr blühen will, setzt man Stiefmütterchen, denn sie lassen sich sogar während ihrer Blüte vom geschützten Ort ihrer Vorkultur in Gärtnereien ins Freie setzen, ohne daß sie diesen Eingriff mit Nachlassen ihrer Blühtätigkeit beantworten würden. Die meisten anderen Gartenblumen gingen unter solcher Behandlung zugrunde oder stellten wenigstens das Blühen ein.

Zu den unempfindlichsten Sorten gehören die der Hiemalis-Gruppe, sie heißen deshalb **Eisstiefmütterchen**. Unter den neueren Züchtungen gibt es F1-Hybriden mit Blütendurchmessern von sechs Zentimeter und mehr. Von solchen Sorten kann man natürlich nicht die Unempfindlichkeit beispielsweise einer Hiemalis-Rasse erwarten.

Beliebt sind die großblütigen »Schweizer Riesen« und andere »Riesen«-Rassen. Mit solchen Bezeichnungen meint man stets die Blütengröße. Die Pflanzen selbst bleiben unter dreißig Zentimeter

– die einzige Einschränkung im Sorten-Überangebot dieser Blume.

Gartenstiefmütterchen wachsen auf humosem Boden, der eher sauer als alkalisch sein sollte. Kalkhaltige Erde vertragen sie schlecht. Man kann Gartenerde, die von Natur aus alkalisch ist, weil sie über Kalkgestein liegt, für Stiefmütterchen durch kalkarmen Kompost und Torfgaben verbessern. Einen solchen Kompost setzt man wie jeden anderen auf, unterläßt aber das Einstreuen der Schichten mit Kalk.

Die Aussaat der Stiefmütterchen für zeitiges Blühen im nächsten Jahr wird ab Juni ins Saatbeet vorgenommen. Die heranwachsenden Pflanzen brauchen keine volle Sonne, sollen aber gut feucht gehalten werden. Nach etwa zwei Monaten setzt man die Jungpflanzen im Abstand von gut fünfzehn Zentimeter an ihren Standort. Bei fortgesetzter Bewässerung und einem mit reifer Komposterde untermischten Boden können die Stiefmütterchen noch im Herbst zur Blüte kommen und das Blühgeschäft gleich nach dem Winter wieder aufnehmen. Man schützt die Pflanzen mit Laub und Reisig, nicht nur gegen die Kälte, die ihnen nicht sehr zusetzt, sondern auch gegen Schneelast.

Schon im Januar sät man Stiefmütterchen für den Sommer in Saatkästen oder so bald wie möglich ins Frühbeet. Durch Folgesaaten kann man die Stiefmütterchenblüte im Garten beliebig lang ausdehnen, man bedient sich also bedarfsweise der Ein- und der Zweijahreskultur.

Stiefmütterchen bevorzugen den vollsonnigen Stand, aber sie vertragen Trockenheit nur schlecht. Verregnete Sommer, in denen andere Gartenblumen kümmern, lassen die Stiefmütterchen besonders reich blühen.

Stockrose (Althaea rosea, Alcea rosea)
Stockmalve
Malvengewächs

Die Stockmalve bildet neben den Echten Malven eine eigene Gattung in der Familie Malvengewächse. Zu dieser verhältnismäßig kleinen Pflanzenfamilie zählt eine bedeutende Wirtschaftspflanze: die Baumwolle.

Die Stockrose stammt aus Südosteuropa und wurde schon früh als Gartenpflanze angebaut. Ihre heutigen Kultursorten in Weiß, Gelb, Rosa, Rot, Violett, Schwarzrot und einigen fahlen Tönen sowie mit gemaserten und gestreiften Blüten sind das Ergebnis neuerer Zuchtbemühungen.

Meist wird die Stockrose zweijährig gezogen, doch bringt man einige Sorten mit entsprechender Vorkultur schon im ersten Sommer zur Blüte.

Die Stockrose kann bis zu drei Meter hoch werden, was für einen kleinen Garten fast zu viel ist. Man pflanzt sie vorteilhaft solitär, das heißt im Einzelstand, weil sich die Pflanzen dann gut in der Breite entwickeln können und so am besten zur Wirkung kommen. Rotblühende Stockmalven machen sich besonders hübsch auf grünem Rasen oder vor weißer Wand. Ob man einfache oder gefüllte Sorten anbaut, ist Geschmackssache, jedenfalls haben die großen weichen Formen der einfachen Blüten mit den sich gelb abhebenden Staubgefäßen einen besonderen Reiz.

Wie Mohn und Königskerze wächst die Stockrose ihrer Herkunft nach auf eher trockenen Böden. Sie übersteht wie die beiden genannten Arten regenlose Zeiten mit Hilfe einer langen Pfahlwurzel. Solche Pflanzen sollte man frühzeitig an ihren endgültigen Standort setzen, weil man später leicht die Wurzel verletzt, was zu Wachstumsstörungen führen kann.

Zur nur einjährigen Kultur sät man die Stockrosen im März ins Frühbeet und bringt die Jungpflanzen im Mai ins Freiland. Für eine gute Entwicklung kräftiger Pflanzen ist es besser, im Juni ins Saatbeet zu säen und spätestens im September an Ort und Stelle zu verpflanzen. Bei Schwierigkeiten mit der Pfahlwurzel ist es ratsam, sie vor dem Einsetzen zu kürzen als sie etwa umzubiegen. Der Pflanzenabstand sollte in Gruppen oder Reihen fünfzig Zentimeter betragen, nur dann kann sich die Malve frei entfalten und ist dadurch weniger anfällig für den gefürchteten Malvenrost. Der Haltestab wird mit dem Einpflanzen in den Boden geschlagen, damit man nicht im nächsten Jahr Wurzeln verletzen muß.

Pflanzen, die in kurzer Zeit so stark wachsen wie die Stockmalve, brauchen nährstoffreichen Boden. Man erzielt ihn durch reichliche Kompostgabe als Bodenvorbereitung. Bei Gartenböden, die noch Humusmangel aufweisen, wird im nächsten Frühjahr

Stiefmütterchen und Vergißmeinnicht.

noch einmal mit Kompost gedüngt, man arbeitet ihn oberflächlich um die Pflanze herum in den Boden ein.

Trotz ihrer Pfahlwurzel sollte die Stockrose bei Trockenheit regelmäßig gegossen werden; diese Maßnahme beugt dem Malvenrost vor.

Vergißmeinnicht (Myosotis)
Borretschgewächs

Obwohl das Vergißmeinnicht nur kleine Blüten hat, gilt es mit Recht als eine der liebenswürdigsten Wildblumen unserer Heimat; diese Wertschätzung übertrug sich offenbar auch auf das Garten-Vergißmeinnicht. Es behauptet sich trotz prachtvoller Konkurrenz.

Der wissenschaftliche Gattungsname Myosotis heißt nichts anderes als Mauseohr und bezieht sich auf die zugespitzten Laubblätter.

Man nennt die Pflanzenfamilie, der die Gattung Vergißmeinnicht mit rund fünfzig Arten angehört, auch Rauhblattgewächse, weil viele ihrer Mitglieder mit steifen Härchen überzogen sind. Im Garten haben wir z. B. eine Pflanze aus der Vergißmeinnichtverwandtschaft, das Würzkraut Borretsch. Die gleichfalls verwandten Wildblumen Lungenkraut und Natternkopf zeigen eine solche Behaarung mit vorwiegend blauen Blüten. Noch ein anderes Merkmal ist vielen Gewächsen dieser Familie eigentümlich: ein sich spiralig auswickelnder Blütenstand, kurz Wickel genannt.

Bei wildwachsenden Vergißmeinnichtarten findet man zwischen vielen himmelblauen Blüten hin und wieder rosafarbene eingestreut, so beim Alpenvergißmeinnicht (M. alpestris), einer Stammform des Gartenvergißmeinnichts. Da lag es nahe, daß man rosa blühende Vergißmeinnichtsorten züchtete. Interessanterweise empfindet man diese Blumen kaum noch als Vergißmeinnicht. Horst Koehler schreibt:

»Die schönsten Vergißmeinnicht sind die blauen. Die rosa und weißen Sorten machen einen verwaschenen Eindruck!« Es müssen eben doch die »treuen blauen Augen« sein.

Das Gartenvergißmeinnicht kommt mit jeder Gartenerde aus, doch stellt es gewisse Ansprüche an nicht zu niedrige, gleichbleibende Bodenfeuchtigkeit. Der Umstand, daß unser Gartenvergißmeinnicht im Halbschatten gedeiht, spricht dafür, es in solchen Gärten einzuplanen, die nicht nur beste Sonnenplätze haben.

Das Gartenvergißmeinnicht bleibt meist unter zwanzig Zentimeter, doch gibt es hohe Sorten bis gut dreißig Zentimeter Größe, die auch Schnittblumen ergeben.

Man sät im Hochsommer ins Saatbeet – wenn möglich vor praller Sonne schützen –, verzieht die Jungpflanzen und setzt sie im September an Ort und Stelle, Pflanzenabstand rund fünfzehn Zentimeter. Hat man erst einen Bestand an Vergißmeinnicht, so sorgen die meisten Sorten durch Aussamen selbst für ihre Vermehrung.

DAS SAATBEET

In den bisherigen Ausführungen wurde hin und wieder das Saatbeet erwähnt, eine empfehlenswerte Einrichtung im Hausgarten, die sowohl den Gemüsebeeten als auch den Blumenrabatten zugute kommt. Es handelt sich um Kinderstube, Zwischenstation und Lagerplatz für Pflanzen.

Wer nur einen kleinen Garten hat, mag ein Saatbeet als entbehrlich ansehen, aber gerade für die bestmögliche Flächennutzung bringt es viele Vorteile, es spart Platz. Zur Heranzucht des Pflanzgutes im Gemüsegarten kann man auf das Saatbeet ohnehin nicht verzichten. Denn während noch die Ernte der ersten oder zweiten Tracht auf dem Standbeet reift, wächst auf dem Saatbeet schon die Folgekultur so weit heran, daß sie, gleich nach der Ernte gepflanzt, einen erheblichen Zeitgewinn im jedes Jahr zu kurzen Sommer bedeutet. Die Kulturen überlappen sich. Natürlich kann man nach dem Abernten an Ort und Stelle die nächste Tracht ansäen. Aber man verschenkt dadurch Platz und Zeit: Die Sämlinge brauchen nicht den Raum des ganzen Beetes, und sie könnten schon zu kräftigen Jungpflanzen entwickelt sein, wenn man das Standbeet mit ihnen besetzt.

Im Blumengarten geht es nicht um Ernte und Nutzen, aber in entsprechender Weise um einen möglichst lückenlosen Blütenflor. Zweijährige Gartenblumen, die man im Sommer an ihren endgültigen Platz säen würde, nähmen Gartenplatz in Anspruch, den sie in diesem Jahr nicht mehr mit Blüten schmücken. Deshalb sät man in Kästen oder, was oft praktischer ist, in ein Saatbeet, wo die Pflanzenkinder sowohl geschützt als auch platzsparend so groß werden, daß man sie später im Jahr umpflanzen kann. Meist liegt dazwischen noch der Arbeitsgang des Vereinzelns, Verziehens, Verstopfens oder Ausdünnens, verschiedene Namen für die gleiche Tätigkeit: Der in Reihen gesäte Samen läuft dicht auf und bringt viel mehr Keimlinge hervor als gebraucht werden. Die Pflänzchen behindern sich gegenseitig, deshalb läßt man nur jeweils eine kräftige Jungpflanze stehen und verschafft ihr einen so großen Abstand zur nächsten, daß sie einige Wochen ungestört weiterwachsen kann. Danach pflanzt man sie gewöhnlich an ihren Standplatz, wobei der Pflanzenabstand zur Nachbarin auf den endgültigen Wert gebracht wird.

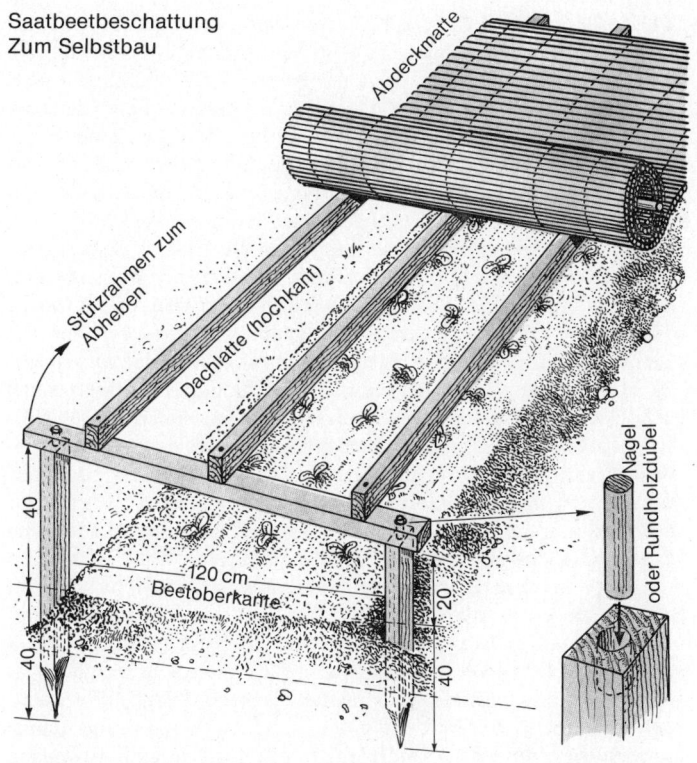

Saatbeetbeschattung
Zum Selbstbau

Das Saatbeet als eine gleichsam interne Anzuchtstätte des Gartens bildet kein Schaustück. Man legt es deshalb so, daß es zugunsten schönerer Gartenteile zurücktritt. Damit kommt man auch dem Schutzbedürfnis dieses Stückchens Erde entgegen: Auflaufende Saat und junge Pflanzen wollen nicht frei und in praller Sonne stehen. Das Saatbeet darf und soll beschattet sein – durch eine Hauswand oder durch einen Baum. Es verkleinert den Garten also nicht um einen kostbaren Sonnenplatz. Sollte es trotzdem unter voller Sonne liegen, wird man es im Hochsommer nach dem Einsäen beschatten. Die meisten zweijährigen Blumen sät man ja gerade zur Zeit der höchsten Sonnenstände.

Einfach herzustellenden und zudem nicht häßlich aussehenden

Sonnenschutz bieten Schilfrohrmatten. Sie kosten nicht viel, halten jahrelang und können platzsparend zusammengerollt werden. Je nach Beetgröße schlägt man vier oder sechs Stützpfosten in den Boden – in die Eckpunkte des Beetes und gegebenenfalls hälftigen Unterteilungen seiner Längsseiten. Für diese Stützen genügen zugespitzte Dachlattenstumpen oder anderes Abfallholz. Nun verbindet man die Pfosten mit hochkant gestellten Dachlatten, nagelt sie auf und hat schon den Rahmen, über den man die Schilfmatten zieht. Je nach Bedarf kann man das Beet ganz oder teilweise beschatten. Praktischer als aufgenagelte Latten sind aufgesteckte. Man versieht die Hölzer mit weiten Bohrlöchern und treibt kräftige Nägel in die Pfosten, entfernt die Nagelköpfe und kann nun die Latten einhängen oder für Pflegearbeiten am Beet abnehmen.

Für die Höhe würden schon wenige Zentimeter genügen, doch hängt der Rahmen etwas durch, und unter dem Mattenschirm sollten auch nicht nur die jüngsten Pflanzen Platz haben, so daß zwanzig bis dreißig Zentimeter angebracht sind. Die Matte spendet lichten Schatten und behindert weder Luft noch Regen.

Wenn möglich, sollte das Saatbeet windgeschützt liegen, weil Wind den Boden austrocknet. Man kann nun leicht die West- und Nordseite des Saatbeetes vor Bodenwinden schützen, indem man hochkant längsseitig aufgelegte Bretter an den Pfosten befestigt oder durch einige Steine andrückt. Bei allseitigem Bretterschluß hat man schon fast ein Frühbeet! In der Tat bringt ein solcher Kasten gerade im Frühjahr erhebliche Vorteile. Man kann dann, wenn er nicht zu groß und mit Schräge angelegt ist, statt mit Schilfmatten, mit alten Fenstern abdecken oder mit einer Plastikplane überspannen. Regen muß ablaufen. Sehr dünne Folie reißt schnell. Je nach Bastlergeschick und vorrätigem Material wird man auf Lösungen kommen, die zwischen dem offenen Saatbeet und dem wohlgeschützten, packfähigen Frühbeet liegen.

Natürlich eignet sich jedes Frühbeet bestens als Sommersaatbeet. Möglicherweise ist es nur zu klein. Man schlägt im Früh- oder Saatbeet Pflanzen in Erde ein, die man beim Gärtner holt und nicht sofort setzen kann oder will. Stauden und Gehölzpflanzen legt man schräg und bettet wenigstens die Wurzeln in angefeuchtete Erde, darüber zieht man einen Sonnenschutz.

Gepflanzt und umgesetzt wird grundsätzlich an bedeckten Tagen, denn Wässern allein gleicht den Flüssigkeitsverlust durch unmittelbare Sonnenbestrahlung nicht aus. Jungpflanzen welken dann schnell und sinken in sich zusammen. Bei noch kleinen Setzlingen benützt man das Setzholz zum Vorstechen des Pflanzloches. Es muß so tief sein, daß die herabhängenden Würzelchen nicht umgebogen werden. Während man durch einen weiteren Einstich des Setzholzes und einer seitlichen Bewegung Erde andrückt, hält man das Pflänzchen mit der anderen Hand, bis es festsitzt. Der Wurzelhals kommt dabei auf gleiche Höhe mit der Erdoberfläche.

Muß das Pflanzloch größer werden als der Setzholzdurchmesser, nimmt man besser ein Handschäufelchen. Denn durch das bohrende Erweitern mit dem Setzholz würde man die Ränder des Pflanzloches unnötig verdichten.

Unmittelbar nach dem Setzen wird behutsam, aber gründlich angegossen, eingeschwemmt. Das Erdreich legt sich dadurch lückenlos an die Wurzeln der Pflanze. Natürlich muß man Setzlinge bei trockenem Wetter morgens und abends gießen – am besten mit Regenwasser. Hat man das nicht zur Verfügung, läßt man Leitungswasser von einem Gießen zum andern in einem Behälter abstehen.

Es gibt Einsatzstücke für Fallrohre von Regenrinnen, die es erlauben, das Dachwasser in eine Tonne, ein Faß oder einen Kunststoffbehälter abzuleiten. Man hat dann jederzeit weiches Regenwasser zur Verfügung, das nicht wesentlich kälter ist als die Luft. Steht es viele Tage, wird sich in der Tonne bald Leben entwickeln; Mückenlarven bewegen sich zuckend durchs Wasser. Man kann solches Wasser unbesorgt zum Gießen benutzen, da seine Bewohner im Boden absterben. Keinesfalls sollte man es mit Chemikalien behandeln. In jedem Fall muß stehendes Wasser abgedeckt werden, Tiere und Kinder könnten hineinfallen, offenes Wasser verdunstet im Sommer schnell.

Je härter, das heißt kalkreicher das Leitungswasser, desto wichtiger ist es, Regenwasser für den Garten zu sammeln.

VI GARTENBLUMEN AUS ZWIEBELN UND KNOLLEN

Zwiebeln und Knollen sind Speicherorgane von Pflanzen unterschiedlicher Familienzugehörigkeit. Wir ziehen sie hier – wie üblich – zu einer Gruppe zusammen, obwohl es sich im botanischen Sinn bei Zwiebeln und Knollen um unterschiedliche Pflanzenteile handelt. So gehört die Zwiebel nicht zur Wurzel, sondern zum Sproß der Pflanze; die ineinandergehüllten fleischigen Schalen sind umgebildete Blätter, verdickt durch eingelagerte, aus der Assimilation gewonnene Nährstoffe. Die eigentlichen Wurzeln, verantwortlich für die Wasser- und Mineralaufnahme aus der Erde, entspringen dem scheibenartigen Zwiebelboden. In der Zwiebelmitte wird schon während des Sommers der neue Sproß vorbereitet, der im Frühjahr austreibt. Die in der Zwiebel enthaltenen organischen Verbindungen, wie Stärke, Zucker, Eiweiß, ernähren ihn, so daß die Pflanze zunächst unabhängig von der Tätigkeit der Wurzeln und grünen Blätter wachsen und bald blühen kann. Solche Vorratswirtschaft setzt einige Zwiebelgewächse in den Stand, auch bei noch tiefen Außentemperaturen sich zu entfalten – notfalls durch die Schneedecke hindurch. So leisten uns gerade die Zwiebelgewächse gute, vor allem frühe Dienste im Garten. Sie zaubern den Frühling gleichsam aus eigener Kraft herbei. Im harten Wettbewerb der Wildpflanzen um Platz und Sonne erschließt die Zwiebel einer Reihe von Blumen einen Lebensraum, der nur für kurze Zeit gute Lichtbedingungen aufweist: der Boden des Laubwaldes, der Waldränder, unter Büschen und auf der im zeitigen Frühling von Sommerkräutern noch unbeschatteten Wiese. Daraus ergeben sich auch die der Natur dieser Frühblüher entsprechenden Standorte im Garten: unter Laubbäumen, die vor dem Austrieb ihrer Blätter kaum Schatten werfen, unter und zwischen Sträuchern, auf der Wildblumenwiese, die sich erst zu begrünen beginnt, auf dem Rasen, der noch nicht gemäht werden muß. Dabei bevorzugt man geschützte Stellen, z. B. solche unmittelbar am Haus und neben der Terrasse, wo sich die noch schwachen Sonnenstrahlen »fangen«, wo der Schnee zuerst schmilzt.

Die kleinen Rasenstücke südseitig von Baumstämmen erwärmen sich schneller als die Umgebung; hier fühlen sich Schneeglöckchen und Märzenbecher wohl. Krokusse »streut« man in unregelmäßigen Gruppen über Rasenteile, die vorerst nicht begangen werden. Mit dem Mähen muß man zurückhalten, bis ihre Laubblätter eingezogen sind, sonst nimmt man ihnen die Möglichkeit, Nährstoffe für den nächsten Frühlingsaustrieb zu sammeln. Besteht man dagegen auf einem stets kurzgetrimmten Musterrasen, dann muß man den Frühblühern Rabattenplätze einräumen oder vom Rasen freigehaltene Streifen vor und zwischen Sträuchern und Gehölzen.

Die blühenden Frühlingsboten ziehen unsere Blicke auf sich wie später im Jahr kaum noch andere Blüten im Sommerflor. Wir sollten sie deshalb so verteilen, daß möglichst viele von ihnen vom Haus und von der Terrasse aus zu sehen sind. Das ist um so leichter, als sich die grüne Sommerdecke der Kräuter und Stauden noch nicht entfaltet hat.

Zwiebeln lassen sich im allgemeinen nicht, wie die meisten Knollenwurzeln, zur Vermehrung teilen. Man würde damit ihr Leben auslöschen. Manche Zwiebelgewächse bilden Tochterzwiebeln, aus denen neue Pflanzen hervorgehen. Eine Verjüngung ist bei dieser ungeschlechtlichen oder vegetativen Vermehrung ebenso gegeben wie bei der geschlechtlichen, bei der die Nachkommen aus Samen wachsen.

Gefüllte unterirdische Vorratskammern wie die Zwiebeln stehen in der Gefahr, durch Fäulnis zu verderben, von Schimmelpilzen befallen oder Tieren geplündert zu werden. Die Pflanzenzwiebel erwehrt sich der Außenfeuchtigkeit durch mehrere Schichten dünner und dichter Schalen, die aber in Staunässe dem Angriff der Fäulnisbakterien offenbar nicht beliebig lange widerstehen. Zwiebelgewächse brauchen allgemein einen durchlässigen, manche sogar einen leichten Boden, in dem Wasser schnell abläuft. »Nasse Füße« vertragen sie auf Dauer nicht. Schwerem, lettigem Boden mischt man beim Einsetzen von Zwiebeln vorteilhaft Sand bei oder bereitet ihnen in lehmiger bis toniger Erde ein sand- oder kieshaltiges Unterbett, in dem sich keine Nässe stauen kann.

Pflanzenzwiebeln werden von verhältnismäßig wenig Schädlingen befallen. Das mag ein Erfolg ihrer Abwehr durch beißenden Gewebegeschmack sein. Wühlmäuse fressen trotzdem Blumenzwiebeln. Hat man diese Nager im Garten, muß man ohnehin etwas gegen sie tun, da sie auch anderen Pflanzen schaden. Wirksame Maßnahmen wurden in Band 1 besprochen. Zwei Zwiebelgewächse gelten als Wühlmausvergrämer: Kaiserkrone und Knoblauch.

1 Blaustern; 2 Schachbrettblume; 3 Hundszahn; 4 Schneeglöckchen;
5 Krokus (früh); 6 Märzenbecher; 7 Traubenhyazinthe; 8 Gartentulpe;
9 Hyazinthe; 10 Narzisse (alle Arten); 11 Kaiserkrone.

Frühjahrsblumenzwiebeln (Pflanztiefen in Zentimeter)

Dank ihrer angesammelten Wegzehrung können frisch eingesetzte Zwiebeln selbst im magersten Boden zur Blüte gelangen. Aber nach der Entfaltung ihrer Blätter brauchen sie um so mehr Nährsalze für ihre Vorratswirtschaft. Ein humusarmer Rasen wird die Bedürfnisse der aus Zwiebeln sprießenden Frühblüher, zu denen wir hier die Krokusse zählen, nicht mehrere Jahre lang befriedigen. Hinzu kommt, daß sich diese verschwenderisch blühenden Pflanzen auf einen Nahrungswettbewerb mit den Graswurzeln des Rasens einlassen müssen. Eine Rasendüngung mit feiner, reifer Komposterde im Frühjahr oder Herbst und verstärkte Gaben im Bereich der eingestreuten Frühjahrsblüher schaffen die nötige Entwicklungsgrundlage. Dabei trägt man die Kompostschicht einfach auf dem Rasen auf, ohne sie mit irgendwelchen Geräten einzuarbeiten. Mit dieser arbeitssparenden Düngeart, die im Herbst möglichst spät und nach dem Winter möglichst früh durchgeführt wird, gibt man den Pflanzen Nährstoffvorräte, die sie sich nach Bedarf selbst erschließen.

Gerade bei den Zwiebelgewächsen können mineralische Stickstoffgaben zur unrechten Zeit, zum Beispiel nach dem Einziehen der Blätter, Entwicklungsstörungen hervorrufen. Die Zwiebel wird dann in einer Zeit durch den Stickstoff zum Treiben angeregt, in der sie ihre Ruhepause antreten sollte. Auch tierische Jauche oder frischer Mist eignen sich nicht zum Düngen der Zwiebelgewächse.

WINTERHARTE GARTENBLUMEN AUS ZWIEBELN UND KNOLLEN

Blaustern (Scilla)
Liliengewächs

Die fleischig-glattrandigen, schmalen Blätter des Blausterns ähneln denen der Märzenbecher und Schneeglöckchen. Alle drei Gattungen zählen zusammen mit den anderen frühblühenden Zwiebelgewächsen des Gartens zu den einkeimblättrigen Pflanzen, die stets parallelnervige, ungeteilte Blätter hervorbringen. Schneeglöckchen und Blaustern ergänzen sich auf dem Frühlingsrasen besonders gut, man pflanzt sie deshalb gern in lockeren, sich in Blau und Weiß abwechselnden Gruppen, zumal beide Gewächse gut unter Bäumen gedeihen.

Während sich das Schneeglöckchen in Blütenform und -farbe treu bleibt, tritt uns die Gattung Blaustern in einem außerordentlichen Formenreichtum seiner zahlreichen Arten- und Zuchtsorten entgegen.

Die Heimat des Blausterns ist Eurasien, so daß einzelne Arten, wie der **Sibirische Blaustern** (Scilla sibirica) oder der **Zweiblättrige Blaustern** (S. bifolia) schon seit Jahrhunderten in mitteleuropäischen Gärten gezogen wurden. Heute stehen uns viele Arten zur Verfügung, mit teils sternförmigen (S. chinensis), teils glockenförmigen Blüten wie das **Hasenglöckchen** (S. non-scripta) in Weiß, Blau, Violett oder Rosa. Einen besonders reichen Blütenstand entwickelt der **Hyazinthenähnliche Blaustern** (S. hispanica), er stammt von der Iberischen Halbinsel.

Die meisten Arten und Sorten des Blaustern blühen im Frühling, einige schon ab März, andere erst im Mai, doch gibt es darüber hinaus herbstblühende Arten wie Scilla autumnalis und solche, die vorwiegend als Zimmerpflanzen gezogen werden, wie die prächtige Scilla peruviana mit breiten Blättern und füllig-dichtem, pyramidenförmigem Blütenstand auf starkem Schaft. Große weiße, sternförmige Blüten mit gelben Staubgefäßen und rückseitig blau überhauchten Kronblättern – sie erinnern an unser Buschwindröschen – trägt die aus Persien stammende Scilla mischtschenkoana.

So zeigt jede Art der Scilla ihren besonderen Reiz, und doch haben sich die »einfachen« blaublütigen Sorten für den Hausgarten am besten bewährt, weil sie die anderen Frühjahrsblüher aufs anmutigste ergänzen.

Jeder humose, nicht zu feuchte Gartenboden genügt dem Anspruch der Scilla, und sie bedarf kaum einer Pflege. Hat man sie erst einmal im Garten, vermehrt sie sich je nach Art durch selbsterzeugte Sämlinge oder Zwiebelbrut.

Fürs erste Pflanzen legt man die Zwiebeln im August oder September etwa acht Zentimeter tief in den Boden, mit nicht weniger als zehn Zentimeter Pflanzenabstand. Da die Sorten des Blausterns zehn und zwanzig, seltener dreißig Zentimeter hoch werden, sollte man für gute Fernwirkung immer eine ganze Anzahl von ihnen pflanzen – am besten in lockeren Gruppen zwischen andersfarbigen Zwiebelblumen des Frühlings.

Im allgemeinen verträgt die Scilla Kälte recht gut, doch empfiehlt es sich, im Herbst etwas Frostschutz in Form von Laub und darübergedecktem Reisig zu geben.

Ausgesamte Jungpflänzchen werden im Spätsommer vereinzelt. Um vegetativ zu vermehren, was bei einigen Sorten erfolgreicher ist, gräbt man die Zwiebeln aus, wenn das Laub verwelkt, und trennt Tochterzwiebelchen ab, um sie am neuen Standort wieder einzusetzen. Besonderes Gießen oder Düngen ist dann nicht erforderlich, da die Pflanzen ja erst im nächsten Frühjahr austreiben.

Hundszahn (Erythronium)
Liliengewächs

Von dem in Nordamerika in vielen Arten vertretenen Hundszahn gibt es nur eine europäische Wildform, Erythronium dens-canis. Diese blaß purpur blühende Waldpflanze ist in Süd- und Südosteuropa heimisch. Mit ihren zurückgeschlagenen Kronblättern, rotbraunen Blütenstielen und reizvoll gefleckten Laubblättern hat sie manche Ähnlichkeit mit dem Alpenveilchen.

Der Gattungsname Hundszahn bezieht sich auf die Form der schlanken Zwiebel. Daneben bürgert sich die Bezeichnung **Forellenlilie** ein, eine Übersetzung des in Amerika gebräuchlichen Namens. Der europäische Hundszahn blüht ab April; die nickenden Blüten erheben sich nur zwanzig Zentimeter über dem Blattpaar. Es gibt auch eine weiß blühende Zuchtform dieser Art.

Wildform des Hundszahn ▷

Bis zu dreißig Zentimeter hoch werden einige Hybriden und amerikanische Arten, teils mit grünen, teils mit marmorierten Blättern in den Farben Rosa, Weiß, Creme und Gelb. Die Forellenlilie gehört noch nicht zu den allgemein verbreiteten Frühlingsblühern unserer Gärten, doch gewinnt sie weiter an Verbreitung, zumal sie an Boden und Pflege keine höheren Ansprüche stellt als die anderen Frühlingsblüher. Der Hundszahn liebt als Waldpflanze durchlässigen humosen Boden und verträgt den Halbschatten unter Bäumen. Man legt die Zwiebelchen im Herbst etwa fünf Zentimeter tief in die Erde. Weitere Vermehrung erfolgt von selbst durch Aussamen und Brutzwiebeln.

Hyazinthe (Hyazinthus orientalis)
Liliengewächs

Die große Beliebtheit dieser edlen Blume hat Geschichte. Sie stammt wie viele Zwiebelgewächse aus Asiens Steppen und gelangte im 16. Jahrhundert durch venezianische Handelsfahrer nach Norditalien und von dort nach Holland. Die Holländer verstanden es, aus der Hyazinthenzucht ähnlich wie aus der damals

hoch im Kurs stehenden Tulpenzucht ein wahrhaft blühendes Geschäft zu entwickeln. Von Holland aus verbreitete sich die Hyazinthe an die Höfe, in die Bürgerhäuser und in die Gärten Europas. Für Hyazinthenzwiebeln aus Holland wurden unglaubliche Preise bezahlt – bis zu zweitausend Gulden je Stück. Zu solcher Wertschätzung trugen sicher nicht nur die klassische Schönheit des dichten Blütenstandes an kurzem Schaft bei, die vielen Farbtöne der Zuchtformen, sondern auch die Möglichkeit, diese Pflanze ohne Probleme während des Winters erblühen zu lassen. In einer Zeit, als noch keine Treibhäuser in jedem Monat des Jahres frische Schnittblumen lieferten, wie das heute der Fall ist, bedeutete eine solche Winterblüte, die zudem einen betörend süßen Duft verströmt, etwas ganz Besonderes.

Noch heute kommen die meisten Hyazinthenzwiebeln aus Holland. Sie stehen uns zu erschwinglichen Preisen zur Verfügung. Ähnlich wie bei den Stiefmütterchen kann man zwischen allen Grundfarben wählen: Weiß, Rosa, Rot, Blau, Violett, Gelb und zahlreiche Zwischentöne, wie Creme, Lachsrosa oder Karminrot.

Wie Hyazinthen im Topf oder Glas für die Winterblüte getrieben werden, lassen wir außer acht. Es geht hier um die Gartenpflanze. Man setzt die Zwiebeln je nach früher oder später Sorte zwischen August und November ins Freiland. Entsprechend ihrer Größe soll die Zwiebel fünfzehn bis zwanzig Zentimeter tief sitzen und den gleichen Abstand zur Nachbarpflanze bekommen. Hyazinthen brauchen humosen und kalkhaltigen Boden guter Durchlässigkeit, zu viel und stauende Nässe vertragen sie nicht.

Die Preise für Hyazinthenzwiebeln gestalten sich je nach Herkunft und Art sehr unterschiedlich. Die prächtigsten Sorten kosten in der Regel am meisten, doch sind sie oft für den Garten zu empfindlich. Robustere Sorte überwintern bei uns ohne Schwierigkeiten im Freiland, wenn man sie mit einer Laub- und Reisigdecke vor Frost schützt. Wo Wühlmausgefahr besteht, sollte man das Hyazinthenbeet durch eingegrabenen Maschendraht schützen. Man wählt enge Maschen und versenkt das Gitter so tief wie die Humusschicht der Gartenerde reicht. Noch sicherer hält man die Nager von den Hyazinthenzwiebeln fern, wenn man Maschendraht auf ein zwanzig bis dreißig Zentimeter hohes Schotterbett stellt. Solche Eingriffe lohnen sich natürlich nur, wenn man Wert darauf legt, viele Jahre lang Hyazinthen am gleichen Platz zu ziehen, was bei jährlicher Kompostdüngung leicht möglich ist. Bei schweren Böden sollte man wenigstens der Hyazinthenpflanze ein Kiesbett geben oder durch kiesgefüllte Gräben für ständigen Wasserabzug sorgen. In jedem Fall muß der Oberboden nährstoff-, also humusreich sein.

Diese aufwendige Bodenvorbereitung kommt auch den anderen Frühblühern unter den Zwiebelblumen zugute.

Große Hyazinthenzwiebeln bilden Brutzwiebeln. Etwa im Juni, wenn die Blätter vergilbt sind, gräbt man solche Zwiebeln aus, entfernt die Brutzwiebeln vorsichtig und setzt sie an anderer Stelle nicht zu tief (höchstens acht Zentimeter) in den Boden. Die Mutterzwiebel bleibt an ihrem Standort. Hyazinthen können mehrere Jahre lang hintereinander blühen. Bei der Vielfalt von Sorten, die nicht alle gleichgut für das Freiland geeignet sind, sollte man mit nur wenigen Zwiebeln einer Sorte anfangen und mit derjenigen weitermachen, welche die besten Ergebnisse zeigt. Auch in der Dichte des Blütenstandes und in der Wuchshöhe gibt es erhebliche Unterschiede. Die kleinsten Formen werden zwanzig, die größten bis 35 Zentimeter hoch.

Kaiserkrone (Fritillaria imperialis)
Liliengewächs

Die Kaiserkrone ist in mehrfacher Hinsicht eine Primadonna: Sie hat die größten Zwiebeln unserer Gartenblumen und braucht dafür auch die größten Pflanztiefe, nämlich 25 bis 30 Zentimeter. Dafür erfreut sie uns mit einem Blütenschaft, der über einen Meter hoch werden kann. Unter einem schmückenden Busch grüner Hochblätter hängen die großen, schön gemaserten Glocken in warmem Rot oder in Gelb. Die Kaiserkrone verträgt es nicht, daß man ihr im Sommer welkendes Laub abschneidet, bevor es ganz vergilbt ist. Die Pflanze braucht einen gut durchfeuchteten, nicht nassen und auf keinen Fall schweren, sondern durchlässigen Boden.

Auch wenn man es der Kaiserkrone in allem rechtmacht, kann sie mit dem Blühen für ein Jahr aussetzen. Man übersieht diese Laune der prächtigen Pflanze, indem man sie nicht einzeln, sondern gruppenweise pflanzt.

Die aus Persien stammende Kaiserkrone gehört trotz ihrer Größe zu den frühesten Blühern. Dabei »übernimmt sie sich« bisweilen, so daß die schon geöffneten Blüten mit Kälteeinbrüchen und Schnee fertig werden müssen. Dazu sind sie in erstaunlichem Maße fähig. Die auf unserem Bild dick verschneiten Kaiserkronen wurden kurz nach der Aufnahme von einer Dachlawine völlig verschüttet, ihre Blütenstände zerstört; doch trieben sie neu aus und kamen noch einmal zur Blüte. (Seite 79)

Die Kältefestigkeit der Kaiserkronen macht eine Winterdecke überflüssig. Dagegen sind die tiefliegenden Zwiebeln bei Staunässe oder zu feuchten Böden von Fäulnis bedroht. Man sollte deshalb für guten Wasserabzug und durchlässigen Untergrund sorgen. Die Kaiserkrone gedeiht gut im Halbschatten unter Bäumen.

Neu zu pflanzende Zwiebeln der Kaiserkrone werden im September gelegt. Die Vermehrung durch Samen ist möglich, aber etwas schwierig, man sät gleichfalls im Herbst.

Krokus (Crocus)
Schwertliliengewächs

Der Krokus hat in seiner Familie so prächtige Verwandte wie Schwertlilien und Gladiolen, Freesien und Montbretien. Und doch war gerade der kleine Krokus – keine der zahlreichen Arten seiner Gattung übersteigt fünfzehn Zentimeter Größe – eine sehr geschätzte Kulturpflanze. Es handelt sich um den **Echten Safran** (Crocus sativus). Aus welcher Wildform er einst herausgezüchtet wurde, ist nicht mehr mit Sicherheit feststellbar.

Der Echte Safran wird noch heute in ausgedehnten Kulturen angebaut. Seine langen, dunkelroten und duftenden Narben verarbeitet man zu dem kostbaren Gewürz Safran. Man verwendete Safran früher auch zum Färben von Gebäck und Textilien, denn es enthält den Farbstoff Crocin.

Crocus sativus ist eine hübsche Gartenblume mit zartvioletten, dunkel geäderten Kronblättern und leuchtend gelben Staubgefäßen. Anders als unser wildwachsender Frühlingskrokus (Crocus vernus) blüht er im Herbst.

Wir schätzen den Krokus vor allem als Frühlingskünder. Die kleinere Wildart kann man nur auf Gebirgswiesen nach der Schneeschmelze blühend finden. Die zahlreichen Gartenarten gibt es in allen denkbaren Blütenfarben, auch mit Tonunterschieden von außen nach innen – nur nicht in warmem Feuerrot. Die zartfarbigen Blüten des Krokus wirken meist schon deshalb mehrfarbig, weil sich die gelben oder orangefarbenen Stempel und Staubblätter kräftig abheben, weil viele Sorten zarte oder deutliche Maserungen der Kronblätter zeigen und weil der Blütengrund häufig ins Helle oder Dunkle spielt.

Die einzelnen Krokusarten unterscheiden sich in der Zeit ihrer Blüte. Es gibt frühe Sorten, die in milden Lagen schon Anfang Fe-

Links oben: Blüte der Kaiserkrone. Rechts oben: Krokus »Gelbe Riesen«, links unten: Weißer Gartenkrokus, rechts unten: C. neapolitanum (zartviolett).

bruar blühen, spätere schmücken den Garten noch bis Ende April. Weniger stark ausgeprägte Unterschiede gibt es in der Pflanzenhöhe. Die meisten Arten werden acht bis zehn Zentimeter groß. Die grasartig schmalen Laubblätter tragen häufig weiße Mittelstreifen, was zum schmucken Aussehen der Pflanze beiträgt. Man darf diese Blätter keinesfalls nach der Blüte beim Rasenschneiden abmähen. Spätblühende Arten pflanzt man deshalb besser nicht in den Rasen.

Der Krokus sprießt aus haselnußgroßen Knöllchen, welche die Form kleiner Zwiebeln haben. Man legt sie im Juli höchstens zehn Zentimeter tief in die Erde. Der Krokus liebt vollsonnigen Stand, wie alle Zwiebelgewächse durchlässigen Boden; bei durchschnittlich humoser Gartenerde braucht er keine zusätzliche Düngung. Die Vermehrung geschieht durch Brutknollen. Gewöhnlich braucht man sich darum in den Folgejahren nicht mehr zu kümmern.

Im Gegensatz zur ähnlich gestalteten **Herbstzeitlose**, ein Liliengewächs, ist keine Krokusart giftig. Bei beiden Gattungen reicht die Kronröhre bis in den Boden zum unterirdischen Fruchtknoten hinab. Er wird nach der Blüte emporgehoben und reift oberirdisch. So haben weder Krokus noch Herbstzeitlose einen eigentlichen Blütenstengel. Ein sicheres Unterscheidungsmerkmal ist die Zahl der Staubgefäße: drei beim Krokus, sechs bei der Herbstzeitlose.

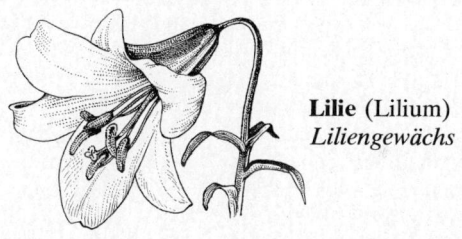

Lilie (Lilium)
Liliengewächs

Würdevoll, etwas kühl und steif, aber unvergleichlich schön in ihrer verschwenderischen Blütenpracht – das sind die Lilien. Einzeln oder in Gruppen setzen diese Pflanzen Höhepunkte in jedem Garten. Wer sie regelmäßig zum Blühen bringt, kann ein wenig stolz sein, denn diese zauberhaften Gartenblumen stellen mehr Ansprüche als manche andere Gewächse. Würde man in einem Buch von der Papierstärke des vorliegenden Bandes jeder der heute verfügbaren Lilienhybriden eine Seite mit Bild und Text widmen, so kämen wir auf eine Bandstärke von etwa zwölf Zentimeter! Man könnte beim Blättern in Blütenformen und Blütenfarben schwelgen, fände aber auf keiner Seite eine blaue Lilie. Es ist merkwürdig, daß die Natur einerseits so großen Spielraum für Züchtungen läßt, andererseits bestimmte, offenbar unüberwindbare Grenzen setzt.

Vielleicht war es die makellos reine Blüte der **Weißen Lilie** (Lilium candidum), welche diese Blume schon früh zum Wahrzeichen von Unschuld und Reinheit werden ließen. In christlicher Zeit verknüpfte man diese Lilienart mit der Muttergottes und legte ihr den Namen Marienlilie bei. Als Wappenfigur wetteifert die stilisierte Lilienblüte mit Adlern und Löwen.

Viele Wildarten der Gattung Lilie sind Steppenpflanzen. Die meisten Arten stammen aus Asien, eine Anzahl aus Nordamerika, aber nur wenige aus Europa. Unter ihnen gibt es eine auch bei uns heimische Bergwaldbewohnerin: die Türkenbundlilie. Ihre Gartenformen gedeihen am besten im Halbschatten, während die anderen Lilien möglichst viel Licht wollen, bodenaustrocknende Sonne aber nicht gut vertragen. Man sagt deshalb, daß die Lilien einen warmen Kopf über kühlen Füßen brauchen. Das erreicht man im Garten durch bodendeckende, niedrige Stauden an ihrem Standort. Lilien pflanzt man auch gern vor einem Gehölz, wo sie Windschutz haben, doch nicht unter Bäume. Hier wäre es zu schattig; außerdem beeinträchtigt Tropfwasser ihre Blüten. Steht noch keine den Boden vor Austrocknung schützende Bepflanzung zur Verfügung, hilft man sich mit einer Mulchschicht aus reifer Komposterde, die man mit Torf strecken kann.

Wo von Lilien die Rede ist, muß Jan de Graaf genannt werden, dem in Amerika die vielleicht bedeutendsten Zuchterfolge mit Lilien gelangen. Ihm und anderen zeitgenössischen Züchtern verdanken wir nicht nur eine Vielzahl neuer prachtvoller Hybriden, sondern auch größere Widerstandskraft dieser Sorten. Kostbare Lilien, einst seltene und umhegte Schätze in Klostergärten und höfischen Anlagen, können heute fast in jedem Hausgarten gedeihen.

Man unterscheidet trompetenartig geformte lange Blüten wie bei der vielleicht schönsten Art, der **Königslilie** aus China (Lilium regale) oder der **Osterlilie** aus Japan (L. longiflorum), sternförmig ausgebreitete Blüten mit mehr oder weniger weit zurückgebogenen Kronblättern wie bei der **Feuerlilie** aus Europa (L. ulbiferum) oder der **Goldbandlilie** aus Japan (L. auratum) und Blüten mit ganz zurückgeschlagenen Kronblättern wie bei der heimischen **Türkenbundlilie** (L. martagon) oder der **Prachtlilie** aus Japan (L. speciosum), bei deren Sorten die Blütenblattränder zudem in lebhaften Wellen verlaufen können. Dazwischen gibt es alle denkbaren

Übergänge; Punkte, eingerahmte Flecken und Streifen als Zeichnung in meist mehreren Farben auf der Innenseite der Kronblätter. Die **Tigerlilie** aus dem Fernen Osten (L. tigrinum) und die **Pantherlilie** aus Kalifornien (L. pardalinum) verdanken solchen Mustern ihren Namen, aber viele andere Lilien, zum Beispiel die **Kanadische Wiesenlilie** aus Nordamerika (L. canadense) zeigen ebenfalls auffällige »Bemalungen«.

Einheitlich für alle Lilien gilt die Sechszahl ihrer Kronblätter und die kennzeichnende Aufhängung der meist großen, starkfarbigen Staubbeutel auf der Mitte ihrer langen Seite. Sie bilden mit dem dünn auslaufenden Staubblattstiel ein bewegliches T.

Die kleinsten Lilien werden nur um vierzig Zentimeter groß, so die **Korallenlilie** aus Asien (L. pumilum), die größten 180 Zentimeter und mehr. Solche Riesen sind wegen ihrer meist umfangreichen Blütenstände besonders windempfindlich und brauchen einen gut geschützten Standort. Die Gabe der Lilienblüte, Wohlgeruch zu verströmen, ist unterschiedlich auf die einzelnen Arten verteilt.

Allgemein brauchen Lilien einen durchlässigen, nährstoffreichen, aber nicht fetten Boden. Stauende Nässe, Feind aller Zwiebelgewächse, verträgt die Lilie besonders schlecht. Zwiebelfäule und Absterben der Pflanze können die Folge sein. Die Zwiebeln besonders empfindlicher Arten wie die Goldbandlilie oder die **Japanlilie** (L. japonicum) graben manche Lilienfreunde im Herbst aus und lassen sie in Sägemehl von Nadelhölzern fäulnissicher überwintern.

Bei schweren Böden legt man Lilienbeete erhöht an oder errichtet kleine »Lilienhügel«, in denen sich kein Wasser ansammeln kann. Dem gleichen Zweck dienen Beetunterlagen aus Kies, Sandbetten unter jeder Lilienzwiebel oder nur eine Tonscherbenschicht unter den Pflanzen. Man kann beim Legen der Zwiebel die Erde ihrer unmittelbaren Umgebung mit Sand vermischen, um sie durchlässig zu machen. Das Bemühen, Lilienzwiebeln trockenzulegen, darf natürlich nicht zu einem Nährstoffmangel führen. Es ist deshalb besonders wichtig, daß der Oberboden viel Humus enthält.

In bezug auf den Kalkgehalt des Bodens ergeben sich unterschiedliche Ansprüche bei den einzelnen Lilienarten. Allgemein sollte der Boden eher schwach sauer oder neutral sein, bei wenigen Arten leicht alkalisch, also kalkhaltig, zum Beispiel bei der Madonnenlilie und den Türkenbundlilien. Doch gibt es z. B. ausgesprochen kalkmeidende Lilien wie die Kanadische Wiesenlilie, die Prachtlilie und die Goldbandlilie. Man sollte sich auf jeden Fall an die Angaben der Züchter halten und nur Lilien mit ähnlichen Bedürfnissen in einen Bestand nehmen. Eine solche »kalkarme Insel« in einem sonst kalkführenden Garten wird mit Komposterde gedüngt, die keine Zusätze von Kalk, dafür Torf enthält.

Lilienzwiebeln schützen sich nicht durch Häute, sondern durch fleischige, hüllblattförmige Schuppen. Sie sollten bei gekauftem Pflanzgut prall und fest sein. Welke Schuppen zeugen von Feuchtigkeitsverlust, möglicherweise von Lagerschäden. In mäßig feuchtem Erde-Sand-Gemisch oder angefeuchtetem Torfmull können Lilienzwiebeln bis zum Auspflanzen gelagert werden, kühl, aber frostfrei. Man muß sie auf jeden Fall vor dem Austrocknen schützen, was kurzfristig auch in einer geschlossenen Plastiktüte möglich ist.

Man legt Lilienzwiebeln im Herbst ab September, spätestens im November ins Freiland. Nur die Madonnenlilie will schon Ende August ausgepflanzt werden. Einige bringt man wegen ihrer Kälteempfindlichkeit besser erst im Frühjahr in die Erde, die jeweils mitgelieferten Anweisungen der Zuchtbetriebe geben darüber genaueren Aufschluß.

Die Zwiebel der **Madonnenlilie** bedeckt man nur wenige Zentimeter mit Erde, da sie über der Zwiebel keine Wurzeln ausbildet. Für alle anderen Lilienzwiebeln gilt, daß die Erdschicht über ihnen dreimal so stark sein soll wie die Zwiebelhöhe. Lilienzwiebeln werden also verhältnismäßig tief in den Boden gelegt. Diese Handhabe hängt mit ihrer Fähigkeit zusammen, sogenannte Stengelwurzeln oberhalb der Zwiebel zu bilden. Stengelwurzeln nehmen Nährstoffe auf und verbessern die Standfestigkeit der Pflanze. Eine so verankerte Lilie sollte man möglichst nicht mehr versetzen. Der oft angeführten Bodenmüdigkeit, die sich nach einigen Jahren durch nachlassendes Blühen zeigen könnte, beugt man durch regelmäßige Gaben gut ausgereifter Komposterde vor. Man düngt nur von der Erdoberfläche aus, gräbt also nichts ein, wozu die tiefliegende Zwiebel verleiten könnte. Zu meiden sind sowohl Kalk als auch stickstoffreiche Dünger, gleichgültig, welchen Ursprungs.

Lilien brauchen im allgemeinen keine zusätzliche Bewässerung, wenn sie, wie empfohlen, auf bedecktem oder überwachsenem Boden stehen. Da die Lilie während ihrer Blütezeit durch die vergrößerten Verdunstungsflächen mehr Feuchtigkeit verliert, sollte man bei länger ausbleibendem Regen gießen. Dabei ist ein Wässern des Bodens immer dem Beregnen vorzuziehen.

Nach der Blüte stellt man das Gießen ganz ein, die Zwiebel reift dann besser aus. Dagegen sollte unmittelbar nach dem Einsetzen der Lilienzwiebeln gut angegossen werden, was bei anderen Zwiebelgewächsen nicht nötig und auch nicht zu empfehlen ist. Der Grund für diese Regel liegt in den Schuppen der Lilienzwiebeln, die gegenüber den dichteren Häuten anderer Zwiebeln mehr Feuchtigkeit durchlassen und brauchen.

Die für den Winter vorsorglich aufgebrachte Eindeckung aus Laub und darübergelegtem Reisig entfernt man im Frühjahr bald, um die Lilien unter diesem Kälteschutz nicht zu vorzeitigem Austreiben anzuregen. Junge Triebe sind natürlich kälteempfindlicher als die tiefsitzende Zwiebel. Bei Nachtfrostgefahr schützt man schon ausgetriebene Lilien einfach mit übergestülpten Gefäßen, wie Blumentöpfen oder Eimern. Leere Papiersäcke erfüllen ebenfalls diesen Zweck.

Die Vermehrung durch Samen gelingt bei wenigen Lilienarten. Hybriden vererben ihre Eigenschaften nur durch ungeschlechtliche Vermehrung unverändert. Sie kann bei Lilien auf fünf verschiedene Weisen erfolgen:

1. durch Teilung der Zwiebeln, was sich bei Gartenblumen mit häutigen Zwiebeln ausschließt,
2. durch Zwiebelbrut, die im Herbst vorsichtig abgetrennt und eingesetzt oder im Haus überwintert wird,
3. durch abzulösende Zwiebelschuppen, die immer ein kleines Stück des Zwiebelbodens enthalten müssen, was sich dadurch ergibt, daß man nur eine äußere untere Schuppe ablöst,
4. durch Brutknöllchen in den Blattachseln oder zwischen den Stengelwurzeln – man sät sie im Herbst ins Freiland (Frostschutz!) oder in Saatkästen,
5. durch Blattstecklinge, was vor allem bei schmalblättrigen Arten gelingt. Man gewinnt sie mit einem Stück Stengel und zieht sie in Handkästen unter Glas in einem Gemenge aus Sand und gut ausgereifter Komposterde heran.

Der Leser sieht, daß Lilien ein Kapitel für sich sind. Sie können hier nicht erschöpfend behandelt werden. Allein die Abwehr der zahlreichen Lilienschädlinge und Lilienkrankheiten nimmt in der Fachliteratur breiten Raum ein. Zu erwähnen ist vor allem das Lilienhähnchen, ein kleiner roter Käfer, der, wie seine Larven, Li-

lienblätter frißt. Da er durch seine Farbe auffällt, kann man ihn ablesen und vernichten, bevor er Eier legt. Auch Wühlmäuse können Lilienbestände gefährden und vernichten. Ein sicheres Mittel sind käufliche Kunststoffcontainer oder selbstgefertigte Maschendrahtgefäße, in die man die Lilienzwiebeln mit Pflanzerde bettet und dann in den Boden versenkt. Solche Gefäße erleichtern außerdem das Herausnehmen der Zwiebeln für die ungeschlechtliche Vermehrung.

Durchlässiger, gut belebter Boden, nicht zu enger Stand und nicht zu große Anpflanzungen bilden die beste Voraussetzung, Gartenlilien gesund zu halten. Doch wird man Rückschläge mit so empfindlichen Pflanzen, deren Ansprüche sich von Art zu Art mitunter stark unterscheiden, nicht ganz ausschließen können. Lilien geben Anlaß zu besonderen Blumenfreuden, aber auch zu vielerlei Erfahrungen.

Märzenbecher (Leucojum vernum)
Frühlingsknotenblume
Amaryllisgewächs

Wildwachsend findet man die Märzenbecher noch auf Voralpenwiesen, doch wurden sie an vielen Standorten ihrer einstigen Verbreitung ausgerottet. Gartenfreunde sind daran nicht ganz unschuldig, denn wo der Märzenbecher noch vorkommt, sieht man immer wieder Leute, die seine Zwiebeln ausgraben, damit der frühe Blumenschmuck dem eigenen Grundstück zugute kommen soll.

Zum Durchstoßen einer dünnen Schneedecke befähigt den Märzenbecher ein derbhäutiges Hochblatt, in dessen Schutz sich das meist einzige Glöckchen entfaltet. Seine Kronblattzipfel tragen gelbe oder grüne Punkte.

Die Zwiebelchen des Märzenbechers sind beim Gärtner so

An der Südseite eines Baumstammes fängt sich die Frühjahrssonne und ergibt einen geschützten Standort für den Märzenbecher.

preiswert zu haben, daß sie niemand mehr der freien Natur entnehmen sollte. Man legt sie im Spätsommer oder Herbst gut fünf Zentimeter tief in humusreichen Boden und achtet auf Mindestabstände von fünfzehn Zentimeter.

Die Knotenblume wächst gern gesellig, und sie wirkt im Frühling auch besonders hübsch, wenn man sie scharenweise zwischen Gehölzen oder unter Bäumen hat. Wo sie sich wohl fühlt, kommt sie alle Jahre wieder, ihr Standort darf nicht zu trocken, der Boden nicht zu leicht sein. Der Märzenbecher gehört zu den wenigen Zwiebelgewächsen unter unseren Gartenblumen, die lehmigen Boden wollen. Die Pflanze wird um zwanzig Zentimeter hoch.

Nach der Blüte senken sich die Stengel zu Boden, der Samen reift heran und wird oft von Ameisen verbreitet.

Gut doppelt so hoch wird das **Sommertürchen** (Leucojum aestivum), dessen Blüten denen des Märzenbechers gleichen, aber die zu dritt, viert oder fünft an einem Blütenstengel nicken. Es gibt verschiedene Sorten mit unterschiedlichen Blühzeiten. Das Sommertürchen braucht noch mehr Feuchtigkeit als der Märzenbecher, es eignet sich gut zur Randbepflanzung eines Sumpfbeetes. Im Herbst frisch eingepflanzte Zwiebeln sollten Frostschutz in Form einer dünnen Laub- oder Reisigbedeckung erhalten.

Der Märzenbecher wird oft mit dem zur gleichen Zeit und an ähnlichen Standorten blühenden Schneeglöckchen verwechselt. Es handelt sich aber um verschiedene Gattungen innerhalb der Familie Amaryllisgewächse.

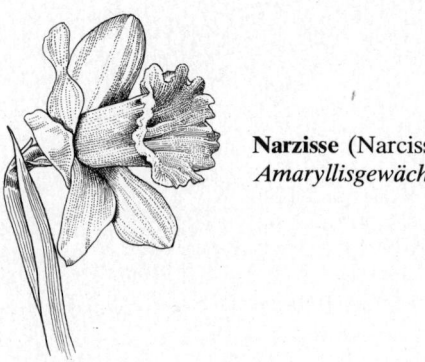

Narzisse (Narcissus)
Amaryllisgewächs

Die Heimat der meisten Wildnarzissen liegt im Mittelmeerraum, sie wurden schon im klassischen Altertum als Gartenpflanzen gezüchtet. Der Veränderlichkeit der Narzissenblüte in Zuchtsorten scheint keine Grenzen gesetzt zu sein. Es kommen immer wieder neue Zuchtergebnisse hinzu, obwohl es mehr als achttausend Sorten gibt. Man unterscheidet eine flachblütige Grundform, oft in Weiß mit gelber, rot geränderter Nebenkrone, und eine trompetenförmig langgestreckte Blütenform.

Zur ersten Gruppe gehört die stark duftende **Dichternarzisse**

(Narcissus poeticus), zur zweiten die eigentlichen **Osterglocken** (N. pseudonarcissus).

Die Farben der Narzissen spielen von Weiß, das verschiedene Tönungen mit silbrigem Glanz haben kann, zu Gelb, Goldgelb, Orange und Rot. Krone und Blütenhülle tragen oft verschiedene Farben, können aber auch einheitlich weiß oder gelb sein. Viele Sorten zeichnen sich durch starken Blütenduft aus.

Auch wer im Garten wenig Platz für Frühlingsblüher hat, wird auf die Narzisse nicht verzichten wollen, weil schon wenige Gruppen von ihr unübersehbare farbige, festliche Zeichen setzen.

Die Narzissen brauchen frischen, nährstoffreichen, also stark humosen Boden, der während ihrer Blütezeit ziemlich feucht sein darf. Lehmhaltige Erde eignet sich besser als sandige, Kalkgehalt, also alkalischer Boden, ist erwünscht. Volle Sonne schadet nicht, doch gedeihen die Narzissen auch im Halbschatten, zum Beispiel unter Obstbäumen.

Die kleinsten Sorten von zehn bis zwanzig Zentimeter Höhe machen sich gut im Steingarten. Die besonders anmutigen Dichternarzissen können bis zu einem halben Meter hoch werden, sie brauchen mehr Feuchtigkeit als die anderen Arten. Die große Sortenzahl der Narzissen erlaubt es, nach Blühzeiten von März bis Mai zu staffeln. Wie jeder weiß, sind Narzissen hervorragende Schnittblumen.

Neben den durchweg großblütigen Gartennarzissen gibt es sogenannte Wildnarzissen, die nur zehn oder zwanzig Zentimeter hoch werden. Unter ihnen sehr reizvolle Sorten wie die **Alpenveilchen-Narzisse** (N. cyclamineus) oder die **Reifrock-Narzisse** der Gattung Corbularia. Auch unter den Wildnarzissen gibt es früher und später blühende Arten und Sorten. Alle Wildnarzissen eignen sich fürs Steinbeet, wo man sie in kleinen Grüppchen anpflanzt.

Man legt Narzissenzwiebeln im Herbst je nach Größe zehn bis zwanzig Zentimeter tief in den Boden und versieht die Pflanzung im ersten Winter mit einem Frostschutz. Im Frühjahr ist unbedingt darauf zu achten, daß das grüne Laub nach dem Verblühen nicht abgemäht wird. Man muß warten, bis es vergilbt und eingezogen ist.

Hat man Narzissen erst einmal im Garten, so sorgen sie selbst für ihre Vermehrung. Man kann in den kommenden Jahren immer wieder kleine Zwiebeln von den großen abtrennen und so zu neuen Pflanzen kommen.

Das vielblütige »Sommertürchen« eine spätblühende Knotenblume. Rechts: Narzissenbusch.

Setzt man eingewurzelte Zwiebeln im Herbst in einen Topf und stellt ihn an einen kühlen Platz im Haus – erst dunkel, später hell –, so kann man schon im Spätwinter blühende Narzissen haben.

Schneeglöckchen (Galanthus nivalis)
Amaryllisgewächs

Das Schneeglöckchen bedarf keiner Beschreibung. Man pflanzt es in lockeren Horsten oft wechselweise mit dem etwas größeren Märzenbecher. Sein Anspruch an Boden, Pflanzung und Pflege gleicht dem, was vom Märzenbecher gesagt wurde. Bei gutem Humusgehalt der Erde muß man sich um die Schneeglöckchen nicht weiter kümmern. Ihre anwachsenden Zwiebelkolonien können nach einigen Jahren zur weiteren Vermehrung ausgegraben, getrennt und wieder eingesetzt werden.

Links oben: Träubel-Hyazinthe. Die übrigen Bilder: Tulpen.

Traubenhyazinthe (Muscari)
Liliengewächs

Die unzähligen Perlen dieser besonders dankbaren Frühlingsblume verschwimmen im Garten zu himmelblauen oder dunkelblauen Tupfen und Flächen. Man kann unter zahlreichen Gartensorten wählen, eine Vielfalt, dem ein Artenreichtum der im Mittelmeerraum wildwachsenden Traubenhyazinthe entspricht. Die niedrigsten Gartenformen werden nur fünfzehn, die höchsten fünfzig Zentimeter hoch. Einige Arten duften gar nicht, andere schwach, wenige stark. Zu ihnen gehört Muscari moschatum.

Die meisten Traubenhyazinthen bleiben in Blau- und Violetttönen, doch gibt es auch weiß- und rosablühende Sorten. Man hat in ihnen reizvolle Spielarten, aber wird auf die Dauer doch bei blauen Traubenhyazinthen bleiben, einfach weil sie zum Bild des Frühlings gehören.

Die winzigen Zwiebeln der Traubenhyazinthe legt man von August bis Anfang Oktober – früher ist günstiger – gut fünf Zentimeter tief in die Erde. Jeder Gartenboden eignet sich, ausreichende Feuchtigkeit vor allem zur Blühzeit vorausgesetzt. Ein vollsonniger Stand ist gut, aber Traubenhyazinthen entfalten sich auch im Halbschatten. Eine leichte Bodenbedeckung während des Winters kann nur nutzen. Für weitere Vermehrung muß man bei der Traubenhyazinthe nicht sorgen, sie samt sich aus und verdichtet ihren Bestand durch Tochterzwiebeln. Läßt man die Pflanzen gewähren, so nehmen sie mit der Zeit immer größere Flächen ein. Wühlmäuse verschmähen die Zwiebeln.

Die Traubenhyazinthe eignet sich zum Treiben für eine Winterblüte im Zimmer. Die Raumtemperatur sollte dafür nicht viel über zehn Grad liegen.

Die **Federhyazinthe** (M. comosum) zählt zur selben Gattung, zeigt aber einen ganz anderen Blütenstand: federig verzweigte violette Büsche. Sie blüht von Mai bis Juni und bildet eine reizvolle Ergänzung zur Traubenhyazinthe.

Tulpe (Tulipa)
Liliengewächs

Man unterscheidet die sogenannten Wildtulpen von den Gartentulpen, wobei es eine wahrhaft unendliche Sortenfülle gibt.

Die Wildtulpen ähneln den Stammformen der Tulpen, deren Heimat Afghanistan, Persien und Turkestan ist. Wildtulpen blühen früher, sind kleiner und unempfindlicher als Gartentulpen, winterhart, und ihre Zwiebeln können stets an ihrem Platz bleiben.

Wer nicht darauf aus ist, das jeweils Neueste an Tulpen in seinem Garten zum Blühen zu bringen, ist mit Wildtulpen sehr gut bedient. Wo sie einmal stehen, bilden sie von Jahr zu Jahr größere Nester. Die wichtigsten Arten sind Tulpia clusiana, T. kaufmanniana und T. praestans. Ihr Nachteil: Sie blühen nicht so lang wie spätere Arten der Gartentulpen. Natürlich kann man die langgestielten großblütigen Gartentulpen vielseitiger als Schnittblumen verwenden als ihre etwas bescheideneren »wilden« Schwestern.

Als die ersten Tulpenzwiebeln Ende des 16. Jahrhunderts nach Holland kamen, lösten sie dort in kurzer Zeit ein Tulpenfieber aus, das wie eine ansteckende Krankheit um sich griff. Die Spekulation mit Tulpenzwiebeln weitete sich in einem Maße aus, daß die holländische Regierung strenge Gesetze gegen den Tulpenrausch und seine Auswüchse erlassen mußte. Holland blieb das erste Tulpenland der Welt, die Tulpenzucht wurde dort zur Grundlage eines bedeutenden Wirtschaftszweiges.

Wie bei der Gattung Lilie gibt es bei den Tulpensorten alle nur denkbaren Farben – einfarbig, mehrfarbig, gefüllt und in vielerlei Kronblattformen –, aber kein Blau. Auch zwischen verschiedenen Blütendüften kann man wählen. Wichtiger für den Gartenfreund ist die Einteilung nach Blühzeit von Anfang April bis Ende Mai und nach Wuchshöhe, denn nicht alle Gartentulpen müssen lange Stiele haben.

Wer tiefer in die Welt der Tulpen eindringen möchte, sollte sich nicht nur in die jährlich neu erscheinenden Kataloge der Züchter vertiefen, sondern sich in Gärtnereien, botanischen Gärten und Ausstellungen umtun. Unzählige Tulpen gibt es in jedem Frühling auf der Insel Mainau, unabsehbare Tulpenmeere in Holland zu bewundern.

Tulpenzwiebeln setzt man wie andere Blumenzwiebeln ab September ins Freiland und gibt ihnen im Winter eine Frostschutzdecke aus Laub oder Reisig. Tulpen brauchen einen humosen Boden, frei von Staunässe und eher leicht und sandig als schwer und tonig.

Wo Wühlmausgefahr gegeben ist, muß man die Zwiebeln mit Gitterschutz aus Plastikcontainern oder Maschendraht umhüllen. Die Vermehrung der Gartentulpen erfolgt ungeschlechtlich durch Brutzwiebeln. Man kann sie nach einigen Jahren von den Mutterzwiebeln abtrennen, man soll es sogar tun, damit die Tulpenhorste nicht zu dicht werden. Entfernt man Blüten, die nicht als Schnittblumen gebraucht werden, läßt man den Blütenstiel stehen, seine Nährstoffe kommen der reifenden Zwiebel zugute.

Gartentulpen gibt man in jedem Herbst ausgereifte Komposterde unter den Reisigschutz. Mitunter werden Tulpenzwiebeln nach dem Abblühen und Einziehen des Laubes ausgegraben, um anderen Blumen Platz zu machen, man lagert sie dann in einem kühlen Raum des Hauses ein, wo sie überwintern.

Mit den Tulpen schließen wir den Reigen winterharter Gartenblumen aus Zwiebeln und Knollen. Bekannte und beliebte Gewächse dieser Gruppe wären noch zu nennen, so die im Halbschatten blühenden **Anemonen** (Anemone), der wasserblaue **Frühlingsstern** (Ipheion) des gleichen Standortes, das **Garten-Alpenveilchen** (Cyclamen), das als Waldpflanze ebenfalls Halbschatten bevorzugt und im Herbst blüht, der sommerblühende **Sauerklee** (Oxalis), eine Waldpflanze, die den Steingarten ziert und keinen Kalk verträgt, die zierliche **Schachbrettblume** (Fritillaria meleagris) aus der

Winterling mit Schneeglöckchen.   Winterling kann wirklich schon im Winter grünen und blühen.

Gattung der Kaiserkronen, als Wildpflanze unserer Feuchtgebiete höchst selten geworden, der **Winterling** (Eranthis), ein besonders kälteunempfindlicher Zwerg, der schon ab Januar seine gelben Blüten öffnet, die stattliche **Präriekerze** (Camassia), ein sonnenliebendes Gewächs, das bis zu einem Meter hoch wird und zwischen Frühling und Sommer blüht, und schließlich die allbekannte **Herbstzeitlose** (Colchicum), das zartviolette Schlußlicht im Jahreslauf der Gartenblumen.

NICHT WINTERHARTE GARTENBLUMEN
AUS ZWIEBELN UND KNOLLEN

Man könnte sich einen Blumengarten vorstellen, der nur mit Pflanzen ausgestattet wurde, deren Wildformen in unserem Klima wachsen. Diese naturnahe Gestaltung mit Blumen wäre formenreich, vielseitig und von besonderem Reiz. Aber wir müßten auf viele gute Bekannte des Blumengartens verzichten, die uns als Gäste ferner Länder liebgeworden sind, die in unseren Gärten schon seit langem Heimatrecht erworben haben. Zu ihnen gehören die Zwiebel- und Knollengewächse, deren unterirdische Teile wir im Haus überwintern lassen, weil sie kälte- und frostempfindlich sind. Wir finden deshalb unter dieser verhältnismäßig kleinen, aber besonders prächtigen Pflanzengruppe keine Frühlingsblüher, die sich ja in besonderem Maße durch Kältefestigkeit auszeichnen müssen. Im Gegensatz zu den in Schalen gegliederten Zwiebeln handelt es sich bei den Knollen um verdickte Wurzel-, Stengel- und Sproßteile aus meist ungegliederter Pflanzenmasse. Ihr Hauptbestandteil ist Stärke, haltbar eingelagerte Sonnenenergie.

Knollen können aus Augen oder Knospen Triebe bilden wie die Kartoffeln oder aber der Pflanze nur als Speicherorgane dienen wie bei den Dahlien, wo die neuen Triebe der Stengelbasis entspringen. Zwischen Knollen und Zwiebeln gibt es fließende Übergänge, man spricht zum Beispiel von Knollenzwiebeln der Schwertliliengewächse.

Die Aufgabe der Schalen oder Schuppen bei Zwiebeln übernimmt bei den Knollen eine meist derbe Haut. Sie schützt vor Wasser und Fäulnis im Boden, aber nur unzureichend vor Verdunstung an der Luft. Für einen Aufenthalt außerhalb der Erde sind Knollen eigentlich nicht angelegt. Wir muten ihnen aber zu, ein halbes Jahr und länger in unserem Haus zu verbringen. Zwar durchlaufen sie dann eine Ruhezeit, aber sie leben weiter. In gewisser Weise kann man das auch von den Samenkörnern sagen. In feuchter Wärme schwellen sie an und machen dadurch die ersten sichtbaren Stoffwechselschritte – Voraussetzung für das Entstehen einer neuen Pflanze. Auch die Knollen bleiben während ihrer Ruhezeit abhängig von ihrer Umgebung. Sie können austrocknen und damit an Lebenskraft verlieren oder ganz absterben. Sie können, wenn sie feucht werden, faulen, und sie können Schadstoffe aufnehmen, wenn sie beispielsweise in kunstharzlackierten Schubladen aufbewahrt werden. »Selbst nach vielen Jahren noch, wenn der Kunstharzgeruch gar nicht mehr wahrnehmbar ist, wirkt er zerstörend auf die Keimkraft von Sämereien, wie Pflanzenschutz-Untersuchungen ergeben haben. Die pflanzenschädliche Wirkung dieser zur Holzbehandlung heute fast ausschließlich verwendeten Lackverbindung ist bei Blumenzwiebeln und -knollen noch intensiver.« (Blumen & Garten, Band 4.)

Man könnte Flüssigkeitsverlust oder Stoffaufnahme in der genannten Weise als einen passiven Stoffwechsel nennen, dem Knollen mehr, Samen weniger unterliegen.

In nicht zu trockener Luft und bei Temperaturen um zehn Grad kann man Knollen einfach in einem unbehandelten Holzkistchen aufbewahren. Sicherer geht man, wenn man sie wie einzulagerndes Wurzelgemüse in nicht ganz trockenen Sand oder ebensolchen Torfmull einschlägt und bei Temperaturen zwischen vier und zwölf Grad ruhen läßt. Dieses Verfahren bewährt sich vor allem bei lufttrockenen Räumen, wenn man sich die Mühe macht, Sand oder Torfmull regelmäßig zu prüfen und gegebenenfalls wieder leicht anzufeuchten. Das Einschlagmaterial darf nie staubtrocken werden, aber auch nicht naß sein.

Eine Aufbewahrung in Folienbeuteln wird als durchführbar beschrieben, doch würde ich das Einschlagen in Sand oder Torf vorziehen, weil es den natürlichen Bodenbedingungen näherkommt und Luftaustausch einschließt, was in der geschlossenen Folientüte nicht möglich ist. Hier besteht deshalb die Gefahr der Schwitzwasserbildung bei Schwankungen der Außentemperatur.

Knollen, die Augen bilden, also keimfähig sind, kann man in der Regel teilen und so für die ungeschlechtliche Vermehrung der Pflanze sorgen. Voraussetzung ist, daß die Knolle nicht zu jung, das heißt groß genug ist, und genügend Augen vorhanden sind. Die gesunde Knolle entwickelt Inhaltsstoffe, die ein Faulen der ungeschützten Schnittstellen bei durchlässigem Gartenboden verhindern. Das kann man gut an geteilten Kartoffeln beobachten, die sogar in feuchter Erde und selbst auf Mistunterlage nicht, wie zu erwarten wäre, anfaulen, sondern unversehrt bleiben und Triebe bilden. Die Schnittstellen empfindlicherer Blumenknollen kann man nach oberflächlichem Abtrocknen mit Holzkohlenpulver oder einfach Holzasche bestäuben, bevor man sie in den Boden legt.

Es gibt für die Gartenpflanzen im allgemeinen, für Knollen im besonderen eine lange Reihe von Krankheitserregern: Pilze, die den Grauschimmel hervorrufen, Bakterien, Viren und Schmarotzer. Man muß deshalb nicht gleich in den Giftschrank greifen, Fungizide sprühen und Desinfektionsmittel aufpinseln. Überall in der Natur lauern zahllose Mikroben, aufmerksame Wächter, die angeschlagene und kranke Lebewesen von der Fortpflanzung ausschließen, die das Lebendige vor dem Toten schützen. Sie erfüllen ein ebenso hartes wie notwendiges Naturgesetz als Voraussetzung sowohl der Lebensentfaltung als auch der Evolution.

Wenn wir uns beim Arbeiten in den Finger schneiden, schaffen wir einen Nährboden für Millionen von Bakterien; trotzdem heilt der Finger an einem halbwegs gesunden Menschen ohne Desinfektionsmittel. Die körpereigene Abwehr tritt an und bewahrt das lebende Gewebe vor dem Angriff der Zersetzer. Auch Anfangserfolge der Angreifer werden in einer heißen Schlacht, der Entzündung, eingedämmt und schließlich durch nachwachsendes Gewebe wieder ausgeglichen. Ebenso kann man im Garten auf die Selbstheilungskräfte der Natur bauen, wenn man für gute Lebensbedingungen durch ungestörte Kreisläufe sorgt, vor allem für einen gesunden Boden. Man wird sich bald einen Blick für gesunde Pflanzen und einwandfreies Pflanzgut, wie z. B. Zwiebeln und Knollen, erwerben.

Von den nicht winterharten Zwiebel- und Knollengewächsen im Blumengarten beschreiben wir im folgenden fünf Gattungen und treffen damit wieder eine recht willkürliche Wahl. Natürlich ist es unverzeihlich, das Indische Blumenrohr oder die Jakobslilie unberücksichtigt zu lassen, aber Beschränkung tut not. Hat man die allgemeinen Pflegeansprüche dieser Gewächse etwa am Beispiel Dahlien oder Gladiolen erprobt, dann wird man unschwer auch andere Vertreter dieser erlesenen Gartenschönheiten mit Erfolg, das heißt viele Jahre lang, zum Blühen bringen.

Dahlie (Dahlia)
Georgine
Korbblütler

Unsere Gartendahlien gehen auf mehrere Stammformen der Neuen Welt zurück. Die wahrscheinlich wichtigste, Dahlia variabilis, wächst als Staude mit kleinen dunkelroten Blütenständen in Mexiko. Dort sind auch die anderen Wildarten aus dem Stammbaum unserer Zuchtdahlien beheimatet.

Den jahreszeitlichen Dreiklang aus Tulpen im Frühling und Lilien im Sommer beschließt die Dahlie als eine nicht weniger prachtvolle Gartenblumengattung des Spätsommers und Herbstes. Den drei so unterschiedlichen Gruppen ist die unabsehbare Fülle ihrer Zuchtformen gemeinsam und das trotz breitester Farbentfaltung durchweg fehlende Blau ihrer Blüten.

Zu den Tausenden schon bestehenden Zuchtsorten der Dahlie kommen jährlich neue hinzu; eine umfassende Übersicht ist nicht mehr möglich. Eine Hilfe gibt die Gruppierung der Dahlien nach ihren Blütenformen: einfache, halbgefüllte und gefüllte Dahlien. Diese Gruppen unterteilt man wieder in Klassen wie Anemonenblütige, mit verhältnismäßig kleinen, aber dafür sehr zahlreichen und ausdauernden Blüten, Halskrausen-Dahlien, die durch einen Zwischenkranz mittelgroßer »Blütenblätter« (Zungenblüten) oft dreifarbig gezüchtet werden, gefüllte Pompon-Dahlien, die sich zu papierblumenartigen Blütenköpfen runden, ähnlich die Ballförmigen Dahlien, gleichfalls gefüllt, mit schmal eingerollten »Blütenblättern« die Cactus-Dahlien, Schmuckdahlien (Dekorative Dahlien) mit zweifarbig abgesetzten »Blütenblättern« und andere. Die Dahlien versprühen ein Feuerwerk an Farben, zeigen aber auch sehr zurückhaltende Pastelltöne, reines Weiß oder tiefes Schwarzrot.

Es gibt kleine Sorten für Pflanzkübel und Balkonkästen und große Büsche bis 140 Zentimeter Höhe. Die frühesten Sorten kann

Blütenstand der Dahlie.

man durch Vortreiben im Haus schon ab Mai zur Blüte bringen, den spätesten bereitet erst der Frost ein Ende ihrer Blühzeit. – Da die Dahlienknollen nicht tief ins Freiland gelegt werden – die Erdschicht über den Knospen für neue Triebe soll nur drei Zentimeter stark sein –, kann man die frostempfindlichen Knollen erst ab Mai ins Freiland setzen, in manchen Lagen sogar erst nach den Eisheiligen. Das bedeutet, daß Dahlien bei uns vorwiegend im Spätsommer und Herbst in Blüte stehen.

Dahlien bilden während des Sommers blatt- und stengelreiche Büsche mit überaus vielen und oft großen Blütenköpfen. Die größten der Schmuckdahlien erreichen bis zu 25 Zentimeter Durchmesser und sind zudem kugelig gefüllt. Mit anderen Worten: Die Dahlie verausgabt sich in den wenigen Monaten ihrer Entfaltung stark. Das gilt besonders für die großen Sorten. Zwar zehrt die Pflanze zunächst von den Nährstoffen ihrer Wurzelknolle, aber bis zum Herbst muß sie diese Speicherorgane auch wieder wohl gefüllt haben. So versteht es sich von selbst, daß Dahlien einen besonders guten, nährstoffreichen Boden brauchen. In Gartenbüchern wird deshalb empfohlen, ihnen »ab Frühsommer alle zwei bis drei Wochen eine Kopfdüngung mit Volldüngerlösung« zu geben. Solche arbeitsaufwendigen Ratschläge, die im mineralgedüngten Garten ihre volle Berechtigung haben, brauchen den Gartenfreund, der seine Blumen biologisch pflegt, nicht zu verunsichern. Je nachdem, wann ausgereifte Komposterde zur Verfügung steht, versetzt man die obere Bodenschicht des Dahlienbeetes mit frischem schwarzem Humus und mißt diese Gabe eher reichlich als knapp.

»Frischer Humus« ist nicht mit Frischkompost zu verwechseln, der für die Düngung von Gartenblumen nicht verwendet werden sollte. Will man ein übriges tun, so gibt man den Dahlienpflanzen während des Jahres einige Schaufeln Komposterde, doch genügt grundsätzlich eine kräftige Jahresdüngung. Komposterde ausbringen heißt immer, Vorratsdüngung zu geben, aus der sich die Pflanze nach Bedarf selbst bedienen kann. Bei wasserlöslichem Mineraldünger hätte es wenig Wirkung, die Jahresmenge auf einmal zu verabreichen, weil die Düngesalze vom Regen ausgeschwemmt werden. Anfänglichem Überfluß würde bald der Mangel folgen.

Bevor man die Dahlienknollen im Mai an ihren Standort im Freiland setzt, legt man sie über Nacht in Wasser, falls man sie trocken gelagert hatte. Großen Sorten läßt man einen Abstand von einem Meter, kleineren fünfzig Zentimeter. Hochwachsende Dahlien brauchen Stützen, an die man später die nicht sehr standfesten Stengel lose befestigen kann. Um Knollen und Wurzeln nicht zu beschädigen, treibt man solche Holzpflöcke gleich mit dem Auslegen der Knollen in den Boden. Hatte man nicht genügend Komposterde, um das ganze Dahlienbeet mit einer Schicht zu versehen, so sollte man beim Setzen die unmittelbare Knollenumgebung reichlich mit Komposterde durchmischen.

Zum Heranwachsen der Dahlien und während ihrer ganzen Blütezeit muß der Boden stets gut durchfeuchtet sein, um dem Wasserbedarf dieser Pflanzen gerecht zu werden. Regelmäßiges Gießen setzt allerdings einen durchlässigen Boden voraus, denn Staunässe wäre für die Dahlien ebenso ungünstig wie Trockenheit. Bei Nachtfrostgefahr während der Zeit des Austriebs sollte man die Jungpflanzen mit umgedrehten Gefäßen, Zeitungspapier oder Säcken schützen. Möglicherweise auftretende Frostschäden am jungen Grün gleicht die Knolle durch Nachschub aus.

Zugunsten kräftig sich entwickelnder Pflanzen und großer Blüten empfiehlt es sich, nicht alle der oft zahlreichen Triebe einer Knolle aufkommen zu lassen. Man verschafft den stärksten mehr Platz, indem man kleinere wegnimmt. Später verträgt der blühende Dahlienbusch die Entnahme von Schnittblumen sehr gut. Darüber hinaus entlastet man die Pflanze, wenn man welkende Blütenstände abschneidet und so die Samenbildung verhindert. Wer selbst aus Samen Dahlienpflanzen ziehen möchte, was durchaus möglich ist, läßt nur einige wenige Blütenstände in Samen gehen.

Man sät den gut ausgereiften Samen im nächsten Jahr mit dem Einpflanzen der Knollen. Man wird sich allerdings einige Jahre gedulden müssen, bis man große Knollen erzielt und man muß bei Hybriden Veränderungen der Blüte in Kauf zu nehmen.

Wenn im Herbst der erste Frost die Dahlien in Mitleidenschaft zieht, schneidet man sie über dem Boden ab, lockert die Erde um die Knollen und hebt sie mit der Grabgabel vorsichtig heraus. Je nach Wetter läßt man sie draußen oder im Haus abtrocknen, nachdem man sie von Erdresten befreit hat. Bei nicht herabgesetzter Luftfeuchtigkeit, wie sie in einem Keller mit Naturboden gegeben ist, können die Knollen in einem dunklen Kellerraum oder in einer lichtabschirmenden Kiste ohne Bedeckung überwintern. Bei trockener Luft empfiehlt sich das oben beschriebene Einschlagen in Sand oder Torf.

Vor dem Aussetzen im Frühjahr kann man gut entwickelte Knollen teilen und so die Dahlien sortenecht vermehren. Da die Dahlie nicht aus den Knollen, sondern bei den Stengelansätzen austreibt, muß man auf die dort sitzenden Augen achten, kein Teilstück darf ohne Knospen sein. Knollen, die im Winter zu feucht gelagert wurden und angefault sind, kann man möglicherweise retten, wenn man die angegriffenen Stellen mit einem scharfen Messer vollständig herausschneidet und die Wundflächen mit Holzkohlenstaub oder Holzasche überpudert.

Freesie (Freesia)
Kapmaiblume
Schwertliliengewächs

Der zarte Gast aus Südafrika wurde erst Anfang des vorigen Jahrhunderts nach Europa eingeführt. Freesien konnte man in unseren Breiten nur als Zimmerpflanze zur Blüte bringen. Erst neuere

Zuchtbemühungen führten zur Freilandfreesie, die gut an unser Klima angepaßt ist. Es stehen mehrere Arten und eine Reihe von Hybriden zur Verfügung.

Der besondere Reiz dieser duftigen und meist auch duftenden Blütengebilde liegt in ihren fein gestuften Pastelltönen. Der oft hellere Blütengrund kann eine dunklere Maserung zeigen. Ein Stengel trägt stets mehrere Blüten, die sich nacheinander öffnen und auch als Schnittblumen lange halten.

Die Knöllchen der Freilandfreesien bringt man Ende April oder Anfang Mai etwa acht Zentimeter tief in den Boden und achtet auf wenigstens zehn Zentimeter Abstand zur Nachbarpflanze. Vorteilhaft pflanzt man Mischungen in kleinen Gruppen. Diese aparten Blumen, die nicht höher als vierzig Zentimeter werden, betrachtet man vorteilhaft aus der Nähe. Darauf sollte man bei der Wahl ihres Standortes achten und sie nicht in unmittelbare Nachbarschaft mit starkfarbigen Blumen setzen. Da die Freesien nahezu alle Farbtöne selbst hervorbringen, brauchen sie keine farblichen Gegengewichte.

Der Boden soll locker und humusreich sein und mäßig feucht gehalten werden. Freesien lieben eine leichte Beschattung und gedeihen auch dann, wenn sie nur kurz volle Sonne bekommen.

Etwas früher als die Dahlien, nämlich vor den ersten Frösten, hebt man die Knöllchen aus der Erde und lagert sie kühl, aber frostfrei. Wie Dahlienknollen sollte man sie bei heizungsbedingter trockener Luft einschlagen.

Gladiole (Gladiolus)
Siegwurz
Schwertliliengewächs

Die in unseren Breiten fast unwirkliche Pracht der Zuchtgladiolen macht leicht vergessen, daß wir auch in unserer Wildflora eine echte Gladiole haben, die Sumpf-Siegwurz (Gladiolus palustris). Sie verrät auf den ersten Blick ihre Gattungszugehörigkeit zu den Gladiolen, aber nur wenige Menschen bekommen die zart violette Wildblume zu Gesicht – sie gehört zu den seltensten und deshalb auch streng geschützten Pflanzen unserer Heimat. Die etwa 250 Wildarten der Gladiole wachsen in wärmeren Ländern der Alten Welt: im Mittelmeerraum und in Südafrika. Schon um die Mitte des 18. Jahrhunderts holte man Gladiolen aus Südafrika nach Europa, aber erst ein knappes Jahrhundert später gelang in Gent die Züchtung der ersten Hybriden. Von hier aus nahm der Siegeszug der Siegwurznachkommen seinen Lauf in die Gärten der Welt. Noch heute erscheinen jährlich neue Hybriden auf dem Markt und vergrößern das unübersehbare Angebot an Zuchtgladiolen weiter.

Die Knollen der Zuchtgladiolen sind durchweg frostempfindlich. Doch gibt es Gartengladiolen, die näher an den europäischen Wildformen blieben und deshalb auch während der kalten Jahreszeit im Freiland bleiben. Pflanzen und Blüten von Gladiolus byzanthinus und Gladiolus communis (Gemeine Siegwurz) sind deutlich kleiner als die der Zuchtgladiolen, aber sie stehen diesen in ihren rosa-, purpur- oder violettfarbenen Blütenfarben nicht nach. Da sie früher im Jahr austreiben, können sie im Garten schon ab Mai zur Blüte kommen. Die nur etwa um fünfzig Zentimeter hohen **Wildgladiolen** eignen sich gut fürs Steinbeet – um so mehr, als sie viele Jahre lang an ihrem Standort ausharren und blühen können.

Die **Zucht-** oder **Edelgladiolen** werden bis zu 150 Zentimeter hoch. Mit ihren reichen Blütenständen könnte man sie als ein wahrhaft leuchtendes Beispiel für ideale Schnittblumen bezeichnen. Man schneidet den Blütenstand im Knospenzustand, die Blüten entfalten sich dann im Wasser von unten nach oben und halten so den Eindruck der Frische besonders lang aufrecht. Beim Abtrennen der Blütenstiele sollte man darauf achten, daß möglichst viele der schwertförmigen Laubblätter stehen bleiben, sie sind für die Nährstoffbildung und damit zum Ausreifen der Knollen unentbehrlich.

Die Vielfalt der Zucht- oder Edelgladiolen äußert sich vor allem in ihrer Farbgebung. Die Blütenform ändert sich im Vergleich etwa zur Gattung der Lilien nur geringfügig von Art zu Art oder Sorte zu Sorte. Aber die Farbgebung ist bei den Zuchtgladiolen ein Spiel ohne Grenzen. Der Farbkreis wird voll durchlaufen, es gibt also

Die seltene Sumpf-Siegwurz ist eine Wildgladiole unserer Heimat.

keine »Sperrfarben«, wie das Blau für Tulpen, Lilien, Dahlien und viele andere Gartenblumen. Neben allen Tonarten der einfarbigen Blüten züchtete man auch zweifarbige mit Flecken, Streifen und Zeichnungen. Weiße Flecken auf blauen Blüten bringt die Sorte »Oberbayern« hervor, rote Flecken auf rosa Blüten die Sorte »Cinderella«, um nur zwei Beispiele zu nennen. Die erstgenannte Gladiolensorte gehört zu den kleinblütigen Butterfly- oder Schmetterlings-Gladiolen, die wieder stärker in Mode kamen, die zweite Sorte zählt zur Nanus-Gruppe mit recht niedrigen, aber früh blühenden Pflanzen.

Die verschwenderisch blühenden Gladiolen stellen allerdings Ansprüche. Sie wollen volle Sonne; im Halbschatten können ihre verhältnismäßig schmalen Blätter nicht genügend Nährstoffe zur Fortentwicklung der Knollen bilden. Die Erde soll humos, tiefgründig, dabei nicht tonig schwer, sondern eher sandig leicht, jedenfalls gut durchlässig sein. Die ziemlich flachen, zwiebelförmigen Knollen legt man in milden Lagen ab Ende April, sonst im Mai etwa zehn Zentimeter tief. Je schwerer der Boden, desto dünner sollte die Erdschicht über der Knolle sein. Man wahrt Abstände von fünfzehn und mehr Zentimeter zwischen den Pflanzen. Beginnt man mit frühen Sorten und staffelt das weitere Auspflanzen mittlerer und späterer Sorten bis in den Juni hinein, so kann man sich bis in den Spätherbst am Gladiolenfeuer erwärmen.

Die Farbstärke mancher Gladiolen, etwa der späten feuerroten Sorte »Churchill«, duldet eigentlich keine anderen Blumen in unmittelbarer Nähe. Gladiolen stellt man deshalb gern auf eigene Beete, wo sie ihren Farbwettstreit unter sich austragen. Hier kann man sie ohne Skrupel um reizvolle Gruppierungen für die Vase »ernten«.

Drohen die ersten Nachtfröste, hebt man die Gladiolenknollen behutsam aus der Erde und läßt sie zunächst gut abtrocknen. Danach entfernt man die Reste der unten anhängenden alten Knolle – die Gladiole bildet in jedem Sommer eine neue Hauptknolle –, trennt erst jetzt Stengel und Laub ab und lagert sie wie Dahlienknollen kühl, aber frostfrei, luftig, wenn es sich nicht um Heizkellerluft handelt, im Zweifelsfall mit Sand oder Torf eingedeckt.

Die zwiebelähnliche Hauptknolle der Gladiole darf im Frühjahr nicht zur Vermehrung geteilt werden. Will man den Gladiolenbestand vergrößern, kauft man neue, pflanzfertige Knollen hinzu oder man versucht die Anzucht über Brutknöllchen, die erbsengroß an der Hauptknolle sitzen und im Herbst vorsichtig abzutrennen sind. Man bringt sie im Frühjahr in den Boden und erhält mit etwas Glück im übernächsten Jahr die ersten Blüten. Angesichts dieses langen Anlaufs wird man sich meist für den Kauf weiterer Gladiolenzwiebeln entscheiden, zumal man bei dieser Gelegenheit auch die Sortenzahl vergrößern kann.

Zuchtgladiolen, besonders die großblumigen Hybriden, sind keine Allerweltsblumen, die ohne Pflege jahrelang vor sich hinwachsen. Sie bedürfen unserer Aufmerksamkeit und Pflege; Standort und Boden müssen stimmen, bei trockenem Wetter sollte regelmäßig gegossen werden. Man wird kleinere Gladiolenbestände im Hausgarten frei von Krankheiten und Schädlingen halten können – selbst wenn man ihnen nicht immer Bestbedingungen bietet. So brachten wir Zuchtgladiolen in schwerem Lehmboden über Jahre hinweg zu reicher Blüte, ohne daß wir je mit einer der vielen Gladiolenkrankheiten und Gladiolenschädlingen Bekanntschaft gemacht hätten. Wenn heute gegen die Krankheiten und Schädlinge der Gladiole vorsorgliche Spritzungen mit Gift und Knollenbehandlung mit Chemikalien empfohlen werden, so kann ich mich diesem Rat aus eigener Erfahrung nicht anschließen.

Montbretie (Crocosmia)
Schwertliliengewächs

Auch wenn wir unserer Auswahlgruppe mit der Montbretie ein Übergewicht der Schwertliliengewächse geben, soll sie aufgeführt werden, weil sie zu den dankbarsten »Exoten« in unserem Garten zählt. Ihre lebhaft grünen, schwertförmigen Blätter und die Form der Einzelblüten erinnern an die Gladiole, die Art des Blütenstandes an die Freesie. Beiden Gattungen steht die Montbretie nahe, auch ihre Stammformen wachsen als Wildblumen in Südafrika. Der wissenschaftliche Gattungsname ist eine Wortzusammenziehung, die mit »Krokusduft« übersetzt werden kann. Auch der

Krokus gehört zu den Schwertliliengewächsen, die Blütendüfte beider Gattungen ähneln sich.

Die »gute alte« Gartenmontbretie (Crocosmia crocosmiflora), deren Blütenstände in den Farben Gelbrot und Braun spielen, ist recht jung; sie wurde nämlich erst im Jahre 1882 in Frankreich als Kreuzung zweier afrikanischer Montbretienarten herausgezüchtet. Heute gibt es von dieser Hybride eine Reihe von Varietäten sowie die großblumige Art C. masonorum, die neu aus Südafrika zu uns kam.

Wem Freesien und Gladiolen zu empfindlich sind, der hat mit der Montbretie eine sehr genügsame Verwandte. Sie blüht dank ihrer knospenreichen Blütenstände besonders lang: ab Juni bis zum Winterbeginn. Sie stellt keine hohen Bodenansprüche, gedeiht aber besonders gut in humoser, leicht kalkhaltiger Erde. Ein vollsonniger Standort behagt ihr, doch nimmt sie auch mit Halbschatten vorlieb.

Mit sechzig bis neunzig Zentimeter Höhe ist die Montbretie eine stattliche Pflanze, welche die verhältnismäßig geringe Größe ihrer Blüten durch besonders viele und reich besetzte Blütenstände ausgleicht. Eine einzige dieser einseitswendigen Ähren kann bis zu zwanzig Blüten tragen. Da die Knospen in der Vase aufgehen, ist die Montbretie eine besonders dankbare Schnittblume.

Zwar kann man die Knöllchen der Montbretie nicht als winterhart bezeichnen, aber unter einer Laub- und Reisigschicht überstehen sie in den meisten Gegenden die kalte Jahreszeit im Freiland. Das spart nicht nur Arbeit, man hat so einen frühen Austrieb im nächsten Jahr und kann sich schon im Frühsommer an den Blüten erfreuen. Blätter und Stengel des Vorjahres schneidet man spätestens im Frühling ab.

Natürlich kann man die Montbretienknollen im Herbst aus der Erde nehmen, säubern und wie die der Dahlien oder Gladiolen im Keller überwintern lassen. Ausgepflanzt wird ab April bei schweren Böden in gut zehn, bei leichten in fünfzehn Zentimeter Tiefe. Montbretien wirken vor allem in Gruppen oder Reihen. Man kann sie in Kästen auspflanzen und hat dann einen lange währenden Terrassenschmuck. Für solche Verwendung kommt uns die Fähigkeit der Montbretie entgegen, sowohl in der Sonne als auch im Halbschatten voll zu erblühen.

Die Zwiebelknöllchen der Montbretie kann man nicht teilen, doch läßt sich die Pflanze durch ihre Brutknollen vermehren, die man im Herbst von den Ausläufern abnimmt. Man kann sie schon im März in Kästen oder im Frühbeet vorziehen oder ab April etwa acht Zentimeter tief ins Freiland setzen. Man sollte dann bis Mai eine vor Frost schützende Decke geben.

Beläßt man die Brutknöllchen bei den Mutterpflanzen und nimmt die Zwiebelknollen über Winter nicht ins Haus, so verdichten sich die Montbretienbestände so stark, daß sie wenigstens alle zwei Jahre vereinzelt werden können. Auf diese Weise kommt man zu einer ausreichenden Vermehrung.

Knollenbegonien (Begonia)
Schiefblatt
Begoniengewächs

Bei den Begonien handelt es sich um eine sehr große Gattung, deren rund achthundert bisher bekannte Arten in tropischen Waldgebieten der Alten und der Neuen Welt wachsen. Zunächst unterscheidet man **Blattbegonien** und **Blütenbegonien**, die erstgenannte Gruppe – unübersehbar groß – enthält Zimmer- und Gewächshauspflanzen, die man vor allem ihrer auffallend gestalteten Blätter wegen zieht. Unter den vier Hauptgruppen der Blütenbegonien enthalten nur zwei Arten, die im Freiland gedeihen: die **Semperflorens-** und die **Knollenbegonie**. Das Angebot an Arten und Sorten, Formen und Farben der Begonien läßt sich nur schwer überblicken.

Begonien sind entsprechend ihrer Herkunft sehr kälteempfindlich, aber sie haben für den Gartenfreund einen hoch einzuschätzenden Vorteil, den kaum eine andere, ähnlich reich blühende Gattung bieten kann: Sie gedeihen besonders gut im Schatten. Die allermeisten Gartenblumen wollen in unserem Klima einen möglichst vollsonnigen Platz. Das Angebot an Halbschattenblumen ist schon bedeutend geringer, aber immer noch vielfältig. Dagegen begnügen sich nur wenige Blütenpflanzen des Gartens mit Vollschatten. Die Farbigkeit und Üppigkeit ihrer Blütenentfaltung kann sich im allgemeinen nicht mit der Blütenpracht von »Sonnen-Blumen« messen. Als Waldpflanzen lieben die meisten Begonienarten einen vor Wind möglichst geschützten Platz im Schatten oder Halbschatten auf humosem Untergrund, der stets gut durchfeuchtet sein soll. Alle Extreme, wie große Temperaturschwankungen oder Wechsel zwischen nassen und trockenen Zeiten, sind der Begonie zuwider; das Klima tropischer Urwälder zeichnet sich ja gerade durch gleichmäßige Temperaturen von Tag und Nacht und durch das Fehlen eigentlicher Jahreszeiten aus.

Die Semperflorens-Begonien bilden eine Ausnahme – sie gedeihen auch auf sonnigem Stand. Wie schon ihr Name sagt, blühen die anspruchslosen Begoniensorten dieser Gruppe »immer«, im Freiland natürlich nur vom Frühsommer bis in den Spätherbst. Man kann sie in dieser Eigenschaft mit dem Fleißigen Lieschen vergleichen. Es gibt sie in Weiß, Rosa und Rot, vor allem in fleischfarbenen Tönen. In der etwas fleischig-wäßrigen Beschaffenheit der Laubblätter und ihrer Fähigkeit, eine Beetfläche oder einen Pflanzkasten dicht und blütenreich zu überwuchern, ähneln sie ebenfalls dem Fleißigen Lieschen.

Wie bei den anderen Begonien lohnt es sich nicht, die Pflanzen aus den winzigen Samen zu ziehen, man kauft sie besser pflanzfertig beim Gärtner.

Weiß, Gelb, Rosa, Orange und tiefes Rot bilden die Grundfarben der Knollenbegonien. Dazwischen gibt es reizvolle Übergänge sowie zweifarbig weiß-gelbe oder gelb-rote Blüten, kleine und große, einfache und gefüllte. Da man Knollenbegonien üblicherweise als zweijährige, blühfähige Pflanzen beim Gärtner kauft, kann man sich dort passende Formen und Farben nach Wunsch zusammenstellen.

Begonien sollte man erst dann ins Freiland bringen, wenn keine Fröste mehr zu erwarten sind, also nach den Eisheiligen. Besonders gut eignen sie sich für Töpfe und Kästen, wo immer es am Haus etwas zu schmücken gibt. Die füllligen Pflanzen werden dreißig bis vierzig Zentimeter hoch. Sie können ab Juni bis in den Spätherbst blühen. Zweijährige Pflanzen, die man beim Gärtner im Mai kauft, setzt man gleich ins Freiland. Man läßt die Pflanzen nach der Blüte bis zum ersten leichten Nachtfrost stehen. Dann schneidet man die oberirdischen Teile so über dem Boden ab, daß knapp fingerlange Strünke an den Knollen bleiben. Man überwintert sie wie Dahlien- oder Gladiolenknollen, beginnt aber schon im Februar oder März mit dem »Antreiben«. Dazu legt man die Knollen in Kästen oder

Begonia semperflorens F1-Hybride »Wodka«.

Töpfe mit Blumenerde, aber nur so tief, daß sie gerade noch bedeckt sind, die Strünke ragen über den Topfrand.
  Bei gleichmäßiger Bodenfeuchtigkeit und unter Licht beginnen die Knollen bald auszutreiben. Günstige Anfangstemperatur: um

zehn Grad, später ansteigend. Als Blumenerde kann man das käufliche Substrat TKS 2 (Torfkultursubstrat) verwenden oder eine eigene Mischung aus völlig ausgereifter schwarzer Komposterde mit etwa einem Drittel Torf herstellen. Besonders ideal ist Laubkompost. Bei dieser waldbodenähnlichen Erde braucht man keinen Torfzusatz. Der beigemischte Torf beeinflußt nicht den Nährstoffgehalt der Erde, sondern sorgt durch seine große Saugfähigkeit für gleichmäßige und anhaltende Durchfeuchtung.

Ab Mitte Mai – je nach Lage früher oder später, jedenfalls nach dem letzten Nachtfrost – bringt man die Pflanzen ins Freiland. Natürlich kann man die Begonienknollen im Herbst gleich in dieselben Kistchen mit Sand oder Torf einlagern, in denen sie im Frühjahr austreiben sollen. Man leitet diesen Vorgang durch Anfeuchten des Materials ein, gegebenenfalls durch Umstellen in einen hellen und etwas wärmeren Raum.

BLUMENERNTE

Wer seinen Garten mit Blumen gestaltet hat, freut sich über jede harmonisch eingewachsene, blühende Gewächsgruppe und bringt es vielleicht nur schwer übers grüne Herz, sie fürs Haus und zum Verschenken herauszuschneiden. Dabei beantworten die meisten in den Samenkatalogen als Schnittblumen gekennzeichneten Pflanzen Blumenschnitt mit vermehrtem Nachwachsen und neuer Knospenbildung. Das liegt nicht nur an der solcherart geschaffenen »Luft«, es ist auch biologisch begründet.

Das Sommerziel der Blütenpflanzen heißt, Samen zu bilden. Der Weg dazu führt über die Blüten. In der Natur kommt längst nicht jede Blüte zum Fruchten, viele werden von Weidetieren abgefressen. Darauf sind die Pflanzen eingerichtet. Sie vergrößern deshalb ihre »Anstrengungen« und bringen als Ersatz für erlittene Verluste neue Blüten hervor. Eine ähnliche Wirkung erzielt man, wenn man verwelkende Blüten entfernt und damit die Fruchtbildung unterbindet.

Die Bemühung der Pflanzen, ihr biologisches Ziel zu erreichen, geht so weit, daß einige zweijährige Gartenblumen, die man durch Rückschnitt während oder nach der Blüte keine Samen bilden läßt, zu drei- und mehrjährigen werden, das heißt, sie wiederholen ihren Vermehrungsversuch im folgenden Jahr und blühen wieder. Zudem erfordert die Samenbildung Wuchskraft in Form von Nährstoffen. Wird die Pflanze dieser Aufgabe enthoben, kann sie länger und reicher blühen. Das sieht man besonders deutlich an Dahlienbüschen.

Will man Samen haben, dann genügt es meist, eine einzige, besonders gut entwickelte Pflanze zum Samenträger zu bestimmen. Das hier über Schnittblumen Gesagte trifft für viele lebenskräftige Blütenpflanzen in freier Natur zu. Aber man kann Wildpflanzen durch das Abpflücken ihrer Blüten auch schweren Schaden zufügen. Gerade den selten gewordenen, oft großblütigen Pflanzen ist es meist nicht möglich, solche Verluste auszugleichen, die Vermehrung fällt aus.

Bei großem und ständigem Schnittblumenbedarf – man stellt sich einen Casanova vor, der an jedem Sommerabend frische Blumen braucht – sollte man ein eigenes Beet nur mit Schnittblumen bepflanzen, so wie man es bei Gladiolen handhabt. Der beste Teil unserer Gartenfreuden besteht doch gerade darin, verschenken zu können, was uns der Garten schenkt.

Wann schneidet man Blumen? Wenn man wählen kann und die Zeit nicht verschläft, am frühen Morgen. Man hat dann wirklich taufrische Blüten, die einen heißen Sonnentag im Schatten des Zimmers oft besser überstehen als draußen an der Pflanze. Einige Blumen wie Freesien, Gladiolen und Montbretien soll man für die Vase schneiden, wenn sich die erste Knospe am Blütenstand öffnet. Die anderen erblühen dann nacheinander am geschnittenen Stengel. Bei anderen Blumen, vor allem bei den Korbblütlern, gelingt das nicht; vorzeitig geschnitten bleiben sie in der Knospe stecken. Man wählt deshalb schon geöffnete Blütenstände, achtet aber darauf, noch möglichst unbefruchtete auszusuchen. Die Pflanze wartet dann noch in der Vase auf Bestäuber, das bedeutet, sie hält sich länger als schon befruchtete Blüten.

Wie wird geschnitten? Bessere Schnitte als die quetschende Gartenschere vollbringt ein scharfes Messer. Vor allem hartstengelige Stiele wie die der Rosen soll man mit möglichst langen Schnittflächen abtrennen, weil dann die Wasserversorgung leichter vonstatten geht. Auch ein Neuschnitt nach einigen Tagen trägt dazu bei.

Das Blumenwasser wird täglich erneuert, damit die Fäulnisbakterien nicht überhandnehmen. Man entzieht ihnen Nahrung, wenn man die unteren Stengelblätter soweit abstreift, daß keine mehr im Wasser stehen.

Müssen Schnittblumen eine Reise machen, bevor sie Wasser bekommen, schlägt man sie in angefeuchtetes Papier, das man bei Gelegenheit nachfeuchtet. Die Verdunstungskälte und die feuchte Luft im Innern der Hülle halten die Blumen länger frisch. Haben sie doch gelitten, legt man sie eine Viertelstunde in ein wassergefülltes Handwaschbecken, langstielige Blumen in die Badewanne.

Schließlich halten Schnittblumen länger, wenn man sie locker in die Vase ordnet. Nicht nur Menschen bekommen Platzangst! Daß Schnittblumen in der Vase weiterleben, erkennt man an ihrem fortgesetzten Duften. Bei Tulpen können sogar die Stengel noch in der Vase wachsen!

VII STAUDEN

Als Stauden bezeichnet man im Gartenbau krautartige, mehrjährige, winterharte Pflanzen, deren oberirdische Teile den Winter im allgemeinen nicht überdauern. Es gibt auch einige immergrüne Stauden. Viele Stauden unterscheiden sich in ihrem Aussehen nicht grundsätzlich, sondern nur durch ihre Mehrjährigkeit von den Sommerblumen. Einige von ihnen werden je nach Art und Sorte ein- oder mehrjährig gezogen, zum Beispiel Adonisröschen, Chrysanthemen, Mohn oder Rittersporn. Landläufig stellt man sich Stauden gern als etwas größere Pflanzen als die Sommerblumen vor, doch hat der gartenbauliche Staudenbegriff nichts mit der Pflanzengröße zu tun. Nicht nur Pfingstrosen, Akelei und Eisenhut sind Stauden, sondern auch die Veilchen, Leberblümchen, Primeln, Enziane, Anemonen und Christrosen, um nur einige bekannte Gartenblumen zu nennen. Meist handelt es sich um Gattungen, die unter den heimischen Wildpflanzen vertreten sind, was soviel bedeutet wie »garantiert frosthart«.

In der Gartenplanung bilden Stauden die Haltepunkte der Bepflanzung; um sie herum kreist der schneller wechselnde Sommerflor. Soll die Staudenbepflanzung besonders des größeren Gartens von Anfang an »stehen«, dann bedient man sich der Hilfe eines Fachmanns, das kann ein Gärtner oder ein Landschaftsarchitekt sein. Er holt den Pflanzplan natürlich nicht aus der Schublade, sondern berücksichtigt mit ihm die persönlichen Wünsche und Vorstellungen des Auftraggebers sowie die Eigenart des Grundstücks.

Einige Gesichtspunkte zur Gartengestaltung mit Blumen wurden im ersten Kapitel angeführt. Hier soll noch auf einen Hauptfehler bei der Bepflanzung mit Stauden hingewiesen werden: Man setzt zu viele hohe und mittelhohe Gewächse auf eine Fläche und wechselt zu stark unter verschiedenen Gattungen beziehungsweise Arten. Im ersten Sommer geht das noch hin, aber in den folgenden Jahren, wenn sich die Pflanzen entwickeln und ausbreiten, schließen sich die teilweise kostspieligen Gewächse zu einem unansehnlichen Dickicht zusammen. Die Kunst der Gartengestaltung mit Stauden liegt in der Gliederung und in der Beschränkung.

Pflanzflächen für Stauden sollten zwei Meter Breite nicht überschreiten, damit jede Pflanze zugänglich bleibt. Stattliche Schaustücke von über 120 Zentimeter Höhe kommen im Hausgarten üblicher Ausdehnung nur bei Einzelstellung (Solitärstauden) oder in sehr kleinen Gruppen zur Wirkung. Sie brauchen in ihrer unmittelbaren Umgebung Gewächse, die deutlich niedriger sind.

Den Stauden muß man ein Mindestmaß an Pflege zukommen lassen. Will man große Flächen »pflegeleicht« gestalten, bedient man sich der zahlreichen Bodenbedecker. Wo sich ihre Teppiche ausbreiten, kommen meist keine anderen Pflanzen, also auch keine Unkräuter mehr auf. Allerdings wirken solche Anlagen leicht etwas düster, da es ihnen an frischen Farben mangelt. Blühende Kissen aus Polsterstauden, durch Natursteine oder Stufen gegen die Bodenbedecker abgegrenzt, bringen erwünschte Farbflecke, ohne durch viel Mehrarbeit zu belasten. Schließlich sollte man im Staudengarten jede Gelegenheit nutzen, Sommerflor anzusäen oder auszupflanzen. Er bringt Fröhlichkeit und Leben sogar in den Gartenteil, der möglichst wenig Arbeit machen soll.

Heute steht dem Gartenfreund ein wahrhaft riesiges Angebot an Gartenstauden vom wenige Zentimeter hohen Duftveilchen bis zum zwei Meter aufragenden Rittersporn zur Verfügung. Anschaulicher als nur durch Pflanzenkataloge unterrichtet sich der Anfänger in anderen Gärten und in Schaupflanzungen von Gartenbaubetrieben darüber, was für den eigenen Bedarf in Frage kommt. Dabei sind nicht nur Pflanzengestalt, Wuchshöhe, Blütenfarbe, Blühzeit und Bodenansprüche zu berücksichtigen, sondern auch die Lichtbedürfnisse der Stauden. Man unterscheidet deshalb Sonnen-, Halbschatten- und Schattenstauden.

Der Umfang des Buches gestattet es nicht, Artenvorschläge, wie wir sie für den Sommerflor, für die Zweijährigen und die Gartenblumen aus Zwiebeln und Knollen gaben, auf die Stauden auszudehnen. Die Stauden sind nicht nur ein Kapitel, sie sind ein Buch für sich, dem ein Band dieser Reihe gewidmet wird. Hier soll eine Aufstellung – nur eine Vorschlagsliste – für den allgemeinen Überblick genügen.

BLÜHENDE STAUDEN FÜR DEN GARTEN (alphabetisch)

Pflanze	Gattung	Blütemonate	Wuchshöhe in cm
Adonisröschen	Adonis	II bis IV	bis 30
Affodil	Asphodeline	V bis VI	100 bis 120
Akelei	Aquilegia	V bis VII	20 bis 80
Aster	Aster	IX bis X	30 bis 150
Ballonglockenblume	Platycodon	VII bis VIII	40 bis 60
Bartfaden	Penstemon	V bis VI	30 bis 100
Christrose	Helleborus	X bis IV	24 bis 40
Diptam	Diptamnus	V bis VII	60 bis 100
Edeldistel	Eryngium	VI bis VII	50 bis 70
Ehrenpreis (langblättriger)	Veronica	VII bis IX	50 bis 80
Eisenhut	Aconitum	VII bis X	100 bis 150
Elfenblume	Epimedium	IV bis V	20 bis 25
Enzian	Gentiana	V bis XI	10 bis 50
Fingerkraut	Potentilla	V bis VIII	5 bis 50
Funkie	Hosta	VI bis VII	30 bis 60
Gartenchrysantheme	Chrysanthemum	VIII bis XI	80 bis 150
Gelenkblume	Physostegia	VIII bis X	60 bis 90
Gemswurz	Doronicum	IV bis V	30 bis 80
Goldrute	Solidago	VII bis X	120 bis 180
Helmkraut	Scutellaria	VI bis VII	25 bis 35
Herzblume	Dicentra	VI bis X	20 bis 30
Immergrün	Vinca	IV bis V	10 bis 15
Kokardenblume	Gaillardia	VI bis IX	90 bis 120
Kreuzkraut	Ligularia	VII bis VIII	80 bis 100
Lampionblume	Physalis	VIII bis IX	30 bis 50
Lavendel	Lavendula	VII bis VIII	30 bis 60
Leberblümchen	Hepatica	III bis IV	8 bis 10
Lungenkraut	Pulmonaria	IV bis V	30 bis 50

◁ Frühlingsadonisröschen – hier die Wildform.

Rechte Seite, links oben: Pfingstrose P. suffroticosa, rechts oben: Herbstastern, links unten: Pfingstrose P. lactiflora, rechts unten: Rittersporn »Formelmischung« (Pacific Blaupunktsamen).

Pflanze	Gattung	Blütemonate	Wuchshöhe in cm
Maiglöckchen	Convallaria	V	15 bis 20
Mohn (Türkischer)	Papaver	V bis X	10 bis 100
Nieswurz	Helleborus	VI bis VII	15 bis 25
Ochsenzunge	Anchusa	VI bis VIII	100 bis 150
Perlkörbchen	Anaphalis	VII bis VIII	20 bis 40
Pfingstrose	Päonia	V bis VI	30 bis 100
Phlox	Phlox	V bis X	70 bis 120
Prachtnelke	Dianthus	VII bis VIII	40 bis 60
Prachtspiere	Astilbe	VI bis IX	15 bis 100
Primel	Primula	III bis IV	10 bis 70
Rittersporn	Delphinium	VI bis VIII	120 bis 200
Salbei	Salvia	VI bis X	40 bis 90
Schleifenblume	Iberis	IV bis VI	10 bis 25
Schwertlilie	Iris	V bis VI	30 bis 100
Sonnenauge	Heliopsis	VII bis IX	120 bis 130
Sonnenhut	Rudbeckia	VII bis X	60 bis 200
Staudensonnenblume	Helianthus	IX bis X	120 bis 160
Steppenkerze (Lilienschweif)	Eremurus	VI bis VII	150 bis 250
Stockrose (Malve)	Althaea	VII bis X	150 bis 200
Taglilie	Hemerocallis	V bis VIII	50 bis 120
Tränendes Herz	Dicentra	IV bis VI	50 bis 80
Trollblume	Trollius	V bis VII	30 bis 100
Veilchen	Viola	III bis IV	5 bis 15
Waldgeißbart	Aruncus	VI bis VIII	120 bis 200
Waldmeister	Asperula	V bis VI	15
Widerstoß	Limonium	VII bis IX	50 bis 60
Wildalpenveilchen	Cyclamen	II bis IV	10 bis 15
Zierrhabarber	Rheum	VI bis VII	180 bis 220
Ziest (Großblütiger)	Stachys	VII bis VIII	50 bis 60

Steppenkerze oder Lilienschweif

Die Steppenkerze blüht von unten nach oben auf

Tränendes Herz

STAUDENPFLEGE

Bei Erstbepflanzung wendet man alle Mühe für die Vorbereitung des Bodens auf. Das ist vorweggenommene Staudenpflege, Voraussetzung für gesunde Pflanzen. Frische Aufschüttungen bekommen eine wenigstens dreißig Zentimeter starke Schicht aus Mutterboden. Je nach Herkunft und Sorgfalt der Behandlung wird er unterschiedliche Qualität aufweisen; das heißt schwarz und humos oder mit viel mineralischem Unterboden vermischt, eher braun und wenig belebt sein. Schlimmstenfalls kann diese Erde noch gar keine Gartenbepflanzung tragen und muß erst durch eine Gelbsenfsaat oder eine andere Gründüngung harmonisiert und belebt werden. Hierzu verweisen wir auf die Ausführungen in Band 1 dieser Reihe.

Frischen Wiesenumbruch macht man durch das Einarbeiten von reifer Komposterde pflanzfertig. Stark verdichteter Boden muß möglicherweise umgegraben werden, wobei man die natürliche Erdschichtung nicht durcheinanderwirft, sondern beibehält. Je unbelebter der zu kultivierende Boden ist, desto nötiger braucht er eine starke Gabe wirklich voll ausgereifter Komposterde. Das Bodenleben muß zu Vermehrung und Tätigkeit angeregt werden. Füttert man es mit Komposterde oder mit organischen Handelsdüngern, so kann es sich nach und nach entwickeln und den Boden von oben nach unten zur Gare bringen. Auch leichte Sandböden, auf denen »nichts wächst«, und bindige, lettige Tonböden, die sich jeder mechanischen Bearbeitung widersetzen, können mit Hilfe einer umfangreichen Komposterde-Erzeugung im Laufe weniger Jahre zu fruchtbarer Gartenerde umgewandelt werden.

Die Bepflanzung mit Stauden bildet einen guten Übergang der Bodenverbesserung. Stauden sind Pflanzen unseres Klimas, man verlangt ihnen weniger Leistung ab als den Kulturpflanzen des Nutzgartens, sie stellen deshalb geringere Ansprüche und zeigen sich widerstandsfähiger gegen Schädlings- und Krankheitsbefall als die nicht winterharten Züchtungen, deren Stammformen aus wärmeren Ländern kommen. So nimmt der Staudengarten oder das Staudenbeet eine Übergangsstellung zwischen der natürlichen Pflanzendecke unserer Breiten einerseits und dem auf hohe Erträge angelegten Nutzgarten mit seinen auf Leistung gezüchteten, stark pflegebedürftigen Kultursorten andererseits ein.

Dankbare Stauden im Hausgarten. Links oben: Margarite, rechts oben: Alant, rechts unten: Astilbe.

Boden, der schon als Garten bebaut wurde, lockert man oberflächlich mit einem Kultivator und arbeitet dabei Komposterde ein. Eine zwei bis vier Zentimeter starke Schicht enthebt uns weiterer Düngung für ein ganzes Jahr. Für die Kompostdüngung sollte man sich möglichst auf den Herbst oder das Frühjahr einpendeln, weil dann ohnehin Arbeiten in den Staudenbeeten anfallen und weil die Pflanzen in dieser Zeit beginnender oder auslaufender Winterruhe am wenigsten gestört werden.

Das allgemein empfohlene Umgraben des Bodens auf die Tiefe zweier Spatenstiche bedeutet Schwerstarbeit, der kein dauernder Erfolg beschieden ist, wenn die Bodengare nicht auf biologischem Wege erreicht wird. Bei ungünstigen Bodenverhältnissen üben wir uns deshalb in Geduld und verwenden Zeit und Kraft nutzbringender, wenn wir eine Kompostmiete für den Staudengarten anlegen. Damit werden wir in einem Jahr eine viel nachhaltigere Verbesserung des Bodens einleiten, als wenn wir ihn jetzt zwei Spaten tief umackern.

Für zu schwere, tonige Böden mischt man in das Kompostgut regelmäßig einige Schaufeln Sand ein, die den Untergrund nach und nach durchlässiger machen. Auch hier würde es wenig helfen, große Mengen Sand unmittelbar in den schweren Lehm oder Ton bringen zu wollen. Der Boden muß solche Umstellungen verdauen, man kann ihm nicht zumuten, von heute auf morgen leicht und lokker zu werden.

Man liest in sonst recht guten Gartenbüchern, daß man die Erde eines »ermüdeten« Staudengartens einfach auswechseln soll; das heißt: Der abgelegte Boden wird auf einen LKW gebaggert und durch neue Anfuhr ersetzt. Ex und hopp – dieser Grundsatz einer überholten Verbrauchereinstellung paßt am allerwenigsten in den Garten. Ist ein Staudenbeet nach fünf Jahren Gartendienst erschöpft, dann hat man Mißwirtschaft getrieben.

Es sollte gerade umgekehrt sein: Der Gartenboden müßte mit jedem Jahr der Bewirtschaftung besser werden. Ein Stoffkreislauf über die Kompoststufe ermöglicht solche sich selbst erhaltende und steigernde Dauerfruchtbarkeit. Der wahre Gartenfreund lebt mit seinem Boden und steht mit ihm auf gutem Fuß. Nur wer seinem Garten beziehungslos gegenübersteht, wird es übers Herz bringen, Mutterboden fortschaffen zu lassen wie Müll. Erde ist, selbst wenn man sie in beliebigen Mengen kaufen kann, kein Verbrauchsartikel, sondern die bleibende Grundlage unserer Mühen und Freuden im Garten.

Stauden pflanzt man am besten, wenn sie ihrem jahreszeitlichen Rhythmus entsprechend ruhen, also im Herbst oder im Frühling. Die Lebenskräfte der Pflanze haben sich dann in ihren Wurzelstock zurückgezogen, sie kann sich mit neuem Austrieb in der neuen Umgebung einnisten. Pflanzt man mit Wurzelballen aus Töpfen, oder hat man Stauden, die im Container angeliefert wurden, so kann man sie zu jeder Jahreszeit ins Freiland setzen, weil die Wurzeln zunächst in ihrem Erdreich bleiben. Trotzdem wird man das Pflanzen größerer Stauden nach Möglichkeit nicht in den Sommer legen, weil damit das Grünen und Blühen auch anderer Pflanzen gestört würde. Gerade der Staudengarten bildet im Sommer eine eingewachsene Pflanzengemeinschaft, in die man nicht ohne Notwendigkeit eingreifen sollte.

Bei einer Erstbepflanzung beginnt man stets mit den größten Stauden, legt sie an ihre Plätze und pflanzt sie ein. Windstiller und bedeckter Himmel sind dieser Arbeit förderlich. Der Unerfahrene glaubt vielleicht, daß die Pflanzen für gutes Anwachsen möglichst lange Wurzeln haben müssen. Doch das Gegenteil ist der Fall. Man schneidet die Wurzeln allseitig zurück, bei langem Wurzelgut kräftig, bei kürzerem kappt man nur die äußeren Spitzen. Damit erleichtert man es der Pflanze, den für ihre Ernährung, also für das Weiterleben nötigen Wurzelaustrieb zu bilden. Anders als die grünen oberirdischen Teile der Pflanze, ist die Wurzel nur jeweils an ihren haarfeinen Spitzen aktiv. Deshalb müssen Wurzeln auf der Suche nach Nahrung ständig wachsen, sie durchdringen das Erdreich mit immer sich erneuernden Haarwurzeln. So webt die Wurzel ein Netz, das sich mit jedem Jahr weiter verdichtet.

Je nach Pflanzengröße arbeitet man mit Setzholz, Pflanzspaten oder, was meist am besten geht, mit den Händen. Mit oder ohne Gerät drückt man die Erde seitlich an die Pflanze, achtet darauf, daß keine grünen Teile begraben werden, und daß der Wurzelhals nicht in der Luft steht. Zuletzt drückt man eine Gießmulde in die Oberfläche und gießt ohne Brause durchdringend an.

Im ersten Sommer wirken frisch angepflanzte Stauden meist etwas dürftig. Bei richtigen Pflanzenabständen ergeben sich vorläufige Lücken, die man nicht mit mehr Stauden, sondern mit Sommerflor füllt. Das nächste Jahr läßt die Stauden ihren Platz schon besser behaupten, im übernächsten beginnt die Sorge, wie man den wuchernden Gewächsen Grenzen setzt. Im fünften und sechsten Jahr schließlich sollten viele Stauden durch Teilung verjüngt werden.

Die oft beschworene und schon erwähnte Bodenmüdigkeit im Staudengarten hat man bei regelmäßig betriebener Kompostwirtschaft nicht zu fürchten. In freier Natur wachsen Stauden, Büsche und Bäume Jahre und Jahrzehnte am selben Standort. Statt vor »Müdigkeit« umzufallen, erfüllen sie das ihnen mögliche Lebensalter, ohne vorzeitig unansehnlich zu werden. Wäre es anders, hätten wir auf der Erde eine großenteils unansehnliche Pflanzendecke. Im Garten können nicht nur Büsche, sondern auch Stauden jahrelang am selben Platz gedeihen. Da wir aber auf unseren Beeten und Rabatten keinen Wettbewerb wollen, bei dem letztlich die stärksten Pflanzen oder die dem Boden am besten angepaßten das Feld allein behaupten und die schwächeren verdrängen, müssen wir verjüngend, zurückdrängend, fördernd und gestaltend einwirken. Dabei sollte man sich hüten, nur aus stark entwickelter Ordnungsliebe oder Betätigungsdrang einzugreifen. Was gut gedeiht, reich blüht und keine Nachbarn bedroht, sollten wir in seiner Entfaltung nicht stören. Eine förmliche Regel besagt, daß Stauden nach fünf Jahren geteilt und umgesetzt werden müssen. Sie müssen nicht, sie können, wenn wir die Notwendigkeit für einen Eingriff erkennen.

Ich erinnere mich gut an zwei Stauden im Garten meiner Kindheit. Ein Pfingstrosenbusch schmückte den Garteneingang zur Rechten, ein Türkischer Mohn zur Linken. Beide Stauden hatten sich im Laufe vieler Jahre prächtig entwickelt und behaupteten ihren Platz so selbstverständlich wie Bäume. In jedem Jahr kamen sie zu voller Blüte und niemand wäre auf die Idee gekommen, diesem vertrauten Mobiliar unseres Gartens mit dem Spaten auf den Leib zu rücken, um die Wurzelstöcke zu teilen oder umzusetzen. Die Kunst des Gärtnerns bewegt und bewährt sich zwischen Wollen und Gewährenlassen, zwischen tätiger Gestaltung und einem achtungsvollen Zurücktreten vor dem, was die Natur nach ihrem Maß vollbringt.

Staudenteilung verjüngt die Pflanzen und schafft die Möglichkeit ihrer Vermehrung. Allerdings bekommt diese Kur nicht allen Stauden gleich gut. Die schon erwähnten Pfingstrosen, die Kaiserkronen, die Tränenden Herzen, die Christrosen und andere läßt man möglichst ungestört. Sie müssen im allgemeinen nicht zurückgedrängt werden.

Zum Teilen wird der Wurzelstock einer Staude vorsichtig aus der Erde gelöst, die längsten Wurzeln kürzt man ein und teilt den eigentlichen Wurzelstock mit Messer oder Spaten, gegebenenfalls nur durch Auseinanderbrechen so, daß jedes Teilstück, aus dem eine neue Pflanze hervorgehen soll, Triebknospen oder Augen hat. Man kann die Teilstücke im Keller aufbewahren wie Dahlienknollen, um sie im Frühjahr dort auszupflanzen, wo man sie haben will. Einfacher ist es, das Teilen und Pflanzen nicht zeitlich zu trennen, sondern in einem Arbeitsgang – sei es Frühjahr oder Herbst – durchzuführen. Zum besseren Anwachsen mischt man der Pflanzerde eine zusätzliche Kompostgabe bei.

Stauden sind im allgemeinen keine Starkzehrer wie manche Gemüsepflanzen, sondern Mittel- und Schwachzehrer wie die meisten anderen Gartenblumen. Wildstauden, besonders die des Steinbeets, brauchen sehr wenig oder gar keine Düngung. Für das richtige Maß muß man zwischen einer Erhaltungsdüngung und einer Düngung zur Bodenverbesserung unterscheiden. Die erstgenannte kann bei gutem Gartenboden recht gering sein, zumal, wenn es sich um kleine und mittlere Stauden oder um Wildstauden handelt. Sie bilden während eines Jahres nicht viel Pflanzenmasse und brauchen deshalb nur wenig Nahrung. Anders bei der Bodenverbesserung: Hier muß von oben nach unten eine Humusschicht aufgebaut werden, die über Jahre hinweg die Zufuhr von Komposterde über die Erhaltungsdüngung hinaus erforderlich macht. Das Teilen und Umsetzen von Stauden im Herbst oder Frühling ist eine gute Gelegenheit, sich ein Bild über den Zustand des Bodens zu machen.

Staudenpflege während des Jahres bedeutet: Hacken, Jäten, Gießen und Mulchen. Der Arbeitsaufwand im Staudengarten oder im Staudenbeet ist im Sommer nach der Erstpflanzung am größten. Der für die Stauden vorbereitete Boden wird noch nicht flächendeckend von ihnen eingenommen, er stellt eine Einladung an viele Unkräuter dar. Wie im Nutzgarten kann man sich jetzt zwischen regelmäßiger Oberflächenpflege der offenen Erde durch Hacken, Jäten und Gießen oder für das Mulchen entscheiden. Ausführlicher wurde der Zusammenhang dieser Arbeiten in Band 1 beschrieben, wir können uns hier auf knappere Hinweise beschränken.

Als mehrjährige Pflanzen entwickeln Stauden nicht nur ein dichtes, sondern auch ein weitreichendes Wurzelgeflecht. Jedes Hacken, mit dem man die Unkräuter trifft, schädigt die Wurzelsysteme der Stauden. Man sollte deshalb bestrebt sein, offenen Boden – nicht nur im Staudengarten – so schnell wie möglich zu bedecken. Die schönste Bedeckung sind schnellwachsende Sommerblumen, doch finden sie im allgemeinen nur in den Zwischenräumen der mittelhohen und großen Stauden Platz. Viele Stauden pflanzt man ja gerade als Bodenbedecker, hier geht es also nur darum, die Zeit bis zu ihrer Ausbreitung zu überbrücken.

Wer den Eindruck ständig gehackten und gejäteten Bodens geben will, aber eine Mulchschicht mit Grasschnitt oder zerkleinerten Gartenabfällen aus Schönheitsgründen scheut, kann mit Torf mulchen. Kräftige Unkräuter werden die Schicht je nach deren Stärke früher oder später durchdringen.

Ein gut eingewachsener Staudengarten muß bei nicht zu leichtem Boden nur bei längerer Trockenheit gegossen werden. Natürlich gibt es Stauden mit höherem und niedrigerem Wasserbedarf. Solche, die man in oder an das Sumpfbeet pflanzt, brauchen selbstverständlich regelmäßige und reichliche Wässerung, sofern sie nicht durch die Anlage des Sumpfbeetes selbst gegeben ist. Regelmäßig gießen muß man im Staudenbeet in den ersten Wochen und Monaten nach seiner Bepflanzung.

Blüten als Schnittblumen werden nach Bedarf geschnitten, dabei schont man die grünen Blätter so weit wie möglich. Je nach Blühzeit ziehen die Stauden schon im Spätsommer, im Laufe des Herbstes oder erst mit den ersten Nachtfrösten ein. Einziehen heißt: Das Laub vergilbt, vertrocknet und legt sich auf den Boden. Nach einer allgemeinen Regel schneidet man es dann ab und bringt es auf den Kompost. So kommen die abgestorbenen Pflanzenteile wieder dem Gartenboden zugute, was dem Lauf der Dinge in freier Natur entspricht. Dort verrotten die Blätter und Stengel an Ort und Stelle. Mit dem Austrieb des ersten Grüns im nächsten Frühjahr ist oft schon nicht mehr viel von ihnen zu sehen.

Je nach Anlage des Gartens und persönlichem Empfinden kann man diesen kurzgeschlossenen Kreislauf des Wachsens und Vergehens bei den Stauden gleichsam naturnah ablaufen lassen. Allzu aufgeräumte Staudenbeete können im Herbst und zum Winteranfang einen etwas künstlichen, gewollten Eindruck machen. Viele Stauden zeigen im Herbst hübsche Laubfarben in gelben, rostbraunen und roten Tönen, und was dann den Boden bedeckt, bildet als natürliche Mulchschicht eine im biologischen Sinne willkommene Winterdecke mit Frostschutz.

Es empfiehlt sich ohnehin, Staudenbeete zum Winteranfang mit Laubstreu dünn einzudecken und durch darübergelegte Fichtenreiser zu schützen. Schneidet man nun erst die Stauden fein säuberlich über dem Boden ab und trägt Stengel und Blätter auf den Kompost, so sieht man sich wenig später Laub herbeitragen, um es auf die gesäuberten Beete zu schütten. Es liegt auf der Hand, daß man hier einfacher verfahren kann, jedenfalls nach eigenem Gutdünken.

VIII ABSCHIED MIT ROSEN

Mit Bedacht wählten wir für unser Buch den Titelbegriff »Blumengarten«. Das Thema erlaubt uns die Beschränkung auf ein- und mehrjährige Gartenblumen. Im Ziergarten gibt es noch die umfangreiche Gruppe der Gräser, auch sie Blütenpflanzen, aber Windbestäuber, und die der Farne, die nicht zu den Blütenpflanzen zählen. Diese dem fortgeschrittenen Freizeitgärtner für die Gartengestaltung unentbehrlichen Pflanzen stellen keine höheren, sondern durchweg geringere Ansprüche als die Gartenblumen. Sie können deshalb dem weniger Erfahrenen empfohlen werden, soweit es Größe und Gliederung des Gartens erlauben. Staudengräser bilden mit ihren Halmen, ihren Blüten- und Samenständen reizvolle Gegensätze zu den Blumenstauden im Garten und sie lassen sich oft für Trockensträuße verwenden. Sie »laufen mit«, wo immer man sie haben möchte.

Farne gedeihen überwiegend im Schatten und auf Waldboden. Man kann sich Farnpflanzen nicht geschützter Arten aus dem Wald holen, greift aber besser auf das Angebot gartengeeigneter Staudenfarne des Fachhandels zurück. Man versetzt den Boden, auf dem sie stehen sollen, je nach Beschaffenheit mit etwas Walderde, Laubkompost, Torfmull oder Sand. Farne meiden Kalk und entnehmen dem Boden nur wenig Nährstoffe.

Schließlich mußten wir unser Blumenthema gegen drei Sonderformen des Blumengartens abgrenzen: Steingarten, Sumpfbeet und Teich oder andere Spielarten des Wassergartens. Sie bleiben einem anderen Band dieser Reihe vorbehalten.

Dieser Hinweis gilt auch für die Rosen. Die Rose zählt zwar im botanischen Sinne zu den Gehölzen, gilt aber als die Königin der Gartenblumen. Rosen bilden eine Welt für sich, nicht umsonst kann die Rosenzucht zum lebensfüllenden Steckenpferd werden. Sie sollen in einem eigenen Band unserer Reihe ausführlich behandelt werden.

Man teilt das Königreich der Rosen in acht Klassen ein:
1 **Teehybriden**, Edelrosen mit den kostbarsten und erlesensten Blüten, stets gefüllt, bis zu vierzig Blütenblätter, einige Sorten können auch auf Hochstämme veredelt werden,

Federborstengras
Penisetum villosum

Waldfarn als
Gartenschmuck

Links oben: Heckenrosenblüte, rechts oben: Heckenrosenfrüchte (Hagebutten oder Rosenäpfel – schmackhaft und vitamin-C-reich, rechts unten: Kletterrose an der Hauswand.

II **Floribundarosen**, ein stolzes Zuchtergebnis neuerer Zeit, das die edlen Blüten der Teehybriden mit der vielverzweigten Wuchsform der Polyantharosen vereint,

III **Polyantharosen** und **Polyanthahybriden**, klein-, aber vielblütige Rosenbüsche,

IV **Miniatur-** oder **Zwergrosen** mit überaus reizvollen Sorten, duftend, zweifarbig oder kletternd,
V **Wildrosen**, naturnah erhaltene sogenannte botanische Rosen wie die bei uns wildwachsende Heckenrose,
VI **Parkrosen**, Rosenstauden verschiedener Herkunft, durchweg winterhart und unempfindlich, duftend und fruchttragend (Hagebutten),
VII **dauerblühende Strauchrosen**, kleinere und größere Rosensträucher in verschiedenen Blühfarben,
VIII **Kletterrosen** für Rankgerüste, Lauben und Pergolen, einmal oder durchlaufend bis in den Herbst blühend, in vielen Farben, frosthart, zurückhaltend oder wuchsfreudig.

Rosen können, je nach gewählter Art und Sorte, fast keine oder ziemlich viel Arbeit machen, zum Beispiel Einwintern, Pflegeschnitt, Okulieren. Der wahre Rosenfreund schenkt seinen Lieblingen viel Zuwendung. Anspruchsvolle Rosen erfordern Fingerspitzengefühl und Sachkenntnis, aber nichts, was man nicht ohne weiteres lernen könnte.

So wünsche ich Ihnen, lieber Leser, am Ende unseres Rundgangs, daß sich die Freude an Ihrem Garten jährlich mit den Blumen in ihm erneuert!

LITERATURVERZEICHNIS

Arbeitsgruppe für biologischen Land- und Gartenbau
CH-2076 Gals – BE
und Forschungsinstitut für biologischen Landbau
Bernhardsberg
Oberwil / BL
Wegleitung zum biologischen Gartenbau
(Broschüre) 1978

Aloys Bernatzky
Der Gartenratgeber
Mosaik Verlag München

Blumen & Garten
Orbis-Verlag Hamburg 1975

Greet Buchner
Gesundheit fängt im eigenen Garten an
Bircher-Benner-Verlag Bad Homburg – Erlenbach – Zürich

Das große illustrierte Pflanzenbuch
Bertelsmann Lexikon-Verlag Gütersloh, 1975

garten organisch
Zeitschrift für ein naturgemäßes Gärtnern
Volkswirtschaftlicher Verlag GmbH
Postfach 1120, 8960 Kempten (Allgäu)

Oswald Hitschfeld
Dauerfruchtbarkeit und Gesundheit im Land- und Gartenbau
Verlag Welt und Wissen, Büdingen-Gettenbach, 1960

Oswald Hitschfeld
Naturgemäße Schädlingsabwehr
Heinrich Schwab Verlag, Schopfheim, 1976

Mario Howard
Naturgemäßer Gartenbau
Desertina Verlag, Disentis, 1978

Horst Koehler
Das praktische Gartenbuch
Bertelsmann Ratgeber-Verlag, München, 1972

Karl-Heinz Mücke
Der Intensivgarten
Südwestverlag München, 1970

Ehrenfried Pfeiffer / Erika Riese
Der erfreuliche Pflanzgarten
Anleitung zur Gartenpflege nach der biologisch-dynamischen Wirtschaftsweise
Rudolf Geering-Verlag Goetheanum
Dornach/Schweiz, 7. Aufl., 1974

Erika von Scanzoni
Stauden
Wilhelm Goldmann Verlag, 1970

Alwin Seifert
Gärtnern, Ackern – ohne Gift
Biederstein-Verlag, München, 1976

Otto Schmid / Silvia Henggeler
Biologischer Pflanzenschutz im Garten
Verlag Wirz, Aarau, 1979

Margot Schubert
Im Garten zu Hause
BLV Verlagsgesellschaft, München, 10. Aufl., 1976

Gunter Steinbach
Das Schöpfungskarussell
Kreisläufe erhalten das Leben
Meyster Verlag Wien und München, 1979

Clelia Vernazza
Biologisch gärtnern
Hallwag Taschenbuch 144
Hallwag Verlag Bern + Stuttgart, 1979

Maria Thun und Matthias K. Thun
Aussaattage
(jährlich neu)
Verlag Aussaattage
3560 Biedenkopf, Postfach 1446

BEZUGSQUELLEN FÜR BIOLOGISCHEN GARTENBAU

Bio-Gartenmarkt Keller
Konradstr. 17
7800 Freiburg
(Alles für den Garten)

Blauetikett-Bornträger GmbH
6521 Offstein
(Pflanzenliste anfordern für Kräuter und Blumen)

Ernst-Otto Cohrs
Lebensfördernde Pflegemittel für Boden, Pflanze und Tier
Postfach 1165
2130 Rothenburg (Wümme)
(Preisliste für Gartenbau und Kleingarten anfordern)

Heinrich Geisel
Biologische Dünge- und Bodenverbesserungsmittel
Ludwigstr. 70
8510 Fürth/Bayern
(Preisliste anfordern)

Kompost-Service
Aichelbergstr. 16
7302 Ostfildern 4
(Kompost-Häcksler, Mücke-Komposter u. a.)

Otto Hinsberg Nackenheim
Gesellschaft für naturgemäße Landkultur m.b.H.
Postfach 106
6800 Mannheim 24
(Preisliste für Garten- und Landbau anfordern)

Rolf Mücke
Brandtstr. 10
8050 Freising
(Komposttonnen System Mücke)

Thomas Pfau, Ing.
Jochstr. 27
CH-8116 Würenlos/Schweiz
(Grünzeug-Schneidemaschine, Schneckenzaun u. a.)

Register

(Der Blumengarten)

Acker-Rittersporn 69
Adonisröschen 45
Alpenmohn 63
Alpenveilchen-Narzisse 155
Anemonen 160
Atlasblume 46
Aufrechte Sammetblume 102
Ausgebreitete Sammetblume 102
Aussaat 83 ff.

Balsamine 96
Bartnelke 93, 116
Batate 77
Beißende Brühe 40
Beizen 80 ff.
Beizmittel 80 f.
Blattbegonien 175
Blaue Lupine 60
Blaustern 138 f.
Blühzeiten im Garten 19 f.
Blütenbegonien 175
Blumendüngung 29 f.
Blumenernte 179 ff.
Blutströpfchen 45
Bodenbedecken 34 f.
Brokatblume 102
Brühen 40
Buschgoldlack 55

Chrysantheme 46 f.

Dahlie 164 ff.
Dichternarzisse 153 f.
Dreifarbiger Fuchsschwanz 52 f.
Düngung im Garten 24 ff.
Duftwicke 47

Echter Safran 145
Echter Salbei 86
Echtes Springkraut 96

Edelgladiole 170
Edelwicken 47 f.
Einjahresblumen 45 ff.
Einjahresblumen mit Vorkultur 86 ff.
Einjahrs-Goldlack 55
Einjahrsphlox 94
Eisenkraut 105
Eisstiefmütterchen 125
Eschscholtzie 55

Färber-Reseda 66
Federhyazinthe 158
Feuerlilie 148
Feuersalbei 86 f.
Fingerhut 117 f.
Flammenblume 93
Fleißiges Lieschen 87 f.
Flockenblume 51
Floribundarosen 197
Folientunnel 102
Forellenlilie 140
Freesie 168 f.
Freilandaussaat 78 ff.
Frühlingsknotenblume 152
Frühlingsstern 160
Fuchsschwanz 52

Gänseblümchen 123
Garten-Alpenveilchen 160
Garten-Balsamine 96
Gartenblumen aus Zwiebeln und Knollen 134 ff.
Gartenboden 21 f.
Gartenfarben 15 f.
Gartenformen 17 f.
Garten-Fuchsschwanz 52
Gartengestaltung 11 ff.
Gartengröße 11 f.
Garten-Kornblume 51

594

Garten-Reseda 66
Garten-Rittersporn 70
Garten-Salbei 86
Garten-Strohblume 99
Gelber Fingerhut 117f.
Georgine 164
Gipskraut 71
Gladiole 169f.
Gloxinienblütiger Fingerhut 117
Goldbandlilie 148
Goldlack 54f.
Goldmohn 55
Großblumige Königskerze 119
Großes Löwenmaul 91
Guck-über-den-Zaun 57

Hasenglöckchen 138
Heddewigsnelke 93
Herbstzeitlose 147, 161
Hundszahn 139f.
Hyazinthe 140f.
Hyazinthenähnlicher Blaustern 138f.
Hyazinthen-Rittersporn 70

Islandmohn 63

Japanlilie 149

Kaiserkrone 144
Kamelien-Balsamine 97
Kanadische Wiesenlilie 149
Kapmaiblume 168
Kapuzinerkresse 57
Katzenpfötchen 99
Klappermohn 63
Klarkie 58
Klatschmohn 63
Kletterrosen 198
Knollenbegonien 175ff.
Kompost 26f.
Kompostmiete 28f.
Königskerze 118f.
Königlilie 148

Korallenlilie 149
Kornblume 51
Krankheiten im Garten 37f.
Kräuterjauche 39f., 42
Krokus 145f.
Kuckucks-Lichtnelke 93

Licht im Garten 20f.
Lilie 147f.
Löwenmaul 90f.
Lupine 59
Lupinen-Hybriden 60

Madonnenlilie 150
Mädchenauge 61f.
Mariendistel 120f.
Marienglockenblume 122
Märzenbecher 152f.
Maßliebchen 123
Miniaturrosen 198
Mohn 62f.
Montbretie 173f.
Morgenländischer Rittersporn 70
Mulchen 34f.
Multitopf 112

Narzisse 153f.
Nelke 92f.
Nelken-Balsamine 97
Nicht winterharte Gartenblumen aus Zwiebeln und Knollen 162ff.

Orientalischer Rittersporn 70
Osterglocken 154f.
Osterlilie 148

Pantherlilie 149
Papierblume 99
Parkrosen 198
Pflanzen 132f.
Pflanzenschutz 37ff.
Pflanztöpfe 112
Phlox 93f.
Polyanthahybriden 197

Polyantharosen 197
Portulakröschen 64f.
Prachtlilie 148
Prachtnelke 93
Pracht-Salbei 86f.
Präriekerze 161
Prunkwinde 76
Pyrenäenmohn 63
Pyrethrum 38

Quassia 39

Reseda 65f.
Reifrock-Narzisse 155
Ringelblume 67f.
Ring-Wucherblume 46
Rittersporn 69f.
Rosen 195ff.
Rosen-Balsamine 97
Rotenon 38
Roter Fingerhut 117
Roter Salbei 86

Saatbeet 130ff.
Samtblume 99
Sauerklee 160
Schachbrettblume 160
Schädlinge 37f.
Scharlach-Salbei 87
Schatten im Garten 20f.
Schiefblatt 175
Schlafmützchen 55
Schleierkraut, einjähriges 71
Schleifenblume 71f.
Schmalblättrige Lupine 60
Schneeglöckchen 156f.
Schneekissen 71
Schneiden der Blumen 180
Schöngesicht 61
Schwarze Königskerze 120
Seidenmohn 63
Semper-florens-Begonie 175
Shirleymohn 63
Sibirischer Blaustern 138

Siegwurz 169
Sommerazalee 46
Sommerfuchsie 58
Sommermalve 76
Sommerblutströpfchen 45
Sommerflor 43f.
Sommerphlox 94
Sommertürchen 153
Sonnenblume 72ff.
Springkraut 96f.
Stangengoldlack 55
Stauden 181ff.
Stauden für den Garten 183ff.
Staudenpflege 188ff., 193f.
Staudenteilung 192f.
Stiefmütterchen 124f.
Stockmalve 126
Stockrose 126f.
Strauchrosen 198
Strohblume 98f.
Studentenblume 99f.

Tausendschönchen 123
Tee als Dünger 40
Teehybriden 195
Tigerlilie 149
Traubenhyazinthe 158
Trichtermalve 76
Trichterwinde 76f.
Trompetenblume 105
Trompetenzunge 102f.
Tulpe 159f.
Tulpenmohn 63
Türkenbundlilie 148
Türkenmohn 63

Umsatzvorgang 32
Umsetzen 132f.

Verbene 105f.
Vergißmeinnicht 128f.

Violette Königskerze 120
Vorkultur 110 ff.

Wachstumsvorgang 32
Wasser im Garten 22 f.
Wau 65
Weiße Lilie 148
Weißlupine 60
Wildgladiole 170
Wildrosen 198
Winterharte Gartenblumen 138 ff.
Winterling 161
Wohlriechende Wicke 47

Wolfsbohne 59
Wollblume 118

Zinnie 106 f.
Zuchtgladiole 170
Zweiblättriger Blaustern 138
Zweijährige Blumen 114 ff.
Zweijährige Glockenblume 122
Zwerg-Balsamine 97
Zwerggoldlack 55
Zwerg-Kapuzinerkresse 57
Zwerglupine 60
Zwergrosen 198

HEYNE RATGEBER

für Hobby-Gärtner:
Obst, Gemüse, Blumen im Garten – Balkon- und Zimmerpflanzen

Peter D. Adams
Die Kunst Bonsai
zu züchten
08/4945 - DM 14,80

Robert L. Behme
Bonsai
08/4701 - DM 9,80

Cullman-Balzer
Das Heyne-
Kakteenbuch
08/4322 - DM 4,80

Fritz Encke
Kübelpflanzen
08/9044 - DM 14,80

Claudia Fischer
Gartenschlauch
& Regenwurm
*Ratschläge und
Tips für den
Freizeit-Gärtner*
08/4901 - DM 5,80

Charlotte Franke
Exotische
Zimmerpflanzen
08/4921 - DM 9,80

Arbo Gast
Der Bio-Gartenkalender
08/9035 - DM 7,80

Karlheinz Jakobi
Das Heyne-Buch
der Zimmerpflanzen
08/4307 - DM 5,80

Horst W. Kandetzki
Heimische Zwergbäume
*Bonsai aus
deutschen Landen*
08/4887 - DM 9,80

Theodor von Keudell
Terrassen- und
Balkongärten
08/4998 - DM 12,80

Der biologische
Pflanzenschutz
08/9004 - DM 7,80

Marie-Luise Kreuter
Der biologische Garten
08/4536 - DM 5,80

Gesundheit aus dem
eigenen Garten
08/4751 - DM 5,80

**Walter Nowak-
Nordheim**
Der Bauerngarten
08/9043 - DM 12,80

Peter Omm
Das Gartenbuch der
1000 Tips
08/4955 - DM 8,80

Seike / Kudo / Schmidt
Japanische Gärten
und Gartenteile
08/9070 - DM 14,80

Preisänderungen
vorbehalten.

Rainer Stehr
Der biologische
Schrebergarten
08/9053 - DM 9,80

Gunter Steinbach
Der Blumengarten
08/4695 - DM 9,80

Der biologische
Obstgarten
08/4714 - DM 9,80

Ziergehölze
08/4750 - DM 9,80

Der biologische
Rosengarten
08/4796 - DM 12,80

Natürlich
Konservieren
08/4947 - DM 9,80

Brunhilde Thauer
Kräutergarten auf der
Fensterbank
08/4902 - DM 7,80

Der Salat- und
Kräutergarten
08/9052 - DM 7,80

Karl Wachter
Der Wassergarten
08/4909 - DM 9,80

Stanley Whitehead
Das Jahrbuch
für den Gartenfreund
*Von Januar
bis Dezember*
08/4882 - DM 7,80

Irmgard Zacharias
Das Heyne-Gartenbuch
08/4302 - DM 5,80

Balkongarten
08/4310 - DM 5,80

**Wilhelm Heyne Verlag
München**

HEYNE RATGEBER

Die erfolgreiche Ratgeber-Serie. Hilfreich & gut – erprobte Tricks, Tips und Hilfen in den verschiedensten Lebensbereichen.

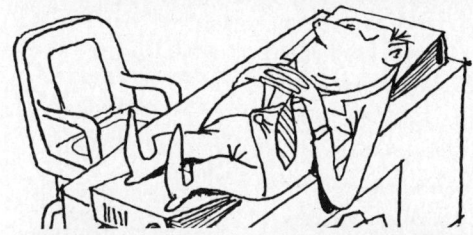

08/4837 – DM 5,80

08/4858 – DM 5,80

08/4881 – DM 6,80

08/4901 – DM 5,80

08/4967 – DM 6,80

08/4972 – DM 6,80

08/9006 – DM 6,80

Heyne Taschenbücher.
Das große Programm von Spannung bis Wissen.

Allgemeine Reihe mit großen Romanen und Erzählungen berühmter Autoren	**Heyne Biographien**	**Blaue Krimis/ Crime Classics**
	Heyne Lyrik	**Romantic Thriller**
	Heyne Ratgeber	**Exquisit Bücher**
Heyne Sachbuch	**Heyne-Kochbücher**	**Heyne Science Fiction**
Heyne Report	**Kompaktwissen**	
Scene	**Heyne Computer Bücher**	**Heyne Fantasy**
Heyne Ex Libris	**Der große Liebesroman**	**Bibliothek der SF-Literatur**
Heyne Filmbibliothek	**Heyne Western**	**Die Unheimlichen Bücher**

Jeden Monat erscheinen mehr als 40 neue Titel.

**Ausführlich informiert Sie das Gesamtverzeichnis der Heyne-Taschenbücher.
Bitte mit diesem Coupon oder mit Postkarte anfordern.**

Senden Sie mir bitte kostenlos das neue Gesamtverzeichnis

Name

Straße

PLZ/Ort

**An den Wilhelm Heyne Verlag
Postfach 20 12 04 · 8000 München 2**